刑 事 侦 查 实 用 百 科 丛 书

XINGSHI ZHENCHA SHIYONG BAIKE CONGSHU

刑事侦查与有毒物品

XINGSHI ZHENCHA YU YOUDU WUPIN

总 主 编　杨玉章

本册主编　相志德

群 众 出 版 社

河南科学技术出版社

图书在版编目(CIP)数据

刑事侦查与有毒物品/相志德主编.—郑州:河南科学技术出版社,2019.6
(刑事侦查实用百科丛书/杨玉章总主编)
ISBN 978-7-5349-8211-8

Ⅰ.①刑… Ⅱ.①相… Ⅲ.①毒物-刑事侦查-分析 Ⅳ.①D918②R991

中国版本图书馆 CIP 数据核字(2016)第 146286 号

出版发行:群众出版社　　地址:北京市丰台区方庄芳星园三区 15 号楼
邮编:100078　　电话:(010) 83903254
河南科学技术出版社　　地址:郑州市郑东新区祥盛街 27 号
邮编:450016　　电话:(0371) 65737028
策划编辑:李肖胜　曲　先
责任编辑:曲　先
责任校对:王晓红
封面设计:张　伟
版式设计:栾亚平
责任印制:张艳芳
印　　刷:河南日报报业集团有限公司彩印厂
经　　销:政法系统内部发行
开　　本:889 mm×1 194 mm　1/16　　印张:26.25　　字数:710 千字
版　　次:2019 年 6 月第 1 版　　2019 年 6 月第 1 次印刷
定　　价:216.00 元

“刑事侦查实用百科丛书”编委会

《刑事侦查与有毒物品》编写人员

主　　编　相志德

副 主 编　郭立创　邹荣合　谢增瑞　张广清
　　　　　李　畅

编　　者　贺　冬　孙彦宾　陈玉芬　孔维刚
　　　　　彭江举　陶　珂　徐三明　杨卫红
　　　　　付建伟　高玉龙

总序言

目前，全国政法系统正在深入学习贯彻习近平新时代中国特色社会主义思想，扎实推进新时代平安中国建设、法治中国建设、政法队伍建设，为决胜全面建成小康社会、夺取新时代中国特色社会主义伟大胜利创造安全稳定的社会环境、公正规范的法治环境、优质高效的服务环境。新时代需要新担当、新作为，培养一支“信念过硬、政治过硬、责任过硬、能力过硬和作风过硬”的政法队伍，造就一支“对党忠诚、服务人民、执法公正、纪律严明”的公安队伍成为当务之急。

近些年来，以审判为中心的诉讼制度改革不断深入，错案终身追究制度及与之相关的配套制度逐步确立，特别是《中华人民共和国刑事诉讼法》（2012年修正）确立的一系列诉讼原则和证据制度，进一步强化了对犯罪嫌疑人人权的保障，扩大了律师在侦查阶段的诉讼职能，规范和约束了侦查权的行使，提高了审判证明的标准，尤其是明确规定了证据确实、充分必须符合的具体条件。这一切都体现出我国法治的进步，同时也对侦查办案质量提出了新的、更高的要求，侦查过程中侦查人员必须坚持以证据为中心，全面取证，规范取证，以确实、充分和具有排他性的证据体系有效支持诉讼的顺利推进。

在实际案件侦破工作中，随着信息技术的不断发展及其在侦查工作中的全面运用，一些侦查员过分依赖视频侦查、技术侦查、网安侦查这三种新的侦查手段，此所谓新“三板斧”。这种现象导致侦查员对现场物证的全面发现提取和对犯罪行为人主观行为动机的系统分析趋于弱化，对微量物证的提取和检验的重视程度弱化，对运用多学科、多专业专门知识综合分析、研究、鉴定现场物证的意识弱化，一些行之有效的传统侦查方式方法被日益边缘化。

毋庸置疑，在信息化社会、大数据时代，信息技术日益成为侦查的主导技术，电子证据成为侦查的重要证据类型，但犯罪证据多样化的现实情况以及侦查取证需要各个门类科学技术支撑的总体状况并未发生根本性的改变。侦查取证的过程中，面对各种各样的证据，侦查员必须具备各方面的专业知识或者有查询这些知识的能力，而这些知识内容庞杂，可参考的书籍和资料也相当分散。在一些案件的侦查过程中，侦查员经常会因为对一些微量物证的利用价值分析不到位或检验鉴定不到位而丧失很多破案机会。为了有效打击犯罪、保护人民生命及财产安全，为一线刑侦人员办案提供充分的智力支持，2012年，我国知名刑侦专家、河南省公安厅副巡视员杨玉章先生发起并组织了这套“刑事侦查实用百科丛书”（以下简称“丛书”）的编撰工作。

“丛书”共26卷，首批出版的12卷基本涵盖了刑事侦查工作日常涉及的专业领域，包括《刑事侦查与行为证据》《刑事侦查与痕迹》《刑事侦查与有毒物品》《刑事侦查与植物》《刑事侦查与动物》《刑事侦查与昆虫》《刑事侦查与地理》《刑事侦查与土壤》《刑事侦查与水文》《刑事侦查与塑料制品》《刑事侦查与岩石矿物》《刑事侦查与纺织品》。为了高质量地完成该丛书的编撰工作，本书成立了编委会，杨玉章同志任丛书总主编，各卷设立了主编。自2012年编撰伊始至成书，编委会多次召开不同形式的论证会和研讨会，对编撰工作进行了有效的组织领导和质量审核。“丛书”在编撰过程中得到了中国科学院、北京自然博物馆、河南省公安厅、郑州市公安局、河南大学、郑州大学等20多家合作单位近300名专家和学者的鼎力支持，“丛书”是相关专业领域专家学者集体智慧的结晶，更是我国当代刑事侦查交叉学科研究水平的集中展示。

在“丛书”编撰过程中，各卷作者始终围绕三条主线进行编撰：一是注重侦查导向，即各卷所述知识始终围绕服务刑侦破案这一核心，注重对认定案件性质、划定案件范围、刻画犯罪行为人脸谱等工作提供专业知识支撑；二是注重与人关联，即各卷所写知识内容必须与人相关，经常出现、运用在五行八作、三教九流的正常人类生产活动之中；三是注重时空维度，即各卷内容注重揭示、阐明相关事实、现象与特定时间节点、空间分布（经纬度）之间本质的、必然的、普遍的、稳定的固有联系。这三条主线贯穿各卷始终。“丛书”涉及20余门学科，共计600余万字、2000余张图片，图文并茂，理论联系实战，是对与刑事侦查工作关联紧密的多种学科资源的系统整合，学科门类齐全，知识架构完整。“丛书”的编撰是一项具有鲜明侦查专业特色的重大跨学科工程，在一定程度上填补了国内侦查应用研究的空白，具有独特的学术价值和实用价值。“丛书”既可作为广大刑事侦查人员的业务工具书，也可作为公安院校广大师生的教学参考用书。

“丛书”在编写过程中引用了很多经典的实战案例，作为相关学科和专业知识在实战中应用的范例，力图使读者在使用该丛书时能获得鲜明、生动、直观的阅读体验。

该“丛书”内容浩繁，编写队伍庞大。因编者水平有限，其中知识、文字、图片的疏漏和不足之处在所难免，期望读者不吝指正，待再版时予以完善。

郝宏奎

2018年8月

前 言

毒物（toxicant）是指能够对生物体造成不适反应的物质的总称。但一般认为，只有在一定条件下，以较小剂量就能够对生物体产生损害作用或使生物体出现异常反应的外源化学物质方能称之为毒物。由此可见，世间无毒的物质是不存在的，有毒与无毒仅仅是剂量的不同而已，且有毒物质与我们的生活密不可分，无时不在，无处不有，因此，每年因投毒、自杀、意外、药物滥用或环境污染造成的中毒或死亡事件屡见不鲜。可是，一旦发生中毒，怎样能够快速确定毒物种类，查明中毒原因，不仅对确定案件性质、指明侦查方向、缩小侦查范围至关重要，而且还关系到毒物的扩散与防范以及人员的救治和社会的稳定。怎奈大千世界，毒物遍布，种类繁多，尤其是随着化学工业的飞速发展，使有毒化合物的数量与日俱增，给毒物的筛查工作带来了极大的不便。若不加以归类甄别，真可谓大海捞针，一片茫然、不知所措，根本无从下手。为此，我们结合工作实际，编写了"刑事侦查实用百科丛书"——《刑事侦查与有毒物品》，以供广大刑事技术人员、侦查人员、医务人员在侦破中毒案件或抢救中毒人员时作为参考。

本书共分七章，内容包括工业毒物、临床药物、农药、有毒植物、有毒动物、毒品与麻醉药品及精神药品、化学毒剂等，共收集了近400种常见毒物。为了便于查阅，我们不仅给出了所列毒物的商品名称、俗称、化学式和结构式以及CAS登记号，而且对它们的性质、用途及中毒原因也做了详细的描述；同时考虑到对中毒人员的救治和死亡原因的查明，我们对这些毒物的中毒机制、毒性大小、临床表现、尸体征象和中毒检材的提取、检验方法的运用及急救措施也逐一进行了阐述。力求使本书既简明扼要、通俗易懂、实用性强，还要做到科学系统、收辞完备、内容新颖、释义准确，使其真正成为法医工作者、侦查人员、刑事技术人员、医务救护人员及相关药物检验人员必不可少的工具书和良师益友。

编写实用百科是一项复杂而细致的工作，在编写过程中虽然我们尽了很大努力，但由于作者知识的局限性，书中可能存在一些缺点和疏漏，甚至错误，望广大读者匡正。

编　者

2018年6月

目 录

第一章　工业毒物

第一节　气体毒物

一氧化碳（煤气）

【化学名称】一氧化碳

【化学式】CO

【结构式】 O≡C

【相对分子质量】28.01

【CAS 登记号】630-08-0

【性状】

一氧化碳纯品为无色、无臭、无刺激性的气体。熔点 - 207 ℃，沸点 - 190 ℃，密度 1.250 mg/cm^3。在水中的溶解度极低，但易溶于氨水。与空气混合可形成爆炸性混合物，爆炸极限为 12.5%～74%。

【用途及中毒原因】

一氧化碳在工业上主要用于金属的冶炼，民用主要用作燃料。除工业生产或作为工业副产品外，一氧化碳一般来自不完全燃烧，如在通风不良的情况下，煤炉、燃气灶、燃气热水器、发动机的燃烧、火灾现场等均能产生一氧化碳气体。因此，一氧化碳极易引发意外事故造成人员中毒或死亡，另外，利用一氧化碳自杀或他杀的事件也较常见。

【作用机制】

一氧化碳（CO）气体主要经口、鼻及呼吸道进入体内，在肺脏中通过肺泡气-血屏障弥散进入血液，进入血液中的一氧化碳绝大部分可与血红蛋白中的二价铁结合，生成碳氧血红蛋白（HbCO），使血红蛋白失去携氧能力，少部分一氧化碳与肌红蛋白、细胞色素等含铁蛋白结合。

一氧化碳与血红蛋白的亲和力比氧与血红蛋白的亲和力大 240 倍，而解离速度却比氧合血红蛋白（HbO_2）慢得多，所以 HbCO 在血液循环中存在的时间很长，竞争性抑制氧与血红蛋白的结合，使体内氧含量降低，二氧化碳的排出也受到影响，最终导致组织缺氧和二氧化碳潴留而发生中毒。

【毒性】

一氧化碳中毒个体差异较大，一般情况下，成人血液中 HbCO 的含量达到 50%以上即可致死。儿童、孕妇及老人对一氧化碳较敏感，重症冠心病、严重慢性肺疾患及脑动脉硬化者对一氧化碳的耐受力较差，故有时血液中 HbCO 的含量在 20%左右时也可发生中毒乃至死亡。

急性中毒实验：大鼠吸入半数致死浓度（LC_{50}）为 0.047～0.053 mg/L 或 1 807×10^{-6}（4 h），小鼠吸入半数致死浓度（LC_{50}）为 2.3～5.7 mg/L 或 2 444×10^{-6}（4 h）。

【中毒症状】

血液中 HbCO 含量大于 10%时，一般会发生轻度中毒，可出现头晕、头痛、失眠、耳鸣、视物模糊、恶心、呕吐、全身乏力、心动过速、短暂昏厥等症状，如能迅速脱离中毒现场并及时吸入新鲜空气或氧气，经数小时后症状可逐渐减轻。

当血液中 HbCO 含量大于 30%时，一般会发生中度中毒，除具有轻度中毒的症状外，还会出现口唇、指甲、皮肤黏膜樱桃红色及多汗、心跳加速、心律失常、血压先升高后降低、烦躁、一时性感觉和运动分离等症状，严重时可出现嗜睡和昏迷症状。若抢救及时，清醒后一般无并发症和后遗症。

若血液中 HbCO 含量达 50%以上时，将发生重度中毒，中毒者迅速进入昏迷状态，早期四肢肌张力增加，或有阵发性强直性痉挛，晚期肌张力明显降低，面色苍白或青紫，血压下降，瞳孔散大，影响到皮肤者，可见红肿及水疱，最终可因呼吸肌麻痹而死亡。经抢救及后期恢复性治疗仍可能存在严重并发症及后遗症。

若长期接触低浓度一氧化碳，可能对人体神经系统和心血管系统有影响，出现神经衰弱综合征、胸闷、心悸、心律失常等，心电图示 ST 段下降，QT 间期延长和束支传导阻滞等。

【急救措施】

一氧化碳中毒者应迅速脱离现场至空气新鲜处，并保持呼吸道通畅。若吸入少量的一氧化碳造成中毒，应吸入大量新鲜空气；若吸入一氧化碳量较大，出现呼吸困难时，应给予吸氧。呼吸、心跳停止时，需立即进行人工呼吸和胸外心脏按压术，也可静脉注射亚甲基蓝，使一氧化碳与亚甲基蓝更牢固结合，利于一氧化碳转向亚甲基蓝而释放出血红蛋白，有助于解毒。同时，对于重度中毒者应用高压氧舱治疗，以减少缺氧对脑细胞的影响。

【尸体特征】

对于一氧化碳中毒死亡者，因血液中含有大量 HbCO 而使尸斑、各脏器、肌肉组织呈樱桃红色。皮肤黏膜及浆膜可见斑点状出血。心血呈鲜红色，一般不凝固。主要脏器表现与一般窒息死亡者相似，脑、心、肺、肾等器官内血管扩张、瘀血，有较多浆液渗出，组织水肿伴广泛灶性出血。镜下可见局灶性心肌坏死，心肌间质充血、水肿或灶性出血。

【检材提取】

血液是首选检材，盛装血液检材的容器应装满密封，不能留有空隙，以防 HbCO 解离。火灾中若尸体已炭化，可采取骨髓作为检验 HbCO 的检材。肌肉，尤其是胸大肌亦是较好的检材。

【检验方法】

紫外-可见分光光度法。

（1）样品处理：在 10 mL 0.4%的氨水溶液中加入 3~4 滴血样，静置 5 min 后待测。

（2）仪器条件：仪器：紫外-可见分光光度计；测量模式：吸光度；波长：固定波长；狭缝：中等（2 cm）；比色皿厚度：1 cm。

（3）测量方法：首先取 0.4%的氨水溶液作为参比液，在吸光度模式下，于波长为 529 nm 处调零。然后取处理好的血样，在波长为529 nm 和 582 nm 处测量吸光度，按如下经验公式进行计算：

$$\text{HbCO\%} = [(A_{529}-A_{582})/(A_{529}-0.07)]\times 185$$

结果判定：当 HbCO% 含量计算结果>0 时，检材血中一氧化碳为阳性；当 HbCO% 含量计算结果<0 时，检材血中一氧化碳为阴性（注意：此方法不适用于腐败检材血和胸腔积液，否则测定结果将会受影响）。

二氧化碳（碳酸气、碳酸酐、碳酐、干冰）

【化学名称】 二氧化碳

【化学式】 CO_2

【结构式】 O═C═O

【相对分子质量】 44.01

【CAS 登记号】 124-38-9

【性状】

二氧化碳纯品常压下为无色、无臭、不助燃、不可燃的气体（在低浓度时，二氧化碳气体是无味的，但在较高浓度时会有酸性气味，吸入时因氧含量降低可造成窒息）。熔点-78.5 ℃（升华），沸点-56.6 ℃（0.52 MPa），密度 1.8 mg/cm^3。微溶于水，水溶液呈酸性。

【用途及中毒原因】

二氧化碳可用于食品工业制造碳酸饮料，也可用作焊接时的保护气体和塑料行业的发泡剂等，还可用于制造二氧化碳灭火器。同时，二氧化碳也是植物光合作用的主要碳源，可作为植物温室的气体肥料和水族箱的肥料。

当加压或降低温度到一定程度时，二氧化碳可变为固体，俗称干冰。干冰在常温下会气化，并吸收大量的热，可用于急速的食品冷冻、人造雨、舞台的烟雾效果、食品行业、美食的特殊效果等。

由于二氧化碳的密度比空气大，易向低洼处流动，因此，在长期不开放的矿井、油井、船舱底部、水道及不通风的地窖和密闭的仓库中均可形成二氧化碳聚集，在上述场所稍有不慎极易造成二氧化碳中毒。

【作用机制】

二氧化碳中毒的病理生理改变是缺氧。缺氧

会对机体主要脏器产生严重影响。缺氧时脑内腺苷三磷酸迅速耗竭，导致中枢神经系统失去能量供应，钠泵失灵，Na^+、H^+进入细胞内，使膜内渗透压升高，形成脑水肿。肿胀的脑组织又会挤压脑部血管，加重脑缺氧。同时，心肌对缺氧也较为敏感，可出现心率增快，心输出量增加，平均肺动脉压、肺血管阻力增高，导致心脏负荷增加，出现各种心律失常，甚至心室颤动及心搏骤停。此外，缺氧也会造成细胞无氧代谢，大量丙酮酸、乳酸等中间产物蓄积，引起代谢性酸中毒。尤其当吸入高浓度二氧化碳后，对呼吸中枢刺激显著，使呼吸加深加快，造成血液 pH 值急剧下降，对脑脊液 pH 值影响更加明显，导致中枢神经系统很快被抑制，出现昏迷、呼吸骤停。

【毒性】

一般情况下大气中二氧化碳的正常含量是 0.03%，当空气中二氧化碳的浓度超过 3%时，接触者可出现呼吸困难等轻度中毒症状；若达到 10%以上时，症状加剧；若超过 25%时，接触时间过长可致人死亡。

【中毒症状】

人处在二氧化碳浓度较高的密封环境中，可在几秒内迅速昏倒，若不及时救助会发生生命危险。被救出者，常出现昏迷、反射消失、瞳孔扩大或缩小、大小便失禁、呕吐等症状，严重者会出现呼吸停止及休克。经抢救，中毒较轻者在几小时内逐步苏醒，但仍感头昏、头痛、无力，需数日方能完全恢复。中毒较重者，常出现高热、电解质紊乱、糖尿和肌肉痉挛、强直或惊厥等。

【急救措施】

迅速将中毒者移出中毒现场，并立即使其吸入氧气，必要时用高压氧治疗；采用对症疗法和支持疗法救治呼吸循环衰竭者。若二氧化碳结合力下降，应静脉注入碳酸氢钠或乳酸钠；四肢痉挛者，可给予较大剂量的镇静剂等。

【尸体特征】

二氧化碳中毒死亡者，尸体有窒息死亡尸体的一般特征：气管黏膜下血管明显充血；黏膜下层以及黏膜上皮之间有中性粒细胞浸润，肺充血及水肿；肺间质、肺泡腔内散在性出血，广泛性肺气肿；心肌间质水肿，少量出血；心脏体积增大；肾间质水肿，肾小球囊内出血；脑水肿。

【检材提取】

检材可提取肺组织、血液、现场气体等。

【检验方法】

气相色谱法。

仪器：气相色谱仪；色谱柱：Porapak Q 50~80 目与硅胶担体 DG-2 60~80 目（7∶3 混合，1.1 m×3 mm）玻璃柱；检测器：热导池检测器（TCD）；柱温：恒温（60 ℃）；进样口温度：120 ℃；检测器温度：120 ℃，载气：高纯氮，流速：20 mL/min。

甲醚（二甲醚）

【化学名称】二甲醚

【化学式】C_2H_6O

【结构式】$CH_3—O—CH_3$

【相对分子质量】46.07

【CAS 登记号】115-10-6

【性状】

甲醚室温下为无色、无毒、有轻微香味的气体或压缩液体，室温下气压约为 0.5 MPa（与石油液化气相似），相对密度（20 ℃）1.617，熔点-141.5 ℃，沸点-24.9 ℃，溶于水及醇、乙醚、丙酮、氯仿等多种有机溶剂。常温下为惰性气体，不易氧化，无腐蚀性、无致癌性，但在辐射或加热条件下可分解成甲烷、乙烷、甲醛等。本品易燃，燃烧时火焰略带光亮，燃烧热（气态）为 1 455 kJ/mol。

【用途及中毒原因】

甲醚广泛用于车载燃料、气雾剂的推进剂、发泡剂、溶剂、萃取剂、制冷剂等，高浓度的甲醚可以用作麻醉剂。呼吸道吸入或皮肤吸收过量，可引起麻醉、失去知觉或造成呼吸器官损伤。工业生产及意外泄漏时能引起人体中毒。

【作用机制】

甲醚的毒性很低，甲醚气体有刺激及麻醉作用，呼吸道吸入或皮肤吸收过量，会引起麻醉、失去知觉和呼吸器官损伤。对中枢神经系统有抑制作用，麻醉作用相对较弱，吸入后可产生麻醉和窒息感。

【毒性】

小鼠吸入的麻醉浓度为 225.72 g/m^3；人吸入的轻度麻醉浓度为 154.24 g/m^3（30 min）；人吸入浓度为 940.50 g/m^3 的甲醚气体时，有极不愉快的感觉或有窒息感。

急性中毒实验：大鼠吸入半数致死浓度（LC_{50}）为 308 g/m³（30 min），小鼠吸入半数致死浓度（LC_{50}）为 386 g/m³（30 min）。

【中毒症状】

甲醚轻度中毒的症状可表现为头痛、头晕、心悸、无力、恶心、嗜睡和口唇轻度发绀。中度中毒可出现浅昏迷，以及尿急、尿痛及血尿等出血性膀胱炎症状，还可出现发热、血压降低或升高、心动过速等现象。重度中毒可出现昏迷，甚至出现休克、呼吸衰竭及心力衰竭，部分可有肺水肿、急性肾功能衰竭及上消化道出血、溶血、脑水肿等，甚至出现心搏骤停。

【急救措施】

皮肤、眼睛接触或吸入者，应迅速脱离现场至空气新鲜处，保持呼吸道通畅，如呼吸困难，可给予吸氧；若呼吸停止，应立即进行人工呼吸，并及时就医对症治疗。

【尸体特征】

甲醚中毒死亡者非常少见，皮肤接触者可出现局部红肿。解剖可见死者口唇青紫，部分心脏、肺脏有点状出血，并有肺水肿、脑水肿，累及肾脏者可见到肾实质损害。

【检材提取】

检材可提取血液、肺组织、现场气体等。

【检验方法】

气相色谱法。

仪器：气相色谱仪；色谱柱：PLOT/Q（30 m×0.53 mm×40 μm）弹性石英毛细管柱；检测器：氢火焰离子化检测器（FID）；柱温：初始温度 50 ℃，保持 2 min，以 10 ℃/min 的升温速率升温至 150 ℃，保持 10 min；载气：氮气，流速：1.5 mL/min；进样口温度：200 ℃；检测器温度：250 ℃；进样方式：分流进样；分流比：5∶1。

光气（光成气、碳酰氯、二氯甲醛、氧氯化碳）

【化学名称】碳酰氯

【化学式】$COCl_2$

【结构式】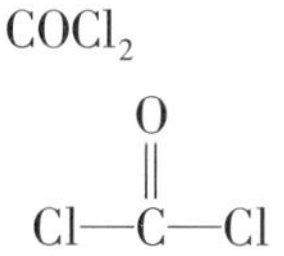

【相对分子质量】98.92

【CAS 登记号】75-44-5

【性状】

光气为无色或略带黄色的气体（工业品通常为液化的淡黄色液体），熔点 -118 ℃，沸点 8.2 ℃，蒸气压 161.96 kPa（20 ℃），相对密度 1.381。具有强烈的刺激性或窒息性气味，有烂干草的气味。在 0 ℃时冷凝为透明无色发烟液体，微溶于水，易溶于苯、甲苯、冰乙酸和许多液态烃类。遇水缓慢分解，生成一氧化碳和氯化氢。

【用途及中毒原因】

光气是一种毒害作用巨大的化学战剂，具有强烈的刺激性气味或窒息性气味，常用于制造毒气弹。同时也是有机合成、农药、药物、染料及其他化工制品的中间体。另外，在金属冶炼及氯烃类燃烧时也可产生光气。中毒原因多见于生产、运输过程中的意外事故，也见于化学战争或恐怖活动导致的中毒。

【作用机制】

光气主要由呼吸道吸入和排出，排泄快。光气可与肺组织细胞内的蛋白质、酶及脂类中的功能基团等结合发生酰化反应，使细胞膜及肺泡Ⅱ型上皮细胞破坏，致肺泡萎缩，肺顺应性降低，从而导致化学性炎症和肺水肿，损坏肺毛细血管内皮细胞，形成“窗孔”样改变，使其通透性增加，大量血浆渗出至肺内，造成血浆容量减少、血液黏稠、心负荷加重，最终引起休克和心力衰竭。

【毒性】

光气为高毒类物质。

光气是剧烈窒息性气体，吸入高浓度光气可致肺水肿。人在光气浓度为 110 mg/m³ 的环境中，30 min 死亡，在光气浓度为 397 mg/m³ 的环境中，10 min 内死亡。人吸入半数致死浓度（LC_{50}）为 3 200 mg/m³（1 min），人吸入半失能剂量为 1 600 mg/m³（1 min）。

急性中毒实验：大鼠吸入半数致死浓度（LC_{50}）为 1 400 mg/m³（1 min），小鼠吸入半数致死浓度（LC_{50}）为 1 800 mg/m³（1 min）。

【中毒症状】

光气中毒，根据中毒程度，临床上可分为轻度、中度、重度及闪电型四种。吸入光气初期可立即出现轻微的眼及上呼吸道刺激症状，表现为流泪、咽痒、呛咳、气急、胸闷等，可伴有头晕、头痛、恶心等。中度中毒症状表现为发热、气急、胸闷、烦躁不安、呼吸困难、声音嘶哑、咳嗽、咳白色或粉红色或血性泡沫痰，肺部满布干、湿性啰音或哮鸣音等；可发生气胸、纵隔及皮下气肿等并发症。严重中毒者可出现急性呼吸窘迫综合征（ARDS）、休克、昏迷和心、肺、脑、肾衰竭等，可在1~3天发生死亡。闪电型中毒极为少见，多发生在吸入毒剂浓度极高时，在几分钟内，因反射性呼吸、心跳停止而死亡。

【急救措施】

皮肤接触者，应迅速脱去被污染的衣物，用流动清水彻底冲洗；眼睛接触者，应提起眼睑，用流动清水或生理盐水反复冲洗；吸入中毒者，应迅速脱离现场，转移至空气新鲜处，保持呼吸道通畅，如呼吸困难，给予吸氧；适量应用特效解毒剂乌洛托品进行解毒。需注意的是，出现肺水肿症状者禁止进行人工呼吸。

【尸体特征】

可见皮肤苍白、胸廓扩大、肋间隙消失、口鼻有粉红色泡沫状分泌物流出，挤压胸腔时流出更多。眼部有时可见角膜损伤、穿孔及睑球粘连。呼吸道化学灼伤；肺部因肺水肿、肺气肿、肺充血、肺不张及轻度出血等各种病变弥漫相间而呈现“大理石样”。

【检材提取】

检材可提取现场气体或残留液体，尸检时可提取血液或肺组织等作为检材。需要注意的是，检材需密封保存，及早送检。

【检验方法】

1. 化学法（显色反应）

取检材的丙酮提取液 1 mL，加 10 滴 40%的对硝基苯甲基吡啶的丙酮溶液和 10 滴 8%的 N-甲基苯胺的丙酮溶液，混匀，放置 10 min，如含光气则上述溶液显黄色。

2. 紫外-可见分光光度法

向样品空白管、样品管及各标准管中缓慢加入 0.5 mL 硫酸，混匀后冷却至室温，各加入 10 mL无水乙醚，用力振摇 1 min，静置分层后，弃去水层，通过无水硫酸钠脱水后过滤至 10 mL 的具塞比色管中，用少量无水乙醚进行洗涤，并入比色管中，定容至刻度。在 257 nm 下测量吸光度，以光气含量对吸光度作图。

按下式计算：

$$X=(C-B)/V_0$$

式中：X——空气中光气浓度（mg/m^3）；

C——由标准曲线上查得的样品中光气含量（μg）；

B——由标准曲线上查得的样品空白中光气含量（μg）；

V_0——换算成标准状况下的采样体积（L）。

3. 气相色谱-质谱法

仪器：气相色谱-质谱联用仪；色谱柱：OV-17（30 m×0.25 mm×0.25 μm）弹性石英毛细管柱；柱温：初始温度 100 ℃，不保持，然后以 10 ℃/min 的升温速率升温至 280 ℃；进样口温度：280 ℃；离子源：电子轰击源（EI），能量：70 eV；扫描方式：全扫描；质量范围：40~300 amu。

氟化氢

【化学名称】氟化氢

【化学式】HF

【结构式】H—F

【相对分子质量】20.01

【CAS 登记号】7664-39-3

【性状】

氟化氢为无色有刺激性气味的气体，有腐蚀性，剧毒。熔点-83.7 ℃，沸点 19.5 ℃，相对密度为（水=1）1.15，相对蒸气密度为（空气=1）1.27。其水溶液为氢氟酸。

【用途及中毒原因】

氟化氢气体溶于水形成氢氟酸，可用于铝和铀的提纯、蚀刻玻璃、半导体工业、炼油、“浸酸”过程及多种含氟有机物的合成和氟利昂一类制冷剂的生产。氟化氢急性中毒多为直接生产、使用、储存、运输氢氟酸和氟化氢发生逸出泄漏及含氟化合物（如五氟化锑、氟化硅、氟化硫等）接触潮湿空气产生氟化氢的意外接触性事故所致。

【作用机制】

氟化氢气体溶于水形成氢氟酸，氢氟酸对皮肤有强烈的腐蚀性，且渗透作用强，并对组织蛋白有脱水及溶解作用。接触皮肤后可迅速穿透角质层，渗入深部组织，溶解细胞膜，引起组织液化、坏死，形成较难愈合的溃疡。如不及时处理，可深达骨膜及骨质，引起骨质无菌性坏死。

【毒性】

人对氟化氢气体的嗅觉阈值为 0.03 mg/m³。当浓度达到 26 mg/m³ 时，人能耐受数分钟；当浓度达到 50 mg/m³ 时，皮肤感到刺痛；人在 100 mg/m³浓度下，仅能耐受 1 min；在 400~430 mg/m³浓度下，可引起急性中毒致死。

【中毒症状】

接触含氟化氢浓度为 25 mg/m³ 的气体，可使人感到刺激，当氟化氢浓度达到 50 mg/m³ 时，刺激眼结膜和鼻黏膜，产生流泪、流涕、打喷嚏、鼻塞等症状。吸入更高浓度的氟化氢时，出现鼻、喉、胸骨后烧灼感，嗅觉丧失、咳嗽、声嘶。重者出现眼结膜、鼻黏膜、口腔黏膜顽固性溃疡和鼻出血，乃至出现鼻中隔穿孔、支气管炎或肺炎。还会有恶心、呕吐、腹痛、气急及中枢神经系统症状。吸入高浓度的氟化氢，可能引起反射性窒息和中毒性肺水肿，或引起呼吸循环衰竭而死亡。

长期接触低浓度氟化氢气体可引起牙酸蚀症、干燥性鼻炎、鼻出血、牙龈出血、嗅觉减退及咽喉炎、慢性支气管炎等。

【急救措施】

急性氟化氢中毒应当防止喉头水肿和肺水肿的发生。吸入中毒者，应迅速脱离现场至空气新鲜处，保持呼吸道通畅，如呼吸困难，给予吸氧，如呼吸停止，立即进行人工呼吸。可用 2%~4%的碳酸氢钠溶液洗鼻、含漱、雾化吸入。皮肤接触者，应当用大量流动清水冲洗。眼部受污染者，需提起眼睑立即用大量清水冲洗，也可用生理盐水或 2%~3%的碳酸氢钠溶液冲洗。若口服氟化氢溶液，需先用水漱口，用0.15%的石灰水或 1%的氯化钙 100 mL 及时洗胃，再口服镁乳15~30 mL 或牛奶 100~200 mL。接触量多者，可补充钙剂，用 10%的葡萄糖酸钙 10 mL 或 5%的氯化钙 20 mL 静脉注射，每日 1~2 次。

【尸体特征】

吸入氟化氢中毒死亡者，眼结膜、鼻黏膜出现炎症，甚至溃疡、鼻中隔穿孔，支气管黏膜水肿或肺水肿。皮肤接触氟化氢气体或溶液后出现灼伤，局部发红，可出现水疱，甚至发展为苍白坏死。

【检材提取】

采集到的现场气体、提取的死者灼伤的皮肤等均可作为检材。严禁玻璃器皿存放，需低温密闭保存。

【检验方法】

离子色谱法。

仪器：离子色谱仪；色谱柱：IonPac AS14；流动相：0.0035 mol/L 的 Na_2CO_3+0.001 mol/L 的 $NaHCO_3$ 混合溶液；流速：1.2 mL/min；检测器：电导检测器（ELCD）；抑制电流：24 mA；进样量：25 μL。

氯气

【化学名称】氯气

【化学式】Cl_2

【结构式】Cl—Cl

【相对分子质量】70.91

【CAS 登记号】7782-50-5

【性状】

氯气常温常压下为黄绿色气体，有剧烈窒息性臭味。经压缩可液化为金黄色液态氯。熔点 -102 ℃，沸点 -34.6 ℃，密度 1.468 g/m³。可溶于水，易溶于碱液，遇水生成次氯酸和盐酸。不易燃，但可助燃。在日光下与易燃气体混合会发生燃烧爆炸。能与许多物质发生反应引起燃烧和爆炸。

【用途及中毒原因】

氯气广泛应用于造纸、纺织、农药、有机合成、金属冶炼、化工原料等行业及生活用水消毒。氯气中毒主要发生于工业生产时的意外泄漏，偶见恐怖袭击及军事打击。

【作用机制】

氯气主要通过呼吸道进入体内，吸入后与黏膜和呼吸道中的水分作用生成氯化氢和次氯酸，次氯酸可透过细胞膜，破坏其完整性、通透性及肺泡壁的气-血屏障，使大量浆液渗透至组织，引起眼和呼吸道黏膜炎性水肿、充血，甚至坏死，重者可出现肺水肿。次氯酸还可与半胱氨酸的巯基发生反应，抑制多种酶的活性。当吸入的氯气为高浓度时，可引起迷走神经反射性心搏骤停或喉头痉挛，发生"电击样"死亡。

【毒性】

人体对氯气的嗅阈为 0.06 mg/m³，浓度为 90 mg/m³时，可致剧咳；浓度为 120~180 mg/m³（30~60 min）时，可引起中毒性肺炎和肺水肿；

浓度为300 mg/m^3 时，可造成致命损害；浓度为3 000 mg/m^{3}时，可危及生命；浓度达到30 000 mg/m^{3}时，一般滤过性防毒面具也无保护作用。

急性中毒实验：大鼠吸入半数致死浓度（LC_{50}）为293 mg/m^3（1 h），小鼠吸入半数致死量（LC_{50}）为137 mg/m^3（1 h）。

【中毒症状】

急性中毒主要以呼吸系统损害为主要表现，起病及病情变化一般均较迅速。可出现咽喉炎、支气管炎、肺炎或肺水肿，以咽痛、呛咳、咯少量痰、气急、胸闷或咯粉红色泡沫痰、呼吸困难等症状为主要表现，肺部可无明显阳性体征或有干、湿啰音，可伴有恶心、呕吐等症状。重者可出现急性呼吸窘迫综合征、心动过速、顽固性低氧血症等。少数患者有哮喘样发作，出现喘息，肺部有哮喘音。当氯气浓度极高时可引起声门痉挛或水肿、支气管痉挛或反射性呼吸中枢抑制而致迅速窒息死亡。并发症主要有肺部继发感染、心肌损害及气胸、纵隔气肿等。X线检查：可无异常，或有两侧肺纹理增强、点状或片状边界模糊阴影或云雾状、蝶翼状阴影。此外，氯气也可引起急性结膜炎，高浓度氯气或液氯可引起眼灼伤。皮肤接触液氯或高浓度氯，在暴露部位可出现灼伤或急性皮炎。

【急救措施】

皮肤接触者，应立即脱去被污染的衣物，用大量清水冲洗；眼睛接触者，应提起眼睑，用流动清水或生理盐水反复冲洗；吸入中毒者，应迅速脱离现场至空气新鲜处；出现呼吸、心跳停止时，应立即进行人工辅助呼吸和胸外心脏按压术，不可直接进行口对口人工呼吸。

【尸体特征】

解剖可见广泛、弥漫性肺炎或肺泡性肺水肿，气道黏膜组织坏死脱落，分泌物和坏死组织可使气管、支气管阻塞。肺表面湿润，有散在出血点、出血斑及斑片状略凹陷的肺萎陷区。镜下可见肺间质毛细血管扩张、充血，肺间质和肺泡腔内有大量含蛋白质的液体渗出（肺水肿）；肺间质中还可见点状出血、灶状坏死；微血管腔内常有透明血栓和炎细胞增多。

【检材提取】

及时采集现场有毒气体及死者肺组织、呼吸道内的分泌物等。

【检验方法】

1. 显色反应

Cl_2 能置换出KI中的碘，碘能使淀粉变蓝。因此可以使用湿润的淀粉KI试纸检测氯气。

$$Cl_2+2KI= 2KCl+ I_2$$（I_2 遇淀粉变蓝）

2. 紫外-可见分光光度法（含量测定）

（1）基本原理：含溴化钾、甲基橙的酸性溶液能和氯气反应，氯气将溴化钾氧化成溴，溴能破坏甲基橙的分子结构，在酸性溶液中将红色减退，用分光光度计测定其褪色的程度，从而确定氯气的含量。

（2）仪器条件：仪器：紫外-可见分光光度计；比色皿厚度：1 cm；测量波长：507 nm；参比液：超纯水；测量模式：吸光度。

氯化氢

【化学名称】氯化氢

【化学式】HCl

【结构式】H—Cl

【相对分子质量】36.46

【CAS登记号】7647-01-0

【性状】

氯化氢为无色、有窒息性气味且不易燃烧的气体，熔点-114.2 ℃，沸点-85 ℃。有毒，腐蚀性强，对上呼吸道有强刺激性，对眼、皮肤、黏膜有腐蚀性。密度大于空气，遇潮湿的空气产生白雾，极易溶于水，水溶液呈酸性，称为氢氯酸，习惯上叫盐酸。

【用途及中毒原因】

氯化氢在众多领域中应用广泛。在化工生产和使用过程中均可接触，尤其是在工业生产中使用、储存不当造成泄漏时能引起中毒。

【作用机制】

氯化氢气体对眼、皮肤及呼吸道黏膜有较强的刺激作用，甚至可出现灼伤。当吸入氯化氢气体后，氯化氢可与黏膜上的水分作用而发生解离，形成盐酸，对局部黏膜有刺激和烧灼作用，可引起炎性水肿、充血和坏死。

【毒性】

人对氯化氢气体的嗅觉阈值为1.5～7.5 mg/m^3，当浓度达到7.5～15 mg/m^3 时，会令人感到不快。

急性中毒实验：大鼠吸入半数致死浓度

(LC_{50}) 为 4.701 mg/m^3 (30 min); 小鼠吸入半数致死浓度 (LC_{50}) 为 2.142 mg/m^3 (30 min); 哺乳类动物吸入半数致死浓度 (LC_{50}) 为 1 000 mg/m^3 (2 h)。

【中毒症状】

氯化氢气体对眼及呼吸道黏膜产生的强烈刺激，可使眼结膜、鼻及咽部黏膜红肿，角膜混浊，鼻中隔溃疡。

皮肤接触可出现刺激性炎症。

吸入氯化氢气体后，短时间接触可出现咳嗽、咽痛、窒息或有胸部压迫感，浓度较高时可引起喉痉挛及肺水肿。中毒者常表现出头昏、头痛、恶心、眼痛、声音嘶哑、呼吸困难、咯血等症状。

若长期在含有较高浓度氯化氢的环境中工作，可出现慢性气管炎；当长期接触低浓度氯化氢时，会出现头痛、失眠、皮肤干燥、慢性咳嗽、呼吸困难、心悸等症状。

【急救措施】

急性吸入氯化氢气体中毒者，应立即脱离现场，除去被污染的衣物，并注意保持呼吸道通畅。中毒者出现急性气管炎时，可用4%的碳酸氢钠溶液雾化吸入，必要时给予吸氧。对于氯化氢泄漏现场可用碱性物质如碳酸氢钠、碳酸钠、氢氧化钙等中和。

【尸体特征】

氯化氢气体中毒死亡者较少见。对于长时间吸入大量高浓度氯化氢气体中毒死亡者，可见结膜、口腔及呼吸道黏膜红肿，角膜混浊，鼻中隔溃疡，皮肤也可见红肿炎症反应。肺脏瘀血水肿，局部甚至可见坏死性病灶。慢性中毒死亡者可见门齿斑点及齿冠的消失。镜下可见呼吸道黏膜坏死，中毒迁延者坏死组织脱落形成溃疡，周围有炎细胞浸润及肉芽组织增生，同时并发重度肺炎及支气管炎。

【检材提取】

检材可提取现场气体及死者口鼻腔分泌物或肺组织及血液。

【检验方法】

离子色谱法。

仪器：离子色谱仪；色谱柱：IonPac AS14 (保护柱 AG12A)；检测器：电导检测器；淋洗液：3.5 mmol/L 的 Na_2CO_3 和 1.0 mmol/L 的 $NaHCO_3$ 混合液；淋洗液流速：1.2 mL/min。

溴化氢

【化学名称】溴化氢

【化学式】HBr

【结构式】H—Br

【相对分子质量】80.91

【CAS 登记号】10035-10-6

【性状】

溴化氢为无色、有辛辣刺激气味的气体，熔点-88.5 ℃，沸点-67 ℃，气体密度 3.5 mg/cm^3 (0 ℃)，溴化氢不活泼，不可燃，但还原性比氯化氢强。在水中溶解度较大，水溶液为氢溴酸。

【用途及中毒原因】

氢溴酸是制造各种无机溴化物和某些烷基溴化物的基本原料，同时也是医药工业、石油化工、日化产品不可缺少的主要原材料。但在工业生产等过程中需严防泄漏，工作人员吸入或长期接触低浓度的溴化氢可引起中毒。

【作用机制】

溴化氢可经呼吸道、皮肤和消化道进入人体。溴化氢溶于水生成溴氢酸。溴氢酸对黏膜和皮肤有强烈的刺激性和腐蚀性。长期接触表现出慢性呼吸道刺激症状和消化功能障碍。

【毒性】

人吸入的最小中毒浓度 (TCl_0) 为 18 mg/m^3。

急性中毒实验：大鼠吸入半数致死浓度 (LC_{50}) 为 2.858 mg/m^3 (1 h)，小鼠吸入半数致死浓度 (LC_{50}) 为 0.814 mg/m^3 (1 h)。

【中毒症状】

吸入低浓度的溴化氢可引起鼻黏膜分泌物增加、鼻黏膜出血、咽喉充血及悬雍垂水肿，也可引起胸闷、干咳、气短等症状，同时可伴有头痛、头昏、恶心、呕吐、心悸、胃痛、腹泻等全身不适。吸入高浓度中毒者，可出现剧烈咳嗽、口唇发绀、声门水肿、呼吸困难、痉挛，甚至窒息。有的还会出现化学性肺炎和肺水肿、支气管哮喘。若口服溴化氢溶液，可出现口腔、咽喉、胸骨后及腹部的疼痛，并有恶心、呕吐、吞咽困难等症状，重者可出现呕血、便血，甚至出现食管或胃穿孔等，严重者发生休克，乃至死亡。眼睛接触者可出现畏光、流泪和球结膜充血、水肿及眼睑痉挛、角膜上皮脱落等症状。皮肤接触溴化氢及氢溴酸可引起局部灼伤，呈现黑褐色厚痂，创面愈合较慢。

【急救措施】

皮肤及眼睛接触者，应立即除去衣物，用氨乙醇液（25%氨水、松节油、96%乙醇，以1∶1∶10的比例配制）冲洗。

吸入气体中毒者，应立即脱离现场至空气新鲜处，必要时给予吸氧。

口服中毒者，应予以催吐、洗胃，并用氧化镁溶液、牛奶等保护胃黏膜。适量补液、利尿，以促进毒物排泄。

溴化氢泄漏现场可通过喷洒氨水或其他稀碱液中和，并注意收集和处理废水。

【尸体特征】

溴化氢中毒死亡者，若皮肤有接触，出现接触部位的皮肤损伤，可形成黑褐色痂面。吸入者出现咽喉、气管黏膜的损伤，局部水肿、发红或有痂面形成，肺水肿。口服者出现胃黏膜出血损伤，甚至可见食管及胃穿孔。

【检材提取】

检材可提取胃内容物、现场污染物等。

【检验方法】

气相色谱法。

仪器：气相色谱仪；色谱柱：（1 m×3 mm）玻璃柱（内填40～60目GDX-101固定相）；柱温：恒温（100 ℃）；汽化室温度：130 ℃；检测器温度：130 ℃；载气：高纯氮，流速：40 mL/min；燃气：氢气，流速：160 mL/min；助燃气：空气，流速：30 mL/min；检测器：FID。

磷化氢（膦）

【化学名称】磷化氢

【化学式】PH_3

【结构式】

```
H—P—H
   |
   H
```

【相对分子质量】34.00

【CAS登记号】7803-51-2

【性状】

通常情况下磷化氢是指磷化三氢，纯品几乎无味，工业品有大蒜臭味，熔点-133 ℃，沸点-87.7 ℃，相对密度1.17，蒸气压2 MPa（-3 ℃），自燃点100～150 ℃，与空气混合可形成爆炸性混合物，爆炸下限为1.79%。微溶于水，水溶性：26 mg/100 mL，溶于乙醇、乙醚。

磷化氢有气态和液态之分，一般情况下，气态的磷化氢（PH_3）称作膦，液态的磷化氢（P_2H_4）称作联膦。纯净的膦在空气中的着火点是150 ℃，若含有联膦，常温下可自燃，能生成磷酸酐和水。

【用途及中毒原因】

磷化氢是工业合成的基本原料，可用重铬酸钾、铬酸银、活性炭、漂白粉的混悬液消除其毒性。磷化氢可用作粮食仓库的烟熏消毒剂。熏蒸杀虫使用不当、防护不良或意外渗漏等可致操作工人乃至周围居民发生急性中毒。在磷相关化合物的生产、储存、运输过程中，若防潮不良，空气湿度过高时，磷化合物吸收水分，亦可产生磷化氢，导致中毒。含磷金属元件的酸洗，亦有磷化氢的产生。日常生活中，误服含有毒鼠药磷化锌的毒饵引发的意外中毒也较常见。

【作用机制】

磷化氢主要经呼吸道吸收，首先刺激呼吸道、损伤微血管内皮细胞，导致黏膜出血、水肿，肺泡内充满血性渗出液，这是肺水肿的病理基础。磷化氢还可以抑制细胞色素氧化酶的活性，阻断电子传递、抑制氧化磷酸化过程，从而造成细胞能量障碍、组织缺氧。磷化氢还能通过广泛破坏微血管内皮细胞造成内脏器官广泛性病变。磷化氢还可作用于中枢神经系统、心血管系统和肝、肾等实质脏器，以中枢神经系统损害最为明显。

【毒性】

磷化氢为剧毒类物质。

人接触磷化氢浓度为10 mg/m^3（6 h）可引起中毒，接触磷化氢浓度为409～846 mg/m^3（0.5～1 h）可致死，接触磷化氢浓度为1 390 mg/m^{3}时可立即死亡。

急性中毒实验：大鼠吸入半数致死浓度（LC_{50}）为11 mg/m^3（4 h），小鼠吸入最低致死浓度（MLC）为380 mg/m^3（2 h）。

【中毒症状】

眼暴露在低浓度的磷化氢中会造成刺激，皮肤接触液态磷化氢会造成刺激和冻伤。严重中毒的主要途径为吸入。急性磷化氢中毒潜伏期一般为2～3 h，可长达48 h。磷化氢的大蒜臭气味明显时会出现中毒症状，主要表现有头痛、眩晕、腹泻、腹痛、恶心、呕吐、胸闷、心悸、呼吸困难、步履蹒跚等。重度中毒时可出现惊厥、昏迷、休克、肺水肿、呼吸衰竭及严重的心、肝、肾功能损害等。

【急救措施】

迅速将吸入磷化氢气体中毒者移到空气清新处，若已停止呼吸，采用人工呼吸，若呼吸困难，则给予吸氧，并迅速进行医务处理，在等待期间继续给予吸氧，必要时应用高压氧治疗。

如果身体接触磷化氢液体，应立即除去被污染的衣物，用大量的温水冲洗，并立即进行药物处理。早期、足量、短程应用糖皮质激素治疗肺水肿。

【尸体特征】

磷化氢中毒死亡者，可见瞳孔散大，鼻腔有白色泡沫状液体溢出，口唇及甲床发绀。解剖可见气管及支气管管腔内充满白色泡沫状分泌物，管壁充血、出血。肺脏饱满，呈水性肺气肿，肺切面可见大量白色泡沫状液体流出。心肌瘀血，心外膜可见到点状出血。胃黏膜可见到弥漫性出血。肝、肾出现瘀血，脑组织可出现水肿。

【检材提取】

检材可提取死者的血液和肝、肺组织及可疑现场气体等。

【检验方法】

1. 快速检验法

空气中微量的磷化氢可利用硝酸银浸过的硅胶变黑情况来进行指示。

2. 气相色谱法

仪器：气相色谱仪（配有顶空装置）；色谱柱：GDX-101（1 m×3 mm，40~60 目）玻璃填充柱；柱温：100 ℃；汽化室温度：130 ℃；检测器温度：130 ℃；载气：高纯氮，流速：40 mL/min；氢气：160 mL/min；空气：30 mL/min（点火时 80 mL/min）；检测器：火焰光度检测器（FPD）。

硫化氢

【化学名称】 硫化氢

【化学式】 H_2S

【结构式】 H—S—H

【相对分子质量】 34.07

【CAS 登记号】 7783-06-4

【性状】

硫化氢是一种具有臭鸡蛋特殊气味的气体，无色、剧毒。熔点-85.5 ℃，沸点-60.7 ℃，蒸气压 2 026.3 kPa（25.5 ℃），密度 1.19 mg/cm^3。易溶于水，能溶于醇类、石油溶剂和原油。

【用途及中毒原因】

硫化氢用于农药、医药的生产和金属精制、催化剂再生以及各种硫化物的制取。硫化氢很少有工业生产，多为化工过程的副产品。经常存在于多种生产过程以及自然界中，如采矿和有色金属冶炼、煤的低温焦化、含硫石油的开采和提炼、橡胶、制革、染料、制糖等工业。尤其是开挖和整治沼泽地、沟渠、下水道、隧道以及清除垃圾、粪便等作业时，稍有不慎极易引起硫化氢中毒。

【作用机制】

硫化氢为神经毒剂，也是窒息性和刺激性气体，在体内大部分经氧化代谢生成硫代硫酸盐和硫酸盐而解毒，代谢产物可在 24 h 内随尿排出，部分随粪便排出，少部分以原形经肺呼出，在体内无蓄积。硫化氢主要与细胞色素氧化酶中的二硫键起作用，影响细胞氧化过程，造成组织缺氧。同时，硫化氢也可以与谷胱甘肽结合，使脑和肝中的 ATP 酶活性降低。

【毒性】

人对硫化氢的嗅觉阈值为 0.41 mg/m^3。

（1）吸入浓度为 70~150 mg/m^3 的硫化氢气体，2~5 min 后嗅觉疲劳，不再闻到臭气；1~2 h可出现呼吸道及眼睛刺激症状。

（2）吸入浓度为 300 mg/m^3 的硫化氢气体，6~8 min 出现眼睛急性刺激症状，稍长时间接触可引起肺水肿。

（3）吸入浓度为 760 mg/m^3 的硫化氢气体，15~60 min，发生肺水肿、支气管炎及肺炎，出现头痛、头昏、步态不稳、恶心、呕吐等症状。

（4）吸入浓度为 1 000 mg/m^3 的硫化氢气体，数秒即可出现急性中毒，呼吸加快后继而呼吸肌麻痹而死亡。

【中毒症状】

轻度中毒者出现畏光、流泪、眼刺痛、异物感、流涕、鼻及咽喉灼热感等症状，可伴有头昏、头痛、乏力。中度中毒者立即出现头昏、头痛、恶心、呕吐、乏力、喉部发痒、咳嗽、呼吸困难、胸部压迫感、意识障碍、走路不稳等症状。重度中毒者出现头晕、心悸、行动迟钝、呼吸困难等症状，继而出现意识模糊、烦躁、呕吐、腹泻、腹痛和抽搐等症状，迅速进入昏迷状态，并发肺水肿、脑水肿，最后因呼吸肌麻痹而死亡。极重度中毒者表现为吸入 1~2 口硫化氢气体即突然倒地，瞬时呼吸停止，呈“电击样”死亡。

若小剂量长期接触，可引起眼及呼吸道慢性炎症，重者可致角膜糜烂或发生点状角膜炎，甚至发生视力障碍。全身影响可出现神经衰弱综合征及自主神经功能紊乱等。

【急救措施】

迅速将中毒者带离现场，脱去被污染的衣物，对于呼吸、心跳停止者，应立即进行胸外心脏按压术及人工呼吸（忌用口对口人工呼吸）。尽早给予吸氧，有条件时应迅速使用高压氧治疗。对于昏迷者，应立即送高压氧舱治疗。早期、足量、短程应用糖皮质激素以预防肺水肿及脑水肿，可用地塞米松 10 mg 加入葡萄糖液静脉滴注，每日一次。对肺水肿及脑水肿进行治疗时，地塞米松的剂量可增大至 40~80 mg，加入葡萄糖液静脉滴注，每日一次。对于危重患者，可用换血疗法，将失去活性的细胞色素氧化酶和各种酶及游离的硫化氢清除出去，再补入新鲜血液，换血量一般在 800 mL 左右。眼部接触者可用大量自来水或生理盐水彻底冲洗眼睛，局部用红霉素眼药膏和氯霉素眼药水，每 2 h 一次，预防和控制感染，同时局部滴鱼肝油以促进上皮生长，防止结膜粘连。

【尸体特征】

硫化氢中毒死亡者，尸表一般呈窒息死亡尸体征象，皮肤、尸斑为紫绿色或暗绿色。尸体解剖可见内部窒息征象，中毒后死亡较慢者可见化学性肺炎、中毒性肺水肿、脑水肿，心、肝、肾出现损害，胸腹腔积液较多，小肠贴腹壁表面呈暗绿色等。

【检材提取】

检材可提取死者的血液、肺组织等，并注意采集现场的硫化氢气体。

【检验方法】

1. 显色反应

将 1 g 醋酸铅溶于 20 mL 去离子水中，把 5 mm×30 mm 的滤纸条浸到醋酸铅溶液中，即成醋酸铅试纸。该试纸遇硫化氢气体，或沾上含硫化物的酸性溶液即变黑色，由此可判断是否有硫化氢或硫化物存在。

2. 气相色谱-质谱法

仪器：气相色谱-质谱联用仪（配备顶空装置）；色谱柱：Plot - Q（30 m × 0.25 mm × 0.25 μm）弹性石英毛细管柱；柱温：初始温度 60 ℃，保持 2 min，以 10 ℃/min 的升温速率升温至 240 ℃，保持 5 min；进样口温度：240 ℃；传输线温度：240 ℃；离子源：电子轰击源（EI）；离子源温度 240 ℃；溶剂延迟：2 min；扫描方式：全扫描；质量范围：10~100 amu；载气：高纯氦，流速：1 mL/min。

氰化氢

【化学名称】氰化氢

【化学式】HCN

【结构式】 H—C≡N

【相对分子质量】27.03

【CAS 登记号】74-90-8

【性状】

氰化氢为无色剧毒气体，且伴有轻微的苦杏仁气味。熔点 -14 ℃，沸点 26 ℃，相对密度 0.69，闪点 -17.8 ℃，蒸气压 101.08 kPa（760 mmHg，25.8 ℃）。氰化氢蒸气与空气混合可形成爆炸性混合物，爆炸极限为 6%~41%。易溶于水、乙醇，微溶于乙醚。水溶液即氢氰酸，呈弱酸性。

【用途及中毒原因】

氢氰酸是一种强烈的、具有急性作用的毒剂，主要用于丙烯腈和丙烯酸树脂及农药杀虫剂的制造。短时间内吸入高浓度氰化氢气体，可立即引起呼吸停止而死亡，氢氰酸也可以通过皮肤吸收引起中毒。中毒原因多为自杀、他杀或生产运输过程中的意外事故等，少见于恐怖袭击。

【作用机制】

氰化氢可溶于水生成氢氰酸，氢氰酸可经消化道、呼吸道和皮肤被机体吸收。氰化氢进入机体后，CN^- 可与体内多种酶的重要辅基如铁、铜、锌等活性金属离子结合，导致相应酶类失活。其中，尤以三价铁离子（Fe^{3+}）与 CN^- 的亲和力最强，且反应迅速，能很快使细胞失去对氧的利用能力，引起细胞“内窒息”，中断电子传递，使某些生物氧化过程终止，导致细胞死亡。由此可见，CN^-对细胞呼吸酶的抑制造成内窒息是其核心的毒性作用，故中枢性呼吸衰竭是氰化物中毒致死的根本所在。

【毒性】

人口服最低致死量（MLD）为 570 μg/kg。人吸入最低致死浓度（MLC）为 120 mg/m^3（1 h）或 200 mg/m^3（10 min）或 400 mg/m^3（2 min）。人皮下注射最低致死量（MLD）为 1 mg/kg。

急性中毒实验：小鼠吸入半数致死浓度（LC_{50}）为 357 mg/m^3（5 min）。

【中毒症状】

吸入氰化氢，可出现眼、咽喉及呼吸道黏膜刺激症状；口服氰化氢，口腔、咽喉有麻木和烧灼感，并出现流涎、呕吐，并伴有头昏、头痛、耳鸣、乏力等症状。严重者可出现胸闷、呼吸困难、心悸、胸部紧迫感等症状，皮肤、黏膜呈鲜红色，血压升高、心率过快、心律不齐及传导阻滞、瞳孔先缩小后扩大，并有眼球突出及恐怖面容，甚至出现昏迷。随着中毒进一步加重，可出现大汗淋漓、大小便失禁、强直性惊厥、体温下降，感觉和各种反射均消失，呼吸浅而慢，最终可因呼吸肌麻痹而死亡。症状严重者治愈后可遗留神经衰弱综合征等后遗症。

长期小剂量接触氰化氢会出现神经衰弱及自主神经功能紊乱的症状，以及胃肠功能紊乱、神经肌肉酸痛、全身乏力等症状。

【急救措施】

立即脱离现场至空气新鲜处；皮肤接触液体者，应立即脱去污染的衣物，用流动清水或5%的硫代硫酸钠溶液反复冲洗皮肤；眼睛接触者，应用生理盐水或清水冲洗 5 ~ 10 min；口服者，应用0.2%的高锰酸钾溶液或5%的硫代硫酸钠溶液洗胃；猝死者应同时立即进行心肺脑复苏；急性中毒病情进展迅速者，应立即就地应用解毒剂。

吸入亚硝酸异戊酯（1～2 支压碎于纱布中），随后用 3%的亚硝酸钠 10 mL 静脉注射，再以同一针头注入 25%～50%的硫代硫酸钠 20～50 mL。必要时 1h 后重复注射半量或全量，或用 4-二甲氨基苯酚（4-DMAP）2 mL 肌内注射。

【尸体特征】

尸僵出现早且强，尸斑呈鲜红色，有时在面颈、胸部有点状出血；心腔及大血管内血液呈鲜红色流动状；胸膜、心包膜及肺浆膜下有斑点状出血；各脏器充血；肺水肿；消化道充血、水肿，食管下段、胃及十二指肠黏膜呈暗红色，可见糜烂、坏死；胃肠内可嗅到苦杏仁气味。镜下可见脑充血、水肿，神经细胞变性、坏死等。

【检材提取】

若氰化氢经皮肤、黏膜吸收，应采取局部皮肤、黏膜或肌肉组织。对于口服氰化氢中毒者，其剩余的食物、呕吐物、胃肠及其内容物、血液及肝、肾、脑等组织均可作为检材。在取材时，需注意盛装的容器应不留空隙，需冷藏、尽早送检，以防毒物分解或挥发而损失。

【检验方法】

1. 化学法（普鲁士蓝显色反应）

取检材 5 g，放入三角烧瓶中，加水使之呈粥状，加 10%的酒石酸使其呈明显酸性，在瓶口盖一硫酸亚铁-氢氧化钠试纸，用小火缓缓加热，待瓶内液体沸腾后，取下试纸，浸入 1%的稀硫酸溶液中，若试纸变蓝则示有氰根离子存在。

2. 气相色谱法

（1）样品前处理：取检血 0.5 mL 于一顶空瓶中，加 0.3 mL 去离子水，密封。通过聚四氟乙烯垫注入 50%的磷酸水溶液 0.2 mL，50 ℃保温 30 min，进样检测。

（2）仪器条件：仪器：气相色谱仪（配备有顶空装置）；色谱柱：Agilent DB-FFAP（30 m×0.25 mm×0.25 μm）弹性石英毛细管柱；载气：高纯氮，流速：1.0 mL/ min；进样口温度：180 ℃；进样方式：分流进样，分流比：25 ∶ 1；柱温：初始温度 110 ℃，保持 4 min，以 10 ℃ / min 的升温速率升温至 160 ℃，保持 5 min；检测器温度：200 ℃；检测器：FID。

砷化氢（胂、三氢化砷、砷烷）

【化学名称】 砷化氢

【化学式】 AsH_3

【结构式】

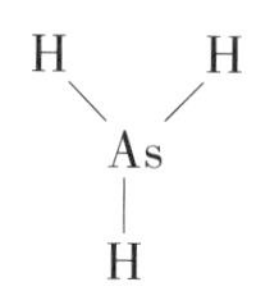

【相对分子质量】77.95

【CAS 登记号】7784-42-1

【性状】

砷化氢在常温常压下为无色气体，熔点-117 ℃，沸点-55 ℃，相对密度 2.695（气体），蒸气压 1463 kPa（11 000 mmHg，20 ℃），有大蒜气味，且剧毒可燃，是强烈的溶血性毒物。在水中的溶解度为 20 mL/100 g（20 ℃），微溶于乙醇及碱性溶液，溶于氯仿和苯。遇明火易燃烧，燃烧时呈蓝色火焰并生成三氧化二砷。

【用途及中毒原因】

砷化氢广泛应用于半导体工业，也可用于合成各种有机砷化合物。当含砷的硅铁在冶炼和储存时接触潮湿的空气，或用水浇熄炽热含砷矿物的炉渣时，均可产生砷化氢，防护不当误吸入能引起中毒。

【作用机制】

砷化氢是强烈的溶血性毒物。砷化氢经呼吸道吸收后，绝大部分与血红蛋白结合，形成血红蛋白过氧化物，通过谷胱甘肽过氧化酶作用，使还原型谷胱甘肽氧化成氧化型谷胱甘肽，当谷胱甘肽减少时，红细胞的通透性就会发生改变，造成细胞膨胀、变形和红细胞膜破裂等，从而引起溶血。大量溶血可出现贫血、溶血性黄疸及血红蛋白尿。同时，游离的血红蛋白及红细胞破坏产物还会堵塞肾小管。此外，砷化氢本身对肾脏及血管也有直接损害作用，二者共同作用的结果即引起急性肾功能衰竭。

【毒性】

人吸入浓度为 30 mg/m^3 的砷化氢气体 1 h，可引起严重中毒；吸入浓度为 50 mg/m^3 的砷化氢气体 1 h，可急性中毒死亡。

急性中毒实验：大鼠吸入半数致死浓度（LC_{50}）为 390 mg/m^3（10 min），小鼠吸入半数致死浓度（LC_{50}）为 250 mg/m^3（10 min）。

【中毒症状】

砷化氢中毒一般有 30 min 至数小时的潜伏期，吸入浓度极高者可在数分钟内发病。中毒较轻者出现巩膜及皮肤黄染、呕吐、畏寒、发热、腰背酸痛或腹痛、酱油色尿、轻度贫血等急性血管内溶血的临床症状，可伴有轻度肝、肾损害。中毒较重者迅速出现溶血症状，出现寒战、高热、巩膜明显黄染、全身皮肤呈古铜色、严重的腰背酸痛或腹痛、尿呈深酱油色及少尿、无尿等急性肾功能衰竭的临床症状，可伴有休克、意识障碍、中毒性肝病、中毒性心肌损害等多脏器功能损害的表现。

【急救措施】

吸入砷化氢中毒者，应迅速脱离现场至空气新鲜处，保持呼吸道通畅，如出现呼吸困难，立即给予吸氧。中毒较重者应用肾上腺糖皮质激素进行治疗，并采取其他必要的对症治疗。

【尸体特征】

砷化氢中毒死亡者出现全身重度黄疸。肾肿大，质软、皮质增宽，表面及切面呈深酱油色。镜下可见肾小球毛细血管内皮细胞肿胀，基底膜疏松。肾小管管腔内充塞血红蛋白，形成广泛肾小管阻塞。肾小管上皮细胞变性坏死，以近曲小管及远曲小管为主。肾间质明显水肿，可见散在的出血和炎细胞浸润。还会出现脑水肿、脑组织散在灶状出血，肝细胞脂肪变性及多发性灶性坏死，心肌间质瘀血、水肿及炎细胞浸润。

【检材提取】

解剖提取死者的尿液和肝、肾组织。并注意及时采集现场的砷化氢气体。

【检验方法】

1. 紫外-可见分光光度法

砷化氢气体用次溴酸钠吸收并氧化成正砷酸，正砷酸与钼酸铵作用生成砷钼黄杂多酸络合物，用硫酸肼将其还原成砷钼蓝，用紫外-可见分光光度计在 840 nm 波长处测量吸光度。

2. 气相色谱-质谱法

仪器：气相色谱-质谱联用仪（带顶空装置）；色谱柱：Plot-Q（30 m × 0.25 mm × 0.25 μm）；弹性石英毛细管柱；柱温：初始温度 60 ℃，保持 2 min，以 10 ℃/min 的升温速率升温至 240 ℃，保持 5 min；进样口温度：240 ℃；传输线温度：240 ℃；离子源：电子轰击源（EI），能量：70 eV；离子源温度：240 ℃；溶剂延迟：2 min；扫描方式：全扫描；质量范围：10 ~ 100 amu；载气：高纯氦，流速：1 mL/min。

甲烷

【化学名称】甲烷

【化学式】CH_4

【结构式】

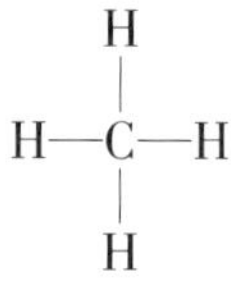

【相对分子质量】16.04

【CAS 登记号】74-82-8

【性状】

甲烷在标准状态下是一种无色、无味的可燃性气体。密度（标准状况）0.717 mg/cm^3，沸点-161.5 ℃，熔点-182.48 ℃，燃烧热 889.5 kJ/mol，临界温度-82.6 ℃。微溶于水，溶于醇和乙醚。与空气的混合气体在点燃时会发生爆炸，爆炸极限为 5.3%~14.0%（*V*/*V*）。

【用途及中毒原因】

甲烷是天然气、沼气、煤矿坑井气的主要成分，不仅是优质的气体燃料，而且也是制造合成气和许多化工产品的重要原料。因其与我们的生活密切相关，所以在使用过程中不仅会因为甲烷自身泄漏而造成中毒，而且也会因为甲烷燃烧时耗氧量太大造成缺氧和产生一氧化碳而引起中毒，尤其是因为甲烷泄漏造成的爆炸事件更是屡见不鲜。

【作用机制】

甲烷属微毒气体，同时也是一种窒息剂，在密闭空间内可能会取代氧气，使人产生窒息。甲烷的浓度相对较低时，可使人出现头晕、头痛等轻度缺氧症状，若浓度较高可使人窒息死亡。液态的甲烷由于温度很低，可对接触部位的皮肤产生冻伤。

【毒性】

当空气中甲烷浓度达到 25%~30%时，可引起轻度中毒。若不及时脱离，可致窒息死亡。

急性中毒实验：小鼠吸入半数致死浓度（LC_{50}）为 50%（2 h）。

【中毒症状】

人在低浓度甲烷环境下能引起轻度中毒，可出现头痛、头晕、胸闷、气短、乏力、恶心、呕吐、注意力不集中、呼吸和心跳加速、共济失调等症状。高浓度甲烷对呼吸道黏膜有强烈刺激作用，导致化学性肺炎，严重者可发生急性肺水肿、脑水肿及脑损伤。吸入量更多时可出现晕厥、大便失禁，甚至昏迷、死亡。皮肤接触液化的甲烷，可致冻伤，表现为局部红肿、变硬等。

【急救措施】

吸入中毒者，应迅速脱离现场至空气新鲜处，保持呼吸道通畅，如呼吸困难，给予吸氧，如呼吸停止，需立即进行人工呼吸。及时发现并处理可能出现的脑水肿，必要时采用高压氧治疗。忌用有抑制呼吸作用的吗啡和巴比妥类药物。

【尸体特征】

甲烷中毒死亡者，可出现发绀、瘀点性出血、尸冷缓慢等一般窒息死亡的尸体征象。空白血通入天然气后，血液颜色呈玫瑰红色，可作为中毒性特征参考。

【检材提取】

检材可提取死者的血液、肺组织及现场的甲烷气体等。

【检验方法】

气相色谱-质谱法。

仪器：气相色谱-质谱联用仪（带顶空装置）；色谱柱：Plot-Q（30 m×0.25 mm×0.25 μm）弹性石英毛细管柱；柱温：初始温度 60 ℃，保持 2 min，以 10 ℃/min 的升温速率升温至 240 ℃，保持 5 min；进样口温度：240 ℃；传输线温度：240 ℃；离子源：电子轰击源（EI），能量：70 eV；离子源温度 240 ℃；溶剂延迟：2 min；扫描方式：全扫描；质量范围：10~100 amu；载气：高纯氦，流速：1 mL/min。

丙烷

【化学名称】丙烷

【化学式】C_3H_8

【结构式】

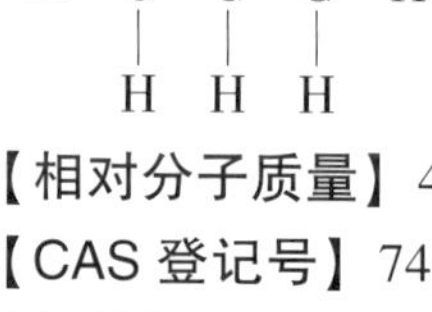

【相对分子质量】44.10

【CAS 登记号】74-98-6

【性状】

丙烷为无色、无味的易燃性气体，熔点-187.6 ℃，沸点-42.09 ℃，气体密度 1.826 mg/cm^3，燃点 450 ℃，临界温度 96.8 ℃，临界压力 4.25 MPa。微溶于水，溶于乙醇、乙醚等。与空气混合可形成爆炸性混合物，爆炸极限为

2.4%~9.5%（V/V）。

【用途及中毒原因】

丙烷主要用作燃料和加压气体，更是化工生产的常见原材料。丙烷中毒多见于意外事故，少见于自杀事件。

【作用机制】

丙烷是一种窒息性气体，属微毒类毒物，有轻度麻醉和刺激作用，主要作用于中枢神经系统。液态的丙烷由于温度很低，可对接触部位的皮肤产生冻伤。

【毒性】

人短暂接触浓度为1%的丙烷，不引起中毒症状；浓度在10%以下的丙烷，只能引起轻度头晕；接触高浓度的丙烷时可出现麻醉状态、意识丧失；接触极高浓度的丙烷可致窒息。

急性中毒实验：大鼠吸入半数致死浓度（LC_{50}）为658 g/m^3（4 h）。

【中毒症状】

吸入丙烷后仅有不同程度的头晕。工业生产中较常见的为丙烷、乙烷或丁烷等的混合气体，可引起头痛、头晕、恶心、呕吐、兴奋或嗜睡、肌无力、脉缓等症状，严重时表现为麻醉状态及意识丧失。皮肤接触液化的丙烷，可致冻伤，表现为局部红肿、变硬等。

【急救措施】

皮肤或眼睛接触液态丙烷致冻伤者，若冻伤处仍未完全解冻，可先用42 ℃左右的温水浸洗，待皮肤复温后再做创面处理。

吸入中毒者，应迅速脱离现场至空气新鲜处，保持呼吸道通畅，如呼吸困难，给予吸氧，如呼吸停止，需立即进行人工呼吸。

【尸体特征】

丙烷中毒死亡者较少见。除皮肤接触液态丙烷出现局部红肿外，中毒死亡者无十分特殊的尸体征象。可有发绀、瘀点性出血、尸冷缓慢等一般窒息死亡的尸体征象。

【检材提取】

检材可提取丙烷气体、死者的血液和肺组织。

【检验方法】

参见“甲烷”。

丁烷（甲基乙基甲烷、正丁烷）

【化学名称】丁烷

【化学式】C_4H_{10}

【结构式】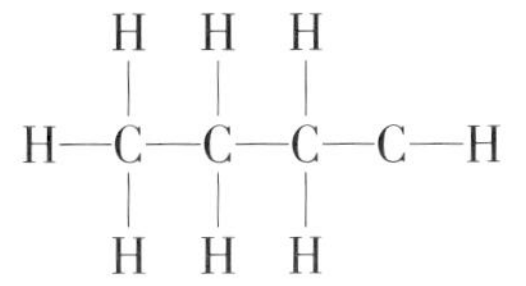

【相对分子质量】58.12

【CAS登记号】106-97-8

【性状】

该品有直链的正丁烷和支链的异丁烷两种异构体。直链的正丁烷又称丁烷，是一种无色、有轻微不愉快气味的气体，易液化、易燃，存在于油田气、湿天然气和裂化气中。熔点-138.4 ℃（135.4 K），沸点-0.5 ℃（272.6 K），密度600 mg/cm^3（液态，0 ℃）。不溶于水，易溶于乙醇、乙醚、氯仿及其他烃类。与空气混合可形成爆炸性混合物，其中正丁烷的爆炸极限为1.6%~8.5%（V/V），异丁烷的爆炸极限为1.9%~8.4%（V/V）。

【用途及中毒原因】

丁烷是一种易燃易压缩的气体，在工业生产中除直接用作燃料和冷冻剂之外，还是制造多种化工产品的原材料。在运输、储藏和使用过程中，谨防泄漏，以免造成中毒。

【作用机制】

丁烷是一种窒息性气体，属微毒类毒物，有轻度麻醉和刺激作用，主要作用于中枢神经系统。液态的丁烷由于温度很低，可对接触部位的皮肤产生冻伤。

【毒性】

急性中毒实验：大鼠吸入半数致死浓度（LC_{50}）为658 g/m^3（4 h），小鼠吸入半数致死浓度（LC_{50}）为680 g/m^3（2 h）。

【中毒症状】

吸入丁烷后仅有不同程度的头晕。工业生产中较常见的为丙烷、乙烷或丁烷等的混合气体，可引起头痛、头晕、恶心、呕吐、兴奋或嗜睡、肌无力、脉缓等症状，严重时表现为麻醉状态及意识丧失。皮肤接触液化的丙烷，可致冻伤，表现为局部红肿、变硬等。

【急救措施】

皮肤或眼睛接触液态丙烷致冻伤者，若冻伤处仍未完全解冻，可先用 42 ℃左右的温水浸洗，待皮肤复温后再做创面处理。

吸入中毒者，应迅速脱离现场至空气新鲜处，保持呼吸道通畅，如呼吸困难，给予吸氧，如呼吸停止，需立即进行人工呼吸。

【尸体特征】

丁烷中毒死亡者较少见。除皮肤接触液态丁烷出现局部红肿外，中毒死亡者无十分特殊的尸体征象。可有发绀、瘀点性出血、尸冷缓慢等一般窒息死亡的尸体征象。

【检材提取】

检材可提取丁烷气体、死者的血液和肺组织。

【检验方法】

参见“甲烷”。

氨气

【化学名称】氨

【化学式】NH_3

【结构式】

【相对分子质量】17.03

【CAS 登记号】7664-41-7

【性状】

氨气为无色气体，有刺激性恶臭味，标准状况下的密度为 0.771 mg/cm^3，熔点 -77.7 ℃，沸点-33.5 ℃，相对密度 0.597 1（空气=1）。在常温下加压可以液化，成为液态氨。氨气极易溶于水（700∶1，V/V）生成氢氧化铵（即氨水）。

【用途及中毒原因】

氨是重要的化工原料，用途很广，常用于石油冶炼、化肥制造、合成纤维、制革及医药、塑料、染料等制造业中，也是常用的制冷剂。长期接触可引起氨气中毒，因此，在生产过程中应防止氨气意外泄漏。

【作用机制】

氨气主要作用于呼吸系统，对黏膜有刺激和腐蚀作用。接触低浓度氨气，可使眼结膜、鼻咽部和呼吸道黏膜充血、水肿。氨进入肺泡后，除少部分与二氧化碳结合外，大部分与水结合形成氢氧化铵，并迅速渗透到组织内，使组织蛋白变性，脂肪组织皂化，细胞结构破坏，造成组织坏死。

【毒性】

人吸入最低致死浓度（MLC）为 5 mg/m^3（5 min）。接触浓度为 553 mg/m^3 的氨气，可引发强烈的刺激症状，人能耐受 1.25 min；在 3 500~7 000 mg/m^3 浓度下，人可立即死亡。

急性中毒实验：大鼠吸入半数致死浓度（LC_{50}）为 2 mg/m^3（4 h），小鼠吸入半数致死浓度（LC_{50}）为 4.23 mg/m^3（1 h）。

【中毒症状】

吸入高浓度氨气后，很快出现肺水肿，咳出血样痰或粉红色泡沫样痰，伴有烦躁、抽搐、发绀、呼吸困难等症状，甚至休克或昏迷，最终因呼吸停止而死亡。经治疗好转者，可在起床活动时，因气管和支气管内坏死黏膜组织突然大片脱落，阻塞呼吸道而引起窒息死亡。皮肤接触高浓度氨气或氨水中毒者，皮肤可形成化学灼伤。

【急救措施】

氨气中毒者，应迅速脱离中毒现场，呼吸新鲜空气或氧气。呼吸浅、慢时可酌情使用呼吸兴奋剂。呼吸、心跳停止者，应立即进行心肺复苏。喉头痉挛、声带水肿时应迅速做气管插管或气管切开。皮肤或眼睛接触者，应立即脱去衣物，用清水或 1%~3%的硼酸水彻底清洗局部，眼部应点抗生素及可的松眼药水。静脉滴注 10%的葡萄糖溶液、葡萄糖酸钙、肾上腺皮质激素、抗生素，预防感染和喉头水肿。雾化吸入地塞米松、抗生素溶液。昏迷患者，静脉注射 20%的甘露醇 250 mL，每 6~8 h 一次，以降低颅内压。

【尸体特征】

吸入氨气中毒死亡者的咽喉、气管和各级支气管壁可见灰黄色片块状假膜覆盖，使管腔明显变窄，有明显氨臭味。镜下可见假膜由坏死组织、大量炎细胞、纤维素及红细胞组成。坏死组织脱落后形成的溃疡可深达软骨。肺肿大，重量增加，胸膜脏层可见点片状出血，切面重度水肿，有淡红色泡沫状液体溢出。镜下可见肺出血、水肿，有透明膜形成，有的可见散在的支气管肺炎改变。心外膜下点状出血，心肌间质瘀血、水肿；肝瘀血，肝细胞脂肪变性；肾瘀血、肾小管上皮细胞水变性；脑瘀血、水肿，少数小血管周围有渗出性出血。皮肤接触中毒死亡者，还可引起不同程度的化学灼伤。

【检材提取】

检材可提取死者的呕吐物、胃内容物、肺组织等。

【检验方法】

1. 显色反应

氨气极易溶于水生成氢氧化铵，氢氧化铵呈碱性能使红色的石蕊试纸变蓝。

2. 气相色谱法

仪器：气相色谱仪；色谱柱：CP－Volamine（60 m×0.32 mm×0.25 μm）弹性石英毛细管柱；柱温：初始温度 40 ℃，保持 10 min，以 20 ℃/min的升温速率升温至 250 ℃；载气：氦气（68 kPa）；进样口温度：250 ℃；检测器温度：260 ℃；进样方式：分流进样，分流比：50∶1；检测器：TCD。

重氮甲烷（叠氮甲烷）

【化学名称】重氮甲烷

【化学式】CH_2N_2

【结构式】

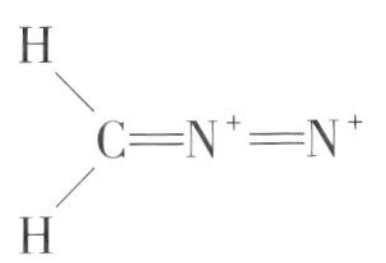

【相对分子质量】42.04

【CAS 登记号】334－88－3

【性状】

重氮甲烷室温下是一种不稳定的黄色有毒气体，有强烈的刺激性气味。熔点－145.0 ℃，沸点－23.0 ℃，相对密度（水＝1）为 1.40。溶于乙醇、乙醚。受热、遇火、摩擦、撞击会导致爆炸。

【用途及中毒原因】

重氮甲烷是最简单的重氮化合物，室温下是不稳定的有毒气体，具有爆炸性，一般使用其乙醚溶液，作为甲基化试剂，也用于制取亚甲基卡宾。在生产和使用及制备时通风效果必须良好，否则极易造成中毒。

【作用机制】

重氮甲烷通过吸入方式进入人体后，对呼吸道具有强烈的刺激作用，能够抑制中枢神经系统。

【毒性】

重氮甲烷具有致癌性。阈限值：0.34 mg/m³。

急性中毒实验：大鼠经口半数致死量（LD_{50}）为 380 mg/kg，猫吸入半数致死浓度（LC_{50}）为 200 mg/m³（10 min）。

【中毒症状】

急性中毒可出现剧烈刺激性咳嗽、呼吸困难、胸痛等症状，并伴有疲乏无力、呕吐、冷汗、脉快而弱等症状。严重者可发生肺炎、肺水肿、休克、昏迷，甚至死亡。

【急救措施】

中毒者应迅速脱离现场至空气新鲜处，保持呼吸道通畅。如呼吸困难，给予吸氧；如呼吸停止，需立即进行人工呼吸。

【尸体特征】

临床过程似暴发性肺炎。尸检可见弥漫性急性气管炎、支气管炎、细支气管炎和支气管肺炎。心、肝、肾有继发性病变；食道、胃肠道也有急性炎症改变。

【检材提取】

检材可提取现场的重氮甲烷气体和死者的肺组织等。

【检验方法】

气相色谱－质谱法。

仪器：气相色谱－质谱联用仪（带顶空装置）；色谱柱：Plot－Q（30 m×0.25 mm×0.25 μm）弹性石英毛细管柱；柱温：60 ℃，保持 2 min，以 10 ℃/min 的升温速率升温至 240 ℃，保持 5 min；进样口温度：240 ℃；载气：高纯氦，流速：1 mL/min；离子源：电子轰击源（EI），能量：70 eV；离子源温度：240 ℃；传输线温度：240 ℃；溶剂延迟：2 min；扫描方式：全扫描；质量范围：10～100 amu。

第二节　挥发性毒物

乙醛（醋醛）

【化学名称】乙醛

【化学式】CH_3CHO

【结构式】

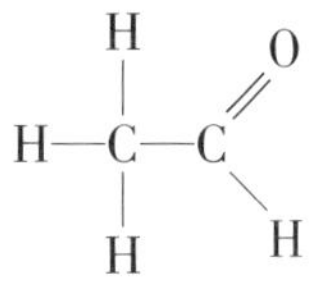

【相对分子质量】44.05

【CAS 登记号】75-07-0

【性状】

乙醛常温下为液态，无色、可燃，有刺鼻的气味。熔点-123.5 ℃，沸点 20.2 ℃。可以被还原为乙醇，也可以被氧化成乙酸。

【用途及中毒原因】

乙醛主要用于制造醋酸、醋酐、合成树脂、橡胶、塑料、香料，也用于制革、制药、造纸、医药及作防腐剂、防毒剂、显像剂、溶剂、还原剂等。工业生产中的意外事故可引起中毒，少见于自杀、投毒或误服。

【作用机制】

乙醛属微毒类液体，对皮肤及上呼吸道黏膜有刺激作用，主要经呼吸道和胃肠道进入人体内。可抑制各种含巯基酶（如醛脱氢酶）的活性。

【毒性】

急性中毒实验：大鼠经口半数致死量（LD_{50}）为 1.93 g/kg，大鼠吸入半数致死浓度（LC_{50}）为 37 g/m^3（0.5 h），首先表现出明显兴奋症状，15 min 后即出现麻醉，存活者迅速恢复。猫接触浓度为 2 g/m^3 的乙醛时，则出现严重刺激症状，在乙醛浓度为 20 g/m^3 的环境下经 1~2 h，可因呼吸肌麻痹而死亡。

【中毒症状】

口服乙醛中毒者，症状表现为恶心、呕吐、腹泻、意识障碍等。

吸入高浓度乙醛时，可出现神志不清、头痛、嗜睡、剧烈咳嗽、腹泻、蛋白尿等症状。

低浓度长期接触（吸入），有类似慢性乙醇中毒的表现。

【急救措施】

吸入中毒者，应迅速脱离现场，必要时给予吸氧，雾化吸入 2% 的碳酸氢钠、地塞米松等。出现肺炎或肺水肿时应及早对症处理。

【尸体特征】

乙醛中毒死亡者较少见。皮肤有接触者可见局部出现红肿等皮炎改变。吸入中毒者会出现支气管炎症、肺水肿，肝脏和心肌脂肪性变。口服中毒者口部周围及口腔黏膜可见红肿，食管和胃黏膜也出现红肿，病理组织学检验可见肝、肾和心肌的损害。动物尸检主要发现为肺水肿。

【检材提取】

检材可提取肝脏、血液、胃内容物、呕吐物等。

【检验方法】

气相色谱法。

仪器：气相色谱仪；色谱柱：美国 SMA 5% 聚乙二醇（30 m×0.53 mm × 2.0 μm）弹性石英毛细管柱；进样口温度：160 ℃；检测器温度：180 ℃；柱温：恒温（76 ℃）；检测器：FID。

乙酸（醋酸）

【化学名称】乙酸

【化学式】CH_3COOH

【结构式】

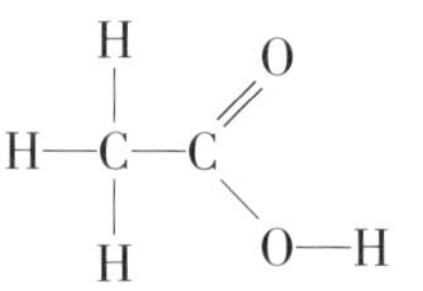

【相对分子质量】60.05

【CAS 登记号】64-19-7

【性状】

乙酸在常温下是一种有强烈刺激性酸味的无色液体。熔点 16.6 ℃，沸点 117.9 ℃，相对密度 1.05，闪点 39 ℃。乙酸易溶于水和乙醇，其水溶液呈弱酸性。纯的乙酸在低于熔点时会冻结成冰状晶体，所以无水乙酸又称为冰醋酸。

【用途及中毒原因】

乙酸按用途可分为工业乙酸和食用乙酸两种，食用乙酸可作酸味剂、增香剂，常用来制造食用醋。工业乙酸主要用于醋酸乙烯、醋酐、醋酸纤维、醋酸酯和金属醋酸盐等的生产，也用作农药、医药和染料等工业的溶剂和原料。同时，在照相药品制造、织物印染和橡胶工业中也有广泛的用途。乙酸虽然可以食用，但不能过量，否则亦可导致中毒。

【作用机制】

乙酸主要是通过对皮肤、黏膜的刺激作用而造成各种损伤。

【毒性】

人经口服的最低中毒量为1.47 mg/kg，口服致死剂量为20~50 g。

急性中毒实验：大鼠经口半数致死量（LD_{50}）为3.3 g/kg，大鼠吸入半数致死浓度（LC_{50}）为12.3 g/m^3（1 h）。

【中毒症状】

皮肤接触能产生红斑，严重者可引起化学灼伤。

眼睛接触者出现结膜充血、眼睑水肿等。

吸入中毒者可引起鼻咽部刺激、流涕、咽痛、呼吸困难、剧烈干咳、发绀及双肺湿啰音。

口服中毒者能引起口腔和消化道溃疡，出现呕吐、血性腹泻等腐蚀性胃肠炎，严重者可导致休克而死亡。

长期接触者可引起慢性咽炎、慢性支气管炎等。

【急救措施】

（1）皮肤接触者：应立即除去衣物，用大量清水、生理盐水或4%的碳酸氢钠溶液清洗。

（2）眼睛接触者：应立即用大量清水、生理盐水或2%的碳酸氢钠溶液冲洗。

（3）吸入中毒者：需立即脱离现场至空气新鲜处，给予吸氧，也可给予2%~4%的碳酸氢钠溶液雾化吸入，以防治化学性肺炎。

（4）口服中毒者：首先催吐，再用温水或2.5%的氧化镁溶液洗胃，不可用碳酸氢钠溶液，以免产生二氧化碳引起胃穿孔，可适量口服牛奶、豆浆及蛋清等保护胃黏膜。

【尸体特征】

乙酸中毒死亡者较少见。皮肤及黏膜接触者，会出现皮肤发红、黏膜充血及水疱等，严重者肺脏有炎症表现，食管、胃黏膜也可看到红肿及出血。

【检材提取】

检材可提取血液、胃内容物、呕吐物等。

【检验方法】

气相色谱法。

仪器：气相色谱仪；色谱柱：Porapak QS（2 m×3 mm）玻璃填充柱；柱温：150 ℃；进样口温度：200 ℃；检测器温度：200 ℃；载气：高纯氮，流速：2.96 mL/min；进样量：2 μL；检测器：FID。

乙醚（二乙基醚，乙氧基乙烷，二乙醚）

【化学名称】1，1’-氧代二乙烷

【化学式】$C_4H_{10}O$

【结构式】

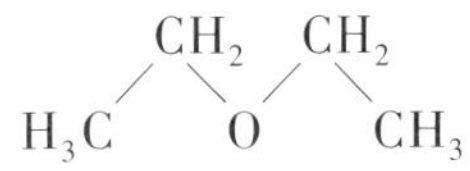

【相对分子质量】74.12

【CAS登记号】60-29-7

【性状】

乙醚为易流动的无色透明液体，极易挥发，有令人爽快的特殊芳香气味，熔点-116.3 ℃，沸点34.6 ℃。难溶于水，易溶于乙醇和氯仿。极易挥发和引燃，乙醚蒸气与空气的混合物极易爆炸，爆炸极限为1.85%~36.5%（V/V）。此外，乙醚蒸气还能使人失去知觉，甚至死亡。

【用途及中毒原因】

乙醚是一种常见的优良溶剂。医药工业用作药物生产的萃取剂和医疗上的麻醉剂；毛纺、棉纺工业用作油污洁净剂；火药工业用于制造无烟火药。因其在医药上是一种主要的麻醉剂，故在使用过程中因用量过大或滴入过快而造成的中毒时有发生，也常被不法人员用于麻醉抢劫。

【作用机制】

乙醚属于全身麻醉药。主要作用于中枢神经系统，引起全身麻醉。一般认为，乙醚引起的意识障碍与脑干网状结构上行激活系统受到抑制有关，而肌张力减弱则是抑制脊髓所致。乙醚还可抑制中枢突触递质——乙酰胆碱的释放。

乙醚经呼吸道吸入，在肺泡内很快被吸收，随血液迅速进入脑和脂肪组织中。随着血液中药物浓度的不断增加，对机体的作用越来越深，最终药物作用于脑干、延髓，使呼吸中枢受到抑制甚至麻痹而死亡。

【毒性】

人经口最小致死量（MLD）为25~30 mL，中毒血药浓度为1 300~1 400 μg/mL，致死血药浓度为1 500~1 900 μg/mL。

乙醚蒸气浓度超过30%可直接作用于心脏传导系统引起心律失常或者心搏骤停。

【中毒症状】

吸入乙醚过量，麻醉加深时可出现呼吸浅慢、心搏无力、血压降低、瞳孔散大、脉搏细速、各种深浅反射均减弱或消失、呼吸极不规则、呼吸节律紊乱和出现较长时间的停顿等症状，最终因呼吸衰竭而死亡。

【急救措施】

急性中毒时，应迅速将患者移离现场，保持呼吸道通畅，出现呼吸衰竭时，应立即给予吸氧。必要时行紧急气管插管、人工呼吸，应用中枢兴奋剂等。

如为误饮中毒，可口服液状石蜡或蓖麻油 60~100 mL，然后用温水洗胃、导泻。洗胃后，口服牛奶 200 mL 以减轻胃黏膜刺激。

血压下降者，应快速静脉输液以扩充血容量，并静脉滴注多巴胺维持血压。

分泌物多时，应立即吸引清除，静脉注射阿托品 0.5~1 mg。

其他对症治疗，如控制惊厥、治疗肺水肿等。

【尸体特征】

体表接触部位可见到局部干燥及皲裂。切开胸腹腔后会闻到有机溶剂味。肺、肝、肾等内脏均有瘀血，肺脏可有轻度水肿。

【检材提取】

检材可提取血液、肺部组织等。

【检验方法】

气相色谱法。

仪器：气相色谱仪；色谱柱：GDX－102（3 m×1 mm，60~80 目）玻璃填充柱；进样口温度：200 ℃；检测器温度：230 ℃；柱温：恒温（200 ℃）；检测器：FID。

乙醇（酒精）

【化学名称】乙醇

【化学式】C_2H_6O

【结构式】

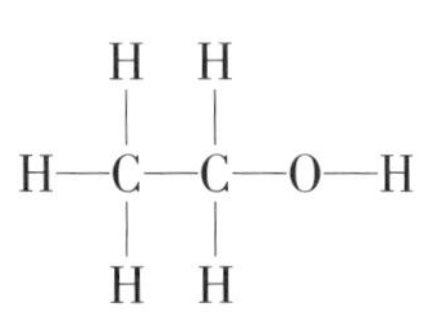

【相对分子质量】46.07

【CAS 登记号】64-17-5

【性状】

乙醇为无色透明液体，有特殊香味。熔点 -114.3 ℃，沸点 78.4 ℃。能与水、氯仿、乙醚、甲醇、丙酮和其他多数有机溶剂混溶。易燃，易挥发，其蒸气能与空气形成爆炸性混合物，爆炸极限为 3.5%~8.0%（*V/V*）。

【用途及中毒原因】

乙醇可用作消毒剂、洗涤剂、工业溶剂、稀释剂、涂料溶剂等。乙醇可用来制取乙醛、乙醚、乙酸乙酯、乙胺等化工原料，也是制取医药、染料、涂料、洗涤剂等产品的原料。乙醇可以调入汽油，作车用燃料。同时，乙醇还是酒精性饮料的主要成分，因此，过量饮用可引起中毒或死亡。

【作用机制】

乙醇经消化系统进入体内，主要在胃及小肠上段吸收。饮酒后 1~1.5 h 血中乙醇浓度达峰值，2.5 h 内全部被吸收，6~13 h 各器官中乙醇含量最高。乙醇主要在肝脏中通过氧化脱氢分解代谢，首先在乙醇脱氢酶作用下生成乙醛，乙醛再经乙醛脱氢酶氧化成乙酸，乙酸进入三羧酸循环生成二氧化碳和水。

乙醇能抑制中枢神经系统，首先抑制皮质功能，使大脑的高级整合能力受影响，出现身体协调性、稳定性、运动功能、反应性、知觉功能等下降及自我控制能力的消失，一般呈一时兴奋状态。随作用进一步加强，皮质下中枢、小脑及脊髓运动受影响，洞察力、视觉、记忆力、分辨力、注意力及语言等功能明显失常。当重度中毒时，延髓血管运动中枢和呼吸中枢将受到抑制。尤其是呼吸中枢麻痹更是乙醇中毒死亡的主要原因。

【毒性】

一般成人饮用 80 g 左右乙醇会出现中毒，饮用 250~500 g 会致人死亡。中毒血醇浓度为 100 mg/100 mL，致死血醇浓度为 400~500 mg/100 mL。

【中毒症状】

急性乙醇中毒可有兴奋期、共济失调期和抑制期三个阶段。

（1）当血醇浓度为 30~100 mg/100 mL 时，出现兴奋期，以兴奋、多言、自信心加强、躁狂、面色发红、呼气有酒气、眼睛发亮、脉搏加速等为主要表现。此时意志力减弱，自制力部分丧失，容易感情冲动，易激怒，有攻击性。

（2）当血醇浓度达到 100～200 mg/100 mL 时，出现共济失调，以言语动作失调为主要表现，如舌重口吃、语无伦次、步态不稳、容易摔跤。此期可发生喷射性呕吐，酒味明显，随即昏睡，醒后全身乏力。

（3）当血醇浓度达到 300～500 mg/100 mL 时，即进入抑制期，患者进入深睡，摇撼不醒，失去知觉。脑干功能受到影响，出现颜面苍白、皮肤湿冷、发绀、呼吸表浅有鼾声、脉搏快速、血压下降、体温下降、昏迷等症状。

若长期、过量饮酒可引起慢性乙醇中毒，出现实质器官病理变化及行为障碍性疾病。可表现为面部血管扩张、营养不良、贫血、慢性胃炎、周围神经炎、酒精性肝病和肝硬化及震颤性谵妄、酒精性心肌病、酒精中毒性痴呆、酒精中毒性 Korsakoff 综合征、酒精中毒性 Wernicke 综合征等精神障碍和脑损害。有的还会出现以下肢和躯干运动失调为特征的小脑共济失调综合征。

【急救措施】

由于乙醇的主要中毒途径是经消化道进入体内，因此，在中毒者意识清醒且无严重胃病的情况下应采取催吐的方法，排出胃中尚未被吸收的乙醇，必要时给予洗胃。重度中毒者应取侧卧位，注意观察有无呕吐发生，以免呕吐物被吸入呼吸道引起窒息。对于呼吸困难者给予吸氧。中毒严重者，可给予纳洛酮治疗。

【尸体特征】

急性乙醇中毒死亡者，可见颜面部潮红，眼睑水肿，全身各器官充血、水肿及点、灶状出血。从死者的呕吐物、胃内容物中能嗅到酒的特有气味。喉头及胃黏膜充血、水肿，胃底黏膜可有点状出血；小肠近段黏膜充血，表面附有大量淡灰色黏液，不易洗掉，常有点状出血；结肠可有炎症性改变；肾、胰及肾上腺可有出血；肝细胞脂肪变性；胆囊水肿呈胶冻状；脾瘀血；脑及脑膜充血明显，脑水肿；肺瘀血、水肿；胸膜、横膈腹腔面点状出血；膀胱尿液充盈。严重者会出现出血性胃炎。

慢性乙醇中毒死亡者，可见酒精中毒性肝病，肝细胞脂肪变性，酒精透明小体形成，甚至发展为酒精性肝硬化。

【检材提取】

检材可提取血液、胃内容物和玻璃体液等。

【检验方法】

气相色谱法。

仪器：气相色谱仪；色谱柱：DB－ALC1（30 m×0.53 mm×0.3 μm）弹性石英毛细管柱；进样口温度：180 ℃；检测器温度：180 ℃；柱温：150 ℃；载气：高纯氮，流速：2.0 mL/min；氢气：30 mL/min；空气：100 mL/min；检测器：FID。或参照甲醇检验方法。

二甲苯

【化学名称】二甲苯

【化学式】$C_6H_4(CH_3)_2$

【结构式】

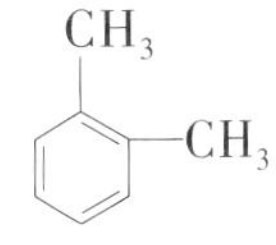

【相对分子质量】106.16

【CAS 登记号】1330-20-7

【性状】

二甲苯是一种无色透明液体，具有芳香烃的特殊气味。系由 45%～70%的间二甲苯、15%～25%的对二甲苯和 10%～15%的邻二甲苯及少量乙苯所组成的混合物，易流动。能与无水乙醇、乙醚和其他许多有机溶剂混溶，几乎不溶于水。相对密度约 0.86，沸点 137～140 ℃，闪点29 ℃。易燃，其蒸气能与空气形成爆炸性混合物，爆炸极限为 1%～7%（*V*/*V*）。

【用途及中毒原因】

二甲苯在工农业生产中应用非常广泛，它既是重要的化工原料，也是涂料、树脂、染料、油墨等行业的常用溶剂。因此，因意外发生的中毒事件屡见不鲜。

【作用机制】

二甲苯可经呼吸道、皮肤和消化道吸收。对皮肤黏膜有较强的刺激作用。二甲苯被吸收后大部分在肝脏内氧化成为水溶性的甲基苯甲酸，甲基苯甲酸再与甘氨酸结合成为甲基马尿酸后随尿排出。若长期接触二甲苯可使神经系统功能紊乱，也可引起肝功能损害。

【毒性】

急性中毒实验：大鼠经口半数致死量

(LD_{50})为4 300 mg/kg，小鼠经口半数致死量(LD_{50})为2 119 mg/kg，大鼠经口最低致死量(MLD)为4 000 mg/kg。

【中毒症状】

二甲苯蒸气可刺激眼、鼻及喉部，高浓度时可致严重的呼吸困难，甚至死亡。短期内吸入较高浓度的二甲苯，眼及上呼吸道会出现明显刺激症状，并伴有眼结膜及咽充血、头晕、头痛、恶心、胸闷、四肢无力、意识模糊、步态蹒跚等症状，较重者可出现躁动、抽搐，甚至昏迷。

【急救措施】

皮肤接触者，需脱去被污染的衣物，用大量肥皂水和清水彻底冲洗皮肤。眼睛接触者，应提起眼睑，用大量流动清水或生理盐水冲洗。吸入中毒者，应迅速脱离现场至空气新鲜处，保持呼吸道通畅，如呼吸困难，需给予吸氧；如呼吸停止，立即进行人工呼吸。食入中毒者，应用温水漱口，催吐，并及时就医。

【尸体特征】

二甲苯中毒死亡者，若有皮肤接触，可在局部看到红斑、红肿及水疱；眼睛接触者，可见结膜下出血。解剖可见气管黏膜红肿、肺水肿及肺出血。肝脏损害者可出现肝大。

【检材提取】

检材可提取血液、肺组织等。

【检验方法】

气相色谱法。

仪器：气相色谱仪；色谱柱：KB－Wax (30 m×0.32 mm×0.25 μm)弹性石英毛细管柱；载气：高纯氮，流速：1 mL/min；柱温：120 ℃；进样口温度：250 ℃；检测器温度：250 ℃。进样方式：分流进样，分流比：20∶1；检测器：FID。

二硫化碳（二硫化碳素）

【化学名称】二硫化碳

【化学式】CS_2

【结构式】 S═C═S

【相对分子质量】76.14

【CAS 登记号】75-15-0

【性状】

二硫化碳纯品为无色易燃液体，工业品因含杂质，一般为淡黄色透明液体，并伴有恶臭和刺激性气味，易挥发，熔点-108.6 ℃，沸点46.3 ℃。几乎不溶于水，能与无水乙醇、醚、苯、氯仿、四氯化碳、油脂以任何比例混合。

【用途及中毒原因】

二硫化碳是杀菌剂稻瘟灵、克菌丹、代森锰锌、代森锌、代森铵、福美双、福美锌、福美甲胂等的中间体，也是人造纤维的原材料及橡胶硫化的促进剂，更是一种优良的溶媒剂和航空煤油的添加剂。在工农业生产中意外中毒较为常见，口服自杀或投毒并不多见。

【作用机制】

二硫化碳蒸气可经呼吸道进入人体，也可经皮肤和胃肠道吸收，具有全身毒性作用，能破坏酶的活力，从而明显地影响碳水化合物及其蛋白质的代谢。

【毒性】

当空气中二硫化碳的含量达到1 000～3 850×10^{-6}时，人呼吸30～60 min可造成死亡。

急性中毒实验：大鼠经口半数致死量(LD_{50})为3 188 mg/kg，大鼠吸入半数致死浓度(LC_{50})为25 000 mg/m^3(2 h)。

【中毒症状】

轻度中毒时，出现咳嗽、咽喉灼痛、流泪、畏光等症状。严重中毒时可在数小时内发生肺水肿。吸入极高浓度的二硫化碳可引起反射性声门痉挛而窒息。长期接触低浓度的二硫化碳，会出现头痛、头晕、乏力等全身症状，以及慢性鼻炎、咽喉炎、支气管炎、嗅觉及味觉减退等。

【急救措施】

皮肤接触者，应立即脱去污染的衣物，用大量流动清水冲洗，可涂抹弱碱性物质（如肥皂水等）。眼睛接触者，应立即用大量流动清水或生理盐水彻底冲洗。吸入中毒者，应迅速脱离现场至空气新鲜处，并保持呼吸道通畅，如呼吸困难，应给予吸氧；如呼吸停止，需立即进行人工呼吸及应用呼吸兴奋剂。食入中毒者，应用温水漱口，催吐，并及时就医。

【尸体特征】

二硫化碳中毒死亡者，尸斑一般呈暗紫色；口唇、指甲发绀；血液呈暗红色流动状；喉、气管黏膜会出现充血、水肿，气管内可有灰白色泡沫状黏液；肺脏瘀血、水肿；肝、脾瘀血；脑组织水肿。

【检材提取】

检材可提取血液、肺组织、尿液等。

【检验方法】

气相色谱法。

仪器：气相色谱仪；色谱柱：CBX－FFAP（30 m×0.32 mm×0.50 μm）弹性石英毛细管柱；柱温：恒温（100 ℃）；进样口温度：250 ℃；检测器温度：260 ℃；载气：高纯氮，流速：1 mL/min；检测器：FID。

甲醇（羟基甲烷、木醇、木精）

【化学名称】甲醇

【化学式】CH_3OH

【结构式】

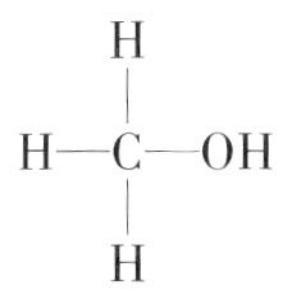

【相对分子质量】32.04

【CAS 登记号】67-56-1

【性状】

甲醇系有酒精气味且易挥发、易燃烧的无色液体，熔点 －98 ℃，沸点 64.7 ℃，密度 0.791 g/mL（25 ℃），闪点 11 ℃。能与水和多数有机溶剂混溶，其蒸气与空气能形成爆炸性混合物，爆炸极限为 6.0%~36.5%（*V/V*）。

【用途及中毒原因】

甲醇是最简单的饱和醇，也是化学工业重要的基础原料和清洁的液体燃料。主要用于精细化工、农药、医药、塑料等有机产品领域。由于甲醇与乙醇在气味和口感上具有相似性，因此，每年因误服或饮用含有甲醇的工业酒精勾兑的酒类或饮料造成的中毒时有发生。

【作用机制】

甲醇可经胃肠道、呼吸道和皮肤接触吸收，进入机体后，绝大部分在肝醇脱氢酶作用下氧化为甲醛，然后在醛脱氢酶作用下氧化为甲酸，甲酸经过氧化酶作用生成二氧化碳和水。

甲醇中毒除其本身作用外，还有其代谢物（甲醛和甲酸）的继发毒性作用。而甲醛、甲酸的毒性都比甲醇大，尤其是甲醛对视网膜神经节细胞和视神经具有特殊毒性作用，能抑制视网膜神经细胞的糖原酶解酶，抑制氧化磷酸化过程，使之不能合成 ATP，造成神经细胞变性，导致视神经萎缩，严重者双目失明。而甲酸可与细胞色素氧化酶中的铁离子结合，抑制细胞内的氧化过程，引起轴浆运输障碍而发生中毒性视神经病，并诱导线粒体呼吸抑制和组织缺氧，使体内的乳酸、羟丁酸及其他有机酸积累，加之甲酸的酸性作用，可引起酸中毒及血液循环紊乱。酸中毒又可加重视神经损害，并导致昏迷、甚至死亡。

【毒性】

中毒量 5~10 mL，10~20 mL 以上可致失明。致死量为 30~60 mL，致死血醇浓度为 71 mg/100 mL。

【中毒症状】

口服甲醇中毒的潜伏期较长，一般为 12~24 h，更长者可达 2~3 d。口服纯甲醇中毒者症状出现较快，最短者 40 min 即可出现。同时摄入乙醇潜伏期可延长。临床上主要以视力障碍及神经系统症状较为突出，胃肠道症状也较常见，可并发胰出血。

（1）轻度中毒者：症状类似醉酒状态，有头晕、头痛、腹痛、兴奋、耳鸣、震颤、轻度共济失调、眼球疼痛、视物模糊等表现，一般数日后可恢复。

（2）中度中毒者：神经系统症状较严重，有呕吐、呃逆、软弱无力、对周围事物淡漠等。数小时后，可出现视力障碍，先有复视、眼前出现闪光及雾感、视物不清、眼球胀痛，随后视力急剧减退，甚至失明。眼底检查可见静脉扩张及视盘充血、水肿，继而苍白或视神经萎缩。早期视野改变出现中心暗点或中央暗点，晚期为周边视野缩小，视神经损害很难完全恢复正常。

（3）重度中毒者：出现剧烈的头晕、头痛、意识朦胧、谵妄、惊厥等症状，可很快进入昏迷、休克，同时伴有恶心、呕吐、冷汗或出现酸中毒、幻觉、幻视、双目失明、多发性神经炎等。终因严重酸中毒或呼吸肌麻痹而昏迷、死亡。少数口服中毒者在急性期或恢复期可有锥体外系损害的症状或持久的帕金森综合征。有的可出现发声、吞咽困难及锥体束征。有的出现假性延髓性麻痹和痴呆。

【急救措施】

对于口服中毒者，视病情采用催吐或洗胃的方法进行救治。吸入或经皮肤吸收中毒者，应立即脱离现场，除去被污染的衣物，并清洗污染的皮肤。严重中毒者，应及早采用血液或腹膜透析治疗，以清除已吸收的甲醇及其代谢产物。根据血气分析或二氧化碳结合力等测定结果及临床表现给予碳酸氢钠溶液，以纠正酸中毒。口服乙醇，或将乙醇混溶于5%的葡萄糖溶液中，配成乙醇浓度为10%的溶液静脉滴注，使血液中的乙醇浓度维持在21.7~32.6 mmol/L 。保持呼吸道通畅，对症治疗，防治脑水肿可用20%的甘露醇和地塞米松等；癫痫样发作者可用苯妥英钠；意识模糊或嗜睡者可给服纳洛酮；避免眼睛直接受光线刺激，可用纱布或眼罩遮盖双眼；及时纠正水与电解质平衡失调；增加营养，补充多种维生素。

【尸体特征】

口服甲醇中毒死亡迅速者，尸表呈一般急性死亡常见的尸体征象，局部刺激征象较明显，可见胃黏膜充血、点状出血，胃内容物中可嗅到乙醇气味。尸检可见脑及脑膜瘀血、水肿和点状、片状出血，严重脑水肿者可形成脑疝。镜下可见大脑皮质、海马沟回和基底神经节的神经细胞呈急性缺血性改变，脑神经细胞肿胀或固缩，细胞周围及血管周围间隙明显增宽。白质区可见髓鞘广泛破坏。肺瘀血、水肿，心、肝、肾等实质细胞变性，甚至灶性坏死。部分可见胰腺坏死。吸入中毒死亡者，可出现肺弥漫性充血、水肿和点状、片状出血，并继发气管炎、支气管炎及支气管肺炎。皮肤接触者，皮肤可出现湿疹和皮炎。

【检材提取】

检材可提取胃内容物、呕吐物、血液和脑、肝、肾等组织及眼房水和玻璃体。需要注意的是，甲醇易挥发，应及早取材、密封送检。

【检验方法】

气相色谱法。

仪器：气相色谱仪（带顶空装置）；色谱柱：CB-PLOT Q 或 ALC2（30 m×0.53 mm×20 μm）弹性石英毛细管柱；汽化室温度：200 ℃；检测室温度：250 ℃；柱温：130 ℃；载气：高纯氮，流速：1.5 mL/min；检测器：FID；顶空进样器加热箱温度：70 ℃；样品瓶加热平衡时间：15 min；传输线温度：110 ℃。

甲醛（福尔马林、甲醛水、蚁醛）

【化学名称】甲醛

【化学式】CH_2O

【结构式】

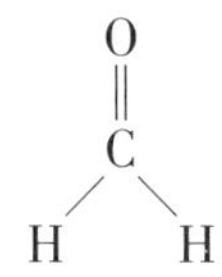

【相对分子质量】30.03

【CAS 登记号】50-00-0

【性状】

甲醛为有刺激性气味的无色气体。熔点 -15 ℃，沸点-19.5 ℃。易溶于水和乙醇，水溶液的浓度最高可达55%。通常使用的浓度为40%，俗称福尔马林。甲醛的蒸气与空气混合可形成爆炸性混合物，爆炸极限为7%~73%（V/V），燃点约300 ℃。

【用途及中毒原因】

甲醛在木材加工业中应用较为广泛，除用于生产脲醛树脂和酚醛树脂外，甲醛在纺织、服装加工和面料整理、印染等方面也得到了广泛应用。特别需要注意的是，35%~40%的甲醛水溶液（福尔马林）具有防腐杀菌作用，常用来浸制生物标本或给种子消毒，与人们的日常生活接触颇多，故谨防在使用过程中因操作不当而造成中毒。

【作用机制】

甲醛对皮肤和黏膜有刺激作用及致敏作用，甚至还有致突及致癌作用。长期接触甲醛者，有鼻黏膜充血，皮肤干燥、易发生皲裂，手掌过度角化等表现。同时，甲醛又为原浆毒，可致组织细胞蛋白质凝固，失去正常功能。

【毒性】

人吸入甲醛的刺激阈值为0.06~1.9 mg/m^3。成人口服甲醛溶液的致死量为30~60 mL。

急性中毒实验：大鼠经口半数致死量（LD_{50}）为800 mg/kg，兔经皮肤吸收半数致死量（LD_{50}）为2 700 mg/kg，大鼠吸入半数致死浓度（LC_{50}）为590 mg/m^3。

【中毒症状】

吸入甲醛蒸气，轻者可致结膜炎、上呼吸道炎和支气管炎，重者可发生喉痉挛、喉头水肿、肺炎。

口服中毒者，口腔、咽部、食管、胃部会出现烧灼感，口腔黏膜糜烂，上腹部疼痛、腹泻、便血，严重者食管、胃肠道黏膜也会发生糜烂、溃疡，甚至穿孔，并伴有呼吸困难、休克、昏迷，甚至死亡。

皮肤接触甲醛溶液后会出现急性刺激性皮炎、过敏性皮炎和荨麻疹等。

【急救措施】

吸入中毒者，应迅速脱离现场，必要时给予吸氧或雾化吸入2%的碳酸氢钠、地塞米松等，并给予止咳、解痉药。早期给地塞米松10 mg静脉注射。出现肺炎或肺水肿时应及早对症处理。误服中毒者，应尽快以清水洗胃，洗胃后可给予3%的碳酸铵或15%的醋酸铵100 mL，使甲醛变为毒性较小的六次甲基四胺（乌洛托品），并口服牛奶或豆浆，以保护胃黏膜。皮肤接触者，应立即除去被污染的衣物，先用大量清水冲洗，再用肥皂水或2%的碳酸氢钠溶液冲洗。对于过敏者，可给予抗过敏药。

【尸体特征】

口服中毒死亡者，可见口腔黏膜、食管、胃肠道黏膜糜烂、溃疡或穿孔。肝、肾充血和实质细胞变性。吸入中毒死亡者，可见喉头水肿、肺炎、肺水肿，偶尔见肺透明膜形成等。

【检材提取】

检材可提取血液、呕吐物、胃内容物等。

【检验方法】

1. 化学检验法

（1）品红-亚硫酸法：甲醛与品红-亚硫酸在浓硫酸存在的条件下，呈蓝紫色反应。本法是甲醛的特有反应，其他醛与酚均不干扰测定。

（2）三氯化铁法：取样品制备液5 mL于10 mL的纳氏比色管中，加入新配的4%的盐酸苯肼溶液1 mL及50%的三氯化铁溶液3～5滴，加入盐酸使之呈酸性，如果溶液呈红色，表示有甲醛存在。

2. 气相色谱法

仪器：气相色谱仪；色谱柱：4% OV-17，Chromosorb GAW-HMDS（80～100目，1.2 m×6 mm）玻璃填充柱；柱温：初始温度：150 ℃，以7.5 ℃/min的升温速率升温至300 ℃；载气：高纯氮，流速：6.0 mL/min；进样口温度：280 ℃；检测器温度：300 ℃；检测器：FID。

甲酸（蚁酸）

【化学名称】甲酸

【化学式】HCOOH

【结构式】

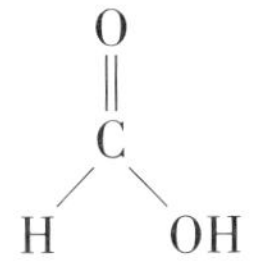

【相对分子质量】46.03

【CAS登记号】64-18-6

【性状】

甲酸，俗称蚁酸，存在于蜂类、某些蚁类和某些毛虫的分泌物中，是无色而有刺激性气味的液体。熔点8.6 ℃，沸点100.8 ℃，溶于水、乙醇、乙醚和甘油。酸性很强，有腐蚀性，能刺激皮肤起疱。

【用途及中毒原因】

甲酸是基本有机化工原料之一，广泛用于农药、皮革、染料、医药和橡胶等工业。甲酸可直接用于织物加工、鞣革、纺织品印染和青饲料的储存，也可用作金属表面处理剂、橡胶助剂和工业溶剂。在有机合成中还可以用于合成各种甲酸酯、吖啶类染料和甲酰胺系列医药的中间体等。中毒多因不慎皮肤接触所致，自杀或投毒极其少见。

【作用机制】

甲酸属低毒类有机化合物。可经呼吸道、消化道和皮肤吸收。进入体内后部分被氧化，有18%～25%以原形排出体外。甲酸能以羧基（—COOH）或醛基（ H—C═O ）的形式起作用，主要是通过对机体的刺激、腐蚀作用而引起各种损伤。

【毒性】

人口服约30 g，可引起肾功能衰竭或呼吸功能衰竭而死亡。

急性中毒实验：大鼠经口半数致死量（LD_{50}）为1 210 mg/kg。

【中毒症状】

皮肤及黏膜接触甲酸者可引起刺激症状，可出现皮肤发红、结膜充血、水疱等症状。

吸入甲酸蒸气后，鼻咽部会感到不适，出现

咽痛、咳嗽、打喷嚏、流泪、流涕、胸痛、呼吸困难等症状，严重时可出现结膜炎、眼睑水肿、鼻炎、支气管炎，甚至引起急性肺炎。

口服甲酸后可出现流涎，口腔和咽喉有灼热感，并伴有呕吐、腹泻及剧烈腹痛。浓度较大的甲酸可腐蚀口腔及消化道黏膜，引起呕吐、腹泻及胃肠出血，并可致肾损害，严重者可发生死亡。

【急救措施】

皮肤接触者，应立即除去被污染的衣物，用清水、生理盐水或4%的碳酸氢钠溶液清洗。眼睛接触者，应立即用大量清水或用生理盐水、2%的碳酸氢钠溶液冲洗。吸入中毒者，应立即转移至空气新鲜处，给予吸氧，也可给予2%~4%的碳酸氢钠溶液雾化吸入，防治化学性肺炎。口服中毒者，需催吐，可用温水或2.5%的氧化镁溶液，不可用碳酸氢钠溶液，以免产生大量二氧化碳引起胃穿孔，可口服牛奶、豆浆及蛋清等保护胃黏膜。

【尸体特征】

甲酸中毒死亡者较少见。若皮肤及黏膜接触，可出现皮肤发红、黏膜充血及水疱，严重者肺脏有炎症表现，食管、胃黏膜也可看到红肿及出血，可见肝肾瘀血及损害表现。

【检材提取】

检材可提取血液、灼伤的皮肤、衣物及现场遗留的可疑液体等。

【检验方法】

1. 化学检验法

取含甲酸的提取液适量，加硫酸铜和氢氧化钠溶液，若有砖红色的氧化亚铜沉淀生成，且溶液为蓝色，即示有甲酸存在。

2. 气相色谱法

仪器：气相色谱仪；色谱柱：KB-FFAP (30 m×0.25 mm×0.25 μm) 弹性石英毛细管柱；柱温：初始温度150 ℃，保持4 min，以10 ℃/min的升温速率升温至240 ℃，保持10 min；汽化室温度：240 ℃；检测器温度：250 ℃；载气：高纯氮，流速：1.0 mL/min；检测器：FID。

氨水（氢氧化铵、氨溶液）

【化学名称】一水合氨、氢氧化铵

【化学式】$NH_3 \cdot H_2O$

【结构式】$NH_4^+ \; OH^-$

【相对分子质量】35.04

【CAS 登记号】1336-21-6

【性状】

氢氧化铵是氨气的水溶液，为无色透明且具有刺激性气味的液体，易挥发逸出氨气。熔点 -77 ℃，沸点 36 ℃，密度 0.91 g/cm^3。易溶于水、乙醇。水溶液显弱碱性，具有部分碱的通性。有毒，对眼、鼻、皮肤有刺激性和腐蚀性，能使人窒息。

【用途及中毒原因】

氨水在无机工业中用于制造各种铁盐。在毛纺、丝绸、印染等工业中用于洗涤羊毛、呢绒、坯布和调整酸碱度，并可作为助染剂等。在有机工业中用作胺化剂和生产热固性酚醛树脂的催化剂。医药上用稀氨水对呼吸和循环起反射性刺激，医治晕倒和昏厥，也可作为皮肤刺激药和消毒药。也可用作洗涤剂、中和剂、生物碱浸出剂。还可用于制药工业、纱罩业、晒图等。在军事上作为一种碱性消毒剂，用于消毒沙林类毒剂。中毒多因意外事故所致。

【作用机制】

氨水由氨气溶于水获得，其毒性作用机制与氨气相同，参见“氨气”。

【毒性】

人口服浓氨水的致死量为10~15 mL。

空气中最高容许浓度为30 mg/m^3。人体经口最低致死量（MLD）为43 mg/kg，人体吸入最小中毒浓度（TCLo）为408mg/m^3。

急性中毒实验：大鼠经口半数致死量（LD_{50}）为350 mg/kg，小鼠静脉注射半数致死量（LD_{50}）为91 mg/kg。

【中毒症状】

口服氨水中毒者，可同时出现消化道和呼吸道刺激症状及全身反应。口服后立即出现剧烈咳嗽、流泪、大量流涎等症状。口腔、鼻腔黏膜被腐蚀，舌肿胀，喉头水肿，呼吸及言语困难。胸后壁有烧灼感，胃剧痛。呕吐，呕吐物为碱性，有明显的氨臭，可混合有血液及坏死脱落的黏膜碎片。严重者同时出现精神兴奋、运动亢进、痉挛、谵妄等症状，继而逐渐出现四肢不全麻痹和虚脱症状。12~24 h即可死亡，少数重症患者可在数十分钟内很快死亡。

【急救措施】

（1）皮肤接触者：应立即除去被污染的衣物，迅速用75%乙醇或温肥皂水反复擦洗干净，防止其继续侵入人体，或用大量清水反复冲洗。

（2）眼睛接触者：需用大量清水冲洗。

（3）吸入中毒者：应立即转移至空气新鲜处，给予吸氧。

（4）口服中毒者：需饮足量温水并催吐。

治疗高铁血红蛋白血症可用特殊解毒剂——亚甲蓝（美蓝）。小剂量时（1～2 mg/kg）可治疗高铁血红蛋白血症，但大剂量（10 mg/kg）则促进高铁血红蛋白血症的形成。需要注意的是，亚甲蓝只能用于静脉注射或口服，剂量和速度均应适当控制，维生素 B_{12}、辅酶 A、细胞色素 C 等与亚甲蓝有协同作用。当血液中高铁血红蛋白的浓度在30%以下时，可不必使用亚甲蓝，用大量维生素 C 及含糖饮料即可，高铁血红蛋白血症治愈后2周内，应检查肝功能、赫恩小体及贫血程度。

【尸体特征】

口服氨水中毒死亡者的口腔、咽部及食管表面覆盖有灰黄色假膜，其剥离处呈深红色。胃内有明显氨臭味。胃黏膜呈灰黄褐色，脱落部位呈深红色。胃壁肿胀增厚、出血，一般不会发生穿孔。十二指肠有时可有表浅性溃疡形成。肺肿大，重量增加，胸膜脏层可见点片状出血，切面重度水肿，有淡红色泡沫状液体溢出。镜下可见肺出血、水肿，有透明膜形成，有的可见散在的支气管肺炎改变。心外膜下点状出血，心肌间质瘀血、水肿；肝瘀血，肝细胞脂肪变性；肾瘀血、肾小管上皮细胞水变性；脑瘀血、水肿，少数小血管周围有渗出性出血。皮肤接触中毒死亡者，还可引起不同程度的化学灼伤。

【检材提取】

检材可提取呕吐物、胃内容物等，现场采集到的可疑物品也可作为检材。

【检验方法】

1. 铵根离子的检验

1）奈氏试剂法：铵离子与碱性碘化汞钾试液反应能够生成黄色至橙黄色沉淀。由此反应可以判断是否有铵根离子存在。

2）汽室法：取检液数滴置于表面皿中，加10%的氢氧化钠水溶液数滴，迅速盖上另一粘有pH 试纸的表面皿。在80 ℃的水浴上加热1 min，若试纸变蓝，则示有铵根离子存在。

2. 气相色谱法

仪器：气相色谱仪；色谱柱：CP－Volamine（60 m×0.32 mm×0.25 μm）弹性石英毛细管柱；柱温：初始温度40 ℃，保持10 min，以20 ℃/min 的升温速率升温至250 ℃；载气：氮气（68 kPa）；进样口温度：250 ℃；检测器温度：260 ℃；进样方式：分流进样，分流比：50∶1；检测器：TCD。

苯胺（阿尼林、阿尼林油、胺基苯）

【化学名称】苯胺

【化学式】$C_6H_5NH_2$

【结构式】

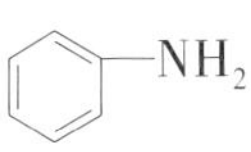

【相对分子质量】93.13

【CAS 登记号】62-53-3

【性状】

苯胺为无色油状液体。熔点－6.3 ℃，沸点184 ℃，相对密度1.02（水＝1），加热至370 ℃分解。稍溶于水，易溶于乙醇、乙醚等有机溶剂。暴露于空气中或日光下变为棕色。

【用途及中毒原因】

苯胺是染料工业中最重要的中间体之一，可用于制造酸性墨水蓝 G、酸性媒介灰 BS、酸性嫩黄、直接橙 S、直接桃红、靛蓝、分散黄棕、阳离子桃红 FG 和活性艳红 X-SB 等；在有机颜料方面可用于制造金光红、金光红 g、大红粉、酚菁红、油溶黑等。在印染工业中用于制造染料苯胺黑；在农药工业中用于生产多种杀虫剂、杀菌剂（如 DDV、除草醚、毒草胺等）；苯胺又是橡胶助剂的重要原料，用于制造防老剂甲、防老剂丁、防老剂 RD、防老剂4010和促进剂 M、促进剂808、促进剂 D 及促进剂 CA 等；也可作为医药磺胺类药的原料，同时也是生产香料、塑料、清漆、胶片等的中间体；并可作为炸药中的稳定剂、汽油中的防爆剂以及用作溶剂；此外，还可用于制造对苯二酚、2-苯基吲哚等。正因为苯胺在工农业生产中应用广泛，所以，稍有不慎即会通过皮肤、黏膜接触或吸入、误食而造成中毒。

【作用机制】

苯胺属脂溶性化合物，除口服或吸入蒸气中毒外，还可以通过皮肤吸收进入人体。苯胺进入人体后，可使氧合血红蛋白变成高铁血红蛋白，使机体组织缺氧而形成细胞“内窒息”，引起中枢神经系统、循环系统及其他脏器损伤。皮肤接触者会引起过敏性皮炎。

【毒性】

苯胺毒性中等。

人致死血药浓度为 6 μg/mL。

急性中毒实验：大鼠经口半数致死量（LD_{50}）为 442 mg/kg。

【中毒症状】

急性苯胺中毒者，皮肤、黏膜常发绀，以口唇、指甲和耳郭最为明显。严重中毒者颜面可呈淡灰蓝色，口唇暗紫色甚至近于黑色。对于中枢神经系统及循环系统的损害表现为头晕、头痛、血压升高、胸闷、全身无力、脉搏加快，严重者意识不清、抽搐，甚至昏迷而死亡。慢性中毒者表现为神经衰弱综合征，并往往伴有轻度发绀、贫血和肝、脾肿大，红细胞可见赫恩小体（变性珠蛋白小体）。皮肤接触后可出现湿疹和皮炎。

【急救措施】

（1）皮肤接触者：应立即除去被污染的衣物，迅速用75%乙醇或温肥皂水反复擦洗干净，防止其继续侵入人体，或用大量清水反复冲洗。

（2）眼睛接触者：需用大量清水冲洗。

（3）吸入中毒者：应立即转移至空气新鲜处，给予吸氧。

（4）口服中毒者：需饮足量温水并催吐。

治疗高铁血红蛋白血症可用特殊解毒剂——亚甲蓝（美蓝）。小剂量时（1~2 mg/kg）可治疗高铁血红蛋白血症，但大剂量（10 mg/kg）则促进高铁血红蛋白血症的形成。需要注意的是，亚甲蓝只能用于静脉注射或口服，剂量和速度均应适当控制，维生素 B_{12}、辅酶 A、细胞色素 C 等与亚甲蓝有协同作用。当血液中高铁血红蛋白的浓度在 30%以下时，可不必使用亚甲蓝，用大量维生素 C 及含糖饮料即可，高铁血红蛋白血症治愈后 2 周内，应检查肝功能、赫恩小体及贫血程度。

【尸体特征】

苯胺中毒死亡者较少见。皮肤有接触者局部可出现红斑。口唇、指甲及耳郭可因缺氧而发绀，颜面部发绀更为明显。也可见脾水肿、肝水肿、肾水肿。

【检材提取】

检材可提取血液、胃内容物、肺部组织等。

【检验方法】

1. 气相色谱法

仪器：气相色谱仪；色谱柱：DB－5MS（30 m×0.25 mm×0.25 μm）弹性石英毛细管柱；柱温：初始温度 60 ℃，保持 1 min，以 20 ℃/min 的升温速率升温至 280 ℃，保持 2 min；载气：高纯氮，流速：1.0 mL/min；进样口温度：250 ℃；检测器温度：280 ℃；进样方式：分流进样，分流比：20∶1；检测器：FID。

2. 高效液相色谱法

仪器：高效液相色谱仪；色谱柱：Eclipse XDB-22 C8（150 mm×4.6 mm×5 μm）键合硅胶柱；流动相：乙腈+（3.85 g/L 乙酸铵+3 g/L 乙酸）=（65∶35，*V/V*）混合液；流速：1 mL/min；进样量：5 μL；检测器：荧光检测器（λex/λem=280/340 nm）；测试时间：3.2 min。

苯（安息油）

【化学名称】苯

【化学式】C_6H_6

【结构式】

【相对分子质量】78.11

【CAS 登记号】71-43-2

【性状】

苯在常温下为一种无色、有甜味、易挥发、易燃烧的透明液体，具有强烈的芳香气味。熔点 5.5 ℃，沸点 80.1 ℃，密度 0.88 g/mL。不溶于水，溶于乙醇、乙醚等多种有机溶剂，其蒸气与空气可形成爆炸性混合物，爆炸极限为 1.5%~8.0%（*V/V*）。

【用途及中毒原因】

苯在工业上是一种良好的有机溶剂，常被用作胶黏剂、清漆、硝基纤维漆、脱漆剂、润滑油、油脂、蜡、赛璐珞等的溶剂。同时也是合成染料、合成橡胶、合成树脂、合成纤维、塑料、医药、农药以及石油化工制品的重要原料。但苯有毒，使用时应做好防护工作，否则极易造成中毒。

【作用机制】

苯蒸气主要通过呼吸道进入人体，液体苯主要经消化道吸收，皮肤吸收较少。苯中毒的发病机制迄今尚未完全阐明，目前认为有以下几点。

(1) 影响免疫系统：芳香族化合物与蛋白质结合后极易形成自身抗原，诱发机体产生变态反应，造成血液细胞的损害。

(2) 对骨髓造血系统的影响：苯的许多代谢产物，如苯醌、醇醌、苯三酚等，具有影响细胞内大分子活性的作用，它们可同 RNA、DNA、蛋白质上的某些化学基团结合，造成酶失活，阻断 DNA 合成和蛋白质的装配等。

(3) 其代谢物大多为原浆毒，可直接抑制造血细胞的核分裂，对骨髓中增生活跃的幼稚细胞有明显损害。

【毒性】

人致死血药浓度为 0.95 μg/mL。

急性中毒实验：大鼠经口半数致死量 (LD_{50}) 为 3 306 mg/kg，小鼠经皮肤吸收半数致死量 (LD_{50}) 为 48 mg/kg。

【中毒症状】

急性苯中毒，轻者可有头痛、头晕、神志恍惚、步态不稳、视物模糊、嗜睡、手足麻木、恶心、呕吐等症状，并感觉黏膜有轻度刺激症状，如流泪、咽痛或咳嗽等。重者出现震颤、谵妄、昏迷、强直性抽搐等症状。极重者可因呼吸中枢麻痹而死亡。

慢性苯中毒，轻者有头昏、健忘、失眠等神经衰弱症状，常出现持久的白细胞计数减少，白细胞有较多的毒性颗粒、空泡、破碎细胞等。重者出现明显的全身无力、头晕、心悸，常因感染而发热、齿龈及鼻腔出血，女性则出现月经量明显增多。红细胞计数、白细胞（主要是中性粒细胞）、血小板、网织细胞都明显减少，骨髓象表现为再生障碍性贫血。苯能引起各种类型的白血病，而以急性白血病较为常见，但早期无特殊的自觉症状。

【急救措施】

(1) 吸入中毒者：应迅速将患者移至空气新鲜处，松开所有的衣服，保证呼吸道通畅，注意身体保暖。

(2) 口服中毒者：应用 0.005%的医用活性炭混悬液或 0.02%的碳酸氢钠溶液洗胃、催吐，然后服导泻和利尿药物，以加快体内毒物的排泄，减少吸收。

(3) 皮肤接触者：立即除去被污染的衣物，用肥皂水和清水反复清洗局部。

【尸体特征】

(1) 急性苯中毒死亡尸体以中枢神经病变为主，大脑白质广泛水肿，基底核、视丘和下视丘部位出现小血管周围间隙明显扩大，血管周围神经组织疏松和淋巴细胞浸润，胶质细胞周围出现大空泡，并有脱髓鞘现象。心外膜充血，心肌间质瘀血、水肿。气管黏膜、胸膜及肺严重瘀血和出血，有明显肺水肿、灶性肺不张和气肿。肝中央静脉和肝窦扩张、瘀血，有散在灶性淋巴细胞浸润，肝细胞内有较多色素颗粒并出现细胞水肿。肾小球瘀血。

(2) 慢性苯中毒死亡尸体皮肤苍白，呈贫血貌，全身散在出血斑点，鼻与口腔黏膜溃疡，肝淋巴结、脾淋巴结可无肿大或轻度肿大，骨髓象呈再生障碍性贫血或白血病表现。

【检材提取】

检材可提取血液、肝脏、胃内容物等。

【检验方法】

气相色谱法。

仪器：气相色谱仪；色谱柱：CB－624 (30 m×0.53 mm×3.0 μm) 弹性石英毛细管柱；柱温：恒温 (80 ℃)；汽化室温度：120 ℃；检测室温度：150 ℃，载气：高纯氮，流速：1.2 mL/min；检测器：FID。

甲苯（甲基苯、苯基甲烷）

【化学名称】甲基苯

【化学式】C_7H_8

【结构式】

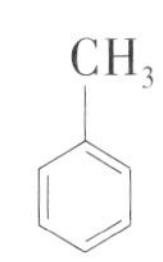

【相对分子质量】92.14

【CAS 登记号】108-88-3

【性状】

甲苯为带有特殊芳香味、易燃、易挥发的无色澄清液体。熔点-95 ℃，沸点 110.6 ℃，相对密度 0.866。极微溶于水，能与乙醇、乙醚、丙酮、氯仿、二硫化碳和冰乙酸等混溶。其蒸气能与空气形成爆炸性混合物，爆炸极限为 1.2%～7.0%（V/V）。

【用途及中毒原因】

甲苯既是农药、医药、化工行业重要的原料和中间体，又是一种性能优异的有机溶剂，常被用作油类、树脂、天然橡胶、合成橡胶、煤焦油、沥青、醋酸纤维素、油漆、黏合剂及油墨制造等的溶剂。生产和使用过程中可能会出现意外中毒，自杀极其少见。

【作用机制】

甲苯可通过呼吸道、皮肤和消化道吸收。进入机体后可对中枢神经系统和自主神经产生明显的麻痹作用。若一次大剂量吸入，可引起心室纤颤或完全性房室传导阻滞而猝死。

甲苯进入机体后少量以原形经肺排出，大部分被氧化成苯甲酸，并与甘氨酸结合形成马尿酸后随尿排出；另有少量苯甲酸与葡萄糖醛酸结合后随尿排出。在血液循环中吸附于神经细胞膜及血浆脂蛋白上，而后蓄积于含类脂质较多的组织中，如肾上腺、脑和骨髓，其次为肝、肾、脾和肺。

【毒性】

甲苯毒性较低，致死血药浓度为 10 μg/mL。

急性中毒实验：大鼠经口半数致死量（LD_{50}）为 5 000 mg/kg。

【中毒症状】

眼睛接触甲苯后，轻者可致角膜上皮脱落，重者可致疱性角膜炎、结膜下出血。

若吸入较高浓度甲苯蒸气，可出现头痛、头晕、恶心、呕吐、四肢无力、步态蹒跚、意识模糊、躁动、抽搐等症状，甚至昏迷。

皮肤和黏膜接触者可出现皮肤潮红、瘙痒或烧灼感，并出现局部红斑、红肿，甚至水疱。若直接吸入甲苯液体，可出现肺炎、肺水肿、肺出血及麻醉症状。

【急救措施】

急性甲苯中毒者，应迅速脱离现场，移至空气新鲜处，立即脱去被污染的衣物，用大量清水彻底清洗皮肤、眼部。口服中毒者，应饮足量温水并催吐，并给予葡萄糖醛酸，甲苯的代谢产物可与葡萄糖醛酸结合后随尿排出。慢性中毒的治疗应给予一些调节中枢神经系统功能的药物。

【尸体特征】

甲苯中毒死亡者，若有皮肤接触，可见局部红斑、红肿及水疱；若有眼睛接触，可见到结膜下出血；若为吸入性中毒，可见气管黏膜红肿、肺水肿及肺出血。肝脏损害者可出现肝大。肾脏损害者可出现肾小管坏死。

【检材提取】

检材可提取血液、肺组织等。

【检验方法】

气相色谱法。

仪器：气相色谱仪；色谱柱：HP－INNO Wax（30 m×0.25 mm×0.25 μm）弹性石英毛细管柱；柱温：初始温度 80 ℃，以 20 ℃/min 的升温速率升温至 300 ℃；进样口温度：280 ℃；载气：高纯氮，流速：1.0 mL/min；氢气流速：30 mL/min；空气流速：400 mL/min；尾吹气：氮气，流速：25 mL/min；进样方式：分流进样，分流比：20∶1；检测器：FID。

四乙铅（四乙基铅）

【化学名称】四乙基铅

【化学式】$C_8H_{20}Pb$

【结构式】

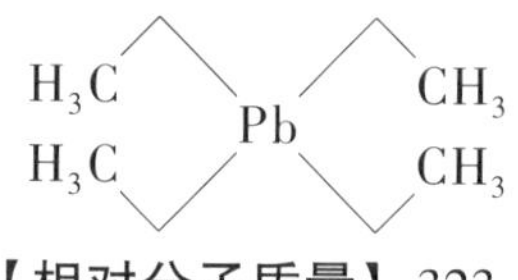

【相对分子质量】323.44

【CAS 登记号】78-00-2

【性状】

四乙铅是有芳香气味的无色油状液体。熔点 －136 ℃，沸点 84～85 ℃（2 kPa），密度 1.653 g/mL，具有高挥发性，有剧毒。不溶于水，微溶于乙醇，易溶于苯、石油醚、汽油等。燃烧时产生橘红色火焰，在 600 ℃时分解为游离的乙基和铅。

【用途及中毒原因】

四乙铅是汽油的一种添加剂，主要用于汽油的抗爆、抗震，以提高汽油的辛烷值，现已禁用。若长时间接触可引起累积性中毒，大剂量时可致死。

【作用机制】

四乙铅极易形成蒸气，可经呼吸道或皮肤吸收，也可以由胃肠道吸收。四乙铅进入人体后迅速分布在脑、肝组织中，在脑组织中进一步代谢为无机铅。四乙铅主要作用于中枢神经系统，对脑视丘和视丘下部有侵害，造成交感和副交感神经系统明显障碍，引起大脑皮质病理性功能亢进，从而出现精神症状。

【毒性】

空气中的四乙铅含量超过 75×10^{-6} g/m³ 时，长时间接触可引起累积性中毒。人吸入浓度为 3 g/m³的四乙铅 1~8 h 时，可出现急性中毒，吸入浓度为 71.4 g/m³ 的四乙铅，短时即可致死。

急性中毒实验：大鼠经口半数致死量（LD_{50}）为 12.3 mg/kg，小鼠吸入半数致死浓度（LC_{50}）为 650 mg/m³（7 h）。

【中毒症状】

四乙铅急性中毒者一般有数小时或数天的潜伏期，早期可出现失眠症状，一般为顽固性失眠，且入睡后做噩梦，并伴有头晕、头痛，头痛时呈胀痛或跳痛，并逐渐加剧，全身乏力、恶心、呕吐、食欲缺乏。重度中毒时可出现步态蹒跚、谵妄、昏迷、抽搐等症状，有时还会出现无故哭笑、幻视、幻听、幻觉等精神症状，甚至出现狂躁，企图自杀或有癔症样发作，个别有癫痫持续状态。若治疗不及时，会出现中枢性呼吸抑制及全身衰竭等。

若长期接触较高浓度的四乙铅，可发生慢性中毒。以神经衰弱综合征和自主神经功能紊乱为主要症状。早期出现头晕、头痛、失眠症状，并伴有噩梦，头痛较明显，记忆力减退。部分出现震颤、全身乏力、性格异常以及性欲减退等症状。

【急救措施】

急性中毒者，首先应迅速脱离有毒场所，如有皮肤污染则用肥皂水清洗。解毒剂可选用巯乙胺，每次 200 mg，肌内注射或缓慢静脉滴注，每日 1~2 次，症状改善后减量。肝、肾功能不全者慎用。对于出现精神症状者，应给予氯丙嗪类药物或采取冬眠疗法。急性期要积极防治脑水肿。有肝脏损害时可给予对症治疗。

【尸体特征】

四乙铅中毒死亡者，心脏外膜下和内膜可见出血点；肺瘀血、水肿；脾瘀血；肝脏瘀血、脂肪变性。肾小管上皮细胞混浊肿胀，血管充盈；神经细胞肿胀或萎缩，胞浆出现空泡，细胞核变形、变性显著。

【检材提取】

检材可提取血液、肺部组织等。

【检验方法】

气相色谱-质谱法。

仪器：气相色谱-质谱联用仪（配备固相微萃取装置）；色谱柱：Ultra-1（25 m×0.32 mm×0.52 μm）弹性石英毛细管柱；柱温：初始温度 50 ℃，保持 2 min，以 15 ℃/min 的升温速率升温至 200 ℃，保持 5 min；进样口温度：250 ℃；载气：高纯氦，流速：1.0 mL/min；进样方式：不分流进样；萃取头：100 μm 聚二甲基硅氧烷（PDMS）和 85 μm 聚丙烯酸酯（PA）；离子源：电子轰击源（EI），能量：70 eV；扫描方式：全扫描；离子源温度：230 ℃；传输线温度：250 ℃。

四氯化碳（四氯甲烷、氯烷）

【化学名称】四氯化碳

【化学式】CCl_4

【结构式】

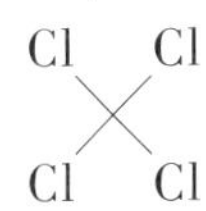

【相对分子质量】153.84

【CAS 登记号】56-23-5

【性状】

四氯化碳常态下为一种易挥发、不易燃烧的无色透明液体，具有氯仿的微甜气味。熔点 -22.6 ℃，沸点 76.8 ℃，相对密度（水=1）为 1.60。微溶于水，可与乙醇、乙醚、氯仿及石油醚等混溶，能溶解脂肪、油漆等多种物质。遇火或炽热物可分解为二氧化碳、氯化氢、光气和氯气等。

【用途及中毒原因】

四氯化碳曾被广泛用作溶剂、灭火剂、有机物的氯化剂、香料的浸出剂、纤维的脱脂剂、粮食的蒸煮剂、药物的萃取剂、有机溶剂、织物的干洗剂等，但是由于四氯化碳有毒性，现已较少使用或被限用，四氯化碳的很多用途已被二氯甲烷等所替代。吸入高浓度的四氯化碳蒸气是引起中毒的主要原因，多见于制造二氯二氟甲烷、三氯氟甲烷及氯仿等的化工行业，因车间通风条件不好、设备管道意外泄漏，或操作间室内窄闷及用四氯化碳灭火器灭火时，或用四氯化碳熏蒸、干洗、擦洗枪支或机器时不慎而吸入高浓度的四氯化碳。误服、投毒较少见。

【作用机制】

四氯化碳进入机体后，在肝细胞内质网上经羟化酶作用，产生自由基（$—CCl_3$），发生脂质过氧化，使内质网改变、线粒体损伤、溶酶体破裂及钙离子通透性发生变化，从而引起肝细胞坏死。也可引起肾小管上皮细胞变性和坏死，导致肾损害。

四氯化碳在体内代谢迅速，大部分以原形从肺中排出。

【毒性】

一般人在浓度为 1~2 g/m^3 的四氯化碳蒸气中 30 min 以上即可出现急性中毒症状，在浓度为 320 g/m^3 的四氯化碳蒸气中 5~10 min 将会中毒死亡。中毒血药浓度为 20~50 μg/mL，致死血药浓度为 100~200 μg/mL。

【中毒症状】

四氯化碳中毒个体差异较大。一般情况下，吸入高浓度四氯化碳蒸气后，可迅速出现昏迷、抽搐等急性中毒症状，并可出现肺水肿、呼吸肌麻痹、精神抑制、神志模糊、恶心、呕吐、腹痛、腹泻等症状。中毒数日后可出现肝、肾损害征象，严重时可出现腹水、急性重型肝炎及肾功能衰竭。对于慢性中毒者，则常表现为神经衰弱、胃肠功能紊乱，少数可有肝大及肝功能异常。

【急救措施】

皮肤及眼睛接触者可用大量清水冲洗局部。

口服中毒者应先洗胃，再用泻盐导泻。有缺氧表现及呼吸困难者，应给予吸氧，或进行人工呼吸，或采用支持疗法，静脉注射高渗葡萄糖、碳酸氢钠、葡萄糖酸钙等。

【尸体特征】

四氯化碳中毒死亡者较少见。若皮肤有接触，局部会出现红肿。尸体解剖可见肺水肿及肝细胞坏死，亦可有肾小管上皮细胞的变性和坏死，少数可伴有心肌的损害。

【检材提取】

检材可提取血液、肺组织等。

【检验方法】

气相色谱法。

仪器：气相色谱仪；色谱柱：PLOT－Q（20 m×0.53 mm×10 μm）弹性石英毛细管柱；柱温：初始温度 150 ℃，保持 5 min，以 10 ℃/min 的升温速率升温至 180 ℃，保持 10 min；汽化室温度：150 ℃；检测器温度：250 ℃；载气：高纯氮，流速：4.0 mL/min；检测器：电子捕获检测器（ECD）。

氯仿（三氯甲烷）

【化学名称】三氯甲烷

【化学式】$CHCl_3$

【结构式】

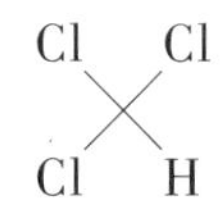

【相对分子质量】119.38

【CAS 登记号】67-66-3

【性状】

氯仿为无色透明液体，有特殊气味，味甜。熔点-63.5 ℃，沸点 61.3 ℃，易挥发，不易燃。纯品对光敏感，遇光照能与空气中的氧作用，逐渐分解而生成剧毒的光气（碳酰氯）和氯化氢。

【用途及中毒原因】

氯仿作为有机合成原料，主要用来生产氟利昂（F-21、F-22、F-23）、染料和药物，在医学上，常用作麻醉剂。可用作抗生素、香料、油脂、树脂、橡胶的溶剂和萃取剂。与四氯化碳混合可制成不冻的防火液体。还可用作烟雾剂的发射药、谷物的熏蒸剂和校准温度的标准液。工业品中通常加有少量乙醇，以破坏可能生成的光气，使用前可加入少量浓硫酸振摇后水洗，经氯化钙或碳酸钾干燥，即可得到不含乙醇的氯仿。氯仿中毒多发生在工业生产中，极少见误服或自杀。

【作用机制】

氯仿进入机体后很快从呼吸道排出。少部分经肝脏代谢，在体内通过生物转化形成二氧化碳和氯化氢。对人体的损害主要作用于中枢神经系统，具有麻痹、抑制血管运动中枢和心脏的作用，致使血压下降、心室颤动等。

【毒性】

人在氯仿浓度为 120 g/m^3 的环境下呼吸 5~10 min 可死亡。中毒血药浓度为 70~250 μg/mL，致死血药浓度为 390 μg/mL。

急性中毒实验：大鼠经口半数致死量

（LD_{50}）为 908 mg/kg，大鼠吸入半数致死浓度（LC_{50}）为 47 702 mg/m^3。

【中毒症状】

氯仿对皮肤有刺激作用，可使局部出现红肿、红斑及水疱。急性中毒初期有头晕、头痛、恶心、呕吐、兴奋、皮肤湿热和黏膜刺激症状，而后可出现精神错乱、呼吸表浅、反射消失、昏迷等症状，严重者可出现呼吸肌麻痹、心室纤维性颤动等，并伴有肝、肾损害。误服中毒时胃有烧灼感，表现出恶心、呕吐、腹痛、腹泻等。

长期接触氯仿可出现头晕、头痛、消化不良、精神抑郁、失眠、共济失调和肝、肾损害等。

【急救措施】

皮肤接触者，应立即除去衣物，用大量肥皂水清洗身体污染部位。眼睛接触者，应用大量清水冲洗。误食中毒者，尽早洗胃，再用泻盐导泻；必要时进行输氧和人工呼吸；食用高糖、高脂、维生素丰富的食物，并对症治疗及采用支持疗法。

【尸体特征】

氯仿中毒死亡者，皮肤若有接触，可在接触部位看到红斑、红肿及水疱。口服中毒者的口腔、食管及胃黏膜可有红肿。镜下可见肝细胞坏死，肝脂肪浸润。肾脏及心脏也可发生坏死和脂肪变性。

【检材提取】

检材可提取血液、肝脏、胃内容物等。

【检验方法】

气相色谱法。

仪器：气相色谱仪；色谱柱：PLOT－Q（20 m×0.53 mm×10.0 μm）弹性石英毛细管柱；柱温：初始温度 150 ℃，保持 5 min，以 10 ℃/min 的升温速率升温至 180 ℃，保持 10 min；汽化室温度：150 ℃；检测器温度：250 ℃；载气：高纯氮，流速：4.0 mL/min；检测器：电子捕获检测器（ECD）。

肼（联氨）

【化学名称】肼

【化学式】N_2H_4

【结构式】$H_2N—NH_2$

【相对分子质量】32.05

【CAS 登记号】302-01-2

【性状】

肼系无色油状液体，有氨的臭味，在空气中能吸收水分和二氧化碳，并发烟。熔点 1.4 ℃，沸点 113.5 ℃。不溶于氯仿、乙醚，可与水及醇类混溶，燃烧时火焰呈紫色。

【用途及中毒原因】

肼主要用于制造异烟肼、照相显影药剂、喷气式发动机燃料、火箭燃料、抗氧剂、还原剂、高压锅炉给水脱氧剂等。误服肼能引起中毒。

【作用机制】

肼通过消化道、呼吸道及皮肤、黏膜吸收进入机体后，首先干扰体内维生素 B_6 的代谢，进而抑制磷酸吡哆醛酶系统，导致痉挛发作和中枢神经系统的损害。

【毒性】

肼的毒性中等。

急性中毒实验：小鼠经口半数致死量（LD_{50}）为 59 mg/kg，小鼠静脉注射半数致死量（LD_{50}）为 57 mg/kg；大鼠经口半数致死量（LD_{50}）为 60 mg/kg，大鼠吸入半数致死浓度（LC_{50}）为 130 mg/m^3（2 h）。

【中毒症状】

肼的急性中毒多由皮肤、黏膜及创面大量吸收或口服引起。中毒者先有局部刺激症状，继而出现呕吐，再后出现中枢神经系统症状，如嗜睡、共济失调，甚至抽搐、昏迷等。部分患者有肝功能损害，如血清谷丙转氨酶活性增高。

长期接触者有的出现神经衰弱综合征，以及肝肿大和肝功能异常。

【急救措施】

中毒后应迅速脱离染毒区，沾染有肼的皮肤和眼睛可用大量清水冲洗，以阻止毒物继续被吸收。用大剂量维生素 B_6 治疗。中毒性肺炎及肺水肿者，应给予氧疗及早期、足量、短程的肾上腺糖皮质激素。

【尸体特征】

肼中毒死亡者较少见。皮肤及黏膜接触者，局部可见红肿。肝、脾、肾可出现瘀血、水肿。

【检材提取】

检材可提取血液、肺组织等。

【检验方法】

1. 薄层色谱法（TLC）

吸附剂：硅胶 G 薄层板；展开剂：异丙醇+

丙酮（3∶2）；显色剂：5%的对二甲氨基苯甲醛乙醇液（喷显 15 min 后观察斑点颜色）。

2. 离子色谱法（IC）

（1）样品处理：样品用去离子水超声提取，离心后取上清液分别过 OnGuard Ⅱ RP 小柱和 0.22 μm 过滤膜。

（2）仪器条件：仪器：离子色谱仪；色谱柱：IonPac CS-12A（250 mm×4 mm）阴离子交换柱；流动相：5 mmol/L 的甲基磺酸；洗脱方式：等梯度淋洗，0.1 mol/L 的 NaOH 溶液柱后加碱；检测器：金电极安培检测器。

萘（骈苯、并苯、粗萘、环烷、精萘、萘丸、煤焦油脑）

【化学名称】骈苯

【化学式】$C_{10}H_8$

【结构式】

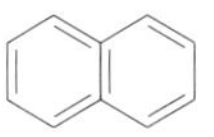

【相对分子质量】128.18

【CAS 登记号】91-20-3

【性状】

萘是由两个苯环构成的最简单的稠环芳香烃，俗称“卫生球”。是煤焦油加工的主要产品之一。系无色有光泽的单斜晶体，有强烈的焦油味。在常温下易升华。熔点 80.5 ℃，沸点 218 ℃。不溶于水，可溶于乙醚、乙醇、氯仿、二硫化碳、苯等。

【用途及中毒原因】

萘是重要的有机化工原料，广泛地用于制备染料、树脂、溶剂等，也可用作防蛀剂（即俗称的卫生球或樟脑丸）。萘蒸气或粉尘经呼吸道进入人体或通过皮肤吸收均能使人中毒，但自杀或误服者极为少见。

【作用机制】

由于萘有特殊的气味。故口服者甚少，主要以蒸气或粉尘的形态经呼吸道进入机体，被机体吸收后大部分以萘硫醇尿酸的形式排出。高浓度的萘可致溶血性贫血、肾和肝脏损害及视神经炎和晶体混浊。

【毒性】

萘为中等毒性物质。

空气中极限允许浓度为 20 mg/m^3。

人口服 5 g，可出现白内障及肾损害；口服 5~15 g，可致死。

急性中毒实验：大鼠经口半数致死量（LD_{50}）为 490 mg/kg，小鼠经口半数致死量（LD_{50}）为 316 mg/kg。

【中毒症状】

吸入高浓度的萘蒸气或粉尘，可致急性中毒，出现恶心、呕吐、腹痛、腹泻、头痛等症状，随即出现寒战、发热、黄疸、尿呈酱油色、尿痛、尿少、甚至无尿和尿毒症，还会伴有肝大、肝功能异常，甚至出现急性重型肝炎，严重者可出现躁动、惊厥、昏迷等症状。

长期吸入萘蒸气或粉尘会出现慢性中毒，可见头痛、头晕、无力、咳嗽、胸闷、食欲减退以及眼晶体外周小点状混浊等症状。皮肤长期接触萘蒸气或粉尘可引起湿疹样皮炎改变，少数人还会出现过敏反应。

【急救措施】

皮肤接触者，应脱去衣物，用肥皂水清洗身体污染部位。眼睛接触者，应用大量清水冲洗眼部。口服中毒者，应立即催吐，继而用温开水、医用活性炭混悬液、2%的碳酸氢钠溶液或 1∶5 000的高锰酸钾溶液洗胃，洗胃后用硫酸钠导泻，并口服浓米汤、生蛋清（禁食脂肪性食物如牛奶等）保护胃黏膜。

【尸体特征】

萘中毒死亡者非常少见。皮肤有接触者可在局部见到红肿、湿疹样改变。严重者可见肝细胞坏死及肾脏组织的病变。

【检材提取】

检材可提取血液等。

【检验方法】

气相色谱-质谱法。

仪器：气相色谱-质谱联用仪；色谱柱：Agilent DB-5MS（30 m×0.25 mm×0.25 μm）弹性石英毛细管柱；柱温：初始温度 40 ℃，保持 2 min，以 5 ℃/min 的升温速率升温至 80 ℃，再以 10 ℃/min 的升温速率升温至 280 ℃，保持 5 min；进样口温度：250 ℃；传输线温度：230 ℃；载气：高纯氦，流速：1.0 mL/min；离子源：电子轰击源（EI），能量：70 eV。

烟碱（尼古丁）

【化学名称】1-甲基-2-（3-吡啶基）吡咯烷

【化学式】$C_{10}H_{14}N_2$

【结构式】

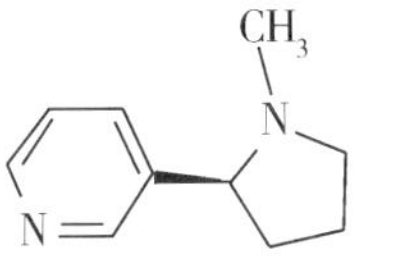

【相对分子质量】162.23

【CAS 登记号】54-11-5

【性状】

烟碱为无色到微黄色油状液体，味苦，易挥发，有难闻的气味。有吡啶臭和焦辣味，极易吸湿，在空气或光线中逐渐变成棕黄色。能随水蒸气挥发。熔点-79 ℃，沸点 247 ℃（分解），相对密度 1.009 7，折光率 1.528 2，闪点 101 ℃。在低于 60 ℃时能与水混溶，极易溶于醇、醚、氯仿及石油醚。

【用途及中毒原因】

烟碱主要是用于治疗尼古丁依赖症，以减少因吸烟造成的健康问题，称为尼古丁替代疗法。最新研究表明，未吸烟者罹患帕金森症和阿尔茨海默症的概率高于吸烟者的两倍，烟碱有望成为治疗老年痴呆症、帕金森症、抑郁症的有效药物。烟碱中毒多为过量吸食或误服所致。

【作用机制】

烟碱主要作用于中枢神经系统和自主神经，小剂量具有兴奋作用，大剂量则既有兴奋又有抑制的双相作用。主要作用点在自主神经节和神经肌肉连接点，可引起“烟碱样作用”和中枢神经系统兴奋。

【毒性】

无吸烟习惯者 1 mg 可引起中毒，小儿 10 mg 即可致死，成人口服致死量为 40~60 mg。烟碱的中毒血药浓度为 1 μg/mL，致死血药浓度为 1~52 μg/mL（肝浓度为 10~40 μg/mL）。

急性中毒实验：大鼠经口半数致死量（LD_{50}）为 50 mg/kg，小鼠经口半数致死量（LD_{50}）为 3.34 mg/kg。

【中毒症状】

口服中毒者可出现食管、胃部烧灼性疼痛，呼吸加快、呼吸有烟草气味、头痛、眩晕、恶心、呕吐、腹泻、流涎、面色苍白、出汗、心跳加快、血压升高、瞳孔先缩小后散大，以及视觉、听觉障碍等症状。重度中毒者的口腔、咽部及胃有烧灼痛，呼吸困难、发绀、昏迷、抽搐，口、鼻可见棕色泡沫，进而呼吸困难加重、缓慢或浅表，心律不齐、心功能衰竭，多因呼吸肌麻痹而死亡。早期死亡可由刺激心迷走神经节发生心脏停搏所致。

【急救措施】

皮肤沾染者，应立即用大量清水或浓茶水冲洗，并用肥皂水彻底洗净。呼吸道吸入者，应立即脱离接触，并吸新鲜空气或氧气。经口中毒神志清醒者先催吐后洗胃，神志模糊不清者应立即插胃管洗胃。洗胃液选用 1%~3%的鞣酸溶液或浓茶水，以促使烟碱沉淀，减少吸收。洗胃后再服浓茶水或鞣酸，也可服医用活性炭混悬液。碘也能与烟碱形成难吸收的沉淀物，可用碘酊 5~8 滴加水 100 mL 或 10%的碘化钾溶液 3~5 mL 加水 50 mL 口服，每小时 1 次，连续 2~3 次。1∶（2 000~5 000）的高锰酸钾溶液也可氧化破坏烟碱，并有刺激胃黏膜诱吐的作用，也可用于洗胃。肠内残余毒物可用硫酸镁导泻，医用活性炭混悬液高位灌肠帮助清除毒物。出现呼吸衰竭表明烟碱毒作用已发展至麻痹期，应迅速用人工呼吸机械做人工呼吸通气，不宜给服呼吸兴奋剂，因为它不能解决呼吸肌麻痹，反而会增加脑氧耗。阿托品可解除早期出汗、流涎等症状，而且还可防止烟碱对心脏的损害，应及早使用，一般用 0.5~1 mg 做皮下或肌内注射，必要时应重复使用，但不宜阿托品化。及时处理心律失常，防止发生心源性脑缺氧症。给服保护心肌的药物，心绞痛者可用常规剂量的硝酸酯类药物，心搏骤停者应立即实施心肺复苏术。

【尸体特征】

烟碱中毒死亡者的口腔、鼻腔可见棕色泡沫，有烟草气味，胃黏膜可见急性炎症改变。其他器官可出现瘀血、水变性。

【检材提取】

胃内容物、呕吐物为主要检材，血液、尿及肝、肾等组织也可作为检材。

【检验方法】

气相色谱-质谱法。

仪器：气相色谱-质谱联用仪；色谱柱：

Agilent DB-5MS（30 m×0.25 mm×0.25 μm）弹性石英毛细管柱；柱温：初始温度 60 ℃，保持 1 min，以 20 ℃/min 的升温速率升温至 280 ℃，保持 5 min；进样口温度：260 ℃；传输线温度：280 ℃；载气：高纯氦，流速：1.0 mL/min；离子源：电子轰击源（EI），能量：70 eV。

第三节　非挥发性毒物

二苯胺

【化学名称】二苯胺

【化学式】$C_{12}H_{11}N$

【结构式】

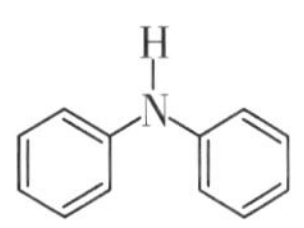

【相对分子质量】169.22

【CAS 登记号】122-39-4

【性状】

本品为白色或浅灰色结晶，有花香和苯胺的气味。熔点 53 ℃，沸点 302 ℃。不溶于水，溶于二硫化碳、苯、乙醇、乙醚等；能与强酸生成盐。保存时需避光。

【用途及中毒原因】

二苯胺可用于染料、抗氧剂、药品、炸药和农药的合成。也可用于硝酸盐、氯酸盐和其他氧化性物质的检定。二苯胺可以作为鉴定 DNA 的试剂。中毒多因污染或意外吸入、食入或经皮肤吸收而引起。

【作用机制】

二苯胺可通过呼吸道及皮肤吸收进入人体，作用机制与苯胺相似（参见“苯胺”），但吸收量很少，因此全身毒性较轻。

【毒性】

二苯胺为低毒类物质。

急性中毒实验：小鼠经口半数致死量（LD_{50}）为 2.9 g/kg，大鼠经口半数致死量（LD_{50}）为 11.5 g/kg。

【中毒症状】

接触二苯胺者可有头昏、头痛、恶心、呕吐、腹泻、消瘦等症状，也会出现面色苍白、口唇和指端发绀、意识障碍、惊厥、休克等症状。长期接触后皮肤黏膜出现刺激症状，可引起膀胱肿瘤，出现尿频或血尿等症状。

【急救措施】

眼睛接触者，应用大量清水冲洗眼部。皮肤接触者，应脱去衣物，用肥皂水清洗身体沾染部位。若出现急性中毒症状，应测定血液中高铁血红蛋白的含量，并及时对症治疗。

【尸体特征】

二苯胺中毒死亡者较少见。皮肤有接触者局部可能出现红斑；口唇、指甲及耳郭可因缺氧而发绀，颜面部发绀非常明显；同时可见脾、肝、肾水肿。

【检材提取】

检材可提取胃内容物、呕吐物、剩余残渣等。

【检验方法】

液相色谱法。

仪器：液相色谱仪；色谱柱：Venusil MP-C18（250 mm×4.6 mm×5 μm）键合硅胶柱；流动相：甲醇+水（80：20，*V/V*）；流速：1 mL/min；检测器：紫外检测器；检测波长：280 nm。

联苯胺（对二氨基联苯、4，4′-二氨基联苯）

【化学名称】4，4′-二氨基联苯

【化学式】$C_{12}H_{12}N_2$

【结构式】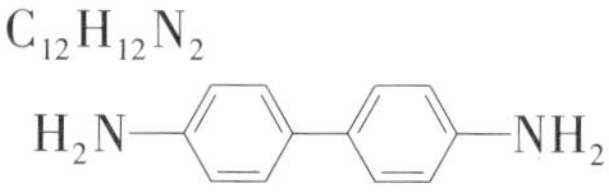

【相对分子质量】184.23

【CAS 登记号】92-87-5

【性状】

联苯胺纯品为白色或浅粉红色结晶性粉末，工业品呈褐色或深紫褐色。熔点 128 ℃，沸点 401.7 ℃，蒸气压 98.64 kPa，相对密度（水=1）为 1.25。不溶于冷水，溶于热水，易溶于乙醇、乙醚，性质稳定，有强烈的致癌作用。

【用途及中毒原因】

本品为有机合成和偶氮染料的中间体，用于制取直接深棕 M、直接元青、直接墨绿 B 及偶氮综合型有机颜料等。同时也用于制取医药及化学试剂。误服可引起中毒，长期接触能致癌。

【作用机制】

联苯胺可经呼吸道、胃肠道、皮肤吸收进入人体。对皮肤和黏膜有刺激作用，可引起接触性皮炎。长期接触可引起出血性膀胱炎、膀胱复发性乳头状瘤和膀胱癌。

【毒性】

联苯胺毒性中等。

急性中毒实验：大鼠经口半数致死量（LD_{50}）为 309 mg/kg，小鼠经口半数致死量（LD_{50}）为 214 mg/kg。

【中毒症状】

皮肤接触者会出现接触性皮炎，长期接触造成损害者可出现血尿。

【急救措施】

（1）皮肤接触者：应立即脱去污染的衣物，用肥皂水及清水彻底冲洗局部。

（2）眼睛接触者：应立即用大量流动清水或生理盐水冲洗局部。

（3）吸入中毒者：应迅速脱离现场至空气新鲜处，呼吸困难者应及时给予吸氧，呼吸停止时，需立即进行人工呼吸。

（4）误服中毒者：应给予充分漱口、饮水，尽快洗胃，洗胃后口服医用活性炭，再给以导泻。

【尸体特征】

联苯胺中毒死亡者很少见。皮肤接触者出现红斑样皮炎。长期接触而中毒死亡者会出现膀胱肿瘤。同时可伴有肝、脾、肾的水肿。

【检材提取】

检材可提取血液、胃内容物、呕吐物等。

【检验方法】

1. 气相色谱法

仪器：气相色谱仪；色谱柱：Agilent DB-1MS 或 DB-5MS（30 m×0.32 mm×0.25 μm）弹性石英毛细管柱；柱温：初始温度 240 ℃，保持 1 min，以 10 ℃/min 的升温速率升温至 280 ℃，保持 15 min；进样口温度：260 ℃；检测器温度：280 ℃；载气：高纯氮，流速：1.0 mL/min；进样方式：不分流进样；空气：400 mL/min；氢气：30 mL/min；检测器：氮磷检测器。

2. 气相色谱-质谱法

仪器：气相色谱-质谱联用仪；色谱柱：HP-17（30 m×0.32 mm×0.25 μm）弹性石英毛细管柱；柱温：初始温度 160 ℃，保持 1 min，以 10 ℃/min 的升温速率升温至 280 ℃，保持 20 min；进样口温度：260 ℃；载气：高纯氦，流速：1.0 mL/min；进样方式：分流进样，分流比：10∶1；传输线温度：280 ℃；离子源温度 230 ℃；扫描方式：全扫描；质量范围：40~200 amu；溶剂延迟：3 min；离子源：电子轰击源（EI），能量：70 eV。

樟脑（潮脑、油脑、树脑、韶脑）

【化学名称】1，7，7-三甲基双环［2.2.1］庚烷-2-酮

【化学式】$C_{10}H_{16}O$

【结构式】

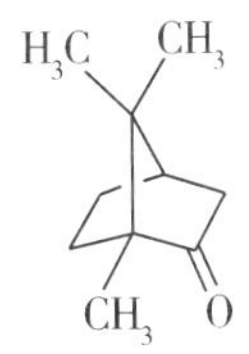

【相对分子质量】152.23

【CAS 登记号】76-22-2

【性状】

樟脑为白色结晶性粉末或无色透明的硬块，粗制品则略带黄色，有光亮，在常温下易挥发，火试能产生有烟的红色火焰而燃烧，有刺激性芳香味，室温能慢慢地挥发。熔点 179.75 ℃，沸点 204 ℃，相对密度（水=1）0.990。微溶于水（溶解度为 0.12 g/100 mL），溶于乙醇、乙醚、氯仿、二硫化碳、石脑油及挥发或不挥发的油类。

【用途及中毒原因】

樟脑广泛用于医药、塑料工业及日常生活中的防虫、防蛀、防臭。对皮肤有温和的刺激作用，刺激性小于松节油，涂于皮肤后首先刺激冷觉感受器，有清凉感，还有微弱的局部麻醉作用，有利于缓解炎性疼痛；继而使血管扩张，皮肤发红，有温热感，可促进炎性产物的吸收及局部消炎。外用可治疗关节炎、肌腱炎、肌肉风湿症、蜂窝织炎、各种挫伤、慢性睾丸炎以及慢性炎性肌肉痛和神经痛等。误服能引起中毒。

【作用机制】

樟脑具有兴奋中枢神经系统的作用，尤其是对于高级中枢。主要作用于大脑皮层运动区和脑

干，可引起癫痫样惊厥。在呼吸极度抑制的情况下，皮下注射樟脑会刺激感受器引起反射性兴奋。在机能极度低下的情况下，对血管运动中枢有兴奋作用，内脏血管收缩而皮肤血管舒张，血压上升。樟脑涂于皮肤上有较轻的刺激及防腐作用，并能刺激冷觉感受器而有清凉感，可止痒止痛，对局部有轻度的麻醉作用。大量口服对胃肠道也有较强的刺激作用，可引起恶心、呕吐。

【毒性】

樟脑毒性中等。

内服 0.5~1.0 g 可引起眩晕、头痛、温热感，乃至兴奋、谵妄等；内服 2.0 g 以上在暂时性的镇静状态后，即引起大脑皮层的兴奋，导致癫痫样痉挛，最后可因呼吸衰竭而死亡。内服 7~15 g 或肌内注射 4 g，可致命。

急性中毒实验：大鼠腹腔注射半数致死量（LD_{50}）为 956 mg/kg，小鼠腹腔注射半数致死量（LD_{50}）为 884 mg/kg。

【中毒症状】

樟脑对皮肤、黏膜有局部刺激作用，可引发皮炎、结膜炎及角膜损伤。

吸入中毒者可出现头昏、头痛，甚至出现惊厥。

口服中毒者可出现恶心、呕吐及腹痛等。中毒症状严重者，还会出现精神错乱、兴奋、谵妄等，甚至出现肌肉抽搐和痉挛，直至呼吸衰竭而死亡。

【急救措施】

皮肤接触者，应立即脱去污染的衣物，用肥皂水或大量清水彻底冲洗局部。眼睛接触者，应立即用大量流动清水或生理盐水冲洗。误服中毒者，应给予充分漱口、饮水，尽快洗胃，洗胃后再给以导泻。

【尸体特征】

樟脑中毒死亡的案例非常少见。皮肤有接触者可能局部出现发红等炎症反应。尸体可表现为痉挛强直，胃黏膜可因刺激作用而发红。

【检材提取】

检材可提取血液、胃内容物、呕吐物等。

【检验方法】

气相色谱-质谱法。

仪器：气相色谱-质谱联用仪；色谱柱：Agilent DB-5MS（30 m×0.25 mm×0.25 μm）弹性石英毛细管柱；柱温：初始温度 100 ℃，保持 1 min，以 20 ℃/min 的升温速率升温至 260 ℃，保持 10 min；进样口温度：260 ℃；载气：高纯氦，流速：1.0 mL/min；进样方式：分流进样，分流比：10∶1；扫描方式：全扫描；质量范围：40~200 amu；溶剂延迟：3 min；离子源：电子轰击源（EI），能量：70 eV。

对甲苯胺（4-甲基苯胺、对甲基苯胺、对氨基甲苯）

【化学名称】4-甲基苯胺

【化学式】C_7H_9N

【结构式】

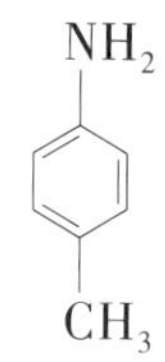

【相对分子质量】107.15

【CAS 登记号】106-49-0

【性状】

甲苯胺有邻（o-）、间（m-）、对（p-）三种位置异构体。对甲苯胺为白色片状结晶，熔点 44.5 ℃，沸点 200 ℃（常压）、79.6 ℃（1.333 kPa），相对密度（水=1）0.961 9，折射率 1.553 4。微溶于水，溶于乙醇、乙醚、苯、盐酸等。

【用途及中毒原因】

对甲苯胺在工业上主要用作染料的中间体及医药乙胺嘧啶的中间体。引起中毒的主要原因是工业生产污染及误服等。

【作用机制】

对甲苯胺与苯胺的毒性作用机制相似，进入体内后可使氧合血红蛋白变成高铁血红蛋白，抑制中枢神经系统，对心血管系统及其他脏器也有一系列损害作用。皮肤长期接触会出现炎症反应。

【毒性】

对甲苯胺毒性中等。

急性中毒实验：大鼠经口半数致死量（LD_{50}）为 336 mg/kg，小鼠经口半数致死量（LD_{50}）为 330 mg/kg。

【中毒症状】

皮肤接触者出现干性皮炎，局部出现红斑。

急性吸入或口服中毒者，皮肤、黏膜常发绀，以口唇、指甲和耳郭最为明显。严重中毒者颜面可呈淡灰蓝色，口唇暗紫色甚至近于黑色。对于中枢神经系统及循环系统的损害表现为头晕、头痛、无力、嗜睡、失眠、恶心、血压升高、胸闷、全身无力、脉搏加快，严重者意识不清、抽搐，甚至昏迷而死亡。

慢性中毒者表现为神经衰弱综合征，往往伴有轻度发绀、贫血和肝、脾肿大。

【急救措施】

参见“苯胺”。

【尸体特征】

对甲苯胺中毒死亡者较少见。皮肤接触者局部可出现红斑。颜面部发绀较明显，口唇、指甲及耳郭可因缺氧而发绀。也可见到有脾、肝、肾水肿。

【检材提取】

检材可提取血液、胃内容物、肝脏、剩余残渣等。

【检验方法】

1. 气相色谱法

仪器：气相色谱仪；色谱柱：Agilent DB-1MS 或 DB-5MS（30 m×0.32 mm×0.25 μm）弹性石英毛细管柱；柱温：初始温度 240 ℃，保持 1 min，以 10 ℃/min 的升温速率升温至 280 ℃，保持 15 min；进样口温度：260 ℃；检测器温度：280 ℃；载气：高纯氮，流速：1.0 mL/min；进样方式：不分流进样；空气：400 mL/min；氢气：30 mL/min；检测器：氮磷检测器。

2. 液相色谱法

仪器：液相色谱仪；色谱柱：Vertex C18（250 mm×4.6 mm×5 μm）键合硅胶柱；柱温：30 ℃；流动相：甲醇+水（20∶80，V/V）；流速：1.0 mL/min；进样量：20 μL；检测器：紫外检测器；波长：254 nm。

甲酚（甲苯酚、甲基苯酚、甲基酚、煤酚）

【化学名称】甲基苯酚

【化学式】C_7H_8O

【结构式】

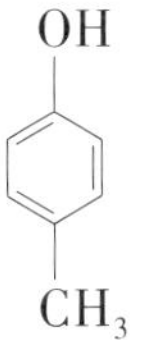

【相对分子质量】108.14

【CAS 登记号】1319-77-3　106-44-5

【性状】

甲酚又称混合甲酚，有邻甲酚、间甲酚和对甲酚三种异构体混合而成。为无色、淡黄色或粉红色液体，有苯酚气味。熔点-2～-1 ℃，沸点 88～94 ℃，相对密度（水=1）1.04。稍溶于水（水中溶解度为 1.932 g/100 mL），溶于乙醇、乙醚和碱溶液。具有腐蚀性，能燃烧，与空气混合可爆炸。

【用途及中毒原因】

甲酚是制造合成树脂、绝缘漆、抗氧剂的原料，主要用作酚醛树脂、电器绝缘漆、磷酸三甲酚酯、染料、表面活性剂、浮选剂、润滑油添加剂、磁漆溶剂、防腐剂、防寒塑料增塑剂、裂解分散剂及癸二酸生产过程中的溶剂等。甲酚的杀菌力为苯酚的 4 倍，故也可用作消毒剂，通常在混合甲酚中加入肥皂水乳化，即成消毒剂来苏水。中毒多因误服或在工业生产中发生意外所致，自杀、投毒并不多见。

【作用机制】

甲酚可通过破损皮肤、胃肠道及呼吸道的黏膜吸收进入机体。甲酚在体内部分被氧化成氢醌和焦性儿茶酚，大部分以原形或与葡萄糖醛酸和硫酸根结合，从尿中排出，部分从胆汁中排出。

甲酚与苯酚相似，属原浆毒，能使蛋白变性和沉淀，对皮肤和黏膜有明显的腐蚀作用，对所有细胞均有毒害作用。

口服中毒时，口腔、咽喉及食管黏膜有明显腐蚀和坏死，周围组织有出血及浆液性浸润。

甲酚蒸气经呼吸道吸收后，会引起气管刺激、肺脏充血水肿和支气管肺炎。甲酚被机体吸收后，可引起全身性中毒症状，主要对血管舒张中枢、呼吸中枢和体温中枢有抑制作用。也可直接作用于心肌和毛细血管，使心肌变性坏死。肝脏细胞肿胀、炎性变化及脂肪变性。肾脏实质性损害，还可引发出血性肾炎。还可作用于脊髓，引起阵挛性抽搐和肌束颤动。

【毒性】

甲酚为低毒类物质。

甲酚对中枢神经有毒害作用，严重时可致死。

急性中毒实验：大鼠经口半数致死量（LD_{50}）为 1 454 mg/kg，小鼠经口半数致死量（LD_{50}）为 760 mg/kg。

【中毒症状】

急性中毒者面色苍白、嘴唇青紫、冷汗淋漓、皮肤湿冷，胃肠道功能出现紊乱，中枢神经系统受到抑制，可引起呼吸减弱、血压降低、体温下降、脉搏减弱，最后可因肺水肿及中枢神经系统麻痹而死亡。生化检验：中毒者尿液呈棕黑色，尿中出现大量蛋白管型及红细胞。

慢性中毒者，临床表现为厌食、恶心、呕吐、头痛、头晕、腹泻、皮疹等。

【急救措施】

皮肤接触者，应立即脱去被污染的衣物，同时应用聚乙烯乙二醇、甘油或聚乙烯乙二醇和乙醇混合液（7∶3）抹洗局部，然后用清水彻底清洗，或直接用大量流动清水冲洗。眼睛接触者，应立即提起眼睑，用大量流动清水或生理盐水彻底冲洗。吸入中毒者，应迅速脱离现场至空气新鲜处，保持呼吸道通畅，如呼吸困难，给予吸氧，如呼吸停止，立即进行人工呼吸。食入中毒者，应立即给饮植物油 15~30 mL，催吐。

【尸体特征】

甲酚中毒死亡者较少见。皮肤及黏膜接触者可出现局部组织坏死。吸入中毒者肺脏瘀血、水肿明显；支气管有炎症反应；脑组织水肿；部分心肌细胞变性坏死；肝脏肿胀、脂肪变性；肾脏实质性损害。

【检材提取】

检材可提取胃内容物、肝脏、胃壁、血液等。

【检验方法】

1. 气相色谱法

仪器：气相色谱仪；色谱柱：HP-17（15 m×0.53 mm×0.25 μm）弹性石英毛细管柱；柱温：初始温度 250 ℃，保持 6 min，以 5 ℃/min 的升温速率升温至 270 ℃，保持 3 min；进样口温度：270 ℃；检测器温度：280 ℃；载气：高纯氮，流速：12.2 mL/min；空气：100 mL/min；氢气：4 mL/min；检测器：FID。

2. 气相色谱-质谱法

仪器：气相色谱-质谱联用仪；色谱柱：HP-17（30 m×0.25 mm×0.25 μm）弹性石英毛细管；柱温：初始温度 160 ℃，保持 1 min，以 10 ℃/min 的升温速率升温至 280 ℃，保持 20 min；进样口温度：260 ℃；载气：高纯氦，流速：1.0 mL/min；进样方式：分流进样，分流比：10∶1；离子源：电子轰击源（EI），能量：70 eV；扫描方式：全扫描；质量范围：40~450 amu；溶剂延迟：3 min。

三硝基甲苯（黄色炸药、TNT）

【化学名称】 2，4，6-三硝基甲苯

【化学式】 $C_7H_5N_3O_6$

【结构式】

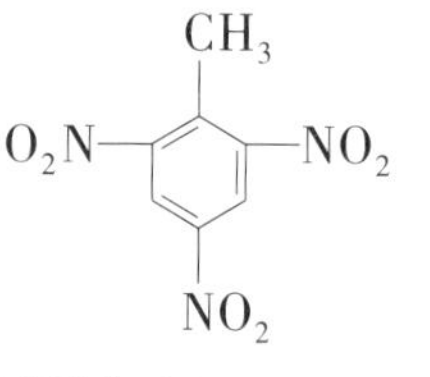

【相对分子质量】 227.13

【CAS 登记号】 118-96-7

【性状】

本品为白色或黄色针状结晶，无臭，有吸湿性。熔点 80.35~81.1 ℃，沸点 240 ℃，相对密度（水=1）1.654。不溶于水，微溶于冷乙醇，易溶于热乙醇，溶于苯、芳香烃、丙酮以及较浓的硝酸。受热、接触明火或受到摩擦、震动、撞击时可发生爆炸。少量或薄层物料在广阔的空间中燃烧可不起爆，大量堆积或在密闭容器中燃烧，有可能由燃烧转变为爆轰。遇碱生成不稳定的爆炸物。

【用途及中毒原因】

三硝基甲苯广泛用于装填各种炮弹、航空炸弹、火箭弹、导弹、水雷、鱼雷、手榴弹及爆破器材。在工业生产中，由于皮肤吸收和呼吸道吸入会引起中毒。

【作用机制】

三硝基甲苯通常通过皮肤吸收引起中毒，口服中毒者较少见。三硝基甲苯进入血液后主要分布于肝、脾、肾、骨髓及眼球中。三硝基甲苯在体内经生物转化被还原成氨基化合物。对人体的

毒性作用主要表现为溶血、贫血、神经系统功能损害、肝肾损害及晶状体混浊。三硝基甲苯中毒最特异和最常见的表现是中毒性白内障。人长期暴露于含有三硝基甲苯的环境中会增加患贫血症和肝功能异常的机会。注射或吸入三硝基甲苯的动物亦发现会影响血液和肝脏，以及脾脏肿大和其他有关免疫系统的损坏。亦有证据证明三硝基甲苯对男性的生殖功能有不良影响。口服三硝基甲苯会使尿液变黑。

【毒性】

人在三硝基甲苯浓度大于2 mg/m^{3}的环境中会产生不悦感，并可引起血液的轻度改变。人的急性致死量为1~2 g。

急性中毒实验：大鼠经口最低致死量（MLD）为700 mg/kg，兔经口最低致死量（MLD）为500 mg/kg。

【中毒症状】

人皮肤接触三硝基甲苯后可出现急性中毒，局部皮肤染成橘黄色，一周左右在接触部位发生皮炎，表现为红色丘疹，随后丘疹融合并脱屑。短期内吸入高浓度的三硝基甲苯粉尘，可在数天后出现胸闷、呼吸困难、发绀等高铁血红蛋白血症的症状。

长期少量接触三硝基甲苯会出现慢性中毒，全身症状表现为面色苍白，口唇和耳郭呈青紫色的“三硝基甲苯面容”，有的因肤色掩盖而不易显露。还可能出现气急、头痛、乏力、纳差及晨起呕吐等症状。

临床上常将三硝基甲苯中毒分为四种类型：①中毒性肝炎：接触量多者多数会在3个月以上发生肝大伴压痛，肝功能异常，若发生黄疸，预后不佳；脱离接触，会较快好转。②中毒性胃炎：患者纳差，上腹部剧痛，恶心、呕吐及便秘，与进食无关。胃镜检查可发现单纯性胃炎。③中毒性白内障：发生率最高，发病与接触时间长短一般成正比，个别人接触高浓度的三硝基甲苯不足一年亦可发病。初起时晶状体周边部环形暗影，随病情发展可出现中央部环形或圆盘状混浊。由于白内障呈环状分布，故对中央视力影响不大。④贫血：为低色素性贫血，可伴有网状细胞增多、尿胆原和尿胆红素阳性、赫恩兹小体阳性、点彩红细胞增加等。严重者可发展至再生障碍性贫血，表现为进行性贫血、全血细胞减少及骨髓增生不良。

【急救措施】

皮肤接触者，应立即脱去污染的衣物，用肥皂水及清水彻底冲洗局部。眼睛接触者，应立即提起眼睑，用大量流动清水或生理盐水冲洗。呼吸及心跳停止者，应立即进行人工呼吸和胸外心脏按压术。误服中毒者，应给予充分漱口、饮水，尽快洗胃，洗胃后口服医用活性炭，再给以导泻；及时就医。

【尸体特征】

三硝基甲苯中毒死亡者，若有皮肤接触，接触局部可见橘黄色改变，严重者可见局部红色丘疹及脱屑。吸入中毒者可见口唇发绀。中毒造成肝炎病变者可出现黄疸。眼部病变者可出现白内障。

【检材提取】

检材可提取胃内容物、呕吐物、血液等。

【检验方法】

1. 气相色谱法

仪器：气相色谱仪；色谱柱：HP-17（15 m×0.53 mm×0.25 μm）弹性石英毛细管柱；柱温：初始温度250 ℃，保持6 min，以5 ℃/min的升温速率升温至270 ℃，保持3 min；进样口温度：270 ℃；检测器温度：280 ℃；载气：高纯氮，流速：10.0 mL/min；空气：100 mL/min；氢气：4 mL/min；检测器：FID。

2. 气相色谱-质谱法

仪器：气相色谱-质谱联用仪；色谱柱：Agilent DB-5MS（30 m×0.25 mm×0.25 μm）弹性石英毛细管柱；柱温：初始温度80 ℃，保持1 min，以20 ℃/min的升温速率升温至250 ℃，保持5 min；进样口温度：250 ℃；载气：高纯氦，流速：1.0 mL/min；进样方式：分流进样，分流比：10∶1；离子源：电子轰击源（EI）或负化学源（NCI），能量：70 eV；扫描方式：全扫描；质量范围：40 ~ 450 amu；溶剂延迟：3 min。

五氯苯酚

【化学名称】五氯苯酚

【化学式】C_6HCl_5O

【结构式】

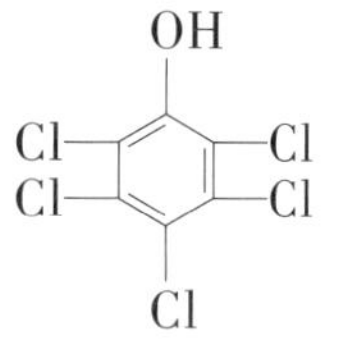

【相对分子质量】266.33

【CAS 登记号】87-86-5

【性状】

本品为白色薄片或结晶状固体，熔点 187~189 ℃，沸点 309~310 ℃（分解）。常含一分子结晶水，稍热有极强辛辣臭味，溶于水时生成有腐蚀性的盐酸气。工业品为灰黑色粉末或片状固体，难溶于水，溶解度（20 ℃）为 20~25 mg/L，溶于大多数有机溶剂，如乙醇、乙醚、苯等，略溶于冷石油醚。受日光照射易分解，呈深红色或棕色，干燥时性质稳定。

【用途及中毒原因】

五氯苯酚主要用于有机合成，以及稻田除稗草和木材防腐。同时也是广泛使用的防霉剂，灭菌效力高，适用于聚氯乙烯等塑料、涂料、皮革、黏合剂、橡胶、纤维、纸张等，一般用量为 0.1%~0.5%。用于防治白蚁、钉螺等亦有效。在工业生产或使用过程中接触、误服等均可引起中毒。

【作用机制】

五氯苯酚可经皮肤、呼吸道、消化道吸收进入机体，进入机体后能与细胞原浆中的蛋白质发生化学反应，形成不溶性蛋白质，使细胞失去活性，并通过干扰氧化磷酸化过程，使 ADP 不能通过磷酸化形成 ATP。特别是五氯苯酚经肝脏代谢生成的四氯对氢醌毒性更强，造成中毒者的基础代谢增加，严重者会出现再生障碍性贫血。

【毒性】

五氯苯酚高等毒性。

人口服致死量为 29 mg/kg。

急性中毒实验：大鼠经口半数致死量（LD_{50}）为 50 mg/kg，大鼠经皮肤吸收半数致死量（LD_{50}）为 105 mg/kg。

【中毒症状】

眼睛接触者出现结膜炎。皮肤接触者出现灼伤、点状痤疮以及棕色色素沉着。吸入粉尘或误服者可出现恶心、呕吐、咳嗽、呼吸困难、厌食、腹部痛性痉挛、脉搏加快、出汗显著增加、发热、下肢无力和感觉异常、体重减轻、惊厥、昏迷等症状或体征。

【急救措施】

皮肤接触者，应立即脱去污染的衣物，用肥皂水及流动清水彻底冲洗污染的皮肤、头发、指甲等。眼睛接触者，应提起眼睑，用流动清水或生理盐水冲洗。吸入中毒者，应迅速脱离现场至空气新鲜处，保持呼吸道通畅，如呼吸困难，给予吸氧；如呼吸停止，立即进行人工呼吸。食入中毒者，需饮足量温水，催吐，用清水或2%~5%的碳酸氢钠溶液洗胃。

【尸体特征】

五氯苯酚中毒死亡的报道较少见。眼睛及皮肤接触者局部可见炎症表现。肝、脾、肾等脏器多见瘀血。

【检材提取】

检材可提取尿液、胃内容物、呕吐物等。

【检验方法】

1. 气相色谱法

（1）样品处理：取 1 g 匀浆组织，加入 1∶1 的 H_2SO_4 水溶液 8 mL，置 80 ℃ 的水浴上浸泡 30 min，用 10 mL×2 的正己烷振荡提取两次，每次各 3 min，于 4 000 r/min 下离心 5 min，上清液中加入 0.1 mol/L 的 K_2CO_3 水溶液 4 mL，振荡提取，离心后，再加入 0.2 mL 乙酸酐，涡旋振荡 3 min，用 2.5 mL 正己烷提取，提取液用无水硫酸钠脱水后进样分析。

（2）仪器条件：仪器：气相色谱仪；色谱柱：Agilent DB-5MS（30 m×0.25 mm×0.25 μm）弹性石英毛细管柱；柱温：初始温度 140 ℃，保持 2 min，以 20 ℃/min 的升温速率升温至230 ℃，保持 7 min；进样口温度：250 ℃；检测器温度：300 ℃；载气：高纯氮，流速：1.5 mL/min；进样方式：不分流进样；检测器：电子捕获检测器（ECD）。

2. 高效液相色谱法

（1）样品处理：取组织匀浆，用乙醚作为提取溶剂，萃取后，萃取液过滤膜，收集的萃取液进样分析。

（2）仪器条件：仪器：高效液相色谱仪；色谱柱：Hypersil ODS C18（150 mm×4.6 mm × 5 μm）键合硅胶柱；流动相：甲醇+2 g/L 的醋

酸铵水溶液（80∶20，V/V）；检测器波长：305 nm。

苯酚（石炭酸、羟基苯）

【化学名称】羟基苯

【化学式】C_6H_6O

【结构式】

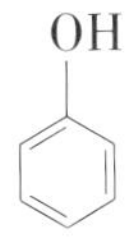

【相对分子质量】94.11

【CAS 登记号】108-95-2

【性状】

本品为白色结晶，有特殊气味。熔点 41 ℃，沸点 181.9 ℃，相对密度（水=1）1.07。常温下微溶于水，易溶于有机溶剂；当温度高于 65 ℃时，能与水以任意比例互溶。苯酚是最简单的酚类有机物，有毒，腐蚀性极强，暴露在空气中易被氧化，呈粉红色。

【用途及中毒原因】

苯酚是一种常见的有机化工原料，是生产某些树脂、杀菌剂、防腐剂以及药物（如阿司匹林）的重要原料。可经呼吸道、皮肤和消化道吸收造成中毒。

【作用机制】

苯酚可通过皮肤、胃肠道和呼吸道黏膜吸收进入机体。被吸收后的苯酚进入血液后分布到各组织，透入细胞，引起全身中毒。

苯酚在体内大部分以原形或与硫酸、葡萄糖醛酸或其他酸结合随尿排出；一部分被氧化成邻苯二酚和对苯二酚从尿中排出，故尿液多呈棕绿色或棕褐色，与空气接触即刻变成黑褐色。

苯酚经肾排出过程中对肾有强烈的刺激作用，可致肾小管上皮细胞变性、坏死。苯酚为高毒类细胞原浆毒，低浓度会使细胞蛋白质变性，高浓度则会使蛋白质凝固，对组织细胞有直接损伤。对皮肤、黏膜接触部位有强烈的刺激和腐蚀作用。进入体内的苯酚对中枢神经系统（如血管舒缩中枢、呼吸中枢及体温中枢）有明显抑制作用，使血压下降、呼吸浅慢、体温下降。苯酚可直接损害心肌，使心肌细胞变性、坏死。对肝、肾也有损害，还有轻度溶血作用。苯酚与蛋白质结合后，还可以从已破坏的蛋白质中分离出来，故苯酚容易造成全身中毒。

【毒性】

皮肤与苯酚水溶液接触可产生局部麻醉，进而溃疡，并能引起急性中毒。人口服苯酚致死量为 2~15 g，曾有口服苯酚 1.3 g 致人死亡的报道；体腔注射苯酚的致死量为 1~2 g。

急性中毒实验：大鼠经口半数致死量（LD_{50}）为 530 mg/kg。

【中毒症状】

经口服中毒者常出现口腔、咽喉、食管和胃的强烈烧灼感和疼痛，后可因麻痹而疼痛不明显。皮肤、黏膜接触部位呈灰白色或棕黄色，严重者出现黑色干痂。全身症状有头痛、头晕、呼气中带有酚味、面色苍白、皮肤湿冷、呼吸浅慢、脉搏细弱、血压下降、肌肉抽搐、体温下降，严重者出现虚脱，甚至昏迷。48 h 内可出现少尿、蛋白尿，甚至引起急性肾功能衰竭，特征性症状是“酚尿”。急性中毒几小时内可死于休克，也可因呼吸衰竭和肺水肿而死亡。

急性吸入高浓度苯酚蒸气后，可出现头昏、头痛、皮肤苍白、出冷汗、无力、发绀、体温下降等症状，血压和脉搏初期升高，继而下降；严重者很快出现烦躁、神志不清、抽搐及肺水肿等症状，最后出现呼吸和循环衰竭。

苯酚中毒经救治脱险者，可发生膀胱黏膜溃疡。病程迁延者食管可形成瘢痕，甚至导致食管狭窄。

【急救措施】

皮肤接触者，应立即脱去被污染的衣物，同时应用聚乙烯乙二醇、甘油或聚乙烯乙二醇和乙醇的混合液（7∶3）抹洗局部，然后用清水彻底清洗，或用肥皂水、乙醇或油类清洗，或用大量流动清水冲洗。眼睛接触者，应立即提起眼睑，用大量流动清水或生理盐水彻底冲洗。吸入中毒者，应迅速脱离现场至空气新鲜处，保持呼吸道通畅，如呼吸困难，给予吸氧，如呼吸停止，立即进行人工呼吸。食入中毒者，立即给饮植物油 15~30 mL，催吐。

【尸体特征】

口服苯酚中毒者在口鼻周围有灰白色或棕色腐蚀斑，常呈流柱状。若衣服前部被苯酚污染则有明显的苯酚气味。舌白而肿胀，口腔、食管及胃黏膜因腐蚀而出现灰白色凝固性坏死。胃内有明显的苯酚气味，胃强烈收缩变硬，镜下可见胃黏膜凝固性坏死，黏膜下层水肿、充血。苯酚具有穿透作用，胃周围邻近器官如肝、脾等的接触面也可见白色硬斑。大脑出现水肿及各器官瘀血。

中毒时间长者可见肾、肝实质细胞变性和坏死。膀胱内可见尿液呈棕绿色或棕黑色。有的中毒者因呕吐物被吸入呼吸道，可见其呼吸道黏膜凝固性坏死，黏膜下层充血，喉头水肿，肺水肿，甚至出现支气管肺炎。

【检材提取】

首选呕吐物、胃内容物等作为检材，其次为尿及肝、肾组织，也可提取血液和肺、脑组织作为检材。

【检验方法】

气相色谱-质谱法。

仪器：气相色谱-质谱联用仪；色谱柱：Agilent DB-5MS（30 m×0.25 mm×0.25 μm）弹性石英毛细管柱；柱温：初始温度100 ℃，保持1 min，以20 ℃/min的升温速率升温至280 ℃，保持5 min；进样口温度：280 ℃；载气：高纯氦，流速：1.0 mL/min；进样方式：分流进样，分流比：10∶1；扫描方式：全扫描；质量范围：40~450 amu；溶剂延迟：3 min；离子源：电子轰击源（EI），能量：70 eV。

苯肼（苯基联胺）

【化学名称】苯基联胺

【化学式】$C_6H_8N_2$

【结构式】

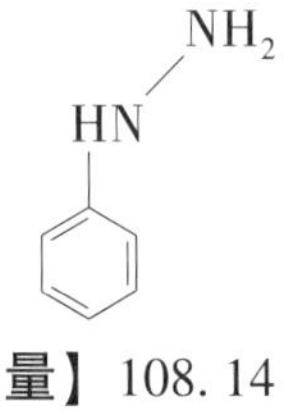

【相对分子质量】108.14

【CAS登记号】100-63-0

【性状】

本品为白色单斜棱形晶体或油状液体，有芳香气味，在空气中渐变黄色，有毒。熔点19.5 ℃（水合苯肼熔点24 ℃），沸点243.5 ℃，相对密度1.097 8，折射率1.608 13，闪点69 ℃。不溶于冷水，溶于热水，溶于乙醇、醚、苯等多种有机溶剂。遇明火、高热可燃，受热分解会释放出有毒的氧化氮烟雾，与强氧化剂接触可发生化学反应。

【用途及中毒原因】

苯肼可用作农药生产中某些农药或杀菌剂的中间体。苯肼不仅是一种有机合成原料，而且也可以用作染料、医药等的中间体，还可以用作分析试剂。严重污染时可造成急性中毒，长期接触可引起慢性中毒。

【作用机制】

苯肼可损害正常红细胞，诱导高铁血红蛋白血症及变性珠蛋白小体的形成，形成急性血管内溶血。苯肼诱导红细胞氧化变性可能是由于细胞成分与超氧化物、过氧化氢、自由基及血红蛋白氧化产物和苯肼反应形成的中间产物之间相互作用所致。苯肼中毒引起内脏器官的多发性损害，包括心、肝、肾、骨髓和中枢神经系统等。吸入高浓度的苯肼时会出现肺脏损害。苯肼对肾脏和泌尿系统的损害，可出现血尿、血红蛋白尿及高铁血红蛋白尿，严重时出现各种管型，作用机制可能与苯肼导致大量溶血引起肾脏缺血以及血中存在大量游离铁血红蛋白有关。苯肼对心肌的损害主要是引起脂肪变性。同时，苯肼的代谢产物对中枢神经系统仍有一定的直接毒性作用。

【毒性】

苯肼为中等毒性物质。

急性中毒实验：大鼠经口半数致死量（LD_{50}）为188 mg/kg，小鼠经口半数致死量（LD_{50}）为175 mg/kg。

【中毒症状】

苯肼可引起溶血性贫血、高胆红素血症、高铁血红蛋白血症，以及中枢神经系统和心、肝、肾脏的损害。急性中毒症状较轻者，可出现头晕、头痛、无力、食欲缺乏、腹痛、腹泻等症状；症状较重者常出现呼吸困难、震颤、抽搐，甚至意识不清、共济失调；更重者可出现黄疸、发绀、白细胞减少等症状，并可出现溶血性贫血、高胆红素血症。

长期接触苯肼可引发慢性中毒，出现心、肝、肾损害。皮肤接触者出现水疱、水肿等。

【急救措施】

（1）皮肤接触者：应立即脱去被污染的衣物，用大量肥皂水及流动清水彻底冲洗污染的皮肤、头发、指甲等。

（2）眼睛接触者：需提起眼睑，用大量流

动清水或生理盐水冲洗。

（3）吸入中毒者：应迅速脱离现场至空气新鲜处，保持呼吸道通畅，如呼吸困难，给予吸氧；如呼吸停止，需立即进行人工呼吸。

（4）食入中毒者：可饮足量温水，催吐。中毒症状较重者可用50%的葡萄糖加维生素C静脉滴注，如发生溶血，可选用亚甲蓝静脉滴注，或用20%的硫代硫酸钠静脉滴注。

【尸体特征】

苯肼中毒死亡者较少见。皮肤接触部位会出现皮炎、水疱、水肿等。重度中毒者，肝脏、肾脏、心脏等脏器受累，出现黄疸、发绀等症状。镜下有时会见到心脏、肝脏脂肪变性。

【检材提取】

检材可提取呕吐物、胃内容物、血液、肝组织等。

【检验方法】

高效液相色谱法。

仪器：高效液相色谱仪；固定相：以十八烷基硅烷键合硅胶为填充剂；流动相：醋酸盐缓冲液+甲醇（70%~90%：10%~30%，*V/V*）或醋酸盐缓冲液+乙腈（70%~90%：10%~30%，*V/V*），其中醋酸盐缓冲液浓度为0.04~0.06 mol/L，pH值为6.4~6.8；流速：0.6~1.2 mL/min；柱温：10~35 ℃；检测器：紫外检测器（波长226~238 nm）。

苦味酸（2，4，6-三硝基苯酚）

【化学名称】2，4，6-三硝基苯酚

【化学式】$C_6H_3N_3O_7$

【结构式】

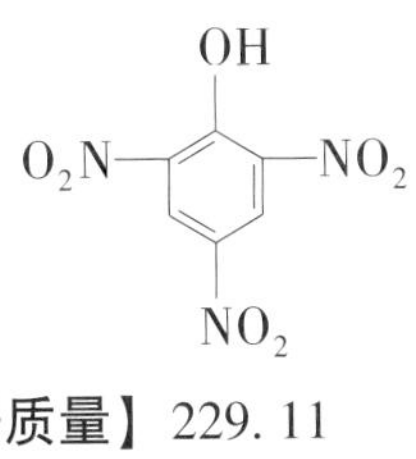

【相对分子质量】229.11

【CAS登记号】88-89-1

【性状】

本品为黄色晶体，味很苦，不易吸湿。熔点122~123 ℃，沸点300 ℃。难溶于冷水，较易溶于热水，溶于乙醇、乙醚、苯和氯仿。遇到高热、震动、撞击、摩擦时可发生爆炸，燃烧时产生有毒的氮氧化物烟雾。

【用途及中毒原因】

苦味酸主要用于制造染料、照相药品、炸药及农药等，医药上用作外科收敛剂，也可用作分析试剂。在工业生产中接触苦味酸是主要的中毒原因。

【作用机制】

苦味酸可经皮肤、黏膜吸收，并对沾染部位有局部刺激作用和致敏作用。苦味酸被吸收后会抑制中枢神经系统，可引起支气管炎、肝炎、出血性肾炎、溶血性贫血等。

【毒性】

当环境中苦味酸的浓度达到0.008 8~0.194 7 mg/m³时，暴露部位可产生皮炎，可引起上呼吸道炎症等。

人经口最低致死量（MLD）为5 mg/kg。

急性中毒实验：大鼠经口半数致死量（LD_{50}）为200 mg/kg，小鼠腹腔注射半数致死量（LD_{50}）为56.3 mg/kg。

【中毒症状】

眼睛接触者会出现结膜炎、角膜溃疡及角膜变黄。皮肤接触者会出现“苦味酸疮”、皮肤红斑和疱疹性皮炎，继而脱皮，出现黄染。鼻腔受到刺激会引起鼻出血。另外也可出现头痛、眩晕、无力、发热、恶心、呕吐、贫血、肌痛、上腹疼痛、腹泻、黄疸、蛋白尿、血尿、管型尿、无尿、知觉丧失等症状。

【急救措施】

生产性皮肤污染及吸入中毒者，应立即脱离接触，污染部位用2%~3%的碳酸氢钠溶液彻底清洗（包括漱口），随后再用清水冲洗。经口中毒者，应及时用盐水或2%~3%的碳酸氢钠溶液洗胃，并用硫酸钠15~30 g导泻，腹泻严重伴失水者例外。对消化道刺激症状做对症治疗，严禁饮酒。适当输液，促进毒物排泄，输液中亦可加入适量5%的碳酸氢钠溶液，腹泻严重失水者应大量输液补充血容量，并注意补充电解质和纠正酸碱平衡失调。皮肤损害按接触性炎症处理，清洗后用炉甘石洗剂、皮炎平、醋酸氟轻松软膏等涂敷，每日数次至十余次，严重者还应全身用药（抗组胺药、钙剂或硫代硫酸钠、糖皮质激素），有继发感染时，用抗生素治疗。

【尸体特征】

苦味酸中毒死亡者非常少见。皮肤有接触者会在皮肤局部看到红斑及疱疹，有的会出现脱皮现象，皮肤会出现黄染。眼睛若有接触会出现局部炎症表现及角膜变黄。

【检材提取】

检材可提取血液、胃内容物、肝脏等。

【检验方法】

1. 气相色谱-质谱法

仪器：气相色谱-质谱联用仪；色谱柱：Agilent DB-5MS（30 m×0.25 mm×0.25 μm）弹性石英毛细管柱；柱温：初始温度 80 ℃，保持 1 min，以 20 ℃/min 的升温速率升温至 250 ℃，保持 5 min；进样口温度：250 ℃；载气：高纯氦，流速：1.0 mL/min；进样方式：分流进样，分流比：10∶1；扫描方式：全扫描；质量范围：40～450 amu；溶剂延迟：3 min；离子源：电子轰击源（EI），能量：70 eV。

2. 高效液相色谱法

仪器：高效液相色谱仪；色谱柱：Zorbax Eclipse XDB-C18（250 mm×4.6 mm×5 μm）键合硅胶柱；流动相：甲醇+0.1%的冰醋酸水溶液（55∶45，*V/V*），洗脱方式：等梯度洗脱；流速：0.8 mL/min；色谱柱温度：40 ℃；检测器：紫外检测器（波长 350 nm）。

第四节　水溶性毒物

三氯醋酸（三氯乙酸）

【化学名称】三氯乙酸

【化学式】$Cl_3C_2O_2H$

【结构式】

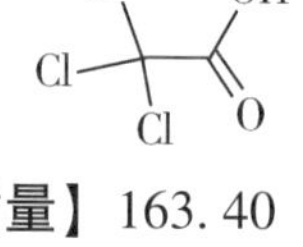

【相对分子质量】163.40

【CAS 登记号】76-03-9

【性状】

三氯乙酸为无色或白色斜方晶系晶体，有轻微的特殊刺激性气味。熔点 57～58 ℃，沸点 197.5 ℃，相对密度 1.629 8（61 ℃）。易溶于水，水溶液呈酸性；溶于乙醇、乙醚。有强潮解性和强腐蚀性，不燃，空气中的容许浓度为 1×10^{-6}（美国）。

【用途及中毒原因】

三氯乙酸为常用的化学试剂、蛋白质沉淀剂及色谱分析试剂，又是重要的有机合成原材料，常用于除草剂（三氯乙酸钾及三氯乙酸钠等）、纺织品染色助剂、金属表面处理剂及酰氯、酸酐、酰胺、聚酯、有机金属盐、水杨醛、氯羧酸等的生产。本品能腐蚀皮肤和眼睛，但不易通过皮肤吸收，工业生产中的接触会发生意外中毒。

【作用机制】

三氯乙酸经呼吸道进入机体后对呼吸道有刺激作用，可引起咳嗽及胸痛，严重者会出现中枢神经系统抑制。

眼睛直接接触三氯乙酸后会对结膜造成严重损害，严重者会导致眼睛失明。

皮肤接触三氯乙酸后会造成化学性灼伤。

口服三氯乙酸后可灼伤口腔和消化道，出现剧烈腹痛、呕吐，甚至虚脱。

【毒性】

三氯乙酸能强烈刺激皮肤及组织，当附着于皮肤时可造成烧伤。

急性中毒实验：小鼠经口半数致死量（LD_{50}）为 3 300 mg/kg，大鼠经口半数致死量（LD_{50}）为 3 320 mg/kg。

【中毒症状】

（1）经口中毒者：口腔黏膜及口部周围皮肤有灼伤，有的出现溃疡，口服后因化学性灼伤消化道会造成明显的疼痛，出现呕吐症状，甚至出现剧烈的腹痛，重症患者可因疼痛引起大汗、无力等虚脱表现。

（2）眼睛接触者：三氯乙酸灼伤眼结膜后出现溃疡、疼痛，严重者造成角膜损伤，甚至影响视力，乃至失明。

（3）皮肤接触者：可出现片状损伤，造成明显的疼痛。

（4）三氯乙酸进入呼吸道后灼伤呼吸道，可引起咳嗽，严重者出现胸部疼痛及中枢神经系统被抑制而引发的一系列症状。

【急救措施】

皮肤接触者，应立即脱去被污染的衣物，马上用大量清水冲洗局部。眼睛接触者，应立即提起眼睑，用大量流动清水或生理盐水冲洗。吸入中毒者，应迅速脱离现场至空气新鲜处，保持呼吸道通畅，必要时进行人工呼吸。误服中毒者，应立即漱口，口服牛奶或蛋清，必要时洗胃。

【尸体特征】

三氯乙酸中毒死亡者非常少见。眼睛、皮肤、呼吸道及消化道有接触者会出现皮肤或黏膜的灼伤，一般呈小片状溃疡样表现，局部周围发红。

【检材提取】

检材可提取胃内容物、被灼伤的皮肤或衣物。

【检验方法】

1. 气相色谱法

仪器：气相色谱仪；色谱柱：DB－ALC1（30 m×0.53 mm×0.3 μm）弹性石英毛细管柱；进样口温度：180 ℃；检测器温度：180 ℃；柱箱温度：恒温（150 ℃）；载气：高纯氮，流速：2.0 mL/min；氢气：30 mL/min；空气：100 mL/min；检测器：FID。

2. 离子色谱法

仪器：离子色谱仪；色谱柱：IonPac Prototype 210（250 mm×4.0 mm × 5.0 μm）高容量阴离子交换柱；淋洗液：25 mmol/L 的 Na_2CO_3 水溶液；流速：1.0 mL/min；进样量：500 μL；检测器：电导检测器（CED）。

硫酸

【化学名称】硫酸

【化学式】H_2SO_4

【结构式】

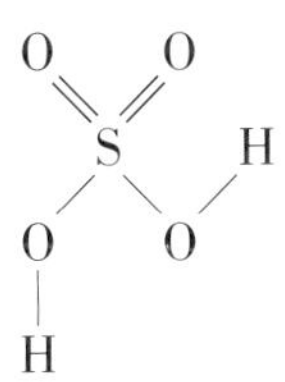

【相对分子质量】98.07

【CAS 登记号】7664-93-9

【性状】

硫酸是化工行业中常用的三大无机强酸（硫酸、硝酸、盐酸）之一，纯品为无色油状液体，熔点-10.4 ℃，沸点 290 ℃。易溶于水，能以任意比例与水混溶，溶解时产生大量热，因此，在稀释硫酸时切记不能把水直接加入浓硫酸中，以免飞溅伤人。加热纯硫酸时，会分解释放出部分三氧化硫，直至酸的浓度降到 98.3% 为止，此时硫酸为恒沸溶液，沸点为 338 ℃。

【用途及中毒原因】

硫酸是一种重要的工业化学品，它的用途十分广泛，如制造肥料、非碱性清洁剂、护肤品以及油漆添加剂、炸药等。而最常接触到的生活应用莫过于铅酸蓄电池。由于硫酸具有强烈的腐蚀性，因此在众多案件中被用于故意毁容、杀人溶尸等。

【作用机制】

硫酸对皮肤和黏膜有很强烈的氧化性、腐蚀性和脱水性。它能使蛋白质凝固成不溶的酸性蛋白，使血红蛋白变成暗褐色的酸性正铁血红素，局部表现为强烈的刺激、腐蚀，甚至炭化坏死，可呈暗红色或黑色。由于硫酸对机体有脱水和使蛋白凝固的作用，故硫酸灼伤面较干燥，界限清楚。同时硫酸的渗透性差，对组织深层的损伤较轻，灼伤后组织水肿相对较轻。

硫酸可通过皮肤和黏膜吸收进入机体。人吸入浓度较高的硫酸烟雾后，对呼吸道有强烈的刺激和腐蚀作用，若发生喉头水肿可能引起窒息。硫酸会损伤肺表面活性物质，使肺泡壁毛细血管通透性增加，出现中毒性肺水肿，并可引发支气管炎和支气管肺炎。氢离子进入血液后，中枢神经系统会出现中毒反应，使人体表现出痉挛状态，各种运动失调，有的出现瞳孔散大。重度中毒者出现机体代谢紊乱、呼吸中枢麻痹，甚至死亡。

【毒性】

成人口服的致死量为 2~5 mL，硫酸烟雾浓度为 6~8 mg/m^3 时，人吸入可造成窒息。

急性中毒实验：大鼠经口半数致死量（LD_{50}）为 2 140 mg/kg，小鼠吸入半数致死浓度（LC_{50}）为 320 mg/m^3（2 h）。

【中毒症状】

口服浓硫酸后，口腔、咽部、食管和胃部立即发生灼伤，并出现剧烈呕吐，呕吐物呈棕黑色，会有炭化脱落的黏膜碎片，同时伴有剧烈烧灼性疼痛。喉头出现反射性痉挛和水肿，影响发音及呼吸，甚至出现窒息症状。上消化道严重的灼伤会出现溃疡，有发生穿孔的可能，穿孔后疼痛出现于全腹，引起弥漫性化学性腹膜炎。重度中毒者出现烦躁不安、运动性兴奋、反射性痉挛等症状，甚至休克而死亡。

吸入高浓度硫酸烟雾可引起上呼吸道刺激症状，出现呛咳，鼻、咽刺痛，可引起喉头水肿、肺水肿、支气管炎及支气管肺炎，严重者出现窒息。

皮肤接触浓硫酸后局部有烧灼样剧烈刺痛，皮肤由潮红转为暗褐色，进而腐蚀坏死，形成溃疡。溃疡通常较深，边界清楚，周围微肿，部分溃疡面可覆盖有灰白色或棕黑色痂皮。大面积硫酸灼伤可立即引起休克。

浓硫酸溅入眼中可致结膜水肿、坏死，甚至穿孔，并可引起全眼炎，严重者可致失明。

口服大量浓硫酸，若未及时有效治疗，会在12~24 h死亡，数天后死亡者，常出现少尿或无尿等急性肾功能衰竭的症状。口服稀硫酸（30%）中毒者可迁延数十天后死亡。口服硫酸经治疗存活者，灼伤部位的瘢痕挛缩会造成食管、幽门狭窄，出现腹膜粘连及消化道功能紊乱等。

【急救措施】

（1）吸入中毒者：应立即用2%~4%的碳酸氢钠雾化吸入以中和硫酸，保持呼吸道通畅，出现喉头水肿、呼吸困难者应及时切开气管及对症处理，以免窒息而死亡。

（2）皮肤灼伤者：用清水、4%的碳酸氢钠溶液、1%的氨水及石灰水等冲洗，然后外科处理。

（3）眼睛灼伤者：用清水、生理盐水冲洗10 min，滴1%阿托品眼液和可的松抗生素眼液，1~2天后开始口服泼尼松（强的松）10 mg，每天3次，共2~3周，以减少瘢痕的形成。

（4）口服中毒者：应立即口服弱碱性溶液，如7.5%的氢氧化镁或2.5%的氧化镁60 mL，也可服氢氧化铝凝胶60 mL或石灰水200 mL。若无可用碱性溶液，可先行口服清水1 000~1 500 mL，以水稀释酸的浓度，继而可服蛋清、豆浆或牛奶200 mL、植物油150 mL，保护食道、胃黏膜。特别需要注意的是，严禁洗胃、催吐及导泻，以免导致食道、胃肠穿孔。碳酸氢钠、碳酸钠等碳酸盐类物质不可服用，以免与酸反应时产生大量二氧化碳致胃肠胀气、穿孔。

【尸体特征】

（1）硫酸中毒死亡者体表有明显的腐蚀征象。口服者口周腐蚀痕呈流柱状，口唇呈灰色，硬而脆，舌肿胀。口腔、咽喉及食管黏膜呈凝固性坏死，黏膜部分脱落或形成皱襞。胃黏膜的腐蚀程度与胃内容物的量和性状有关。胃未穿孔者，可见深棕色呈强酸性反应的液体，腐蚀处胃黏膜呈棕黑色，质地较硬，黏膜部分脱落。严重者胃壁发生穿孔，穿孔处边缘不整齐，穿孔后胃内容物可进入腹腔，邻近器官组织也被腐蚀呈棕褐色。未出现胃穿孔者，死后酸性液体也会经胃肠壁渗透弥散，使邻近器官组织如肝、脾发生腐蚀，变硬、变色。镜下可见消化道各段黏膜下各层组织充血、出血或坏死，血管中红细胞呈棕色，内有凝固的血液及酸化的血红素。生前穿孔或腐蚀局部会出现炎细胞浸润，死后穿孔无此现象。

（2）吸入硫酸烟雾中毒死亡者，上呼吸道可见明显的腐蚀现象，并有重度肺水肿、支气管炎和支气管肺炎。若口服中毒者的呕吐物反流入呼吸道，也可造成呼吸道的损伤。硫酸若损伤到骨骼，会使骨质脱钙、软化。

（3）中毒时间较长者，坏死组织脱落形成大小不等的溃疡，溃疡周围有炎细胞浸润，甚至有不同程度的肉芽组织增生，继而形成瘢痕组织。肝细胞及肾小管上皮细胞也会出现变性和坏死。

【检材提取】

采集呕吐物、胃内容物、衣服沾染处及被腐蚀的组织作为检材。禁用易被酸腐蚀的容器提取，如金属材质、纸质等。可以用洁净的玻璃或抗腐蚀的塑料瓶密封好提取送检。

【检验方法】

1. 化学检验法

（1）酸性试验：检样可用适量去离子水溶解或浸提（液体样品可直接供试），最简单的方式是用pH试纸测试，必要时可用水将检液适当稀释后，用酸度计测试其pH值。

（2）硫酸根离子的检验：检液加入10%氯化钡溶液，产生白色硫酸钡沉淀，沉淀既不能溶于醋酸铵溶液，也不能溶于盐酸；或者检液中加入10%醋酸铅溶液，即产生白色硫酸铅沉淀，沉淀既能溶于醋酸溶液，也能溶于氢氧化钠溶液，示有硫酸根离子存在。

2. 离子色谱法

仪器：离子色谱仪；色谱柱：IonPac AS 22（250 mm×4 mm×6.5 μm）高容量阴离子交换柱；淋洗液：4.5 mmol/L 的 Na_2CO_3+1.4 mmol/L 的 $NaHCO_3$ 溶液；洗脱方式：等梯度淋洗；流速：1.0 mL/min；柱温：30 ℃；进样方式：自动进样；进样量：25 μL。检测器：电导检测器（CED）。

氰化钠（山奈、山奈钠）

【化学名称】氰化钠

【化学式】NaCN

【结构式】 N≡C—Na

【相对分子质量】49.01

CAS 号：143-33-9

【性状】

氰化钠为立方晶系白色结晶颗粒或粉末，有剧毒。熔点 563.7 ℃，沸点 1 496 ℃，密度 1.595 g/cm^3，有微弱的苦杏仁味，易潮解和水解。能溶于水、氨、乙醇和甲醇，其水溶液呈强碱性。

【用途及中毒原因】

氰化钠用于由矿石中提取金、银等贵重金属，用作各种钢的淬火剂，是镀钢、银、镉、锌的主要成分，用于塑料、医药、农药、染料、选矿等行业。在工业生产中无论吸入、食入或误服、投毒均能引起中毒。

【作用机制】

氰化钠易溶于水，发生电离，游离出 CN^-，毒性作用机制与氰化氢相似，参见“氰化氢”。

【毒性】

人口服致死量为 1~2 mg/kg，致死血药浓度为1 mg/100 mL。

【中毒症状】

氰化钠粉尘对眼睛、咽喉、呼吸道黏膜有刺激作用。口服氰化钠者口腔、咽喉有麻木和烧灼感，可出现流涎、呕吐，并伴有头昏、头痛、耳鸣、乏力等症状。严重者出现胸闷、呼吸困难、心悸、胸部紧迫感等症状，皮肤、黏膜呈鲜红色，血压升高、心率加快、心律不齐及传导阻滞、瞳孔先缩小后扩大，并有眼球突出及恐怖面容，甚至出现昏迷。随着中毒进一步加重，出现大汗淋漓、大小便失禁、强直性惊厥、体温下降等症状，感觉和各种反射均消失，呼吸浅而慢，最终可因呼吸肌麻痹而死亡。症状严重者治愈后可遗留神经衰弱综合征等后遗症。

长期小剂量接触氰化钠会出现神经衰弱及自主神经功能紊乱的症状，还会出现胃肠功能紊乱、神经肌肉酸痛、全身乏力等症状。

【急救措施】

立即脱离现场至空气新鲜处；皮肤接触者，应立即脱去污染的衣物，用流动清水或5%的硫代硫酸钠溶液反复冲洗皮肤；眼睛接触者，应用生理盐水或清水冲洗 5 ~ 10 min；口服者，应用0.2%的高锰酸钾溶液或5%的硫代硫酸钠溶液洗胃；猝死者应同时立即进行心肺脑复苏；急性中毒病情进展迅速者，应立即就地应用解毒剂。

吸入亚硝酸异戊酯（1~2 支压碎于纱布中），随后用3%的亚硝酸钠 10 mL 静脉注射，再以同一针头注入 25%~50%的硫代硫酸钠 20~50 mL。必要时 1 h 后重复注射半量或全量，或用4-二甲氨基苯酚（4-DMAP）2 mL 肌内注射。

【尸体特征】

尸僵出现早且强，尸斑呈鲜红色，有时在面颈、胸部有点状出血；心腔及大血管内血液呈鲜红色流动状；胸膜、心包膜及肺浆膜下有斑点状出血；各脏器充血；肺水肿；消化道充血、水肿，食管下段、胃及十二指肠黏膜呈暗红色，可见糜烂、坏死；胃肠内可嗅及苦杏仁气味。镜下可见脑充血、水肿，神经细胞变性、坏死等。

口服氰化钠中毒者，整个消化道均有不同程度的充血、水肿，食管下段、胃及十二指肠黏膜呈现暗紫红色，可有出血、糜烂及坏死。胃黏膜病变因毒物的性状及胃内容物的充盈程度不同而表现各异，当胃内较充盈，毒物为固态且摄入量较小，不足以立即引起死亡时，出现整个胃黏膜肿胀，伴有散在斑点状出血；若胃内充盈，吞服毒物为固体或浓溶液，且量大，则胃底部黏膜呈大片腐蚀，有明显充血、水肿及出血；若毒物以稀溶液服入，胃黏膜仅呈充血及弥漫性肿胀。氰化钠中毒者，胃内常有类似发酵面加碱后的气味。

【检材提取】

检材可提取血液、呕吐物、胃内容物及现场采集的可疑物等。

【检验方法】

1. 化学检验法（氰根离子的检验）

（1）原理：在碱性条件下氰根离子与亚铁离子反应生成氰化亚铁络离子，在酸性条件下，该络离子与三价铁离子反应可生成蓝色的亚铁氰化铁（普鲁士蓝）。

（2）操作方法：取检材 5 g，粉碎后放入三角烧瓶中，加水使之呈粥状，用 10% 酒石酸调节 pH 值使其呈明显酸性后，立即在瓶口盖上硫酸亚铁-氢氧化钠试纸，用小火缓缓加热，待瓶内溶液沸腾后，取下试纸，浸入稀硫酸溶液中，如有氰根离子存在，试纸即显蓝色。

2. 气相色谱法

仪器：气相色谱仪（配备有顶空装置）；色谱柱：GS-Q（30 m×0.32 mm×0.3 μm）弹性石英毛细管柱；柱温：初始温度 110 ℃，保持 4 min，以 10 ℃/min 的升温速率升温至 160 ℃；进样口温度：200 ℃；检测器温度：250 ℃；检测器：氮磷检测器（NPD）。

3. 离子色谱法

仪器：离子色谱仪；色谱柱：IonPac AS7（250 mm×2 mm×6.5 μm）离子交换柱；淋洗液：0.1 mol/L 的氢氧化钠和 0.2 mol/L 的乙酸钠；流速：0.3 mL/min；检测器：电导检测器（CED）。

氰化钾（山奈钾）

【化学名称】 氰化钾

【化学式】 KCN

【结构式】 N≡C—K

【相对分子质量】 65.12

【CAS 登记号】 151-50-8

【性状】

氰化钾为白色圆球形硬块、粒状结晶或结晶性粉末，熔点 563 ℃，沸点 1 497 ℃，密度 1.857 g/cm^3，氰化钾有剧毒。在湿空气中潮解并释放出微量的氰化氢气体。微溶于醇，易溶于水，并很快水解，水溶液呈强碱性。

【用途及中毒原因】

氰化钾主要用于电镀、炼金、热处理以及煤气、熏蒸剂、印染助剂、有机玻璃、苯、甲苯、二甲苯、照相定影剂、农药等的生产过程中。中毒一般发生在工业生产中的意外接触，自杀较为常见，偶见误服或他杀（投毒）。

【作用机制】

氰化钾易溶于水，在水溶液中能够电离出 CN^-，CN^-可与构成体内多种酶的重要辅基如铁、铜、锌等活性金属离子结合，导致相应酶类失活。其中，尤以三价铁离子（Fe^{3+}）与 CN^-的亲和力最强，且反应迅速，能很快使细胞失去对氧的利用能力，引起细胞"内窒息"，中断电子传递，使某些生物氧化过程终止，导致细胞死亡。

【毒性】

氰化钾为剧毒类物质。

人口服致死量为 1～2 mg/kg，50～100 mg 可引起猝死，致死血药浓度为 1 mg/100 mL。

急性中毒实验：大鼠经口半数致死量（LD_{50}）为 5 mg/kg，小鼠腹腔注射半数致死量（LD_{50}）为 8.5 mg/kg 。

【中毒症状】

氰化钾粉尘对眼睛、咽喉、呼吸道黏膜有刺激作用。口服氰化钾者口腔、咽喉有麻木和烧灼感，可出现流涎、呕吐，伴有头昏、头痛、耳鸣、乏力等症状。严重者出现胸闷、呼吸困难、心悸、胸部紧迫感等症状，皮肤、黏膜呈鲜红色，血压升高、心率加快、心律不齐及传导阻滞、瞳孔先缩小后扩大，并有眼球突出及恐怖面容，甚至出现昏迷。随着中毒进一步加重，出现大汗淋漓、大小便失禁、强直性惊厥、体温下降等症状，感觉和各种反射均消失，呼吸浅而慢，最终可因呼吸麻痹而死亡。症状严重者治愈后可遗留神经衰弱综合征等后遗症。

长期小剂量接触氰化钾会出现神经衰弱及自主神经功能紊乱的症状，还会出现胃肠功能紊乱、神经肌肉酸痛、全身乏力等症状。

【急救措施】

参见"氰化钠"。

【尸体特征】

参见"氰化钠"。

【检材提取】

检材视毒物侵入的途径不同而存在差异。一般以剩余食物、呕吐物、胃内容物、注射部位肌肉、血液、肝脏、肺、现场遗留的粉末和晶体、可疑容器等作为检材。

氰化物不稳定，易挥发、分解，故应及时进行提取检验。尤其是腐败检材中氰化物的检出时限与氰化物的含量和检材的腐败程度密切相关，一般尸体检材 10 d 左右还可检出，尸体腐败严重的，2~3 d 就不易检出，偶有死亡半年，尸体未腐败仍然可以检验出的报道。

【检验方法】

参见“氰化钠”。

盐酸

【化学名称】氢氯酸

【化学式】HCl

【结构式】H—Cl

【相对分子质量】36.46

【CAS 登记号】7647-01-0

【性状】

盐酸系氯化氢的水溶液，呈酸性，有刺激性气味。纯品为无色液体，工业品因含有杂质（三价铁盐）而略显黄色，商品浓盐酸中氯化氢的含量为 37%~38%，相对密度（水=1）1.19，有腐蚀性。由于浓盐酸具有挥发性，挥发出的氯化氢气体与空气中的水蒸气作用可形成盐酸小液滴，所以在打开盐酸容器时常会看到酸雾。

【用途及中毒原因】

盐酸是一种重要的化学试剂和化工产品及原材料，应用相当广泛，主要用于稀有金属的湿法冶金及漂染工业、金属加工业、电子工业、医药工业、食品工业等。中毒一般发生在工业生产中的意外接触，案件多为伤害毁容，偶见自杀及他杀案件。

【作用机制】

盐酸对接触部位具有强烈的刺激和腐蚀作用，使局部组织和器官形成烧伤和坏死。盐酸能使蛋白质凝固为不溶的酸性蛋白，引起细胞损伤，使血红蛋白变成暗褐色的酸性正铁血红素。

【毒性】

成人致死量为 10~20 mL。

急性中毒实验：兔经口半数致死量（LD_{50}）为 900 mg/kg，大鼠吸入半数致死浓度（LC_{50}）为 3 124mg/m^3（1 h）。

【中毒症状】

口服浓盐酸后，口腔、咽部、食道和腹部会出现烧灼样疼痛，伴有恶心、呕吐，呕吐物呈褐色，有酸味；喉头有反射性痉挛、水肿，呼吸困难、声音嘶哑。上消化道腐蚀坏死广泛，易发生穿孔，引起弥漫性化学性腹膜炎。中毒严重者出现烦躁不安。

当吸入盐酸酸雾时，可出现明显的上呼吸道刺激症状，出现流泪、胸闷、咽痛、呛咳等，有的出现咯血现象。鼻腔和咽部黏膜充血、水肿，重者可发生窒息。

若皮肤接触浓盐酸，局部有烧灼样强刺痛，继而腐蚀坏死，且外观呈灰白色或褐色。

【急救措施】

皮肤接触者，应立即脱去污染的衣物，用大量流动清水冲洗，可用弱碱性物质涂抹（如肥皂水等）。眼睛接触者，应立即提起眼睑，用大量流动清水或生理盐水彻底冲洗。吸入盐酸酸雾者，必须迅速脱离现场至空气新鲜处，保持呼吸道通畅，如呼吸困难，给予吸氧；如呼吸停止，立即进行人工呼吸。食入中毒者，应立即用水漱口，并及时就医。

【尸体特征】

盐酸中毒死亡者一般体表腐蚀征象明显。吸入酸雾中毒死亡者上呼吸道可见明显腐蚀现象，并有重度肺水肿、支气管炎和支气管肺炎。口服者口角有流柱状腐蚀痕，接触部位的皮肤和黏膜初呈灰白色，继而呈棕色，质地坚硬；胃黏膜水肿、出血，胃壁变硬，呈白色或棕色，或呈虫蚀样外观；严重者胃壁发生穿孔，穿孔边缘不整齐，腹腔可见胃内容物。

【检材提取】

可采集呕吐物、胃内容物及被腐蚀的组织和衣物等作为检材。由于盐酸易挥发且有腐蚀性，在送检时需用耐酸容器包装送检。

【检验方法】

1. 化学检验法

（1）酸性试验：检材经适当处理后，可用广泛 pH 试纸直接测试，或用酸度计测试其 pH 值。

（2）氯离子检验：检材用去离子水提取或稀释后，取适量于玻璃试管中，滴加硝酸银试剂，有白色沉淀产生，则示有氯离子存在。

2. 离子色谱法

仪器：离子色谱仪；色谱柱：IonPac AS 9-HC（250 mm×2 mm×6.5 μm）离子交换柱；淋洗液：9 mmol/L 的碳酸钠；流速：1.0 mL/min；检测器：电导检测器（CED）。

氢氟酸

【化学名称】氢氟酸

【化学式】HF

【结构式】H—F

【相对分子质量】20.01

【CAS登记号】7664-39-3

【性状】

氢氟酸为氟化氢气体的水溶液，是无色透明发烟液体，属于中强酸，有刺激性气味。氢氟酸可与硅和硅化合物反应生成气态的四氟化硅（能腐蚀玻璃），但对塑料、石蜡、铅、金、铂不起腐蚀作用。能与水和乙醇混溶。市售氢氟酸溶质质量分数为40%（相当于22.5 mol/L），密度1.298 g/mL。当氢氟酸浓度达到35.35%时，可形成共沸混合物，共沸点112.2 ℃，密度1.14 g/mL。

【用途及中毒原因】

氢氟酸用途广泛，不仅在铝和铀的提纯中起着重要作用，而且在半导体工业、石油炼制业、制冷行业也得到了广泛应用，特别是氢氟酸具有极强的腐蚀性，常被用来蚀刻玻璃、雕刻图案、标注刻度和文字等。在使用过程中应谨慎，以免使用不当或泄漏造成中毒。

【作用机制】

氢氟酸对皮肤有强烈的腐蚀性，且渗透作用强，对组织蛋白有脱水和溶解作用。因此，氢氟酸接触皮肤后可迅速穿透角质层，渗入深部组织，溶解细胞膜，引起组织液化、坏死，形成较难愈合的溃疡。如不及时处理可深达骨膜及骨质，可引起骨质无菌性坏死。

【毒性】

氢氟酸为剧毒类物质。

氢氟酸的腐蚀性极强，能腐蚀玻璃和指甲，空气中最高容许浓度为1 mg/m^3。大鼠腹腔注射最低致死量（MLD）为25 mg/kg。

急性中毒实验：大鼠吸入半数致死浓度（LC_{50}）为1 276 mg/m^3（1 h），小鼠吸入半数致死浓度（LC_{50}）为342 mg/m^3（1 h）。

【中毒症状】

氢氟酸具有极强的刺激性和腐蚀性，氢氟酸酸雾被吸入后能损害上部呼吸气管，并能使皮肤发生溃疡，特别是在手部，容易引起指甲盖下的剧痛。皮肤、黏膜接触低浓度氢氟酸可引起皮肤瘙痒及皮炎，经过几小时出现疼痛及皮肤灼伤，疼痛逐渐加剧至难以忍受，2~3 d后开始缓解。接触较高浓度氢氟酸可立即引起疼痛，初期皮肤潮红，逐渐转暗红干燥，创面苍白坏死，继之呈紫黑色或灰黑色，也可形成水疱，内含咖啡色液体，不及时处理会造成溃疡，不易愈合。接触量多且处理不当时，会影响骨膜和骨质。

眼睛接触高浓度氢氟酸后，局部剧痛，迅速形成白色假膜样混浊，处理不及时可引起角膜穿孔。

慢性中毒时，牙齿珐琅质上有斑点，同时又以骨质硬化为其重要特征。

【急救措施】

急性氢氟酸中毒应当防止喉头水肿和肺水肿的发生。吸入中毒者，应迅速脱离现场至空气新鲜处，保持呼吸道通畅，如呼吸困难，给予吸氧，如呼吸停止，立即进行人工呼吸。可用2%~4%的碳酸氢钠溶液洗鼻、含漱、雾化吸入。皮肤接触者，应当用大量流动清水冲洗。眼部受污染者，需提起眼睑立即用大量清水冲洗，也可用生理盐水或2%~3%的碳酸氢钠溶液冲洗。若口服氢氟酸溶液，需先用水漱口，用0.15%的石灰水或1%的氯化钙100 mL及时洗胃，再口服镁乳15~30 mL或牛奶100~200 mL。接触量多者，可补充钙剂，用10%的葡萄糖酸钙10 mL或5%的氯化钙20 mL静脉注射，每日1~2次。

【尸体特征】

皮肤接触氟化氢气体或溶液后出现灼伤，局部发红，可出现水疱，甚至发展为苍白坏死。

【检材提取】

采集到的现场气体、提取的死者灼伤的皮肤等均可作为检材。严禁玻璃器皿存放，需低温密闭保存。

【检验方法】

1. 气相色谱法Ⅰ

（1）衍生化方法：取血样1 mL，加水4 mL稀释，再加入3 mol/L的高氯酸1 mL和二氯乙烷3 mL（高氯酸可沉淀蛋白质，二氯乙烷可除去脂肪），振荡10 min，离心。取上清液，加入含有20%氯化三甲基硅烷的甲苯溶液0.5 mL，振荡，离心，上清液进样分析。

（2）色谱条件：仪器：气相色谱仪；色谱柱：12% OV-101（Chromosorb WHP 80~100

目，2.6 mm×3 m）硅烷化玻璃柱；柱温：160 ℃；进样口温度：180 ℃；检测器温度：200 ℃；载气：高纯氮，流速：20 mL/min；检测器：FID。

2. 气相色谱法Ⅱ

（1）样品处理：顶空瓶中加入 2 mL 检材及 1 mL 水和 1 mL 盐酸、5 μL 氯化三甲基硅烷，80 ℃加热 10 min，抽取一定量液上气体进样分析。

（2）色谱条件：仪器：气相色谱仪（配备有顶空装置）；色谱柱：30% Apizon（Chromosorb 60~80 目，2 m×2 mm）玻璃柱；柱温：60 ℃；进样口温度：180 ℃；检测器温度：200 ℃；载气：高纯氮，流速：30 mL/min；检测器：FID。

3. 离子色谱法

仪器：离子色谱仪；色谱柱：NJ-SA-4A（250 mm×4.6 mm）阴离子交换柱；流动相：0.24 mmol/L 的 Na_2CO_3 溶液；柱温：33 ℃；检测器温度：40 ℃；检测器：电导检测器（CED）。

氢氧化钠（火碱、烧碱、苛性钠）

【化学名称】氢氧化钠

【化学式】NaOH

【结构式】Na—OH

【相对分子质量】40.01

【CAS 登记号】1310-73-2

【性状】

氢氧化钠为白色半透明、结晶状固体，水溶液有涩味和滑腻感，固态氢氧化钠吸湿性强，极易吸取空气中的水蒸气和二氧化碳，露置在空气中，会逐渐潮解直至最后完全溶解成溶液。通常情况下，氢氧化钠呈片状或颗粒形态，熔点 318 ℃，沸点 1 390 ℃，相对密度 2.13，易溶于水，水溶液显强碱性。

【用途及中毒原因】

氢氧化钠用途极广，常用于制造纸浆、肥皂、染料、人造丝，还广泛用于制铝、石油精制、棉织品整理、煤焦油提纯和食品加工、木材加工及机械工业等方面。中毒一般发生在工业生产中的意外接触，偶见自杀。

【作用机制】

氢氧化钠在接触部位迅速吸收水分并穿透细胞膜与胞浆蛋白质结合，形成胶冻样可溶于水的碱性蛋白化合物，使组织发生液化性坏死。由于碱性物质渗透力强，可向深部及邻近组织渗透。它不仅可溶化皮肤、肌肉等软组织和神经组织，还可溶化毛发、指（趾）甲及软骨等组织。氢氧化钠与血红蛋白作用可形成淡绿色的碱性血红素，氢氧化钠与组织中的脂肪酸发生皂化反应，使坏死组织触之有滑腻感。氢氧化钠吸收组织水分使组织细胞脱水坏死的同时会释放热量而使组织遭受热损害。

【毒性】

浓度为 95% 的氢氧化钠对人的致死量为 5~10 g，浓度为 10%~30% 的氢氧化钠溶液对人的致死量为 10~20 mL。

急性中毒实验：兔经口半数致死量（LD_{50}）为 500 mg/kg，小鼠腹腔注射半数致死量（LD_{50}）为 40 mg/kg。

【中毒症状】

口服氢氧化钠会造成消化道灼伤，出现剧烈疼痛、恶心、呕吐等症状，呕吐物呈强碱性，并出现腹泻、血便和里急后重感等症状。口服量大者会出现胃、十二指肠穿孔，甚至引起弥漫性腹膜炎。吸入氢氧化钠粉尘能引起喉头水肿，严重者可引起窒息，并出现肺水肿和支气管炎。皮肤接触氢氧化钠者可引起严重的皮肤烧伤，并伴发皮肤继发性感染。

【急救措施】

（1）皮肤接触者：可用 5%~10% 的硫酸镁溶液清洗。

（2）眼睛接触者：应立即提起眼睑，用 3% 的硼酸溶液反复冲洗。

（3）吸入粉尘中毒者：应迅速脱离现场至空气新鲜处，必要时进行人工呼吸。

（4）误食少量氢氧化钠者：可立即用食醋、3%~5% 的醋酸或 5% 的稀盐酸、大量橘汁或柠檬汁等中和，也可以口服蛋清、牛奶或植物油保护胃黏膜，并迅速就医，禁忌催吐和洗胃。

【尸体特征】

氢氧化钠等碱性物质中毒早期多死于休克，部分可死于严重的肺水肿。若中毒迁延时间较长，可发生肾损害，严重者可出现急性肾功能衰竭。

眼睛接触氢氧化钠可致角膜及结膜广泛性

坏死。

对于经呼吸道吸入氢氧化钠粉尘中毒死亡者，可见喉头水肿、呼吸道黏膜腐蚀性坏死、支气管肺炎及肺水肿等病变。

与氢氧化钠接触的皮肤、口唇、口腔、食管呈淡灰色肿胀，触之柔软，有皂样滑腻感（强碱类化学物质中毒的特殊征象）。浓度较高时可引起组织液化、缺失。食管和胃壁肿胀，黏膜坏死后脱落可形成较深的溃疡，十二指肠和空肠上段也可出现类似的损害改变，黏膜受碱性血红素浸润，呈现红褐色。镜下可见食管、胃黏膜上皮细胞坏死、脱落，深达黏膜下层甚至肌层，坏死周围组织充血、水肿，小血管内有时可见透明血栓形成。小肠受累者可见黏膜绒毛顶端肿胀呈杵状，组织坏死。中毒死亡者胃内若仍有氢氧化钠，氢氧化钠还会透过胃壁继续弥散，作用于邻近的器官组织，使之软化呈深灰色。

【检材提取】

呕吐物或胃内容物均可作为检材。并需注意提取被腐蚀的皮肤组织、衣物沾污处、现场残留物等。此外，碱与玻璃中的硅酸盐易发生反应，故检材一般不用磨口的玻璃瓶盛放送检，以塑料瓶包装送检为佳。

【检验方法】

化学检验法。

（1）碱性试验：取适量检材，处理后用广泛 pH 试纸检测酸碱度即可。

（2）钠离子的检验：取检液1滴（应尽可能为中性，必要时，可用氨水或氧化锌进行处理）放在点滴板上，滴加醋酸铀酰锌试剂数滴，搅拌后若出现黄色混浊或有沉淀生成，则示有钠离子存在。

氢氧化钾（苛性钾）

【化学名称】氢氧化钾

【化学式】KOH

【结构式】K—OH

【相对分子质量】56.11

【CAS 登记号】1310-58-3

【性状】

固体氢氧化钾为白色正交结晶，密度 2.044 g/cm^3，熔点 360 ℃，沸点 1 327 ℃。有极强的碱性和腐蚀性，且极易从空气中吸收水分而潮解，同时还可以吸收空气中的二氧化碳逐渐变成碳酸钾。本品易溶于水，并放出大量热，水溶液呈强碱性。对组织有烧灼作用，尤其对黏膜损伤更为严重，切勿溅入眼内。

【用途及中毒原因】

氢氧化钾是一种化工基本原料，常用于制药工业、日化工业、医药工业、电化学工业等。还可用作分析试剂、皂化剂等。中毒一般发生在工业生产中的意外接触，偶见自杀。

【作用机制】

氢氧化钾和氢氧化钠均属于苛性碱，对人体的毒性作用机制相同，参见“氢氧化钠”。

【毒性】

氢氧化钾毒性中等。

空气中最高容许浓度为 0.5 mg/m^3，口服 95%的氢氧化钾的致死量为 5~10 g，口服 10%~30%的氢氧化钾溶液的致死量为 10~20 mL。

急性中毒实验：大鼠经口半数致死量（LD_{50}）为 365 mg/kg。

【中毒症状】

口服氢氧化钾会造成消化道灼伤，出现剧烈疼痛、恶心、呕吐等症状，呕吐物呈强碱性，并出现腹泻、血便和里急后重感等症状。口服量大者会出现胃、十二指肠穿孔，甚至引起弥漫性腹膜炎。吸入氢氧化钾粉尘能引起喉头水肿，严重者可引起窒息，并出现肺水肿和支气管炎。皮肤接触氢氧化钾者可引起严重的皮肤烧伤，并伴发皮肤继发性感染。

【急救措施】

（1）皮肤接触者：可用 5%~10%的硫酸镁溶液清洗。

（2）眼睛接触者：应立即提起眼睑，用 3%的硼酸溶液反复冲洗。

（3）吸入粉尘中毒者：应迅速脱离现场至空气新鲜处，必要时进行人工呼吸。

（4）误食少量氢氧化钾者：可立即用食醋、3%~5%的醋酸或 5%的稀盐酸、大量橘汁或柠檬汁等中和，也可以口服蛋清、牛奶或植物油保护胃黏膜，并迅速就医，禁忌催吐和洗胃。

【尸体特征】

氢氧化钾等碱性物质中毒早期多死于休克，部分可死于严重的肺水肿。若中毒迁延时间较长，可发生肾损害，严重者可出现急性肾功能衰竭。

眼睛接触氢氧化钾可致角膜及结膜广泛性坏死。

对于经呼吸道吸入氢氧化钾粉尘中毒死亡者，可见喉头水肿、呼吸道黏膜腐蚀性坏死、支气管肺炎及肺水肿等病变。

与氢氧化钾接触的皮肤、口唇、口腔、食管呈淡灰色肿胀，触之柔软，有皂样滑腻感（强碱类化学物质中毒的特殊征象）。浓度较高时可引起组织液化、缺失。食管和胃壁肿胀，黏膜坏死后脱落可形成较深的溃疡，十二指肠和空肠上段也可出现类似的损害改变，黏膜受碱性血红素浸润，呈现红褐色。镜下可见食管、胃黏膜上皮细胞坏死、脱落，深达黏膜下层甚至肌层，坏死周围组织充血、水肿，小血管内有时可见透明血栓形成。小肠受累者可见黏膜绒毛顶端肿胀呈杵状，组织坏死。中毒死亡者胃内若仍有氢氧化钾，氢氧化钾还会透过胃壁继续弥散，作用于邻近的器官组织，使之软化呈深灰色。

【检材提取】

检材以胃内容物、呕吐物、被腐蚀的皮肤组织、衣物沾污处、现场残留物为好。此外，碱与玻璃中的硅酸盐易发生反应，故检材一般不用磨口的玻璃瓶盛放送检，以塑料瓶包装送检为佳。

【检验方法】

化学检验法。

（1）碱性试验：取适量检材，处理后用广泛 pH 试纸检测酸碱度即可。

（2）钾离子的检验：取检液 1 mL，用 10% 的乙酸调至弱酸性，加入 2 滴亚硝酸钴钠试剂，如有黄色沉淀生成，则示有钾离子存在。

氢氧化铵（氨水、氨溶液）

【化学名称】一水合氨、氢氧化铵

【化学式】$NH_3 \cdot H_2O$

【结构式】 $NH_4^+ \quad OH^-$

【相对分子质量】35.04

【CAS 登记号】1336-21-6

【性状】

氢氧化铵是氨气的水溶液，为无色透明且具有刺激性气味的液体，易挥发逸出氨气。熔点 -77 ℃，沸点 36 ℃，密度 0.91 g/cm^3。易溶于水、乙醇。水溶液显弱碱性，具有部分碱的通性。有毒，对眼、鼻、皮肤有刺激性和腐蚀性，能使人窒息。

【用途及中毒原因】

氨水在无机工业中用于制造各种铁盐。在毛纺、丝绸、印染等工业中用于洗涤羊毛、呢绒、坯布和调整酸碱度，并可作为助染剂等。在有机工业中用作胺化剂和生产热固性酚醛树脂的催化剂。医药上用稀氨水对呼吸和循环起反射性刺激，医治晕倒和昏厥，也可作为皮肤刺激药和消毒药。也可用作洗涤剂、中和剂、生物碱浸出剂。还可用于制药工业、纱罩业、晒图等。在军事上作为一种碱性消毒剂，用于消毒沙林类毒剂。中毒多因意外事故所致。

【作用机制】

氨水由氨气溶于水获得，其毒性作用机制与氨气相同，参见“氨气”。

【毒性】

人口服浓氨水的致死量为 10～15 mL。

空气中最高容许浓度为 30 mg/m^3。人体经口最低致死量（MLD）为 43 mg/kg，人体吸入最小中毒浓度（TCLo）为 408 mg/m^3。

急性中毒实验：大鼠经口半数致死量（LD_{50}）为 350 mg/kg，小鼠静脉注射半数致死量（LD_{50}）为 91 mg/kg。

【中毒症状】

口服氨水中毒者，可同时出现消化道和呼吸道刺激症状及全身反应。口服后立即出现剧烈咳嗽、流泪、大量流涎等症状。口腔、鼻腔黏膜被腐蚀，舌肿胀，喉头水肿，呼吸及言语困难。胸后壁有烧灼感，胃剧痛。呕吐，呕吐物为碱性，有明显的氨臭，可混合有血液及坏死脱落的黏膜碎片。严重者同时出现精神兴奋、运动亢进、痉挛、谵妄等症状，继而逐渐出现四肢不全麻痹和虚脱症状。12～24 h 即可死亡，少数重症患者可在数十分钟内很快死亡。

【急救措施】

（1）皮肤接触者：应立即除去被污染的衣物，迅速用 75% 乙醇或温肥皂水反复擦洗干净，防止其继续侵入人体，或用大量清水反复冲洗。

（2）眼睛接触者：需用大量清水冲洗。

（3）吸入中毒者：应立即转移至空气新鲜处，给予吸氧。

（4）口服中毒者：需饮足量温水并催吐。

治疗高铁血红蛋白血症可用特殊解毒剂——亚甲蓝（美蓝）。小剂量时（1~2 mg/kg）可治疗高铁血红蛋白血症，但大剂量（10 mg/kg）则促进高铁血红蛋白血症的形成。需要注意的是，亚甲蓝只能用于静脉注射或口服，剂量和速度均应适当控制，维生素 B_{12}、辅酶 A、细胞色素 C 等与亚甲蓝有协同作用。当血液中高铁血红蛋白的浓度在 30% 以下时，可不必使用亚甲蓝，用大量维生素 C 及含糖饮料即可，高铁血红蛋白血症治愈后 2 周内，应检查肝功能、赫恩小体及贫血程度。

【尸体特征】

口服氨水中毒死亡者的口腔、咽部及食管表面覆盖有灰黄色假膜，其剥离处呈深红色。胃内有明显氨臭味。胃黏膜呈灰黄褐色，脱落部位呈深红色。胃壁肿胀增厚、出血，一般不会发生穿孔。十二指肠有时可有表浅性溃疡形成。肺肿大，重量增加，胸膜脏层可见点片状出血，切面重度水肿，有淡红色泡沫状液体溢出。镜下可见肺出血、水肿，有透明膜形成，有的可见散在的支气管肺炎改变。心外膜下点状出血，心肌间质瘀血、水肿；肝瘀血，肝细胞脂肪变性；肾瘀血、肾小管上皮细胞水变性；脑瘀血、水肿，少数小血管周围有渗出性出血。皮肤接触中毒死亡者，还可引起不同程度的化学灼伤。

【检材提取】

检材可提取呕吐物、胃内容物等，现场采集到的可疑物品也可作为检材。

【检验方法】

1. 铵根离子的检验

1）奈氏试剂法：铵离子与碱性碘化汞钾试液反应能够生成黄色至橙黄色沉淀。由此反应可以判断是否有铵根离子存在。

2）汽室法：取检液数滴放于表面皿中，加 10% 的氢氧化钠水溶液数滴，迅速盖上另一粘有 pH 试纸的表面皿。在 80 ℃ 的水浴上加热 1 min，若试纸变蓝，则示有铵根离子存在。

2. 气相色谱法

仪器：气相色谱仪；色谱柱：CP-Volamine（60 m×0.32 mm×0.25 μm）弹性石英毛细管柱；柱温：初始温度 40 ℃，保持 10 min，以 20 ℃/min 的升温速率升温至 250 ℃；载气：氮气（68 kPa）；进样口温度：250 ℃；检测器温度：260 ℃；进样方式：分流进样，分流比：50∶1；检测器：TCD。

高氯酸（过氯酸）

【化学名称】 高氯酸

【化学式】 $HClO_4$

【结构式】

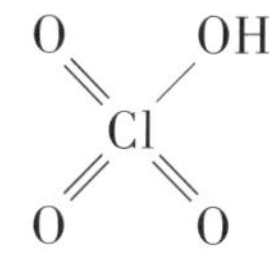

【相对分子质量】 100.46

【CAS 登记号】 7601-90-3

【性状】

高氯酸无水物为无色透明的发烟液体，是无机含氧酸中酸性最强的酸，熔点 -122 ℃，沸点 130 ℃，相对密度（水 = 1）1.76。具有强腐蚀性和强刺激性，能与水混溶，能助燃。

【用途及中毒原因】

高氯酸属强氧化剂，可用于烟花和炸药的生产。也是电镀工业、电影胶片工业、人造金刚石工业、电抛光工业和医药工业的常用化学试剂。50% 的高氯酸可用作丙烯腈聚合物的溶剂。高氯酸属强氧化性酸，使用不当极易造成烧伤，在杀人案件中偶见用于溶尸。

【作用机制】

高氯酸既是强酸又是强氧化剂，还具有强腐蚀性。对接触部位具有强烈的刺激和腐蚀作用，可使局部组织和器官形成烧伤、坏死。

【毒性】

急性中毒实验：大鼠经口半数致死量（LD_{50}）为 1 100 mg/kg。

【中毒症状】

吸入高氯酸酸雾时，可立即出现明显的上呼吸道刺激症状，出现呛咳，鼻、咽刺痛，流泪、胸闷等；还可发生喉头水肿、肺水肿等；重者可发生窒息。

皮肤接触高氯酸后，局部有烧灼样强刺痛，继而腐蚀坏死，形成溃疡，溃疡面可见黑色痂皮；大面积高氯酸灼伤会立即引起休克。

【急救措施】

皮肤接触者，应立即脱去污染的衣物，用大量流动清水冲洗。眼睛接触者，应立即提起眼睑并用大量流动清水或生理盐水彻底冲洗。吸入高氯酸酸雾者，应迅速脱离现场至空气新鲜处，保持呼吸道通畅，如呼吸困难，给予吸氧，呼吸停止时，需立即进行人工呼吸。食入中毒者，用水漱口，或口服牛奶、蛋清等高蛋白流质食物。

【尸体特征】

接触高氯酸的部位腐蚀征象明显。口服者口角有流柱状腐蚀痕，食管及胃黏膜出现烧灼样损伤。吸入酸雾中毒死亡者上呼吸道可见明显腐蚀现象，并有重度肺水肿、支气管炎和支气管肺炎。

【检材提取】

解剖时可提取死者的胃内容物作为检材，并注意收集呕吐物、衣服沾染处及被腐蚀的组织等。

【检验方法】

1. 化学检验法

酸性试验：取检材适量，经处理后用广泛pH试纸测试其酸碱度即可。

2. 离子色谱法

仪器：离子色谱仪；色谱柱：Dionex IonPac AS20（250 mm×2 mm×6.5 μm）高容量阴离子分析柱；流动相：40 mmol/L的KOH；洗脱方式：等梯度洗脱；流速：1.0 mL/min；检测器：电导检测器（CED）。

硝酸（硝镪水、镪水、氨氮水）

【化学名称】硝酸

【化学式】HNO_3

【结构式】

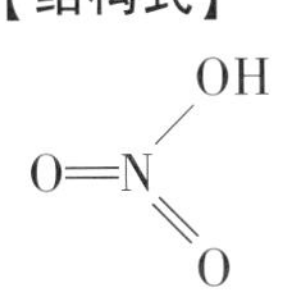

【相对分子质量】63.01

【CAS登记号】7697-37-2

【性状】

纯硝酸为无色透明液体，有强酸性，熔点-42 ℃，沸点120.5 ℃（68%），相对密度（水=1）1.50（无水），有窒息性刺激气味。当浓硝酸含量达到68%左右时，易挥发，在空气中挥发出的硝酸蒸气与水蒸气结合成硝酸小液滴，形成白雾。硝酸遇光能产生二氧化氮而变成棕色。与水混溶，且能与水形成共沸混合物。

【用途及中毒原因】

硝酸在有机工业、染料工业、涂料工业、医药工业及农业生产中应用广泛。主要用于制造复合肥料、硝基染料、硝基清漆、硝基磁漆等，还用于制药和炸药生产等。中毒一般发生在工业生产过程中的意外接触，偶见毁容和溶尸。

【作用机制】

硝酸对接触部位具有强烈的刺激和腐蚀作用，能与蛋白质发生硝化反应而使接触部位的组织变成黄色，形成黄蛋白酸（硝酸烧灼的特征反应），蛋白质凝固成不溶的酸性蛋白后，使局部组织和器官形成烧伤和坏死。同时，硝酸遇光产生的二氧化氮被人体吸入后，在肺泡内逐步与水作用形成硝酸及亚硝酸，对肺组织产生剧烈的刺激和腐蚀作用，破坏气-血屏障结构，导致肺水肿。若硝酸经消化道吸收进入血液，则会消耗血液中的碱性物质，产生代谢性酸中毒。

【毒性】

成人口服致死量为8~10 mL。

急性中毒实验：大鼠吸入半数致死浓度（LC_{50}）为67 mg/m^3（4 h）。

【中毒症状】

口服硝酸后，口腔、咽部、食道和胃部有烧灼感及剧烈疼痛，伴有口渴、强烈呕吐等症状，并有腐蚀脱落的黄色黏膜碎片。同时，硝酸可刺激喉头发生反射性痉挛、水肿，造成声音嘶哑及呼吸困难，严重者会出现窒息症状。特别是上消化道的严重腐蚀坏死，易发生穿孔，疼痛可延伸至全腹，引起弥漫性腹膜炎，严重者出现休克或肾功能衰竭等征象。

硝酸蒸气对眼睛、呼吸道黏膜和皮肤有强烈的刺激作用，蒸气浓度高时可引起肺水肿。皮肤接触硝酸后，接触部位的组织变成黄色，称为蛋白黄色反应。

【急救措施】

（1）皮肤接触者：应立即脱去污染的衣物，用大量流动清水冲洗。

（2）眼睛接触者：应立即用大量流动清水或生理盐水彻底冲洗。

（3）吸入硝酸酸雾者：应迅速脱离现场至空气新鲜处，保持呼吸道通畅，如呼吸困难，给予吸氧，如呼吸、心跳停止，需立即进行心肺复苏术。

（4）食入中毒者：可用水漱口，或口服牛奶或蛋清，严禁洗胃及催吐，以免造成胃穿孔，并应用糖皮质激素对症治疗肺水肿。

【尸体特征】

体表腐蚀征象明显。口服者口周有流柱状腐蚀痕，口腔、咽喉、食道及胃黏膜呈凝固性坏死，显黄色。严重者胃壁发生穿孔，穿孔边缘不整齐，腹腔可见胃内容物，邻近脏器也被腐蚀成黄色。吸入酸雾中毒死亡者上呼吸道可见明显腐蚀现象，并有肺水肿及支气管肺炎。

【检材提取】

可采集呕吐物、胃内容物、被腐蚀的组织和衣物及现场可疑容器或碎片作为检材。

【检验方法】

1. 硝酸的化学检验法

（1）方法一：取少量铜放入干燥洁净的试管中，然后取少量样品加入试管中，如果有红棕色气体生成，则为浓硝酸；若产生气体为无色遇空气变为红棕色，则为稀硝酸。

（2）方法二：取少量样品放入干燥洁净的试管中，滴加紫色石蕊试液，若变为红色，说明溶液呈酸性，若先变红后褪色，说明是浓硝酸。另外再取少量样品放入干燥洁净的试管中，然后再向试管中加入少量硫酸亚铁溶液，若溶液变为黄色，有红棕色气体生成，则为浓硝酸；若溶液变为黄色，产生气体为无色遇空气变为红棕色，则为稀硝酸。

2. 硝酸根离子的检验

（1）化学检验法（马钱子碱-浓硫酸反应）：在白色点滴板上滴检液数滴，再向其中滴加 2% 的马钱子碱-浓硫酸溶液，如显洋红色，则示有硝酸根离子存在。

（2）离子色谱法：仪器：离子色谱仪；色谱柱：Dionex IonPac AS14（250 mm × 2 mm × 6.5 μm）高容量阴离子分析柱；流动相：1.8 mmol/L的 Na_2CO_3 + 1.0 mmol/L 的 $NaHCO_3$；洗脱方式：等梯度洗脱；流速：1.2 mL/min；检测器温度：30 ℃；进样量：25 μL；检测器：电导检测器（CED）。

磷酸（正磷酸）

【化学名称】 磷酸

【化学式】 H_3PO_4

【结构式】

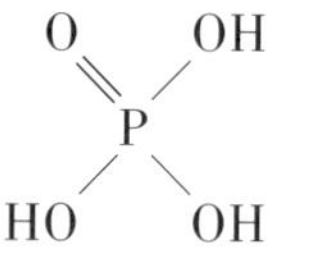

【相对分子质量】 97.97

【CAS 登记号】 7664-38-2

【性状】

磷酸又称正磷酸，纯品为无色透明黏稠状液体或斜方晶体，无臭，具有酸味。85% 的磷酸是无色透明或略带浅色的稠状液体。熔点 42.35 ℃，沸点 158 ℃，相对密度 1.70，可与水以任意比互溶。加热至 213 ℃时（失去 1/2 水），则生成焦磷酸；加热至 300 ℃时变成偏磷酸。易溶于水，可溶于乙醇。

【用途及中毒原因】

磷酸是生产磷肥（过磷酸钙、磷酸二氢钾等）、有机磷杀虫剂的重要原料，也可以用作生产制取饲料营养剂（磷酸二氢钙）和食品添加剂的原料，同时还可以用于处理金属表面，在金属表面生成难溶的磷酸盐薄膜，以保护金属免受腐蚀。磷酸和硝酸混合可作为化学抛光剂，用以提高金属表面的光洁度。中毒一般发生在工农业生产过程中，因操作不慎或意外泄漏所致。误服或投毒较少见。

【作用机制】

磷酸对皮肤、黏膜有明显的刺激作用，可引起皮肤、黏膜炎症。

【毒性】

磷酸属低毒类物质。

空气中最高容许浓度为 1 mg/m^3。人吸入的最小中毒浓度（TCL_0）为 100 mg/m^3。

急性中毒实验：大鼠经口半数致死量（LD_{50}）为 1 530 mg/kg，大鼠吸入半数致死浓度（LC_{50}）为 25.5 mg/m^3（1 h）。

【中毒症状】

磷酸酸雾对眼黏膜、上下呼吸道黏膜有刺激性炎症作用。吸入会引起咳嗽，出现气管炎和支气管炎的症状。吸入磷酸蒸气可引起鼻黏膜萎缩、鼻及咽喉发干、鼻出血、鼻内形成干痂皮等，少数中毒者有刺激鼻翼并造成鼻中隔穿孔及全身中毒现象。眼睛接触磷酸者会引起眼损害，出现结膜充血、角膜损害及虹膜炎，症状较其他强酸类中毒轻。动物实验可见中毒性肺炎病灶、肺水肿、肺不张和肝大。

【急救措施】

皮肤接触者，应立即脱去污染的衣物，用大量流动清水冲洗。眼睛接触者，应立即用大量流动清水或生理盐水彻底冲洗。吸入磷酸酸雾者，应迅速脱离现场至空气新鲜处，保持呼吸道通畅；如呼吸困难，应给予吸氧；如呼吸、心跳停止，需立即进行心肺复苏术。食入中毒者，应及时用水漱口，并口服牛奶、豆浆或蛋清。

【尸体特征】

磷酸中毒死亡者较少见。皮肤接触中毒会在皮肤局部出现发红及皮肤损伤。眼睛接触者会出现结膜充血及虹膜炎。吸入酸雾中毒者，呼吸道黏膜可见到红肿、损伤。口服中毒者，消化道黏膜可见到损伤。

【检材提取】

检材以胃内容物、呕吐物和被腐蚀的皮肤组织、衣物及现场残留物为好。

【检验方法】

磷酸根离子的检验。

（1）化学检验法：取检液 1 mL 加入玻璃试管中，随后加入镁盐和氯化铵，如有白色结晶性沉淀生成，则示有磷酸根离子存在。反应过程如下：

$$PO_4^{3-}+NH_4^{+}+Mg^{2+}=MgNH_4PO_4\downarrow$$

（2）离子色谱法：仪器：离子色谱仪；色谱柱：Dionex IonPac AS14（250 mm × 2 mm × 6.5 μm）高容量阴离子分析柱；流动相：1.8 mmol/L的 Na_2CO_3 + 1.0 mmol/L 的 $NaHCO_3$；洗脱方式：等梯度洗脱；流速：1.2 mL/min；检测器温度：30 ℃；进样量：25 μL；检测器：电导检测器（CED）。

水杨酸（2-羟基苯甲酸、柳酸、邻羟基苯甲酸）

【化学名称】邻羟基苯甲酸

【化学式】$C_7H_6O_3$

【结构式】

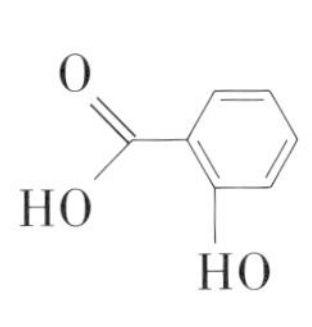

【相对分子质量】138.12

【CAS 登记号】69-72-7

【性状】

水杨酸为白色结晶性粉末，无臭，味先微苦后转辛。熔点 157~159 ℃，沸点约 211 ℃，相对密度 1.44，76 ℃开始升华，在光照下逐渐变色。常压下急剧加热可分解为苯酚和二氧化碳。

【用途及中毒原因】

水杨酸作为化学试剂可用作荧光指示剂、络合指示剂、配合指示剂、配合掩蔽剂、电镀或化学镀的络合剂。还可作为化妆品的防腐剂，主要用于花露水、痱子水等水类化妆品。除具有防腐杀菌作用外，还有祛除汗臭、止痒消肿、止痛消炎等功能。在橡胶工业中用作橡胶硫化延缓剂、防焦剂，还可用于生产紫外线吸收剂和发泡剂等。同时，水杨酸还是医药工业的原料，用于制备阿司匹林、水杨酸钠、水杨酰胺、止痛灵、水杨酸苯酯、血防-67 等药物。水杨酸中毒并不多见，偶有过量使用可产生不适。

【作用机制】

水杨酸中毒常见于皮肤科较大面积用药所致，水杨酸经皮肤微循环进入血液，可引发酸中毒症状。

【毒性】

急性中毒实验：小鼠静脉注射半数致死量（LD_{50}）为 500 mg/kg。

【中毒症状】

水杨酸粉尘对呼吸道有刺激性，吸入后会引起咳嗽和胸部不适。皮肤长时间或反复接触水杨酸可引起皮炎，甚至发生灼伤。口服水杨酸会引发胃肠道刺激、耳鸣及肾损害，出现神经血管水肿、荨麻疹、气喘等特异反应。中毒者会出现头痛、头晕、视力减弱、耳鸣、耳聋、呼吸频率增加、恶心、呕吐、腹疼、腹泻、出汗、发热、肌肉搐搦、激动、烦躁、运动失调、精神错乱、嗜睡、惊厥、昏迷、皮疹、瘀点出血性紫癜等症状。尿中可有蛋白、红细胞、白细胞及管型。

【急救措施】

皮肤接触者，需立即脱去被污染的衣物，并用肥皂水洗涤污染部位。眼睛接触者，需立即用大量清水冲洗眼睛。误食中毒者，应尽早洗胃，再用泻盐导泻，维持液体平衡，对症治疗及采用支持疗法。

【尸体特征】

水杨酸中毒死亡者较少见。皮肤接触者局部会出现红色斑疹。局部用水杨酸药物治疗皮肤病者会看到局部皮肤变薄。全身中毒表现为皮疹及瘀点性紫癜。

【检材提取】

检材可提取胃内容物、呕吐物、肝组织、血液、尿液等。

【检验方法】

高效液相色谱法。

仪器：高效液相色谱仪；色谱柱：Hypersil BDS C18（250 mm×4.6 mm×5 μm）键合硅胶柱；流动相：乙腈+甲醇+0.01mol/L 的磷酸二氢钾+三乙胺（10∶50∶40∶0.11，*V*∶*V*∶*V*∶*V*，用磷酸调节 pH 值至 3.3～3.4）；流速：1.2 mL/min；检测器：紫外检测器；检测波长：280 nm。

碳酸钠(苏打、纯碱)

【化学名称】碳酸钠

【化学式】Na_2CO_3

【结构式】

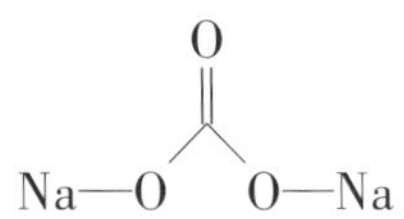

【相对分子质量】105.99

【CAS 登记号】497-19-8

【性状】

碳酸钠纯品为白色粉末，熔点 851 ℃，沸点 1 600 ℃，折射率 1.535。在空气中极易潮解结块，并吸收二氧化碳生成碳酸氢钠。易溶于水，具有吸湿性，与水结合成十水合碳酸钠，系无色单斜晶系柱状结晶，密度 1.45 g/cm^3，40～50 ℃干燥时呈粉末。

【用途及中毒原因】

碳酸钠是重要的化工原料，广泛应用于轻工、日化、建材、化工、食品、冶金、纺织、石油、国防、医药等领域。中毒多因意外事故或误伤，偶见自杀或误服。

【作用机制】

碳酸钠粉粒或浓溶液接触到皮肤（特别是湿皮肤）或溅入眼内会引起不同程度的灼伤。经口服可引起消化道黏膜损伤、糜烂及出血，严重者可出现休克。

【毒性】

空气中碳酸钠粉尘最高容许浓度为 2 mg/m^3。

急性中毒实验：大鼠经口半数致死量（LD_{50}）为 4 090 mg/kg，大鼠吸入半数致死浓度（LC_{50}）为 2 300 mg/m^3（2 h）。

【中毒症状】

吸入碳酸钠粉尘可引起呼吸道刺激。眼睛接触碳酸钠可引起结膜炎，表现为局部红肿、溃烂等。长期接触碳酸钠溶液可引发皮肤湿疹、皮炎和皮肤溃疡、松弛等。口服碳酸钠可造成消化道灼伤和黏膜糜烂、出血，更严重的则会出现休克甚至死亡。

【急救措施】

皮肤接触者，应立即脱去被污染的衣物，并用大量流动清水冲洗局部。眼睛接触者，应立即用大量流动清水或生理盐水彻底冲洗。吸入粉尘中毒者，应立即脱离现场至空气新鲜处，如呼吸困难，应给予吸氧。误食中毒者，可用水漱口，同时口服牛奶或蛋清。

【尸体特征】

碳酸钠中毒死亡者较少见。皮肤及眼睛有接触者可见到局部皮肤红肿，甚至溃烂。吸入或口服者，呼吸道、消化道黏膜可出现红肿及溃烂。

【检材提取】

呕吐物或胃内容物均可作为检材。并需注意提取被腐蚀的皮肤组织、衣物沾污处、现场残留物等。此外，碱与玻璃中的硅酸盐易发生反应，故检材一般不用磨口的玻璃瓶盛放送检，以塑料瓶包装送检为佳。

【检验方法】

1. 钠离子的检验（离子色谱法）

仪器：离子色谱仪；色谱柱：Ionpac CG12A 保护柱，CS12A 分离柱（250 mm×4.6 mm×5 μm）；淋洗液：18 mmoL/L 的甲烷磺酸；流速：1.2 mL/min；抑制电流：60 mA；检测器：电导检测器；检测器温度：35 ℃。

2. 碳酸根离子的检验（化学检验法）

在检液中滴加 10%的 $BaCl_2$ 溶液，若有白色沉淀（$BaCO_3$）生成，加入 10%的 HCl，有气体生成，将该气体通入澄清石灰水中，若在石灰水中有白色沉淀生成，则示有碳酸根离子存在。

亚硝酸钠（工业盐）

【化学名称】亚硝酸钠

【化学式】$NaNO_2$

【结构式】

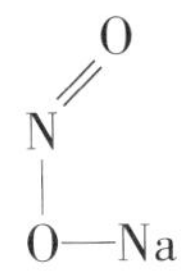

【相对分子质量】69.00

【CAS 登记号】7632-00-0

【性状】

亚硝酸钠纯品为白色至浅黄色粒状、棒状结晶或粉末，微有咸味。熔点 271 ℃，沸点 320 ℃。有吸湿性，易潮解，微溶于乙醇，易溶于水，水溶液呈碱性（pH 值约为 9）。加热至 320 ℃以上时分解，在空气中慢慢氧化为硝酸钠，遇酸分解释放出红棕色的三氧化二氮气体，亚硝酸钠与有机物接触能燃烧和爆炸，并释放出有毒和刺激性的过氧化氮和氧化氮气体。

【用途及中毒原因】

亚硝酸钠可用作普通分析试剂、氧化剂和重氮化试剂，还可用作媒染剂、漂白剂、金属热处理剂、电镀缓蚀剂，亚硝酸钠在医药上可用作器械消毒剂、防腐剂等，还可用作氰化物中毒的解毒药以及水溶性胶黏剂和胶黏剂乳液的防腐剂。在肉类制品加工中用作发色剂、防微生物剂和防腐剂等。中毒原因多为误食、投毒或自杀。

【作用机制】

亚硝酸钠主要通过消化道进入体内，被机体吸收后，亚硝酸根离子（NO_2^-）可将血红蛋白中的二价铁氧化为三价铁，形成高铁血红蛋白，影响正常的血红蛋白与氧结合，同时还影响氧合血红蛋白释放氧，导致人体缺氧，严重的可引起窒息死亡。

【毒性】

在空气中亚硝酸钠气溶胶的最高容许浓度为 0.05 mg/L，皮肤接触亚硝酸钠溶液的极限浓度为 1.5%，大于此浓度时皮肤会发炎，出现斑疹。按我国 GB 2760—2014《食品添加剂使用标准》规定，其最大使用量为 0.15 g/kg。残留量：肉类罐头≤0.05 g/kg，发酵肉制品≤0.03 g/kg。

人的中毒剂量为 0.3~0.5 g，致死量为 3 g。

急性中毒实验：大鼠经口半数致死量（LD_{50}）为 85 mg/kg，小鼠经口半数致死量（LD_{50}）为 175 mg/kg。

【中毒症状】

直接口服亚硝酸钠中毒的潜伏期很短，10~15 min 出现中毒症状。亚硝酸钠中毒的早期症状以胃肠道刺激症状为主，表现为恶心、呕吐、腹痛、腹泻等，因周围血管扩张，还可出现头痛、面部潮红、鼻出血、出汗、血压下降、昏厥等症状，也可出现烦躁不安、眩晕及精神症状。随着中毒程度的加重，皮肤黏膜青紫，并逐渐加深，缺氧症状明显，出现呼吸困难、昏迷、抽搐、虚脱等症状。严重者可于 1~2 h 死亡。

亚硝酸钠中毒的症状和体征与形成的高铁血红蛋白量有关，当高铁血红蛋白量占血红蛋白总量的 10%~15%时，中毒者以口腔、指甲、面颊、耳郭等处的皮肤、黏膜青紫为主，呈蓝褐色或蓝灰色；当高铁血红蛋白量占血红蛋白总量的 30%以上时，可出现头晕、头痛、头胀、耳鸣、手指麻木、全身无力等症状；当高铁血红蛋白量占血红蛋白总量的 50%时，可出现心悸、气急、胸闷、恶心、呕吐、昏厥等严重缺氧症状；当高铁血红蛋白量占血红蛋白总量的比例高于 50%时，可导致心律失常、惊厥、昏迷、休克而致死。

【急救措施】

对于亚硝酸钠中毒者，应立即给予吸氧。并应用特效解毒剂亚甲蓝（美蓝）还原高铁血红蛋白，使血红蛋白恢复正常输氧功能。亚甲蓝用量以每千克体重 1~2 mg 计算，同时高渗葡萄糖溶液可提高血液渗透压，能增加解毒功能并有短暂利尿作用。中毒者出现心肺功能受影响时，应用呼吸兴奋剂和纠正心律失常药等。如果中毒时间短，还应及时给予洗胃处理。

【尸体特征】

亚硝酸钠中毒者因血液中含有大量高铁血红蛋白，故血液呈暗褐色，尸斑呈蓝褐色样青紫，口唇、指（趾）甲尤为显著。血液不凝固，呈流动状。若血液中存在大量亚硝酸盐，除生成高铁血红蛋白外，还可形成红色的亚硝酸高铁血红蛋白，死者血液可能呈现鲜红色而不是蓝褐色，类似一氧化碳中毒。

若大量纯亚硝酸钠进入胃中而引起中毒，则会产生棕红色二氧化氮，使胃黏膜呈棕红色，严重者各器官均可呈棕红色。皮肤、眼结膜、心内膜及心外膜、胃底部、小肠上段、肾盂黏膜可见斑点状出血。心、肺、肝、脾、肾、脑等器官中小血管显著扩张瘀血，或有点片状出血，部分可见实质细胞变性及坏死。

【检材提取】

残留食物、呕吐物、胃内容物及血液均可作为检材。

【检验方法】

亚硝酸根离子的检验。

1. 显色反应

（1）丙咪嗪-盐酸反应：检液中加入20%丙咪嗪-盐酸溶液和浓盐酸，若有蓝色形成，则示有亚硝酸盐存在，检测限为0.1μg，此反应为亚硝酸盐专属反应。

（2）格利斯试剂：亚硝酸盐在酸性条件下可与芳香伯胺反应生成重氮盐，重氮盐与酚类或芳香胺类化合物反应可生成有色的偶氮化合物。

（3）安替比林反应（灵敏度1∶10 000）：亚硝酸盐在酸性条件下，可使安替比林亚硝基化，从而使溶液呈绿色。

（4）联苯胺-冰醋酸反应（灵敏度1∶4 000 000）：亚硝酸盐在酸性溶液中能将联苯胺重氮化生成黄色或者红棕色的颜料。

2. 离子色谱法

仪器：离子色谱仪；色谱柱：Dionex IonPac AS14（250 mm×2 mm×6.5 μm）高容量阴离子分析柱；流动相：1.8 mmol/L 的 Na_2CO_3 + 1.0 mmol/L的 $NaHCO_3$；洗脱方式：等梯度洗脱；流速：1.2 mL/min；检测器温度：30 ℃；进样量：25 μL；检测器：电导检测器（CED）。

第五节　金属毒物

汞（水银）

【化学名称】汞

【化学式】Hg

【结构式】Hg

【相对分子质量】200.59

【CAS登记号】7439-97-6

【性状】

汞是唯一在常温下以液态形式存在的金属。熔点-38.87 ℃，沸点356.6 ℃，密度13.59 g/cm^3。汞为银白色液体金属，内聚力很强，在空气中稳定，汞蒸气有剧毒。不溶于水，溶于硝酸和热浓硫酸，与稀硫酸、盐酸、碱等均不起作用，能溶解许多金属。

【用途及中毒原因】

汞常用于汞化合物的合成，或用作催化剂、颜料、涂料等。有时还用作药物。冶金工业常用汞齐法（汞能溶解其他金属形成汞齐）提取金、银和铊等金属。化学工业用汞作阴极以电解食盐溶液制取烧碱和氯气。汞中毒多发生在意外情况下，如接触汞机会较多的有汞矿开采、汞合金冶炼、金和银的提取以及汞弧整流器、水银真空泵、照明灯、仪表、温度计、补牙汞合金、雷汞、颜料、核反应堆冷却剂和防原子辐射材料等的生产过程。偶见自杀或投毒。

【作用机制】

汞的毒性主要在于它可与细胞膜或酶蛋白内的巯基和二巯基结合形成“硫化汞”，这种结合又很不易分离，从而降低酶的活性，损害细胞结构，影响细胞功能。

金属汞在胃肠内吸收非常少，通常认为口服无毒性作用。但汞蒸气可以经呼吸道吸收进入血液循环，并在血浆内迅速弥散至红细胞内，最终被氧化为二价汞离子而产生毒性作用。汞被吸收后主要分布于肝脏及肾脏，尤其在肾内的蓄积量非常大，故对肾脏的损害较为明显。

【毒性】

汞可通过呼吸道、皮肤或消化道等不同途径侵入人体（皮肤完好时短暂接触不会中毒）。吸入浓度为1～3 mg/m^3 的汞蒸气数小时可致人急性中毒。一次性吸入加热2.5 g汞所产生的蒸气可致死。

【中毒症状】

汞的毒性是累积的，泵中毒以慢性为多见，需要很长时间才能表现出来。中毒多为在生产活动中长期吸入汞蒸气和汞化合物粉尘所致。

急性金属汞蒸气中毒者，可出现恶心、呕吐、发热、咳嗽、呼吸困难、胸闷、流泪、流涎等症状，继而出现腹泻以及精神障碍、语无伦次、清醒和昏迷交替出现等神经系统症状。症状较轻者可逐渐消失，严重者可出现休克、晕厥、抽搐、昏迷，甚至死亡。

长期接触低浓度汞蒸气者，出现兴奋、烦躁、失眠、注意力不集中等神经精神障碍，还会出现情绪及性格改变，甚至出现幻觉等。

汞中毒性震颤是汞中毒较特征的表现，早期以手指、唇、舌、眼睑的细小震颤为主，随后发展为粗大的意向性震颤，甚至全身震颤。汞中毒还会有流涎增多、牙龈炎、牙齿松动、口腔黏膜溃疡等口腔炎表现，有时会出现蓝灰色“汞线”。

【急救措施】

吸入汞蒸气中毒者，应立即撤离现场至空气新鲜、通风良好处，必要时给予吸氧。

口服汞中毒者，应及早用碳酸氢钠溶液或温水洗胃催吐，然后口服牛奶、蛋清或豆浆，以吸附毒物，切忌用盐水，盐水有增加汞被吸收的可能。有吞咽困难者，应当禁食，并口服绿豆汤、豆浆、麻油三种物质混合的液体。注意口腔护理，对于抽搐、昏迷者，应及时清除口腔内异物，保持呼吸道的通畅。及早使用巯基络合剂驱汞。

【尸体特征】

急性汞蒸气中毒者，可见肺瘀血、水肿，有透明膜形成，肺组织有灶性出血或坏死。如病情迁延还可出现口腔炎、皮疹、中毒性肝病、中毒性急性肾小管坏死及中毒性脑水肿等。

汞静脉注射引起中毒死亡者，尸检可见身体显著消瘦、肺广泛性汞栓塞、慢性中毒性肾病、肾间质纤维化、肝脂肪变性及脑萎缩等。

【检材提取】

口服中毒时，最好的检材是胃内容物、粪便或尿；胃肠外途径中毒时，宜取血液、肝、肺、肾等作为检材。

【检验方法】

原子荧光分析法（AFS）。

仪器：原子荧光分析仪；电压：负高压（270 V）；总电流：30 mA；载气流速：300 mL/min；辅助气流速：400 mL/min；原子化温度：200 ℃；主电流：30 mA；原子化器高度：7 mm；积分时间：18～20 s；读数时间：20 s；延迟时间：3 s；氩气流速：600 mL/min；载流：2%（V/V）HNO_3；读数方式：峰面积。

硫化汞（丹砂、朱砂、辰砂）

【化学名称】硫化汞

【化学式】HgS

【结构式】 Hg═S

【相对分子质量】232.66

【CAS 登记号】1344-48-5

【性状】

硫化汞有两种结晶状态。α-硫化汞为红色六方晶系结晶或粉末，称为红色硫化汞（又称辰砂），相对密度 8.10，583.5 ℃时升华，难溶于水，溶于硫化钠浓溶液，不溶于醇和硝酸。β-硫化汞为深灰黑色立方晶体或无定形粉末，称为黑色硫化汞，相对密度 7.73，熔点 583.5 ℃，不溶于水、醇和硝酸，能溶于碱金属和碱土金属硫化物的浓溶液。

【用途及中毒原因】

硫化汞用于颜料的制造和制药工业，也用作着色剂和橡胶颜料，还可用作生漆、印泥、印油和绘画等的红色颜料。天然硫化汞是制造汞的主要原料，也用于彩色封蜡、塑料、橡胶和医药及防腐剂等方面。中毒多因用药过量、滥用或投毒所致。

【作用机制】

硫化汞属于无机汞化合物，主要通过消化道摄入，也有经阴道黏膜或皮肤吸收，甚至静脉注射而中毒者。在消化道内主要经小肠吸收，若摄入的硫化汞较多腐蚀消化道黏膜时，吸收量增加。汞离子被吸收后分布于红细胞和血浆中，硫化汞不易通过血脑屏障和胎盘屏障。在体内的分布、排泄及毒理作用基本上与金属汞蒸气相同，若经静脉注入，可致血压迅速下降。病程迁延者，可引起中毒性肾病，常死于急性肾功能衰竭。

【毒性】

硫化汞是中药朱砂的主要成分，毒性较低，一般用量为 0.5～1.0 g，但不能火煅，遇火煅则析出水银，毒性更大。

【中毒症状】

口服硫化汞引起急性中毒者，很快出现口腔及咽部疼痛，口内有金属味，口腔局部黏膜颜色发灰，可伴有恶心、呕吐、腹痛、血尿、便血、里急后重等症状，严重者出现休克，甚至死亡。

病程较长者，因肾小管上皮细胞广泛坏死而出现肾功能衰竭症状。长期接触硫化汞可出现慢性汞中毒的症状。

【急救措施】

(1) 皮肤接触者：应立即脱去被污染的衣物，用大量肥皂水和清水彻底冲洗皮肤。

(2) 眼睛接触者：应立即用大量流动清水或生理盐水冲洗。

(3) 吸入中毒者：应迅速脱离现场至空气新鲜处，保持呼吸道通畅，如呼吸困难，给予吸氧，若呼吸停止，立即进行人工呼吸。

(4) 食入中毒者用水漱口，刺激咽部催吐；用清水或2%的碳酸氢钠溶液洗胃，忌用生理盐水，胃肠道腐蚀严重者避免洗胃，口服牛奶或蛋清保护胃黏膜，也可给予硫酸钠或硫酸镁20～30 g导泻；尽早使用解毒剂，积极对症治疗。

【尸体特征】

口服硫化汞等无机汞化合物中毒死亡者，口腔黏膜、牙龈、咽部、食管黏膜、胃黏膜呈不同程度的腐蚀现象，可见局部黏膜充血、表面糜烂、坏死而形成灰白色假膜。胃黏膜有时可因刺激呈收缩状。结肠黏膜表面也可形成一层绿黑色或灰黄色假膜，假膜脱落可形成大小不一的溃疡，溃疡较表浅，溃疡底位于黏膜下层，边缘不规则，也可累及回肠末段。

【检材提取】

检材可提取现场遗留物、呕吐物、尿液、血液、胃内容物及死者的肝、肾组织等。

【检验方法】

1. 化学检验法

取少许检材（粉末）加盐酸浸湿，将其在铜片上摩擦，若铜片变为银白色，再将铜片加热，铜片又恢复原来的颜色，可视为有汞化物的存在。

2. 电感耦合等离子体质谱法

仪器：电感耦合等离子体质谱仪；载气：氩气，流速：1.0 mL/min；等离子体发射功率：1 430 W；雾化器：Babington 型高盐雾化器；雾化室温度：2 ℃；采样深度：7 mm；采样模式：光谱全定量。

硝酸汞（硝酸高汞）

【化学名称】硝酸汞

【化学式】$Hg(NO_3)_2$

【结构式】

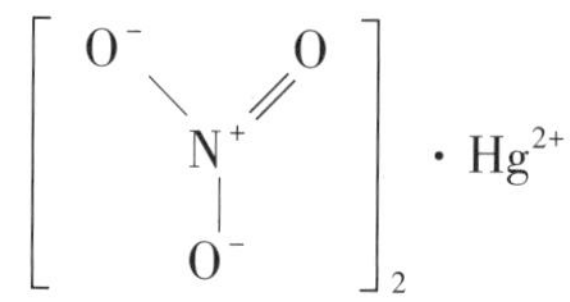

【相对分子质量】324.60

【CAS 登记号】10045-94-0

【性状】

硝酸汞为无色或白色透明结晶，有剧毒。极易潮解并释放出硝酸气味。熔点 79 ℃，沸点 180 ℃，不溶于乙醇，溶于硝酸、水，并发生水解。是一种温和的氧化剂，与有机物、还原剂、硫、磷等混合易着火燃烧。缓缓加热时生成红色的氧化汞，强热时则生成汞、二氧化氮和氧气。

【用途及中毒原因】

硝酸汞是一种常用的化学试剂，可用于医药制剂、有机合成杀虫剂、炸药（雷汞）的制造及卤化物和氰化物的测定。中毒多因运输和使用不当或误服所致。

【作用机制】

硝酸汞属于无机汞化合物，其毒性作用机制和硫化汞相似，参见“硫化汞”。

【毒性】

硝酸汞为高毒类物质。

急性中毒实验：大鼠经口半数致死量（LD_{50}）为 26 mg/kg，大鼠经皮肤吸收半数致死量（LD_{50}）为 75 mg/kg。

该物质对环境有危害，在地下水中有蓄积作用。

【中毒症状】

参见“硫化汞”。

【急救措施】

(1) 皮肤接触者：应立即脱去被污染的衣物，用大量肥皂水和清水彻底冲洗皮肤。

(2) 眼睛接触者：应立即用大量流动清水或生理盐水冲洗。

(3) 吸入中毒者：应迅速脱离现场至空气新鲜处，保持呼吸道通畅，如呼吸困难，给予吸氧，若呼吸停止，立即进行人工呼吸。

(4) 食入中毒者用水漱口，刺激咽部催吐；用清水或2%的碳酸氢钠溶液洗胃，忌用生理盐水，胃肠道腐蚀严重者避免洗胃，口服牛奶或蛋清保护胃黏膜，也可给予硫酸钠或硫酸镁20～

30 g导泻；尽早使用解毒剂，积极对症治疗。

【尸体特征】

参见“硫化汞”。

【检材提取】

检材可提取现场遗留物、呕吐物、尿液、血液、胃内容物及死者的肝、肾组织等。

【检验方法】

1. 化学法

将经硝酸处理过的铜丝放置于硝酸汞溶液中，可发生置换反应，生成蓝色的硝酸铜溶液和金属汞，使铜丝变为银白色。

2. 电感耦合等离子体质谱法

仪器：电感耦合等离子体质谱仪；载气：氩气，流速：1.04 L/min；等离子体发射功率：1 200 W；雾化器：Babington 型高盐雾化器；雾化室温度：2 ℃；采样深度：7 mm；采样模式：光谱全定量；质量范围：2~260 amu。

氯化汞（升汞、氯化高汞）

【化学名称】氯化汞

【化学式】$HgCl_2$

【结构式】Cl—Hg—Cl

【相对分子质量】271.52

【CAS 登记号】7487-94-7

【性状】

氯化汞为正交晶系，容易升华，具有明显的共价特性。固态含直线型 Cl—Hg—Cl 分子，以片状排列，为白色晶体、颗粒或粉末，有剧毒。溶于水、醇、醚和乙酸，常温下微量挥发。熔点 276 ℃，沸点 302 ℃，相对密度（水=1）5.44，蒸气压 0.13 kPa（136.2 ℃）。

【用途及中毒原因】

氯化汞用途广泛，除了用作化学试剂（如制取金属汞齐，临床血液检验，点滴分析测定砷和锡，容量法分析测定铁，尿胆素分析，萘氏法测定土壤中的含氮量，有机合成中的催化剂）外，还可以用作消毒剂和防腐剂（如外科大夫常用 1 g 氯化汞溶解在 1 kg 水中当作消毒剂）。急性无机汞化合物中毒多由口服（误服或自杀）所致，偶见经皮肤、黏膜接触而引起中毒的案例。

【作用机制】

氯化汞属于无机汞化合物，其毒性作用机制和硫化汞相似，参见“硫化汞”。另外，急性氯化汞中毒剂量较大时，能直接抑制心肌，使血管壁紧张度降低，可引起急性溶血。

【毒性】

口服氯化汞 0.1 g 即可引起严重中毒，口服氯化汞 0.5~1 g 可致死，静脉注射时的致死量为口服致死量的一半。

急性中毒实验：大鼠经口半数致死量（LD_{50}）为 1 mg/kg，兔经皮肤吸收半数致死量（LD_{50}）为 41 mg/kg。

氯化汞对狗的致死量（经口）为 10~15 mg/kg，静脉注射致死量为 4~5 mg/kg。

【中毒症状】

急性氯化汞中毒者，有头痛、头晕、乏力、失眠、多梦、口腔炎、发热等全身症状，并伴有食欲缺乏、恶心、腹痛、腹泻等症状。部分患者皮肤出现红色斑丘疹。严重者可出现间质性肺炎及肾损害。口服氯化汞可引发急性腐蚀性胃肠炎，严重者出现昏迷、休克，甚至发生坏死性肾病致急性肾功能衰竭。

慢性氯化汞中毒者，表现有神经衰弱综合征、汞中毒性震颤、易兴奋症和精神情绪障碍（如胆怯、害羞、易怒、爱哭等）。

【急救措施】

（1）皮肤接触者：应立即脱去被污染的衣物，用大量肥皂水和清水彻底冲洗皮肤。

（2）眼睛接触者：应立即用大量流动清水或生理盐水冲洗。

（3）吸入中毒者：应迅速脱离现场至空气新鲜处，保持呼吸道通畅，如呼吸困难，给予吸氧，若呼吸停止，立即进行人工呼吸。

（4）食入中毒者用水漱口，刺激咽部催吐；用清水或2%的碳酸氢钠溶液洗胃，忌用生理盐水，胃肠道腐蚀严重者避免洗胃，口服牛奶或蛋清保护胃黏膜，也可给予硫酸钠或硫酸镁 20~30 g导泻；尽早使用解毒剂，积极对症治疗。

【尸体特征】

一般征象参见“硫化汞”。急性氯化汞中毒的主要病变是中毒性肾病，肾肿大、皮质肿胀苍白，髓质充血呈暗红色。中毒 3~4 d 死亡者，近曲小管上皮细胞广泛变性坏死，胞浆内充满嗜酸性颗粒状碎屑。髓袢升支、远曲小管和集合管管腔内有管型。肾小管上皮细胞坏死几天后可见上皮细胞再生和钙盐沉着。肾间质水肿。

【检材提取】

检材可提取现场遗留物、呕吐物、尿液、血液、胃内容物及死者的肝、肾组织等。

【检验方法】

气相色谱-质谱法。

（1）样品处理：取 5 g 左右的氯化汞中毒者呕吐物或者含有氯化汞的物质，置于 10 mL 试管中，用 5 mL 乙醚振荡或涡旋振荡提取两次，合并乙醚提取液，置 30 ℃水浴上用氮气吹干，再用 0.5 mL 甲醇或乙醇溶解并定容。

（2）仪器条件：仪器：气相色谱-质谱联用仪；色谱柱：Agilent DB -5MS（30m×0.25mm×0.25μm）弹性石英毛细管柱；进样口温度：280 ℃，传输线温度：260 ℃；载气：高纯氦，流速：1 mL/min；进样方式：分流进样，分流比：20 ∶ 1；柱温：初始温度 100 ℃，保持 2 min，以 30 ℃/min 的升温速率升温至 260 ℃，保持 17 min；离子源：电子轰击源（EI），能量：70 eV；质量范围：45~500 amu；扫描方式：SCAN/SIM。

三氧化二砷（砒霜、白砒、亚砷酸酐、信石）

【化学名称】三氧化二砷

【化学式】As_2O_3

【结构式】

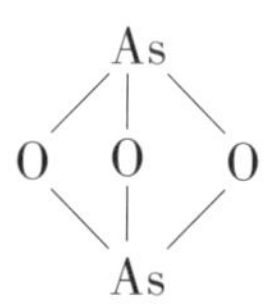

【相对分子质量】197.84

【CAS 登记号】1327-53-3

【性状】

三氧化二砷为无臭无味的白色粉末或结晶，晶形有三种。单斜晶体的相对密度为 4.15，193 ℃升华；立方晶体的相对密度为 3.865；无定形晶体的相对密度为 3.738，熔点 312.3 ℃。微溶于水，在水中生成亚砷酸；单斜晶体和立方晶体溶于乙醇、酸类和碱类；无定形晶体溶于酸类和碱类，但不溶于乙醇。工业品因所含杂质不同，略呈红色、灰色或黄色。

【用途及中毒原因】

三氧化二砷主要用于提炼元素砷，是冶炼砷合金和制造半导体的原料。在玻璃工业中常用作澄清剂和脱色剂，以增强玻璃制品的透光性。在农业生产上主要用于防治病虫害，也用作其他含砷杀虫农药的原料和杀鼠药。此外，三氧化二砷在其他方面也有广泛应用，如用于涂料、染料的制造和气体脱硫、木材防腐等，还可用作化学试剂。三氧化二砷为剧毒化学品，若遇高热，升华可产生剧毒的气体，故需妥善保管，稍有不慎极易造成中毒，每年因自杀、他杀或投毒造成的中毒事件屡见不鲜。

【作用机制】

三氧化二砷主要通过消化道进入体内，大部分可被机体吸收，也可通过皮肤黏膜吸收，三氧化二砷进入血液后被转运而储存于各器官内。砷能与多种酶蛋白分子上的巯基或羟基结合，如6-磷酸葡萄糖脱氢酶、细胞色素氧化酶、乳酸脱氢酶、胆碱氧化酶、磷酸酯酶等，使这些酶失去活性，导致细胞内生物氧化过程发生障碍或使细胞分裂发生紊乱，严重时可使细胞死亡。砷也可以直接作用于神经系统，麻痹延髓的血管舒缩中枢。还可以直接损害毛细血管，使之麻痹扩张，通透性增加，导致血浆渗出，甚至可使红细胞漏出。毛细血管的极度扩张及受损可出现胃肠炎症状，如剧烈的呕吐和腹泻，结果造成水分及电解质大量流失，引起脱水、酸中毒和低钠、低钾血症。

【毒性】

人口服中毒量为 0.005~0.05 g，致死量为 0.07~0.18 g，中毒血药浓度为 0.05~1 μg/mL，致死血药浓度为 9~15 μg/mL。

【中毒症状】

大量摄入三氧化二砷会出现急性麻痹中毒反应，主要表现有脉搏细数、呼吸困难且浅表、血压下降，出现昏迷或半昏迷状态；并伴有严重的胃肠炎症状，表现为呕吐、腹泻、腹部痉挛性疼痛；较严重者可出现面容焦虑、全身皮肤湿冷、脱水貌、小腿痉挛、尿量减少及蛋白尿等症状。若少量多次摄入三氧化二砷，病情持续时间较长，可出现皮肤及巩膜黄染，眼结膜、胸腹部及四肢皮肤有出血斑点，并伴有肝功能障碍、恶心、呕吐、腹痛、腹泻等，并可出现脱水症或小腿痉挛，有时会出现蛋白尿、血尿或少尿。少数中毒者若病程迁延数年，可出现手足酸、麻、针刺感和肌肉麻痹或萎缩等周围神经炎症状；还可出现食欲缺乏、恶心、呕吐、口干、腹泻、渐进性虚弱、消瘦、贫血等慢性胃肠炎症状；或出现“乌脚病”的下肢血栓闭塞性脉管炎；或表现以色素脱失或沉着、角化过度及疣状增生为主的皮肤损害。

【急救措施】

急性中毒的治疗应以尽快将毒物排出体外、应用解毒剂控制体内毒物作用为原则。

对于经口急性中毒者，需迅速催吐、温水洗胃。洗胃之后立即口服新配制的氢氧化铁（用12%的硫酸亚铁溶液与20%的氧化镁混悬液，二者分别保存，用时等量混合摇匀），每10 min服用1匙，直至呕吐则停止给药。继而口服50%的硫酸镁30 mL导泻。若无氢氧化铁，可应用蛋清水（4个鸡蛋清加1杯水拌匀）、牛奶或者医用活性炭。并尽早足量使用巯基类化合物，如二巯基丁二酸钠配用10%溶液，缓慢静脉注射，每天用药3~4 g，分次注射，用药3~5 d后酌量减少、停药，急性期后可重复几个疗程。还应积极纠正水盐代谢和酸碱平衡，保护肝脏。

【尸体特征】

急性中毒死亡者，发病突然，病程短，仅见口腔及食管黏膜充血，胃黏膜充血、水肿，有点状出血，可无特殊病变；也可表现出以消化道病变为主的症状，口腔及食管黏膜充血，胃黏膜充血、水肿，有的在胃黏膜皱襞中残留有三氧化二砷粉末，皱襞出现褐色条纹状糜烂或坏死。小肠黏膜充血、肿胀，有的在小肠壁可见灶性黄色斑块，胃肠内有大量米汤样内容物。

亚急性中毒者，在面部及眼睑处可见皮炎、结膜炎、角膜坏死溃疡，还可出现心肌肥大或梗死。

慢性中毒者，可见皮肤色素沉着，在掌跖、手背、足背及躯干等处可见角质增生，呈点状、疣状突起或呈鸡眼状，或者出现上皮角化。

【检材提取】

检材可提取呕吐物、剩余食物、胃内容物和肝、肾组织以及现场可疑物等。

【检验方法】

1. 化学法（雷因希氏法）

（1）预试验：取少量检材，加水使之呈稀粥状，加浓盐酸或酸性氯化亚锡溶液，摇匀后，投入经硝酸处理过的铜片，加热至沸，如有砷存在，铜片变为黑色。

（2）砷的确证试验：

1）显微结晶法：将雷因希氏法所得变色铜片置于玻璃试管中，微微加热试管底部，如有砷存在，管壁上部的霜状物在显微镜下可见四面体或八面体结晶。

2）扫描电镜-能谱法：将雷因希氏法所得变色铜片置于扫描电镜工作台上，选择工作电压20 kV，用高真空二次电子探头或背散射电子探头观察，用能谱仪检测，即可确定是否有砷存在。

2. 电感耦合等离子体质谱法

仪器：电感耦合等离子体质谱仪；载气：氩气，流速：1.04 L/min；等离子体发射功率：1 430 W；雾化器：Babington型高盐雾化器；雾化室温度：2 ℃；采样深度：7 mm；采样模式：光谱全定量。

五氧化二砷（无水砷酸、砷酐、氧化砷）

【化学名称】 五氧化二砷

【化学式】 As_2O_5

【结构式】

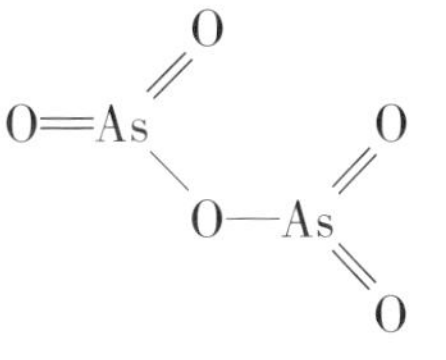

【相对分子质量】 459.68

【CAS登记号】 1303-28-2

【性状】

五氧化二砷为白色无定形固体，有剧毒，熔点315 ℃（分解），相对密度4.086，在315 ℃时分解成三氧化二砷和氧。易潮解，易溶于水，溶于乙醇、酸、碱。

【用途及中毒原因】

五氧化二砷主要用于制备砷酸盐、有色玻璃、金属黏合剂等，还可用于木材防腐和杀真菌等。中毒以误服较多见，偶见自杀或投毒。

【作用机制】

五氧化二砷与三氧化二砷的毒性作用机制相似，参见“三氧化二砷”。

【毒性】

五氧化二砷为高毒类物质。

急性中毒实验：大鼠经口半数致死量（LD_{50}）为 8 mg/kg，小鼠经口半数致死量（LD_{50}）为 55 mg/kg。

【中毒症状】

参见“三氧化二砷”。

【急救措施】

急性中毒的治疗应以尽快将毒物排出体外、应用解毒剂控制体内毒物作用为原则。

对于经口急性中毒者，需迅速催吐、温水洗胃。洗胃之后立即口服新配制的氢氧化铁（用12%的硫酸亚铁溶液与20%的氧化镁混悬液，二者分别保存，用时等量混合摇匀），每 10 min 服用1匙，直至呕吐则停止给药。继而口服50%的硫酸镁 30 mL 导泻。若无氢氧化铁，可应用蛋清水（4个鸡蛋清加1杯水拌匀）、牛奶或者医用活性炭。并尽早足量使用巯基类化合物，如二巯基丁二酸钠配用10%溶液，缓慢静脉注射，每天用药 3~4 g，分次注射，用药 3~5 d 后酌量减少、停药，急性期后可重复几个疗程。还应积极纠正水盐代谢和酸碱平衡，保护肝脏。

【尸体特征】

参见“三氧化二砷”。

【检材提取】

检材可提取呕吐物、剩余食物、胃内容物和肝、肾组织以及现场可疑物等。

【检验方法】

参见“三氧化二砷”。

硝酸铊（硝酸亚铊）

【化学名称】硝酸铊

【化学式】$TlNO_3$

【结构式】

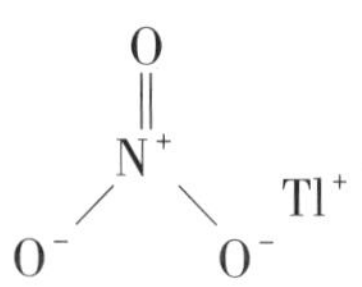

【相对分子质量】266.40

【CAS 登记号】10102-45-1

【性状】

硝酸铊外观为白色结晶。熔点 206 ℃（α型），沸点 450 ℃（分解），相对密度（水=1）5.55，溶于水、丙酮，不溶于乙醇。75 ℃时γ型转化为β型，145 ℃时β型转化为α型，与还原剂、有机物和易燃或可燃物（如硫、磷或金属粉末等）混合可形成爆炸性混合物。经摩擦、震动或撞击可引起燃烧或爆炸。

【用途及中毒原因】

硝酸铊主要用作化学分析试剂，也用于烟花的制作，硝酸铊与高氯酸和氯化亚汞及树脂混合可产生绿火，也可作海上标记物，还可用于制造光导纤维。中毒常见于误服或投毒等。

【作用机制】

硝酸铊进入机体后，铊离子具有强烈的神经毒性作用，可致严重的肝肾损害。铊离子中毒的毒理作用非常复杂，铊离子可以与多种酶蛋白分子中的巯基结合，使酶失去活性。脑组织脂质过氧化反应在铊离子影响下速率会加快，使儿茶酚胺的代谢出现紊乱。其中一价的铊离子和钾离子在离子半径、电荷量等方面有很大相似性，可与钾离子相关受体竞争性结合，使一些依赖钾离子的生理过程受到干扰，特别是有些与钾离子相关的酶，铊离子与之结合的亲和度远大于钾离子。铊离子与体内的维生素 B_{12}（核黄素）结合后会形成不溶性复合物，导致细胞内核黄素的摄取量减少，影响其代谢，最终使丙酮酸代谢和其他有关的代谢出现障碍。因此，硝酸铊中毒出现的一些神经系统症状与核黄素缺乏症所表现出的症状相似。铊离子还可能影响并破坏核糖体，使蛋白质的合成过程受到干扰。

铊进入人体后在肾、心和脑等脏器中的储存量相对较大，铊在脑内灰质中的含量比白质中高，肝脏及肌肉中含量很少，铊可在毛发中蓄积。铊主要通过粪便、尿排泄，排泄周期可长达一个月，且通过尿排泄的量比通过粪便排泄的量要多，少量的铊离子可通过乳汁排泄。

【毒性】

硝酸铊为高毒物质。

成年男性口服中毒量为 73 mg/kg。

急性中毒实验：大鼠腹腔注射半数致死量（LD_{50}）为 21 μg/kg，大鼠皮下注射半数致死量（LD_{50}）为 26 mg/kg；小鼠经口半数致死量（LD_{50}）为 15 mg/kg。

【中毒症状】

硝酸铊中毒和大多数铊盐中毒都有脱发的特异性体征，一般发生在中毒后 1~3 周。症状明显者出现头发、眉毛、胡须等身体体毛集中分布处的毛发都可脱落，但眉毛内侧 1/3 处常不脱落。中毒者出现皮肤干燥、脱屑、痤疮、皮疹及皮肤色素沉着等症状，手掌及足跖部出现角化过度，指甲和趾甲会出现特征性的米斯线。

口服硝酸铊后，会出现舌炎、咽炎、食管炎、胃炎等刺激性炎症。硝酸铊急性中毒一般会有 12~24 h 的潜伏期。初期出现恶心、呕吐、流涎、腹泻或顽固性便秘、腹痛等胃肠道刺激症状，口内会有明显金属味。有时仅有轻微的胃肠不适症状。随着中毒时间的持续，会出现感觉异常、神经痛、运动障碍等神经系统症状，下肢出现酸、麻、针刺感或蚁走感，舌和手指麻木，甚至触觉丧失。大剂量硝酸铊中毒时，会出现明显的中枢神经系统症状，会有不同程度的头痛、精神紊乱、谵妄、共济失调、震颤、失眠、抽搐，甚至昏迷。当影响脑神经时，可出现视神经萎缩、颜面麻痹、视力减退、复视、球后视神经炎等，容易误诊为感染性神经炎。严重者会有心、肝、肾的损害。硝酸铊中毒出现的疼痛主要以下肢末端和手为主，足部痛觉过敏表现突出，严重时会造成肢体瘫痪及肌肉萎缩。

若为慢性中毒，可表现为食欲缺乏、呕吐、蛋白尿、腹泻，甚至消瘦。

【急救措施】

口服中毒者，需漱口并立即给予催吐，洗胃可用 1% 的碘化钠或 1% 的碘化钾溶液，因两者会与硝酸铊反应生成不溶于水的碘化铊，降低其毒性。然后口服医用活性炭（按人体重：0.5g/kg），以减少铊离子的吸收。普鲁士蓝对于治疗口服硝酸铊中毒有一定疗效，需按疗程服用。对于严重中毒者，使用血液灌流疗法配合糖皮质激素的应用效果更佳。

吸入中毒者，应立即脱离现场至空气新鲜处，保持呼吸道通畅，必要时给予吸氧。

【尸体特征】

口服硝酸铊死亡者，因局部刺激作用，消化道黏膜会出现炎症反应，尸体表现为口腔、胃及小肠黏膜充血、水肿等。出现过神经症状的中毒者，大脑可有瘀血、水肿及点状出血，感觉和运动神经出现纤维轴索变性和脱髓鞘，肝、肾等出现细胞脂肪变性和水变性。

【检材提取】

肾脏、尿液、心脏及脑组织中铊的含量相对较高，宜提取肾脏、尿液、心脏、脑组织作为检材，其次是头发、指甲、唾液、血液等也可作为检材。

【检验方法】

1. 硝酸根离子的检验（离子色谱法）

仪器：离子色谱仪；色谱柱：Dionex IonPac AS14（250 mm×2 mm×6.5 μm）高容量阴离子分析柱；流动相：1.8 mmol/L 的 Na_2CO_3 + 1.0 mmol/L的 $NaHCO_3$；洗脱方式：等梯度洗脱；流速：1.2 mL/min；检测器温度：30 ℃；进样量：25 μL；检测器：电导检测器（CED）。

2. 铊的检验（电感耦合等离子体质谱法）

仪器：电感耦合等离子体质谱仪；载气：氩气，流速：1.04 L/min；等离子体发射功率：1 300 W；雾化器：Babington 型高盐雾化器；雾化室温度：2 ℃；采样深度：7 mm；采样模式：光谱全定量。

氯化铊（氯化亚铊）

【化学名称】氯化铊

【化学式】TlCl

【结构式】Tl—Cl

【相对分子质量】239.82

【CAS 登记号】7791-12-0

【性状】

氯化铊为无色或白色粉末或结晶，在空气及光线中变成紫色。熔点 430 ℃，沸点 720 ℃，相对密度（水 = 1）7.004 0。微溶于水，不溶于醇、丙酮，能与氟和钾发生剧烈反应，保存时应避免接触碱金属和卤素，遇高热分解可释放出高毒烟雾。

【用途及中毒原因】

氯化铊主要用于生产毛发脱除剂及烟花、信号弹和照明弹等。本品因毒性大，管理较为严格，因此，中毒原因多为保存或运输不当而引起的意外事故，偶见投毒或误服引起中毒。

【作用机制】

氯化铊微溶于水，对皮肤及黏膜的刺激性相对较小。作用机制与硝酸铊相似，可参见“硝酸铊”。

【毒性】

氯化铊为剧毒物质。

氯化铊粉尘对眼睛、黏膜有刺激性，吸入、

摄入或经皮肤吸收均可引起中毒。

急性中毒实验：小鼠经口半数致死量（LD_{50}）为 24 mg/kg。

【中毒症状】

氯化铊中毒与其他铊盐中毒一样，其特异性体征为脱发，一般发生在中毒后 1～3 周，症状明显者可出现头发、眉毛、胡须等身体体毛集中分布处的毛发都可脱落，但眉毛内侧 1/3 处常不脱落。中毒者还常出现皮肤干燥、脱屑、痤疮、皮疹及皮肤色素沉着等症状，手掌及足跖部出现角化过度，指甲和趾甲会出现特征性的米斯线。

氯化铊急性中毒一般会有 12～24 h 的潜伏期。初期出现恶心、呕吐、流涎、腹泻或顽固性便秘、腹痛等胃肠道刺激症状，口内会有明显金属味。但有时仅有轻微的胃肠不适症状。随着中毒时间的持续，会出现感觉异常、神经痛、运动障碍等神经系统症状，下肢出现酸、麻、针刺感或蚁走感，舌和手指麻木，甚至触觉丧失。严重时可出现明显的中枢神经系统症状，会有不同程度的头痛、精神紊乱、谵妄、共济失调、震颤、失眠、抽搐，甚至昏迷。当影响脑神经时，可出现视神经萎缩、颜面麻痹、视力减退、复视、球后视神经炎等，容易误诊为感染性神经炎。氯化铊中毒出现的疼痛主要以下肢末端和手为主，足部痛觉过敏表现突出，严重时会造成肢体瘫痪及肌肉萎缩。

氯化铊的慢性中毒表现为食欲缺乏、呕吐、蛋白尿、腹泻，甚至消瘦。

【急救措施】

口服中毒者，需漱口并立即给予催吐，洗胃可用 1%的碘化钠或 1%的碘化钾溶液，因两者会与氯化铊反应生成不溶于水的碘化铊，降低其毒性。然后口服医用活性炭（按人体重：0.5g/kg），以减少铊离子的吸收。普鲁士蓝对于治疗口服氯化铊中毒有一定疗效，需按疗程服用。对于严重中毒者，使用血液灌流疗法配合糖皮质激素的应用效果更佳。

吸入中毒者，应立即脱离现场至空气新鲜处，保持呼吸道通畅，必要时给予吸氧。

【尸体特征】

因氯化铊在水中溶解度不大，中毒死亡者可出现消化道黏膜局部刺激症状，解剖可见死者口腔、胃及小肠黏膜充血、水肿等，也可不明显。出现过神经症状的中毒者，大脑可有瘀血、水肿及点状出血，感觉和运动神经出现纤维轴索变性和脱髓鞘，肝、肾等出现细胞脂肪变性和水变性。

【检材提取】

可参见“硝酸铊”，检材提取以呕吐物、胃内容物、肾脏、心脏及脑组织为主，其次是头发、指甲、血液等也可作为检材。

【检验方法】

1. 氯离子的检验（化学法）

取检液适量于一玻璃试管中，滴加 10%的 $AgNO_3$ 溶液数滴，若有不溶于硝酸的白色沉淀生成，则示有氯离子存在。

2. 铊的检验（电感耦合等离子体质谱法）

仪器：电感耦合等离子体质谱仪；载气：氩气，流速：1.04 L/min；等离子体发射功率：1 300 W；雾化器：Babington 型高盐雾化器；雾化室温度：2 ℃；采样深度：7 mm；采样模式：光谱全定量。

硫酸铊（硫酸亚铊）

【化学名称】硫酸铊

【化学式】Tl_2SO_4

【结构式】

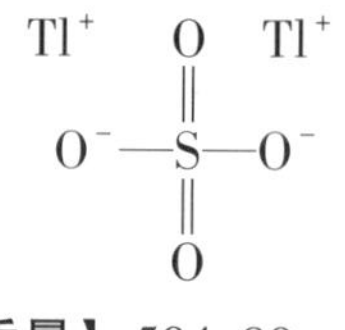

【相对分子质量】504.80

【CAS 登记号】7446-18-6

【性状】

硫酸铊为无臭、无味的无色或白色斜方晶系结晶。熔点 632 ℃，密度 6.77 g/cm^3（25 ℃）。溶于水，易溶于硫酸。禁止与强氧化剂一起存放。

【用途及中毒原因】

硫酸铊可用作杀鼠剂、化学分析试剂等。中毒多为意外事故所致，偶见自杀或投毒。

【作用机制】

硫酸铊为可溶性铊盐，中毒机制与硝酸铊相似。

【毒性】

急性中毒实验：大鼠经口半数致死量（LD_{50}）为 16 mg/kg，小鼠经口半数致死量

(LD_{50}) 为 19 mg/kg。

【中毒症状】

硫酸铊中毒出现的症状与其他铊盐的中毒症状基本相似，中毒症状参见“硝酸铊”。

【急救措施】

口服中毒者，需漱口并立即给予催吐，洗胃可用 1% 的碘化钠或 1% 的碘化钾溶液，因两者会与硫酸铊反应生成不溶于水的碘化铊，降低其毒性。然后口服医用活性炭（按人体重：0.5g/kg），以减少铊离子的吸收。普鲁士蓝对于治疗口服硫酸铊中毒有一定疗效，需按疗程服用。对于严重中毒者，使用血液灌流疗法配合糖皮质激素的应用效果更佳。

吸入中毒者，应立即脱离现场至空气新鲜处，保持呼吸道通畅，必要时给予吸氧。

【尸体特征】

口服硫酸铊死亡者，因局部刺激作用，消化道黏膜会出现炎症反应，解剖可见死者口腔、胃及小肠黏膜充血、水肿等。出现过神经症状的中毒者，大脑可有瘀血、水肿及点状出血，肝、肾等出现细胞脂肪变性和水变性。

【检材提取】

肾脏、尿液、心脏及脑组织中铊的含量相对较高，宜提取肾脏、尿液、心脏、脑组织作为检材，其次是头发、指甲、唾液、血液等也可作为检材。

【检验方法】

1. 硫酸根离子的检验（化学法）

取检液适量于一玻璃试管中，滴加 10% 的 $BaCl_2$ 溶液数滴，若有不溶于硝酸的白色沉淀生成，则示有硫酸根离子存在。

2. 铊的检验（电感耦合等离子体质谱法）

仪器：电感耦合等离子体质谱仪；载气：氩气，流速：1.04 L/min；等离子体发射功率：1 300 W；雾化器：Babington 型高盐雾化器；雾化室温度：2 ℃；采样深度：7 mm；采样模式：光谱全定量。

醋酸铅（乙酸铅、铅糖）

【化学名称】醋酸铅

【化学式】$Pb(CH_3COO)_2$

【结构式】

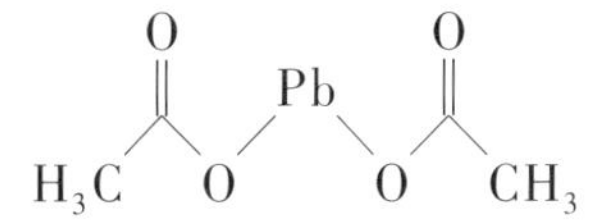

【相对分子质量】325.29

【CAS 登记号】301-04-2

【性状】

醋酸铅通常指的是三水合醋酸铅，也指十水合醋酸铅和无水醋酸铅。三水合醋酸铅系白色单斜晶体，熔点 75 ℃（急热），密度 2.55 g/cm^3（25 ℃），略带乙酸气味，具有风化性和可燃性。易溶于水（水中溶解度为 55.04 g/100 mL），可溶于丙三醇，不溶于乙醚，三水合醋酸铅 75 ℃时失水成无水醋酸铅，无水醋酸铅为白色粉末，熔点 280 ℃，密度 3.75 g/cm^3（20 ℃），易溶于水（水中溶解度为 44.3 g/100 mL），不溶于乙醚。十水合醋酸铅为白色正交晶体，密度 1.69 g/cm^3（25 ℃），常温下容易风化失水，易溶于水，溶于丙三醇，不溶于乙醚。无论哪种醋酸铅露置于空气中均会吸收空气中的二氧化碳而在表面生成白色的碱式碳酸铅。

【用途及中毒原因】

醋酸铅主要用于制备各种铅盐（硼酸铅、硬脂酸铅等）、抗污涂料（醋酸铅与重铬酸钾作用可制取铬黄）、颜料填充剂、涂料干燥剂、纤维染色剂以及重金属氰化过程的溶剂。常见中毒原因为慢性中毒，偶见误服或投毒。

【作用机制】

醋酸铅为无机铅化合物，可溶于水，一般不经皮肤吸收，主要通过呼吸道和消化道进入体内，铅离子在体内主要与蛋白分子中的巯基结合，通过抑制多种酶的活性来发挥其毒性作用。

关于醋酸铅的作用机制有多种理论，其中“卟啉代谢紊乱”是铅中毒的重要机制之一。卟啉代谢紊乱，会使血红素合成产生障碍而贫血，使尿中原卟啉和 δ-氨基乙酰丙酸（δ-ALA）排泄增加。骨髓代偿性红系细胞增生，周围血液中会出现不成熟的红细胞，网织红细胞和点彩红细胞增加。同时，铅离子对神经系统也有一定的损害作用，如 δ-氨基乙酰丙酸及原卟啉在神经系统内蓄积，以及铅抑制胆碱酯酶和脑腺苷酸环化酶的活性，干扰儿茶酚胺的代谢，均会产生铅中毒性脑病，出现周围神经脱髓鞘。

从胃肠道摄入的铅，其吸收受多种因素的影

响。儿童对铅的吸收能力比成人高。铅离子进入人体后主要通过与红细胞膜结合，然后被运输至全身，其中肝、肾中铅的含量最高，并以不溶性磷酸铅的形式沉积于毛发、牙齿、肝脏、肾脏中。人体的铅约有 8%经皮肤分泌物、16%经粪便、76%经尿液排泄。血铅还可通过胎盘屏障，在乳汁中也可检出铅。

【毒性】

成人一次口服醋酸铅 2~3 g 可致中毒，一次口服 20~25 g 可致死。

急性中毒实验：大鼠腹腔注射半数致死量（LD_{50}）为 150 mg/kg，小鼠腹腔注射半数致死量（LD_{50}）为 140 mg/kg。

【中毒症状】

一次大量摄入醋酸铅后会引起急性铅中毒，出现口内金属味、恶心、呕吐、流涎、出汗、头痛、血压升高、阵发性肠绞痛、腹泻、便秘等症状。醋酸铅所致的急性或亚急性中毒还可引发贫血、中毒性肝病、中毒性肾病等。

长期少量摄入醋酸铅可引起慢性铅中毒，常见于职业性中毒。主要表现为面色苍白、便秘、黄疸、贫血、卟啉尿、食欲缺乏、体重减轻、肠绞痛、周围血液内出现点彩红细胞，也可出现口内金属味、牙龈铅线、背痛、关节痛、头痛、高血压、流产以及神经症状。重度慢性铅中毒者可发生铅中毒性脑病。

【急救措施】

口服大量醋酸铅中毒者，应先刺激咽部引起呕吐，可立即用 1%的硫酸钠或生理盐水洗胃，然后用 50%的硫酸镁 50 mL 导泻（硫酸钠或硫酸镁可与铅结合成不溶性的硫化铅，防止铅的吸收）。出现明显中毒症状者，应积极使用驱铅疗法，应用依地酸二钠钙（$CaNa_2$-EDTA）等药物缓解症状并排铅。

【尸体特征】

急性醋酸铅中毒死亡者，口腔黏膜呈灰白色或灰黑色糜烂。镜下可见牙龈黏膜、牙龈乳头中沉积有不规则或无定形的棕黑色颗粒，主要成分为硫化铅。胃肠黏膜可见出血，黏膜表面覆以灰黑色假膜（呈灰黑色也是由于形成硫化铅所致）。肝、肾等器官可见水变性、脂肪变性乃至坏死。镜下可见核内包涵体中心部分浓染，周缘呈细纤维状，一般以肾近曲小管上皮细胞较为多见，此包涵体内含大量铅，是一种铅-蛋白复合物。较特殊的是肝细胞或肾小管上皮细胞核内有嗜酸性包涵体形成，呈卵圆形，苏木精-伊红染色（简称 HE 染色）切片呈红色。心肌细胞可见轻度水变性。心外膜、肝膈面、胃肠黏膜及肠系膜可见散在的出血点。

【检材提取】

检材可提取胃内容物、尿液、血液、肝脏等，必要时也可提取中毒者的毛发作为检材。

【检验方法】

1. 醋酸根离子的检验（离子色谱法）

仪器：离子色谱仪；色谱柱：Dionex As19-Ag19（250 mm×4 mm）阴离子交换柱；淋洗液：水+30 mmol/L 的 NaOH 溶液；洗脱方式：梯度洗脱；流速：1.0 mL/min；柱温：30 ℃；检测器温度：35 ℃；进样量：20 μL；检测器：电导检测器（CED）。

2. Pb^{2+}的检验（化学检验法）

取试样少许，用稀醋酸调节 pH 值至中性或弱酸性，滴加 10%的 K_2CrO_4 溶液数滴，若产生黄色沉淀，则示有 Pb^{2+}存在。

注：如有 Ba^{2+}存在，也能生成 $BaCrO_4$ 黄色沉淀，但 $BaCrO_4$ 不溶于稀碱溶液，可用于鉴别 Ba^{2+}和 Pb^{2+}。

氧化铅（黄丹、密陀僧、黄铅）

【化学名称】氧化铅

【化学式】PbO

【结构式】 O══Pb

【相对分子质量】223.21

【CAS 登记号】1317-36-8

【性状】

氧化铅有两种变体，一种是红色四方晶体，又称密陀僧，熔点 886 ℃，沸点 1 472 ℃，密度 9.53 g/cm^3；另一种是黄色正交晶体，又称铅黄，熔点 886 ℃，沸点 1 472 ℃，密度 8.0 g/cm^3。两者的转变点为 488.5 ℃，低于该温度时，转化作用较缓慢，遇光易变色，两者都难溶于水，不溶于乙醇，溶于硝酸、乙酸、热碱液。存放时要避免受潮，与酸碱隔离，在空气中加热至 300~500 ℃时，氧化铅转化为四氧化三铅，当温度更高时，四氧化三铅又转化为一氧化铅。

【用途及中毒原因】

氧化铅在油漆工业中的应用主要是与油制成铅皂，用作油漆中的催干剂；氧化铅可用于制造高折射率光学玻璃、陶瓷瓷釉、精密机床的平面研磨剂、电子管、显像管和防 X 射线的铅玻璃及防辐射橡胶制品等。氧化铅还可用于化学分析，如测定金和银、沉淀氨基酸等；氧化铅也可用于镀铅及合金中可溶性铅盐的配制（如氟硼酸铅的配制等）；氧化铅亦可用作颜料、冶金助熔剂、橡胶硫化促进剂、杀虫剂等。

氧化铅中毒一般为工业生产中及铅冶炼和铅蓄电池行业因污染或防护不当而引起的慢性工业中毒，或因运输过程中容器泄漏、倒塌、坠落、损坏而引起的中毒；投毒、自杀案件较少见。

【作用机制】

铅的吸收率和毒性主要与铅化合物的溶解度有关。氧化铅是可溶性无机铅盐，作用机制与醋酸铅相似，可参见“醋酸铅”。

【毒性】

氧化铅在空气中的最大容许浓度为 0. 01 mg/m^3。

急性中毒实验：大鼠腹腔注射半数致死量（LD_{50}）为 400 mg/kg，大鼠腹腔注射最低致死量（MLD）为 430 mg/kg；小鼠腹腔注射半数致死量（LD_{50}）为 217 mg/kg。

【中毒症状】

一次大量摄入氧化铅后会引起急性铅中毒，出现口内金属味、恶心、呕吐、流涎、出汗、头痛、血压升高、阵发性肠绞痛、腹泻、便秘等症状。氧化铅所致的急性或亚急性中毒还可引发贫血、中毒性肝病、中毒性肾病等。

长期少量摄入氧化铅可引起慢性铅中毒，常见于职业性中毒，主要表现为面色苍白、便秘、黄疸、贫血、卟啉尿、食欲缺乏、体重减轻、肠绞痛、周围血液内出现点彩红细胞，也可出现口内金属味、牙龈铅线、背痛、关节痛、头痛、高血压、流产以及神经症状。重度慢性铅中毒者可发生铅中毒性脑病。

【急救措施】

参见“醋酸铅”。

【尸体特征】

急性氧化铅中毒死亡者，口腔黏膜呈灰白色或灰黑色糜烂。镜下可见牙龈黏膜、牙龈乳头中沉积有不规则或无定形的棕黑色颗粒，主要成分为硫化铅。胃肠黏膜可见出血，黏膜表面覆以灰黑色假膜（呈灰黑色也是由于形成硫化铅所致）。肝、肾等器官可见水变性、脂肪变性乃至坏死。镜下可见核内包涵体中心部分浓染，周缘呈细纤维状，一般以肾近曲小管上皮细胞较为多见，此包涵体内含大量铅，是一种铅-蛋白复合物。较特殊的是肝细胞或肾小管上皮细胞核内有嗜酸性包涵体形成，呈卵圆形，HE 染色切片呈红色。心肌细胞可见轻度水变性。心外膜、肝膈面、胃肠黏膜及肠系膜可见散在的出血点。

【检材提取】

检材可提取胃内容物、尿液、血液、肝脏等，必要时也可提取中毒者的毛发作为检材。

【检验方法】

1. Pb^{2+}的检验（化学检验法）

取试样少许，用稀醋酸调节 pH 值至中性或弱酸性，滴加 10%的 K_2CrO_4 溶液数滴，若产生黄色沉淀，则示有 Pb^{2+}存在。

注：如有 Ba^{2+}存在，也能生成 $BaCrO_4$ 黄色沉淀，但 $BaCrO_4$ 不溶于稀碱溶液，可用于鉴别 Ba^{2+}和 Pb^{2+}。

2. 氧化铅粉末的检验——激光拉曼光谱法

仪器：激光拉曼光谱仪；激光波长：520 nm；激光能量：10%；扫描范围：100~1500 amu。

参照 HG/T 3002—83（97）黄丹化工行业标准中黄丹的检验方法。

四氧化三铅（铅丹、红丹）

【化学名称】四氧化三铅

【化学式】Pb_3O_4

【结构式】

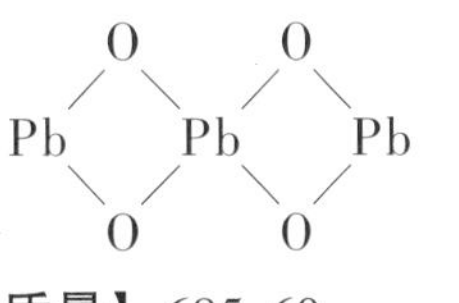

【相对分子质量】685. 60

【CAS 登记号】1314-41-6

【性状】

四氧化三铅为橙色结晶性鳞状体或无定形粉末。熔点 500 ℃，沸点 800 ℃，密度 9. 1 g/cm^3，蒸气压 10 mmHg（0 ℃），不溶于水，溶于热碱溶液。在 500 ℃时可分解成一氧化铅和氧。有氧化作用。溶于盐酸可生成氯气，溶于硫酸可生成氧气。

【用途及中毒原因】

四氧化三铅具有很强的防腐能力，常用作防锈颜料，也用作陶瓷的釉料、搪瓷的着色剂，还可用于蓄电池行业、玻璃行业、陶器业、搪瓷业等。在医药方面，四氧化三铅能直接杀灭细菌和寄生虫，并有阻止黏液分泌的作用，可用于治疗疱疹、痱子等。四氧化三铅中含有铅，应慎用，尤其对于儿童，极易造成铅中毒。在工业生产中应注意安全防护，否则极易造成中毒。

【作用机制】

四氧化三铅主要通过消化道进入体内。四氧化三铅在体内的代谢过程和毒性作用机制与醋酸铅相似，参见“醋酸铅”。

【毒性】

四氧化三铅在空气中的最大容许浓度为 0.15 mg/m^3。

急性中毒实验：大白鼠腹腔注射半数致死量（LD_{50}）为 220 mg/kg，大鼠腹腔注射半数致死量（LD_{50}）为 630 mg/kg。

【中毒症状】

一次大量摄入四氧化三铅后会引起急性铅中毒，出现口内金属味、恶心、呕吐、流涎、出汗、头痛、血压升高、阵发性肠绞痛、腹泻、便秘等症状。

长期少量摄入四氧化三铅可引起慢性铅中毒，常见于职业性中毒，主要表现为面色苍白、便秘、黄疸、贫血、卟啉尿、食欲缺乏、体重减轻、肠绞痛、周围血液内出现点彩红细胞，也可出现口内金属味、牙龈铅线、背痛、关节痛、头痛、高血压、流产以及神经症状。重度慢性铅中毒者可发生铅中毒性脑病。

【急救措施】

参见“醋酸铅”。

【尸体特征】

急性四氧化三铅中毒死亡者，口腔黏膜呈灰白色或灰黑色糜烂。镜下可见牙龈黏膜、牙龈乳头中沉积有不规则或无定形的棕黑色颗粒，主要成分为硫化铅。胃肠黏膜可见出血，黏膜表面覆以灰黑色假膜（呈灰黑色也是由于形成硫化铅所致）。肝、肾等器官可见水变性、脂肪变性乃至坏死。镜下可见核内包涵体中心部分浓染，周缘呈细纤维状，一般以肾近曲小管上皮细胞较为多见，此包涵体内含大量铅，是一种铅-蛋白复合物。较特殊的是肝细胞或肾小管上皮细胞核内有嗜酸性包涵体形成，呈卵圆形，HE 染色切片呈红色。心肌细胞可见轻度水变性。心外膜、肝膈面、胃肠黏膜及肠系膜可见散在的出血点。

【检材提取】

检材可提取胃内容物、尿液、肝脏、肾脏及毛发。

【检验方法】

1. 化学检验法

在试管中加入少量样品（四氧化三铅红色粉末），加入适量稀硝酸，搅拌并加热，直到红色固体完全转化为棕黑色固体。冷却后，将上清液倾倒到另一试管中，并加入铬酸钾溶液，有黄色沉淀生成。再在原试管中留下的沉淀中滴加浓盐酸，有黄绿色气体生成，并用湿润的碘化钾淀粉试纸检验气体，试纸可变蓝。

2. 激光拉曼光谱法

仪器：激光拉曼光谱仪；激光波长：520 nm；激光能量：10%；扫描范围：100~1500 amu。

碱式碳酸铅（铅白）

【化学名称】碱式碳酸铅

【化学式】$(PbCO_3)_2 \cdot Pb(OH)_2$

【结构式】

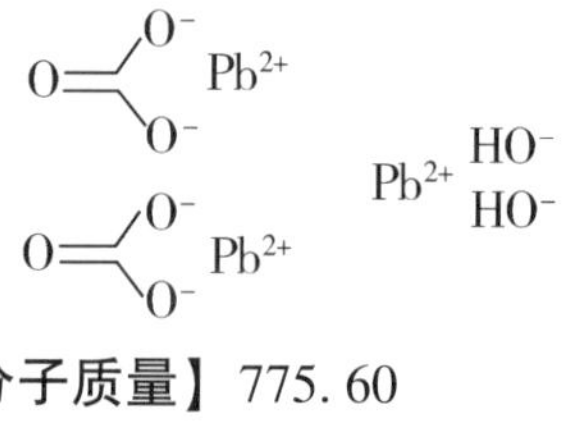

【相对分子质量】775.60

【CAS 登记号】1319-46-6

【性状】

本品为无色斜方结晶或白色粉末，有毒。400 ℃时分解。有良好的耐候性，但与含有硫化氢的空气接触时，因生成硫化铅而由白变黑。不溶于水和乙醇，微溶于二氧化碳的水溶液，易溶于醋酸、硝酸和烧碱溶液。

【用途及中毒原因】

碱式碳酸铅主要用于制造珠光塑料、珠光漆料、防锈油漆、绘画涂料、化妆品和户外用漆，还可用于陶瓷工业。中毒一般发生在工业生产中的意外事故，也有误食造成中毒的案例。

【作用机制】

碱式碳酸铅是一种不溶性铅盐，主要通过消化道吸收进入体内。铅离子进入体内后的代谢过程和毒性作用机制与醋酸铅相似，参见“醋酸铅”。

【毒性】

曾有口服 6~7 g 碱式碳酸铅死亡的报道。

急性中毒实验：豚鼠经口最低致死量（MLD）为 1 000 mg/kg。

【中毒症状】

一次大量摄入碱式碳酸铅后会引起急性铅中毒，出现口内金属味、恶心、呕吐、流涎、出汗、头痛、血压升高、阵发性肠绞痛、腹泻、便秘等症状。

长期少量摄入碱式碳酸铅可引起慢性铅中毒，常见于职业性中毒。主要表现为面色苍白、便秘、黄疸、贫血、卟啉尿、食欲缺乏、体重减轻、肠绞痛、周围血液内出现点彩红细胞，也可出现口内金属味、牙龈铅线、背痛、关节痛、头痛、高血压、流产以及神经症状。重度慢性铅中毒者可发生铅中毒性脑病。

【急救措施】

参见“醋酸铅”。

【尸体特征】

碱式碳酸铅中毒死亡的主要原因系铅中毒，故碱式碳酸铅中毒死亡者的尸体特征与其他铅化物中毒死亡者的尸体特征相似，可参见“醋酸铅”。

【检材提取】

检材可提取胃内容物、尿液、血液、肝脏等，必要时也可提取中毒者的毛发作为检材。

【检验方法】

Pb^{2+}的检验（化学检验法）。

取试样少许，用稀醋酸调节 pH 值至中性或弱酸性，滴加 10%的 K_2CrO_4 溶液数滴，若产生黄色沉淀，则示有 Pb^{2+}存在。

注：如有 Ba^{2+}存在，也能生成 $BaCrO_4$ 黄色沉淀，但 $BaCrO_4$ 不溶于稀碱溶液，可用于鉴别 Ba^{2+}和 Pb^{2+}。

氯化锌（锌氯粉）

【化学名称】氯化锌

【化学式】$ZnCl_2$

【结构式】

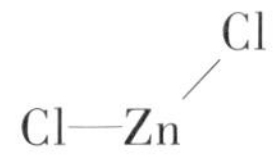

【相对分子质量】136.30

【CAS 登记号】7646-85-7

【性状】

氯化锌为白色粒状、棒状或粉末，无味，易吸湿，熔点约 290 ℃，沸点 732 ℃，相对密度 2.907。易溶于水，可溶于甲醇、乙醇、甘油、丙酮、乙醚，不溶于液氨。其水溶液呈酸性，pH 值约为 4，有腐蚀性。

【用途及中毒原因】

氯化锌可用作有机合成的脱水剂和缩合剂，也可用作聚丙烯腈的溶剂，氯化锌在染织工业中用作媒染剂、丝光剂、上浆剂，氯化锌在染料工业中用作水染染料显色盐的稳定剂，用于生产活性染料和阳离子染料，氯化锌可用作活性炭的活性剂和石油净化剂，还可用作橡胶工业的硫化促进剂。氯化锌在冶金方面可用于生产铝合金和处理金属表面氧化层，还可用作焊接的除锈剂。氯化锌毒性较小，一般难以使人中毒死亡，偶见误食中毒的案例。

【作用机制】

氯化锌能剧烈刺激及烧灼皮肤和黏膜，长期与本品的粉尘接触可引发变应性皮炎。吸入氯化锌烟雾时能引起阵发性咳嗽、恶心，并对上呼吸道、气管、支气管黏膜造成损害。

【毒性】

急性毒性：儿童（口服）169 mg/kg，出现呼吸困难，血清成分发生变化；成年男性（吸入）4 800 mg/m^3（30 min），肺部、胸部有明显变化。

急性中毒实验：大鼠静脉注射半数致死量（LD_{50}）为 60~90 mg/kg。

【中毒症状】

氯化锌能剧烈刺激及烧灼皮肤和黏膜，眼睛接触者会引起结膜炎和角膜灼伤。皮肤接触者会引发皮肤丘疹性皮炎和溃疡。经呼吸道吸入后会引起鼻和咽部黏膜刺激，出现头痛、声嘶、咳嗽、胸痛、口唇发绀、身体发热、恶心、呕吐、呼吸困难和气紧等症状，甚至出现肺炎和肺水肿。经消化道进入体内后可出现上腹部疼痛、恶心、呕吐、腹泻、血便、声门水肿、蛋白尿和血尿等症状，甚至出现休克，有的可能还会出现胃肠道穿孔。

【急救措施】

皮肤接触者，应尽快脱去被污染的衣物，迅速用大量流动清水或2%的碳酸氢钠溶液冲洗局部。眼睛接触者，必须立即提起眼睑，用大量流动清水或2%的碳酸氢钠溶液冲洗。吸入中毒者，应迅速脱离现场至空气新鲜处，保持呼吸道通畅，呼吸困难时给予吸氧，必要时立即进行人工呼吸。口服中毒者，应立即漱口，并应用5%的碳酸氢钠溶液洗胃，洗胃时应特别小心，不能伤到胃黏膜而造成胃穿孔，洗胃之后导泻。

【尸体特征】

口服氯化锌对胃有刺激，易造成呕吐，因而氯化锌中毒死亡者较少见。若皮肤有接触，局部可见红肿，少部分会形成溃疡。眼睛接触者，可见到眼部红肿，角膜损伤。吸入粉尘中毒者，呼吸道黏膜可见到充血、红肿，还可引发肺水肿。口服中毒者，食道黏膜充血、水肿，严重者胃肠道可见穿孔。

【检材提取】

检材可提取呕吐物、胃内容物、肝脏、血液以及现场可疑物品等。

【检验方法】

锌离子的检验（化学法）。

（1）锌离子的检验（Ⅰ）：取检液少许，向其中滴加1滴1%的氯化钴溶液，摇匀后再加入$(NH_4)_2[Hg(SCN)_4]$试剂，若出现天蓝色沉淀，则示有锌离子存在。

（2）锌离子的检验（Ⅱ）：取检液少许于一试管中，首先向其中滴加2~3滴氨水，再向此溶液中通入H_2S气体，若有白色沉淀产生，则示有锌离子存在。

磷化锌（耗鼠尽）

【化学名称】磷化锌

【化学式】Zn_3P_2

【结构式】

【相对分子质量】258.09

【CAS登记号】1314-84-7

【性状】

磷化锌为暗灰色等轴晶系结晶或粉末，有大蒜气味，熔点420 ℃，沸点1 100 ℃。不挥发，不溶于水及乙醇，可溶于苯、二硫化碳，能溶于盐酸、硫酸而产生磷化氢气体。在干燥时稳定，但在潮湿的空气中会缓缓分解。遇酸会发生剧烈反应，分解释放出磷化氢气体，易着火。

【用途及中毒原因】

磷化锌为早期使用的灭鼠药，适用于毒杀田鼠和家鼠。此外，磷化锌与硫酸或盐酸反应产生的磷化氢气体可作为熏蒸剂使用，以防治米象、谷蠹、麦蛾及棉红铃虫等多种仓库害虫。磷化锌作为一种杀鼠剂，每年因误服、自杀、投毒、意外造成的中毒或死亡事件屡见不鲜。

【作用机制】

磷化锌与胃酸作用，可产生磷化氢气体，磷化氢被机体吸收后直接作用于中枢神经系统和心脏、肝、肾等实质器官。磷化氢进入细胞后可抑制细胞色素氧化酶的活性，阻止电子传递和氧化磷酸化过程，从而影响细胞内的能量代谢，引起细胞内窒息，导致细胞变性、坏死。

【毒性】

成人致死量一般为2~3 g。

急性中毒实验：大鼠经口半数致死量（LD_{50}）为40 mg/kg，小鼠经口半数致死量（LD_{50}）为3~5 mg/kg。

【中毒症状】

胃肠道症状：主要有上腹不适、烧灼感、腹痛、腹泻、口渴、恶心、剧烈呕吐等，呕吐物多呈暗灰色，含有胆汁及少量咖啡色血性液体，有电石气臭味。

神经系统症状：主要有头晕、头痛、烦躁、乏力、四肢麻木、抽搐、神志不清、意识障碍等。

病情迁延者可出现血压下降、心率减慢、肝脏肿大、黄疸、尿少、血尿、蛋白尿、昏迷等症状，可因呼吸衰竭而死亡。

重度中毒者最早可在1 h后死亡，死前全身可出现青紫及抽搐。也有经抢救后已恢复清醒状态，但在1~2 d后再度昏迷死亡的个例。

【急救措施】

口服中毒者，应立即刺激咽部催吐，并及时

用1∶5 000的高锰酸钾溶液（使磷氧化为磷酸酐而失去毒性）或10%的硫酸铜溶液（使磷变为不溶性的黑色磷化铜）洗胃，直至洗出液无磷臭、澄清为止，或内服1%的硫酸铜溶液10 mL，每5~10 min服用1次，连服数次，至呕吐为止，总量不超过100 mL。清洗彻底后，胃内注入液状石蜡（使磷溶解而不被吸收）100~200 mL及硫酸钠30 g导泻。禁用硫酸镁及油类泻剂。保持呼吸道通畅，必要时给予吸氧，纠正酸碱失衡和电解质紊乱。

【尸体特征】

磷化锌中毒死亡者皮肤干燥，呈程度不等的脱水现象，尸斑呈暗紫红色，口唇及指甲发绀。中毒3 d以上死亡者可出现皮肤及巩膜黄染。中毒后急性死亡者，有时打开腹腔即可嗅到磷化氢电石气特殊臭味。死者生前因口渴而大量饮水，胃内可有大量液体。胃及十二指肠黏膜充血、肿胀，可伴有散在点状出血。磷化锌的相对密度较大，可沉于胃底部，在胃黏膜皱襞间可见灰黑色磷化锌粉末附着。镜下可见肺瘀血、水肿及灶性出血。心肌间质瘀血、水肿及小血管周围漏出性出血。肾小管上皮细胞出现水变性。肝细胞也会出现水变性及散在小灶性坏死。

【检材提取】

检材可提取死者的胃组织、呕吐物、胃内容物，或刮取死者胃黏膜上的黑色可疑物或将胃组织在乙醇中反复漂洗，使黑色粉末物沉淀于容器底部，倾去乙醇液，取其沉淀物进行磷化锌检验。

其次是血液、肝、肾组织及现场发现的可疑残留物等。

【检验方法】

1. 化学显色法

取检材5~10 g，放入容量为100 mL的三角烧瓶中，加少量水使之呈稀粥状，加10%的盐酸使溶液呈明显酸性，立即在瓶口接一装有醋酸铅棉花的玻璃管，管口盖以溴化汞或氯化汞试纸，三角烧瓶在50 ℃左右加热30 min，如有磷化锌存在试纸显鲜黄色。

2. 气相色谱法

仪器：气相色谱仪（配有顶空装置）；色谱柱：GDX-101（1 m×3 mm，40~60目）玻璃填充柱；柱温：100 ℃；汽化室温度：130 ℃；检测器温度：130 ℃；载气：高纯氮，流速：40 mL/min；氢气：160 mL/min；空气：30 mL/min（点火时80 mL/min）；检测器：火焰光度检测器（FPD）。

氧化锌（锌氧粉、锌白、锌白粉、锌华、亚铅华、锌白银、水锌矿）

【化学名称】氧化锌

【化学式】ZnO

【结构式】 O═Zn

【相对分子质量】81.39

【CAS登记号】1314-13-2

【性状】

氧化锌系白色六方晶系结晶或粉末。无味、无砂性、质细腻。溶于酸、氢氧化钠、氯化铵，不溶于水、乙醇和氨水，属两性氧化物。1 800 ℃升华，高温加热时呈黄色，冷却后则恢复白色。在潮湿空气中能吸收二氧化碳和水渐渐变成碱式碳酸锌。也能被一氧化碳还原出金属锌。

【用途及中毒原因】

（1）氧化锌主要用作橡胶或电缆工业的增强剂，以使橡胶具有良好的耐腐蚀性、抗撕裂性和弹性。也用作天然橡胶的硫化活化剂及白色胶的着色剂和填充剂。

（2）在化肥工业中对原料作精脱硫用。

（3）用于合成氨、石油、天然气化工原料气的脱硫。

（4）用作分析试剂、基准试剂、荧光剂和光敏材料的基质。

（5）用于静电湿法复印、干法转印、激光传真通信和电子计算机的静电记录。

（6）用于防晒化妆品系列产品、特殊陶瓷制品、特种功能涂料加工等。

（7）因氧化锌具有收敛性和一定的杀菌能力，在医药上常调制成软膏使用。

（8）用作营养增补剂（锌强化剂），也可用作氧化锌饲料营养强化剂。

（9）氧化锌常被用于生产婴儿爽身粉等产品。

吸入大量氧化锌烟尘和烟雾可引起急性中毒，偶见用于自杀。

【作用机制】

氧化锌引起中毒的发病机制尚不十分明确，可能是微细、分散的氧化锌颗粒迅速进入小支气管及肺泡，并通过肺泡壁进入血液循环，吞噬氧化锌粉尘的体内中性分叶核细胞释放出内生致热源刺激体温中枢而发生热反应。大量氧化锌粉尘可阻塞皮脂腺管，引起皮肤丘疹、湿疹等。氧化锌可使蛋白质沉淀，对皮肤及黏膜有较强的刺激性及腐蚀性。

【毒性】

人吸入氧化锌烟尘 4~8 h 后，可出现金属烟热。

急性中毒实验：小鼠经口半数致死量（LD_{50}）为 7 950 mg/kg，大鼠腹腔注射半数致死量（LD_{50}）为 240 mg/kg。

【中毒症状】

吸入大量氧化锌烟尘后 4~12 h 即可出现口内金属味，并伴有口渴、咽干、胸闷、咳嗽、疲倦等症状，随后会出现高热、寒战、头昏、头痛、肢体和关节酸痛、恶心、呕吐、腹痛等症状。中毒发热体温一般为 38~39 ℃，发热持续数小时，当晚或次日凌晨出汗后逐渐退热，整个过程一般不超过 48 h，若持续发热不退，要考虑其他并发症的出现。氧化锌中毒时检查可见到眼结膜、咽部及面部充血，肺部有时可闻及干鸣音，周围血白细胞可升高，并出现一过性蛋白尿、糖尿、卟啉尿和管型。皮肤可出现丘疹及湿疹。

口服氧化锌可出现口腔及消化道黏膜糜烂，口、咽喉及腹部疼痛，唇及声门肿胀，并伴有恶心、呕吐、口渴、腹泻等症状，呕出物可为紫蓝色，大便带血，甚至可并发穿孔性腹膜炎。

对全身的影响主要是出现水和电解质紊乱，表现为血压升高、呼吸急速、脉速、瞳孔扩大、抽搐、昏迷及休克等，甚至死亡。

【急救措施】

吸入氧化锌烟尘中毒者，应立即转移至空气新鲜处，给予吸氧。口服中毒者，应立即催吐，继而用微温水、稀鲜牛奶洗胃。若呕吐物有血液，应避免插入胃管和使用催吐剂。洗胃后可用硫酸镁 50~60 mL 导泻，并口服蛋清、牛奶等，以沉淀金属盐类。昏迷者忌催吐，可选用依地酸钙钠、二巯丁二钠及二乙烯三胺五乙酸等解毒药物。积极对症处理发热、水和电解质紊乱等症状。

【尸体特征】

吸入大量氧化锌烟尘而中毒死亡者，呼吸道及上消化道内均可见到氧化锌粉末附着，可嗅到金属味。口唇发绀，肺瘀血、水肿。

口服氧化锌中毒死亡者，可见到口腔及消化道黏膜糜烂，部分伴有少量出血。慢性氧化锌中毒而死亡者，可见到肝脏肿大、肾脏损伤。

【检材提取】

检材可提取呕吐物、胃内容物、肝组织等。

【检验方法】

锌离子的检验（化学法）。

（1）锌离子的检验（Ⅰ）：取检液少许，向其中滴加 1 滴 1% 的氯化钴溶液，摇匀后再加入 $(NH_4)_2[Hg(SCN)_4]$ 试剂，若出现天蓝色沉淀，则示有锌离子存在。

（2）锌离子的检验（Ⅱ）：取检液少许于一试管中，首先向其中滴加 2~3 滴氨水，再向此溶液中通入 H_2S 气体，若有白色沉淀产生，则示有锌离子存在。

案例一：乙醇中毒

2004 年 1 月 25 日，郑州市金水区聂庄村房东孙某发现苟某（男，34 岁，郑州市中牟县姚家乡张庄村居民）死在自家出租屋内的床箱里，遂报案。

检验情况：死者衣着完好，尸斑呈暗红色，指压不褪色。双瞳孔散大，右侧眼结膜穹窿部可见数个出血点。口腔前庭处黏膜点状出血。右额部有一 1.0 cm×1.0 cm 表皮剥脱。余体表无明显损伤，颅骨无骨折，颅腔内无出血，肋骨及四肢长骨无骨折。右心缘有一 0.7 cm×0.6 cm 片状出血。余胸腹腔脏器无损伤及器质性病变。胃内容物约 280 mL，以液体为主，可明显嗅到酒味儿。提取死者心血、胃内容物及尿液进行理化检验，死者心血中乙醇浓度 549.58 mg/100mL，未检出安眠药、有机磷和毒鼠强等。

苟某系急性乙醇中毒死亡。

案例二：亚硝酸盐中毒

2004 年 3 月 20 日，郑州市二七公安分局报案称，其辖区尖岗水库大坝辅坝下一窑洞内发现一具尸体，经调查，死者崔某，男，36 岁，住郑州市中原区伊河路 119 号。

检验情况：死者衣着完好，右侧卧位于窑洞内，尸体下铺放有报纸。尸体旁有呕吐物及

“露露”饮料罐4个。死者上衣兜内有一包用红色塑料包装纸包装的白色颗粒晶体。尸斑呈暗红色，双眼结膜淤血。口唇黏膜发绀。余体表无明显损伤。气管内有泡沫状液体。双肺叶间浆膜下点状出血。心腔及胸腔大血管内血液呈棕褐色流动状。颅骨无骨折，颅腔内无出血，肋骨及四肢长骨无骨折。胸腹腔脏器无损伤及器质性病变。胃内容物约80 mL，以液体为主，可见一团红色塑料包装纸。胃黏膜及十二指肠黏膜点状出血。提取死者心血、胃内容物、肝组织及现场的饮料罐和死者衣兜内白色颗粒晶体进行理化检验，死者心血、胃内容物及肝组织中均检出亚硝酸钠，未检出安眠药、毒鼠强等致死性毒物。衣兜内的白色颗粒晶体为亚硝酸钠，饮料罐内未检出亚硝酸钠。

崔某系口服亚硝酸钠中毒死亡。

案例三：一氧化碳中毒

2012年3月25日，刘某（男，21岁）及周某（女，21岁）被人发现死在中原区美丽园小区302房间内。经勘查，房屋门窗完好，呈关闭状态，卫生间内有一燃气热水器。男性尸体在卫生间门口，穿一裤头，女性尸体躺在床上，穿一裤头。

检验情况：两尸体尸斑均呈樱红色。尸僵存在于全身诸关节，尸僵强。面部鲜红色，角膜透明，双瞳孔等圆、散大，5 mm。体表无明显损伤（男性尸体左面部、左肩部及双膝关节处有小片状皮肤擦伤），肋骨及四肢长骨无骨折。解剖见头皮下无出血，颅骨无骨折，颈部皮下无出血，舌骨、甲状软骨及环状软骨无骨折，胸腹腔各脏器呈淤血状，无器质性病变。心外膜下及双肺浆膜下可见散在点状出血。肌肉及各脏器呈鲜红色。胃内容物呈食糜状，约200 mL。分别提取死者脑、心脏、双肺、肝脏、胰腺、脾脏、双肾进行病理组织学检验，各脏器组织颜色鲜红、淤血。分别提取死者胃内容物、肝脏及心血进行常见毒物检验，结果从死者心血中均检出碳氧血红蛋白（男性为69.3%，女性为67.6%），未检出其他有毒物质。

两人均系一氧化碳中毒死亡。经调查，两人均系河南工程学院学生，系男女朋友关系，租住在该处。

第二章　临床药物

第一节　安眠镇静类药物

地西泮（安定）

【化学名称】1-甲基-5-苯基-7-氯-1，3-二氢-2H-1，4 苯并二氮杂䓬-2-酮

【化学式】$C_{16}H_{13}ClN_2O$

【结构式】

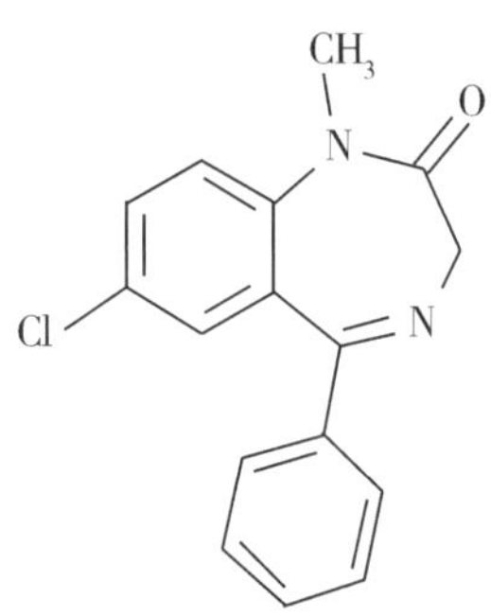

【相对分子质量】284.74

【CAS 登记号】439-14-5

【性状】

地西泮为白色或类白色结晶性粉末，无臭，味苦。熔点 130～134 ℃，沸点 497.4 ℃，密度 1.26 g/cm³。易溶于丙酮、氯仿、石油醚，溶于乙醇，极微溶于水。遇强酸、强碱易分解。

【用途及中毒原因】

本品为抗焦虑药，具有抗焦虑、镇静、催眠、抗惊厥、抗癫痫、松弛骨骼肌及消除记忆的作用。其抗焦虑作用选择性很强，是氯氮䓬的 5 倍，较大剂量时可诱导入睡，是目前临床上最常用的催眠药。此外还具有较好的抗癫痫作用，对癫痫持续状态极有效，静脉注射时可使 70%～80%的癫痫得到控制。中毒原因多为自杀、麻醉、多种药物协同等，也可见于药物滥用所致中毒。

【作用机制】

本品为苯二氮䓬类药物，为中枢神经系统抑制药，具有良好的镇静、催眠、抗焦虑、抗惊厥和松弛骨骼肌作用。本品可增强 γ-氨基丁酸（GABA）与 GABA 受体的结合，使 Cl^- 通道开放增多，产生超极化，引起中枢神经各个部位突触前和突触后电位的抑制，抑制中枢内某些重要神经元的放电，从而发挥镇静、催眠、抗焦虑、抗惊厥及松弛骨骼肌等药理作用。

本品口服吸收快，约 1 h 血药浓度达峰值，肌内注射后吸收不规则且慢，静脉注射可迅速进入中枢而生效，血液中药物消除半衰期为 20～50 h；可透过胎盘屏障进入胎儿体内；经肝脏代谢为奥沙西泮，仍有生物活性，故连续应用可蓄积，主要由肾脏排出，亦可从乳汁排泄。

【毒性】

地西泮为高毒类物质。

血药浓度：治疗浓度 0.125～1.5 μg/mL，中毒浓度>1.5 μg/mL，致死浓度 20 μg/mL。致死量：0.1～0.5 g/kg。

急性中毒实验：大鼠经口半数致死量（LD_{50}）为 1 240 mg/kg，小鼠经口半数致死量（LD_{50}）为 720 mg/kg。

【中毒症状】

中毒后一般出现不同程度的嗜睡、头昏、乏力等症状，也可出现皮疹、恶心、呕吐、共济失调、手震颤、尿闭、便秘等症状；个别可出现昏迷、血压降低、呼吸循环抑制（该反应老年人更容易出现）；严重者可出现昏迷、昏厥、休克等症状。

【急救措施】

口服中毒者应及早进行催吐、洗胃、导泻

等。使用特效解毒剂氟马西尼救治。应积极对症治疗并采用支持疗法，如维持呼吸、血压，促进意识恢复，预防肾功能衰竭等。

【尸体特征】

急性中毒死亡者的尸体特征主要表现为器官瘀血、水变性。尸斑较显著，口唇、指甲发绀，解剖可见胃内残存的药末或药片；脑水肿明显，心、肺表面可有点状出血，组织瘀血、水变性，支气管内可有白色泡沫。

慢性中毒死亡者，可有皮疹及肝、肾损害，镜下可见脑组织小血管周围有漏出性出血；肝细胞坏死及胆汁瘀积；肾小管上皮细胞变性坏死。

长期滥用药物死亡者，镜下可见神经细胞退行性改变，神经细胞变性坏死，胶质细胞增生，淀粉样小体形成，有的可见脑内小血管炎症改变。

【检材提取】

对于口服中毒者，应收集现场呕吐物、中毒者剩余的食物及第一次洗胃液；对于经过抢救的中毒患者，可收集中毒后第1~2次排出的尿液；对于注射地西泮中毒者，可抽取血液；对于服用地西泮中毒死亡者，应收集胃组织及胃内容物、血液、尿液或肝脏、脑、肾脏等组织。

【检验方法】

1. 气相色谱-质谱法

仪器：气相色谱-质谱联用仪；色谱柱：Agilent DB-5MS（30 m×0.25 mm×0.25 μm）弹性石英毛细管柱；柱温：初始温度100 ℃，保持1 min，以20 ℃/min的升温速率升温至280 ℃，保持10 min；载气：高纯氦，流速：1.0 mL/min；进样口温度：280 ℃，进样方式：不分流进样；离子源：电子轰击源（EI），能量：70 eV；离子源温度：230 ℃；四级杆温度：150 ℃；扫描方式：全扫描；质量范围：40~350 amu。

2. 液相色谱-质谱法

仪器：液相色谱-质谱联用仪；色谱柱：Waters BEH C18（100 mm×2.1 mm×1.7 μm）键合硅胶柱；流动相：乙腈+0.2%的甲酸（80∶20，*V/V*）；流速：0.2 mL/min；进样量：10 μL；离子源：电喷雾离子源（ESI^+）；检测模式：多反应监测（MRM）；电离电压：3.0 kV；离子源温度：110 ℃；雾化室温度：300 ℃；锥孔气流速：50 L/h；雾化气流速：700 L/h。

氯氮䓬（利眠宁）

【化学名称】7-氯-2-甲氨基-5-苯基-3H-1，4-苯并二氮杂䓬-4-氧化物

【化学式】$C_{16}H_{14}ClN_3O$

【结构式】

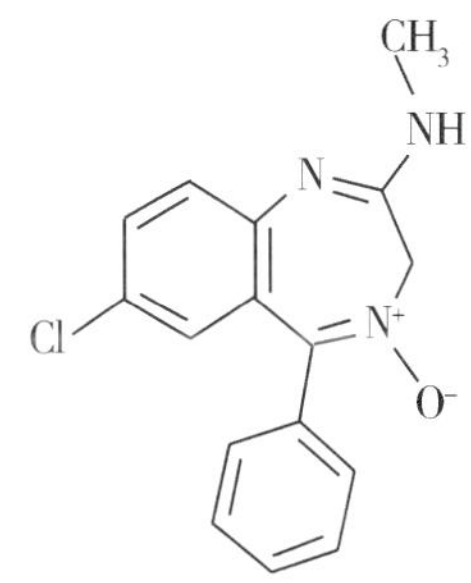

【相对分子质量】299.76

【CAS登记号】58-25-3

【性状】

氯氮䓬为淡黄色结晶性粉末，有微臭，味极苦。熔点236 ℃，沸点451 ℃，密度1.29 g/cm^3。溶于乙醚、氯仿和二氯甲烷，微溶于水。常见其盐酸盐，呈白色结晶状粉末，熔点213 ℃，易溶于水。

【用途及中毒原因】

本品为弱安定药，具有镇静、抗焦虑、抗惊厥及松弛骨骼肌作用。主要用于治疗焦虑症、强迫性神经官能症、神经衰弱患者的失眠及高血压等。与其他抗癫痫药合用可抑制癫痫大发作或小发作。还可用于治疗乙醇中毒及痉挛（如破伤风和各种脑膜炎所致的抽搐发作）。中毒原因多为自杀、麻醉或药物过量等。药物滥用、诱服或注射、投毒等案件也较常见。

【作用机制】

本品为苯二氮䓬类药物，为中枢神经系统抑制药，具有良好的抗焦虑、镇静、催眠、抗惊厥和松弛骨骼肌作用，作用机制同“地西泮”。

本品口服吸收较慢但完全，约4 h血药浓度达峰值；经肝脏先后转化为具有相似药理活性的去甲氯氮䓬和去甲氧安定；自肾排泄缓慢，半衰期为20~24 h。

【毒性】

氯氮䓬为高毒类物质。

成人最低致死量（MLD）约为2 g，最小致死血药浓度为3 mg/100 mL。

血药浓度：治疗浓度 0.7~2 μg/mL，中毒浓度 3.5~20 μg/mL，致死浓度>20 μg/mL。

急性中毒实验：大鼠经口半数致死量（LD_{50}）为 537 mg/kg。

【中毒症状】

小剂量中毒者出现嗜睡、头痛、乏力、皮疹、便秘等症状，大剂量中毒者可出现共济失调、反应迟钝、意识模糊、血压下降、呼吸循环抑制等症状，偶见中毒性肝炎及粒细胞减少症。肾、肝功能减退者慎用。

【急救措施】

对于口服中毒者，应立即催吐、洗胃，应用医用活性炭吸附、导泻等措施清除未吸收的毒物；应用特效解毒剂氟马西尼救治；对症支持治疗，如维持水和电解质平衡、维持血压稳定、保障呼吸畅通、促进意识恢复等。

【尸体特征】

尸体皮肤呈青紫色，尸斑比较明显。解剖时可见重度肺水肿，并发坠积性肺炎，各脏器充血，有时在死者胃内可见白色泥样药物粉末或残留的药片碎屑。

【检材提取】

解剖尸体时应注意检查胃内容物中是否有未溶解的药片及残渣。检材以胃内容物、血液、尿液及肝组织、脑组织较好。此外还需注意收集现场遗留的药品及包装物、呕吐物等。

【检验方法】

1. 气相色谱-质谱法

仪器：气相色谱-质谱联用仪；色谱柱：Agilent DB-5MS（30 m×0.25 mm×0.25 μm）弹性石英毛细管柱；柱温：初始温度 60 ℃，不保持，以 15 ℃/min 的升温速率升温至 300 ℃，保持 15 min；进样口温度：280 ℃；传输线温度：250 ℃；载气：高纯氦，流速：1.0 mL/min；进样方式：分流进样；分流比：20∶1；离子源：电子轰击源（EI），能量：70 eV；扫描方式：全扫描；质量范围：40~500 amu；溶剂延迟：3 min。

2. 液相色谱-质谱法

仪器：液相色谱-质谱联用仪；色谱柱：Agilent Zorbax XDB-C18（150 mm×2.1 mm×0.35 μm）氰基键合硅胶柱；流动相：水相（0.5%的庚烷磺酸钠水溶液，用磷酸调节 pH 值至 3.0）+乙腈（50∶50，*V/V*）；检测波长：254 nm。

阿普唑仑（佳静安定）

【化学名称】 1-甲基-6-苯基-8-氯-4H-［1，2，4］三氮唑并［4，3α］［1，4］苯并二氮杂草

【化学式】 $C_{17}H_{13}ClN_4$

【结构式】

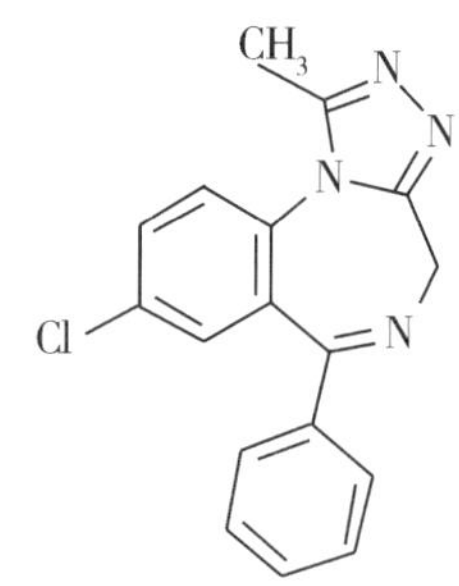

【相对分子质量】 308.76

【CAS 登记号】 28981-97-7

【性状】

阿普唑仑为白色或类白色的结晶性粉末，无臭，味微苦。熔点 228~228.5 ℃，沸点 509 ℃，密度 1.36 g/cm³。易溶于丙酮、三氯甲烷，溶于乙醇，难溶于水、乙醚。

【用途及中毒原因】

本品为苯二氮草类催眠镇静药和抗焦虑药，用于治疗焦虑、紧张、激动等，并能缓解急性乙醇戒断症状。有精神抑郁的患者应慎用。其药理作用与地西泮相似，催眠作用是地西泮的 3.5~11 倍，镇静作用为地西泮的 25~30 倍，尚具有抗抑郁、抗惊厥和松弛骨骼肌作用。与中枢抑制药合用可增加呼吸抑制作用，易成瘾。与乙醇及全麻药、可乐定、镇痛药、吩噻嗪类药、单胺氧化酶 A 型抑制药、三环类抗抑郁药、抗高血压药和利尿降压药合用时，可彼此增效。中毒原因多为自杀、多种药物协同等，也可见于药物滥用所致中毒。

【作用机制】

本品的作用机制与地西泮相似，参见“地西泮”。

口服 1~2 h 后血药浓度达峰值，半衰期为 12~15 h，老人为 19 h；经肝脏代谢，代谢产物经肾脏排泄。

【毒性】

阿普唑仑为高毒类物质。

血药浓度：治疗浓度 0.05~0.07 μg/mL，中

毒浓度 0.075 μg/mL，致死浓度 0.122～0.39 μg/mL。致死量 2 g。

急性中毒实验：大鼠经口半数致死量（LD_{50}）为 2 500～3 200 mg/kg，小鼠经口半数致死量（LD_{50}）为 740～830 mg/kg。

【中毒症状】

过量使用可出现头晕、头痛、恶心、呕吐、情绪抑郁、嗜睡、精神错乱、共济失调、排尿障碍等症状。大剂量时可出现昏迷、呼吸抑制等症状。突然停药后可能发生撤药症状，如出现睡眠困难、异常的激惹状态和神经质、腹部或胃痉挛、精神错乱、惊厥、肌肉痉挛、恶心、呕吐、颤抖和多汗等症状。

【急救措施】

口服中毒者应及早进行催吐、洗胃、导泻，清除未被吸收的药物。使用特效解毒剂氟马西尼进行抢救。应积极对症治疗并采用支持疗法，如保证呼吸道通畅、控制血压、维持酸碱平衡、促进药物排泄等。

【尸体特征】

参见“地西泮”。

【检材提取】

应注意收集现场遗留的药品及包装物备检。如果经过抢救注意采集催吐物及血液进行检验。解剖尸体时应注意检查胃内容物中是否有未溶解的药片和残渣，提取胃内容物、肝脏、胆汁、血液及尿液等进行药物及代谢物检验。

【检验方法】

参见“地西泮”。

氟硝西泮（氟硝安定）

【化学名称】5-（2-氟苯基）-1，3-二氢-1-甲基-7-硝基-2H-1，4-苯二氮杂䓬-2-酮

【化学式】$C_{16}H_{12}FN_3O_3$

【结构式】

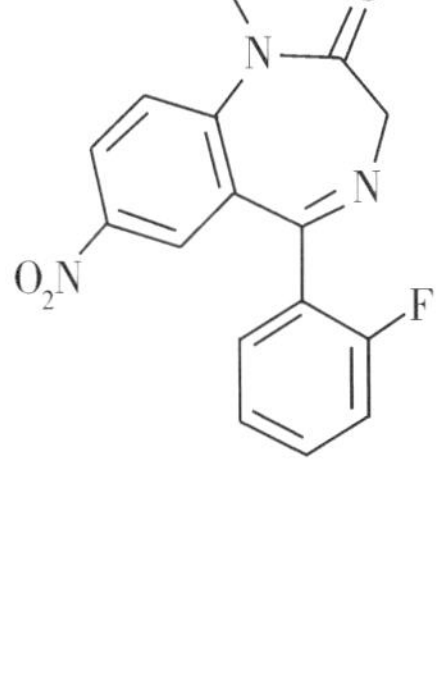

【相对分子质量】313.28

【CAS 登记号】1622-62-4

【性状】

氟硝西泮为淡黄色结晶性固体。熔点 166～167 ℃，沸点 540.9 ℃，密度 1.39 g/cm^3。微溶于水，易溶于乙醇。

【用途及中毒原因】

氟硝西泮为较强的镇静、催眠药，其作用与硝西泮相似但较之强，亦有较强的肌肉松弛作用。临床上用于手术前镇静及治疗各种失眠症，亦用作静脉麻醉药（单用或诱导麻醉）。中毒原因多为用药过量、长期用药引起的药物蓄积、自杀等，也常用来作为“迷奸药”使用。

【作用机制】

本品为苯二氮䓬类药物，作用机制与地西泮相似；抗惊厥作用为地西泮的 5 倍，且作用迅速，持续时间 5～7 h。氟硝西泮与乙醇和其他镇静、催眠药物合用后可导致中毒死亡。

口服 1～2 h 血药浓度达峰值，半衰期为 16～35 h（儿童为 12 h），代谢产物 90%经肾脏由尿液排泄，10%随粪便排泄。

【毒性】

氟硝西泮毒性中等。

血药浓度：治疗浓度 0.005～0.015 μg/mL，中毒浓度 0.05 μg/mL。

急性中毒实验：大鼠经口半数致死量（LD_{50}）为 415 mg/kg，大鼠腹腔注射半数致死量（LD_{50}）为 1 060 mg/kg，大鼠皮下注射半数致死量（LD_{50}）>4 000 mg/kg；小鼠经口半数致死量（LD_{50}）为 1 200 mg/kg，小鼠腹腔注射半数致死量（LD_{50}）为 1 050 mg/kg，小鼠皮下注射半数致死量（LD_{50}）>4 000 mg/kg。

【中毒症状】

中毒后出现头昏、头痛、口渴、畏食、腹痛、腹泻、嗜睡、共济失调、记忆力缺损、意识丧失、轻度呼吸抑制、心脏停搏等症状。可能会产生药物依赖性和肝肾功能异常。

【急救措施】

口服中毒者应及早进行催吐、洗胃、导泻，清除未被吸收的药物。使用特效解毒剂氟马西尼进行抢救。应积极对症治疗并采用支持疗法，如控制血压、维持体液平衡、保证呼吸道通畅、促进药物排泄等。

【尸体特征】

参见“地西泮”。

【检材提取】

检材可提取胃内容物、肝脏、胆汁、血液及尿液。并注意收集现场遗留的药品、包装物及呕吐物。如果经过抢救，还需注意提取洗胃液等。

【检验方法】

参见“地西泮”。

艾司唑仑（舒乐安定）

【化学名称】6-苯基-8-氯-4H-［1，2，4］-三氮唑-［4，3α］［1，4］苯并二氮杂䓬

【化学式】$C_{16}H_{11}ClN_4$

【结构式】

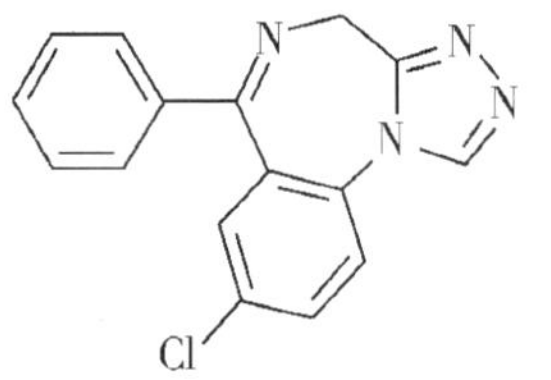

【相对分子质量】294.74

【CAS 登记号】29975-16-4

【性状】

艾司唑仑为白色或微黄色结晶或粉末，无臭，味苦。熔点 228~229 ℃，沸点 489.9 ℃，密度 1.4 g/cm^3。易溶于氯仿，微溶于甲醇，难溶于丙酮、乙醇、乙酸乙酯、苯、乙醚和水。

【用途及中毒原因】

本品为苯二氮䓬类新型抗焦虑药，其镇静、催眠作用为硝西泮的 2.4~4 倍，具有广谱抗惊厥作用，对各型实验性癫痫模型均有不同程度的对抗作用，对癫痫大发作、小发作有一定疗效。临床上主要用于焦虑、失眠、紧张、恐惧及癫痫大发作、小发作的治疗；亦可用于术前镇静，具有较强的镇静、安眠、抗惊厥、抗焦虑作用及较弱的中枢性骨骼肌松弛作用。中毒原因多为用药过量、多种药物协同、药物滥用等，也可见于自杀。

【作用机制】

本品为短效苯二氮䓬类镇静催眠药，作用机制同地西泮，但催眠镇静作用更为显著。其催眠作用为地西泮的 45 倍，镇静作用为地西泮的 10 倍，肌肉松弛作用为地西泮的 30 倍。

口服 2 h 后血药浓度达峰值，半衰期为 10~24 h，经肝脏代谢，代谢产物经肾脏排泄。

【毒性】

艾司唑仑毒性中等。

血药浓度：治疗浓度 0.055~0.2 μg/mL，中毒浓度 1.25 μg/mL。

急性中毒实验：大鼠经口半数致死量（LD_{50}）为 2 500~3 200 mg/kg，小鼠经口半数致死量（LD_{50}）为 740~830 mg/kg。

【中毒症状】

本药中毒后的主要表现为头昏、乏力、嗜睡、持续精神紊乱、震颤、言语不清、共济失调、心动过缓、呼吸短促或困难、严重肌无力等。逆行性遗忘较其他苯二氮䓬类更易发生。

【急救措施】

口服中毒者应及早进行催吐、洗胃、导泻，清除未被吸收的药物。使用特效解毒剂氟马西尼进行抢救。应积极对症治疗并采用支持疗法，如保证呼吸道通畅、控制血压、维持体液平衡、促进药物排泄等。

【尸体特征】

参见“地西泮”。

【检材提取】

解剖尸体时应注意观察胃内容物中是否有未溶解的药片或残渣，检材以胃内容物、肝脏、胆汁、血液及尿液为好。同时还需注意收集现场遗留的药品、包装物及呕吐物。如果经过抢救，还应提取洗胃液等。

【检验方法】

参见“地西泮”。

氯硝西泮（氯安定、氯硝安定）

【化学名称】5-（2-氯苯基）-1，3-二氢-7-硝基-2H-1，4-苯并二氮杂䓬-2-酮

【化学式】$C_{15}H_{10}ClN_3O_3$

【结构式】

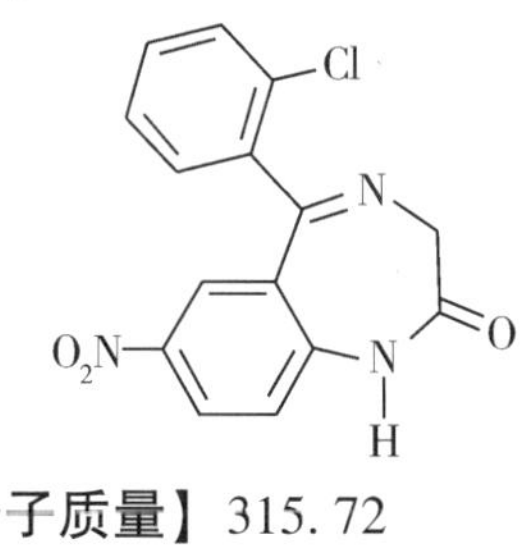

【相对分子质量】315.72

【CAS 登记号】1622-61-3

【性状】

氯硝西泮为微黄色或淡黄色结晶性粉末，几乎无臭，无味。熔点 237～240 ℃。溶于丙酮，在氯仿、甲醇和乙醇中微溶，在水中几乎不溶。

【用途及中毒原因】

本品的作用类似于地西泮及硝西泮，但抗惊厥作用比前二者强 5 倍，且作用迅速；具有广谱抗癫痫作用，临床上主要用于治疗各型癫痫，对舞蹈症亦有效。中毒原因多为用药过量、多种药物协同、药物滥用等，也可见于自杀。

【作用机制】

本品为苯二氮䓬类药物，为中枢神经系统抑制药，具有良好的抗焦虑、镇静、催眠、抗惊厥和肌肉松弛作用。作用机制同地西泮。

本品口服吸收迅速，1～2 h 血药浓度达峰值，在体内大部分被代谢，半衰期为 22～38 h。

【毒性】

血药浓度：治疗浓度 0.02～0.07 μg/mL，中毒浓度 0.1 μg/mL。

【中毒症状】

急性中毒可出现精神错乱、嗜睡深沉、震颤、持续地说话不清、站立不稳、心动过缓、呼吸短促或困难、严重的肌无力等症状。大剂量中毒者可出现共济失调（走路不稳）、皮疹、乏力、头痛及尿闭等症状，偶见中毒性肝炎及粒细胞减少症。久服突然停药可引起震颤、兴奋、失眠等戒断症状。

【急救措施】

口服中毒者应及早进行催吐、洗胃、导泻，清除未被吸收的药物。使用特效解毒剂氟马西尼进行抢救。积极对症治疗并采用支持疗法，如维持血压稳定、保证呼吸道通畅、输液促进药物排泄等。

【尸体特征】

参见“地西泮”。

【检材提取】

检材可提取胃内容物、血液、尿液、肝组织等，如果经过抢救，还需注意收集洗胃液。同时还应注意提取现场遗留的药品、包装物、器皿等。

【检验方法】

参见“地西泮”。

三唑仑（三唑氯安定、海乐神）

【化学名称】8-氯-6-（2-氯苯基）-1-甲基-4H-［1，2，4］-三氮唑并［4，3α］［1，4］苯并二氮杂䓬

【化学式】$C_{17}H_{12}Cl_2N_4$

【结构式】

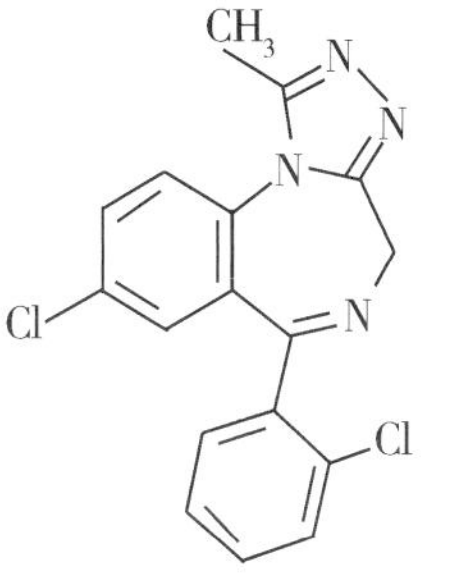

【相对分子质量】343.21

【CAS 登记号】28911-01-5

【性状】

三唑仑为白色或类白色的结晶性粉末，无臭，味微苦。熔点 209～212 ℃。易溶于丙酮、三氯甲烷，在乙醇中溶解，在水中几乎不溶。

【用途及中毒原因】

本品为强烈的麻醉药品，口服后可以迅速使人昏迷晕倒，临床上主要用于镇静、催眠，也用于麻醉前给药。多见于过量用药、多种药物协同等医源性中毒，也可见于药物滥用所致中毒，近年来用于麻醉抢劫的案件增多。

【作用机制】

本品为短效苯二氮䓬类镇静催眠药，作用机制同地西泮，但催眠镇静作用更为显著。其催眠作用为地西泮的 45 倍，镇静作用为地西泮的 10 倍，肌肉松弛作用为地西泮的 30 倍，长时间服用可导致依赖性。

本品口服吸收快而完全。口服 15～30 min 生效，2 h 血药浓度达峰值，半衰期为 1.5～5.5 h。大部分经肝脏代谢，代谢产物经肾排泄，仅少量以原形排出。可分泌入乳汁，也可通过胎盘屏障。

【毒性】

血药浓度：治疗浓度 0.002～0.02 μg/mL，中毒浓度 0.04 μg/mL，致死浓度 7 μg/mL。

急性中毒实验：大鼠经口半数致死量（LD_{50}）>5 000 mg/kg，小鼠经口半数致死量（LD_{50}）>1 000 mg/kg。

【中毒症状】

三唑仑的中毒症状与地西泮的中毒症状相似，大多表现为头晕、头痛、嗜睡，较少表现为

恶心、呕吐、头昏、眼花、语言模糊、共济失调，少数可发生昏倒、幻觉等。

【急救措施】

口服中毒者应及早进行催吐、洗胃、导泻，清除未被吸收的药物。使用特效解毒剂氟马西尼进行抢救。应积极对症治疗并采用支持疗法，如保证呼吸道通畅、控制血压、维持体液平衡、促进药物排泄等。

【尸体特征】

参见“地西泮”。

【检材提取】

检材可提取血液、尿液、胃内容物、肝脏、肾脏等，如果经过抢救，还需注意收集洗胃液，并注意提取现场遗留的药品、包装物、呕吐物等。

【检验方法】

参见“地西泮”。

咪达唑仑(咪唑安定、速眠安)

【化学名称】1-甲基-8-氯-6-（2-氟苯基）-4H-咪唑并［1，5α］［1，4］苯并二氮杂䓬

【化学式】$C_{18}H_{13}ClFN_3$

【结构式】

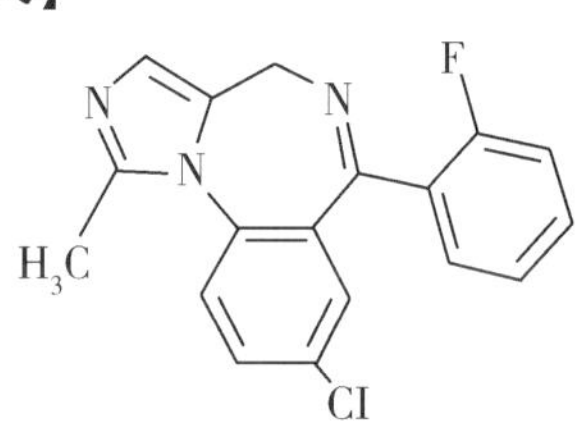

【相对分子质量】325.77

【CAS 登记号】59467-64-0

【性状】

咪达唑仑为无色结晶性粉末，熔点 158～160 ℃，沸点 496.9 ℃，密度 1.36 g/cm^3，溶于水。

【用途及中毒原因】

咪达唑仑在临床上用于治疗各种失眠症和睡眠节律障碍，注射剂用于内窥镜检查及手术前给药。中毒原因多为过量服药、多种药物协同等，也有投毒、自杀等案例报道。

【作用机制】

本品为短效苯二氮䓬类催眠药，为中枢神经系统抑制药，具有抗焦虑、镇静、催眠、肌肉松弛、抗惊厥作用。作用机制同地西泮。

本品口服后 0.5 h 血药浓度达峰值，半衰期为 1.5～2.5 h，由肝脏代谢，代谢产物经肾脏由尿液排泄。

【毒性】

血药浓度：治疗浓度 0.08～2.4 μg/mL，中毒浓度>1.5～2.5 μg/mL。

急性中毒实验：小鼠静脉注射半数致死量（LD_{50}）：雄性为91.32 mg/kg，雌性为 93.26 mg/kg；小鼠腹腔注射半数致死量（LD_{50}）：雄性为 240.05 mg/kg，雌性为 212.82 mg/kg。

【中毒症状】

中毒者可出现头晕、头痛、幻觉、谵妄、定向力缺失、共济失调、视物模糊、乏力、血压下降等症状，个别可出现短暂顺行性遗忘，长期服用可出现躯体性和精神性依赖；麻醉诱导时少见呃逆、恶心、呕吐及咳嗽现象，老年人或呼吸功能不全者注射后会出现血压下降、窒息或呼吸抑制等现象，极少数可发生呼吸暂停或心搏骤停。

【急救措施】

口服中毒者应及早进行催吐、洗胃、导泻，清除未被吸收的药物。使用特效解毒剂氟马西尼进行抢救。应积极对症治疗并采用支持疗法，如控制血压、维持体液平衡、保证呼吸道通畅、碱化尿液促进药物排泄等。

【尸体特征】

参见“地西泮”。

【检材提取】

解剖尸体时需注意检查胃内容物中是否有未溶解的药片或残渣，检材以胃内容物、血液、尿液、肝脏较好。同时还应注意收集现场遗留的药品、包装物、呕吐物及抢救时的洗胃液等。

【检验方法】

参见“地西泮”。

巴比妥（佛罗拿、巴比通）

【化学名称】5，5-二乙基丙二酰脲

【化学式】$C_8H_{12}N_2O_3$

【结构式】

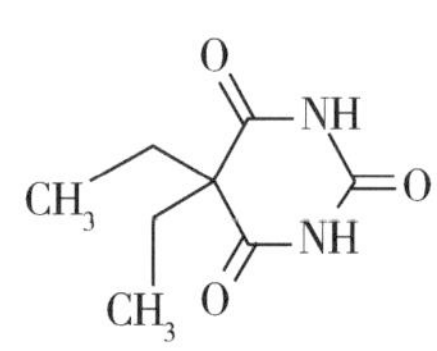

【相对分子质量】184.19

【CAS 登记号】57-44-3

【性状】

巴比妥为无色针状结晶或白色粉末，无臭，味微苦。熔点 188~192 ℃，密度 1.139 g/cm³。微溶于水，溶于热水、乙醇、乙醚、氯仿等。在氢氧化钠或碳酸钠溶液中溶解。

【用途及中毒原因】

本品属长效类催眠药，具有镇静、催眠、抗惊厥及抗癫痫作用。临床上用于麻醉前给药；与解热镇痛药合用以增强后者的镇痛作用；可用于预防新生儿高胆红素血症及脑核性黄疸，可治疗胆汁瘀积症；配合肌内注射绒毛膜促性腺激素可治疗原发性不孕症，亦可治疗多囊卵巢综合征，减少早产儿颅内出血的发病率。该品可作为催眠药，由于安全性、有效性及反复使用产生耐药性等原因，巴比妥作催眠药用已趋于减少。巴比妥片剂是卫生部 1982 年 9 月公布的淘汰药品之一。巴比妥可作过氧化氢稳定剂；还可用于配制缓冲溶液、蛋白电泳、肝功能测定等。中毒原因多为自杀、误服、药物滥用、他杀及麻醉抢劫等，临床上用作静脉麻醉剂，使用不当也可造成中毒。

【作用机制】

本品为长效巴比妥类药物，对中枢神经系统的抑制作用随着剂量加大，表现为镇静、催眠、抗惊厥及抗癫痫。①镇静和催眠作用：用催眠量的 1/4~1/3 能产生镇静作用，剂量加大则出现催眠作用，可延长睡眠时间和缩短入睡时间。②抗惊厥作用。③麻醉作用。④大剂量对心血管系统、呼吸系统有明显的抑制作用，过量可麻痹延髓呼吸中枢而导致死亡。

巴比妥比较稳定，在体内不代谢，其中有 60%~80%以原形经尿排泄，极少部分随粪便排泄。

【毒性】

巴比妥为高毒性物质。

血药浓度：治疗浓度 10~40 μg/mL，中毒浓度 60~80 μg/mL，致死浓度 90 μg/mL。

中毒量 3~6 g，致死量 5~10 g。

急性中毒实验：大鼠腹腔注射半数致死量（LD_{50}）为 300 mg/kg，小鼠经口半数致死量（LD_{50}）为 600 mg/kg。

【中毒症状】

（1）轻度中毒：嗜睡（易唤醒），言语不清，感觉迟钝，有判断及定向力障碍，各种反射存在，体温、脉搏、呼吸、血压均正常。

（2）中度中毒：沉睡（强力推动可唤醒，但并非全醒），不能答问，随即又进入昏迷状态；腱反射消失，呼吸浅慢，血压正常，角膜反射、咽反射仍存在，可有唇、手指或眼球震颤。

（3）重度中毒：深度昏迷，早期可能出现四肢强直、腱反射亢进、踝阵挛、划足底试验阳性等，后期则全身弛缓，各种反射消失；瞳孔对光反应存在，有时瞳孔散大，有时则缩小，呼吸浅慢、不规则或呈潮式呼吸。

（4）极重度中毒：大脑的一切电活动消失，脑电图变为一条平线，若不并发缺氧性损害，这种情况是可逆的，并不代表临床死亡。

【急救措施】

口服中毒者早期用 1∶4 000 的高锰酸钾溶液洗胃（反复多次），洗胃后留置适量硫酸钠于胃内。输液和应用利尿剂促进巴比妥药物排泄，病情危重者行血液透析。对于深度昏迷或有呼吸抑制的患者，可用美解眠兴奋呼吸中枢。应积极对症治疗并采用支持疗法，如维持血压、抗感染等。

【尸体特征】

尸体皮肤多呈青紫色，口唇、指甲发绀，尸斑明显。解剖可见脏器充血、肺水肿、脑水肿，有时还可在胃内发现未被完全吸收的白色药物碎片或粉末，胃黏膜可见糜烂或出血，膀胱内尿潴留。迁延数天死亡病例镜下可见坠积性肺炎，大脑苍白球可有对称性坏死灶，有的可见脑血管周围水肿及出血。

【检材提取】

解剖尸体时需注意检查胃内容物中是否有未溶解的药片或残渣，检材以胃内容物、血液、尿液、肝脏较好。同时还应注意收集现场遗留的药品、包装物、呕吐物及抢救时的洗胃液等。

【检验方法】

气相色谱-质谱法。

仪器：气相色谱-质谱联用仪；色谱柱：Agilent DB-5MS（30 m×0.25 mm×0.25 μm）弹性石英毛细管柱；柱温：初始温度 90 ℃，保持 1 min，以 20 ℃/min 的升温速率升温至 280 ℃，保持 10 min；进样口温度：280 ℃；传输线温度：280 ℃；离子源温度：230 ℃；进样方式：不分流进样；载气：高纯氦，流速：1 mL/min；离子源：电子轰击源（EI），能量：70 eV；扫描方式：全扫描；质量范围：40~450 amu。

苯巴比妥（鲁米那、迦地那、佛罗那）

【化学名称】5-乙基-5-苯基-1-甲基-2，4，6-（1H，3H，5H）-嘧啶三酮

【化学式】$C_{12}H_{12}N_2O_3$

【结构式】

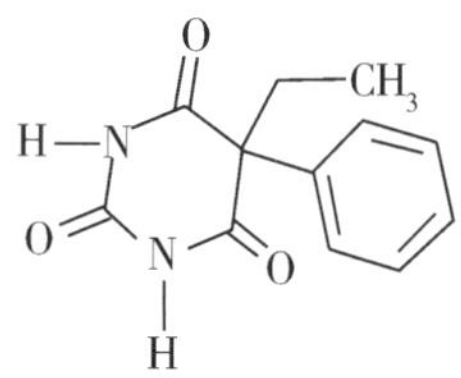

【相对分子质量】232.24

【CAS 登记号】50-06-6

【性状】

苯巴比妥为白色结晶性粉末，无臭，味微苦，易潮解。熔点 174~178 ℃，密度1.234 g/cm^3。不溶于水，溶于乙醇、氯仿和乙醚，易溶于氢氧化钠和碳酸钠溶液。

【用途及中毒原因】

本品为长效镇静催眠药，具有镇静、催眠、抗癫痫及抗惊厥作用；临床上用于治疗焦虑不安、烦躁、顽固性失眠症以及高热、破伤风、脑炎等所致的惊厥；可与解热镇痛药配伍使用，也可用于麻醉前给药和治疗癫痫大发作等。中毒原因多为自杀、用药过量、药物滥用、诱服等，临床上用作静脉麻醉剂，使用不当也可造成中毒。

【作用机制】

本品为巴比妥类药物，对中枢神经系统有普遍性抑制作用，随着剂量的增加，其对中枢神经系统的抑制作用由弱变强，相应表现为镇静、催眠、抗惊厥及抗癫痫、麻醉；大剂量对心血管系统也有抑制作用；过量可麻痹延髓呼吸中枢而导致死亡。苯巴比妥可使神经细胞的氯离子通道开放，细胞过极化，拟似 γ -氨基丁酸（GABA）的作用。治疗浓度的苯巴比妥可降低谷氨酸的兴奋作用、加强γ-氨基丁酸的抑制作用，抑制中枢神经系统单突触和多突触传递，抑制癫痫灶的高频放电及其向周围扩散。可产生依赖性，包括精神依赖和身体依赖。苯巴比妥为一有效的肝微粒体酶诱导剂，能提高肝细胞微粒体内葡萄糖醛酸转移酶的活性，增加肝血流量、胆汁流量及胆酸排泄量，促进胆汁的排出，提高肝脏对胆红素的清除作用，降低其血浓度，促进黄疸消退。

本品口服后在消化道吸收完全但较缓慢，一般 2~18 h 血药浓度达到峰值；有效血药浓度为10~40 μg/mL，超过 40 μg/mL 即可出现毒性反应；成人的半衰期为 50~144 h，小儿的半衰期为 40~70 h；48%~65%的苯巴比妥在肝脏中代谢后经肾脏排出，27%~50%的苯巴比妥以原形从肾脏排出。

【毒性】

苯巴比妥为高毒性物质。

血药浓度：治疗浓度 20~40 μg/mL，中毒浓度 60~80 μg/mL，致死浓度 45~120 μg/mL。

中毒量 2~7 g，致死量 4~9 g。

急性中毒实验：大鼠经口半数致死量（LD_{50}）为 162 mg/kg±14 mg/kg，小鼠腹腔注射半数致死量（LD_{50}）为 88 mg/kg。

【中毒症状】

轻度中毒时，可出现头胀、眩晕、头痛、语言迟钝、动作不协调、嗜睡（易唤醒）、感觉障碍、瞳孔缩小等症状。重度中毒可有一段兴奋期，患者可出现狂躁、谵妄、幻觉、惊厥、瞳孔散大（有时缩小）、肌肉松弛，角膜、咽、腱反射消失，皮肤发绀、湿冷，脉搏快而微弱，少尿或无尿等症状，呼吸浅慢、不规则或呈潮式呼吸，严重时可引起呼吸衰竭，昏迷逐渐加深，血压下降甚至休克；最终可因呼吸中枢麻痹、休克或长期昏迷并发肺部感染而死亡。

【急救措施】

（1）口服中毒者应立即用 1∶4 000~1∶5 000 的高锰酸钾溶液、生理盐水或温开水反复洗胃。服药时间超过 4~6 h 者仍需洗胃。洗胃越早、越彻底越好（昏迷患者洗胃时，应防止胃内容物反流进入气管内而引起窒息或吸入性肺炎）。

（2）洗胃后由胃管注入硫酸钠 15~20 g，或注入生大黄煎液 30 g，或注入医用活性炭混悬液，以促进毒物排泄（禁用硫酸镁，以避免镁离子被吸收后加重中枢神经系统抑制）。

（3）快速输液，利尿脱水，碱化尿液，促进毒物排泄，有条件的患者可行血液透析。

（4）重度中毒者、呼吸高度抑制者及昏迷

患者应用中枢兴奋剂（如贝美格、印防己毒素等）。

（5）防止并发症，预防肺部感染、皮疹、休克等，并维持水和电解质平衡。

【尸体特征】

尸体皮肤多呈青紫色，口唇、指甲发绀，尸斑明显。解剖可见脏器充血、肺水肿、脑水肿，有时还可在胃内发现未被完全吸收的白色药物碎片或粉末，胃黏膜可见糜烂或出血，膀胱内尿潴留。迁延数天死亡病例镜下可见坠积性肺炎，大脑苍白球可有对称性坏死灶，有的可见脑血管周围水肿及出血。

【检材提取】

解剖尸体时应注意检查胃内容物中是否有未溶解的药片或残渣，检材以胃内容物、血液、尿液及肝组织为好。如果经过抢救，应注意收集洗胃液，同时还应及时提取和收集现场遗留的药品、包装物及呕吐物等。

【检验方法】

气相色谱-质谱法。

仪器：气相色谱-质谱联用仪；色谱柱：Agilent DB-5MS（30 m×0.25 mm×0.25 μm）弹性石英毛细管柱；柱温：初始温度 90 ℃，保持 1 min，以 20 ℃/min 的升温速率升温至 280 ℃，保持 10 min；进样口温度：280 ℃；传输线温度：280 ℃；离子源温度：230 ℃；进样方式：不分流进样；载气：高纯氦，流速：1 mL/min；离子源：电子轰击源（EI），能量：70 eV；扫描方式：全扫描；质量范围：40~450 amu。

异戊巴比妥（阿米妥）

【化学名称】5-乙基-5-（3-甲基丁基）-2，4，6-（1H，3H，5H）-嘧啶三酮

【化学式】$C_{11}H_{18}N_2O_3$

【结构式】

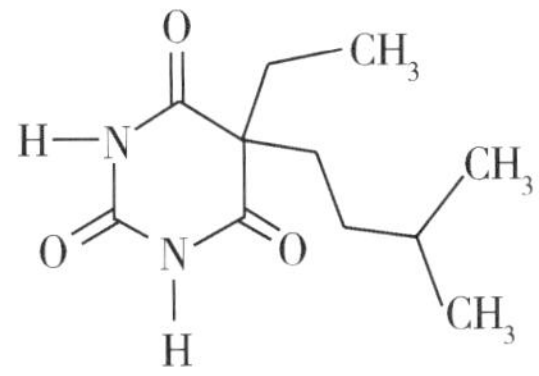

【相对分子质量】226.27

【CAS 登记号】57-43-2

【性状】

异戊巴比妥为白色结晶性粉末，无臭，略带苦味。熔点 156~158 ℃，密度 1.069 g/cm^3。易溶于苯，溶于乙醚、氯仿和碱溶液，微溶于水（每 1 300 mL 水溶 1 g 异戊巴比妥），不溶于石油醚，饱和水溶液呈酸性。

【用途及中毒原因】

该品为中效类催眠药，临床上主要用于镇静、催眠及抗惊厥，久用会产生耐受性和成瘾性。肝肾功能严重不全时忌用或减量慎用。中毒原因多为过量用药、药物协同、药物滥用等；也见于自杀、诱服及麻醉抢劫等。

【作用机制】

本品为中效巴比妥类药物，对中枢神经系统有抑制作用，因剂量不同而相应表现为镇静、催眠、抗惊厥等，其作用机制与苯巴比妥相似，可能是由于阻断脑干网状结构上行激活系统，使大脑皮层转入抑制。大剂量对心血管系统、呼吸系统有明显的抑制。过量可麻痹延髓呼吸中枢而导致死亡。

本品口服后在消化道吸收迅速，15~30 min 起效；血药浓度达峰值的时间随给药途径不同而有差异，个体差异大；半衰期为 14~40 h；主要与葡萄糖醛酸结合后经肾脏排出，极少量（≤1%）以原形随尿排出。

【毒性】

异戊巴比妥为高毒性物质。

血药浓度：治疗浓度 2~12 μg/mL，中毒浓度>9 μg/mL，致死浓度 13~96 μg/mL。

中毒量 1.5~2.0 g，致死量 2.0~5.0 g。

急性中毒实验：大鼠经口半数致死量（LD_{50}）为 250 mg/kg，小鼠经口半数致死量（LD_{50}）为 345 mg/kg。

【中毒症状】

中毒症状多见笨拙或共济失调、眩晕或头昏、嗜睡或醉态；少见头痛、恶心、呕吐、腹泻、言语不清、关节或肌肉酸痛等；偶见精神错乱、抑郁、呼吸抑制、皮疹、荨麻疹、口唇或面部肿胀、胸部发紧感、咽喉疼痛或发热、心动过缓、肝功能障碍、巩膜或皮肤黄染；停药后的不良反应表现为惊厥、幻觉、多梦、梦魇、震颤、癫痫发作、入睡困难、异常不安或乏力等。15~20 倍的过量药物可能引起昏迷、严重的呼吸和

心血管抑制、低血压和休克，继而引发肾功能衰竭，甚至死亡。深度呼吸抑制是急性中毒死亡的直接原因。

【急救措施】

经口服中毒者，在 3~5 h 内可用高锰酸钾（1∶2 000）溶液反复洗胃，再用 10~15 g 硫酸钠溶液导泻（禁用硫酸镁，以避免镁离子被吸收后加重中枢神经系统抑制）。为加速药物排泄可用甘露醇等利尿药，如肾功能正常可用呋塞米；可用碳酸氢钠、乳酸钠碱化尿液加速药物排泄，严重者可采用透析治疗。

【尸体特征】

尸体皮肤多呈青紫色，口唇、指甲发绀，尸斑明显。解剖可见脏器充血、肺水肿、脑水肿，有时还可在胃内发现未被完全吸收的白色药物碎片或粉末，胃黏膜可见糜烂或出血，膀胱内尿潴留。迁延数天死亡病例镜下可见坠积性肺炎，大脑苍白球可有对称性坏死灶，有的可见脑血管周围水肿及出血。

【检材提取】

检材可提取胃内容物、血液、尿液及肝、肾组织等。同时还应注意收集现场遗留的药品、包装物及呕吐物等。对于自杀中毒死亡者，因药物超量，在解剖尸体时还可发现胃内容物中有未溶解的药片或残渣。

【检验方法】

气相色谱-质谱法。

仪器：气相色谱-质谱联用仪；色谱柱：Agilent DB-5MS（30 m×0.25 mm×0.25 μm）弹性石英毛细管柱；柱温：初始温度 90 ℃，保持 1 min，以 20 ℃/min 的升温速率升温至 280 ℃，保持 10 min；进样口温度：280 ℃；传输线温度：280 ℃；离子源温度：230 ℃；进样方式：不分流进样；载气：高纯氦，流速：1 mL/min；离子源：电子轰击源（EI），能量：70 eV；扫描方式：全扫描；质量范围：40~450 amu。

戊巴比妥（戊巴比妥酸）

【化学名称】5-乙基-5-（1-甲基丁基）-2，4，6-（1H，3H，5H）-嘧啶三酮

【化学式】$C_{11}H_{18}N_2O_3$

【结构式】

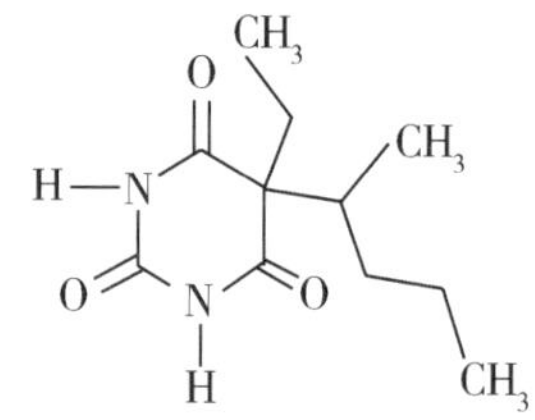

【相对分子质量】226.27

【CAS 登记号】76-74-4

【性状】

戊巴比妥为白色结晶性的颗粒或白色粉末，无臭，味微苦。熔点 129.5 ℃。微溶于水，易溶于多种有机溶剂。常用其钠盐，其钠盐为白色结晶性粉末，有引湿性，极易溶于水，在乙醇中易溶，在乙醚中几乎不溶，水溶液呈碱性，久置易分解，加热分解更快。

【用途及中毒原因】

本品为中效巴比妥类药物，临床上主要用于催眠、镇静、抗惊厥以及麻醉前给药。注射一定量可致死，因此被用来作为注射死刑的药物。中毒原因多为自杀、误服、药物滥用、他杀及麻醉抢劫等，临床上用作静脉麻醉剂，使用不当也可造成中毒。

【作用机制】

本品为中效巴比妥类药物，对中枢神经系统有广泛抑制作用，因剂量不同而相应表现为镇静、催眠、抗惊厥等，大剂量时可产生麻醉作用，作用机制可能是由于阻断脑干网状结构上行激活系统，使大脑皮层转入抑制。大剂量对循环系统和呼吸系统有明显的抑制，过量可麻痹延髓呼吸中枢而导致死亡。

本品口服易吸收，15~30 min 起效；半衰期为 21~42 h；主要在肝脏代谢后经肾脏排出，约 1%从唾液、粪便和胆汁中排出。

【毒性】

戊巴比妥高毒性物质。

血药浓度：治疗浓度 1~10 μg/mL，中毒浓度 8~10 μg/mL，致死浓度 15~25 μg/mL。

中毒量 0.05~0.2 g，致死量 1.5~5.0 g。

急性中毒实验：小鼠经口半数致死量（LD_{50}）为 200 mg/kg。

【中毒症状】

轻度中毒时，表现为头痛、眩晕、恶心、呕吐、乏力、言语不清、嗜睡、视物模糊、眼球震

颤、瞳孔缩小、各种形态的皮疹、呼吸稍快、血压正常或偏低，还可引起阴茎水肿。

重度中毒时，开始可表现为狂躁、惊厥、四肢强直；继而进入抑制期，出现瞳孔散大（对光反射存在），肌肉松弛，角膜、咽、腱反射消失，脉搏细速，血压下降，少尿或无尿，中毒性肝炎等症状；最后可因呼吸抑制或因吸入呕吐物引发窒息而导致死亡。

【急救措施】

经口服中毒者，在 3～5 h 内可用高锰酸钾（1∶2 000）溶液反复洗胃，再用 10～15 g 硫酸钠溶液导泻（禁用硫酸镁，以避免镁离子被吸收后加重中枢神经系统抑制）；可用利尿药利尿，可用碳酸氢钠、乳酸钠碱化尿液加速药物排泄；严重者可采用透析治疗。

【尸体特征】

尸体皮肤多呈青紫色，口唇、指甲发绀，尸斑明显。解剖可见脏器充血、肺水肿、脑水肿，有时还可在胃内发现未被完全吸收的白色药物碎片或粉末，胃黏膜可见糜烂或出血，膀胱内尿潴留。迁延数天死亡病例镜下可见坠积性肺炎，大脑苍白球可有对称性坏死灶，有的可见脑血管周围水肿及出血。

【检材提取】

检材可提取胃内容物、血液、尿液及肝、肾组织等。同时还应注意收集现场遗留的药品、包装物及呕吐物等。对于自杀中毒死亡者，因药物超量，在解剖尸体时还可发现胃内容物中有未溶解的药片或残渣。

【检验方法】

气相色谱-质谱法。

仪器：气相色谱-质谱联用仪；色谱柱：Agilent DB-5MS（30 m×0.25 mm×0.25 μm）弹性石英毛细管柱；柱温：初始温度 90 ℃，保持 1 min，以 20 ℃/min 的升温速率升温至 280 ℃，保持 10 min；进样口温度：280 ℃；传输线温度：280 ℃；离子源温度：230 ℃；进样方式：不分流进样；载气：高纯氦，流速：1 mL/min；离子源：电子轰击源（EI），能量：70 eV；扫描方式：全扫描；质量范围：40～450 amu。

司可巴比妥（速可眠）

【化学名称】5-（1-甲基丁基）-5-（2-丙烯基）-2，4，6-（1H，3H，5H，）-嘧啶三酮

【化学式】$C_{12}H_{18}N_2O_3$

【结构式】

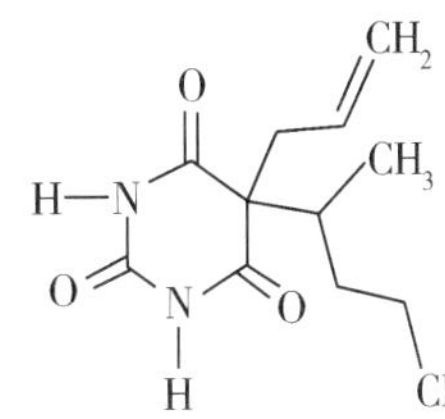

【相对分子质量】238.29

【CAS 登记号】76-73-3

【性状】

司可巴比妥为白色或类白色结晶性粉末，无臭，味微苦。熔点 98～100 ℃，密度1.079 g/cm^3。易溶于丙酮、三氯甲烷，溶于乙醇，微溶于水。其钠盐溶于水、乙醇，不溶于乙醚。

【用途及中毒原因】

本品为短效巴比妥类药物，临床上主要用于入睡困难的失眠患者和麻醉前给药，还可用于治疗破伤风引起的惊厥（限注射给药）。中毒原因多为过量用药、用药不当、药物滥用、过敏等，也见于自杀、他杀及麻醉抢劫等。

【作用机制】

本品为短效巴比妥类药物，对中枢神经系统有广泛抑制作用，因剂量不同而相应表现为镇静、催眠、抗惊厥等，大剂量时可产生麻醉作用，作用机制可能是由于阻断脑干网状结构上行激活系统，使大脑皮层转入抑制。

本品口服易吸收，口服后 15 min 起效；半衰期为 20～28 h；主要在肝脏代谢，代谢产物与葡萄糖醛酸结合后经肾脏排出，约 5%以原形从尿液中排出。

【毒性】

司可巴比妥为高毒性物质。

血药浓度：治疗浓度 1～5 μg/mL，中毒浓度 6～10 μg/mL，致死浓度 10～50 μg/mL。

中毒量 0.1～0.2 g，致死量 1～5 g。

急性中毒实验：大鼠经口最低致死量（MLD）为 125 mg/kg，大鼠腹腔注射最低致死量（MLD）为 110 mg/kg，大鼠皮下注射最低致死量（MLD）为 140 mg/kg；小鼠经口半数致死量（LD_{50}）为 267 mg/kg，小鼠腹腔注射半数致死量（LD_{50}）为 116 mg/kg，小鼠皮下注射最低

致死量（MLD）为 160 mg/kg。

【中毒症状】

中毒症状主要表现为深度昏迷，血压和体温下降，可并发肺炎、休克及肾功能衰竭、深度呼吸抑制；深度呼吸抑制是急性中毒死亡的直接原因。对本品过敏的患者可出现皮疹和哮喘，严重者可发生剥脱性皮炎和 Stevens–Johnson 综合征，可致死；长时间使用可产生药物依赖和心因性依赖。停药后易发生停药综合征；较少发生抑郁或逆向反应（兴奋）；偶见粒细胞减少、皮疹、环形红斑，眼睑、口唇及面部水肿，幻觉、低血压、血小板减少、肝功能损害、黄疸、肌肉无力等。

【急救措施】

（1）口服中毒者应立即用 1 : 4 000 ~ 1 : 5 000的高锰酸钾溶液或生理盐水、温开水反复洗胃，洗胃愈早、愈彻底愈好（昏迷患者洗胃时，应防止胃内容物反流进入气管内而引起窒息或吸入性肺炎）。

（2）洗胃后由胃管注入硫酸钠 15 ~ 20 g，或注入生大黄煎液 30 g，或注入医用活性炭混悬液，以促进毒物排泄（禁用硫酸镁，以避免镁离子被吸收后加重中枢神经系统抑制）。

（3）快速输液，碱化尿液，利尿脱水，促进毒物排泄，有条件的重症患者可行血液透析。

（4）重度中毒者、呼吸高度抑制者及昏迷患者应用中枢兴奋剂（如贝美格、印防己毒素等）。

（5）防止并发症，预防肺部感染、皮疹、休克等，并维持水和电解质平衡。

【尸体特征】

尸体皮肤多呈青紫色，口唇、指甲发绀，尸斑明显。解剖可见脏器充血、肺水肿、脑水肿，有时还可在胃内发现未被完全吸收的白色药物碎片或粉末，胃黏膜可见糜烂或出血，膀胱内尿潴留。迁延数天死亡病例镜下可见坠积性肺炎，大脑苍白球可有对称性坏死灶，有的可见脑血管周围水肿及出血。

【检材提取】

对于自杀中毒死亡者，因药物超量，在解剖尸体时还可发现胃内容物中有未溶解的药片或残渣。检材以胃内容物、血液、尿液及肝、肾组织为好，同时还应注意收集现场遗留的药品、包装物及呕吐物等。

【检验方法】

气相色谱–质谱法。

仪器：气相色谱–质谱联用仪；色谱柱：Agilent DB–5MS（30 m×0.25 mm×0.25 μm）弹性石英毛细管柱；柱温：初始温度 90 ℃，保持 1 min，以 20 ℃/min 的升温速率升温至 280 ℃，保持 10 min；进样口温度：280 ℃；传输线温度：280 ℃；离子源温度：230 ℃；进样方式：不分流进样；载气：高纯氦，流速：1 mL/min；离子源：电子轰击源（EI），能量：70 eV；扫描方式：全扫描；质量范围：40 ~ 450 amu。

佐匹克隆（忆梦返、唑比酮）

【化学名称】（5RS）–6–（5–氯吡啶–2–基）–7–［（4–甲基哌嗪–1–基）羰氧基］–5，6–二氢吡咯并［3，4–b］吡嗪–5–酮

【化学式】$C_{17}H_{17}ClN_6O_3$

【结构式】

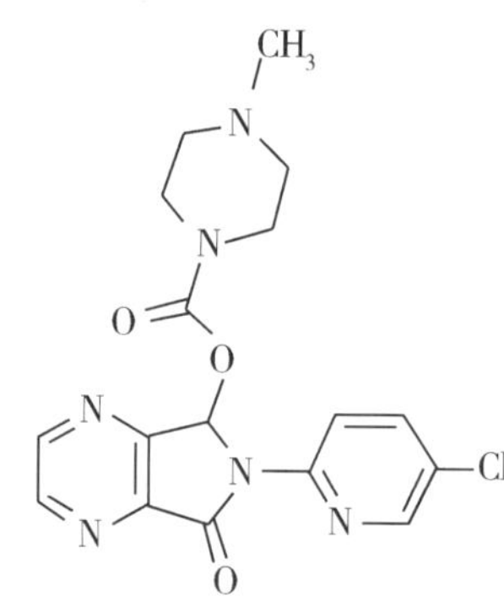

【相对分子质量】388.81

【CAS 登记号】43200–80–2

【性状】

佐匹克隆为白色至淡黄色结晶或结晶性粉末，无臭，味苦。熔点 178 ℃，沸点 580.7 ℃，密度 1.54 g/cm^3。易溶于二甲亚砜、氯仿、醋酸，微溶于甲醇、丙酮和乙腈，极难溶于乙醚、异丙醇和水。

【用途及中毒原因】

本品为吡咯酮类镇静催眠药，是第三代安眠镇静药，有催眠、镇静、抗焦虑、肌肉松弛和抗惊厥等作用，作用较快。临床上主要用于失眠症的治疗，特别适用于暂时性入睡困难和早醒的患者；还可用于麻醉前给药。中毒原因多为过量服药、自杀等。

【作用机制】

本品为环吡咯酮类化合物，与苯二氮䓬类药物作用于相同受体，但结合方式不同于苯二氮䓬类药物。具有催眠、镇静、抗焦虑、肌肉松弛与抗惊厥作用，其催眠作用迅速，并可延长睡眠时间，提高睡眠质量，减少夜间觉醒次数和早醒次数。

本品口服吸收迅速，1.5~2.0 h 血药浓度达峰值，半衰期为 5 h；大部分在肝脏中代谢后经肾脏排泄，少量以原形随尿液排出。

【毒性】

佐匹克隆为低毒类物质。

血药浓度：治疗浓度 0.01~0.05 μg/mL，中毒浓度 0.15 μg/mL，致死浓度 0.6 μg/mL。

急性中毒实验：大鼠经口半数致死量（LD_{50}）为 827 mg/kg，小鼠经口半数致死量（LD_{50}）为 2 174 mg/kg。

【中毒症状】

中毒后比较常见的症状有味觉改变、口干、嗜睡、头痛、疲倦；少见的症状有胃灼热、便秘、腹痛、腹泻、恶心、呕吐、口臭、食欲改变、消化不良等；偶见激动、焦虑、记忆力衰退、晕眩、昏睡、无力、抑郁、产生幻觉等。

【急救措施】

本品中毒无特殊解毒药。口服中毒后尽早洗胃是抢救成功的关键，然后补液、利尿，促进毒物排出；保证呼吸道通畅，给予吸氧，必要时采用呼吸机辅助呼吸；保肝治疗；重症患者尽早行血液灌流联合血液透析等。

【尸体特征】

尸表呈一般窒息性死亡尸体征象，尸斑呈暗紫色，双眼结膜点状出血，双手指甲呈青紫色，双肺浆膜下及心外膜下点片状出血。口服中毒者胃黏膜可见充血、糜烂，胃内可见药片残渣或碎末。

【检材提取】

检材可提取胃内容物、血液、尿液及肝、肾组织等。同时还应注意收集现场遗留的药品、包装物及呕吐物等。如果经过抢救，还需提取洗胃液等。

【检验方法】

1. 液相色谱-质谱法

仪器：液相色谱-质谱联用仪；色谱柱：lux Cellulose-1（150 mm×2.0 mm×3 μm）键合硅胶柱；流动相：含 0.1%二乙胺的乙腈+含 0.1%二乙胺的异丙醇（95∶5，*V/V*）；洗脱方式：等梯度洗脱；流速：0.2 mL/min；进样量：5 μL；离子源：电喷雾离子源（ESI）；离子化模式：正离子模式（ESI^+）；检测模式：多反应监测（MRM）。

2. 高效液相色谱法

仪器：高效液相色谱仪；色谱柱：Hypersil C18（150 mm×4.6 mm×5 μm）键合硅胶柱；流动相：溶剂 A 为醋酸铵+乙腈+甲醇+水（3∶10∶10∶77，*V*∶*V*∶*V*∶*V*），溶剂 B 为醋酸铵+乙腈+甲醇+水（3∶40∶40∶17，*V*∶*V*∶*V*∶*V*）；洗脱方式：梯度淋洗（在 20 min 内溶剂 A 由 5%变至 50%）；流速：1 mL/min；检测器：二极管检测器；检测波长：230 nm。

唑吡坦（思诺思、乐坦、诺宾）

【化学名称】N，N，6-三甲基-2-（4-甲基苯基）咪唑并［1，2-a］吡啶-3-乙酰胺

【化学式】$C_{19}H_{21}N_3O$

【结构式】

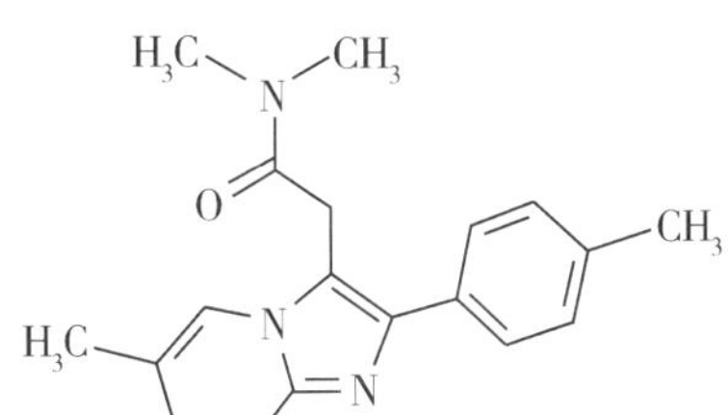

【相对分子质量】307.39

【CAS 登记号】82626-48-0

【性状】

唑吡坦为白色结晶，无臭，熔点 189~191 ℃，密度 1.12 g/cm³。临床上多用其半酒石酸盐，分子式为 $(C_{19}H_{21}N_3O)_2 \cdot C_4H_6O_6$，CAS 登记号为 99294-93-6，水中溶解度为 23 mg/mL（20 ℃）。

【用途及中毒原因】

本品为咪唑吡啶类镇静催眠药物，临床上主要用于偶发性、暂时性或慢性失眠的短期治疗。中毒原因多为滥用或过量使用所致。

【作用机制】

本品为咪唑吡啶类化合物，能选择性地拮抗 GABA 受体上的 BZ1 和 BZ2 高分子受体复合体的活性，从而调节氯离子通道的开放，使来自大脑的兴奋得到抑制，导致睡眠。对正常睡眠时相干

扰少，可缩短睡眠潜伏期，减少夜间觉醒次数，延长睡眠时间。

本品口服吸收迅速，口服后 30 min 起效，0.5~3 h 血药浓度达峰值，半衰期为 2~4 h；经肝脏代谢，代谢产物 60%经肾脏分泌排泄，40%经粪便排泄。

【毒性】

唑吡坦为低毒类物质。

血药浓度：治疗浓度 0.08~0.3 μg/mL，中毒浓度 0.5 μg/mL，致死浓度>2 μg/mL。

急性中毒实验：大鼠经口半数致死量（LD_{50}）为 695 mg/kg。

【中毒症状】

中毒者多出现意识模糊、精神矛盾反应、眩晕、头痛、恶心、呕吐、共济失调、嗜睡、警觉度降低、肌力减弱、复视等症状；少出现虚弱、胃肠道症状、性欲改变、皮肤症状等；有时可出现顺行性遗忘。在过量用药病例中，有由意识障碍、嗜睡发展到轻度昏迷、呼吸抑制的报道。

【急救措施】

口服中毒时应立即洗胃，注入医用活性炭混悬液，以促进毒物排泄。给予吸氧、输液等支持治疗；即使出现兴奋，也要禁止使用镇静药物。出现严重症状时，可考虑使用氟马西尼。注意唑吡坦中毒不可透析。

【尸体特征】

尸表呈一般窒息性死亡尸体征象，尸斑呈暗紫色，双手指甲呈青紫色，双肺浆膜下及心外膜下点片状出血，口服中毒死亡者，胃内可见药片残渣或碎末，有时可见膀胱充盈。镜下可见各脏器瘀血，呈急性缺氧性改变。

【检材提取】

检材以胃内容物、血液、尿液及肝、肾组织为好。同时还应注意收集现场遗留的药品、包装物及呕吐物等。

【检验方法】

1. 液相色谱-质谱法

仪器：液相色谱-质谱联用仪；色谱柱：lux Cellulose-1（150 mm×2.0 mm×3 μm）键合硅胶柱；流动相：含 0.1%二乙胺的乙腈+含 0.1%二乙胺的异丙醇（95：5，*V/V*）；洗脱方式：等梯度洗脱；流速：0.2 mL/min；进样量：5 μL；离子源：电喷雾离子源（ESI）；离子化模式：正离子模式（ESI^+）；检测模式：多反应监测（MRM）。

2. 高效液相色谱法

仪器：高效液相色谱仪；色谱柱：Hypersil C18（150 mm×4.6 mm×5 μm）键合硅胶柱；流动相：溶剂 A 为醋酸铵+乙腈+甲醇+水（3：10：10：77，*V*：*V*：*V*：*V*），溶剂 B 为醋酸铵+乙腈+甲醇+水（3：40：40：17，*V*：*V*：*V*：*V*）；洗脱方式：梯度淋洗（在20 min内溶剂 A 由 5%变至 50%）；流速：1 mL/min；检测器：二极管检测器；检测波长：230 nm。

水合氯醛（三氯乙二醇）

【化学名称】2，2，2-三氯-1，1-乙二醇

【化学式】$C_2H_3Cl_3O_2$

【结构式】

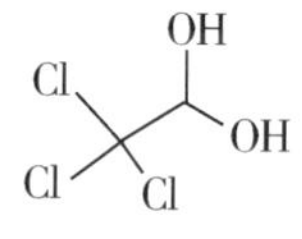

【相对分子质量】165.4

【CAS 登记号】302-17-0

【性状】

水合氯醛为无色透明的单斜片状结晶，有强烈辛辣气味，味微苦，有挥发性。熔点 57 ℃，沸点 97 ℃，密度 1.43 g/cm^3。易溶于水、乙醇、氯仿、甘油、乙醚、丙酮、丁酮，微溶于苯、二硫化碳、石油醚、甲苯。遇碱分解为氯仿和甲酸盐。遇热释放出有毒有刺激性的气体。加热到 98 ℃时分解为氯醛和水。

【用途及中毒原因】

本品可用作医药和农药的中间体，也可用于制备氯仿、三氯乙醛等。本品在临床上作为催眠药、抗惊厥药，用于失眠的短期治疗、镇静和（或）术前给药、消除紧张不安，特别适用于儿童与老年患者，还可用于治疗破伤风与士的宁中毒等引起的惊厥。中毒原因多为过量用药、不当用药等，或者为生产过程中的意外事故所致，也有自杀的案例报道。

【作用机制】

本品可以抑制脑干网状结构上行激活系统，对睡眠时相以及快波睡眠与慢波睡眠平衡无明显影响；大剂量可抑制延髓呼吸中枢及血管运动中枢而导致死亡。

消化道或直肠给药均能迅速吸收，1 h 后血药浓度达峰值，半衰期为 7～10 h；经肝脏代谢后随胆汁、粪便、尿液排泄。

【毒性】

水合氯醛高毒性物质。

中毒量：成人 4～5 g，儿童 1.5 g。

最低致死量（MLD）：成人 5～10 g。

急性中毒实验：大鼠经口半数致死量（LD_{50}）为 479 mg/kg，小鼠经口半数致死量（LD_{50}）为 1 100 mg/kg。

【中毒症状】

急性中毒可出现严重的胃肠刺激症状及中枢神经系统的障碍，水合氯醛对食道及胃黏膜有刺激作用，严重时可发生腐蚀现象，引起出血性胃炎、恶心、呕吐（带血）、上腹疼痛、腹泻和肠道出血等，偶可发生食道狭窄。呼吸道局部刺激症状表现为喉炎及支气管炎，严重时可出现呼吸变慢、呼吸困难、潮式呼吸、发绀等症状。致死原因多为呼吸中枢衰竭和呼吸肌麻痹。本品大剂量有抑制血管运动中枢和心脏功能的作用，故中毒时可有明显的血管扩张、血压下降、体温降低和休克、晕厥及心律失常等症状，有心脏病的患者，可致心搏骤停。另外，患者还有瞳孔缩小、肌肉松弛、谵妄和反射消失等症状。

慢性中毒可以引发各种皮疹（红斑状、荨麻疹状或紫癜样皮疹），并伴有结膜炎、流泪、眼睑水肿、畏光、视力障碍，偶有眼球转动障碍和角膜混浊；有些患者有头痛、兴奋、肌肉痛、关节痛、食欲丧失、呕吐、腹泻、舌部疱疹、呼气有恶臭、严重口渴、膀胱痉挛等症状；部分患者有神经痛、轻瘫、震颤、癫痫样抽搐、心悸、呼吸困难、水肿、甲床发炎和脱皮等症状。病程迁延者可因肝肾受损而出现黄疸、肝大、肝功能损害、蛋白尿及血尿等。

【急救措施】

（1）口服中毒时，用温开水或 1∶5 000 的高锰酸钾溶液洗胃；直肠给药发生中毒时，应立即洗肠。

（2）用硫酸钠导泻；静脉滴注 10%的葡萄糖溶液，以促进药物排泄。

（3）对症治疗：维持呼吸系统和循环系统的功能，保护肝脏，必要时行人工呼吸或做气管切开术。

（4）用氟马西尼可改善清醒程度、扩瞳、恢复呼吸频率和血压。

【尸体特征】

口服中毒死亡者，尸表检验可见瞳孔缩小、黄疸、发绀、皮疹等现象；尸体解剖可见消化道侵蚀、出血，肝、肾肿大，以及窒息死亡之征象。

【检材提取】

解剖尸体时可提取胃内容物、血液、尿液和肝脏组织作为检材。如果经过抢救，应注意收集洗胃液。同时还应注意收集现场遗留的药品、包装物及呕吐物。

【检验方法】

气相色谱法。

仪器：SP－501N 型气相色谱仪；检测器：ECD；色谱柱（Ⅰ）：15% QF－1（Chromosorb WAW DMCS 60～80 目，1.5 m×4 mm）玻璃柱；柱温：98 ℃，检测室温度：215 ℃，汽化室温度：200 ℃；载气：高纯氮，流速：45 mL/min。色谱柱（Ⅱ）：5% PEG－20M（Chromosorb W－HP 80～100 目，1.5 m×4 mm）玻璃柱；柱温：125 ℃；检测室温度：200 ℃；汽化室温度：200 ℃；载气：高纯氮，流速：60 mL/min。

格鲁米特（导眠能、多睡丹、新安宁）

【化学名称】3-乙基-3-苯基-2，6-哌啶二酮

【化学式】$C_{13}H_{15}NO_2$

【结构式】

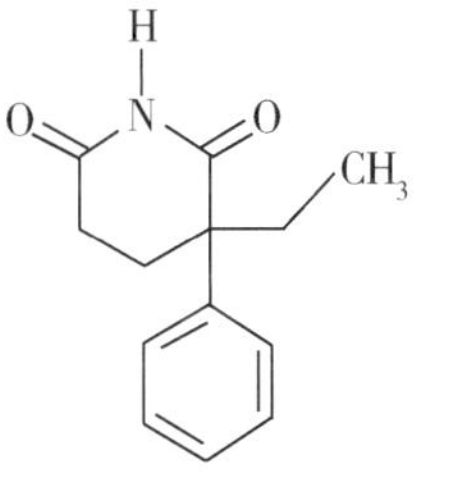

【相对分子质量】217.26

【CAS 登记号】77-21-4

【性状】

格鲁米特为白色结晶性粉末，无臭或有微臭，味微苦。熔点 86～89 ℃，沸点 393.5 ℃，密度 1.11 g/cm^3。易溶于乙酸乙酯、丙酮、乙醚、氯仿，溶于乙醇、甲醇，几乎不溶于水。临床用

其消旋体。

【用途及中毒原因】

本品为中长效非巴比妥类催眠药，与巴比妥类药物功能相似，具有催眠、镇静作用，临床上多用作镇静、催眠药，还可用于麻醉前给药。中毒原因多为用药过量或用药不当等，少见用于自杀。

【作用机制】

本品的作用机制与巴比妥类药物相似，具有催眠、镇静、抗惊厥等中枢抑制作用，作用机制可能是由于阻断脑干网状结构上行激活系统，使大脑皮层转入抑制。另外尚有抗胆碱能作用。

【毒性】

格鲁米特为高毒性物质。

血药浓度：治疗浓度 0.002 μg/mL，中毒浓度 0.1~0.8 μg/mL，致死浓度 0.3~1.0 μg/mL。

中毒量：成人>3 g，儿童 0.5 g。

致死量：成人 5~10 g。

【中毒症状】

中毒者的主要症状有呈周期性波动的意识障碍、头痛、眩晕、嗜睡、面肌阵挛、言语不清、腱反射消失、共济失调等，严重者可出现抽搐、昏迷；循环系统抑制作用多表现为肺水肿、低血压、休克等；另外，还可出现视物模糊、眼球震颤、瞳孔扩大、对光反射迟钝、视盘水肿、口干、便秘、尿潴留等症状；本品具有成瘾性，突然停药可产生戒断综合征。

【急救措施】

中毒未超过 3 h 者，可用大量温水或 1∶2 000的高锰酸钾溶液洗胃。洗胃后留置 10~15 g 硫酸钠导泻，也可给予医用活性炭混悬液。重症患者可进行血液透析。对症治疗：维持呼吸，必要时可做气管切开术；如发生休克可补充血容量；当出现深度昏迷、反射消失、呼吸浅而慢或发生呼吸衰竭时，可适当应用兴奋剂；保护肝脏，预防肺部感染等。

【尸体特征】

急性中毒死亡者，皮肤呈蓝色，具有一定的特异性，其他症状参见“巴比妥”。

【检材提取】

解剖尸体时可提取胃内容物、血液、尿液和肝脏组织作为检材。如果经过抢救，应注意收集洗胃液。同时还应注意收集现场遗留的药品、包装物及呕吐物等。

【检验方法】

气相色谱-质谱法。

仪器：气相色谱-质谱联用仪；色谱柱：Agilent DB-5MS（30 m×0.25 mm×0.25 μm）弹性石英毛细管柱；柱温：初始温度 90 ℃，保持 1 min，以 20 ℃/min 的升温速率升温至 280 ℃，保持10 min；进样口温度：280 ℃；传输线温度：280 ℃；离子源温度：230 ℃；进样方式：不分流进样；载气：高纯氦，流速：1 mL/min；离子源：电子轰击源（EI），能量：70 eV；扫描方式：全扫描；质量范围：40~450 amu。

安眠酮（海米那、眠可欣、甲苯喹唑酮）

【化学名称】2-甲基-3-（2-甲基苯基）-4（3H）喹唑啉酮

【化学式】$C_{16}H_{14}N_2O$

【结构式】

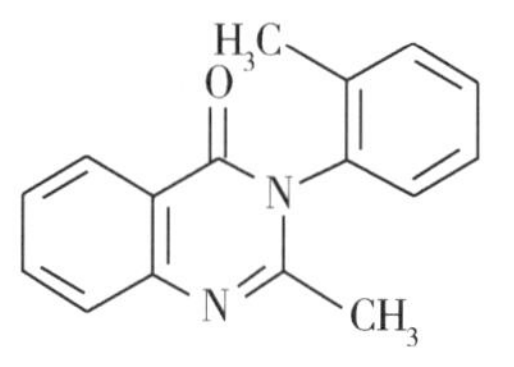

【相对分子质量】250.3

【CAS 登记号】72-44-6

【性状】

安眠酮为白色结晶性粉末，无臭，味微苦。熔点 120 ℃。易溶于氯仿、乙醇、乙醚、丙酮，微溶于水。合成的安眠酮一般为褐色、黑色或黑粒状的粉剂，有的是米黄色粉剂。

【用途及中毒原因】

安眠酮在临床上适用于各种类型的失眠症，该药久用可成瘾，而且有些患者在服用一般治疗量后，能引起精神症状，该药已成为国内外滥用药物之一，20 世纪 80 年代我国临床上已停止使用该药。中毒原因多为药物滥用、自杀等。

【作用机制】

本品除具有镇静、催眠作用外，还具有抗惊厥、解痉、局部麻醉和较弱的抗组胺作用。它通过乙醇增强作用，具有一种谵妄性的能力，作为引起幻觉的代用药，小剂量服用安眠酮可使服用者从消沉状态进入极端神经质和兴奋状态。长期使用安眠酮，会形成依赖性，造成毒物癖。大剂量服用安眠酮会引起中毒。

一般在服药后 20~30 min 起效，持续 6~8 h；自消化道吸收后几乎全部在肝脏内代谢，代谢产物经肾排出。

【毒性】

安眠酮为高毒性物质。

成人最低致死量（MLD）为 2~10 g。

急性中毒实验：大鼠经口半数致死量（LD_{50}）为 255 mg/kg，小鼠经口半数致死量（LD_{50}）为 420 mg/kg。

【中毒症状】

中毒症状主要有头晕、恶心、呕吐、腹泻、颜面潮红、胸闷、烦躁不安、四肢麻木，严重者可出现谵语、昏迷、惊厥、心动过速、急性心力衰竭、呼吸抑制等症状，最后可因呼吸衰竭而死亡。

【急救措施】

（1）服药 6 h 内用温开水或 1∶5 000 的高锰酸钾溶液反复洗胃，洗胃后由胃管注入硫酸钠 20 g（忌用硫酸镁）或医用活性炭混悬液。

（2）静脉滴注呋塞米或 20% 的甘露醇，以加速毒物排泄；碱化尿液也可加速毒物排泄。

（3）保持呼吸道通畅，给予吸氧，必要时应行气管插管或气管切开术，并使用呼吸器。

（4）对症处理：如抗休克、纠正呼吸衰竭，重症中毒者应行血液透析，尤其适用于肝、肾功能衰竭者。

【尸体特征】

尸体皮肤多呈青紫色，口唇、指甲发绀，尸斑明显。解剖可见脏器充血、肺水肿、脑水肿，有时还可在胃内发现未被完全吸收的白色药物碎片或粉末，胃黏膜可见糜烂或出血，膀胱内尿潴留。迁延数天死亡病例镜下可见坠积性肺炎，大脑苍白球可有对称性坏死灶，有的可见脑血管周围水肿及出血。

【检材提取】

解剖尸体时可提取胃内容物、血液、尿液和肝脏组织作为检材。如果经过抢救，应注意收集洗胃液。同时还应注意收集现场遗留的药品、包装物及呕吐物等。

【检验方法】

液相色谱-质谱法。

仪器：液相色谱-质谱联用仪；色谱柱：Capcell PAK C18 MG Ⅱ（100 mm × 2.1 mm × 3.0 μm）键合硅胶柱；流动相：流动相 A 为 0.1% 的甲酸水溶液，流动相 B 为甲醇；洗脱方式：梯度洗脱；洗脱程序：0~1 min（50% B），1~1.1 min（50%~95% B），1.1~8 min（95% B）；流速：0.3 mL/min；柱温：25 ℃；进样量：20 μL；离子源：电喷雾离子源（ESI^+）；检测模式：多反应监测（MRM）；喷雾电压：4 500 V；离子传输毛细管温度：350 ℃；源内碰撞诱导解离电压：10 V；鞘气流速：11.0 L/h；辅助气流速：6.0 L/h。

眠尔通（安宁、安乐神、甲丙氨酯）

【化学名称】2-甲基-2-丙基-1，3-丙二醇二氨基甲酸酯

【化学式】$C_9H_{18}N_2O_4$

【结构式】

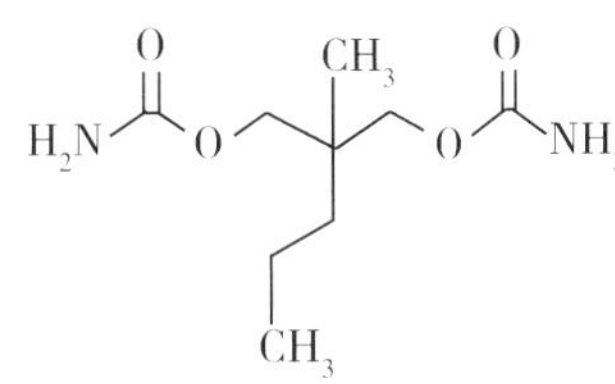

【相对分子质量】218.25

【CAS 登记号】57-53-4

【性状】

眠尔通为白色结晶性粉末，无臭，微苦。熔点 104 ~ 106 ℃，沸点 434.2 ℃，密度 1.139 g/cm³。微溶于水，易溶于丙酮、乙醇、氯仿等。在稀酸、稀碱中稳定。

【用途及中毒原因】

本品为弱安定药，临床上曾用于治疗神经官能症的焦虑、紧张状态和轻度失眠及破伤风所致的肌肉紧张，目前在国内已停止使用。本品可作为饲料营养强化剂，适合于反刍动物，具有在瘤胃中降解的保护作用，用于奶牛饲料中可提高牛奶的产量和牛奶的蛋白质含量，并可延长奶牛的产乳期。中毒原因多为自杀、误服、过量服用等。

【作用机制】

本品为丙二醇衍生物，是一种较弱的抗焦虑药。能抑制中枢神经元间的传导，减少由丘脑向大脑皮质传递的冲动，减少由中枢传出至骨骼肌的冲

动，因而具有肌肉松弛、消除精神紧张和诱导睡眠的作用，但不影响末梢部位神经肌肉接头间的传导。

本品口服吸收良好，2~3 h 血药浓度达峰值，半衰期约为 10 h；在肝脏内代谢，由肾脏排泄，其中 8%~19%为原形。

【毒性】

眠尔通为高毒性物质。

血药浓度：治疗浓度 1~5 mg/100 mL，中毒浓度 10~15 mg/100 mL，致死浓度 > 20 mg/100 mL。

急性中毒实验：大鼠经口半数致死量（LD_{50}）为 794 mg/kg，大鼠腹腔注射半数致死量（LD_{50}）为 410 mg/kg，大鼠皮下注射半数致死量（LD_{50}）为 525 mg/kg；小鼠经口半数致死量（LD_{50}）为 750 mg/kg，小鼠腹腔注射半数致死量（LD_{50}）为 331 mg/kg，小鼠皮下注射半数致死量（LD_{50}）为 520 mg/kg。

【中毒症状】

中毒者多出现嗜睡、恶心、呕吐、腹泻、虚弱、头痛、反常兴奋、眩晕、共济失调、视力模糊、心动过速、低血压、心律失常等症状；偶见皮肤变态反应、皮炎、皮疹、药热、支气管痉挛、血管性水肿、无尿、粒细胞减少、血小板减少性紫癜、再生障碍性贫血等；重症患者可见精神失常、循环系统衰竭、昏迷等。

长期使用若骤停可产生戒断综合征，表现为失眠、呕吐、震颤、肌肉抽搐、焦虑、动作失调等，甚至出现幻觉、惊厥等。

【急救措施】

清醒患者先催吐，然后用温水彻底洗胃，再用医用活性炭或盐类导泻剂导泻。症状重者可进行血液透析疗法。对症和支持治疗：给予呼吸支持、进行抗过敏治疗、给服中枢兴奋类药物等。

【尸体特征】

口服中毒死亡者，尸表无特殊表现，在胃及十二指肠内，有时可发现白色颗粒状药物残渣，胃黏膜、肝脏、肾脏充血，肺水肿、脑水肿，并发支气管炎。

【检材提取】

解剖尸体时可提取胃内容物、血液、尿液和肝脏组织作为检材。如果经过抢救，应注意收集洗胃液。同时还应注意收集现场遗留的药品、包装物及呕吐物等。

【检验方法】

1. 气相色谱-质谱法

仪器：气相色谱-质谱联用仪；色谱柱：Agilent DB-5MS（30 m×0.25 mm×0.25 μm）弹性石英毛细管柱；柱温：初始温度 100 ℃，不保持，以 20 ℃ / min 的升温速率升温至 280 ℃，保持 15 min；进样口温度：280 ℃；进样方式：不分流进样；载气：高纯氦，流速：1 mL/ min；传输线温度：280 ℃；扫描方式：全扫描；质量范围：40~500 amu。

2. 气相色谱法

仪器：气相色谱仪；色谱柱：10% SE-30（Chromosorb W-HP 60~80 目，2 m×3 mm）玻璃填充柱；柱温：恒温（210 ℃）；汽化室温度：270 ℃；检测器温度：280 ℃；载气：高纯氮，流速：50 mL/min；内标物：烯丙异丙巴比妥；检测器：FID。

第二节　麻醉药

乙醚（二乙醚）

【化学名称】 1，1′-氧代二乙烷

【化学式】 $C_4H_{10}O$

【结构式】

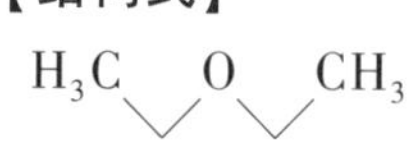

【相对分子质量】 74.12

【CAS 登记号】 60-29-7

【性状】

乙醚为无色易挥发的流动液体，有特殊刺激气味，带甜味，具有吸湿性。熔点 -116.2 ℃，沸点 34.6 ℃，密度 0.714 g/cm^3。溶于乙醇、苯、氯仿等有机溶剂，微溶于水，易燃。

【用途及中毒原因】

乙醚在有机合成中常用作溶剂，是油类、染料、生物碱、脂肪、天然树脂、合成树脂、硝化纤维、碳氢化合物、亚麻油、石油树脂、松香脂、香料、非硫化橡胶等的优良溶剂。在毛纺、棉纺工业中用作油污洁净剂。在火药工业中用于

制造无烟火药。在医药工业中用作药物生产的萃取剂。临床上用于手术的麻醉。他杀极其罕见，在案件中多见于麻醉抢劫。

【作用机制】

本品主要经吸入、食入及皮肤吸收等途径进入体内，主要作用于中枢神经系统，引起全身麻醉。一般认为，乙醚引起的意识障碍与乙醚抑制脑干网状结构上行激活系统有关，而肌张力的减弱则是乙醚抑制脊髓所致。乙醚还可抑制中枢突触递质——乙酰胆碱的释放。

【毒性】

乙醚为高毒类物质。

血药浓度：治疗浓度 500～1 500 μg/mL，中毒浓度 1 300～1 400 μg/mL，致死浓度 1 500～1 900 μg/mL。

致死量：人经口最低致死量（MLD）为 420 mg/kg。

急性中毒实验：大鼠经口半数致死量（LD_{50}）为 1 215 mg/kg，小鼠吸入半数致死浓度（LC_{50}）为 1 500 mg/m^3（99 min）。

【中毒症状】

乙醚可促使口鼻腔、气管和支气管黏膜充血、黏液腺分泌增多，中毒的主要症状有呼吸浅慢、血压下降、心搏无力、脉搏细弱、瞳孔散大、喉痉挛、嗜睡、昏迷、各种深浅反射均减弱或者消失等，最终可因呼吸衰竭而死亡，也可以导致心律失常或者心搏骤停。皮肤接触后可出现干燥或皲裂。

【急救措施】

（1）皮肤接触者：应立即脱去污染的衣物，用大量流动清水或肥皂水冲洗。

（2）眼睛接触者：应立即提起眼睑，用流动清水或生理盐水冲洗。

（3）吸入中毒者：应迅速脱离现场至空气新鲜处；保持呼吸道通畅；如呼吸困难，给予吸氧；如呼吸停止，立即进行人工呼吸。

（4）食入中毒者：饮足量温水，催吐。

【尸体特征】

急性中毒死亡者，尸表呈一般窒息性死亡尸体征象，各脏器瘀血明显。同时因血管收缩可能出现心肌梗死。对于用鼻吸食者，有时在鼻腔内可发现毒品粉末。长期滥用者出现消瘦、营养不良等症状。用鼻吸食者，因鼻中隔的反复慢性炎症可检见鼻中隔黏膜萎缩，甚至穿孔。注射者可见新鲜注射针眼及陈旧不等的注射瘢痕，心脏损害明显，肉眼可见右心室常呈扩张状。镜下可见心肌灶性带状坏死甚至梗死。有时并发肺炎、心内膜炎、肝炎等感染性疾病。有时可见脑出血、动脉瘤破裂、血管栓塞、异物肉芽肿形成及折射晶体物质沉积。

【检材提取】

应注意收集现场遗留的药品及包装物等。解剖尸体时可提取血液、肺组织等作为检材。

【检验方法】

1. 气相色谱法

仪器：气相色谱仪；色谱柱：Supelco WAX（30 m×0. 25 mm×0. 25 μm）弹性石英毛细管柱；柱温：初始柱温 35 ℃，保持 1 min，以 5 ℃/min 的升温速率升温至 200 ℃，保持 1 min；进样口温度：180 ℃；检测器温度：200 ℃；进样方式：分流进样，分流比：20 ∶ 1；载气：高纯氮，流速：2 mL/min；尾吹气：氮气，流速：25 mL/min；空气：300 mL/min；氢气：30 mL/min；检测器：FID。

2. 气相色谱-质谱法

仪器：气相色谱-质谱联用仪；色谱柱：Agilent DB-5MS（30 m×0. 25 mm×0. 25 μm）弹性石英毛细管柱；载气：高纯氦，流速：0. 8 mL/min；柱温：初始柱温 35 ℃，保持 1 min，以 5 ℃/min 的升温速率升温至 200 ℃，保持 1 min；离子源：电子轰击源（EI），能量：70 eV；传输线温度：250 ℃；扫描方式：全扫描；扫描范围：40～200 amu；溶剂延迟：无。

硫喷妥钠（播托散）

【化学名称】5-乙基-5-（1-甲基丁基）-2-硫代巴比妥酸钠

【化学式】$C_{11}H_{17}N_2NaO_2S$

【结构式】

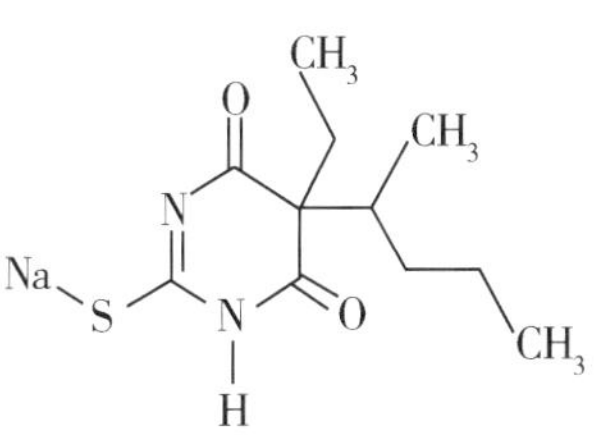

【相对分子质量】264. 32

【CAS 登记号】71-73-8

【性状】

硫喷妥钠为黄白色粉末，有蒜样臭味，味苦，置空气中极易吸湿。易溶于水，溶于乙醇，不溶于乙醚、苯、石油醚。水溶液呈碱性（pH 值为 9.5~11.2），久置易分解，遇热分解加快。

【用途及中毒原因】

本品为超级速效巴比妥类药物，临床上多用于静脉麻醉、诱导麻醉、基础麻醉、抗惊厥以及复合麻醉等。中毒原因多为用药不当、过量用药等。

【作用机制】

本品属巴比妥类药物，能与 γ-氨基丁酸（GABA）受体结合，减慢 GABA 从其受体上解离的速度，从而保持氯离子通道的通透性，氯离子的大量内流引起突触后神经元超极化而发挥抑制作用；同时阻断兴奋性神经递质——谷氨酸盐在突触的作用，从而降低大脑皮质的兴奋性；抑制网状结构的上行性激活系统，降低神经生理和脑功能的活动，产生全身麻醉作用；对呼吸中枢的直接抑制作用较明显，抑制程度与用量及注射速度密切相关；对心肌和血管运动中枢皆有抑制作用，并能降低外周阻力，有明显的降低颅内压和眼内压的作用。

【毒性】

硫喷妥钠毒性中等。

血药浓度：治疗浓度 1~5 μg/mL，中毒浓度 10 μg/mL，致死浓度 10~100 μg/mL。

急性中毒实验：大鼠经口半数致死量（LD_{50}）为 117 mg/kg，大鼠腹腔注射半数致死量（LD_{50}）为 115 mg/kg，大鼠静脉注射半数致死量（LD_{50}）为 43.6 mg/kg；小鼠经口半数致死量（LD_{50}）为 208 mg/kg，小鼠腹腔注射半数致死量（LD_{50}）为 115 mg/kg，小鼠皮下注射半数致死量（LD_{50}）为 225 mg/kg。

【中毒症状】

主要中毒症状为皮肤发绀、湿冷，嗜睡、瞳孔缩小或者散大、腱反射消失、昏迷，呼吸不规律，可出现潮式呼吸或者呼吸衰竭。

【急救措施】

中毒时首先要保持呼吸道通畅，防止脑缺氧，必要时进行人工呼吸；补液和恰当地应用升压药解除低血压；应用特异性解救药戊四氮解毒；对症治疗：心功能抑制时给予强心药，经肠道给药时，应做清洗灌肠，尽快使体内药物降解、代谢、排出体外。

【尸体特征】

尸体皮肤多呈青紫色，口唇、指甲发绀，尸斑明显。解剖可见脏器充血、肺水肿、脑水肿，有时还可在胃内发现未被完全吸收的白色药物碎片或粉末，胃黏膜可见糜烂或出血，膀胱内尿潴留。迁延数天死亡病例镜下可见坠积性肺炎，大脑苍白球可有对称性坏死灶，有的可见脑血管周围水肿及出血。

【检材提取】

检材可提取胃内容物、血液、尿液和肝、脑组织等。如果经过抢救，应注意收集洗胃液。同时还应注意提取现场遗留的药品、包装物及呕吐物等。

【检验方法】

气相色谱-质谱法。

仪器：气相色谱-质谱联用仪；色谱柱：Agilent DB-5MS（30 m×0.25 mm×0.25 μm）弹性石英毛细管柱；柱温：初始温度 90 ℃，保持 1 min，以 20 ℃/min 的升温速率升温至 280 ℃，保持10 min；进样口温度：280 ℃；传输线温度：280 ℃；离子源温度：230 ℃；进样方式：不分流进样；载气：高纯氦，流速：1 mL/min；离子源：电子轰击源（EI），能量：70 eV；扫描方式：全扫描；质量范围：40~450 amu。

普鲁卡因（奴佛卡因）

【化学名称】4-氨基苯甲酸-2-（二乙基氨基）乙酯

【化学式】$C_{13}H_{20}N_2O_2$

【结构式】

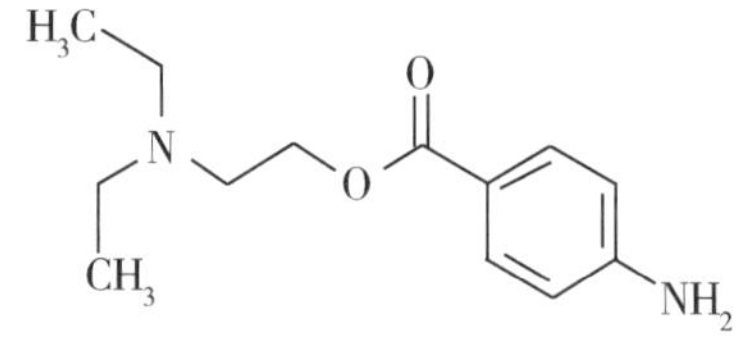

【相对分子质量】236.31

【CAS 登记号】59-46-1

【性状】

普鲁卡因为白色片状结晶，无臭，味微苦。熔点 61 ℃，沸点 373.6 ℃，密度 1.077 g/cm³。其盐酸盐为无色针状或片状结晶，无臭，味微苦，随后有麻痒感。熔点 153～156 ℃。易溶于水，微溶于乙醇、氯仿，不溶于乙醚。其水溶液久储、曝光或受热后易分解。

【用途及中毒原因】

本品为局部麻醉药，临床上多用于局部麻醉，应用于眼、耳、鼻、齿等科手术，用于浸润麻醉、传导麻醉、硬膜外麻醉及封闭疗法等。本品也用于生产普鲁卡因青霉素。中毒原因多为药物过量等。

【作用机制】

普鲁卡因能使细胞膜稳定，降低其对离子的通透性，使神经冲动到达时，钠、钾离子不能进出细胞膜产生去极化和动作电位，从而产生局麻作用。

本品进入体内后吸收迅速，很快分布，维持药效 30~60 min。大部分与血浆蛋白结合，并蓄积在骨骼肌、红细胞等组织内，当血浆浓度降低时再分布到全身。在血液循环中大部分迅速被血浆中的假性胆碱酯酶水解，生成对氨基苯甲酸和二乙氨基乙醇，前者 80%以原形和结合形排泄，后者仅有 30%经肾脏排出，其余经肝酯酶水解，进一步降解后随尿排出。本品易通过血脑屏障和胎盘屏障。

【毒性】

普鲁卡因为高毒性物质。

血药浓度：治疗浓度 2.5～10 μg/mL，中毒浓度 10～20 μg/mL，致死浓度 20 μg/mL。

致死量：口服 10 g，静脉注射 1.0 g。

急性中毒实验：大鼠静脉注射半数致死量（LD_{50}）为 45 mg/kg，大鼠皮下注射半数致死量（LD_{50}）为 600 mg/kg，大鼠腹腔注射半数致死量（LD_{50}）为 280 mg/kg；小鼠经口半数致死量（LD_{50}）为 350 mg/kg，小鼠皮下注射半数致死量（LD_{50}）为 300 mg/kg，小鼠腹腔注射半数致死量（LD_{50}）为 124 mg/kg。

【中毒症状】

主要中毒症状有头晕、耳鸣、恶心、呕吐、出汗、脉速、倦怠、颜面潮红、谵妄、兴奋、言语不清、感觉异常、肌肉颤抖、惊厥、神志不清及呼吸抑制，高血药浓度下可致呼吸停止。

【急救措施】

①治疗中中毒者，应立即停止用药。②给予含 5%二氧化碳的氧气吸入，必要时进行人工呼吸。③氯化琥珀胆碱 10～15 mg 缓慢静脉注射，可控制抽搐（禁用中枢兴奋剂）。④有严重惊厥者首先给予吸氧或人工呼吸纠正缺氧，同时选用硫喷妥钠 0.5 g 加生理盐水 25 mL 缓慢静脉注射，亦可用地西泮（安定）10～20 mg 或阿米妥钠 0.3~0.5 g 缓慢静脉注射或肌内注射。⑤静脉滴注大量维生素 C，以加速药物分解。⑥有正铁血红蛋白血症者，可选用 1%亚甲蓝（美蓝）25～50 mL，以葡萄糖溶液稀释后缓慢静脉注射。⑦普鲁卡因过敏性休克者，给予吸氧，应用肾上腺素或糖皮质激素治疗。

【尸体特征】

急性中毒死亡者，尸表呈一般窒息性死亡尸体征象，各脏器瘀血明显。同时因血管收缩可能出现心肌梗死。对于用鼻吸食者，有时在鼻腔内可发现毒品粉末。长期滥用者出现消瘦、营养不良等症状。用鼻吸食者，因鼻中隔的反复慢性炎症可检见鼻中隔黏膜萎缩，甚至穿孔。注射者可见新鲜注射针眼及陈旧不等的注射瘢痕，心脏损害明显，肉眼可见右心室常呈扩张状。镜下可见心肌灶性带状坏死甚至梗死。有时并发肺炎、心内膜炎、肝炎等感染性疾病。有时可见脑出血、动脉瘤破裂、血管栓塞、异物肉芽肿形成及折射晶体物质沉积。

【检材提取】

应注意收集现场遗留的药品及包装物等，解剖尸体时可提取血液、尿液、肝脏、肾脏等进行药物检验。

【检验方法】

高效液相色谱法。

仪器：高效液相色谱仪；色谱柱：Hypersil C18（200 mm×4.6 mm×5 μm）键合硅胶柱；流动相：乙腈＋0.05 mol/L 的磷酸二氢钾溶液（内含 0.005 mol/L 的庚烷磺酸钠，用磷酸调节 pH 值至 3.0，15∶85，*V/V*）；流速：0.8 mL/min；检测波长：283 nm；内标物：氢溴酸加兰他敏。

利多卡因（赛罗卡因）

【化学名称】N-二乙基氨基乙酰基-2，6-二甲基苯胺

【化学式】$C_{14}H_{22}N_2O$

【结构式】

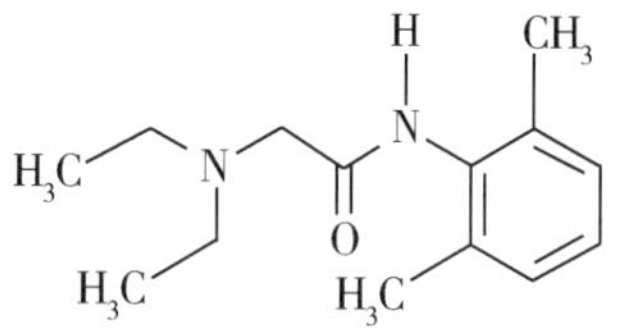

【相对分子质量】234.34

【CAS 登记号】137-58-6

【性状】

利多卡因为白色针状结晶，无臭，有苦麻味。熔点 68～69 ℃，沸点 350.8 ℃，密度 1.026 g/cm³。溶于乙醇、乙醚、苯、氯仿和油类，不溶于水。常用其盐酸盐——利多卡因盐酸盐（$C_{14}H_{22}N_2O \cdot HCl$），利多卡因盐酸盐为白色结晶性粉末，熔点 74～79 ℃，极易溶于水、乙醇和有机溶剂，但不溶于乙醚，水溶液在酸、碱环境下不分解，反复高压灭菌很少变质。

【用途及中毒原因】

本品为局部麻醉药，近年来已经取代普鲁卡因，广泛应用于美容整形手术中进行局部浸润麻醉。临床上多用于浸润麻醉、硬膜外麻醉、表面麻醉（包括在做胸腔镜检查或腹腔手术时用于黏膜麻醉）及神经传导阻滞；也可用于急性心肌梗死后室性早搏和室性心动过速，亦可用于洋地黄类药物中毒、心脏外科手术及心导管引起的室性心律失常（包括室性早搏、室性心动过速及室颤）；也用于癫痫持续状态用其他抗惊厥药无效者及局部或椎管内麻醉，还可以缓解耳鸣。中毒原因多为麻醉时造成的意外事故。

【作用机制】

本品是中效酰胺类局麻药，对外周神经的作用机制与其他局麻药一样，通过抑制神经细胞膜上的钠离子通道起到阻断神经兴奋与传导的作用；对中枢神经系统有兴奋和抑制双相作用。

【毒性】

血药浓度：治疗浓度 1.5～5 μg/mL，中毒浓度 6～10 μg/mL，致死浓度 10～25 μg/mL。

急性中毒实验：大鼠经口半数致死量（LD_{50}）为 317 mg/kg，大鼠皮下注射半数致死量（LD_{50}）为 335 mg/kg，大鼠腹腔注射半数致死量（LD_{50}）为 133 mg/kg；小鼠经口半数致死量（LD_{50}）为 220 mg/kg，小鼠皮下注射半数致死量（LD_{50}）为 238 mg/kg，小鼠腹腔注射半数致死量（LD_{50}）为 102 mg/kg。

【中毒症状】

大剂量引起中毒时，可产生严重窦性心动过缓、心脏停搏、室颤、严重房室传导阻滞及心肌收缩力减弱，出现头昏、眩晕、恶心、呕吐、倦怠、言语不清、感觉异常等症状。甚至引起昏迷、呼吸肌麻痹，严重时可导致死亡。

【急救措施】

治疗中中毒者，应立即停止用药，去枕平卧，双下肢抬高，密切观察呼吸、脉搏、血压的变化；保持呼吸道通畅，给予吸氧，给予强心剂和呼吸兴奋剂，必要时行人工呼吸。误食中毒者，应立即用温生理盐水洗胃，然后给服鞣酸 5 g。

【尸体特征】

急性中毒死亡者，尸表呈一般窒息性死亡尸体征象，各脏器瘀血明显。同时因血管收缩可能出现心肌梗死。对于用鼻吸食者，有时在鼻腔内可发现毒品粉末。长期滥用者出现消瘦、营养不良等症状。用鼻吸食者，因鼻中隔的反复慢性炎症可检见鼻中隔黏膜萎缩，甚至穿孔。注射者可见新鲜注射针眼及陈旧不等的注射瘢痕，心脏损害明显，肉眼可见右心室常呈扩张状。镜下可见心肌灶性带状坏死甚至梗死。有时并发肺炎、心内膜炎、肝炎等感染性疾病。有时可见脑出血、动脉瘤破裂、血管栓塞、异物肉芽肿形成及折射晶体物质沉积。

【检材提取】

解剖尸体时应提取血液、尿液、肝脏等作为检材进行药物检验。同时还应注意收集现场遗留的药品及包装物等。

【检验方法】

高效液相色谱法。

仪器：高效液相色谱仪；色谱柱：Spherisorb C18（200 mm×4.6 mm×5 μm）键合硅胶柱；进样量：5 μL；流动相：0.025 mol/L 的三乙胺 400 mL，用磷酸调节 pH 值至 3，用 0.45 μm 水性膜过滤，然后与 100 mL 乙腈混匀，脱气 10 min；检测器：紫外检测器；检测波长：254 nm。

丁卡因（潘托卡因、地卡因、四卡因）

【化学名称】4-（丁氨基）-苯甲酸-2-（二甲基氨基）乙酯

【化学式】$C_{15}H_{24}N_2O_2$

【结构式】

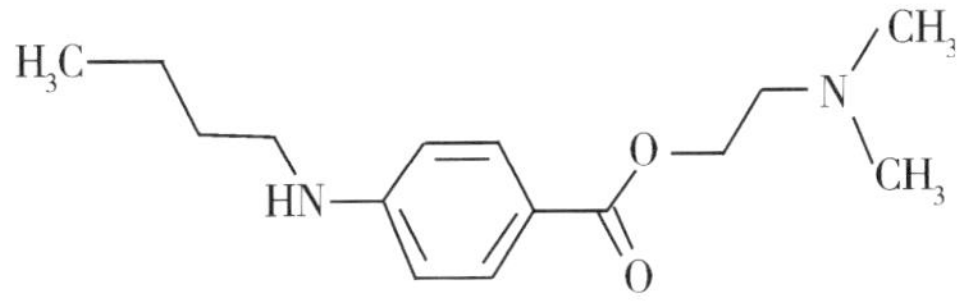

【相对分子质量】264.36

【CAS 登记号】94-24-6

【性状】

丁卡因为白色结晶或结晶性粉末，无臭，味微苦，有麻舌感。熔点 41 ~ 46 ℃，沸点 389.4 ℃，密度 1.044 g/cm^3。易溶于水，溶于乙醇，不溶于乙醚、苯。

【用途及中毒原因】

本品为局部麻醉药，作用时效可长达 3 h，是普鲁卡因的 10 倍；临床上用于黏膜表面麻醉、传导阻滞麻醉、硬膜外麻醉和蛛网膜下腔麻醉；也用于眼科表面麻醉。中毒原因多为麻醉时引起的意外事故或误服等。

【作用机制】

本品为酯类局麻药，对外周神经的作用与其他局麻药相似，可改变细胞膜对钠离子的通透性，阻止钠离子内流，从而使动作电位上升减慢直至停止产生动作电位，导致神经兴奋和传导功能丧失，无法传递信息；对中枢神经系统有明显的抑制作用；对心脏有奎尼丁样作用，抑制性较强，对心脏毒性较大，严重时可引起心脏泵衰竭、室颤或心跳停止；对血管平滑肌有直接松弛作用。

【毒性】

丁卡因为高毒类物质。

急性中毒实验：大鼠静脉注射半数致死量（LD_{50}）为 6 mg/kg，小鼠皮下注射半数致死量（LD_{50}）为 25 mg/kg，小鼠腹腔注射半数致死量（LD_{50}）为 20 mg/kg。

【中毒症状】

中毒症状主要表现为头昏、眩晕，继而出现寒战、震颤、恐慌、呼吸衰竭、血压下降等症状，最后发生昏迷、呼吸肌麻痹，严重时可死亡。

【急救措施】

治疗中中毒者，应立即停止用药，无枕平卧，双下肢抬高，密切观察呼吸、脉搏、血压的变化；保持呼吸道通畅，给予吸氧，给予强心剂和呼吸兴奋剂，必要时行人工呼吸。误食中毒者，应立即用温生理盐水洗胃，然后给服鞣酸 5 g。

【尸体特征】

急性中毒死亡者，尸表呈一般窒息性死亡尸体征象，各脏器瘀血明显。同时因血管收缩可能出现心肌梗死。长期滥用者出现消瘦、营养不良等症状。注射者可见新鲜注射针眼及陈旧不等的注射瘢痕，心脏损害明显，肉眼可见右心室常呈扩张状。镜下可见心肌灶性带状坏死甚至梗死。有时并发肺炎、心内膜炎、肝炎等感染性疾病。有时可见脑出血、动脉瘤破裂、血管栓塞、异物肉芽肿形成及折射晶体物质沉积。

【检材提取】

对于抢救中的中毒者，可采集血液进行检验。解剖尸体时应提取血液、尿液等作为检材进行药物检验。同时还需注意收集现场遗留的药品及包装物等。

【检验方法】

1. 紫外-可见分光光度法

仪器：紫外-可见分光光度计；测量模式：吸光度；测量波长：310 nm，狭缝：中等；溶液酸度：pH 值为 5.8（磷酸盐缓冲液）；比色皿：石英比色皿；比色皿厚度：1.0 cm。

2. 高效液相色谱法

仪器：高效液相色谱仪；色谱柱：Agilent SB-C18（4.6 mm×250 mm×5 μm）键合硅胶柱；流动相：甲醇+水+三乙胺+冰醋酸（75 : 25 : 0.5 : 0.2，*V* : *V* : *V* : *V*）；流速：1.0 mL/min；检测波长：310 nm；进样量：20 μL；柱温：30 ℃。

可卡因（古柯碱）

【化学名称】（-）3β-苯甲酰氧基-2β-甲氧甲酰基托烷

【化学式】$C_{17}H_{21}NO_4$

【结构式】

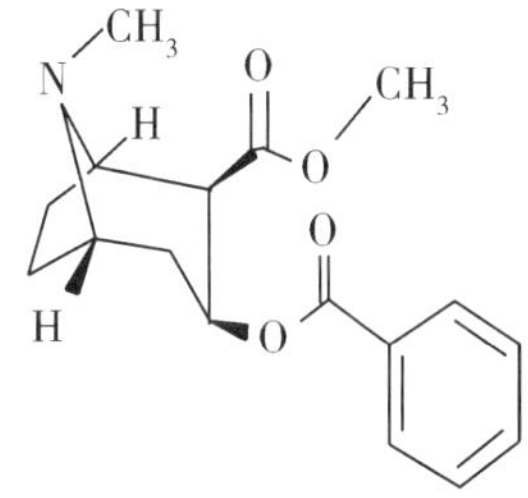

【相对分子质量】303.35

【CAS 登记号】50-36-2

【性状】

可卡因为无色单斜形结晶，无臭，味先苦而后麻。熔点 98 ℃，沸点 395.2 ℃，密度 1.223 g/cm^3。几乎不溶于水，可溶于乙醇、乙醚等有机溶剂。其盐酸盐为无色结晶或白色结晶性粉末，熔点197 ℃以上，沸点423.9 ℃。极易溶于水，易溶于乙醇，溶于氯仿，不溶于乙醚和苯。

【用途及中毒原因】

可卡因是人类发现的第一种具有局麻作用的天然生物碱，为长效酯类局麻药，常用于口、鼻、咽、耳、尿道、阴道等手术的局部麻醉。可卡因的药效与安非他命非常类似，吸毒者为了恢复初期的体验，往往会一而再、再而三地反复使用，以维持“瘾劲”不致衰落。周而复始，剂量越用越大，使用频率也越来越高，最终因滥用造成中毒或死亡。

【作用机制】

可卡因能阻止神经末梢对去甲肾上腺素的再摄取，间接起到拟交感神经药的作用，具有收缩血管的作用。小剂量时能兴奋大脑皮层，产生欣快感，随着剂量增大，使呼吸中枢、血管运动中枢和呕吐中枢兴奋，严重者可发生惊厥；大剂量时可引起大脑皮层下行异化作用的抑制，出现中枢性呼吸抑制，并抑制心肌而引起心力衰竭。

【毒性】

口服致死量：成人为 0.5~1 g，成瘾者可耐受至 5 g。

血药浓度：治疗浓度 0.05~0.3 μg/mL，中毒浓度 0.25~5 μg/mL，致死浓度 1~20 μg/mL。

急性中毒实验：大鼠静脉注射半数致死量（LD_{50}）为 17.5 mg/kg，大鼠腹腔注射半数致死量（LD_{50}）为 70 mg/kg，大鼠皮下注射半数致死量（LD_{50}）为 250 mg/kg；小鼠静脉注射半数致死量（LD_{50}）为 16 mg/kg，小鼠皮下注射半数致死量（LD_{50}）为 81 mg/kg，小鼠腹腔注射半数致死量（LD_{50}）为 59 mg/kg。

【中毒症状】

兴奋早期表现为欣快、情绪不稳、易激怒、失眠、无食欲、性欲亢进、有阵发性暴力行为、恶心、呕吐、突发性头痛。兴奋进展期，中毒者反射亢进，出现阵发性痉挛及强制性抽搐，血压和脉搏连续升高。中毒后期为抑制期，表现为肌肉无力、昏迷、瞳孔散大、反射消失，可因呼吸、循环衰竭而死亡。长期滥用会出现依赖性，且有精神病的危险，表现为面色苍白、口唇和指甲青紫、呕吐、冷汗、瞳孔散大、肌肉抽搐、烦躁不安、体温骤升、反射增强、晕倒、惊厥、昏迷、血压下降、脉搏频弱及呼吸浅缓不规则等。

【急救措施】

口服中毒者，应立即用温生理盐水洗胃，然后给服鞣酸 5 g。麻醉中毒者，应立即停止用药，保持呼吸道通畅，给予吸氧，必要时进行人工呼吸。对症治疗：给予抗惊厥药等。

【尸体特征】

急性中毒死亡者，尸表呈一般窒息性死亡尸体征象，各脏器瘀血明显。同时因血管收缩可能出现心肌梗死。对于用鼻吸食者，有时在鼻腔内可发现毒品粉末。长期滥用者出现消瘦、营养不良等症状。用鼻吸食者，因鼻中隔的反复慢性炎症可检见鼻中隔黏膜萎缩，甚至穿孔。注射者可见新鲜注射针眼及陈旧不等的注射瘢痕。心脏损害明显，肉眼可见右心室常呈扩张状。镜下可见心肌灶性带状坏死甚至梗死。有时并发肺炎、心内膜炎、肝炎等感染性疾病。有时可见脑出血、动脉瘤破裂、血管栓塞、异物肉芽肿形成及折射晶体物质沉积。

【检材提取】

可卡因可通过血脑屏障，在中枢神经系统蓄积，急性中毒时脑中的药物浓度高于血药浓度，因此除血液、尿液为必取检材外，脑、肝、肾等组织也是理想的检验用材。

【检验方法】

气相色谱-质谱法。

仪器：气相色谱-质谱联用仪；色谱柱：Agilent DB-5MS（30 m×0.25 mm×0.25 μm）弹性石英毛细管柱；柱温：初始温度 140 ℃，保持 1 min，以 20 ℃/min 的升温速率升温至 280 ℃，保持 11 min；进样口温度：280 ℃；载气：高纯氦，流速：1.0 mL/min；进样方式：分流进样，分流比：20∶1；离子源：电子轰击源（EI），能量：70 eV；扫描方式：全扫描；质量范围：40~400 amu。

苯甲醇（苄醇）

【化学名称】α-羟基甲苯

【化学式】C_7H_8O

【结构式】

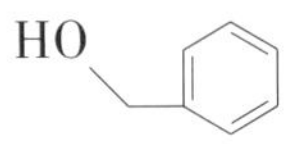

【相对分子质量】108.14

【CAS 登记号】100-51-6

【性状】

苯甲醇为无色透明液体，稍有芳香气味。熔点 -15.3 ℃，沸点 205.7 ℃，密度 1.044 g/cm^3，可燃。溶于水，能与乙醇、乙醚、氯仿等混溶。有时苯甲醇在久置后，会因为氧化微带苯甲醛苦杏仁气味。有极性，低毒，蒸气压低 ，因此常用作醇类溶剂。

【用途及中毒原因】

本品在工业中用作药膏的防腐剂，纤维、尼龙丝和塑料薄膜的干燥剂，聚氯乙烯的稳定剂，照相显影剂，以及醋酸纤维、墨水、涂料、油漆、环氧树脂、染料、酪蛋白、虫胶及明胶等的溶剂，可用作制取苄基酯或醚的中间体，也用于制取香料和调味剂（多数为脂肪酸的苯甲醇酯），还可作为肥皂、香水、化妆品和其他产品的添加剂；苯甲醇在香料工业中用作定香剂和稀释剂。本品在临床上曾作为青霉素的溶剂使用，可降低注射青霉素时的痛感；因其有毒副作用，已于 2005 年被命令禁止作为青霉素的溶剂使用。中毒多为生产运输过程中的意外事故所致。

【作用机制】

本品为局部麻醉药。有轻度防腐和局麻作用，可作为一些药物的溶剂，达到防腐和减轻注射区疼痛的作用，本品不单独用作局麻药。苯甲醇进入人体后，首先被氧化为苯甲酸，然后与肝中的甘氨酸缩合，以马尿酸的形式排出体外。肌内注射使用苯甲醇为溶剂可能导致臀肌挛缩。

【毒性】

苯甲醇为低毒类物质。

血药浓度：治疗浓度 18 μg/mL。

急性中毒实验：大鼠经口半数致死量（LD_{50}）为 1 230 mg/kg，小鼠经口半数致死量（LD_{50}）为 1 360 mg/kg。

【中毒症状】

中毒症状表现为局部疼痛、肿胀、硬结，苯甲醇对眼睛、上呼吸道、皮肤有刺激作用，摄入可引起头痛、恶心、呕吐、胃肠道刺激、惊厥、昏迷等症状，严重时可导致死亡。

【急救措施】

（1）皮肤接触者：应立即脱去污染的衣物，用大量流动清水冲洗。

（2）眼睛接触者：应立即提起眼睑，用流动清水或生理盐水冲洗。

（3）吸入中毒者：应立即脱离现场至空气新鲜处。如呼吸困难，给予吸氧。

（4）食入中毒者：饮足量温水，催吐，洗胃，导泻。

【尸体特征】

苯甲醇被吸收后进入肝细胞线粒体内，被氧化成苯甲醛和苯甲酸，然后借助酶的催化，苯甲酸与甘氨酸结合形成马尿酸从尿中排出体外。成人中毒尚未见文献报道，但新生儿缺乏这些药酶且体内的甘氨酸有限，在苯甲醇用量过大或是马尿酸较多时，延缓了苯甲醇及其中间代谢产物的代谢，且新生儿肾小球数低于成年人，清除率低，使马尿酸的排泄速度减慢，再加之新生儿血脑屏障不健全，苯甲醇及其中间产物很容易进入脑内而导致中毒甚至死亡。死亡原因系代谢性酸中毒、中枢神经系统抑制、低血压、血小板减少等所致。

【检材提取】

检材可提取血液、肝组织等。

【检验方法】

气相色谱法。

仪器：气相色谱仪；色谱柱：FFAP（30 m×0.25 mm×0.33 μm）弹性石英毛细管柱；柱温：初始温度 120 ℃，保持 2 min，先以 10 ℃/min 的升温速率升温至 180 ℃，保持 1 min，再以20 ℃/min的升温速率升温至 230 ℃，保持10 min；进样口温度：250 ℃；检测器温度：280 ℃；载气：高纯氮，流速：40 mL/min；柱前压：0.16 MPa；空气：300 mL/min；氢气：40 mL/min；尾吹气：氮气，流速：30 mL/min；进样方式：分流进样，分流比：60∶1；进样量：0.5 μL；检测器：FID。

第三节　骨骼肌松弛药

氯化筒箭毒碱（D-氯化筒箭毒碱）

【化学名称】2，2′，2′-三甲基-6，6′-二甲氧基-7′，12′-二羟基-氯化筒箭毒

【化学式】$C_{37}H_{42}Cl_2N_2O_6$

【结构式】

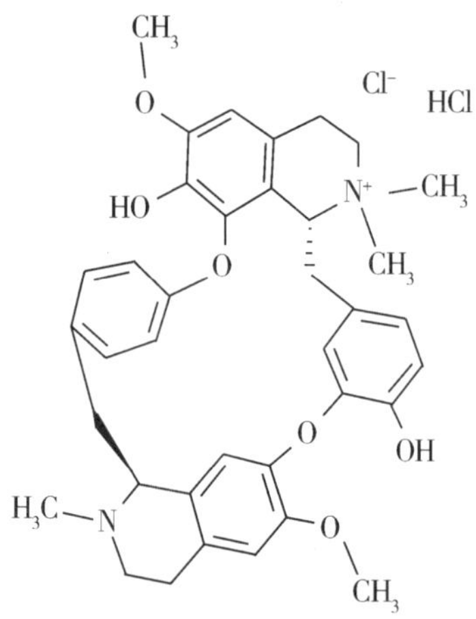

【相对分子质量】681.65

【CAS 登记号】57-94-3

【性状】

氯化筒箭毒碱为白色至微黄色结晶性粉末。熔点 274~275 ℃（分解）。该品在水中溶解，在乙醇中略溶，在氯仿和乙醚中几乎不溶，在氢氧化钠溶液中溶解。

【用途及中毒原因】

本品为肌肉松弛剂，多用于腹部外科手术。临床上曾用于治疗震颤麻痹、破伤风、狂犬病、士的宁中毒等；作为非去极化型肌松药，临床上主要用于麻醉中维持较长时间（>30 min）的肌松，以及用于电休克的对症处理；小剂量用于确诊重症肌无力。因有麻痹呼吸肌的危险，目前临床上已较少使用。中毒原因多为医源性大剂量导致呼吸肌麻痹而引起患者呼吸停止。

【作用机制】

本品为竞争性烟碱样受体阻断剂，能与运动终板上的烟碱受体（N2）结合，阻止乙酰胆碱对运动终板膜所起的除极作用，使骨骼肌松弛，由眼部开始，继之肢体、颈部、躯干，最后肋间肌松弛，出现腹式呼吸，剂量过大则抑制膈肌，使膈肌全部麻痹而死亡；对神经节及肾上腺髓质有一定的阻断作用，从而引起血压下降和心率减慢；静脉注射过快，可引起组胺释放，造成血压下降、支气管痉挛、支气管腺体及唾液腺分泌增多等。

【毒性】

氯化筒箭毒碱为高毒类物质。

血药浓度：治疗浓度 0.7~3 μg/mL，中毒浓度>6 μg/mL。

急性中毒实验：大鼠经口半数致死量（LD_{50}）为 28 mg/kg，大鼠腹腔注射半数致死量（LD_{50}）为 0.34 mg/kg，大鼠皮下注射半数致死量（LD_{50}）为 0.31 mg/kg；小鼠经口半数致死量（LD_{50}）为 33 mg/kg，小鼠腹腔注射半数致死量（LD_{50}）为 0.42 mg/kg，小鼠皮下注射半数致死量（LD_{50}）为 0.64 mg/kg。

【中毒症状】

注射本品后，快速运动肌（如眼部肌肉）首先松弛，然后可见四肢、颈部和躯干肌肉松弛，继之肋间肌松弛，出现腹式呼吸，如剂量加大，最终可致膈肌麻痹、呼吸停止而死亡。

【急救措施】

大剂量引起呼吸肌麻痹时，可进行人工呼吸，并使用新斯的明进行治疗。

【尸体特征】

尸表检验无特殊表现，呈一般窒息性死亡尸体征象。

【检材提取】

检材可提取血液、尿液、胆汁及肝、肾组织等。同时并注意收集现场遗留的药品及包装物等。

【检验方法】

1. 化学法（显色反应）

取试液适量，加硝酸汞试液 1 mL，渐产生红色，则示有氯化筒箭毒碱存在。

2. 紫外-可见分光光度法

仪器：紫外-可见分光光度计；测量模式：吸光度；测量波长：280 nm（最大吸收），255 nm（最小吸收）；比色皿：石英比色皿；比色皿厚度：1 cm。

3. 薄层层析法（TLC）

吸附剂：硅胶 G 薄层板；展开剂：三氯甲烷+甲醇+12.5%的三氯醋酸（1∶1∶1，$V:V:V$）；显色剂：六氰络铁氢钾试液+水+三氯化铁试液（1∶1∶2，$V:V:V$）（临用新制）；Rf 值（比移值）：提取样品与对照品的斑点高度和颜色应一致。

氯化琥珀胆碱（司可林）

【化学名称】二氯化 2，2′-［（1，4-二氧-1，4-亚丁基）双（氧）］双［N，N，N-三甲基乙铵］

【化学式】$C_{14}H_{30}Cl_2N_2O_4$

【结构式】

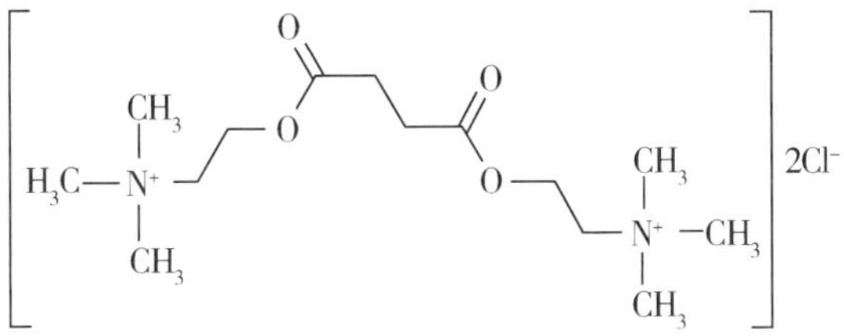

【相对分子质量】361.30

【CAS登记号】71-27-2

【性状】

氯化琥珀胆碱为白色或近乎白色的结晶性粉末，无臭，味咸。熔点157～163℃。本品在水中极易溶解，在乙醇和氯仿中微溶，在乙醚中不溶。

【用途及中毒原因】

本品为骨骼肌松弛药（全麻用骨骼肌松弛药），属去极化型肌松剂，临床上主要用于全麻手术时气管插管、骨折脱臼整复、破伤风等惊厥性疾病引起的肌肉痉挛。现有人用含有氯化琥珀胆碱的弩箭在乡下猎杀犬只贩卖。中毒原因多为医源性意外事故，近年来也被用于注射死刑，亦有用于杀人的案例报道。

【作用机制】

本品的分子结构与乙酰胆碱相似，能够与神经肌肉接头处突触后膜的乙酰胆碱受体结合，并不易被胆碱酯酶分解，因此能产生较持久的去极化状态，从而使骨骼肌松弛。本品静脉注射后，即被血液和肝中的丁酰胆碱酯酶（假性胆碱酯酶）水解，约2%以原形，其余以代谢物的形式从尿液中排泄；半衰期为2～4 min。

【毒性】

氯化琥珀胆碱为高毒类物质。

有报道飞镖致死者血液中氯化琥珀胆碱的浓度最小为0.0124 μg/mL，最大为0.044 μg/mL。

急性中毒实验：小鼠腹腔注射半数致死量（LD_{50}）为1.25 mg/kg，小鼠静脉注射半数致死量（LD_{50}）为0.43 mg/kg。

【中毒症状】

本品过量可致呼吸肌麻痹，严重的可窒息死亡；可导致高钾血症，产生严重的室性心律失常，甚至心脏停搏；本品的拟乙酰胆碱作用可引发心动过缓、结性心律失常和心搏骤停等；另外，本品还可使眼内压升高、颅内压升高等。

【急救措施】

本品中毒无特效解毒剂，不能用新斯的明拮抗，故使用前应事先备好人工呼吸机和抢救设备。

【尸体特征】

尸斑呈暗红色，口唇、指甲甲床发绀，尸表检验可见针孔样损伤，各脏器瘀血，心血呈流动状。镜下可见各脏器小血管扩张、瘀血。

【检材提取】

现场多能发现弩箭，故应注意收集现场遗留的药品及包装物等。如果经过抢救，应注意采集血液进行检验；解剖检验时应采集血液、尿液、针孔处皮肤及软组织等作为检材。

【检验方法】

离子色谱法。

仪器：离子色谱仪；色谱柱：IonPac CS12A（250 mm×4 mm）阳离子交换柱；保护柱：IonPac CG12A（50 mm×4 mm）；流动相：20 mmol/L 的甲磺酸，流速：1.0 mL/min；柱温：30 ℃；检测器温度：35 ℃；检测器：电导检测器。

溴己氨胆碱（溴己卡巴可）

【化学名称】三甲基-［2-［6-［2-（三甲胺）乙氧羰基氨基］己氨基甲酰氧基］乙基］溴化铵

【化学式】$C_{18}H_{40}Br_2N_4O_4$

【结构式】

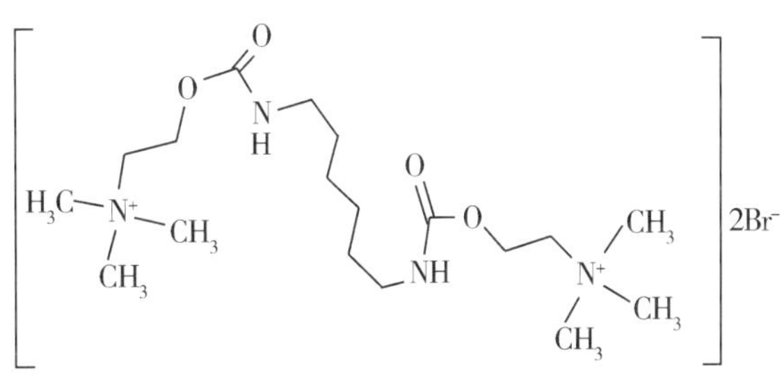

【相对分子质量】536.34

【CAS登记号】306-41-2

【性状】

溴己氨胆碱为白色结晶性粉末，无臭，味苦。几乎不溶于水，溶于多种有机溶剂。

【用途及中毒原因】

溴己氨胆碱为双相型肌松剂，临床上用作长时间手术全麻肌松剂。中毒原因多为临床用药不当或用药过量等。

【作用机制】

本品为双相型肌松剂，首先是引起去极化，持续几分钟，接着产生非去极化的筒箭毒碱样的持久性麻痹。作用开始比琥珀胆碱缓慢，但较持久，可维持 30~40 min。在体内不代谢，均以原形经肾脏随尿排出。

【毒性】

静脉滴注，一次 2~4 mg，极量 8 mg。重复应用不超过 40 μg/kg。

【中毒症状】

青光眼患者使用本品可致眼内压升高；其肌松效能比琥珀胆碱强 10 倍，过量可引起自主呼吸消失；用药后肌张力恢复慢（4~6 h），麻醉结束后易引起通气不足或呼吸停止。

【急救措施】

本品中毒无特效解毒剂，应及时使用呼吸机进行呼吸支持。青光眼患者中毒时，先用阿托品（静脉注射 0.5~1 mg），再给新斯的明（静脉注射 1~2.5 mg）。

【尸体特征】

尸斑呈暗红色，口唇、指甲甲床发绀，尸表检验可见针孔样损伤，各脏器瘀血，心血呈流动状。镜下可见各脏器小血管扩张、瘀血。

【检材提取】

解剖时可提取血液、尿液及肝、肾组织等作为检材。同时并注意收集现场遗留的药品及包装物等。

【检验方法】

1. 化学法（显色反应）

取试液适量，加硝酸汞试液 1 mL，渐产生红色，则示有溴己氨胆碱存在。

2. 紫外-可见分光光度法

仪器：紫外-可见分光光度计；测量模式：吸光度；测量波长：280 nm（最大吸收），255 nm（最小吸收）；比色皿：石英比色皿；比色皿厚度：1 cm。

3. 薄层层析法（TLC）

吸附剂：硅胶 G 薄层板；展开剂：三氯甲烷+甲醇+12.5%的三氯醋酸（1∶1∶1，*V*∶*V*∶*V*）；显色剂：六氰络铁氢钾试液+水+三氯化铁试液（1∶1∶2，*V*∶*V*∶*V*）（临用新制）；Rf 值（比移值）：提取样品与对照品的斑点高度和颜色应一致。

氯二甲箭毒（氯甲左箭毒）

【化学名称】氯二甲箭毒

【化学式】$C_{40}H_{48}N_2O_6.2Cl$

【结构式】

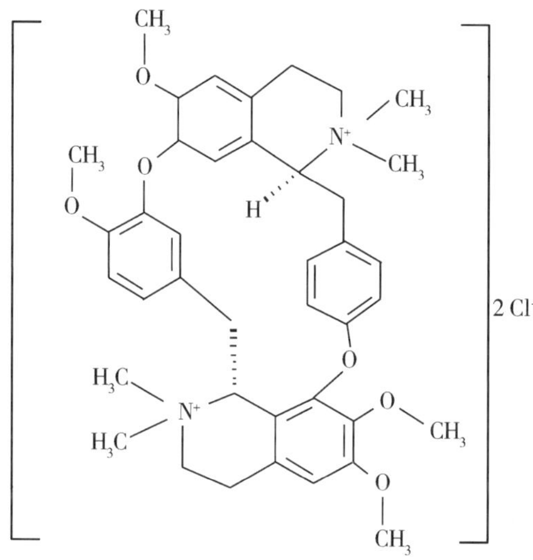

【相对分子质量】723.73

【CAS 登记号】33335-58-9

【性状】

氯二甲箭毒为乳白色结晶性粉末，加热至 220 ℃时分解并释放出气体。易溶于水和醇，不溶于乙醚和氯仿。

【用途及中毒原因】

本品在临床上用于静脉复合麻痹、中药麻痹及乙醚麻痹，也可用于气管插管、胸部手术、腹部手术等。中毒原因多为用药不当或用药过量等。

【作用机制】

本品为非去极化型肌肉松弛剂，作用效果和作用机制均与筒箭毒碱相似。静脉注射后起效快，作用持续时间 30~60 min，迅速分布，在体内不代谢，主要以原形随尿排出；半衰期约为 2.5 h。

【毒性】

静脉注射 0.4~0.5 mg/kg，静脉滴注 0.2~0.3 mg/kg。该药不良反应较小，试用过程中个别患者用药累积量达 100 mg 时也未见毒性反应。

【中毒症状】

轻度中毒者，可出现血压轻度上下波动、心率稍见增快、呼吸速率减慢等症状；注射本品后，快速运动肌（如眼部肌肉）首先松弛，然后可见四肢、颈部和躯干肌肉松弛，继之肋间肌松弛，出现腹部呼吸，如剂量加大，最终可致膈肌麻痹、呼吸停止而死亡。

【急救措施】

大剂量引起呼吸肌麻痹时，可进行人工呼吸，并使用新斯的明进行治疗。

【尸体特征】

尸表检验无特殊表现，呈一般窒息性死亡尸体征象。

【检材提取】

检材可提取血液、尿液及肝、肾组织等。

【检验方法】

1. 化学法（显色反应）

取试液适量，加硝酸汞试液 1 mL，渐产生红色，则示有氯二甲箭毒存在。

2. 紫外-可见分光光度法

仪器：紫外-可见分光光度计；测量模式：吸光度；测量波长：280 nm（最大吸收），255 nm（最小吸收）；比色皿：石英比色皿；比色皿厚度：1 cm。

3. 薄层层析法（TLC）

吸附剂：硅胶 G 薄层板；展开剂：三氯甲烷+甲醇+12.5%的三氯醋酸（1∶1∶1，*V*∶*V*∶*V*）；显色剂：六氰络铁氢钾试液+水+三氯化铁试液（1∶1∶2，*V*∶*V*∶*V*）（临用新制）；Rf 值（比移值）：提取样品与对照品的斑点高度和颜色应一致。

肌安松（伯拉米翁）

【化学名称】内消旋 3，4-双（对二甲氨基苯基）己烷双碘甲烷盐

【化学式】$C_{24}H_{38}N_2I_2$

【结构式】

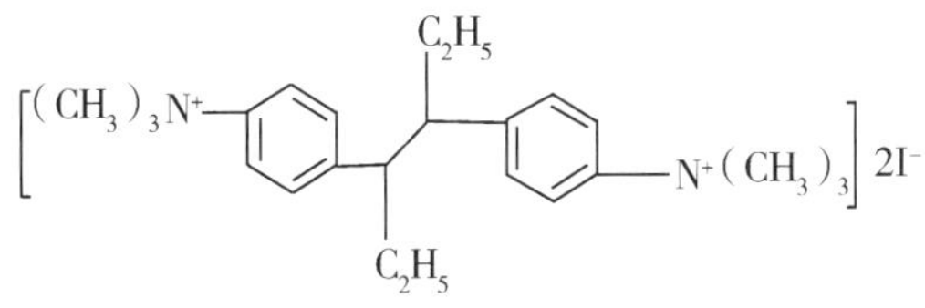

【相对分子质量】608.39

【CAS 登记号】暂无

【性状】

肌安松为白色或类白色结晶性粉末，几乎无臭，味微苦，熔点 226～231 ℃，熔融时同时分解。在热水中溶解，在冷水和乙醇中微溶，在氯仿和乙醚中几乎不溶。

【用途及中毒原因】

肌安松为人工合成的双相型非去极化肌松药，适用于需要肌肉松弛的各种外科手术。大剂量能引起呼吸肌麻痹。中毒多为超量使用所致。

【作用机制】

肌安松为非去极化型肌松药，又称竞争性肌松药，能选择性地与神经节细胞的 N1 胆碱受体结合，竞争性地阻断乙酰胆碱与受体结合，使乙酰胆碱不能引起神经节细胞的除极化，从而阻断神经冲动在神经节中的传递，引起肌肉松弛。

【毒性】

静脉注射或静脉滴注：每次 2～4 mg，重复给药时剂量减半。

【中毒症状】

肌安松中毒能够引起呼吸肌麻痹，而呼吸肌麻痹可造成机体缺氧与二氧化碳潴留。常表现为胸闷、呼吸困难、咳嗽无力、排痰不畅、口唇发绀、大汗、烦躁或面色紫里透红、球结膜充血、心率增快。血压早期升高、晚期可见降低，心律失常，甚至出现心力衰竭或周围循环衰竭。

【急救措施】

大剂量引起呼吸肌麻痹时，首先应确保呼吸道通畅和持续供氧及有效的通气量，必要时也可进行人工呼吸，或使用新斯的明进行治疗。

【尸体特征】

呼吸肌麻痹对机体的最大危害是缺氧，甚至是死亡的主要原因。因此，肌安松中毒死亡者尸体皮肤多呈青紫色，口唇、指甲发绀，尸斑明显。解剖可见诸脏器充血、肺水肿、脑水肿等。

【检材提取】

检材可提取血液、尿液及肝、肾、脑等组织，并注意收集现场遗留的药品及包装物等。

【检验方法】

1. 化学法（显色反应）

取试液适量，加硝酸汞试液 1 mL，渐产生红色，则示有肌安松存在。

2. 紫外-可见分光光度法

仪器：紫外-可见分光光度计；测量模式：吸光度；测量波长：280 nm（最大吸收），

255 nm（最小吸收）；比色皿：石英比色皿；比色皿厚度：1 cm。

3. 薄层层析法（TLC）

吸附剂：硅胶 G 薄层板；展开剂：三氯甲烷+甲醇+12.5%的三氯醋酸（1∶1∶1，$V:V:V$）；显色剂：六氰络铁氢钾试液+水+三氯化铁试液（1∶1∶2，$V:V:V$）（临用新制）；Rf 值（比移值）：提取样品与对照品的斑点高度和颜色应一致。

粉肌松（汉肌松）

【化学名称】碘化二甲基汉防己碱

【化学式】$C_{40}H_{48}O_6N_2I_2$

【结构式】

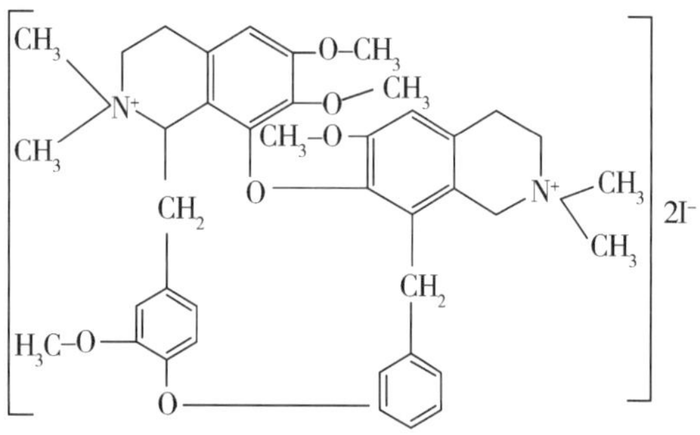

【相对分子质量】842.64

【CAS 登记号】暂无

【性状】

粉肌松为白色或类白色结晶性粉末，无臭，味苦，干燥品微有引湿性，遇光渐变为黄色，熔点 260～263 ℃，熔融时同时分解。溶于甲醇，在水、乙醇和丙酮中微溶，在醋酸乙酯中不溶。

【用途及中毒原因】

粉肌松是从中草药防己的干燥块根中提取出来的汉防己总碱通过碘甲烷的甲基化反应而制成的碘甲烷盐。为非去极化型肌松药，临床上主要用于麻醉辅助、外科手术肌肉松弛，或用于消炎、解热、镇痛、抗过敏、扩张周围血管等，也可用于治疗各种神经性疼痛、高血压和阿米巴痢疾。中毒原因多为临床用药不当或用药过量等。

【作用机制】

粉肌松对神经肌肉接头有阻滞作用，作用温和，较筒箭毒碱安全。能防止和减少腹腔内手术中的鼓肠。作用机制参见非去极化型肌松药“氯化筒箭毒碱”。

【毒性】

本品与乙醚有较强的协同作用，对呼吸的抑制作用较对腹肌及四肢肌肉的作用出现迟、程度轻、恢复快，应用较安全。静脉注射：首次剂量 0.6～0.8 mg/kg，稀释至 5～10 mL，如需再次注射可按首次剂量或剂量减半。

【中毒症状】

小剂量可致呼吸抑制，大剂量可引起血压下降，少数患者手术后会出现排尿困难及肠道排气延迟等现象。

【急救措施】

当给药过快引起血压下降时，应缓慢静脉注射。若用药后出现呼吸抑制，可给予呼吸支持并注射新斯的明，但要注意的是，反复静脉注射（成人积累达 30～60 mg/kg）可导致新斯的明不能拮抗其作用。

【尸体特征】

粉肌松作用温和，较筒箭毒碱安全，小剂量可致呼吸抑制，大剂量可引起血压下降，但较易纠正和恢复，一般不易引起死亡。确因粉肌松过量而死亡者应系缺氧窒息所致，其尸体皮肤多呈青紫色，口唇、指甲发绀，尸斑明显。解剖可见诸脏器充血、肺水肿、脑水肿等。

【检材提取】

检材可提取血液、尿液、肝组织等。并注意收集现场遗留的药品及包装物等。

【检验方法】

1. 化学法（显色反应）

取试液适量，加硝酸汞试液 1 mL，渐产生红色，则示有粉肌松存在。

2. 紫外-可见分光光度法

仪器：紫外-可见分光光度计；测量模式：吸光度；测量波长：280 nm（最大吸收），255 nm（最小吸收）；比色皿：石英比色皿；比色皿厚度：1 cm。

3. 薄层层析法（TLC）

吸附剂：硅胶 G 薄层板；展开剂：三氯甲烷+甲醇+12.5%的三氯醋酸（1∶1∶1，$V:V:V$）；显色剂：六氰络铁氢钾试液+水+三氯化铁试液（1∶1∶2，$V:V:V$）（临用新制）；Rf 值（比移值）：提取样品与对照品的斑点高度和颜色应一致。

傣肌松(锡肌松)

【化学名称】锡生藤碱Ⅱ

【化学式】$C_{38}H_{44}O_6N_2I_2$

【结构式】

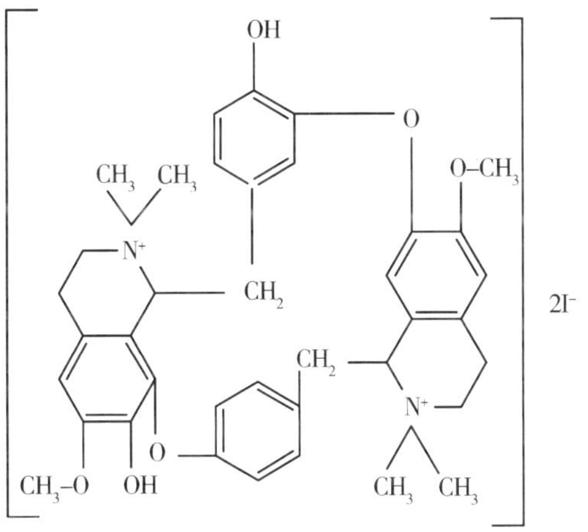

【相对分子质量】878.59

【CAS 登记号】暂无

【性状】

傣肌松为淡黄色结晶性粉末，无臭，味微苦，熔点 277～281 ℃，熔融时同时分解。在热水中微溶，在冷水和乙醇中极微溶解，在氯仿和乙醚中不溶。

【用途及中毒原因】

本品为非去极化型肌松药，临床上主要用作浅全身麻醉下手术时的肌肉松弛剂。中毒原因多为用药不当或用药过量等。

【作用机制】

本品为从防己科植物亚乎奴的根及茎中提取的亚乎奴碱（督生藤碱甲）的碘甲烷盐，系筒箭毒碱的衍生物，属非去极化型肌松药。对所有的横纹肌都有松弛作用。于静脉注射后 60 s 内起效，持续 20 min 左右，与乙醚有协同作用。

【毒性】

临床用量：静脉注射每次 0.2～0.3 mg/kg（一般为 5～15 mg），30 min 内可重复给药，用量为首次剂量的 1/2～2/3。

【中毒症状】

傣肌松过量使用可引起呼吸抑制，主要表现为胸闷、呼吸困难、口唇发绀、大汗、烦躁或面色紫里透红、球结膜充血、心率增快等。严重时可出现心力衰竭或周围循环衰竭。

【急救措施】

大剂量引起呼吸肌麻痹时，首先应确保呼吸道通畅和持续供氧及有效的通气量，也可进行人工呼吸，并及时静脉注射新斯的明（1～2 mg）。

【尸体特征】

呼吸肌麻痹对机体的最大危害是缺氧，甚至是死亡的主要原因。因此，傣肌松中毒死亡者尸体皮肤多呈青紫色，口唇、指甲发绀，尸斑明显。解剖可见诸脏器充血、肺水肿、脑水肿等。

【检材提取】

应注意收集现场遗留的药品及包装物等，解剖检验时可提取血液、尿液、肝组织等作为检材。

【检验方法】

1. 化学法（显色反应）

取试液适量，加硝酸汞试液 1 mL，渐产生红色，则示有傣肌松存在。

2. 紫外-可见分光光度法

仪器：紫外-可见分光光度计；测量模式：吸光度；测量波长：280 nm（最大吸收），255 nm（最小吸收）；比色皿：石英比色皿；比色皿厚度：1 cm。

3. 薄层层析法（TLC）

吸附剂：硅胶 G 薄层板；展开剂：三氯甲烷+甲醇+12.5%的三氯醋酸（1∶1∶1，$V:V:V$）；显色剂：六氰络铁氢钾试液+水+三氯化铁试液（1∶1∶2，$V:V:V$）（临用新制）；Rf 值（比移值）：提取样品与对照品的斑点高度和颜色应一致。

第四节　抗癫痫药

苯妥英钠(大仑丁)

【化学名称】5，5-二苯基-2，4-咪唑烷二酮钠盐

【化学式】$C_{15}H_{11}N_2NaO_2$

【结构式】

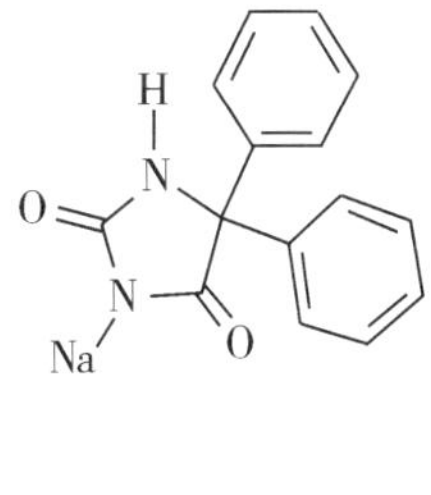

【相对分子质量】274.25

【CAS 登记号】630-93-3

【性状】

苯妥英钠为白色粉末，无臭，味苦。熔点 290~299 ℃，沸点 428.2 ℃。易溶于水，溶于乙醇，几乎不溶于乙醚、氯仿。水溶液呈碱性。在空气中渐渐吸收二氧化碳而析出苯妥英（$C_{15}H_{12}N_2O_2$），苯妥英无臭，味苦，熔点 293~295 ℃，不溶于水。

【用途及中毒原因】

苯妥英钠主要用于治疗癫痫大发作、精神运动性发作、局限性发作，亦用于治疗三叉神经痛和心律失常。临床上主要适用于治疗癫痫全身强直阵挛性发作、癫痫复杂部分性发作（精神运动性发作和颞叶癫痫）、癫痫单纯部分性发作（局限性发作）和癫痫持续状态；也可用于治疗隐性营养不良性大疱性表皮松解、发作性舞蹈手足徐动症、发作性控制障碍（包括发怒、焦虑和失眠的兴奋过度等的行为障碍疾患）、肌强直综合征及三环类抗抑郁药过量时引起的心脏传导障碍等。

此药的治疗剂量与中毒剂量相近，有效浓度范围窄，用药不当易引起药物中毒；也有服药自杀的案例报道。

【作用机制】

本品能抑制细胞外钠离子的被动内流，对各种组织的可兴奋膜（包括神经元和心肌细胞膜）有稳定作用，可降低其兴奋性。在抗心律失常时，主要是抑制心室和心房的异位节律点，加速房室结的传导，缩短不应期；在抗癫痫时，能阻止脑部病灶发生的异常电位活动向周围正常脑组织扩散，从而起到抗癫痫的作用。

本品口服吸收较慢，静脉注射吸收快，肌内注射吸收不完全且不规则；口服后 4~12 h 血药浓度达峰值，主要在肝内代谢，经肾脏排泄，碱性尿时排泄较快。

【毒性】

苯妥英钠为低毒类物质。

血药浓度：治疗浓度 10~20 μg/mL，中毒浓度 10~500 μg/mL。

急性中毒实验：大鼠经口半数致死量（LD_{50}）为 1 530 mg/kg，大鼠腹腔注射半数致死量（LD_{50}）为 138 mg/kg，大鼠皮下注射半数致死量（LD_{50}）为 230 mg/kg；小鼠经口半数致死量（LD_{50}）为 165 mg/kg，小鼠腹腔注射半数致死量（LD_{50}）为 103 mg/kg，小鼠皮下注射半数致死量（LD_{50}）为 400 mg/kg。

【中毒症状】

本品的中毒症状与给药的途径、剂量和持续时间等有关。

（1）口服急性中毒：主要表现为小脑和前庭系统症状，如眩晕、震颤、视力模糊或复视、发音及咽下困难、共济失调等；还可出现恶心、呕吐、头痛、精神错乱及昏迷等症状。

（2）大剂量静脉注射或注射速度过快时，可导致房室传导阻滞、心动过缓、心血管性虚脱和呼吸抑制等。

（3）慢性中毒：可出现齿龈增生、厌食、恶心、呕吐、白细胞减少、巨细胞性贫血、共济失调、眼球震颤、手颤和复视等症状。

【急救措施】

对于口服大量苯妥英钠的清醒患者，可刺激其咽部，促使其呕吐；然后选用 1%~4%的鞣酸溶液、生理盐水或温水洗胃；再用硫酸钠或医用活性炭导泻（忌用硫酸镁）；静脉注射 20%的甘露醇 250 mL 利尿，碱化尿液，加速药物排泄。

严重中毒时，可用透析疗法以降低血浆中苯妥英钠的浓度，并严密监控血压、心率等。

【尸体特征】

尸表呈一般窒息性死亡尸体征象。尸斑暗红色，口腔内有呕吐物。解剖可见脑水肿，肺瘀血、水肿。镜下可见肺脏、肝脏、脾脏瘀血，肺泡腔内充满粉染液体。

【检材提取】

解剖检验时可提取胃内容物、肝脏、血液、尿液等作为检材。如果经过抢救，应注意收集洗胃液和尿液。同时还需注意收集现场遗留的药品及包装物等。

【检验方法】

1. 气相色谱-质谱法

仪器：气相色谱-质谱联用仪；色谱柱：Agilent DB-5MS（30 m×0.25 mm×0.25 μm）弹性石英毛细管柱；柱温：初始温度 90 ℃，保持 1 min，以 20 ℃/min 的升温速率升温至 280 ℃，保持 10 min；进样口温度：280 ℃；传输线温度：280 ℃；离子源温度：230 ℃；进样方式：不分流进样；载气：高纯氦，流速：1 mL/min；离子源：电子轰击源（EI），能量：70 eV；扫描方式：全扫描；质量范围：40~450 aum。

2. 高效液相色谱法

仪器：高效液相色谱仪；色谱柱：Hypersil C18（150 mm×4.6 mm×5 μm）键合硅胶柱；柱温：30 ℃；流动相：甲醇+乙腈+水=（10：30：60，*V/V/V*）；流速：1.0 mL/min；检测波长：220 nm。

卡马西平（立痛定）

【化学名称】 5H-二苯并［b，f］氮杂䓬-5-甲酰胺

【化学式】 $C_{15}H_{12}N_2O$

【结构式】

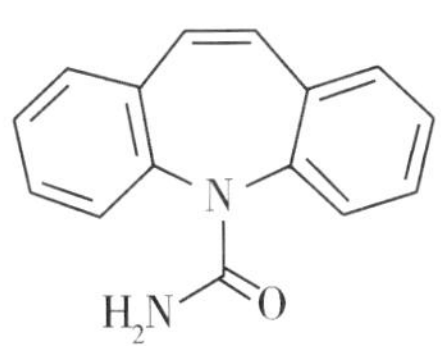

【相对分子质量】 236.27

【CAS 登记号】 298-46-4

【性状】

卡马西平为白色或类白色结晶性粉末，无臭，无味。熔点 189~192 ℃，沸点 411 ℃，密度 1.266 g/cm³。溶于乙醇、丙酮、丙二醇、氯仿，不溶于水和乙醚。

【用途及中毒原因】

本品属二苯并氮杂䓬类抗癫痫药，具有与苯妥英钠相似的抗癫痫作用。临床上主要用于治疗癫痫复杂部分性发作（精神运动性发作和颞叶癫痫）、癫痫全身强直阵挛性发作和上述两种混合性发作或其他部分性或全身性发作；可用于缓解三叉神经痛、舌咽神经痛、脊髓痨的闪电样痛、糖尿病周围神经痛、患肢痛、外伤后神经痛和某些疱疹后神经痛等神经源性疼痛；也可用于预防或治疗躁狂抑郁症；亦可用于治疗情感性精神分裂症、顽固性精神分裂症及与边缘系统功能障碍有关的失控综合征等精神疾病及尿崩症等。中毒原因多为用药过量、儿童误服、自杀等。

【作用机制】

本品为 Na^+ 通道调节剂，其主要作用如下。

（1）抗惊厥作用：可能是通过增强 Na^+ 通道的灭活效能，限制突触后神经元高频动作电位的发放，以及通过阻断突触前动作电位的发放，阻断神经递质的释放，从而调节神经兴奋性，产生抗惊厥作用。

（2）抗外周神经痛作用：可能是通过作用于γ-氨基丁酸（GABA）B 受体而产生镇痛效应，并与调节 Ca^{2+} 通道有关。

（3）抗利尿作用：可能与刺激抗利尿激素（ADH）的释放和加强水分在远端肾小管的重吸收有关。

（4）抗人格障碍和躁狂抑郁作用：可能与抑制多巴胺和肾上腺素的蓄积有关。

（5）抗心律失常作用：本品还有膜稳定作用，对室性或室上性早搏均有效，可使症状消除，尤其对伴有慢性心功能不全者疗效更好。

【毒性】

卡马西平为低毒类物质。

血药浓度：治疗浓度 4~12 μg/mL，中毒浓度>12 μg/mL。

急性中毒实验：大鼠经口半数致死量（LD_{50}）为 1 957 mg/kg，大鼠腹腔注射半数致死量（LD_{50}）为 158 mg/kg，大鼠皮下注射半数致死量（LD_{50}）>1 500 mg/kg；小鼠经口半数致死量（LD_{50}）为 529 mg/kg，小鼠腹腔注射半数致死量（LD_{50}）为 114 mg/kg，小鼠皮下注射半数致死量（LD_{50}）>1 000 mg/kg。

【中毒症状】

中毒症状主要表现为剧烈眩晕或者嗜睡，呼吸不规则（变慢或者变浅），异常的心跳加快。出现神经肌肉症状，如不安、肌肉抽动、震颤、舞蹈动作、角弓反张、共济失调、瞳孔散大、眼球震颤等，还可出现再生障碍性贫血及中毒性肝炎等。

另外，过敏体质的人可出现皮疹、瘙痒，严重的出现史蒂文斯-约翰逊（Stevens-Johnson）综合征和中毒性表皮坏死溶解症，可导致死亡。

【急救措施】

本品中毒无特殊的解救药。因本品进入胃内难以溶解吸收，所以催吐、洗胃是关键，用大胃管便于药片排出；使用医用活性炭吸附或使用导泻剂以减少药物的吸收；应用利尿剂促进药物排泄；严重中毒或肾功能衰竭患者应采用透析治疗；保持呼吸道通畅，必要时行气管插管、人工呼吸和给予吸氧；出现血压下降和休克时，可抬

高双下肢，并使用血容量扩张剂及升压药；出现惊厥时需用安定或巴比妥类药物。

【尸体特征】

有口服卡马西平过敏致死的报道，尸表检验可见全身密布粟粒状红色斑丘疹，脚掌、手掌等有硬茧处出现大水疱，有的破溃，皮肤糜烂；结膜充血，颜面部水肿，口唇肿胀如鱼口状；消化道黏膜充血、水肿；口腔黏膜及外生殖器红肿、糜烂。

【检材提取】

检材可提取呕吐物、洗胃液、尿液、血液、胃内容物、肝组织等。

【检验方法】

1. 气相色谱-质谱法

仪器：气相色谱-质谱联用仪；色谱柱：Agilent DB-1MS（30 m×0.25 mm×0.25 μm）弹性石英毛细管柱；柱温：初始温度 50 ℃，保持 1 min，以 25 ℃/min 的升温速率升温至 280 ℃，保持 10 min；进样口温度：280 ℃；传输线温度：280 ℃；离子源温度：230 ℃；进样方式：不分流进样；载气：高纯氦，流速：1.0 mL/min；离子源：电子轰击源（EI），能量：70 eV；扫描方式：全扫描；质量范围：40~450 amu。

2. 高效液相色谱法

仪器：高效液相色谱仪；色谱柱：HP-Cyano（250 mm×4.6 mm×5 μm）键合硅胶柱；流动相：甲醇+四氢呋喃+水（120∶30∶850，*V/V/V*）；流速：1.0 mL/min；柱温：室温；检测器：紫外检测器；检测波长：230 nm；进样量：20 μL。

奥卡西平（氧痛惊宁、确乐多）

【化学名称】10，11-二氢-10-氧代-5H-二苯并［b，f］氮杂䓬-5-甲酰胺

【化学式】$C_{15}H_{12}N_2O_2$

【结构式】

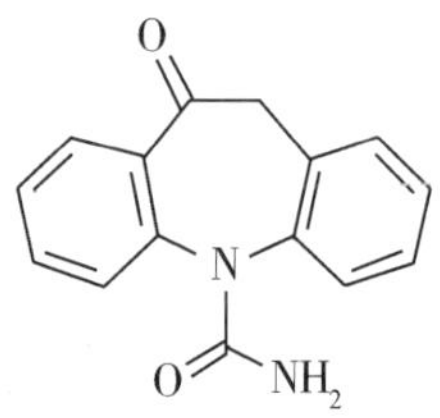

【相对分子质量】252.27

【CAS 登记号】28721-07-5

【性状】

奥卡西平为白色或浅褐色结晶，无臭，无味。熔点 215～216 ℃，沸点 457.2 ℃，密度 1.329 g/cm^3。溶于乙醇。

【用途及中毒原因】

本品为卡马西平的衍生物，作用和卡马西平相同，但副作用较小，临床上主要用于抗癫痫。中毒原因多为用药过量、儿童误服、自杀等。

【作用机制】

本品为卡马西平的衍生物，药效与卡马西平相似或稍强。本品及其代谢物（羟基衍生物）均具有抗惊厥活性，对大脑皮质运动有高度选择性抑制作用，其作用可能在于阻断脑细胞的电压依赖性钠离子通道，从而阻止病灶放电的散布。此外，本品亦可作用于钾、钙离子通道而起作用。

【毒性】

奥卡西平过量服用的个案报道称，最大摄入剂量为 24 g，对症治疗后，患者康复。

健康男性志愿者空腹一次服用奥卡西平膜衣片 600 mg 后，MHD（奥卡西平的降解产物，10，11-二氢-10-羟基-卡马西平）的平均血药峰值浓度（C_{max}）为 31.5 μmol/L。

【中毒症状】

常见嗜睡、头痛、头晕、复视、恶心、呕吐、便秘、腹痛、腹泻、痤疮、脱发、皮疹和疲劳等症状；偶见胃肠功能障碍、皮肤潮红、血细胞计数下降等症状；罕见心律失常、肝炎、严重的过敏反应、史蒂文斯-约翰逊（Stevens-Johnson）综合征和系统性红斑狼疮等。

【急救措施】

本品中毒无特殊的解救药。因本品进入胃内难以溶解吸收，所以催吐、洗胃是关键，用大胃管便于药片排出；使用医用活性炭吸附或使用导泻剂以减少药物的吸收；应用利尿剂促进药物排泄；严重中毒或肾功能衰竭患者应采用透析治疗；保持呼吸道通畅，必要时行气管插管、人工呼吸和给予吸氧；对症支持治疗。

【尸体特征】

有口服奥卡西平过敏致死的报道，尸表检验可见全身密布粟粒状红色斑丘疹，脚掌、手掌等有硬茧处出现大水疱，有的破溃，皮肤糜烂；结

膜充血，颜面部水肿，口唇肿胀如鱼口状；消化道黏膜充血、水肿；口腔黏膜及外生殖器红肿、糜烂。

【检材提取】

对于抢救中的中毒者应注意提取洗胃液、尿液和血液备检。解剖检验时可采集胃内容物、肝脏、血液、尿液等作为检材。同时还需注意收集现场遗留的药品、包装物及呕吐物等。

【检验方法】

高效液相色谱法。

仪器：高效液相色谱仪；色谱柱：Diamonsil C18（200 mm×4.6 mm×5 μm）键合硅胶柱；流动相：乙腈+0.05 mol/L 的磷酸二氢钾（40∶60，*V/V*，用磷酸调节 pH 值至 3.0）；检测波长：256 nm；柱温：40 ℃；流速：1.0 mL/min。

加巴喷丁（加巴番定）

【化学名称】1-（氨甲基）环己烷乙酸

【化学式】$C_9H_{17}NO_2$

【结构式】

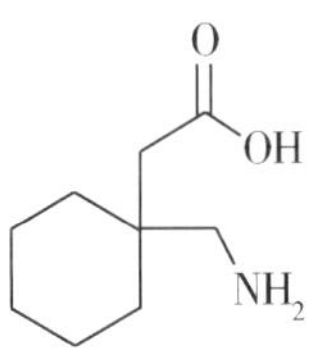

【相对分子质量】171.24

【CAS 登记号】60142-96-3

【性状】

加巴喷丁为白色或类白色晶状粉末，熔点 162~166 ℃，沸点 314.4 ℃，密度 1.058 g/cm³。可溶于水。

【用途及中毒原因】

本品临床上用于常规抗癫痫药不能满意控制或不能耐受的局限性发作的癫痫患者，以及局限性发作并继而全身化的癫痫患者的附加治疗。中毒原因多为用药过量、误服和自杀等。

【作用机制】

本品为新型抗癫痫药，其药理作用与现有的抗癫痫药不同；它是 γ-氨基丁酸（GABA）的衍生物，但不与 GABA 受体产生相互作用，它既不能代谢转化为 GABA 或 GABA 激动剂，也不是 GABA 摄取或降解的抑制剂，最近研究表明，其是通过改变 GABA 的代谢而产生作用的。本品随 Na^+ 通道经过肠黏膜和血脑屏障，结合于大脑皮层、海马体和小脑，通过影响神经细胞膜的氨基酸转运而起到抑制作用。

本品主要通过胃肠道吸收，约 3 h 血药浓度可达峰值，半衰期为 5~7 h，基本不在体内代谢，大部分以原形随尿排出，其余随粪便排出。

【毒性】

急性中毒实验：大鼠经口半数致死量（LD_{50}）>8 000 mg/kg，大鼠静脉注射半数致死量（LD_{50}）>2 000 mg/kg；小鼠经口半数致死量（LD_{50}）>8 053 mg/kg，小鼠静脉注射半数致死量（LD_{50}）>1 000 mg/kg。

【中毒症状】

常见嗜睡、眩晕、运动失调、疲劳、眼球震颤、头痛、复视、恶心、呕吐等症状；偶见惊厥、咽炎、口齿不清、体重增加、消化不良、遗忘、神经过敏等症状；罕见胰腺炎、肝功能受损和史蒂文斯-约翰逊（Stevens-Johnson）综合征。

【急救措施】

医用过量应立即停药，对症治疗。对于口服中毒者，催吐、洗胃是关键，用大胃管便于药片排出；使用医用活性炭吸附或使用导泻剂以减少药物的吸收；应用利尿剂促进药物排泄；严重中毒或肾功能衰竭患者应采用透析治疗；保持呼吸道通畅，必要时行气管插管和人工呼吸。

【尸体特征】

加巴喷丁中毒死亡的案例目前尚未见报道。加巴喷丁的用量可以高达每天 3 600 mg，过量时，可出现复视、口齿不清、嗜睡、淡漠和腹泻等症状，经抢救后均获康复。

【检材提取】

应注意提取现场遗留的呕吐物、药品及包装物等，如果经过抢救，应注意收集洗胃液、尿液或血液等备检。

【检验方法】

高效液相色谱法。

（1）衍生化方法：衍生化试剂：对甲氧基苯磺酰氯；物料比例：对甲氧基苯磺酰氯+加巴喷丁（质量比：7.5∶1）；衍生化温度：50 ℃（水浴）；衍生化时间：30 min。

（2）仪器条件：仪器：高效液相色谱仪；色谱柱：Hypersil C18（150 mm×4.6 mm×5 μm）反相 ODS 柱；流动相：0.05 mol/L 的 Na_2HPO_4

缓冲液（pH 值为 10）+甲醇；流速：0.8 mL/min；柱温：室温；检测波长：240 nm。

扑米酮（美速林、密苏林、麦苏林）

【化学名称】 5-乙基-5-苯基-二氢-4，6（1H，5H）-嘧啶二酮

【化学式】 $C_{12}H_{14}N_2O_2$

【结构式】

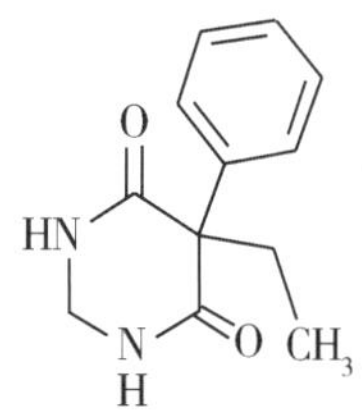

【相对分子质量】 218.25

【CAS 登记号】 125-33-7

【性状】

扑米酮为白色结晶性粉末，无臭，味微苦。熔点 281～282 ℃，沸点 520.7 ℃，密度 1.138 g/cm^3。微溶于醇，几乎不溶于水、丙酮和苯。

【用途及中毒原因】

本品在临床上主要适用于治疗癫痫大发作、简单部分性发作和复杂部分性发作，还可用于良性特发性震颤（家族性震颤）等疾病的治疗。中毒原因多为过量用药、儿童误服和自杀等。

【作用机制】

本品为去氧巴比妥类药物，在体内可代谢为苯巴比妥和苯乙基丙二酰胺，扑米酮和两个代谢产物均有抗惊厥的效应，使神经细胞的 Cl^- 通道开放，细胞过极化，产生拟似 γ-氨基丁酸（GABA）的作用。在治疗浓度时可降低谷氨酸的兴奋作用、加强 γ-氨基丁酸（GABA）的抑制作用，抑制中枢神经系统单突触和多突触传递，导致整个神经细胞兴奋性降低，提高运动皮质电刺激阈，使惊厥的发作阈值提高，扑米酮还可以抑制致痫灶放电的传播。

【毒性】

口服：开始每次 0.15 g，逐渐增量至每次 0.2 g，极量为每日 2 g。中毒血药浓度为 50～80 μg/mL。

【中毒症状】

中枢神经系统症状表现为嗜睡、恶心、呕吐、性格改变、头晕、共济失调、复视、视神经炎。血液系统症状表现为叶酸缺乏、巨幼红细胞性贫血、新生儿出血、白细胞减少、血小板减少。皮肤症状表现为斑丘疹和大疱性皮炎。其中主要的毒副反应为嗜睡、性格改变和叶酸缺乏。

【急救措施】

（1）洗胃：服药在 3～5 h 且神志清醒者，应立即用 1∶2 000 的高锰酸钾溶液洗胃。昏迷者可从鼻孔插入胃管，每次灌注洗胃液 200～300 mL，再抽出，反复灌洗，直至抽出的洗胃液中见不到药物颗粒。洗胃后留置适量硫酸钠和医用活性炭混悬液于胃内（忌用硫酸镁，以免 Mg^{2+} 被吸收后加重对呼吸中枢的抑制）。

（2）利尿：静脉补液，并静脉注射 20% 的甘露醇 250 mL；血容量基本正常者也可用呋塞米 20～40 mg/次，静脉注射，每日 2 次。还可静脉滴注 5% 的碳酸氢钠溶液 250～500 mL/次，以碱化尿液，减少肾小管对药物的重吸收，加快毒物排泄。

（3）血液透析或腹膜透析：适用于下列情况：①中枢抑制状态渐趋加深，表现为呼吸极慢、反射消失、昏迷。②摄入已达致死量的药物，且时间过长，病情重笃者。

【尸体特征】

扑米酮被吸收后，15%～25% 转化为苯巴比妥，其毒副作用为扑米酮和苯巴比妥协同作用的结果，中毒造成死亡的尸体特征与苯巴比妥相似。

【检材提取】

检材可提取血液、尿液、洗胃液、胃内容物、肝组织等。同时还应注意收集现场遗留的呕吐物、药品及包装物等。

【检验方法】

气相色谱法。

仪器：气相色谱仪；色谱柱：Agilent DB-17（30 m×0.53 mm×1 μm）弹性石英毛细管柱；柱温：260 ℃（恒温）；进样口温度：300 ℃；检测器温度：310 ℃；载气：高纯氮；检测器：FID；内标物：雌酮；进样方式：分流进样，分流比：10∶1；进样量：1 μL。

托吡酯（妥泰）

【化学名称】 2，3，4，5-双-O-（1-甲基亚乙基）-β-D 吡喃果糖氨基磺酸酯

【化学式】$C_{12}H_{21}NO_8S$

【结构式】

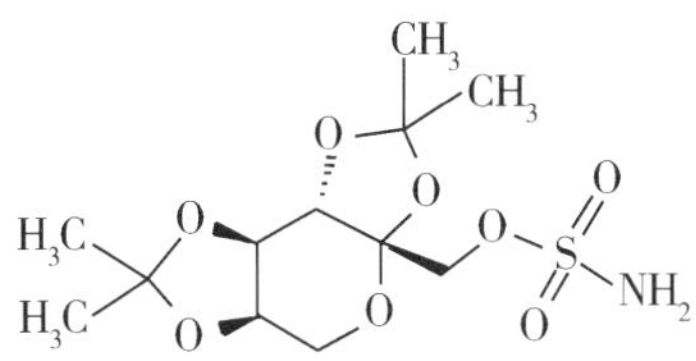

【相对分子质量】339.36

【CAS 登记号】97240-79-4

【性状】

托吡酯为白色晶状粉末，有苦味。熔点125 ℃，沸点438.7 ℃，密度1.336 g/cm^3。极易溶于氢氧化钠或磷酸钠等pH值为9~10的碱性溶液，易溶于丙酮、氯仿、二甲亚砜和乙醇，溶于水，其饱和水溶液呈酸性。

【用途及中毒原因】

托吡酯是一种天然单糖醛右旋果糖硫化物，是目前我国临床上应用较多的广谱抗癫痫药，可用于控制不同类型的癫痫，本品的疗效好，但在对儿童使用及加量过快时可致认知障碍和产生神经毒性，并易促发肾结石。本品一般用于抗癫痫药的辅助治疗，对癫痫的单纯性和复杂性发作及癫痫的全身强直阵挛性发作有效，也可用于婴儿痉挛症的治疗。本品的特点是远期疗效好，无明显耐药性，大剂量时单用也可抗癫痫。中毒原因多为误服、药物滥用或自杀等。

【作用机制】

托吡酯是一种由氨基磺酸酯取代单糖的新型抗癫痫药物。在培养的神经元中进行的电生理和生化研究中得出与其抗癫痫作用有关的托吡酯的三个特性：①由神经元持续去极化所反复激发的动作电位被托吡酯以时间依赖的模式阻断，表明托吡酯可阻断状态依赖的钠离子通道。②托吡酯可提高γ-氨基丁酸（GABA）激活GABA受体的频率，从而加强GABA诱导氯离子内流的能力，表明托吡酯可增强抑制性神经递质的作用。③托吡酯可拮抗红藻氨酸（Kainate）激活兴奋性氨基酸（谷氨酸）的Kainate/AMPA亚型，但对N-甲基-D-天冬氨酸（NMDA）的NMDA受体亚型无明显影响。

托吡酯可迅速、完全地被吸收，2 h达到峰值浓度。主要经肾脏清除，约有66%的托吡酯在4 d内以原形从尿中排泄。托吡酯在体内经羟基化作用、水解作用和葡萄糖醛酸化作用形成的代谢产物主要为2，3-二羟基托吡酯和4，5-二羟基托吡酯。

【毒性】

血药浓度：治疗浓度2~20 μg/mL，中毒浓度20~25 μg/mL。

急性中毒实验：大鼠腹腔注射半数致死量（LD_{50}）>1 500 mg/kg。

【中毒症状】

中毒症状主要表现在中枢神经系统方面，多见共济失调、注意力受损、意识模糊、头晕、疲劳、感觉异常、嗜睡和思维异常；偶见焦虑、遗忘、食欲缺乏、失语、抑郁、复视、情绪不稳、恶心、眼球震颤、言语表达障碍、味觉倒错、视觉异常和体重减轻或发生肾结石。

【急救措施】

对于口服中毒者，应立即催吐、洗胃；由于医用活性炭不吸附托吡酯，洗胃后不宜采用胃内放置医用活性炭的方法。保持呼吸道通畅，维持酸碱平衡，对症支持治疗；必要时可用血液透析法。

【尸体特征】

托吡酯单一药物中毒引起的后果并不严重，一名服用了96~110 g托吡酯的患者因昏迷20~24 h被送入医院，3~4 d后完全康复，托吡酯过量致死的案例尚未见报道。但有多种药物同服过量后引起死亡的可能。

【检材提取】

检材可提取呕吐物、胃内容物、血液、尿液、肝脏、肾脏及脑组织等。

【检验方法】

液相色谱-质谱法。

仪器：液相色谱-质谱联用仪；色谱柱：Hypersil ODS C18（150 mm×4.6 mm×5 μm）键合硅胶柱，深航C18预柱；流动相：5 mmol/L的醋酸铵溶液+甲醇（25∶75，*V/V*）；流速：0.5 mL/min；柱温：25 ℃；离子源：电喷雾离子源（ESI）；气帘气：氮气（30 Psi，Psi指每平方英寸英磅压力指数）；碰撞气：氩气（2 Psi）；喷雾电压：-2 500 V；雾化温度：500 ℃；雾化气：氮气（70 Psi）；辅助气：60 Psi；去簇电压：-35 V；聚焦电压：-400 V；入口电压：-10 V；碰撞室入口电压：-30 V；碰撞室出口电压：-5 V；进样量：20 μL。

舒噻美（磺斯安、舒噻胺）

【化学名称】4-（四氢-2H-1，2-噻嗪-2-基）-苯磺酰胺

【化学式】$C_{10}H_{14}N_2O_4S_2$

【结构式】

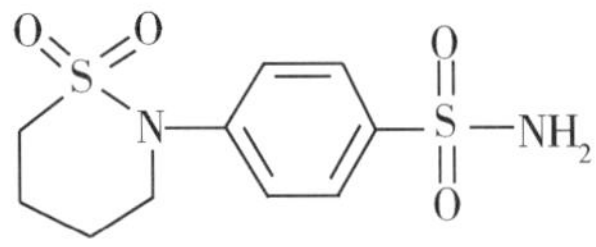

【相对分子质量】290.36

【CAS 登记号】61-56-3

【性状】

舒噻美为白色结晶性粉末，无臭，味微苦。沸点 520.2 ℃，密度 1.472 g/cm^3。极易溶于水，易溶于碱性溶液，微溶于乙醇、乙醚。

【用途及中毒原因】

本品在临床上主要适用于治疗小发作以外的癫痫，其中对癫痫精神运动性发作、局限性发作和运动过度行为的控制较对癫痫大发作更为有效。单独应用作用较弱，通常与其他抗癫痫药合用。中毒原因多为用药过量、误服或者自杀等。

【作用机制】

本品为碳酸酐酶抑制剂，由于其对脑内的碳酸酐酶有强大的抑制作用，可使脑细胞外与细胞内的钠离子比率增大，从而产生稳定细胞膜的作用。

本品口服易吸收，1～5 h 血药浓度可达峰值；24 h 内约 60%以原形随尿排出。

【毒性】

口服：成人每次 200 mg，每日 3 次；如与其他抗癫痫药合用，则开始时每次 100 mg，每日 2 次。

【中毒症状】

中毒症状多见面部和肢端感觉异常、共济失调、食欲缺乏、代谢性酸中毒导致的呼吸过快及呼吸困难；也可见头痛、眩晕、体重下降、视物模糊、眼睑下垂、言语不清等；偶见腹痛、皮疹、抑郁、失眠、白细胞减少及癫痫持续状态。剂量过大时有结晶尿。

【急救措施】

对于口服中毒者，应立即催吐、洗胃、导泻，并给予输液、吸氧等。

【尸体特征】

本品中毒的主要原因为代谢性酸中毒所致。有关舒噻美中毒死亡的案例暂无相关报道。

【检材提取】

如遇舒噻美中毒所致的死亡事件，解剖尸体时应注意提取死者的胃内容物、血液、尿液或肝组织进行药物检验。并注意收集现场遗留的药品、包装物及呕吐物等。

【检验方法】

高效液相色谱法。

仪器：高效液相色谱仪；色谱柱：Shimpack CLC（M）C18（250 mm×4.6 mm×5 μm）键合硅胶柱；流动相：甲醇+0.02 mol/L 的磷酸二氢钾溶液（65 ∶ 35，*V/V*，用磷酸调节 pH 值至 3.0）；流速：0.9 mL/min；检测器：紫外检测器；检测波长：291 nm。

第五节　抗精神失常药

氯丙嗪（冬眠灵）

【化学名称】3-（2-氯-10H-吩噻嗪-10-基）-N，N-二甲基丙-1-胺

【化学式】$C_{17}H_{19}ClN_2S$

【结构式】

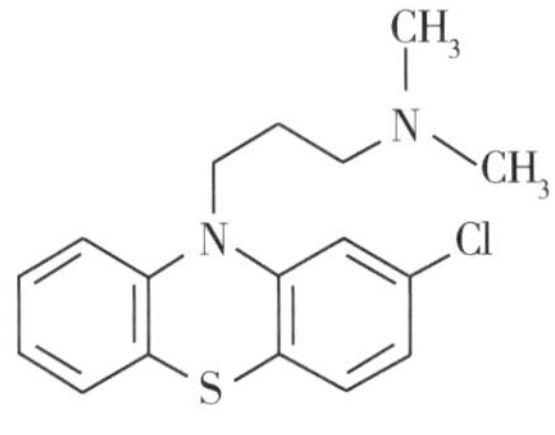

【相对分子质量】318.86

【CAS 登记号】50-53-3

【性状】

氯丙嗪为白色至奶油白的粉末或蜡状固体，无味或略有氨味。熔点 194～198 ℃（分解），沸点 450.1 ℃，密度 1.212 g/cm^3。微呈碱性。长期暴露在空气中发黑，具有引湿性，遇强光分解，遇氧化剂变色。

【用途及中毒原因】

本品属二甲胺族吩噻嗪类药物，是临床上常

用的治疗精神疾病的药物之一，主要用于治疗Ⅰ型精神分裂症，同时也用于镇吐、低温麻醉、人工冬眠及心力衰竭的治疗等。中毒原因多为患者大量服药自杀或者过量用药、儿童误服等。也有诱服或投毒他杀的案例，偶见使用氯丙嗪戒毒发生中毒死亡的报道。

【作用机制】

本品对多巴胺受体、5-HT受体、M受体、α-肾上腺素受体均有阻断作用，并且对中枢神经系统有较强的抑制作用，对内分泌系统也有影响，其药理作用广泛而复杂。其作用于中脑-边缘系统及中脑-皮层通路的多巴胺受体（DA_2）产生抗精神病效应；作用于下丘脑的多巴胺受体对内分泌产生影响；抑制延髓呕吐中枢产生镇吐效果；抑制下丘脑体温调节中枢，使体温调节失灵，导致体温随环境温度升降而升降；阻断α-肾上腺素受体，可翻转肾上腺素的升压效应，同时抑制血管运动中枢，并直接舒张血管平滑肌，产生扩张血管、降低血压的作用。

本品口服吸收不规则，个体差异大；血药浓度达峰值的时间：口服为2.8 h，肌内注射为1~4 h，静脉给药为2~4 h；吸收后分布到全身组织，肺中的药物浓度最高，其次为肝脏和脑；大部分在肝脏中代谢。主要经肾脏排泄，母体药物的清除半衰期为6 h。

【毒性】

氯丙嗪为高毒性物质。

血药浓度：治疗浓度0.003~0.3 μg/mL，中毒浓度0.5~2 μg/mL，致死浓度2 μg/mL。致死剂量为15~150 mg/kg或者5~7 g。

急性中毒实验：大鼠经口半数致死量（LD_{50}）为142 mg/kg，大鼠腹腔注射半数致死量（LD_{50}）为137 mg/kg，大鼠皮下注射半数致死量（LD_{50}）为75 mg/kg；小鼠经口半数致死量（LD_{50}）为135 mg/kg，小鼠腹腔注射半数致死量（LD_{50}）为14 mg/kg，小鼠皮下注射半数致死量（LD_{50}）为33 mg/kg。

【中毒症状】

中毒症状主要表现在中枢神经系统、循环系统和呼吸系统方面，表现为昏迷、共济失调、肌肉僵直、震颤、阵发性抽搐、血压和体温下降、呼吸浅慢、瞳孔缩小，最后反射消失、休克、窒息死亡。

【急救措施】

本品中毒无特效解毒剂，以对症、支持治疗为主。

（1）口服中毒者应先洗胃，然后灌服医用活性炭50 g，并用硫酸钠20~40 g导泻，以清除未被吸收的药物。

（2）让患者平卧，尽量少搬动头部，避免体位性低血压的发生。

（3）对症支持治疗：监视生命体征，保持呼吸道通畅，防治低血压和休克，防止昏迷，维持水、电解质平衡和酸碱平衡。

【尸体特征】

急性中毒死亡者的尸表无特殊病理学改变。解剖可见内脏瘀血，脑水肿、肺水肿；胃内可见药物残留，胃黏膜可见出血。慢性中毒死亡者，可见皮肤黄疸；解剖可见胆汁瘀滞，甚至有胆栓形成；镜下可见肝细胞变性、坏死，脑神经细胞皱缩，尼氏小体消失。

【检材提取】

检材可提取胃内容物、血液、尿液、胃组织、肝组织等。对于经过抢救的中毒者，还需注意收集洗胃液，同时也应注意收集现场遗留的药品、包装物及呕吐物等。

【检验方法】

气相色谱-质谱法。

仪器：气相色谱-质谱联用仪；色谱柱：Agilent DB-5 MS（30 m×0.25 mm×0.25 μm）弹性石英毛细管柱；进样口温度：280 ℃；进样方式：不分流进样；进样量：1 μL；载气：高纯氦，流速（恒流）：0.8 mL/min；柱温：初始温度80 ℃，保持1 min，以15 ℃/min的升温速率升温至270 ℃，再以2 ℃/min的升温速率升温至290 ℃，保持5 min；离子源：电子轰击源（EI），能量：70 eV；溶剂延迟：12 min；传输线温度：280 ℃；离子源温度：200 ℃；检测模式：选择离子监测（SIM）。

异丙嗪（菲那根）

【化学名称】10-（2-二甲基氨基-1-丙基）吩噻嗪

【化学式】$C_{17}H_{20}N_2S$

【结构式】

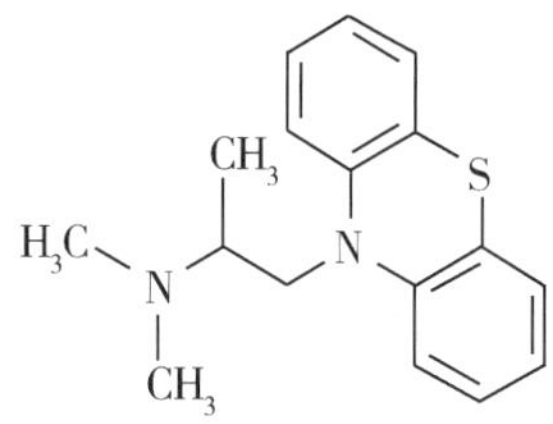

【相对分子质量】284.42

【CAS 登记号】60-87-7

【性状】

异丙嗪为无色结晶，几乎无臭，味苦。熔点60 ℃，沸点190~192 ℃（0.4 kPa），密度1.131 g/cm^3。在空气中久置变为蓝色。其盐酸盐为白色或近白色粉末或颗粒，熔点230~232 ℃（部分分解），极易溶于水，溶于乙醇、氯仿，几乎不溶于丙酮、乙醚。

【用途及中毒原因】

本品为吩噻嗪类抗组胺药，①用于治疗各种过敏性疾病，包括荨麻疹、血管性水肿、异位性皮炎、接触性皮炎、过敏性鼻炎、花粉变态反应、食物及药物变态反应、昆虫变态反应等，亦可用于治疗烧伤、放射性损伤和输血输液时的变态反应等。②用于镇静、安眠，并可用于麻醉前给药，也可用于人工冬眠，与哌替啶、氯丙嗪合用可以减少麻醉药的用量，以提高麻醉成功率及安全度。③制成合剂，用于支气管哮喘患者的镇咳、祛痰、平喘。④适用于晕船、晕车、晕机及功能性呕吐患者。中毒原因多为患者大量服药自杀或者过量用药等。

【作用机制】

本品为吩噻嗪类衍生物，能竞争性地阻断组胺H1受体而产生抗组胺作用，尚具有镇吐、降低体温、抗胆碱、抗5-羟色胺的作用。

（1）抗组胺作用：与组织释放的组胺竞争H1受体，能拮抗组胺引起的胃肠道、气管、支气管或细支气管平滑肌的收缩或挛缩，能解除组胺对支气管平滑肌的致痉作用。

（2）止呕作用：可能与抑制延髓的催吐化学感受区有关。

（3）抗晕动症作用：可能通过中枢性抗胆碱性能，作用于前庭和呕吐中枢及中脑髓质感受器，主要是阻断了前庭核区胆碱能突触迷路冲动的兴奋。

（4）镇静、催眠作用：异丙嗪能够透过血脑屏障，作用于中枢神经系统，阻断中枢H1受体，拮抗脑源性组胺介导的觉醒反应。

本品注射给药后吸收快而完全，起效时间为20 min，主要在肝内代谢，无活性代谢产物经尿排出，经粪便排出量少。

【毒性】

血药浓度：治疗浓度0.05~0.4 μg/mL，中毒浓度1 μg/mL，致死浓度2.4 μg/mL。

急性中毒实验：大鼠腹腔注射半数致死量（LD_{50}）为140 mg/kg，大鼠静脉注射半数致死量（LD_{50}）为45 mg/kg，大鼠皮下注射半数致死量（LD_{50}）为700 mg/kg。

【中毒症状】

中毒症状表现为昏迷、共济失调、肌肉僵直、震颤、阵发性抽搐、血压和体温下降、呼吸浅慢、瞳孔缩小，最后反射消失、休克、窒息死亡。

【急救措施】

对于口服中毒者，可用1%的碳酸氢钠溶液洗胃，洗胃后可用医用活性炭吸附，用硫酸钠导泻，以清除未被吸收的毒物；保持呼吸道通畅，给予吸氧；静脉输液以维持血压，促进毒物排泄；必要时酌用地西泮控制惊厥。

【尸体特征】

急性中毒死亡者的尸表无特殊病理学改变。解剖可见内脏瘀血，脑水肿、肺水肿；胃内可见药物残留，胃黏膜可见出血。慢性中毒死亡者，可见皮肤黄疸；解剖可见胆汁瘀滞，甚至有胆栓形成；镜下可见肝细胞变性、坏死，脑神经细胞皱缩，尼氏小体消失。

【检材提取】

检材可提取胃内容物、血液、尿液、肝组织、胃组织等。此外，在进行尸体解剖时应注意观察胃内容物中是否有未溶解的药片或残渣。对于经过抢救的中毒者，还需注意收集洗胃液，并注意提取现场遗留的药品、包装物及呕吐物等。

【检验方法】

1. 气相色谱-质谱法

仪器：气相色谱-质谱联用仪；色谱柱：Agilent DB-5 MS（30 m×0.25 mm×0.25 μm）弹性石英毛细管柱；进样口温度：280 ℃；进样方式：不分流进样；进样量：1 μL；载气：高纯

氦，流速（恒流）：1.0 mL/min；柱温：初始温度 100 ℃，保持 1 min，以 20 ℃/min 的升温速率升温至 280 ℃，保持 15 min；离子源：电子轰击源（EI），能量：70 eV；溶剂延迟：3 min；传输线温度：280 ℃；离子源温度：200 ℃；扫描方式：全扫描；质量范围：40~350 amu。

2. 高效液相色谱法

仪器：高效液相色谱仪；色谱柱：Hypersil C18（50 mm×4.6 mm×5 μm）键合硅胶柱；检测器：紫外检测器；检测波长：254 nm；流动相：乙腈+水+0.5 mol/L 的乙酸铵（50∶49∶1，*V/V/V*）；流速：1.2 mL/min。

奋乃静（甲哌氯丙嗪）

【化学名称】 4-［3-（2-氯吩噻嗪-10-基）丙基］-1-哌嗪乙醇

【化学式】 $C_{21}H_{26}ClN_3OS$

【结构式】

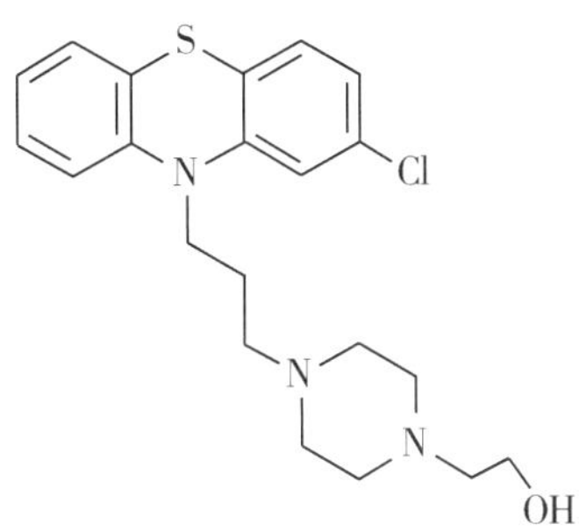

【相对分子质量】 403.97

【CAS 登记号】 58-38-8

【性状】

奋乃静为白色或淡黄色结晶性粉末，几乎无臭，味微苦。熔点 94－100 ℃，密度 1.217 g/cm³。本品极易溶于氯仿，溶于乙醇和稀盐酸，几乎不溶于水。

【用途及中毒原因】

本品在临床上主要用于治疗各型精神分裂症、躁狂症、老年性精神病、中毒性精神病及神经官能症，对妄想型、紧张型精神分裂症的疗效较好，而控制兴奋躁动的效果不如氯丙嗪；还可用于治疗恶心、呕吐和呃逆等。中毒原因多为用药过量、用药不当或者自杀等。

【作用机制】

本品为吩噻嗪类的哌嗪衍生物，药理作用与氯丙嗪相似，抗精神病作用主要与其阻断中脑边缘系统及中脑-皮层通路的多巴胺受体（DA_2）有关，而阻断网状结构上行激活系统的 α-肾上腺素受体，则与镇静安定作用有关。本品的镇吐作用较强，镇静作用较弱。

本品口服后分布至全身，以脑、肺、肝、脾、肾中的含量最高；经胆汁排泄，部分在肠道中重吸收，代谢产物随尿及粪便排出，半衰期为 9 h。

【毒性】

血药浓度：治疗浓度 0.000 4~0.03 μg/mL，中毒浓度 0.05~2 μg/mL。

急性中毒实验：大鼠经口半数致死量（LD_{50}）为 1 800 mg/kg，大鼠静脉注射半数致死量（LD_{50}）为 120 mg/kg；小鼠经口半数致死量（LD_{50}）为 1 400 mg/kg，小鼠皮下注射半数致死量（LD_{50}）为 1 400 mg/kg。

【中毒症状】

中毒症状主要表现在中枢神经系统及心血管系统方面。中枢神经系统症状有烦躁不安、失眠等，对于有惊厥史者，尤其是儿童，易产生四肢震颤、下颌抽动、言语不清等。心血管系统症状有心悸、四肢发冷、血压下降、直立性低血压、持续性低血压、休克等，并可导致房室传导阻滞及室性早搏，可致心搏骤停。

【急救措施】

对于口服中毒者，应立即刺激咽部催吐（不宜用催吐药），在 6 h 内用 1∶5 000 的高锰酸钾溶液或温开水反复洗胃，直至胃内回流液澄清；静脉注射高渗葡萄糖注射液利尿，促进毒物排泄；对症治疗及采用支持疗法。

【尸体特征】

急性中毒死亡者的胃内容物及十二指肠内可发现未完全溶解的药物残渣，胃黏膜充血及点状出血。脑、肺淤血水肿。

【检材提取】

检材可提取胃内容物、血液、尿液及脑、肝、肾组织等，并注意收集现场遗留的药品、包装物及呕吐物等。

【检验方法】

气相色谱-质谱法。

仪器：气相色谱-质谱联用仪；色谱柱：Agilent DB-5 MS（30 m×0.25 mm×0.25 μm）弹性石英毛细管柱；进样口温度：280 ℃；进样方

式：不分流进样；进样量：1 μL；载气：高纯氦，流速：1.0 mL/min；柱温：初始温度180 ℃，保持1 min，以25 ℃/min的升温速率升温至270 ℃，保持10 min；离子源：电子轰击源（EI），能量：70 eV；溶剂延迟：3 min；传输线温度：280 ℃；离子源温度：200 ℃；扫描方式：全扫描；质量范围：40～350 amu。

氟奋乃静（吉他霉素、氟吩嗪）

【化学名称】4-［3-［2-（三氟甲基）-10H-吩噻嗪-10-基］丙基］-1-哌嗪乙醇

【化学式】$C_{22}H_{26}F_3N_3OS$

【结构式】

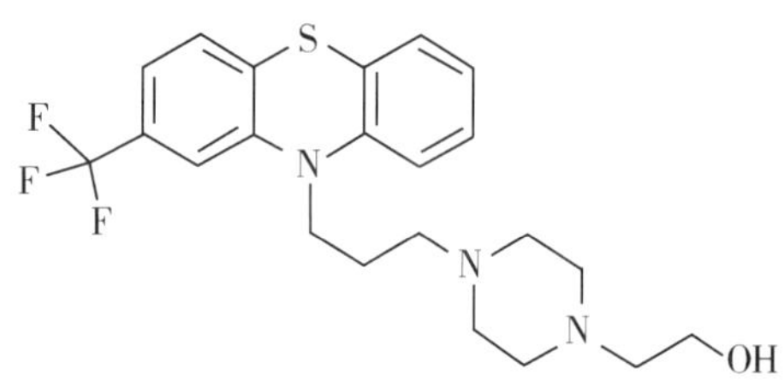

【相对分子质量】437.52

【CAS登记号】69-23-8

【性状】

氟奋乃静为暗褐色黏稠油状物，熔点225～227 ℃（分解），沸点568.3 ℃，密度1.272 g/cm³。易溶于水，光、热稳定性差，遇强碱分解。

【用途及中毒原因】

本品在临床上主要用于治疗躁狂症、老年性精神病、中毒性精神病、恶心、呕吐和急、慢性精神分裂症等。中毒原因多为服药过量、用药不当、自杀等。

【作用机制】

本品是目前吩噻嗪类药物中作用最强的抗精神病药，其抗精神病作用的相对强度约为奋乃静的4倍、氯丙嗪的25倍。抗精神病作用主要与其阻断中脑边缘系统及中脑-皮层通路的多巴胺受体（DA_2）有关，而阻断网状结构上行激活系统的α-肾上腺素受体，则与镇静安定作用有关。本品的镇吐作用较强，镇静作用较弱。

本品在体内主要经肝脏代谢，半衰期为13～24 h。

【毒性】

氟奋乃静毒性中等。

急性中毒实验：大鼠腹腔注射半数致死量（LD_{50}）为100 mg/kg，大鼠皮下注射半数致死量（LD_{50}）为640 mg/kg；小鼠经口半数致死量（LD_{50}）为220 mg/kg，小鼠腹腔注射半数致死量（LD_{50}）为89 mg/kg，小鼠静脉注射半数致死量（LD_{50}）为51 mg/kg。

【中毒症状】

本品的一般不良反应较氯丙嗪少，但锥体外系反应比氯丙嗪、奋乃静多见；其中震颤、肢体扭转、角弓反张、颈部强直、流涎、运动迟缓、静坐不能、急性肌张力障碍等常见。长期大量服药可引起迟发性运动障碍，还可出现口干、视物模糊、乏力、头晕、心动过速、便秘、出汗等症状，偶见粒细胞减少、阻塞性黄疸等，有时可出现严重的恶心、呕吐反应。

【急救措施】

对于口服中毒者，应立即刺激咽部催吐。在6 h内用1∶5 000的高锰酸钾溶液或温开水洗胃，本品易溶于水，而且能抑制胃肠蠕动，故必须反复洗胃，直至胃内回流液澄清。静脉输液利尿，促进毒物排泄，但输液不宜过多，以防引发心力衰竭和肺水肿。对症治疗及采用支持疗法，如出现锥体外系症状，立即注射东莨菪碱或口服苯海索等。

【尸体特征】

急性中毒死亡者的尸表无特殊病理学改变。解剖可见内脏瘀血，脑水肿、肺水肿；胃内可见药物残留，胃黏膜可见出血。慢性中毒死亡者，可见皮肤黄疸；解剖可见胆汁瘀滞，甚至有胆栓形成；镜下可见肝细胞变性、坏死，脑神经细胞皱缩，尼氏小体消失。

【检材提取】

检材可提取胃内容物、血液、尿液和肝组织、胃组织等。此外，在进行尸体解剖时应注意观察胃内容物中是否有未溶解的药片或残渣。对于经过抢救的中毒者，还应及时收集洗胃液，并注意提取现场遗留的药品、包装物及呕吐物等。

【检验方法】

气相色谱-质谱法。

仪器：气相色谱-质谱联用仪；色谱柱：Agilent DB-5 MS（30 m×0.25 mm×0.25 μm）弹性石英毛细管柱；进样口温度：280 ℃；进样方

式：不分流进样；进样量：1 μL；载气：高纯氦，流速（恒流）：0.8 mL/min；柱温：初始温度 80 ℃，保持 1 min，以 15 ℃/min 的升温速率升温至 270 ℃，再以 2 ℃/min 的升温速率升温至 290 ℃，保持 5 min；离子源：电子轰击源（EI），能量：70 eV；溶剂延迟：12 min；传输线温度：280 ℃；离子源温度：200 ℃；检测模式：选择离子监测（SIM）。

三氟拉嗪（甲哌氟丙嗪）

【化学名称】10-［3-（4-甲基哌嗪-1-基）丙基］-2-三氟甲基-10H-吩噻嗪

【化学式】$C_{21}H_{24}F_3N_3S$

【结构式】

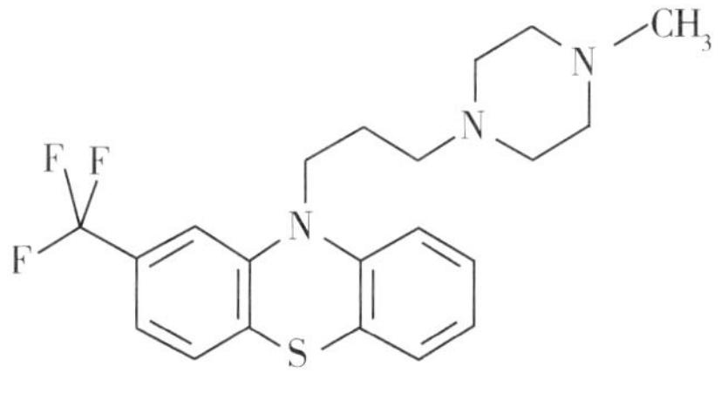

【相对分子质量】407.5

【CAS 登记号】117-89-5

【性状】

三氟拉嗪为无色液体，沸点 506 ℃，密度 1.239 g/cm^3。遇光不稳定，其盐酸盐为白色粉末，溶于水、乙醇、氯仿，微溶于异丙醇，几乎不溶于乙醚。水溶液呈酸性。

【用途及中毒原因】

本品在临床上主要用于治疗急性和慢性精神分裂症（尤其是妄想型和紧张型）；还可用于治疗对苯二氮䓬类产生耐受性的、非精神病的情感性心境障碍；亦可用于治疗恶心、呕吐等。中毒原因多为过量服药、用药不当、自杀等。

【作用机制】

本品为吩噻嗪类抗精神病药，作用机制与氯丙嗪相似。抗精神病作用与其阻断脑内多巴胺受体有关，抑制延脑催吐化学感受区的多巴胺受体及直接抑制呕吐中枢，产生强大镇吐作用，镇静作用和抗胆碱作用较弱。本品口服吸收好，在肝脏代谢，主要活性代谢产物为硫氧化物、N-去甲基和 7-羟基代谢物，半衰期约为 13 h。

【毒性】

血药浓度：治疗浓度 0.005～0.05 μg/mL，中毒浓度 0.1～0.2 μg/mL。

【中毒症状】

锥体外系反应较常见，如静坐不能、急性肌张力障碍和类帕金森病，长期大量服药可引起迟发性运动障碍，可出现心悸、失眠、乏力、口干、视物模糊、排尿困难、便秘、溢乳、男子女性化乳房、女子月经失调等症状；少见嗜睡、躁动、眩晕、尿潴留等；偶见过敏性皮疹、白细胞减少或阻塞性黄疸、癫痫等。

【急救措施】

口服大量本品时，应立即刺激咽部催吐，然后洗胃、导泻；静脉输液利尿，以促进毒物排泄；依病情给予对症治疗并采用支持疗法，出现锥体外系症状时，加服安坦或东莨菪碱后可使症状减轻或消失。

【尸体特征】

急性中毒死亡者的尸表无特殊病理学改变。解剖可见内脏瘀血，脑水肿、肺水肿；胃内可见药物残留，胃黏膜可见出血。慢性中毒死亡者，可见皮肤黄疸；解剖可见胆汁淤滞，甚至有胆栓形成；镜下可见肝细胞变性、坏死，脑神经细胞皱缩，尼氏小体消失。

【检材提取】

检材可提取胃内容物、血液、尿液和胃、脑、肝、肾等组织。同时应注意收集现场遗留的药品及包装物等。

【检验方法】

气相色谱-质谱法。

仪器：气相色谱-质谱联用仪；色谱柱：Agilent DB-5 MS（30 m×0.25 mm×0.25 μm）弹性石英毛细管柱；进样口温度：280 ℃；进样方式：不分流进样；进样量：1 μL；载气：高纯氦，流速（恒流）：0.8 mL/min；柱温：初始温度 80 ℃，保持 1 min，以 15 ℃/min 的升温速率升温至 270 ℃，再以 2 ℃/min 的升温速率升温至 290 ℃，保持 5 min；离子源：电子轰击源（EI），能量：70 eV；溶剂延迟：12 min；传输线温度：280 ℃；离子源温度：200 ℃；检测模式：选择离子监测（SIM）。

五氟利多

【化学名称】1-［4，4-双（4-氟苯基）丁基］-4-［4-氯-3-（三氟甲基）苯基］-4-哌啶醇

【化学式】$C_{28}H_{27}ClF_5NO$

【结构式】

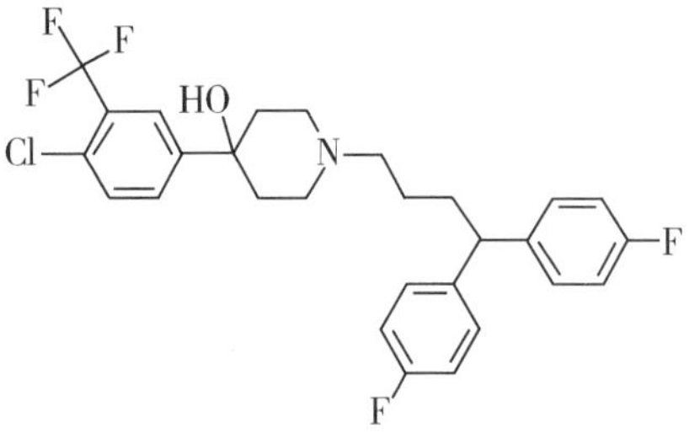

【相对分子质量】523.97

【CAS 登记号】26864-56-2

【性状】

五氟利多为白色或类白色结晶性粉末，无臭，无味。熔点 105～108 ℃，沸点 587.7 ℃，密度 1.29 g/cm^3。微溶于水、石油醚，溶于甲醇、乙醇、乙醚、丙酮、氯仿等。

【用途及中毒原因】

本品为长效抗精神病药，对幻觉、妄想、孤僻、淡漠、退缩等症状有效，适用于急、慢性各型精神分裂症，尤其适宜于长期服药维持治疗，防止复发。中毒原因多为自杀、误服等，近年来有投毒敲诈的案件发生。

【作用机制】

本品属二苯基丁酰哌啶类药物，抗精神病作用与其阻断脑内多巴胺受体有关，还可阻断神经系统的α-肾上腺素受体，抗精神病作用强而持久；亦有镇吐作用，但镇静作用较弱，对心血管功能影响较轻。本品口服后，在胃肠道内被吸收，24～48 h 血药浓度达峰值，储存在脂肪组织中，并自其中缓慢释出，大部分以原形随粪便排出，少量随尿排出。

【毒性】

五氟利多的毒性相对较小，曾有一次吞服五氟利多 24 片（480 mg）而无大碍的报道。正常治疗的血药浓度为 0.004～0.025 μg/mL。

【中毒症状】

主要的毒性反应为心肌受损及干扰心脏传导，出现严重的心律不齐、胸闷、憋气等症状；锥体外系症状常见，可出现震颤、麻痹、静坐不能、肌张力障碍等症状；还可出现嗜睡、乏力、头昏、失眠、口干、胃肠道功能紊乱、焦虑或抑郁等症状。

【急救措施】

本品口服吸收慢，所以口服中毒时，应先催吐、洗胃，阻止毒物吸收，输液利尿，以促进毒物排泄。本品作用时间长，超量中毒时应特别注意对症治疗及采用支持疗法，本品中毒无特殊解毒药，可口服安坦或阿托品，辅以维生素 C、维生素 B_1 等辅助解毒。

【尸体特征】

五氟利多中毒的主要毒性反应是心肌受损，可出现严重的心律不齐、胸闷或憋气等症状。五氟利多中毒死亡的案例目前尚未见相关报道。

【检材提取】

应注意收集现场遗留的药品、包装物及呕吐物等。若确因五氟利多中毒致死的，可提取死者的胃内容物、血液、尿液及肝组织等作为检材。

【检验方法】

高效液相色谱法。

仪器：高效液相色谱仪；色谱柱：Capcell park C18（250 mm×2 mm×5 μm）键合硅胶柱；柱温：室温；流动相：乙腈+20 mmol/L 的乙酸胺+0.1%的甲酸溶液；流速：0.2 mL/min；进样量：5 μL；检测器：紫外检测器；检测波长：230 nm。

舒必利（止吐灵）

【化学名称】N-［（1-乙基-2-吡咯烷基）甲基］-2-甲氧基-5-氨基磺酰基-苯甲酰胺

【化学式】$C_{15}H_{23}N_3O_4S$

【结构式】

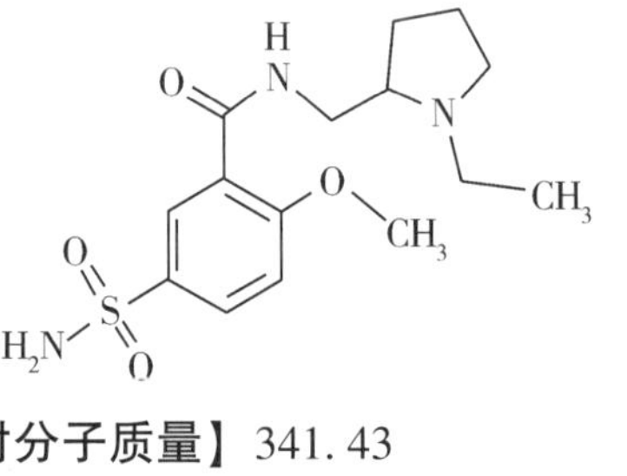

【相对分子质量】341.43

【CAS 登记号】15676-16-1

【性状】

舒必利为白色或类白色结晶性粉末，无臭，味微苦。熔点 177~180 ℃，密度 1.236 g/cm³。不溶于水、乙醚、丙酮、乙醇、氯仿及苯，易溶于氢氧化钠溶液。

【用途及中毒原因】

本品为苯甲酰胺类抗精神病药，临床上主要用于治疗精神分裂症的抑郁状态、症状性精神病、老年性精神病，尤其适用于具有淡漠、退缩、木僵、抑郁、幻觉、怀疑和妄想等症状的患者；另外，本品还可用于治疗良性消化性溃疡、溃疡性结肠炎和脑外伤后出现的眩晕、偏头痛等，本品还具有止吐的功效。中毒原因多为过量服药、用药不当、自杀等。

【作用机制】

本品属苯甲酰胺类抗精神病药，能够选择性地阻断中脑边缘系统的多巴胺（DA_2）受体，对其他递质受体影响较小，抗胆碱作用较轻，无明显镇静和抗兴奋躁动作用，本品还具有强止吐和抑制胃液分泌的作用。

本品口服后，在胃肠道内缓慢被吸收，迅速分布于各组织中，1~3 h 血药浓度达峰值，半衰期为 8~9 h；口服量的 30% 主要以原形随尿排出，一部分随粪便排出。

【毒性】

血药浓度：治疗浓度 0.04~0.6 μg/mL，致死浓度 3.8 μg/mL。

急性中毒实验：小鼠经口半数致死量（LD_{50}）为 2 250 mg/kg。

【中毒症状】

常见中毒症状有失眠、早醒、头痛、烦躁、乏力、食欲缺乏、口干、视物模糊、心动过速、排尿困难与便秘等；剂量大时可出现锥体外系症状，如震颤、僵直、流涎、运动迟缓、静坐不能、急性肌张力障碍等；可出现溢乳、女子月经失调和闭经、男子乳房发育、心电图异常和肝功能损害等症状；少数患者可出现兴奋、激动或血压升高等症状；长期大量服药可引起迟发性运动障碍。

【急救措施】

口服本品中毒时，应及时彻底洗胃，并用硫酸镁导泻，输液利尿，以促进毒物排泄；如症状加重，立即维持高流量吸氧，严密心电监护，出现室扑或室颤时，予以电除颤；采取其他对症辅助治疗。

【尸体特征】

急性中毒死亡者的尸表无特殊病理学改变。解剖可见内脏瘀血，脑水肿、肺水肿；胃内可见药物残留，胃黏膜可见出血。慢性中毒死亡者，可见皮肤黄疸；解剖可见胆汁瘀滞，甚至有胆栓形成；镜下可见肝细胞变性、坏死，脑神经细胞皱缩，尼氏小体消失。

【检材提取】

检材可提取胃内容物、血液、尿液和肝组织、胃组织等。此外，在进行尸体解剖时应注意观察胃内容物中是否有未溶解的药片或残渣。对于经过抢救的中毒者，还需注意收集洗胃液，并注意提取现场遗留的药品、包装物及呕吐物等。

【检验方法】

高效液相色谱法。

仪器：高效液相色谱仪；色谱柱：Hypersil C18（250 mm×4.6 mm×6 μm）分析柱；预柱：BDSC（100 mm×5 mm）；流动相：甲醇+水（80∶20，*V/V*，含 0.5%的三乙胺和 0.05%的冰醋酸，pH 值为 7.6~7.8）；流速：1.0 mL/min；柱温：35 ℃；检测波长：250 nm。

氯氮平（氯扎平）

【化学名称】8-氯-11（4-甲基-1-哌嗪基）-5H-二苯并［b，e］［1，4］二氮杂䓬

【化学式】$C_{18}H_{19}ClN_4$

【结构式】见 124 页左上

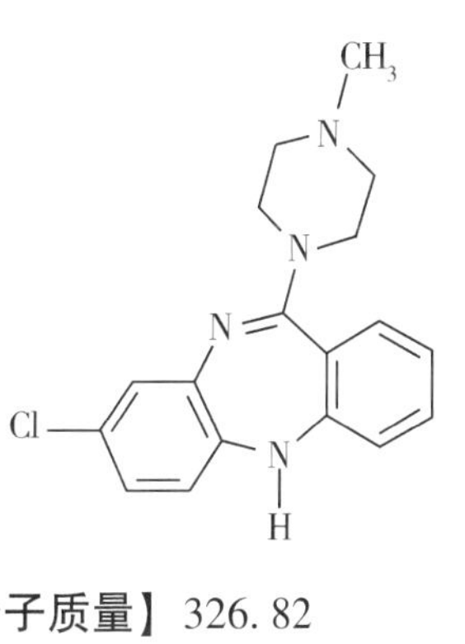

【相对分子质量】326.82

【CAS 登记号】5786-21-0

【性状】

氯氮平为淡黄色结晶性粉末，无臭，无味。

熔点 182～185 ℃，沸点 477.8 ℃，密度 1.31 g/cm³。易溶于氯仿，溶于乙醇，几乎不溶于水。

【用途及中毒原因】

本品具有较强的抗精神病作用，亦有镇静作用，为新型广谱抗精神病药，临床上用于治疗急、慢性精神分裂症。中毒原因多为自杀、投毒、长期服药致药物蓄积、用药过量、用药不当等。

【作用机制】

本品系苯二氮䓬类药物，抗精神病作用主要与其选择性地阻断中脑边缘系统的多巴胺受体，但对黑质-纹状体通路的多巴胺受体影响较少有关；镇静催眠作用与其直接抑制中脑网状结构上行激活系统有关；此外，本品尚具有抗胆碱作用、阻断去甲肾上腺素能作用、阻断交感神经作用、肌肉松弛作用和抗组胺作用。

本品口服吸收迅速，广泛分布到各组织。2.5 h 血药浓度达峰值；半衰期约 12 h；几乎完全在肝脏代谢，代谢产物 50%随尿排出，30%随粪便排出。

【毒性】

血药浓度：治疗浓度 0.035～0.6 μg/mL，中毒浓度 0.8～1.3 μg/mL，致死浓度 3 μg/mL。

急性中毒实验：大鼠经口半数致死量（LD_{50}）为 251 mg/kg，大鼠皮下注射半数致死量（LD_{50}）为 240 mg/kg；小鼠经口半数致死量（LD_{50}）为 150 mg/kg，小鼠腹腔注射半数致死量（LD_{50}）为 90 mg/kg。

【中毒症状】

中毒症状主要表现为谵妄、意识障碍、心动加速、低血压、唾液分泌过多、痉挛、抽搐、昏迷等，严重时可因呼吸抑制或者呼吸衰竭而死亡。

【急救措施】

出现中毒症状时应争取时间及早抢救，中毒不久者可用 1：2 000～1：5 000 的高锰酸钾溶液或 5%的碳酸氢钠溶液或温生理盐水反复洗胃，用 50%的硫酸钠 40 mL 导泻（忌用硫酸镁），静脉滴注甘露醇和 10%的葡萄糖溶液以加速药物排泄，可静脉滴注碳酸氢钠溶液或乳酸钠溶液以碱化尿液，增加其水溶性，减少肾小管重吸收而促进药物排泄。对症治疗：给予吸氧，进行人工呼吸，应用新福林、阿拉明等升压药，加强护理，预防感染。

【尸体特征】

口唇及四肢末端发绀，伴有结膜充血、口周流涎。解剖可见气管、支气管内有大量泡沫状液体；心外膜下和肺浆膜下点状出血；心血呈暗红色，不凝；脑瘀血、水肿；肺水肿，切面挤压可见粉红色液体流出；膀胱内尿潴留；有时胃内可见残存的药片或药末。镜下可见脑膜及脑内血管扩张、瘀血，肺间质血管扩张、瘀血；肝细胞空泡样水变性。长期滥用药物者脑血管呈血管炎改变，神经细胞胞体肿胀，核淡染或核浓缩，胶质细胞增生，可见淀粉小体；脾小体萎缩，可见单核巨噬细胞。

【检材提取】

应注意收集现场遗留的药品和包装物，对于口服中毒者，还应收集现场遗留的呕吐物、中毒者剩余的食物及第一次洗胃液；对于经过抢救的中毒患者，可提取中毒后第 1～2 次排出的尿液和血液；对于注射氯氮平中毒的患者，可抽取血液；对于口服氯氮平中毒死亡者，应提取胃组织、胃内容物、血液、尿液、肝脏、脑组织、肾脏等作为检材。

【检验方法】

1. 高效液相色谱法

仪器：高效液相色谱仪；色谱柱：Hypersil C18（250 mm×4.6 mm×10 μm）分析柱；预柱：BDSC（100 mm×5 mm）；流动相：甲醇＋水（80：20，*V/V*，含 0.5%的三乙胺和 0.05%的冰醋酸，pH 值为 7.6～7.8）；流速：1.0 mL/min；柱温：35 ℃；检测波长：250 nm。

2. 液相色谱-质谱法

仪器：液相色谱-质谱联用仪；色谱柱：Capcell PAK C18 MGII（150 mm×3.9 mm×5 μm）键合硅胶柱；柱温：40 ℃；流动相：乙腈＋水（36：64，*V/V*，含 10 mmol/L 的醋酸铵与 0.01%的甲酸，pH 值为 5.96）；流速：0.95 mL/min；离子源：电喷雾离子源（ESI^+）；毛细管电压：3.90 kV；第一级锥孔电压：38 V；检测模式：选择离子监测（SIM）。

3. 气相色谱-质谱法

仪器：气相色谱-质谱联用仪；色谱柱：Agilent DB-5 MS（30 m×0.25 mm×0.25 μm）弹

性石英毛细管柱；进样口温度：280 ℃；进样方式：不分流进样；进样量：1 μL；载气：高纯氦，流速：1.0 mL/min；柱温：初始温度 180 ℃，保持 1 min，以 25 ℃/min 的升温速率升温至 270 ℃，保持 10 min；离子源：电子轰击源（EI），能量：70 eV；溶剂延迟：3 min；传输线温度：280 ℃；离子源温度：200 ℃；扫描方式：全扫描；质量范围：40~350 amu。

丙咪嗪（咪帕明）

【化学名称】 N，N-二甲基-10，11-二氢-5H-二苯并［b，f］氮杂䓬-5-丙胺

【化学式】 $C_{19}H_{24}N_2$

【结构式】

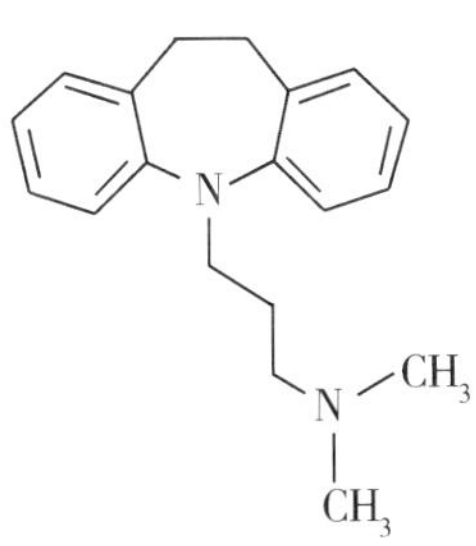

【相对分子质量】 280.41

【CAS 登记号】 50-49-7

【性状】

丙咪嗪为白色或淡黄色结晶性粉末，无臭，味灼而麻。沸点 403.1 ℃，密度 1.041 g/cm^3。其盐酸盐为白色结晶性粉末，无臭，味苦。熔点 174~175 ℃，沸点 377.7 ℃。易溶于水、乙醇，微溶于丙酮，几乎不溶于乙醚。遇光渐变色。

【用途及中毒原因】

本品为三环类抗抑郁药，临床上主要用于治疗各种类型的抑郁症、小儿遗尿症等。中毒原因多为自杀、误服、过量服药、滥用药物等。

【作用机制】

本品为三环类抗抑郁药，主要作用是抑制中枢神经系统对去甲肾上腺素和 5-羟色胺的再摄取，增加突触间隙中去甲肾上腺素和 5-羟色胺的含量。具有较强的抗抑郁、抗胆碱能作用，镇静作用较弱。本品口服后吸收迅速，多分布于脑、肾、肝中，经肝脏代谢，半衰期为 6~20 h；70%随尿排出，22%随粪便排出。

【毒性】

血药浓度：治疗浓度 0.2~0.3 μg/mL，中毒浓度>0.5 μg/mL。

急性中毒实验：大鼠经口半数致死量（LD_{50}）为 250 mg/kg，大鼠腹腔注射半数致死量（LD_{50}）为 79 mg/kg；小鼠经口半数致死量（LD_{50}）为 188 mg/kg，小鼠腹腔注射半数致死量（LD_{50}）为 52 mg/kg。

【中毒症状】

常见中毒症状有口干、心动过速、出汗、视力模糊、眩晕等，有时可出现便秘、失眠、精神错乱、胃肠道反应、荨麻疹、震颤、心肌损害、直立性低血压等，偶见白细胞减少，有“转躁狂作用”。

【急救措施】

对于口服中毒者，应立即洗胃，迅速、彻底、有效地清除未被吸收的药物是抢救成功的关键。胃管宜选用大号的，以利于抽出胃内残存的药片。洗胃的同时建立静脉通道，输入 20%的甘露醇和葡萄糖盐水，利尿，以促进药物排泄。保护心脏及肝、肾，严密监视生命体征。预防“反跳”现象。

【尸体特征】

急性中毒死亡者体表无特殊改变，解剖可见内脏器官瘀血，胃黏膜可见充血或出血点，胃内可见未溶解的药物残片等。

【检材提取】

检材可提取胃内容物、血液、尿液和肝组织、胃组织等。此外，在进行尸体解剖时应注意观察胃内容物中是否有未溶解的药片或残渣。对于经过抢救的中毒者，还需注意收集洗胃液，并注意提取现场遗留的药品、包装物及呕吐物等。

【检验方法】

液相色谱-质谱法。

仪器：液相色谱-质谱联用仪；色谱柱：Zorbax SB-C18（150 mm×2.1 mm×5 μm）键合硅胶柱；柱温 25 ℃；流动相：乙腈+0.1%的甲酸；洗脱方式：梯度洗脱（0 min，10%乙腈；4 min，80%乙腈；13 min，80%乙腈；14 min，10%乙腈；18 min 停止）；流速：0.3 mL/min；进样量：10 μL；离子源：电喷雾离子源（ESI$^+$）；检测模式：多反应监测（MRM）；雾化气压力：25 psi；干燥气：氮气，流速：7 L/min；干燥气温度：350 ℃。

多噻平（多虑平、多噻平凯舒）

【化学名称】3-二苯并［b，e］恶庚-11（6H）-亚基-N，N-二甲基-1-丙胺

【化学式】$C_{19}H_{21}NO$

【结构式】

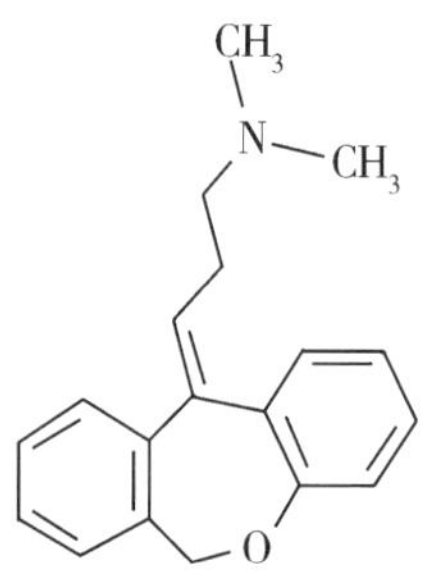

【相对分子质量】279.38

【CAS 登记号】1668-19-5

【性状】

多噻平有顺式和反式两种异构体，商品为二者的混合物，呈油状液体，微有氨味。熔点 187~189 ℃，沸点 413.3 ℃，密度 1.122 g/cm^3。能溶于大多数有机溶剂。其盐酸盐为白色结晶性粉末，溶于水、乙醇、氯仿，微溶于乙醚，不溶于苯。

【用途及中毒原因】

本品为三环类抗抑郁药，临床上主要用于治疗各型抑郁症或抑郁状态、焦虑和恐怖性焦虑障碍（恐惧症）及神经官能症等。中毒原因多为自杀、误服、过量服药、用药不当、多种药物协同等。

【作用机制】

本品为三环类抗抑郁药，其主要作用是抑制中枢神经系统对 5-羟色胺及去甲肾上腺素的再摄取，从而使突触间隙中这两种神经递质的浓度增高而发挥抗抑郁作用，本品还具有抗焦虑和镇静作用。

本品口服后迅速被吸收，全身广泛分布，约 4 h 血药浓度达峰值，半衰期为 8~24 h；在肝内代谢，从尿中排出。

【毒性】

多噻平为高毒性物质。

血药浓度：治疗浓度 0.01~0.25 μg/mL，中毒浓度 0.1 μg/mL，致死浓度 1~18 μg/mL。

致死量：最低致死量（MLD）为 60 mg/kg。

急性中毒实验：大鼠经口半数致死量（LD_{50}）为 147 mg/kg，大鼠腹腔注射半数致死量（LD_{50}）为 182 mg/kg；小鼠经口半数致死量（LD_{50}）为 135 mg/kg，小鼠腹腔注射半数致死量（LD_{50}）为 79 mg/kg。

【中毒症状】

常见中毒症状有视物模糊、便秘、腹泻、头晕、嗜睡、呕吐、口干、疲劳、消化不良、失眠、食欲缺乏、恶心、口腔异味、烦躁、多汗、虚弱、体重增加等；还可出现兴奋、焦虑、发热、胸痛、意识障碍、排尿困难、乳房肿胀、耳鸣、睡眠障碍、痉挛、惊厥、脱发、手足麻木、心悸、癫痫、咽痛、紫癜、震颤、眼睛或皮肤黄染等症状；严重时可致心脏传导阻滞、心律失常、昏迷等，可因呼吸循环衰竭而死亡。

【急救措施】

对于急性中毒者，应先催吐、洗胃；再对症治疗：如给予吸氧、保温、心电监护、控制心律失常、预防循环衰竭和酸中毒及控制癫痫发作等；可用水杨酸毒扁豆碱解毒。

【尸体特征】

急性中毒死亡者体表无特殊改变，解剖可见内脏器官瘀血，胃黏膜可见充血或出血点，胃内可见未溶解的药物残片等。

【检材提取】

检材可提取胃内容物、血液、尿液和肝组织、胃组织等。此外，在进行尸体解剖时应注意观察胃内容物中是否有未溶解的药片或残渣。对于经过抢救的中毒者，还应及时收集洗胃液，并注意提取现场遗留的药品、包装物及呕吐物等。

【检验方法】

1. 气相色谱-质谱法

仪器：气相色谱-质谱联用仪；色谱柱：Agilent DB-5MS（30 m×0.25 mm×0.25 μm）弹性石英毛细管柱；离子源：电子轰击源（EI），能量：70 eV；载气：氦气，流速：1.0 mL/min；进样口温度：280 ℃；进样方式：分流进样，分流比：20 ∶ 1；柱温：初始温度 150 ℃，保持 1 min，以 10 ℃/min 的升温速率升温至 280 ℃，保持 10 min；传输线温度：280 ℃；离子源温度：280 ℃；检测电压：1.5 kV；扫描方式：全扫描；质量范围：40~400 amu。

2. 液相色谱-质谱法

仪器：液相色谱-质谱联用仪；色谱柱：Synergi Polar RP C18（150 mm×2 mm×4 μm）键合硅胶柱，流动相：流动相 A 为 0.1%的甲酸和 1 mmol/L 的甲酸铵水溶液，流动相 B 为乙腈+0.1%的甲酸和 1 mmol/L 的甲酸铵水溶液（95∶5，*V/V*）；洗脱方式：梯度洗脱（20 min 内，从 10%的流动相 B 线性增加至 95%的流动相 B，保持 3 min，然后在 0.1 min 内降至 10%的流动相 B，再平衡 10 min）；流速：0.25 mL/min；柱温：25 ℃；离子源：电喷雾离子源（ESI^+）；气帘气：氮气（20 Psi）；碰撞气：氩气（2 Psi）；喷雾电压：5 400 V；雾化温度：400 ℃；雾化气：氮气（70 Psi）；辅助气：60 Psi；去簇电压：30 V；聚焦电压：-400 V；入口电压：-10 V；碰撞室入口电压：-30 V；碰撞室出口电压：-5 V；进样量：20 μL。

阿米替林（阿密曲替林、依拉维）

【化学名称】 3-（10，11-二氢-5H-二苯并［a，d］环庚烯-5-亚基）-N，N-二甲基-1-丙胺

【化学式】 $C_{20}H_{23}N$

【结构式】

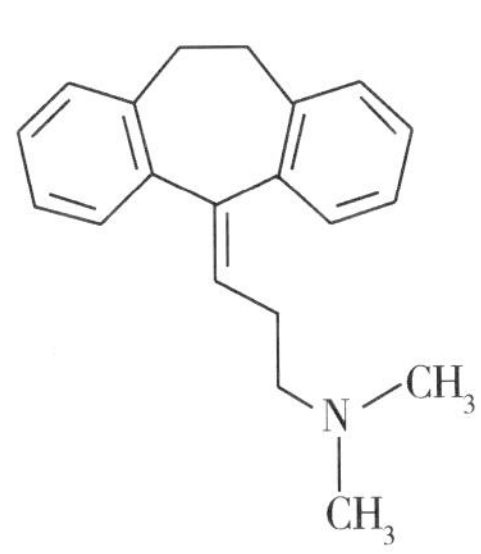

【相对分子质量】 277.41

【CAS 登记号】 50-48-6

【性状】

阿米替林为无色结晶或白色、类白色粉末，几乎无臭，味苦，有烧灼感，随后有麻木感。熔点 196～197 ℃，沸点 398.2 ℃，密度 1.076 g/cm^3。易溶于水、甲醇、乙醇和氯仿，不溶于乙醚。水溶液呈酸性（pH 值为 4.5～6），化学性质不稳定，易氧化成酮而变成黄色。

【用途及中毒原因】

本品为三环类抗抑郁药，临床上主要用于治疗各型抑郁症或抑郁状态、小儿遗尿症、儿童多动症等。中毒原因多为自杀、误服、药物过量、药物滥用等。

【作用机制】

本品为三环类抗抑郁药，能改善或消除抑郁状态，可选择性地阻断脑内神经元突触前膜对 5-羟色胺的再摄取，通过增加突触间隙中去甲肾上腺素和 5-羟色胺的含量而发挥抗抑郁作用。本品还具有抗组胺与抗胆碱作用。

本品口服吸收完全，8～12 h 血药浓度达峰值，半衰期 14～46 h，部分经肝脏代谢为去甲替林，由肾脏及肠道排出，24 h 约排出 40%，72 h 排出 60%，停药 3 周仍可在尿中检出。

【毒性】

血药浓度：治疗浓度 0.05～0.2 μg/mL，中毒浓度 0.2～2 μg/mL，致死浓度>2 μg/mL。

急性中毒实验：大鼠经口半数致死量（LD_{50}）为 320 mg/kg，大鼠腹腔注射半数致死量（LD_{50}）为 72 mg/kg；小鼠经口半数致死量（LD_{50}）为 99 mg/kg，小鼠腹腔注射半数致死量（LD_{50}）为 48 mg/kg。

【中毒症状】

常见中毒症状有口干、眩晕、失眠、头痛、震颤、感觉异常、肌肉痉挛、运动失调、精神错乱、癫痫发作、心悸、心律失常、直立性低血压、呼吸抑制、青光眼、便秘、排尿困难、迟发性运动障碍等；偶见胆汁瘀积性黄疸和粒细胞减少。

【急救措施】

对于口服中毒者，应尽快用 1∶2 000 的高锰酸钾溶液彻底洗胃，用医用活性炭吸附残存药物，用硫酸钠导泻；有条件的重症患者给予血液灌流，以清除血液中的药物；保持呼吸道通畅，给予吸氧，必要时进行人工呼吸；对症治疗：给予解痉、纠正心律失常、预防青光眼等。

【尸体特征】

急性中毒死亡者体表无特殊改变，解剖可见内脏器官瘀血，胃黏膜可见充血或出血点，胃内可见未溶解的药物残片等。

【检材提取】

解剖检验时应提取死者的胃内容物、血液、尿液及肝组织、肾组织等作为检材。对于经过抢救的中毒者，应及时收集洗胃液。同时并注意提取现场遗留的药品、包装物及呕吐物等。

【检验方法】

液相色谱-质谱法。

仪器：液相色谱-质谱联用仪；色谱柱：Zorbax SB-C18（150 mm×2.1 mm×5 μm）键合硅胶柱；柱温 25 ℃；流动相：乙腈+0.1%的甲酸；洗脱方式：梯度洗脱（0 min，10%乙腈；4 min，80%乙腈；13 min，80%乙腈；14 min，10%乙腈；18 min 停止）；流速：0.3 mL/min；进样量：10 μL；离子源：电喷雾离子源（ESI^+）；检测模式：多反应监测（MRM）；雾化气压力：25 Psi；干燥气：氮气，流速：7 L/min；干燥气温度：350 ℃。

阿莫沙平（氯氧平、氯哌氧䓬）

【化学名称】2-氯-11-（1-哌嗪基）二苯并［b，f］［1，4］氧氮杂䓬

【化学式】$C_{17}H_{16}ClN_3O$

【结构式】

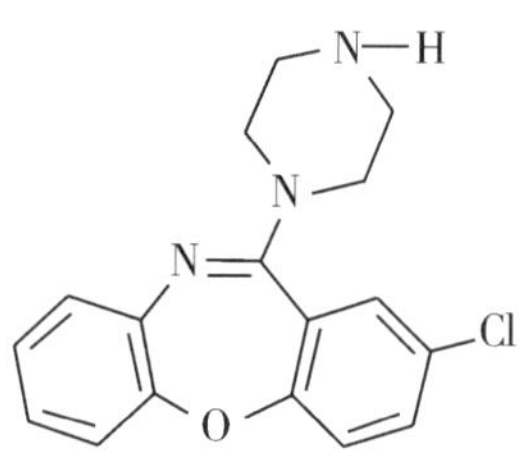

【相对分子质量】313.78

【CAS 登记号】14028-44-5

【性状】

阿莫沙平为白色固体，熔点 175～176 ℃，沸点 470 ℃，密度 1.37 g/cm^3，不溶于水。

【用途及中毒原因】

阿莫沙平在临床上主要用于治疗伴有严重淡漠和轻度焦虑的内因性抑郁症。中毒原因多为自杀、误服、过量服药或多种药物协同等。

【作用机制】

本品为三环类抗抑郁药，通过抑制脑内神经元突触前膜对去甲肾上腺素的再摄取，产生较强的抗抑郁与精神兴奋作用。

本品口服后吸收迅速且完全，1～2 h 血药浓度达峰值，在肺、心、肾、脑、脾等组织中浓度较高，组织内的浓度比血浆中的浓度高 10 倍；经肝脏代谢，大部分代谢产物与葡萄糖醛酸结合，最后从肾脏排出，少量随粪便排出。

【毒性】

阿莫沙平毒性中等。

急性中毒实验：大鼠经口半数致死量（LD_{50}）为 313 mg/kg，小鼠经口半数致死量（LD_{50}）为 122 mg/kg。

【中毒症状】

常见的不良反应有口干、便秘；偶见眩晕、嗜睡、肌肉震颤；长期大量应用时可出现锥体外系症状；罕见心率轻度加快、体位性低血压；用药过量可引起伴急性肾功能衰竭横纹肌溶解综合征、昏迷和癫痫发作，也可有潜在性心脏毒性。

【急救措施】

对于口服中毒者，应立即洗胃，迅速、彻底、有效地清除未被吸收的药物是抢救成功的关键；胃管宜选用大号的，以利于抽出胃内残存药片；洗胃的同时建立静脉通道，输入 20%的甘露醇和葡萄糖盐水，利尿，以促进药物排泄；保护心脏及肝、肾，严密监视生命体征。

【尸体特征】

急性中毒死亡者体表无特殊改变，解剖可见内脏器官瘀血，胃黏膜可见充血或出血点，胃内可见未溶解的药物残片等。

【检材提取】

检材可提取胃内容物、血液、尿液和肝组织、胃组织等。此外，在进行尸体解剖时应注意观察胃内容物中是否有未溶解的药片或残渣。对于经过抢救的中毒者，还应及时收集洗胃液，并注意提取现场遗留的药品、包装物及呕吐物等。

【检验方法】

高效液相色谱法。

仪器：高效液相色谱仪；色谱柱：Kromasil C18（150 mm×4.6 mm×5 μm）分析柱；流动相：甲醇+水+三乙胺+磷酸（20∶77∶2∶1，*V/V/V/V*）；流速：1.0 mL/min；检测器：二极管阵列检测器；检测波长：294 nm。

马普替林（路滴美）

【化学名称】N-甲基-9，10-桥亚乙基蒽-9（10H）-丙胺

【化学式】$C_{20}H_{23}N$

【结构式】

【相对分子质量】277.41

【CAS 登记号】10262-69-8

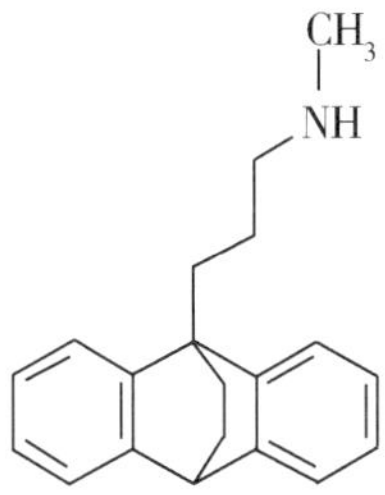

【性状】

马普替林为白色结晶性粉末，无臭，味苦。熔点 92~94 ℃，沸点 399.6 ℃，密度1.08 g/cm^3。其盐酸盐为白色或灰白色结晶性粉末，几乎无臭，味苦，熔点 230~232 ℃。易溶于氯仿、甲醇、乙醇、冰醋酸，难溶于水、仲丁醇，几乎不溶于乙酸乙酯、石油醚。

【用途及中毒原因】

本品为新型的抗抑郁药，临床上用于治疗内源性抑郁症、迟发性抑郁症（更年期性抑郁症）、精神性抑郁症、反应性和神经性抑郁症、耗竭性抑郁症等，对由疾病或精神因素引起的焦虑、抑郁状态患者有效，还可用于伴有抑郁、激动、行为障碍的儿童及夜尿者。中毒原因多为自杀、误服、服药过量或用药不当导致的药物协同等。

【作用机制】

本品为四环类抗抑郁药，可选择性地阻断中枢突触部位对去甲肾上腺素的再摄取，从而产生抗抑郁作用。本品除具有抗抑郁作用外，尚具有中度镇静、抗焦虑和抗毒蕈碱作用，对中枢 α-肾上腺素受体也具有较弱的亲和力，对组胺 H1 受体具有显著的抑制作用。

本品口服吸收缓慢但完全，9~16 h 血药浓度达峰值，在体内分布广泛，半衰期约为 51 h；在肝脏内代谢后随尿排出，小部分随粪便排出。

【毒性】

马普替林为低毒类物质。

急性中毒实验：大鼠经口半数致死量（LD_{50}）为 1 250 mg/kg，小鼠经口半数致死量（LD_{50}）为 480 mg/kg。

【中毒症状】

常见的中毒症状有心跳加快、共济失调、呕吐、发绀、低血压、不安、激动、高热、肌肉僵直、手足徐动、瞳孔散大、心律失常等，严重者可出现神志模糊、心力衰竭、休克等，并可诱发躁狂；对心脏、肝脏、肾脏有直接损害。

【急救措施】

对于口服中毒者，应立即洗胃，迅速、彻底、有效地清除未被吸收的药物是抢救成功的关键。胃管宜选用大号的，以利于抽出胃内残存药片，对于意识不清的患者，洗胃前应进行气管插管，保证呼吸道通畅，同时建立静脉通道，输入20%的甘露醇和葡萄糖盐水利尿，以促进药物排泄；保护心脏及肝、肾，严密监视生命体征。

本品中毒时不宜催吐，血液透析和腹膜透析无效。

【尸体特征】

急性中毒死亡者体表无特殊改变，解剖可见内脏器官瘀血，胃黏膜可见充血或出血点，胃内可见未溶解的药物残片等。

【检材提取】

对于经过抢救的中毒者，应注意收集洗胃液、尿液。解剖检验时可提取胃内容物、血液、尿液及脑、肝、肾等组织作为检材。同时还应注意收集现场遗留的药品、包装物及呕吐物等。

【检验方法】

气相色谱-质谱法。

仪器：气相色谱-质谱联用仪；色谱柱：Agilent DB-5MS（30 m×0.25 mm×0.25 μm）弹性石英毛细管柱；柱温：初始温度 180 ℃，保持 1 min，以 20 ℃/min 的升温速率升温至 280 ℃，保持 15 min；载气：高纯氦，流速：1.0 mL/min；进样口温度：280 ℃，进样方式：不分流进样；离子源：电子轰击源（EI），能量：70 eV；离子源温度：230 ℃；四级杆温度：150 ℃；扫描方式：全扫描；质量范围：40~350 amu。

曲唑酮（氯哌三唑酮、查诺顿）

【化学名称】2-［3-［4-（3-氯苯基）-1-哌秦基］丙基］-1，2，4-三唑并［4，3-α］吡啶-3-酮

【化学式】$C_{19}H_{22}ClN_5O$

【结构式】

【相对分子质量】371.86

【CAS 登记号】19794-93-5

【性状】

曲唑酮为白色结晶性粉末，味苦涩。熔点 86~87 ℃，沸点 528.5 ℃，密度 1.33 g/cm^3。其

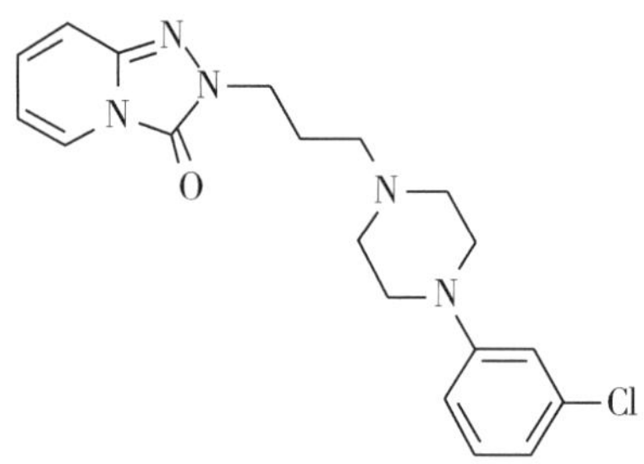

盐酸盐为白色结晶性粉末，熔点 223 ℃，溶于氯仿，微溶于水、乙醇和甲醇。

【用途及中毒原因】

本品为三唑吡啶类抗抑郁药，临床上主要用于治疗各种抑郁症，特别是顽固性抑郁症患者及经其他抗抑郁药治疗无效者，使用本品往往有效；还可用于治疗焦虑症，尤其适用于治疗老年性抑郁症或伴发心脏疾患的患者。中毒原因多为自杀、误服、用药过量或用药不当导致的药物协同等。

【作用机制】

本品为三唑吡啶类抗抑郁药，抗抑郁的作用机制是选择性地阻断中枢神经元对 5-羟色胺的再摄取，并可有微弱的阻止中枢神经元对去甲肾上腺素重吸收的作用，但对多巴胺、组胺和乙酰胆碱无作用，亦不能抑制脑内单胺氧化酶的活性，对心血管系统毒性小。本品还具有中枢镇静作用和轻微的肌肉松弛作用，但无抗痉挛和中枢兴奋作用。

本品口服吸收迅速且完全，1~2 h 血药浓度达峰值，半衰期为 4.1 h；主要在肝脏代谢，代谢物以游离或结合物形式随尿排出，少量随粪便排出。

【毒性】

曲唑酮为低毒类物质。

血药浓度：治疗浓度 0.5~2.5 μg/mL，中毒浓度 4 μg/mL，致死浓度 12~15 μg/mL。最大用量不超过 400 mg/d。

急性中毒实验：大鼠经口半数致死量（LD_{50}）为 690 mg/kg，大鼠腹腔注射半数致死量（LD_{50}）为 178 mg/kg；小鼠经口半数致死量（LD_{50}）为 610 mg/kg，小鼠腹腔注射半数致死量（LD_{50}）为 210 mg/kg。

【中毒症状】

常见的中毒症状有头昏、头痛、眩晕、共济失调、恶心、呕吐、口干、腹痛、便秘或腹泻、虚弱、体重减轻、心动过速或过缓、体位性低血压、水肿、焦虑不安、失眠、震颤、精神错乱和皮疹等；还可出现嗜睡、倦怠、阴茎异常勃起、癫痫发作和心电图改变，甚至出现呼吸停止。

【急救措施】

对于口服中毒者，应立即洗胃，胃管宜选用大号的，以利于抽出胃内残存药片；对于意识不清的患者，洗胃前应进行气管插管，灌服医用活性炭混悬液，吸附残余药物。保证呼吸道通畅，同时建立静脉通道，输入 20% 的甘露醇和葡萄糖盐水利尿，以促进药物排泄。进行心电监护，对症支持治疗。同时注意，由于该药有引起抽搐的危险，严禁催吐。

【尸体特征】

本品与其他药物（乙醇、乙醇-水合三氯乙醛-安定、异戊巴比妥、甲氨二氮䓬或氨甲丙二酯）合用时，过量使用能引起死亡。单独过量（致死剂量）服用本品最严重的不良反应是阴茎异常勃起，呼吸停止引起窒息。尸体呈一般窒息性死亡征象。

【检材提取】

对于经过抢救的患者，应注意收集洗胃液和尿液。解剖尸体时应提取死者的胃内容物、血液、尿液及脑、肝、肾等组织作为检材。并注意收集和提取现场遗留的呕吐物、药品及包装物等。

【检验方法】

高效液相色谱法。

仪器：高效液相色谱仪；色谱柱：Diamonsil C18（150 mm×4.6 mm×5 μm）钻石色谱柱；流动相：0.03 mol/L 的醋酸铵+甲醇（24∶76，*V/V*）；流速：0.8 mL/min；柱温：40 ℃；检测波长：255 nm；灵敏度：0.01AUFS（满刻度吸光度单位）。

氟西汀（氟烷苯胺丙醚、百忧解）

【化学名称】N-甲基-3-苯基-3-（对三氟甲基苯氧基）丙胺

【化学式】$C_{17}H_{18}F_3NO$

【结构式】

【相对分子质量】309.33

【CAS 登记号】54910-89-3

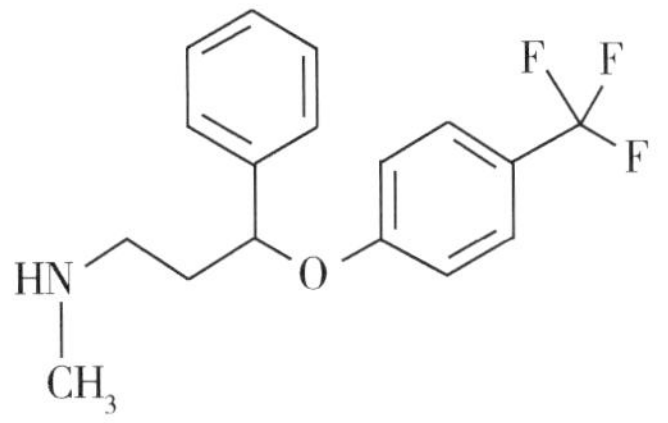

【性状】

氟西汀为白色结晶性固体，熔点 158 ℃，沸点 395.1 ℃，密度 1.159 g/cm^3，不溶于水。常用其盐酸盐（盐酸氟西汀），盐酸氟西汀为白色至类白色结晶性固体，熔点 158~159 ℃。易溶于甲醇和乙醇，溶于乙腈、丙酮和氯仿，微溶于乙酸乙酯、二氯甲烷和水，不溶于环己烷、己烷和甲苯。

【用途及中毒原因】

本品为选择性血清再吸收抑制剂（SSRI）型的抗抑郁药，临床上主要用于成人抑郁症、强迫症和神经性贪食症的治疗。中毒原因多为自杀、误服、用药过量或用药不当导致的药物协同等。

【作用机制】

本品为选择性 5-羟色胺再摄取抑制剂。该药通过选择性地抑制中枢神经元对 5-羟色胺（5-HT）的再摄取，从而增加突触间隙中 5-羟色胺的浓度而起到抗抑郁效果。该药对去甲肾上腺素（NA）再摄取的抑制作用较弱；与 α-肾上腺素能、β-肾上腺素能、5-羟色胺能、多巴胺能等受体结合力弱，相关的镇静作用、抗胆碱能样作用及对心血管的作用不明显。

本品口服易吸收，吸收后广泛分布于全身，6~8 h 血药浓度达峰值；在肝脏内代谢为去甲氟西汀而继续发挥药理效应；原药的半衰期为 1~3 d，去甲氟西汀的半衰期为 4~16 d；肝功能损害者其半衰期明显延长；80%的代谢产物随尿排出，15%的代谢产物随粪便排出。

【毒性】

血药浓度：治疗浓度 0.1~0.45 μg/mL，中毒浓度 1.5~2 μg/mL。

急性中毒实验：小鼠经口半数致死量（LD_{50}）为 248 mg/kg，大鼠经口半数致死量（LD_{50}）为 452 mg/kg。

【中毒症状】

常见的不良反应有恶心、呕吐、消化不良、腹泻、吞咽困难、心跳加速、厌食、头晕、头痛、睡眠异常、疲乏、精神状态异常、性功能障碍、视觉异常及呼吸困难等；过量服用可产生躁狂及引起癫痫发作，甚至死亡。有报道称，服用氟西汀可能引起暴力倾向的增强。

【急救措施】

对于口服中毒者，应立即洗胃，迅速清除未被吸收的药物，胃管宜选用大号的，以利于抽出胃内残存药片；对于意识不清的患者，洗胃前应进行气管插管，保证呼吸道通畅；保护心脏及肝、肾，严密监视生命体征，依病情进行相应的对症治疗及采用支持疗法。

【尸体特征】

单独服用氟西汀过量所致的死亡病例极端罕见。超量服用可引发恶心、呕吐、中枢兴奋，长期服用会蓄积引起中毒，造成呼吸抑制、衰竭，且有死亡的案例报道。但无尸体解剖资料。

【检材提取】

解剖尸体时需注意检查胃内容物中是否有未溶解的药片或残渣，检材以胃内容物、血液、尿液、肝组织较好。还应注意收集现场遗留的药品、包装物、呕吐物及抢救时的洗胃液等。

【检验方法】

液相色谱-质谱法。

仪器：液相色谱-质谱联用仪；色谱柱：Phenomenex Curosil-PFP C18（250 mm×4.6 mm×5 μm）键合硅胶柱；流动相：含 0.1%甲酸的 0.2%醋酸铵溶液+甲醇+乙腈（10∶68∶22，$V/V/V$）；流速：1.0 mL/min；柱温：40 ℃；进样方式：分流进样，分流比：3∶1；离子源：电喷雾离子源（ESI^+）；毛细管电压：4 kV；锥孔电压：19 V；碰撞气：氩气；CID 碰撞能量：6 eV；雾化气温度：350 ℃；雾化气流速：500 L/min；气帘气流速：50 L/min。

苯乙肼

【化学名称】2-苯乙基肼

【化学式】$C_8H_{12}N_2$

【结构式】

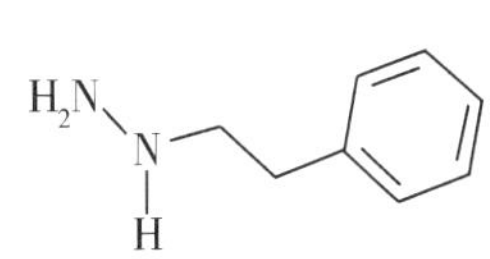

【相对分子质量】136.19

【CAS 登记号】51-71-8

【性状】

苯乙肼为白色或浅黄色粉末，有刺激性气味，沸点 281.4 ℃，密度 1.01 g/cm³。其硫酸盐易溶于水，微溶于乙醇，水溶液呈酸性。

【用途及中毒原因】

本品为抗抑郁药，临床上主要用于治疗抑郁症、恐怖性焦虑障碍和抑郁性神经症，亦可用于缓解心绞痛等。中毒原因多为自杀、误服、用药过量或用药不当等。

【作用机制】

本品为抗抑郁药，属不可逆单胺氧化酶抑制剂，无选择性。该药主要通过减少脑内儿茶酚胺（去甲肾上腺素、多巴胺、5-羟色胺）的降解，使儿茶酚胺的含量增多而发挥抗抑郁作用。本品对内源性抑郁症效果较好，对外源性及反应性抑郁症效果不佳。

【毒性】

苯乙肼毒性中等。

急性中毒实验：小鼠经口半数致死量（LD_{50}）为 130 mg/kg，小鼠腹腔注射半数致死量（LD_{50}）为 135 mg/kg，小鼠皮下注射半数致死量（LD_{50}）为 122 mg/kg。

【中毒症状】

最严重的情况是出现高血压危象，具有致死性，其特征包括严重的枕骨部位的头痛（可能向前放射）、颈强直或疼痛、恶心、呕吐、口干、出汗（可能伴随冷、热）、皮肤湿冷、便秘、排尿困难、心悸、心动过速或过缓、压榨性胸痛、瞳孔散大和视力障碍（如畏光）、颅内出血（可能致死）。大剂量使用时，可激发潜在性精神病发作，可能出现过度兴奋、焦虑、躁狂等症状，还可出现高热、心动过速、呼吸急促、肌肉强直、肌酸激酶和磷酸肌酸水平上升、代谢性酸中毒和昏迷等。

【急救措施】

对症治疗及采用支持治疗。超量服用苯乙肼时，会导致昏厥、多汗、脉快、呼吸表浅等，可肌内注射氯丙嗪治疗。

【尸体特征】

苯乙肼急性中毒可出现谵妄、惊厥等症状，最后因昏迷或呼吸衰竭而死亡。解剖可见肺水肿较为明显。

【检材提取】

应注意收集现场遗留的药品及包装物等备检；解剖尸体时应采集胃内容物、肝组织、血液等进行药物检验。

【检验方法】

高效液相色谱法。

仪器：高效液相色谱仪；色谱柱：Shim-Pack VP-ODS C18（250 mm×4.6 mm×6 μm）键合硅胶柱；流动相：0.05 mol/L 的 CH_3COONa（pH 值为 3.0）缓冲液；流速：1.0 mL/min；检测波长：270 nm。

第六节　抗结核药

异烟肼（异烟酰肼、雷米封）

【化学名称】4-吡啶-甲酰肼

【化学式】$C_6H_7N_3O$

【结构式】

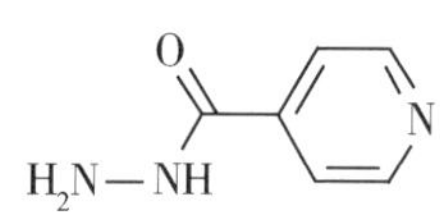

【相对分子质量】137.14

【CAS 登记号】54-85-3

【性状】

异烟肼为白色或类白色结晶性粉末，无臭，味微甜后苦。熔点 170~173 ℃，密度1.244 g/cm³。易溶于水，溶于乙醇，微溶于氯仿，不溶于苯和乙醚。1%水溶液 pH 值为 5.5~6.5，溶液在 pH 值为 4~5 时稳定，在中性或碱性溶液中易分解，光、热、氧可加速其分解。

【用途及中毒原因】

本品为合成抗生素，临床上主要用于各型结核病的治疗，包括结核性脑膜炎以及其他分枝杆菌感染；对痢疾、百日咳、麦粒肿等也有一定的疗效。中毒原因多为误服或自杀，慢性中毒则因长期服用较大剂量药物或肝功能不全所致。

【作用机制】

异烟肼的化学结构与维生素 B_6 相似，在体内代谢过程中相互拮抗。脑组织内维生素 B_6 缺乏可使 γ-氨基丁酸（GABA）的生成减少，导致中枢神经兴奋性增高，出现阵发性、强直性抽搐。异烟肼中毒死亡主要是抽搐、呼吸肌痉挛所导致的窒息死亡。另外，异烟肼在三羧酸循环中可阻断乳酸转换成丙酮酸，引起酸中毒。

本品口服后几乎完全吸收，药物分布于全身组织和体液；服药后 24 h 口服量的 50%~70%随尿排出，1%随粪便排出。

【毒性】

异烟肼为高毒类物质。

血药浓度：治疗浓度 0.25~10 μg/mL，中毒浓度 20~70 μg/mL，致死浓度 100 μg/mL。

致死量：大于 200 mg/kg。

【中毒症状】

口服大量异烟肼后 1 h 左右即可出现急性中毒症状，2~3 h 后症状最严重，表现为头晕、头痛、恶心、呕吐、腹痛、兴奋、欣快感、视物模糊、言语不清、幻觉、呼吸及中枢神经系统抑制，继而出现肢体颤动、木僵或昏迷，可发生特征性癫痫样抽搐，最终呼吸衰竭；迁延中毒者亦可发生肝、肾功能损害，出现眼和皮肤黄染、管型尿、蛋白尿或血尿，甚至因急性肾功能衰竭而死亡。慢性中毒多出现麻木、针刺感、烧灼感或手指疼痛等周围神经炎症状，亦可出现中毒性精神障碍。

【急救措施】

大量服用异烟肼中毒的处理方法如下。

（1）应在服用该品后的 2~3 h 洗胃，用硫酸镁导泻，静脉滴注葡萄糖盐水及甘露醇、呋塞米（速尿），以促进毒物排泄。

（2）应用大量维生素 B_6 拮抗异烟肼。

（3）对症治疗，保持呼吸道通畅，出现抽搐时，给予苯巴比妥、水合氯醛，防止缺氧，症状严重者可行血液透析或腹膜透析。

【尸体特征】

急性中毒死亡者尸僵显著，呈抽搐状态，窒息征象明显。解剖可见胃黏膜、十二指肠黏膜充血，可伴出血；各脏器可见瘀血、水样变性改变。迁延中毒死亡者，解剖可见肝、肾损害；镜下可见肾小管上皮细胞脂肪变性、坏死，出现蛋白管型和细胞管型，肝细胞水样变性、脂肪变性等。

【检材提取】

解剖尸体时需注意检查胃内容物中是否有未溶解的药片或残渣，检材以胃内容物、血液、尿液、肝脏较好。还应注意收集现场遗留的药品、包装物、呕吐物及抢救时的洗胃液等。

【检验方法】

1. 化学检验法

（1）氯化金反应：将药物残渣涂在滤纸上，加 5%的氯化金试剂 1~2 滴，1 min 后显紫灰色至黑色，灵敏度为 50 μg。

（2）银氨试剂反应：将药物残渣涂在滤纸上，加银氨试剂 1~2 滴，1 min 后显紫灰色至黑色，灵敏度为 20 μg。

（3）磷钼酸-浓氢氧化铵反应：将药物残渣涂在滤纸上，加饱和的磷钼酸溶液 1 滴，加浓氢氧化铵溶液 1~2 滴，显蓝紫色，灵敏度为 20 μg。

2. 高效液相色谱法

仪器：高效液相色谱仪；分析柱：YWG C18（200 mm×4.6 mm×5 μm）键合硅胶柱；预柱：YWG C18（6 mm×25 mm）柱；流动相：0.02 mol/L 的 KH_2PO_4+CH_3OH（65∶35，*V/V*），其中每 500 mL 的流动相中加入 70%的高氯酸 0.2 mL 及 20%的三乙胺 0.4 mL；流速：1 mL/min；检测波长：340 nm。

利福平

【化学名称】3-［［(4-甲基-1-哌嗪基) 亚氨基］甲基］-利福霉素

【化学式】$C_{43}H_{58}N_4O_{12}$

【结构式】

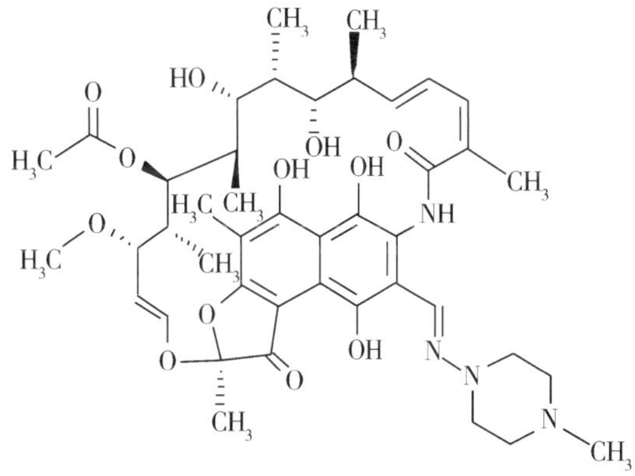

【相对分子质量】822.94

【CAS 登记号】13292-46-1

【性状】

利福平为橙红色片状结晶或砖红色结晶性粉

末，无臭，无味。熔点 183~188 ℃（分解），沸点 1 004.4 ℃，密度 1.34 g/cm^3。易溶于氯仿和二甲亚砜，溶于乙酸乙酯、甲醇和四氢呋喃，溶于水（pH<6）、丙醇和四氯化碳。干燥粉末可稳定 5 年以上，其水溶液在室温下 10 h 失效，但加入还原剂（如抗坏血酸）可减少分解，在二甲亚砜中极稳定。

【用途及中毒原因】

本品为利福霉素类半合成广谱抗菌药，对多种病原微生物均有抗菌活性。临床上主要用作抗各种结核药，可用于结核性脑膜炎的治疗；与其他药物联合可用于麻风、非结核分枝杆菌感染、金黄色葡萄球菌引起的骨髓炎和心内膜炎、对红霉素耐药的军团菌肺炎等的治疗。中毒原因多为长时间用药、过量用药等，偶有自杀的报道。

【作用机制】

（1）肝脏毒性：可能是通过抑制胆汁酸盐输出泵而引起结合性血胆红素过多症。大剂量是引起肝脏毒性较常见的原因。

（2）急性肾功能衰竭：其发生机制为Ⅲ型变态反应，利福平抗体形成后，利福平及其代谢产物与抗体结合，沉积在肾组织导致肾损伤。

（3）改变凝血与抗凝血之间的平衡，使抗凝血蛋白的合成减少而清除速度增加，使机体处于高凝状态，导致静脉血栓形成。

本品口服吸收良好，口服后 1.5~4 h 血药浓度达峰值，吸收后分布于全身大部分组织和体液中；主要在肝脏内代谢，半衰期为 3~5 h，主要经胆和肠道排泄，可进入肠肝循环；60%~65%的给药量经粪便排出，6%~15%的药物以原形、15%为活性代谢物经尿排出；7%则以无活性的3-甲酰衍生物排出，亦可经乳汁排出。

【毒性】

利福平为高毒类物质。

致死量：人口服最低致死量（MLD）为 180 mg/kg。

急性中毒实验：大鼠经口半数致死量（LD_{50}）为 1 570 mg/kg，大鼠腹腔注射半数致死量（LD_{50}）为 511 mg/kg，大鼠皮下注射半数致死量（LD_{50}）为 534 mg/kg；小鼠经口半数致死量（LD_{50}）为 500 mg/kg，小鼠腹腔注射半数致死量（LD_{50}）为 416 mg/kg，小鼠皮下注射半数致死量（LD_{50}）为 621 mg/kg。

【中毒症状】

服药后，尿液、唾液、汗液等排泄物可呈橘红色，尤以尿液更加明显。中毒时出现咽痛、食欲缺乏、恶心、呕吐、腹胀、腹泻等症状；肝损害表现为氨基转移酶升高、肝大，严重时可伴有黄疸（巩膜和皮肤黄染）；肾损害表现为血尿、蛋白尿，甚至引起肾功能衰竭；循环系统症状表现为白细胞、血小板、血红蛋白减少，嗜酸性粒细胞增多，甚至引起溶血性贫血；可出现皮肤瘙痒、发红或皮疹和脱发，严重者可出现剥脱性皮炎；还可见类流感样综合征，表现为寒战、高热、头痛、呼吸困难、全身酸痛、关节痛等。此外，过量用药可致精神萎靡、反应迟钝、眼周或面部水肿、全身瘙痒、红人综合征（皮肤黏膜及巩膜呈红色或橙色）等，有原发肝病者、酗酒者或同服其他对肝脏有毒性的药物者可能引起死亡。

【急救措施】

（1）对于口服大量利福平者，应立即洗胃、导泻。若中毒者出现恶心、呕吐，不宜再催吐，洗胃后应给予医用活性炭混悬液，以吸附胃肠道内残余的药物，有严重恶心呕吐者给予镇吐药。

（2）治疗过程中出现严重毒副作用时应立即停药。

（3）静脉滴注 10%的葡萄糖溶液，并补充 B 族维生素、维生素 C、ATP、辅酶 A 等。

（4）对于全血细胞减少有出血倾向者，应输入新鲜血液，加用肾上腺糖皮质激素。

（5）根据其他不同症状采用相应的对症治疗。

【尸体特征】

利福平对肝脏有毒性作用，可致肝酶、胆红素升高。并可加速异烟肼代谢为乙酰胺而加强对肝脏的毒性作用。特别是原有肝病者更易引起肝损害，当肝脏储备功能已经严重受损时服用利福平可致肝衰竭而死亡。因利福平的代谢产物呈橘红色，因而在进行解剖检验时可发现死者的尿液、粪便、唾液和汗液等均显红色。

【检材提取】

对于自杀中毒死亡者，因药物超量，在解剖尸体时需特别注意胃内容物中是否有未溶解的药片或残渣。检材以胃内容物、血液、尿液及肝、肾组织为好。同时还应注意收集现场遗留的药品、包装物及呕吐物等。

【检验方法】

高效液相色谱法。

仪器：高效液相色谱仪；色谱柱：Diamonsil C18（250 mm×4.6 mm×5 μm）键合硅胶柱；柱温：25 ℃；流动相：甲醇+水+醋酸+三乙胺（60∶40∶0.3∶0.4，*V/V/V/V*，pH 值为 6.5）；流速：0.8 mL/min；检测器：紫外检测器；检测波长：254 nm。

乙胺丁醇（乙二胺二丁醇）

【化学名称】［2R，2［S-（R*，R*）］-R］-（+）2，2'-（1，2-乙二基二亚氨基）-双-1-丁醇

【化学式】$C_{10}H_{24}N_2O_2$

【结构式】

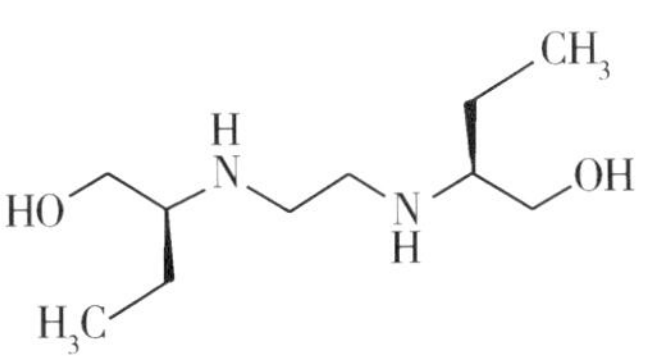

【相对分子质量】204.31

【CAS 登记号】74-55-5

【性状】

乙胺丁醇为白色结晶性粉末。熔点 87.5～88.8 ℃，沸点 345.3 ℃，密度 0.987 g/cm^3。溶于氯仿，微溶于水、苯，耐热。常用乙胺丁醇盐酸盐，其为白色结晶性粉末，有引湿性，味微苦。熔点 198.5～200.3 ℃。易溶于水，微溶于乙醇，难溶于丙酮、氯仿。作为药物，临床上常用其右旋体。

【用途及中毒原因】

本品在临床上主要用于治疗各型肺结核及肺外结核；常与异烟肼及利福平合用作为肺结核初治的常规用药；与利福平及其他抗结核药（如卷曲霉素等）联合用于治疗复治病例；也可用于治疗结核性脑膜炎及非结核分枝杆菌感染。中毒原因多为长时间用药、用药不当、个体差异产生的医源性中毒等，偶有自杀的报道。

【作用机制】

本品对视功能的作用机制尚未完全阐明，主要是乙胺丁醇与二价金属离子络合，消耗与眼新陈代谢相关的 Zn^{2+} 和 Cu^{2+}，降低 Cu^{2+} 水平而影响细胞色素 C 氧化酶的活性，导致神经细胞代谢障碍，降低视神经轴突传递的能量而引起视神经疾病。

本品口服后 75%～80%经胃肠道吸收，血药浓度达峰值的时间为 2～4 h。在体内各组织中分布广泛，可浓集在红细胞（红细胞内的浓度可达血药浓度的 2～3 倍）、肾、肺、唾液和尿液中，在胸水、腹水中浓度极低。脑脊液中的药物浓度约为血药浓度的 20%～80%。但该药物可分泌至乳汁，浓度与血药浓度相近。半衰期为 3～4 h，主要经肝脏代谢，约 15%的给药量代谢成为无活性的代谢物，经肾排出，50%以原形经肾排泄，约 20%以原形随粪便排出。

【毒性】

乙胺丁醇为低毒类物质。

急性中毒实验：大鼠经口半数致死量（LD_{50}）为 998 mg/kg；小鼠腹腔注射半数致死量（LD_{50}）为 1 075 mg/kg，小鼠皮下注射半数致死量（LD_{50}）为 240 mg/kg。

【中毒症状】

本品最严重的毒性反应是视神经损害，前期表现为眼睑瘙痒、眼窝痛、流泪、畏光等，视力损害多伴有辨色功能低下，表现为红绿色弱、视力减退、视野缩小或视神经炎。视神经炎临床上可分两型：①中央型：视力下降，绿色分辨能力下降。②周围型：视野缩小，视力及绿色分辨能力无改变。酗酒者与糖尿病患者视力损害程度更重。少数患者出现四肢末梢麻木、蚁走感、触觉减弱、疼痛、关节酸软等症状，还可出现发热、皮疹、剥脱性皮炎、血小板减少性紫癜及过敏性休克等症状。

【急救措施】

（1）对于口服中毒者，应立即催吐、洗胃、导泻。

（2）对症处理：①对于出现球后视神经炎者，可用维生素 B_1、复合维生素及锌铜制剂等进行治疗。②恢复视力，可选用地塞米松 5 mg，每日静脉滴注或球后注射；妥拉苏林 12.5 mg，每日球后注射；氢化可的松 200 mg，每日静脉滴注；注意保肝。

（3）必要时进行血液透析和腹膜透析。

【尸体特征】

乙胺丁醇使用比较安全，目前尚未见有关服用乙胺丁醇中毒死亡的报道。但有报道称，一4岁男孩，在入院治疗前2 h曾一次性服用过异烟肼6 g（20片）、乙胺丁醇20 g（100片）及利福平9 g（30粒胶囊），经治疗而无大碍。

【检材提取】

对于自杀中毒死亡者，因药物超量，在解剖尸体时需特别注意胃内容物中是否有未溶解的药片或残渣。检材以胃内容物、血液、尿液及肝、肾组织为好。同时还应注意收集现场遗留的药品、包装物及呕吐物等。

【检验方法】

高效液相色谱法。

仪器：高效液相色谱仪；色谱柱：Hedera ODS-2 C18（250 mm×4.6 mm×5.0 μm）键合硅胶柱；柱温：40 ℃；流动相：15 mmol/L的醋酸铵溶液+甲醇（80∶20，*V/V*，pH值为7.3，0.45 μm微孔滤膜过滤，超声脱气）；流速：1.0 mL/min；进样量：20 μL；检测波长：240 nm。

吡嗪酰胺（羧酸胺、异烟酰胺）

【化学名称】氨甲酰基吡嗪

【化学式】$C_5H_5N_3O$

【结构式】

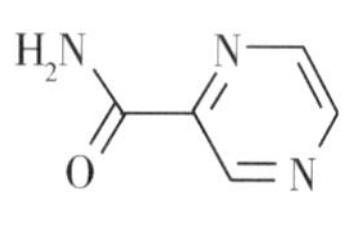

【相对分子质量】123.11

【CAS登记号】98-96-4

【性状】

吡嗪酰胺为白色或类白色结晶性粉末，无臭或几乎无臭，味微苦，熔点188～192 ℃，沸点357.4 ℃，密度1.301 g/cm^3。略溶于水，微溶于乙醇。

【用途及中毒原因】

本品为一线抗结核药，仅对分枝杆菌有效，主要适用于对异烟肼、链霉素、对氨基水杨酸能产生耐药性或不能耐受其他抗结核药的复治病例，也是结核性脑膜炎除异烟肼外的必选药物。目前在短程化疗的三联或四联强化期给药方案中，吡嗪酰胺已成为基本药物之一。中毒原因多为长时间用药、过量用药、用药不当或因个体差异而产生的医源性中毒，偶见超量服用自杀者。

【作用机制】

吡嗪酰胺通过影响蛋白质合成等环节使肝细胞胞浆膜或亚微细胞器受损，导致细胞的完整性丧失，进而使肝细胞变性、坏死。另外，吡嗪酰胺的代谢产物吡嗪酸可促进肾小管对尿酸的重吸收，抑制尿酸排泄，进而导致高尿酸血症，引起关节疼痛或痛风急性发作。

本品口服后在胃肠道内吸收迅速且完全，2 h后血药浓度可达峰值。广泛分布于全身组织和体液中，主要经肝脏代谢，半衰期为9～10 h，肝、肾功能减退时半衰期可能延长。

【毒性】

吡嗪酰胺为低毒类物质。

急性中毒实验：大鼠经口半数致死量（LD_{50}）为3 000 mg/kg；小鼠经口半数致死量（LD_{50}）为3 000 mg/kg，小鼠腹腔注射半数致死量（LD_{50}）为1 680 mg/kg，小鼠皮下注射半数致死量（LD_{50}）为2 973 mg/kg。

【中毒症状】

肝损害最常见，可引起转氨酶升高、肝大，长期大剂量应用时可引发中毒性肝炎，造成严重的肝细胞坏死、黄疸和血浆蛋白减少，老年人、酗酒和营养不良者肝损害的发生率高；胃肠道症状表现为食欲缺乏、恶心、呕吐等；还可引起痛风样关节炎，表现为关节酸痛、肿胀、强直，活动受限、血尿酸增加；偶可引起溃疡病发作、低色素性贫血与溶血反应。

【急救措施】

（1）误服中毒者，应立即催吐、洗胃、导泻。

（2）治疗过程中出现肝功能损害者，应立即停药，并给予护肝治疗。

（3）有痛风发作者，给予丙磺舒（羧苯磺胺）0.25g/次，每天3次，可促进尿酸的排泄。

（4）有过敏者，给予抗组胺药物及肾上腺糖皮质激素治疗。

【尸体特征】

体表检验无特殊表现，迁延中毒者可见皮肤、黏膜黄染等。解剖可见胃黏膜、十二指肠黏膜充血，有时可见黏膜破损、出血；各脏器瘀血；慢性中毒者可见肝脏肿大，镜下可见肝细胞变性、坏死等。

【检材提取】

解剖尸体时应注意提取胃内容物、血液、尿液及肝、肾组织等作为检材。同时还需注意收集现场遗留的药品及包装物、呕吐物等。

【检验方法】

高效液相色谱法。

仪器：高效液相色谱仪；色谱柱：Spherisorb C18（250 mm×4.6 mm×10 μm）键合硅胶柱；流动相：0.01 mol/L 的庚烷磺酸钠溶液（用稀磷酸调节 pH 值至 2.0）+乙腈（44∶56，*V/V*）；流速：1.0 mL/min；检测波长：254 nm；进样量：10 μL。

乙硫异烟胺（硫异烟胺）

【化学名称】2-乙基吡啶-4-硫代甲酰胺

【化学式】$C_8H_{10}N_2S$

【结构式】

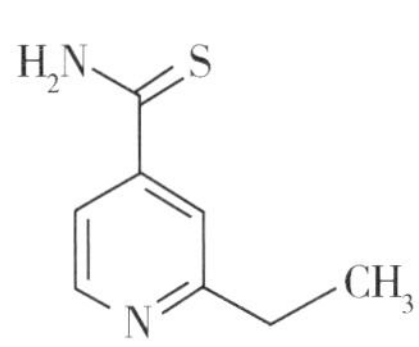

【相对分子质量】166.24

【CAS 登记号】536-33-4

【性状】

乙硫异烟胺为细小黄色结晶或结晶性粉末，熔点 158 ℃，沸点 296.6 ℃，密度 1.17 g/cm^3。不溶于水，溶于甲醇，微溶于乙醚、乙醇。

【用途及中毒原因】

本品在临床上多用于对其他抗结核药不能耐受者或用于与其他药物联合应用以增强疗效和避免结核菌产生耐药性，或用于获得性免疫缺陷综合征（艾滋病）并发结核分枝杆菌播散性感染的治疗，也可与利福平、氨苯砜联合应用治疗麻风。中毒原因多为长时间用药、过量用药、用药不当或因个体差异而产生的医源性中毒等，偶见有用于自杀的报道。

【作用机制】

本品的作用机制为：在菌体内转化为替代性异烟酸，干扰细菌 NAD 脱氢酶的活性，抑制细菌蛋白质合成或阻碍细菌细胞壁合成所需的分枝菌酸的合成，从而发挥抑菌或者杀菌的作用。

本品口服易吸收，血浆药物浓度达峰值的时间为 2~3 h，广泛分布于各内脏器官和体液中；半衰期为 2~4 h，主要在肝内代谢，几乎全部代谢分解为无活性的代谢物，经肾脏随尿液排出，尿液中仅有 1%为原形药物。

【毒性】

本品对儿童及青少年可引起过敏性休克。可能有对胎儿造成伤害的危险。

【中毒症状】

常见中毒症状有恶心、呕吐、腹痛、腹泻、厌食、胃部不适等；可见黄疸、谷草转氨酶（AST）或谷丙转氨酶（ALT）升高、血尿；偶见多发性神经炎、精神兴奋或抑郁、抽搐、头痛、女性月经紊乱、男性乳房肿大、甲状腺肿大、脱发、痤疮、关节痛、皮疹、紫癜、口腔炎症、口腔金属味等。另有报道称，治疗量的乙硫异烟胺对于儿童及青少年可引起过敏性休克、药疹、中毒性肝炎、白细胞减少、肾损害等，且有死亡病例的记载。

【急救措施】

治疗中用药引起中毒时，应立即停药；采取催吐、洗胃、导泻等措施以阻止药物进一步吸收；静脉注射 10%的葡萄糖溶液，利尿，以促进药物排泄，严重者可采用血液透析疗法；对症治疗：出现黄疸时保肝，出现呕吐时止吐等。

【尸体特征】

乙硫异烟胺较少单独使用，常与其他抗结核药联合应用。关于该药中毒致死的案例报道甚少，资料显示：1995~2006 年，仅有两例死亡案例，且皆因过敏或过敏性休克所致。

【检材提取】

对于经过抢救的中毒者，应注意收集洗胃液、尿液作为检材。解剖尸体时可提取胃内容物、血液、尿液、肝脏、肾脏等作为检材。同时还应注意提取现场遗留的药品、包装物及呕吐物等。

【检验方法】

1. 化学检验法

取本品适量，置试管中，加入 10%的盐酸溶液 2 mL，缓缓加热，产生的气体可使湿润的醋酸铅试纸变黑。

2. 高效液相色谱法

仪器：高效液相色谱仪；色谱柱：Diamonsil C18（250 mm×4.6 mm×5 μm）键合硅胶柱；流动相：0.2 mol/L 的磷酸二氢钠溶液（用磷酸调节 pH 值至 3.0）+乙腈（80∶20，*V/V*）；检测器：紫外检测器；检测波长：282 nm。

第七节　解热镇痛药

阿司匹林（巴米尔、醋柳酸、乙酰水杨酸）

【化学名称】2-（乙酰氧基）苯甲酸

【化学式】$C_9H_8O_4$

【结构式】

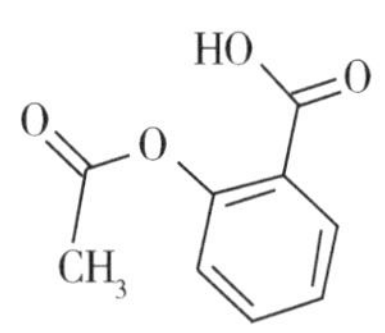

【相对分子质量】180.16

【CAS 登记号】50-78-2

【性状】

阿司匹林为白色针状或板状结晶或粉末，无气味，微带酸味。熔点 136～140 ℃，密度 1.35 g/cm^3。微溶于水，溶于乙醇、乙醚、氯仿，也溶于氢氧化钠溶液和碳酸钠溶液，但同时分解；在干燥空气中稳定。

【用途及中毒原因】

本品为常用的解热镇痛药，临床上用于解热、镇痛、抗风湿，可促进痛风患者尿酸的排泄；还可用于胆道蛔虫病的治疗，且具有抗血小板聚集作用。工业上用于制备杀鼠剂的中间体（4-羟基香豆素），还用于制造室外及有强光照射的结构件、器械部件。中毒原因多为自杀、治疗中长期大剂量服用或者药物滥用等。

【作用机制】

阿司匹林能刺激呼吸中枢，使呼气过度，呼出大量二氧化碳，引起呼吸性碱中毒（多见于 5 岁以上患儿）；呼吸性碱中毒可导致钠离子随尿大量排出，阿司匹林可对脱氢酶和氨基转移酶产生抑制，阻断三羧酸循环，使碳水化合物代谢紊乱，引起代谢性酸中毒；阿司匹林可以直接作用于血管平滑肌，使血管扩张，血压下降，并可使血管运动中枢麻痹，导致循环衰竭；阿司匹林还能抑制肝脏合成凝血酶原，引起出血倾向；另外，阿司匹林还可直接导致肾脏损害。

本品口服后吸收完全，2 h 血药浓度达峰值，半衰期为 15 min；阿司匹林去乙酰化而变成水杨酸，在肝内代谢后随尿排出，排出量受到尿液 pH 值的影响，pH 值增高则排出量增多；阿司匹林的半衰期随剂量增加而延长，服 650 mg 其半衰期为 3.5～4.5 h，服 4.5 g 其半衰期则为 15～20 h。

【毒性】

口服量达 50～200 mg/kg 时可致轻度中毒，口服量达 300～500 mg/kg 时可致严重中毒。

血药浓度：治疗浓度 20～100 μg/mL，中毒浓度 150～300 μg/mL，致死浓度 400～500 μg/mL。

急性中毒实验：大鼠经口半数致死量（LD_{50}）为 1 500 mg/kg，小鼠经口半数致死量（LD_{50}）为 1 100 mg/kg。

【中毒症状】

轻度中毒可出现腹痛、恶心、呕吐、血管扩张、出汗、脱水、耳鸣、耳聋、心动过速、呼吸加快等症状；中度中毒可出现胃肠道出血、情绪激动、精神错乱、酸碱平衡紊乱（呼吸性碱中毒及代谢性酸中毒）等症状；严重中毒可出现脑水肿、肺水肿、抽搐等，最终致去大脑状态或心脏停搏。

【急救措施】

（1）对于急性过量服用者：必须进行催吐、洗胃，同时给予输液以促进药物排出，并维持电解质平衡和酸碱平衡。保持碱性尿以利于阿司匹林的排出。对症治疗：有出血倾向者应补充维生素 K，并根据出血部位和出血量采取相应措施；对出现呼吸障碍、抽搐、高热者应对症治疗，严重者需进行血液透析或腹膜透析。

（2）对于慢性阿司匹林中毒者：即出现严重精神症状、呼吸加快、酸碱平衡失调、出血倾向者应立即停用本药，并静脉输入碳酸氢钠的葡萄糖溶液，以促进药物的排出。

（3）对于出现过敏反应者：应立即停用本药。有哮喘者应立即给予扩张气管的药物及给予吸氧等，哮喘严重者，应给予静脉补液和氨茶碱。

【尸体特征】

体表检验可见颜面及指端发绀。解剖可见胃内容物中、胃黏膜表面及皱襞之间有未吸收的药物残片，可嗅及乙酸气味。胃黏膜可见充血、肿胀、出血；心脏、肺脏表面及胸膜下可见点状或块状出血。如为慢性中毒死亡者，可致胃肠道大量出血，可见黑便。镜下可见肾小管上皮细胞水变性、坏死及中毒性肝病等病理改变。

【检材提取】

解剖检验时应注意提取胃内容物、血液、尿液及肝、肾组织等作为检材。同时还需注意收集现场遗留的药品及包装物和抢救时的洗胃液等。

【检验方法】

高效液相色谱法。

仪器：高效液相色谱仪；色谱柱：Shim-pack VP-ODS C18（150 mm×4.6 mm×5 μm）键合硅胶柱；流动相：乙腈+甲醇+0.01mol/L 的磷酸二氢钾溶液+三乙胺（5∶48∶47∶0.11，*V/V/V/V*，用磷酸调节 pH 值至 3.3～3.4）；流速：1.0 mL/min；柱温：35 ℃；检测波长：280 nm。

对乙酰氨基酚（扑热息痛）

【化学名称】N-（4-羟基苯基）乙酰胺

【化学式】$C_8H_9NO_2$

【结构式】

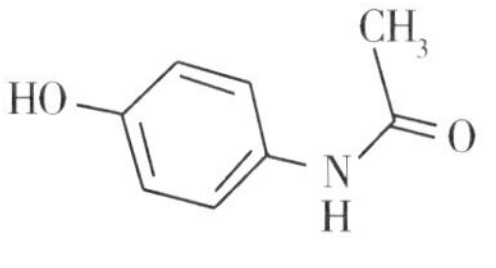

【相对分子质量】151.16

【CAS 登记号】103-90-2

【性状】

对乙酰氨基酚为白色结晶性粉末，无臭，味苦。熔点 168～172 ℃，沸点 387.8 ℃，密度 1.293 g/cm^3。能溶于乙醇、丙酮和热水，不溶于冷水、石油醚及苯。饱和水溶液 pH 值为5.5～6.5。

【用途及中毒原因】

本品为最常用的非抗炎解热镇痛药，国际非专有药名为扑热息痛（Paracetamol）。解热作用与阿司匹林相似，镇痛作用较弱，无抗炎、抗风湿作用，是乙酰苯胺类药物中最好的品种，特别适合于不能应用羧酸类药物的患者，用于感冒、牙痛等症的治疗。本品在工业中用作有机合成中间体、过氧化氢的稳定剂、照相化学药品。中毒原因多为用药过量或误服等。

【作用机制】

在对乙酰氨基酚过量的情况下，可导致葡萄糖醛酸化和硫酸化通路饱和，大量的对乙酰氨基酚由细胞色素 P450 酶系所氧化，结果产生大量活性有毒的中间代谢产物 N-乙酰苯亚胺基醌（NAPQI），导致与之相结合解除其毒性的肝中的谷胱甘肽严重缺乏，毒性中间代谢物 NAPQI 蓄积，从而没与谷胱甘肽结合的 NAPQI 与肝细胞内的许多重要的生物大分子共价结合而导致肝细胞功能紊乱，可致患者肝坏死而死亡。

本品口服后吸收迅速且完全，吸收后在体内分布均匀，口服后 0.5～2 h 血药浓度达峰值；90%～95%在肝脏代谢，半衰期为 1～3 h，代谢产物经肾脏排泄，肾功能不全时半衰期不受影响，但肝功能不全患者及新生儿、老年人的半衰期有所延长，而小儿的半衰期则有所缩短。本品能通过乳汁分泌。

【毒性】

对乙酰氨基酚为低毒类物质。

急性中毒实验：大鼠经口半数致死量（LD_{50}）为 1 944 mg/kg，大鼠腹腔注射半数致死量（LD_{50}）为 1 205 mg/kg；小鼠经口半数致死量（LD_{50}）为 338 mg/kg，小鼠腹腔注射半数致死量（LD_{50}）为 250 mg/kg。

【中毒症状】

本品中毒时可很快出现面色苍白、食欲缺乏、恶心、呕吐、胃痛或胃痉挛、腹泻、畏食、多汗等症状，且可持续 24 h。肝损害表现为：在 1～4 d 可出现腹痛、肝肿大和压痛、氨基转移酶升高及黄疸，第 4～6 天可出现明显的肝功能衰竭（暴发性肝衰竭），表现为肝性脑病（意识障碍、躁动、嗜睡）和扑翼样震颤、惊厥、呼吸抑制、昏迷等脑水肿症状以及凝血障碍、胃肠道出血、弥散性血管内凝血、低血糖、酸中毒、心律失常、循环衰竭、肾小管坏死，直至死亡。

【急救措施】

（1）催吐及洗胃以减少药物吸收，洗胃后用医用活性炭混悬液吸附药物。

（2）尽早使用乙酰半胱氨酸，在过量服用对乙酰氨基酚后 10～12 h 使用最有效。

（3）如果过量服用对乙酰氨基酚后 24 h 内未能使用乙酰半胱氨酸，则进行血液透析或血液灌注。

（4）监测血药浓度及检查肝功能，应每24 h测定 1 次，至少连续测定 96 h。

（5）支持疗法：维持水、电解质平衡，纠正低血糖，补充维生素 K_1 或用新鲜冷冻血浆、浓缩凝血因子。

【尸体特征】

尸表检验无特殊表现，呈一般窒息性死亡尸体征象，尸斑呈暗紫红色，颜面部皮肤青紫，眼结膜、口腔黏膜点状出血，解剖检验可见各脏器呈瘀血状，肺浆膜下及心外膜下点状出血，心腔及胸腔大血管内血液呈暗红色流动状。胃内有时可见未溶解的药末或残渣，胃肠黏膜充血，可见斑点状出血。镜下可见肾小管变性坏死。

【检材提取】

解剖时应注意提取胃内容物、血液、尿液及肝、肾组织等作为检材。同时还需注意收集现场遗留的药品及包装物和抢救时的洗胃液等。

【检验方法】

高效液相色谱法。

仪器：高效液相色谱仪；色谱柱：YWG C18（150 mm×4.6 mm×10 μm）键合硅胶柱；流动相：甲醇+乙腈+水（5∶5∶90，*V/V/V*）；流速：1.0 mL/min；检测波长：237 nm；进样量：20 μL；灵敏度：0.02 AUFS。

非那西丁（对乙酰氨基苯乙醚）

【化学名称】4-乙氧基乙酰苯胺

【化学式】$C_{10}H_{13}NO_2$

【结构式】

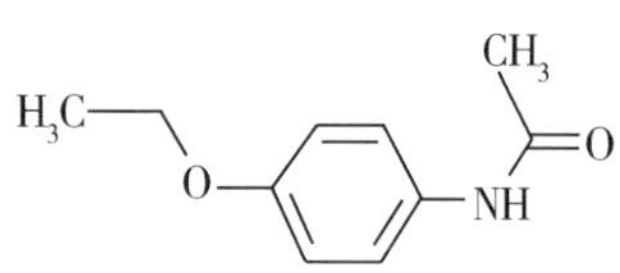

【相对分子质量】179.22

【CAS 登记号】62-44-2

【性状】

非那西丁为白色有光泽的鳞片状结晶或白色结晶性粉末，无臭，味微苦。熔点 137～138 ℃，沸点 355.1 ℃，密度 1.099 g/cm³。难溶于水，微溶于乙醚，略溶于沸水，溶于乙醇和氯仿。溶于浓硫酸时不显颜色，向溶液中滴入硝酸后即呈橙黄色。

【用途及中毒原因】

本品的解热镇痛作用与阿司匹林相似，主要用作解热镇痛药，作用缓慢而持久，临床上用于治疗头痛、神经痛、关节痛和发热等。该药已停止单独使用，只是作为原料药和其他药物配复方制剂使用。中毒原因多为用药过量或误服等。

【作用机制】

本品具有解热镇痛作用，被机体吸收后大部分在肝脏迅速经去乙基生成对乙酰氨基酚，二者合并产生解热镇痛作用，作用机制同对乙酰氨基酚；同时还分解出对氨苯乙醚，对氨苯乙醚不但无解热镇痛作用，而且是非那西丁产生毒副作用的主要因素。

本品内服易吸收，大部分在肝脏迅速经去乙基生成对乙酰氨基酚，其后主要以结合形式随尿排出；小部分经去乙酰基生成对氨苯乙醚。

【毒性】

血药浓度：治疗浓度 0.1～20 μg/mL，中毒浓度>30 μg/mL，致死浓度>50 μg/mL。

急性中毒实验：大鼠经口半数致死量（LD_{50}）为 3 600 mg/kg，小鼠经口半数致死量（LD_{50}）为 866 mg/kg。

【中毒症状】

本品长期或过量应用，可引起眩晕、发绀、呼吸困难、溶血性贫血、高铁血红蛋白血症及肾乳头坏死和转移性肾细胞癌，偶有过敏反应。急性中毒可致肝坏死。

【急救措施】

先催吐和洗胃以减少药物吸收，洗胃后用医用活性炭混悬液吸附药物；尽早使用乙酰半胱氨酸，在过量服用本品后 10～12 h 使用最有效；必要时进行血液透析或血液灌注；采用支持疗法：维持水、电解质平衡，纠正低血糖，补充维生素 K_1 等。

【尸体特征】

尸表检验无特殊表现，呈一般窒息性死亡尸体征象，尸斑呈暗紫红色，颜面部皮肤青紫，眼结膜、口腔黏膜点状出血，解剖检验可见各脏器呈瘀血状，肺浆膜下及心外膜下点状出血，心腔及胸腔大血管内血液呈暗红色流动状。胃内有时可见未溶解的药末或残渣，胃肠黏膜充血，可见斑点状出血。镜下可见肾小管变性坏死。

【检材提取】

解剖尸体时应注意提取胃内容物、血液、尿液及脑、肝、肾组织等作为检材。同时还需注意收集现场遗留的药品、包装物及呕吐物等。

【检验方法】

高效液相色谱法。

仪器：高效液相色谱仪；色谱柱：Diamonsil C18（250 mm×4.6 mm×5 μm）键合硅胶柱；流动相：甲醇 + 水（45 ∶ 55，*V/V*）；流速：1.0 mL/min；柱温：室温；检测器：紫外检测器；检测波长：254 nm；灵敏度：0.02 AUFS。

安乃近（二吡喃酮、诺瓦经）

【化学名称】［（1，5-二甲基-2-苯基-3-氧代-2，3-二氢-1H-吡唑-4-基）甲氨基］甲烷磺酸钠

【化学式】$C_{13}H_{16}N_3O_4S \cdot Na$

【结构式】

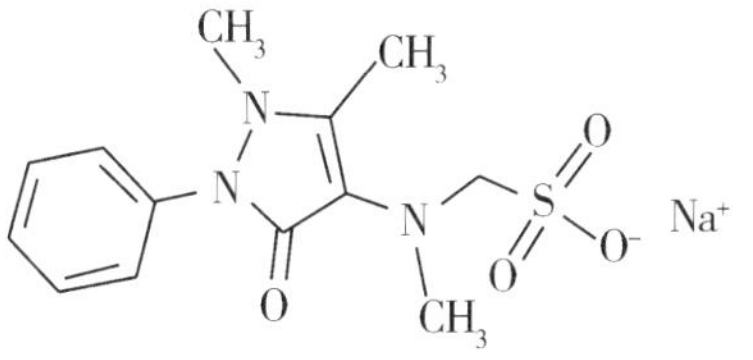

【相对分子质量】333.34

【CAS 登记号】5907-38-0

【性状】

安乃近为白色或白色至略带微黄色的结晶或结晶性粉末，无臭，味微苦。易溶于水，水溶液久置后渐变黄色。

【用途及中毒原因】

本品具有解热、镇痛、抗风湿作用，临床上主要用于退热，也用于治疗急性关节炎、风湿性痛、肌肉痛、头痛等。中毒原因多为过量用药、用药不当等，亦有自杀的案例报道。

【作用机制】

本品属于非甾体抗炎、解热镇痛药，作用于体温调节中枢，可使皮肤血管扩张、血流加速、出汗增加，促使散热加速而降低体温。

本品口服吸收完全，2 h 内血药浓度达峰值；注射给药可迅速起效；半衰期为 1~4 h。

【毒性】

临床用量：

（1）口服：成人 0.5 g，每天 3 次。

（2）滴鼻：小儿退热常用 10%~20%的溶液滴鼻，5 岁以下 1 次每鼻孔 1~2 滴；5 岁以上适当加量。

（3）肌内注射：成人深部臀肌内注射，每次 0.25~0.5 g；儿童每次 5~10 mg/kg。

急性中毒实验：大鼠经口半数致死量（LD_{50}）为 3 000 mg/kg，小鼠经口半数致死量（LD_{50}）为 2 891 mg/kg。

【中毒症状】

本品中毒可引起嗜睡、倦怠、头痛、恶心、呕吐、口腔干燥、尿液变色、支气管痉挛、大汗、胸闷、血压骤降、虚脱、剥脱性皮炎及大疱性表皮松解症等不良反应；还可引起粒细胞缺乏症，重者有致命危险；亦可引起免疫性溶血性贫血、血小板减少性紫癜及再生障碍性贫血等；可引起荨麻疹、药疹、渗出性红斑等过敏表现；肌内注射局部可能出现红肿及疼痛，数天后才消退；大剂量肌内注射可使注射局部产生大面积无菌性坏死，使患者产生毒血症甚至死亡；有用药后发生过敏性休克而导致死亡的报道。

【急救措施】

先催吐及洗胃以减少药物吸收，洗胃后用医用活性炭混悬液吸附药物；必要时进行血液透析或血液灌注；对症支持治疗。

【尸体特征】

在死亡案例中，过敏性休克导致死亡者居多。主要表现为喉头、气管水肿，气管内有大量泡沫状黏液，脑、心、肺等脏器瘀血、水肿。镜下可见微血管内血细胞凝集，血管周围出血，间质内及气管黏膜下嗜酸性粒细胞浸润。

【检材提取】

解剖时应提取胃内容物、血液、尿液及肝组织、胆汁等进行药物及代谢物检验。此外，对于经过抢救者，还需注意收集洗胃液和尿液，并注意收集现场遗留的药品及包装物等。

【检验方法】

高效液相色谱法。

仪器：高效液相色谱仪；色谱柱：Xtimate C18（250 mm×4.6 mm×5 μm）键合硅胶柱；流动相：磷酸盐缓冲溶液（磷酸二氢钠 6.0 g，加水 1 000 mL，加三乙胺 1 mL，用 NaOH 溶液调节 pH 值至 7.0）+甲醇（75 ∶ 25，*V/V*）；流速：

1.0 mL/min；检测器：紫外检测器；检测波长：254 nm；柱温：室温；进样量：5 μL。

氨基比林（匹拉米洞）

【化学名称】4-二甲氨基-1，5-二甲基-2-苯基-3-吡唑啉酮

【化学式】$C_{13}H_{17}N_3O$

【结构式】

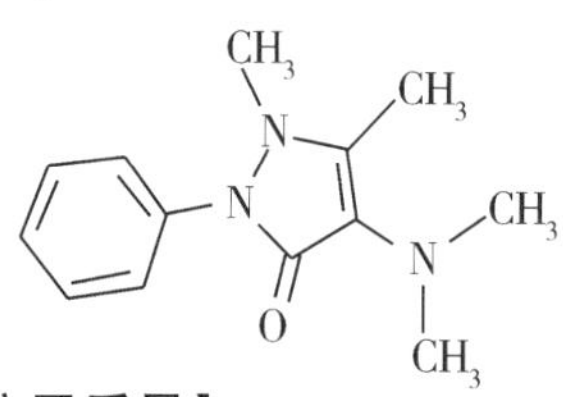

【相对分子质量】231.29

【CAS 登记号】58-15-1

【性状】

氨基比林为白色叶状结晶或结晶性粉末，无气味，味微苦。熔点 107～109 ℃，沸点319.7 ℃，密度 1.17 g/cm^3。在空气中稳定，但在日光下会变质，当有水分时，易与弱氧化剂起化学反应。易溶于醇、氯仿、苯和乙醚，能溶于水。在水中的溶解度随苯甲酸钠的加入而增加。水溶液呈弱碱性。

【用途及中毒原因】

本品属于吡唑酮类非甾体解热镇痛药，具有较强的解热镇痛、抗炎及抗风湿作用，临床上用于治疗发热、头痛、关节痛、神经痛、痛经及活动性风湿症等；但由于本品有严重的不良反应，临床上的应用已日益减少，逐渐趋向淘汰。本品还可用作分析试剂来检定锑、铋、溴、镉、氯、钴、酮、氰化物、金、铁碘酸、铅、镍、硝酸、亚硝酸盐、锇、氮的氧化物、钯、铂、银和锌等。中毒原因多为用药过量及用药不当等。

【作用机制】

本品能通过抑制环氧化酶的活性，选择性地影响下丘脑体温调节中枢，导致外周血管扩张、出汗而达到解热的作用，其解热作用强度与阿司匹林相似；通过抑制前列腺素的合成和释放，提高痛阈而起到镇痛作用，属于外周性镇痛药。

【毒性】

氨基比林毒性中等。

急性中毒实验：大鼠经口半数致死量（LD_{50}）为 285 mg/kg，大鼠皮下注射半数致死量（LD_{50}）为 295 mg/kg，大鼠腹腔注射半数致死量（LD_{50}）为 190 mg/kg；小鼠经口半数致死量（LD_{50}）为 300 mg/kg，小鼠皮下注射半数致死量（LD_{50}）为 248 mg/kg，小鼠腹腔注射半数致死量（LD_{50}）为 169 mg/kg。

【中毒症状】

本品中毒偶尔可引起恶心、呕吐、出汗、腹痛、皮肤苍白等，少数病例可发生过敏性皮炎（皮疹、皮肤瘙痒等）、粒细胞缺乏、血小板减少、高铁血红蛋白血症、贫血、肝肾功能损害等，罕见胃肠道出血。

【急救措施】

先催吐及洗胃以减少药物吸收，洗胃后用医用活性炭混悬液吸附药物；必要时进行血液透析或血液灌注；对症支持治疗。

【尸体特征】

尸检可见唇黏膜及指甲床发绀，睑结膜、球结膜点状出血。解剖可见心外膜下散在点状出血，心腔及大血管内血液呈暗红色流动状；胃内可见药片残渣，胃黏膜片状出血，溃疡形成。镜下可见脑弥漫性小灶性出血、水肿；肺、肾瘀血水肿，小灶性出血；肝脏小灶性坏死等。

【检材提取】

解剖时应提取胃内容物、血液、尿液及肝组织、胆汁等进行药物及代谢物检验。此外，对于经过抢救者，还需注意收集洗胃液和尿液，并注意收集现场遗留的药品及包装物等。

【检验方法】

高效液相色谱法。

仪器：高效液相色谱仪；色谱柱：Kromasil C18（250 mm×4.6 mm×5 μm）键合硅胶柱；流动相：乙腈+0.3%的十二烷基硫酸钠溶液+磷酸溶液（60∶40∶0.02，*V/V/V*，用三乙胺调节 pH 值至 3.3）；流速：1.0 mL/min；检测器：紫外检测器；检测波长：215 nm；柱温：室温；进样量：5 μL。

布洛芬（异丁苯丙酸、芬必得）

【化学名称】2-（4-异丁基苯基）丙酸/α-甲基-4-（2-甲基丙基）苯乙酸

【化学式】$C_{13}H_{18}O_2$

【结构式】

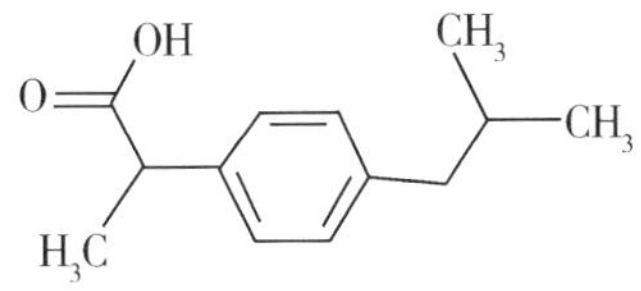

【相对分子质量】206.28

【CAS 登记号】15687-27-1

【性状】

布洛芬为白色结晶性粉末，有异臭。熔点75~78 ℃，沸点157 ℃，密度1.029 g/cm³。易溶于乙醇、丙酮、氯仿和乙醚，不溶于水。

【用途及中毒原因】

本品具有抗炎、镇痛、解热作用，临床上用于治疗偏头痛、风湿性关节炎、类风湿性关节炎、骨关节炎、强直性脊椎炎和神经炎等。中毒原因多为用药过量、用药不当和个体差异产生的医源性中毒等。

【作用机制】

本品通过对环氧化酶的抑制而减少前列腺素的合成，由此减轻因前列腺素引起的组织充血、肿胀，通过抑制体内前列腺素的合成，降低痛觉神经末梢对致痛物质的敏感性，产生显著的抗炎止痛作用。通过影响下丘脑体温调节中枢从而起到解热作用。

本品口服易吸收，1.2~2.1 h 血药浓度达峰值。一次给药半衰期为1.8~2 h，服药5 h后关节液药物浓度与血药浓度相等，以后的12 h内关节液药物浓度高于血药浓度；本品在肝内代谢，60%~90%经肾随尿排出，部分随粪便排出；24 h内全部排出，其中约1%为原形。

【毒性】

血药浓度：治疗浓度15~30 μg/mL，中毒浓度100 μg/mL。

急性中毒实验：大鼠经口半数致死量（LD_{50}）为636 mg/kg，大鼠皮下注射半数致死量（LD_{50}）为740 mg/kg，大鼠腹腔注射半数致死量（LD_{50}）为626 mg/kg；小鼠经口半数致死量（LD_{50}）为740 mg/kg，小鼠皮下注射半数致死量（LD_{50}）为395 mg/kg，小鼠腹腔注射半数致死量（LD_{50}）为320 mg/kg。

【中毒症状】

本品中毒可引起恶心、呕吐、腹痛、腹胀、腹泻、血便或柏油样便、皮肤瘙痒、视物模糊、复视、眼颤、耳鸣、心率减慢、血压降低、抽搐、昏迷、肾功能不全等。

【急救措施】

对于口服中毒者，应立即催吐或洗胃，口服医用活性炭、抗酸药或（和）利尿药，以促进药物排出；采用其他支持疗法。

【尸体特征】

尸检可见唇黏膜及指甲床发绀，睑结膜、球结膜点状出血。解剖可见心外膜下散在点状出血，心腔及大血管内血液呈暗红色流动状；胃内可见药片残渣，胃黏膜片状出血，溃疡形成。镜下可见脑弥漫性小灶性出血、水肿；肺、肾瘀血水肿，小灶性出血；肝脏小灶性坏死等。

【检材提取】

解剖尸体时应提取胃内容物、血液、尿液及肝组织、胆汁等作为检材。对于经过抢救者，还需收集洗胃液和尿液。同时还应注意收集现场遗留的药品、包装物及呕吐物等。

【检验方法】

高效液相色谱法。

仪器：高效液相色谱仪；色谱柱：Luna C18（250 mm×4.6 mm×5 μm）键合硅胶柱；流动相：磷酸盐缓冲液（磷酸二氢钠1.74 g，磷酸氢二钠2.7 g，加水500 mL使之溶解，用磷酸调节pH值至6.6）+甲醇（60 ∶ 40，*V/V*）；流速：1.0 mL/min；检测器：紫外检测器；检测波长：223 nm；柱温：30 ℃；进样量：20 μL。

卡洛芬（卡布洛芬）

【化学名称】2-（6-氯-9H-咔唑-2-基）丙酸

【化学式】$C_{15}H_{12}ClNO_2$

【结构式】

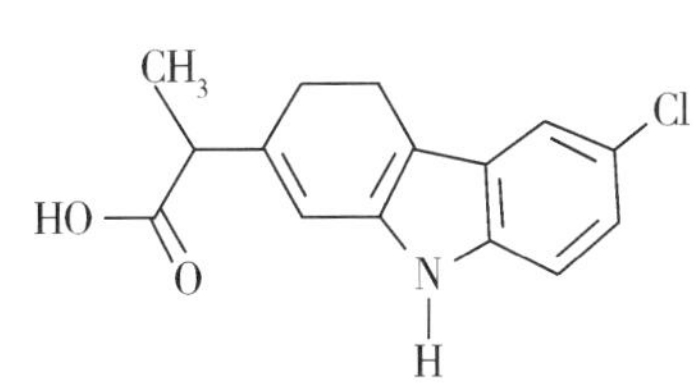

【相对分子质量】273.71

【CAS 登记号】53716-49-7

【性状】

卡洛芬为白色或类白色结晶性粉末。熔点

186~188 ℃，沸点 509.1 ℃，密度 1.42 g/cm³。易溶于乙醚、丙酮、乙酸乙酯、氢氧化钠溶液和碳酸钠溶液，几乎不溶于水。

【用途及中毒原因】

本品在临床上用于治疗类风湿性关节炎、骨关节炎、急性痛风及其他风湿病；也用于治疗手术后或外伤引起的急性疼痛。中毒原因多为长时间用药、用药不当和个体差异产生的医源性中毒等。

【作用机制】

本品通过对环氧化酶的抑制而减少前列腺素的合成，进而达到镇痛、抗炎作用；通过影响下丘脑体温调节中枢从而起到解热作用。

本品口服易吸收，服药后 1.2~2.1 h 血药浓度达峰值，一次给药半衰期为 1.8~2 h；在肝内代谢，代谢产物 60%~90%经肾随尿排出，部分随粪便排出。

【毒性】

卡洛芬毒性中等。

急性中毒实验：大鼠经口半数致死量（LD_{50}）为 74 mg/kg，大鼠皮下注射半数致死量（LD_{50}）为 190 mg/kg，大鼠腹腔注射半数致死量（LD_{50}）为 110 mg/kg；小鼠经口半数致死量（LD_{50}）为 186 mg/kg，小鼠皮下注射半数致死量（LD_{50}）为 267 mg/kg，小鼠腹腔注射半数致死量（LD_{50}）为 165 mg/kg。

【中毒症状】

本品中毒可引起头痛、眩晕、皮肤瘙痒、皮疹、上腹不适、恶心、胃痛、消化道出血、便秘、支气管哮喘、光过敏等，偶见肝功异常、白细胞减少等。

【急救措施】

对于口服中毒者，应立即催吐、洗胃；给予医用活性炭、抗酸药或利尿药，以促进药物排出；对症支持治疗。

【尸体特征】

卡洛芬毒性较小，一般不会致人死亡。偶有死亡者，解剖可见脑水肿及肝、肾等脏器脂肪沉积。

【检材提取】

解剖尸体时应提取胃内容物、血液、尿液及肝、肾组织等作为检材。同时还应注意收集现场遗留的药品、包装物及呕吐物等。对于经过抢救者，还需提取洗胃液等。

【检验方法】

液相色谱-质谱法。

仪器：液相色谱-质谱联用仪；色谱柱：Acquity UPLC BEH C18（50 mm × 2.1 mm × 1.7 μm）键合硅胶柱；流动相：乙腈+0.1%的甲酸溶液（含 0.5 mmol/L 的醋酸铵）；洗脱方式：梯度洗脱（0 min，50%乙腈；2 min，70%乙腈；3 min，80%乙腈；4 min，90%乙腈；5 min，50%乙腈）；流速：0.2 mL/min；柱温：30 ℃；离子源：电喷雾离子源（ESI^+）；检测模式：多反应监测（MRM）；母离子：272.2；子离子：228.2；毛细管电压：3.0 kV。

秋水仙碱（秋水仙素）

【化学名称】 N-（5，6，7，9-四氢-1，2，3，10-四甲氧基-9-氧-苯并［α］-庚间三烯并庚间三烯-7-基）乙酰胺

【化学式】 $C_{22}H_{25}NO_6$

【结构式】

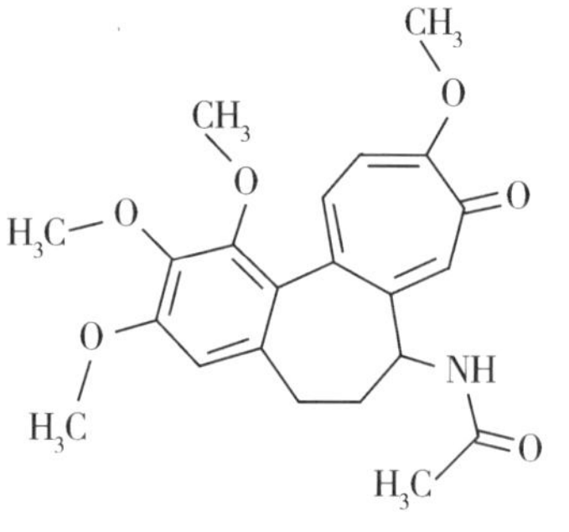

【相对分子质量】 399.44

【CAS 登记号】 64-86-8

【性状】

秋水仙碱为浅黄色结晶或结晶性粉末，无臭，味苦，见光变深色。熔点 150~160 ℃，沸点 726 ℃，密度 1.32 g/cm³。本品易溶于冷水、乙醇和氯仿，极微溶于苯和乙醚，不溶于热水和石油醚，0.5%的本品溶液呈弱酸性。

【用途及中毒原因】

本品为典型的有丝分裂毒素，临床上用于治疗急性痛风和乳腺癌；科研中也用作硒试剂，用于植物遗传学和癌症研究。中毒原因多为误食含秋水仙碱的植物或用药不当引起的意外事故，也有自杀的案例报道。

【作用机制】

本品系由秋水仙和滇产山慈菇的球茎中提取

的一种生物碱。它可以直接作用于有丝分裂，使纺锤体结构无法形成，阻止有丝分裂进行，使其停止于有丝分裂中期，最终导致细胞死亡。本品可直接作用于骨髓，引起暂时性白细胞减少或再生障碍性贫血；本品还可降低体温、抑制呼吸中枢、增加对中枢神经抑制药物的敏感性；增加拟交感神经药物的反应，收缩血管，并可通过对血管运动中枢的兴奋作用引起高血压；还可兴奋胆碱能神经，加强胃肠活动，但有时反而致胃肠道蠕动减慢。

本品口服易吸收，1~2 h 血药浓度达峰值；大部分在肝脏代谢，经胆汁排出，约 20%以原形从肾脏排出，半衰期约 1 h。

【毒性】

秋水仙碱为剧毒物质。

血药浓度：治疗浓度 0.000 3~0.002 4 μg/mL，中毒浓度 0.005 μg/mL，致死浓度 0.021~0.25 μg/mL。

急性中毒实验：大鼠静脉注射半数致死量（LD_{50}）为 1.6 mg/kg，小鼠静脉注射半数致死量（LD_{50}）为 4.13 mg/kg。

【中毒症状】

本品中毒有一定潜伏期，多在口服或注射后 3~6 d 出现症状。但是若在短时间内摄入大剂量的秋水仙碱，则在 24 h 内可出现胃肠道症状。中毒表现通常为：

（1）消化道症状：口腔、咽喉、胃部有灼烧感，可出现腹痛、腹泻、水样便、呕吐及食欲缺乏等症状，严重者可出现脱水及电解质紊乱。

（2）肌肉、周围神经病变：可出现四肢近端的肌无力、手足麻木、四肢酸痛、肌肉痉挛、刺痛、上行性麻痹等症状，可引起呼吸中枢麻痹而死亡。

（3）骨髓抑制：长期应用秋水仙碱可抑制骨髓的造血功能是秋水仙碱中毒常见的表现，可出现血小板减少、中性粒细胞下降，甚至引发再生障碍性贫血，死亡率很高。

（4）肾脏损害：可出现少尿、蛋白尿、血尿、酮体尿等，甚至引发肾脂肪变性。

（5）其他症状：可出现心悸、发热、脱发、重症肌无力、肝损害、胰腺炎、皮疹、味觉障碍等。

【急救措施】

目前，秋水仙碱中毒尚无特效解毒剂，中毒后应立即停止使用此类药物或停止摄入含秋水仙碱的食物。常见的急救措施如下。

（1）尽早采取催吐、洗胃、导泻等措施以清除未吸收的毒物。对于口服中毒者，应用 5%的碳酸氢钠溶液或 0.5%的医用活性炭混悬液洗胃，可服用鸡蛋清、牛奶等保护胃肠道黏膜。

（2）积极补液，维持水、电解质平衡。

（3）对症处理，如给予吸氧、机械通气、营养支持等；出现严重痉挛性腹痛时可用吗啡或阿托品止痛；保护心、肝、肾的功能，出现肾功能衰竭时应进行血液透析或腹膜透析。

【尸体特征】

尸表检验无特殊表现。解剖可见各脏器瘀血。镜下可见心肌纤维广泛性断裂，间质血管扩张、充血；肺膜增厚，肺泡壁增宽，毛细血管高度扩张、充血，肺泡腔充满淡红色均质物，部分肺泡内有大量中性白细胞，部分小支气管周围可见淋巴细胞浸润；肝小叶外周肝细胞部分脂肪变性，血窦扩张、充血，汇管小叶可见淋巴细胞灶性浸润；肾小球纤维化或玻璃样变，其周围淋巴细胞灶性浸润，肾近曲小管上皮细胞广泛坏死，间质血管扩张、充血；胰、小肠、胃呈自溶性改变；肾上腺瘀血等。

【检材提取】

应注意收集现场遗留的药品及包装物等；抢救时应注意收集洗胃液、尿液；解剖时注意检查胃内容物中是否有未溶解的药物残渣，并提取胃内容物、胆汁、血液、尿液及肝组织等作为检材。

【检验方法】

1. 紫外-可见分光光度法

仪器：紫外-可见分光光度计；测量模式：吸光度；波长：350 nm；狭缝：2 nm；比色皿：石英比色皿；比色皿厚度：1 cm。

2. 液相色谱-质谱法

（1）样品处理：取中毒者的血液或尿液 0.5 mL，加入内标物丁丙诺啡 10 ng 及 pH 值为 9.2 的硼酸盐缓冲溶液 0.5 mL 后，用乙酸乙酯 3 mL提取，涡旋混合 2 min，4 000 r/min 离心 3 min。将有机相转移至另一试管中，置 50 ℃水浴中空气流吹干。残留物用 200 μL 流动相缓冲溶液溶解，供检。

（2）仪器条件：仪器：液相色谱-质谱联用仪；色谱柱：Agilent Zorbax SB C18（150 mm×2.1 mm×5 μm，前接 Phenomenex 保护柱）键合硅胶柱；流动相：甲醇+20 mmol/L 的乙酸铵和0.1%的甲酸缓冲溶液（80∶20，*V/V*）；流速：0.2 mL/min；柱温：室温；进样量：5 μL；离子源：电喷雾离子源（ESI^+）；检测模式：多反应监测（MRM）。

吗啡

【化学名称】 7，8-二脱氢-4，5-环氧-17-甲基吗啡喃-3，6α-二醇

【化学式】 $C_{17}H_{19}NO_3$

【结构式】

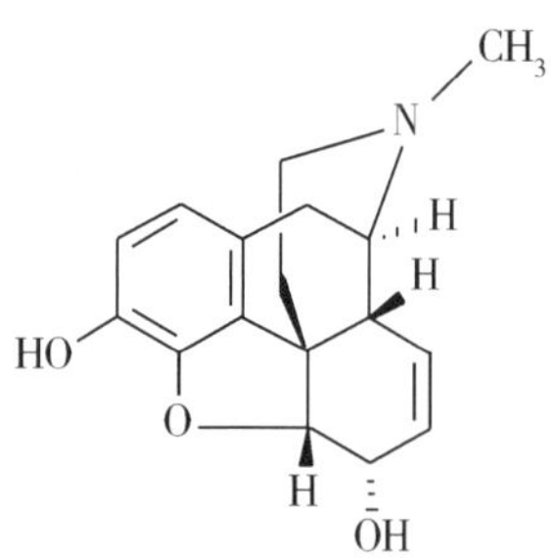

【相对分子质量】 285.34

【CAS 登记号】 57-27-2

【性状】

吗啡为白色有丝光的针状结晶或结晶性粉末，无臭，味苦。熔点 253～254 ℃，沸点 476.2 ℃，密度 1.44 g/cm^3。难溶于水，不溶于氯仿和乙醚，能溶于稀酸的水溶液而生成盐类。其盐类化合物易溶于水和乙醇，不溶或难溶于有机溶剂，此性质可用于生物碱的提取、分离和纯化。有毒，遇光易变质。

【用途及中毒原因】

吗啡在临床上常用于镇痛、催眠、止咳、止泻。但吸食后会产生欣快感，比鸦片更容易成瘾。长期使用会引起精神失常、谵妄和幻想，过量使用会导致呼吸衰竭而死亡。中毒原因多为药物滥用或用药过量等。

【作用机制】

（1）阿片类药物具有极强的麻醉作用，对中枢神经系统兼有兴奋和抑制的双重作用，以抑制作用占优势。①抑制大脑皮质、视丘下部和脑干，产生明显的镇痛、镇静作用。②抑制咳嗽中枢产生明显的镇咳作用，镇咳机制可能与阿片类药物作用于延脑孤束核的阿片受体有关，该神经核作为舌咽神经和迷走神经的中枢，与咳嗽反射有关。③抑制呼吸中枢。④激活中脑前核阿片受体使动眼神经兴奋，引起特有的瞳孔缩小，形成针尖样瞳孔。

（2）对脊髓具有兴奋作用，使脊髓反射增强。

（3）对消化系统具有止泻和致便秘作用。使胃肠道平滑肌蠕动减少，增加括约肌收缩；抑制消化液分泌，加重食物消化迟缓。

（4）扩张周围血管，引起体位性低血压。

（5）使膀胱括约肌张力增高、收缩加强，造成排尿困难，引起尿潴留。

【毒性】

吗啡为高毒类物质。

最低致死量（MLD）为 200 mg。

血药浓度：治疗浓度 74～273 μg/mL，中毒浓度 100～500 μg/mL，致死浓度＞1 000 μg/mL。

急性中毒实验：大鼠经口半数致死量（LD_{50}）为 335 mg/kg，大鼠腹腔注射半数致死量（LD_{50}）为 100 mg/kg；小鼠经口半数致死量（LD_{50}）为 524 mg/kg，小鼠腹腔注射半数致死量（LD_{50}）为 140 mg/kg。

【中毒症状】

本品可经过消化道、鼻黏膜、肺或通过注射吸收。急性中毒的症状主要是中枢神经系统的深度抑制，早期症状表现为颜面部潮红、头晕、意识模糊、精神恍惚及疲劳感，并伴有恶心、呕吐等，逐渐进入昏睡状态。典型症状为呼吸浅慢、周期性潮式呼吸、瞳孔缩小、光反射消失、发绀、皮肤湿冷、体温下降、心率减慢、脉搏细弱、血压下降、骨骼肌松弛、少尿或尿潴留，严重者出现抽搐，甚至角弓反张、意识丧失、对刺激无应答、各种反射消失，直至死亡。

慢性中毒者可出现消瘦、贫血、精神萎靡、早衰、食欲缺乏、便秘、性功能减退或消失、窦性心动过速和频发室性早搏及不同程度的呼吸困难等症状。若药物戒断，可出现典型的戒断综合征，表现为呕吐、腹泻、躁动不安、失眠、恐惧、流泪、出汗、瞳孔散大甚至循环衰竭，严重者可虚脱死亡。

【急救措施】

对于口服中毒者，应先催吐，再用1∶2 000的高锰酸钾溶液洗胃，胃管内注入或喂食硫酸钠15~30 g导泻，以促进毒物排出。如系皮下注射中毒时，应尽快用橡皮带或布带扎紧注射部位的上方，同时冷敷注射部位，以延缓毒物吸收，结扎部位应每20~30 min间歇放松1~2 min，不能连续结扎。当出现呼吸困难或缺氧时，应持续人工呼吸并给予吸氧。纳洛酮为吗啡的拮抗剂，必要时可重复给药进行解毒。

【尸体特征】

急性中毒死亡者，尸表仅呈一般窒息性死亡尸体征象，尸斑青紫，尸僵持续时间较短，口鼻、呼吸道有泡沫性（有时呈血性）液体溢出，早期可见针尖样瞳孔，吸食者鼻孔可见白色粉末，注射吸毒者体表可见针孔，针孔周围有皮下出血。解剖尸体可见气管及支气管内常有泡沫性液体，肺显著瘀血、水肿，脑水肿。镜下可见脑神经细胞出现不同程度的变性、坏死，血管周围灶性出血等。

慢性吗啡中毒死亡者多数营养不良、显著消瘦、腹胀明显，还可出现贫血貌。解剖可见淋巴结肿大、缺血性心脏病、心内膜炎、间质性心肌炎等。

【检材提取】

检材可提取血液、尿液、胆汁、脑组织、肺组织、肝组织、肾组织及注射部位的软组织等。对于滥用毒品死亡者，可提取其毛发及吸食的残渣作为检材。

【检验方法】

1. 气相色谱法

仪器：气相色谱仪；色谱柱：Agilent DB-1 MS或DB-5 MS（30 m×0.32 mm×0.25 μm）弹性石英毛细管柱；检测器：氮磷检测器；柱温：初始温度240 ℃，保持1 min，以10 ℃/min的升温速率升温至280 ℃，保持15 min；进样口温度：260 ℃；检测器温度：280 ℃；载气：高纯氮，流速：1 mL/min；进样方式：不分流进样；空气：400 mL/min；氢气：30 mL/min。

2. 气相色谱-质谱法

仪器：气相色谱-质谱联用仪；色谱柱：Agilent HP-17（30 m×0.32 mm×0.25 μm）弹性石英毛细管柱；柱温：初始温度160 ℃，保持1 min，以10 ℃/min的升温速率升温至280 ℃，保持20 min；进样口温度：260 ℃；载气：高纯氦，流速：1.0 mL/min；进样方式：分流进样，分流比：10∶1；离子源：电子轰击源（EI），能量：70 eV；扫描方式：全扫描；质量范围：40~450 amu；溶剂延迟：3 min。

盐酸哌替啶（度冷丁）

【化学名称】1-甲基-4-苯基-4-哌啶甲酸乙酯盐酸盐

【化学式】$C_{15}H_{22}ClNO_2$

【结构式】

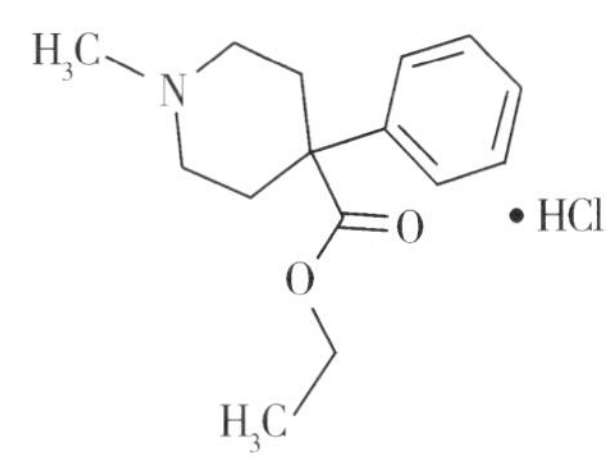

【相对分子质量】283.79

【CAS登记号】50-13-5

【性状】

盐酸哌替啶为白色结晶性粉末，味微苦，无臭。熔点187~189 ℃，易溶于水、丙酮、乙酸乙酯，溶于乙醇、氯仿，不溶于乙醚。在空气中稳定。

【用途及中毒原因】

（1）镇痛：盐酸哌替啶对各种剧痛（如创伤性疼痛、手术后疼痛、内脏绞痛、晚期癌痛）都有止痛效果，但对慢性钝痛不宜使用。

（2）麻醉前和麻醉时给药：盐酸哌替啶的镇静作用可消除患者手术前的紧张、恐惧情绪。麻醉前和麻醉时给药可减少麻醉药的用量。

（3）治疗心源性哮喘：盐酸哌替啶可取代吗啡用于治疗心源性哮喘。

（4）人工冬眠：盐酸哌替啶与氯丙嗪、异丙嗪合用，可用于人工冬眠。

盐酸哌替啶有成瘾性，滥用或过量使用可引起中毒。

【作用机制】

盐酸哌替啶是阿片受体激动剂，作用与吗啡相似，但镇痛、麻醉作用较小，仅相当于吗啡的10%~12.5%，作用时间维持2~4 h。主要作用于中枢神经系统，对心血管、平滑肌亦有一定影响。

【毒性】

盐酸哌替啶为高毒类物质。

血药浓度：治疗浓度 0.2~0.8 μg/mL，中毒浓度 1~5 μg/mL，致死浓度 > 5 μg/mL。最小致死剂量为 1 g，成瘾者可达 3~4 g。

急性中毒实验：小鼠静脉注射半数致死量（LD_{50}）为 170 mg/kg。

【中毒症状】

常见中毒症状有嗜睡、恶心、呕吐、呼吸抑制、便秘、尿潴留、瞳孔散大等。盐酸哌替啶连续使用 1~2 周便可产生药物依赖性，一旦停药则会产生类似于吗啡戒断后的戒断综合征，主要表现有精神萎靡不振、全身不适、流泪、流涕、呕吐、腹泻、失眠，严重者也会产生虚脱等。

【急救措施】

对于口服中毒者，可采取催吐、洗胃等措施以清除胃中未吸收的药物，并给予拮抗剂 N-乙酰半胱氨酸或静脉注射纳洛酮。不宜使用医用活性炭，以免影响拮抗剂的吸收。此外，尚需注意保持呼吸道通畅，必要时可行人工呼吸。

【尸体特征】

盐酸哌替啶中毒死亡者，其尸表没有显著变化，仅呈一般窒息性死亡尸体征象，尸斑青紫，尸僵持续时间较短，口鼻、呼吸道有泡沫性液体溢出，有时呈血性。

【检材提取】

哌替啶多以注射方式给药，因此检材以血液、尿液和肝组织较好。必要时也可提取死者注射部位的皮肤或肌肉组织等作为检材。

【检验方法】

气相色谱-质谱法。

仪器：气相色谱-质谱联用仪；色谱柱：Agilent DB-5MS（30 m×0.25 mm×0.25 μm）弹性石英毛细管柱；柱温：初始温度 100 ℃，保持 1 min，以 20 ℃/min 的升温速率升温至 280 ℃，保持 10 min；进样口温度：280 ℃；传输线温度：280 ℃；离子源：电子轰击源（EI），能量：70 eV；扫描方式：全扫描。

枸橼酸芬太尼

【化学名称】N-苯基-N-［1-（2-苯乙基）-4-哌啶基］丙酰胺柠檬酸盐

【化学式】$C_{28}H_{36}N_2O_8$

【结构式】

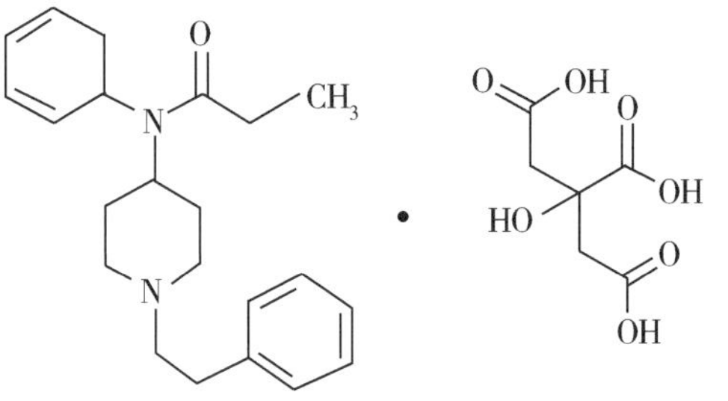

【相对分子质量】528.59

【CAS 登记号】990-73-8

【性状】

枸橼酸芬太尼为白色结晶性粉末，无臭，味苦。熔点 153~156 ℃，沸点 466.2 ℃。易溶于异丙醇，溶于甲醇，略溶于水和氯仿，水溶液呈酸性。

【用途及中毒原因】

本品的镇痛效力约为吗啡的 150 倍，为短时间的镇痛剂，与氟哌利多联合应用称为安定镇痛术，用于诱导麻醉。临床上主要用于外科手术前和手术中镇痛，以及胃镜和泌尿系统检查时的镇痛。中毒原因多为用药过量、药物滥用等。

【作用机制】

本品为人工合成的强效麻醉性镇痛药，镇痛作用机制与吗啡相似，为阿片受体激动剂。与吗啡和哌替啶相比，本品作用迅速，维持时间短，不释放组胺，对心血管功能影响小，能抑制气管插管时的应激反应。本品对呼吸的抑制作用弱于吗啡，但静脉注射过快时则易抑制呼吸。纳洛酮等能拮抗本品的呼吸抑制和镇痛作用。

【毒性】

枸橼酸芬太尼为剧毒类物质。

血药浓度：治疗浓度 0.001~0.002 μg/mL，中毒浓度 0.002~0.02 μg/mL，最小致死量为 2 mg。

急性中毒实验：小鼠皮下注射半数致死量（LD_{50}）为 62 mg/kg，小鼠静脉注射半数致死量（LD_{50}）为 11.2 mg/kg。

【中毒症状】

中毒早期可引起眩晕、视物模糊、恶心、呕吐、低血压、胆道括约肌痉挛、喉痉挛及出汗等症状，继而颈肌、胸肌、腹壁肌强直，胸顺压性降低影响通气功能；偶可出现心率减慢、血压下降、瞳孔极度缩小等症状，最终可致呼吸停止、循环抑制或心脏停搏。

【急救措施】

出现肌肉强直者，可用肌松药或吗啡拮抗剂（如纳洛酮、烯丙吗啡等）对抗；呼吸抑制时，立即采用给予吸氧、人工呼吸等急救措施；心动过缓者，可用阿托品治疗；血压下降时可输液，亦可用升压药，禁用肾上腺素。

【尸体特征】

枸橼酸芬太尼中毒造成死亡多为呼吸抑制、窒息及心动过缓造成呼吸停止及心脏停搏所致，因而尸体常表现为全身性发绀，尸检可见死者的肺显著瘀血、水肿，气管及支气管内有泡沫性液体等。

【检材提取】

尸检时可提取胃内容物、血液、尿液和肝组织等作为检材。如果经过抢救，还应注意收集洗胃液，并注意提取现场遗留的可疑药品、包装物及呕吐物等。

【检验方法】

（1）样品处理：取血浆或全血适量，用正己烷+乙醇（20∶1，V/V）混合液进行萃取，提取液浓缩后备检。

（2）检验所用方法如下。

1）气相色谱-质谱法：仪器：气相色谱-质谱联用仪；色谱柱：Agilent DB-17MS（30 m×0.25 mm×0.25 μm）弹性石英毛细管柱；柱温：初始温度 50 ℃，保持 0.5 min，以 25 ℃/min 的升温速率升温至 125 ℃，再以 10 ℃/min 的升温速率升温至 255 ℃，最后以 25 ℃/min 的升温速率升温至 320 ℃，保持 16 min；进样口温度：250 ℃；进样方式：不分流进样；载气：高纯氦；柱流速：30 cm/s；传输线温度：300 ℃；扫描方式：全扫描；质量范围：40~350 amu。

2）液相色谱-质谱法：仪器：液相色谱-质谱联用仪；色谱柱：Agilent Zorbax SB2 C18（150 mm×2.1 mm×3 μm）键合硅胶柱；流动相：乙腈+0.05%的甲酸（38∶62，V/V）；流速：0.3 mL/min；柱温：35 ℃；离子源：电喷雾离子源（ESI^+）；检测模式：多反应监测（MRM）。

盐酸美沙酮（非那酮、阿米酮、美散酮）

【化学名称】4，4-二苯基-6-（二甲氨基）-3-庚酮盐酸盐

【化学式】$C_{21}H_{28}ClNO$

【结构式】

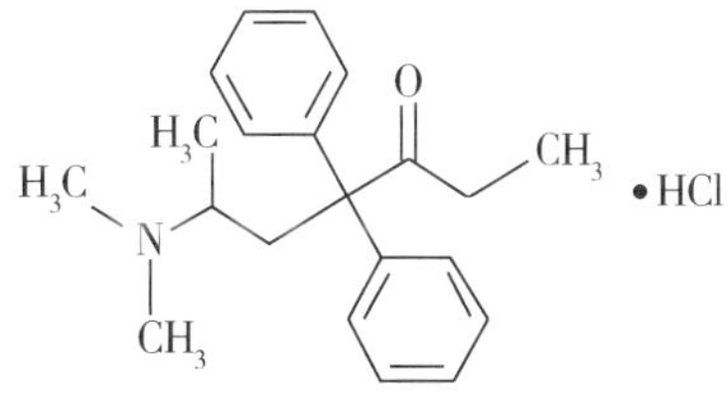

【相对分子质量】345.91

【CAS 登记号】1095-90-5

【性状】

盐酸美沙酮为无色结晶或白色结晶性粉末，无臭，味苦。熔点 230~234 ℃，沸点 477.8 ℃。易溶于水、氯仿，溶于乙醇、异丙醇，几乎不溶于乙醚、甘油。

【用途及中毒原因】

本品在临床上用作镇痛麻醉剂，止痛效果略强于吗啡，毒性、副作用较小，成瘾性也比吗啡小，故可用作吗啡的代替品，临床上适用于消除创伤、手术、晚期癌症及其他原因引起的剧痛。现已成为欧美西方国家主要的戒毒药物，对阿片类成瘾者的躯体戒断症状治疗效果显著。但在戒毒过程中应掌握好用量，否则，因过量服用或使用不当（本品不宜以静脉注射方式给药，尤其是脱毒治疗时禁止以注射方式给药）可造成中毒。

【作用机制】

本品为 μ 阿片受体激动剂，药效与吗啡类似，具有镇痛作用，并可产生呼吸抑制、缩瞳、镇静等作用。与吗啡相比，本品具有作用时间较长、不易产生耐受性、药物依赖性低的特点。盐酸美沙酮对中枢神经系统、呼吸循环系统有抑制作用，过量服用可导致肺水肿。

【毒性】

盐酸美沙酮为高毒类物质。

血药浓度：治疗浓度 0.04~0.3 μg/mL，中毒浓度 1 μg/mL，致死浓度>2 μg/mL。

中毒剂量：30 ~ 50 mg；致死量：60 ~

120 mg。

【中毒症状】

服用本品后会使人的中枢神经系统、血液循环系统极度兴奋，能大量消耗人的体力和降低免疫功能。表现为冷汗、头昏、坐卧不安、针尖样瞳孔、无力、嗜睡、血压下降，呼吸、心率减慢甚至昏迷，严重者可因呼吸抑制而死亡。

【急救措施】

出现肌肉强直者，可用肌松药或吗啡拮抗剂（如纳洛酮、烯丙吗啡等）对抗；呼吸抑制时，应立即给予吸氧、人工呼吸等急救措施，必要时亦可用吗啡特效拮抗药，静脉注射纳洛酮；心动过缓者可用阿托品治疗。

【尸体特征】

本品中毒可引起呼吸抑制、窒息及心动过缓，导致呼吸停止及心脏停搏而死亡，因而尸体常表现为全身性发绀，肺显著瘀血、水肿，气管及支气管内有泡沫性液体等。

【检材提取】

检材可提取尿液、血液、呕吐物、胃内容物及肝组织等。

【检验方法】

气相色谱-质谱法。

仪器：气相色谱-质谱联用仪；色谱柱：Agilent DB-1MS（30 m×0.25 mm×0.25 μm）弹性石英毛细管柱；柱温：初始温度 60 ℃，保持 1 min，以 20 ℃/min 的升温速率升温至 280 ℃，保持 15 min；进样口温度：280 ℃；进样方式：不分流进样；载气：高纯氦，流速：1 mL/min；传输线温度：280 ℃；扫描方式：全扫描；质量范围：40~450 amu。

曲马多

【化学名称】2-［（二甲氨基）-甲基］-1-（3-甲氧基苯基）-环己醇

【化学式】$C_{16}H_{25}NO_2$

【结构式】

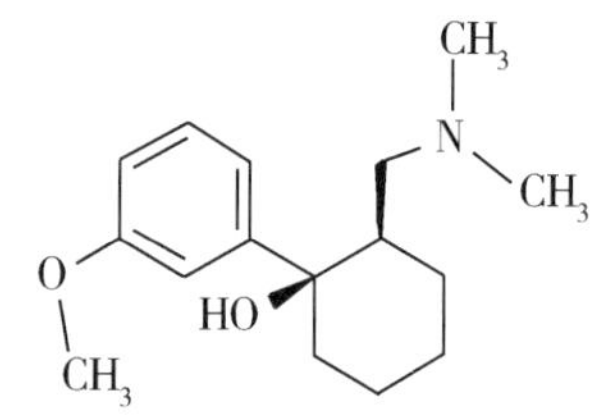

【相对分子质量】263.38

【CAS 登记号】27203-92-5

【性状】

曲马多为白色结晶性粉末，无臭，味苦。熔点 178~181 ℃。常用其盐酸盐，熔点 171 ℃，沸点 388.1 ℃，密度 1.047 g/cm^3，可溶于水。

【用途及中毒原因】

曲马多为非阿片类强效镇痛药，临床上广泛用于治疗各种原因引起的中度或重度的急、慢性疼痛。①用于外科的手术后止痛，小手术止痛，以及创伤性疼痛、骨折、脱臼、扭伤、劳损等的止痛。②用于治疗肿瘤疼痛、心肌梗死、胸痛、胸膜疼痛、颈痛、臂痛、骶腰痛、关节痛、风湿痛、神经痛、脊柱和神经根综合征、骨质疏松等。③妇产科可用于治疗分娩痛和人工流产、产后疼痛，也可用于腹腔镜检等。中毒原因多为过量用药和药物滥用等，偶见自杀。

【作用机制】

曲马多为非阿片类中枢性镇痛药，为消旋体，其右旋体作用于阿片受体，而左旋体则抑制神经元突触对去甲肾上腺素的再摄取，并增加神经元外 5-羟色胺的浓度，从而影响痛觉的传递，产生镇痛作用。曲马多的镇痛作用起效快，作用可持续数小时，作用强度相当于镇痛新、右丙氧芬。

本品口服吸收良好，口服后 2 h 血药浓度达峰值，生物利用度约为 65%，血清蛋白结合率低，约为 4%，半衰期为 6 h。

【毒性】

血药浓度：治疗浓度 0.1~0.75 μg/mL，中毒浓度 0.8 μg/mL。

急性中毒实验：大鼠经口半数致死量（LD_{50}）为 300~350 mg/kg，大鼠静脉注射半数致死量（LD_{50}）为 50~100 mg/kg。

【中毒症状】

常见的中毒症状有恶心、呕吐、体温下降、肌张力减退、反应迟钝、便秘、尿潴留、昏迷、呼吸抑制等。另外，曲马多具有成瘾性，成瘾后还会导致心理异常和人格改变（如撒谎、骗钱、脾气暴躁、不愿意与人沟通、自卑、自闭、自虐、自杀等），严重破坏家庭关系和社会稳定。

【急救措施】

对于口服中毒者，应先催吐，再用 1∶2 000 的高锰酸钾溶液洗胃，经胃管注入硫酸钠 15~

30 g导泻，以促进毒物排出。呼吸困难或缺氧时应持续人工呼吸并给予吸氧。纳洛酮为曲马多的拮抗剂，必要时可重复给药进行解毒。

【尸体特征】

解剖可见脑组织出血，肺组织瘀血、水肿等。

【检材提取】

对于自杀死亡者，解剖尸体时应注意检查胃内容物中是否有未溶解的药片或残渣。检材以胃内容物、血液、尿液及肝组织、脑组织为好。此外，还需注意收集现场遗留的药品、包装物及呕吐物等。

【检验方法】

1. 高效液相色谱法

仪器：高效液相色谱仪；色谱柱：Hypersil C18（150 mm×4.6 mm×5 μm）键合硅胶柱；流动相：醋酸和醋酸钠缓冲液+甲醇（65∶35，*V/V*）；流速：1.2 mL/min；柱温：室温；检测器：紫外检测器；检测波长：271 nm。

2. 液相色谱-质谱法

仪器：液相色谱-质谱联用仪；色谱柱：Diamonsil C18（250 mm×4.6 mm×5 μm）键合硅胶柱；流动相：乙腈+水+甲酸（60∶40∶2，*V/V/V*）；流速：0.5 mL/min；柱温：20 ℃；离子源：APCI 源（正离子模式）；汽化室温度：450 ℃；加热毛细管温度：280 ℃；鞘气：氮气，压力：0.6 MPa；辅助气：氮气，流速：3 L/min；碰撞气：氩气，压力：1.9 MPa；碰撞诱导解离（CID）电压：25 V；检测方式：选择反应监测（SRM）。

盐酸布桂嗪（强痛定）

【化学名称】1-正丁酰基-4-肉桂基-哌嗪盐酸盐

【化学式】$C_{17}H_{24}N_2O \cdot HCl$

【结构式】

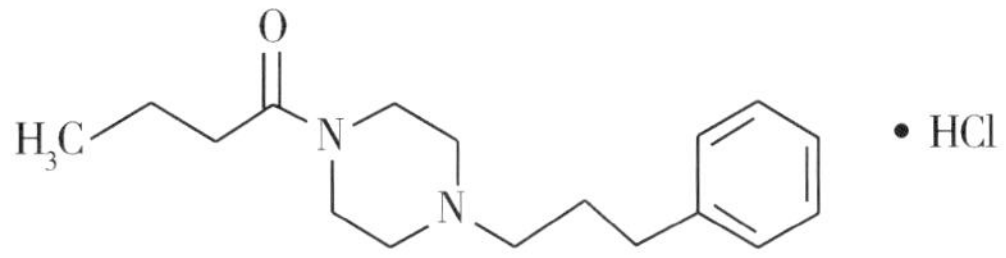

【相对分子质量】308.85

【CAS 登记号】17730-82-4

【性状】

盐酸布桂嗪为白色结晶性粉末，有异臭，味苦。沸点 444.9 ℃，极易溶于水、氯仿，溶于乙醇，不溶于苯。

【用途及中毒原因】

本品为非麻醉性镇痛药，用于治疗各种疼痛，如偏头痛、三叉神经疼、炎症性及外伤性疼痛、关节痛、痛经、癌症引起的疼痛等。中毒原因多为药物滥用或过量用药等。

【作用机制】

本品的作用机制同“吗啡”，镇痛作用仅为吗啡的1/3，但比解热镇痛药的镇痛作用强，镇痛作用为氨基比林的4~20倍。

【毒性】

盐酸布桂嗪为低毒类物质。

急性中毒实验：大鼠经口半数致死量（LD_{50}）为 545 mg/kg，小鼠经口半数致死量（LD_{50}）为 258 mg/kg。

【中毒症状】

偶有恶心或头晕、困倦等症状，连续使用本品可使机体产生耐受性和成瘾性。

【急救措施】

对于口服中毒者，应先催吐，再用 1∶2 000 的高锰酸钾溶液洗胃，经胃管注入硫酸钠导泻，以促进毒物排出。呼吸困难或缺氧时应持续人工呼吸并给予吸氧。纳洛酮为盐酸布桂嗪的拮抗剂，必要时可重复给药进行解毒。

【尸体特征】

急性中毒死亡者，尸表仅呈一般窒息性死亡尸体征象，尸斑青紫，尸僵持续时间较短，口鼻、呼吸道有泡沫性（有时呈血性）液体溢出，早期可见针尖样瞳孔，吸食者鼻孔可见白色粉末，注射吸毒者体表可见针孔，针孔周围有皮下出血。解剖尸体可见气管及支气管内常有泡沫性液体，肺显著瘀血、水肿，脑水肿。镜下可见脑神经细胞出现不同程度的变性、坏死，血管周围灶性出血等。

慢性中毒死亡者多数营养不良、显著消瘦、腹胀明显，还可出现贫血貌。解剖可见淋巴结肿大、缺血性心脏病、心内膜炎、间质性心肌炎等。

【检材提取】

检材可提取呕吐物、洗胃液、胃内容物、尿

液、血液及肝组织等。

【检验方法】

高效液相色谱法。

仪器：高效液相色谱仪；色谱柱：Diamonsil C18（250 mm×4.6 mm×5 μm）键合硅胶柱；流动相：0.1 mol/L 的醋酸铵溶液（用氨水调节 pH 值至 7.0）+甲醇（25∶75，V/V）；流速：1.0 mL/min；检测波长：252 nm；柱温：35 ℃；进样量：20 μL。

第八节　中枢兴奋药

咖啡因（咖啡碱、茶毒）

【化学名称】3，7-二氢-1，3，7-三甲基-1H-嘌呤-2，6-二酮

【化学式】$C_8H_{10}N_4O_2$

【结构式】

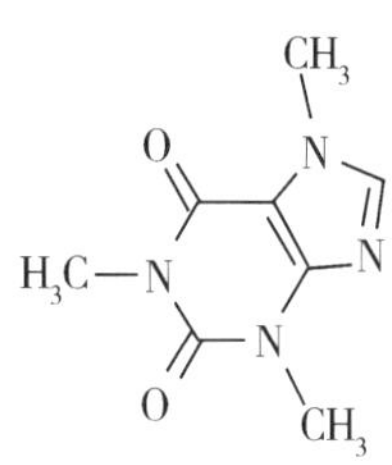

【相对分子质量】194.19

【CAS 登记号】58-08-2

【性状】

咖啡因为白色针状结晶或粉末状固体，无臭，味苦。熔点 237 ℃，沸点 178 ℃（升华），密度 1.23 g/cm^3。易溶于稀酸，溶于氯仿、乙醇、丙酮，微溶于水、苯、乙醚。水溶液对石蕊呈中性，与有机酸或其碱金属盐（如苯甲酸钠、水杨酸钠、枸橼酸钠或桂皮酸钠等）形成复盐，可加大其在水中的溶解度。

【用途及中毒原因】

本品对中枢神经系统有较强的兴奋作用，对大脑皮层具有选择性兴奋作用。小剂量能增强大脑皮层兴奋过程、改善思维活动、振奋精神、消除瞌睡疲乏，使动作敏捷、工作效率提高。大剂量能直接兴奋延脑呼吸中枢及血管运动中枢，使呼吸加快加深，使血压升高。临床上可用作心脏和呼吸兴奋剂，也是一种重要的解热镇痛剂，是复方阿司匹林和氨非加的主要成分之一，还有一定的利尿作用。在美国等地，咖啡因被大量用作可口可乐等饮料的添加剂。咖啡因作为兴奋剂、苦味剂、香料，主要用于可乐型饮料及含咖啡饮料的生产。误服或治疗量过大或摄入含大量的咖啡因的饮料可引起中毒。

【作用机制】

本品可抑制机体内的磷酸二酯酶的活性，增加细胞内的环磷酸腺苷（cAMP）的含量，而 cAMP 又可激活蛋白激酶，从而又激活蛋白磷酸化酶，促进蛋白质磷酸化，由此而介导一系列生化和生理反应。使用小剂量时，作用于大脑皮质高位的中枢，促使精神兴奋，改善思维，消除疲劳，减轻睡意，提高大脑对外界的感应性。大剂量有扩张支气管的作用，但较茶碱弱；此外，还有兴奋延脑呼吸中枢及血管运动中枢的作用；同时，又可舒张外周小动脉，与其兴奋血管运动中枢相对抗，故血压变化不大。本品还可增加肾小球的血流量，减少肾小管的重吸收，有利尿作用，但作用不如利尿剂显著。

本品口服后容易吸收。可快速进入中枢神经系统，可透过胎盘屏障，同时也可出现于唾液和乳汁中，体内无蓄积。分布半衰期一般为 3.5 h，消除半衰期为 6 h，血药浓度及其相应的峰值随用量而不同，在降解代谢中生成甲基尿酸或甲基嘌呤而后随尿排出，尿液中仅有 1%～2% 为原形。

【毒性】

咖啡因毒性中等。

血药浓度：治疗浓度 10～20 μg/mL，中毒浓度 30～50 μg/mL，致死浓度 > 80 μg/mL。中毒剂量≥5 g。

急性中毒实验：大鼠经口半数致死量（LD_{50}）为 192 mg/kg，小鼠经口半数致死量（LD_{50}）为 127 mg/kg。

【中毒症状】

中毒症状主要有烦躁、神经过敏、兴奋、失眠、面色潮红、食欲缺乏、尿量增加、胃肠功能紊乱、肌肉抽搐、思维涣散、心律失常、阵发性惊厥、昏迷、呼吸停止，甚至死亡。

【急救措施】

对于口服中毒者，应当立即进行催吐，并用 1∶5 000 的高锰酸钾溶液或微温水洗胃，应用盐

类泻剂导泻；输液利尿，以促进毒物排泄；对症支持治疗，如及时处理心律失常、维持血压稳定、控制惊厥发作等；必要时行血液透析或血液灌流疗法。

【尸体特征】

尸表呈一般窒息性死亡尸体征象。解剖可见肺水肿、肺栓塞、脑水肿等。

【检材提取】

解剖时可提取呕吐物、胃内容物、血液、尿液及肝、脑、肾组织等作为检材。

【检验方法】

气相色谱-质谱法。

仪器：气相色谱-质谱联用仪；色谱柱：Agilent DB-5MS（30 m×0.25 mm×0.25 μm）弹性石英毛细管柱；柱温：初始温度 60 ℃，以 20 ℃/min 的升温速率升温至 280 ℃，保持 10 min；进样口温度：280 ℃；进样方式：不分流进样；载气：高纯氦，流速：1 mL/min；传输线温度：280 ℃；扫描方式：全扫描；质量范围：40~250 amu。

盐酸哌苯甲醇（米拉脱灵、匹普鲁多）

【化学名称】α-（4-哌啶基）-二苯甲醇盐酸盐

【化学式】$C_{18}H_{21}NO \cdot HCl$

【结构式】

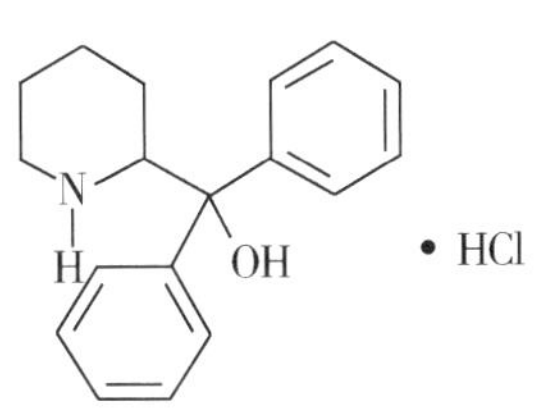

【相对分子质量】303.83

【CAS 登记号】71-78-3

【性状】

盐酸哌苯甲醇为白色固体，熔点 298 ~ 300 ℃，沸点 425.4 ℃，易溶于水。

【用途及中毒原因】

本品为精神兴奋药，主要用于治疗轻微脑功能失调（MBD），能提高精神活动，可对抗抑郁症。作用比苯丙胺弱，毒副作用亦较小。中毒原因多为用药过量、用药不当或药物滥用等。

【作用机制】

本品对大脑皮质和皮质下中枢有轻度兴奋作用，能兴奋精神、对抗抑郁，作用比苯丙胺弱，不良反应也较少。

本品口服易吸收，一次服药作用可维持 4 h 左右；在体内迅速代谢，半衰期为 30 min，代谢产物随尿排出。

【毒性】

盐酸哌苯甲醇毒性中等。

急性中毒实验：大鼠经口半数致死量（LD_{50}）为 180 mg/kg，大鼠静脉注射半数致死量（LD_{50}）为 90 mg/kg；小鼠经口半数致死量（LD_{50}）为 120 mg/kg，小鼠腹腔注射半数致死量（LD_{50}）为 90 mg/kg，小鼠静脉注射半数致死量（LD_{50}）为 20 mg/kg，小鼠皮下注射半数致死量（LD_{50}）为 147 mg/kg。

【中毒症状】

本品服用过量可出现失眠、恶心、呕吐、食欲缺乏、焦虑不安等症状，一般停药后即可消失。也可出现头晕、皮疹、上腹部不适等症状。

【急救措施】

对于口服中毒者，应先催吐、洗胃，以促进药物排泄，并视病情给予相应的对症治疗和支持疗法。

【尸体特征】

参见“咖啡因”。

【检材提取】

盐酸哌苯甲醇的使用比较安全，目前尚未见到有关盐酸哌苯甲醇中毒死亡的报道。在检验过程中应注意收集现场遗留的药品、包装物及中毒者的胃内容物、血液和尿液等。

【检验方法】

高效液相色谱法。

仪器：高效液相色谱仪；色谱柱：Apollo C18（250 mm×4.6 mm×5 μm）键合硅胶柱；流动相：0.8%的十二烷基硫酸钠和 1.5%的磷酸二氢钠水溶液（1∶1，用 10%的磷酸调节 pH 值至 3.5）+ 乙腈（60∶40，*V/V*）；流速：1.2 mL/min；检测波长：303 nm；柱温：30 ℃。

盐酸哌甲酯（利他林）

【化学名称】α-苯基-2-哌啶乙酸甲酯盐酸盐

【化学式】$C_{14}H_{19}NO_2 \cdot HCl$

【结构式】

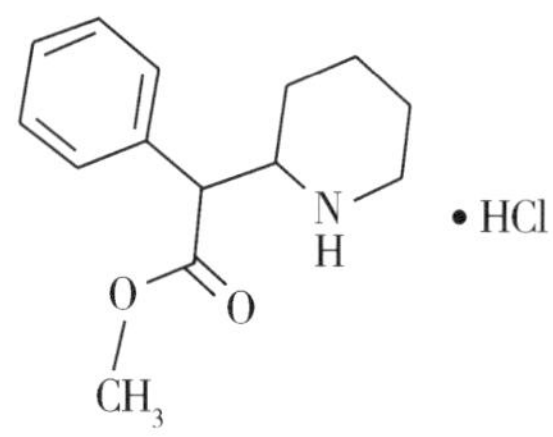

【相对分子质量】269.77

【CAS 登记号】298-59-9

【性状】

盐酸哌甲酯为白色结晶性粉末，无臭，熔点196~198 ℃，沸点327.6 ℃。

【用途及中毒原因】

本品属中枢神经兴奋药，临床上主要用于：①治疗儿童轻微脑功能失调（MBD），可改善其注意力涣散和过度活动等状况，提高其学习能力。②治疗发作性睡眠症及轻度抑郁症、小儿遗尿症。③对抗药物过敏引起的中枢抑制（困倦、昏睡等）。④与洛贝林、二甲弗林联用治疗各种原因引起的中枢性呼吸衰竭。⑤治疗输血反应、遗传性过敏性皮炎及经异丙肾上腺素和氨茶碱治疗无效的支气管哮喘。⑥治疗由巴比妥类、水合氯醛等中枢抑制药过量引起的昏迷。中毒原因多为用药过量、用药不当等。

【作用机制】

本品为一种较缓和的大脑皮质兴奋剂。通过促进脑内多巴胺和去甲肾上腺素的释放，并抑制其回收，提高中枢神经系统的觉醒水平，从而达到兴奋精神、消除抑郁与忧郁、解除疲劳感的作用。其作用略强于咖啡因，但较苯丙胺弱。对精神活动的影响比对运动功能的影响显著，但拟交感作用较弱。较大剂量时可引起普遍的中枢兴奋，甚至可引起惊厥。能提高精神活动，消除抑郁症状，对大脑皮质和皮质下中枢及呼吸中枢有轻度兴奋作用，还可直接兴奋交感神经。

本品口服吸收迅速且完全，2 h 血药浓度达峰值，半衰期为 1~2 h，也有半衰期为 30 min 的报道；脑内的药物浓度高于血浆，体内分布广泛，代谢产物80%随尿排出，其余随粪便排出。

【毒性】

血药浓度：治疗浓度0.005~0.06 μg/mL，中毒浓度0.5~0.8 μg/mL，致死浓度2.3 μg/mL。

【中毒症状】

本品服用过量时可出现焦虑、紧张、精神错乱、谵妄、幻觉等精神病样症状，严重者可出现昏迷、惊厥，甚至死亡。

【急救措施】

应先催吐、洗胃，以促进药物排泄，并视病情给予相应的对症治疗和支持疗法。

【尸体特征】

参见“咖啡因”。

【检材提取】

解剖尸体时注意检查并收集胃内容物中未溶解的药片，并提取胃内容物、肝脏、血液、尿液等作为检材。同时还应注意收集现场遗留的药品及包装物等。

【检验方法】

高效液相色谱法。

仪器：高效液相色谱仪；色谱柱：Kromasil C18（250 mm×4.6 mm×5μm）键合硅胶柱；流动相：0.02 mol/L 的磷酸二氢钾水溶液（用1%的磷酸溶液调节 pH 值至 3.5）+乙腈（34∶66，*V/V*）；流速：1.0 mL/min；检测波长：210 nm；柱温：30 ℃；进样量：10 μL。

匹莫林（苯异妥英）

【化学名称】2-亚胺基-5-苯基-4（5H）-恶唑烷酮

【化学式】$C_9H_8N_2O_2$

【结构式】

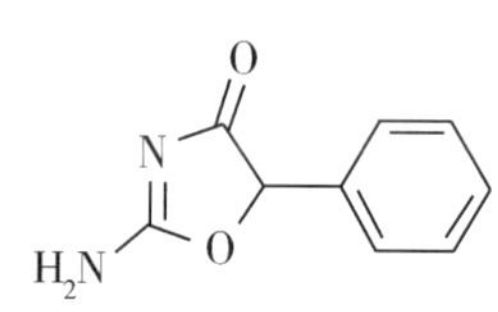

【相对分子质量】176.17

【CAS 登记号】2152-34-3

【性状】

匹莫林为白色或类白色结晶性粉末，无臭，无味。熔点 256 ~ 257 ℃（分解），密度 1.4 g/cm³。难溶于水、乙醚、丙酮、苯和稀盐酸，溶于无水乙醇、丙二醇、热乙醇，易溶于碱性溶液。

【用途及中毒原因】

本品为中枢神经兴奋药，兴奋作用为咖啡因

的 20 倍。临床上主要用于治疗儿童轻微脑功能失调（MBD）、轻度抑郁症、发作性睡眠症、更年期焦虑症、过度脑力劳动所致的疲劳、记忆障碍、遗传性过敏性皮炎等。中毒原因多为用药过量、用药不当、药物协同作用、误服产生的不良反应等。

【作用机制】

本品为中枢神经兴奋药，中枢兴奋作用温和，强度介于苯丙胺与哌甲酯之间，并有弱拟交感作用，其作用机制可能与其提高中枢内去甲肾上腺素的含量有关。

本品口服易吸收，20~30 min 显效，2~4 h 血药浓度达峰值，半衰期约为 12 h。血浆蛋白结合率为 50%。多次给药 2~3 d 后可达稳态血药浓度。部分在肝脏代谢为匹莫林双酮，原形药和代谢产物经肾排出，24 h 可排出口服药量的 75%，其中 50%为原形。

【毒性】

血药浓度：治疗浓度 1~7 μg/mL。

急性中毒实验：大鼠经口半数致死量（LD_{50}）为 436 mg/kg；小鼠经口半数致死量（LD_{50}）为 375 mg/kg，小鼠腹腔注射半数致死量（LD_{50}）为 365 mg/kg。

【中毒症状】

本品中毒时可出现头痛、恶心、呕吐、多汗、面色潮红、高热、瞳孔散大、眼球震颤、抽搐、痉挛、反射亢进、激动、欣快感、幻觉、谵妄、神志不清等症状，心血管系统症状可见心动过速、高血压等。

【急救措施】

对于口服中毒者，应立即催吐、洗胃，以清除未被吸收的药物；静脉注射或静脉滴注高渗葡萄糖注射液，以促进药物排泄。依病情给予相应的对症治疗和支持疗法。

【尸体特征】

匹莫林的毒性较小，一般情况下造成的中毒死亡案例并不多见。可参见“苯丙胺”。

【检材提取】

检材可提取胃内容物、肝脏、血液、尿液等。同时还应注意收集现场遗留的药品及包装物等。

【检验方法】

1. 液相色谱-质谱法

仪器：液相色谱-质谱联用仪；色谱柱：Acquity UPLC BEH C18（50 mm × 2.1 mm × 1.7 μm）键合硅胶柱；流动相：流动相 A 为甲醇，流动相 B 为 0.1%（体积分数）的甲酸溶液；洗脱方式：梯度洗脱（0~2.5 min，25%~50% A，保持 0.5 min；3 min，25% A，平衡 1.0 min）；流速：0.3 mL/min；柱温：30 ℃；进样量：2 μL；离子源：电喷雾离子源（ESI^+）；检测模式：多反应监测（MRM）；电离电压：3.00 kV；离子源温度：110 ℃；脱溶剂气流速：550 L/h；锥孔反吹气流速：50 L/h；脱溶剂气温度：400 ℃。

2. 高效液相色谱法

仪器：高效液相色谱仪；色谱柱：Waters Acquity UPLC BEH C18（50 mm × 2.1 mm × 1.7 μm）键合硅胶柱；流动相：甲醇+0.1%的甲酸水溶液（50:50，*V/V*）；洗脱方式：梯度洗脱；检测器：紫外检测器；检测波长：230 nm。

硫酸苯丙胺（硫酸右安非他明）

【化学名称】1-苯基-2-氨基丙烷硫酸盐

【化学式】$C_{18}H_{28}N_2O_4S$

【结构式】

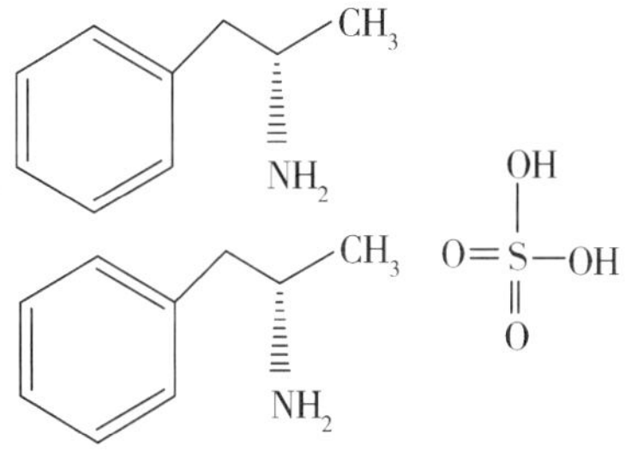

【相对分子质量】368.49

【CAS 登记号】51-63-8

【性状】

硫酸苯丙胺为白色结晶性粉末，无臭，味微苦，随后有麻痹感。沸点 201.5 ℃，密度 1.15 g/cm³。易溶于水，微溶于乙醇，不溶于乙醚。水溶液呈酸性。

【用途及中毒原因】

本品在临床上主要用于治疗发作性睡眠病、抑郁症、脑炎后遗症、麻醉药或其他中枢神经抑制药中毒等。中毒原因多为用药过量、用药不当、误服或药物滥用等。

【作用机制】

本品主要作用于大脑皮层和脑干网状结构上行激活系统，产生中枢兴奋作用，其外周作用能使支气管平滑肌松弛，通过刺激化学感受器而反射性兴奋呼吸，同时使血压微升。

本品口服易吸收，经肝脏代谢，代谢产物随酸性尿排出，碱性尿排出缓慢。半衰期：成人为10~12 h，小儿为6~8 h。本品能进入乳汁。

【毒性】

硫酸苯丙胺为高毒类物质。

血药浓度：治疗浓度0.02~0.15 μg/mL，中毒浓度0.2 μg/mL，致死浓度0.5~10 μg/mL。

急性中毒实验：大鼠经口半数致死量（LD_{50}）为32 mg/kg，小鼠经口半数致死量（LD_{50}）为10 mg/kg。

【中毒症状】

中枢神经系统症状：偏执性精神病、头痛、咬牙、肌肉紧张、腱反射增强、震颤、共济失调、抽搐、昏迷甚至死亡；外周神经系统症状：高热、大汗、瞳孔散大、心动过速、心律失常、高血压、胃肠蠕动减少、便秘、尿潴留、震颤和皮肤发冷。开始时心动过速可增加心输出量，待血压升高后心输出量随之减少；心律失常较多为阵发性房性心动过速和室性早搏；高血压可致颅内出血、坏死性脉管炎和猝死。

【急救措施】

口服中毒者，应尽早催吐、洗胃。急性中毒时可以口服或鼻饲氯化铵或维生素C，以促进毒物排泄。对于极度兴奋或烦躁的患者，可用氟哌啶醇或地西泮等肌内注射，可根据情况加用氯丙嗪。对症治疗：降温、降压、保肝等。

【尸体特征】

急性中毒死亡者无特殊病变。尸僵出现早且较强，脑水肿，肺瘀血、水肿，其他器官也呈瘀血、水肿改变。

长期滥用死亡者，尸检可见营养不良，脑出血、水肿。镜下可见神经细胞变性、坏死和胶质细胞反应，有的可见蛛网膜下腔出血、垂体坏死或脑疝形成；心外膜下及心肌间质血管周围出血，心肌细胞水肿，心肌组织收缩带坏死或广泛坏死，坏死组织周围可见中性粒细胞和巨噬细胞浸润，有的可见心肌纤维化。

【检材提取】

检材可提取肝脏、血液、尿液、毛发等。同时还应注意收集现场遗留的药品及包装物等。

【检验方法】

气相色谱-质谱法。

仪器：气相色谱-质谱联用仪；色谱柱：Agilent DB-5MS（30 m×0.25 mm×0.25 μm）弹性石英毛细管柱；柱温：初始温度100 ℃，保持1 min，以20 ℃ / min的升温速率升温至260 ℃，保持5 min；进样口温度：260 ℃；载气：高纯氦，流速：1 mL/ min；进样方式：分流进样，分流比：20 ∶ 1；离子源：电子轰击源（EI），能量：70 eV；扫描方式：全扫描；质量范围：40~400 amu。

尼可刹米（可拉明）

【化学名称】N，N-二乙基-3-吡啶甲酰胺

【化学式】$C_{10}H_{14}N_2O$

【结构式】

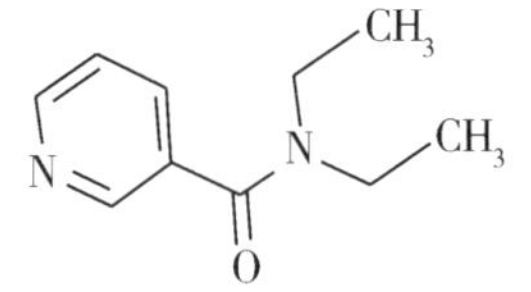

【相对分子质量】178.23

【CAS登记号】59-26-7

【性状】

尼可刹米为无色或淡黄色微黏稠油状液体或固体结晶，微有芳香气味和苦味。熔点24~26 ℃。沸点296~300 ℃（稍分解），密度1.06 g/cm^3。可与水混溶，易溶于乙醇、乙醚、丙酮和氯仿。有引湿性。

【用途及中毒原因】

本品为临床上最常用的呼吸兴奋剂，可用于治疗各种原因引起的中枢性呼吸抑制（其中对吗啡类药物中毒所致呼吸抑制效果最好，对吸入全麻药中毒次之，对巴比妥类药物中毒效果最差）、肺源性心脏病引起的呼吸衰竭、各种原因引起的慢性阻塞性肺疾患并伴有高碳酸血症等。中毒原因多为用药过量、用药不当等。

【作用机制】

本品主要是直接兴奋延髓呼吸中枢，也可刺激颈动脉体和主动脉体化学感受器，反射性兴奋

呼吸中枢，可提高呼吸中枢对二氧化碳的敏感性，使呼吸加深加快。本品的选择性较高，对大脑和脊髓的兴奋作用较弱，对血管运动中枢也有较弱的兴奋作用。

本品口服及注射均易吸收，作用时间短暂，一次静脉注射只能维持作用 5～10 min。药物在体内代谢为烟酰胺，然后再被甲基化成为 N-甲基烟酰胺，而后随尿排出。

【毒性】

成人常用量：一次 0.25～0.5 g，必要时 1～2 h重复用药。极量一次 1.25 g。

急性中毒实验：大鼠腹腔注射半数致死量（LD_{50}）为 272 mg/kg。

【中毒症状】

本品中毒可引起头痛、头晕、恶心、呕吐、血压升高、心悸、心律失常、呼吸急促、出汗、震颤及肌肉僵直等症状；严重时可引起癫痫样惊厥，随之可出现昏迷、呼吸肌麻痹、呼吸衰竭，直至死亡。

【急救措施】

（1）给予吸氧，必要时进行人工呼吸。

（2）静脉注射 10% 的葡萄糖注射液，以促进药物排泄。

（3）出现惊厥时，可注射苯二氮䓬类药物或小剂量硫喷妥钠或苯巴比妥钠等进行控制。

（4）依病情给予相应的对症治疗和支持疗法。

【尸体特征】

尸表检验无特殊表现，呈一般窒息性死亡尸体征象。

【检材提取】

检材可提取血液、尿液、脑脊液等。同时应注意收集现场遗留的药品及包装物等。

【检验方法】

1. 气相色谱-质谱法

仪器：气相色谱-质谱联用仪；色谱柱：Agilent DB-1MS 或 DB-5MS（30 m×0.25 mm×0.25 μm）弹性石英毛细管柱；柱温：初始温度 140 ℃，保持 1 min，以 20 ℃/min 的升温速率升温至 280 ℃，保持 11 min；进样口温度：280 ℃；载气：高纯氦，流速：1 mL/min；进样方式：分流进样，分流比：20∶1；离子源：电子轰击源（EI），能量：70 eV；扫描方式：全扫描；质量范围：40～400 amu。

2. 高效液相色谱法

仪器：高效液相色谱仪；色谱柱：Eclipse DCB-C18（150 mm×4.6 mm×5 μm）键合硅胶柱；流动相：乙腈+水（20∶80，*V/V*）；检测波长：263 nm；流速：1.0 mL/min；柱温：30 ℃；进样量：10 μL。

士的宁（马钱子碱、士的年、番木鳖碱）

【化学名称】士的宁-10-酮

【化学式】$C_{21}H_{22}N_2O_2$

【结构式】

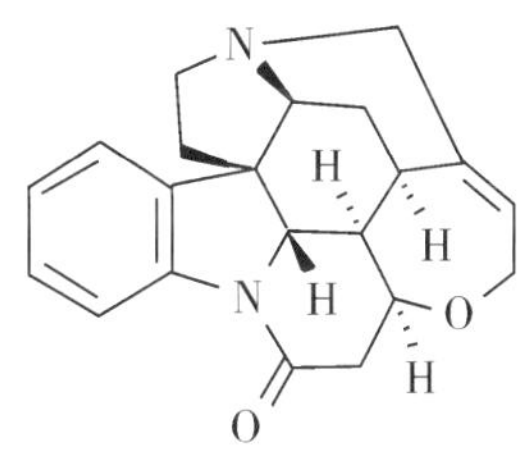

【相对分子质量】334.41

【CAS 登记号】57-24-9

【性状】

士的宁为白色结晶性粉末，无臭，味极苦。熔点 284～286 ℃，沸点 559.9 ℃，密度 1.42 g/cm^3。溶于氯仿、乙酸乙酯和沸水，略溶于水、苯和乙醇，不溶于乙醚和石油醚，饱和溶液呈碱性。

【用途及中毒原因】

士的宁又名番木鳖碱，是从马钱子中提取的一种生物碱，能选择性兴奋脊髓，增强骨骼肌的紧张度。临床上用于轻瘫或弱视的治疗。小儿中毒大多因治疗用量过大或误服含士的宁的杀鼠药所致，偶有自杀的报道。

【作用机制】

本品为中枢神经兴奋药，能够对中枢神经系统所有部位产生兴奋作用，但对脊髓的兴奋作用最为突出，能提高其反射功能，增加骨骼肌的紧张度，引起强直性、反射性及泛化性惊厥。大剂量士的宁也可直接抑制心肌。其致死的主要原因为强直性惊厥发作所致呼吸停止和窒息。

【毒性】

士的宁为剧毒类物质。

成人口服中毒剂量为 5～10 mg，成人口服最低致死量（MLD）为 60～100 mg，小儿口服 5 mg 可致死。

血药浓度：中毒浓度 2 μg/mL，致死浓度

2.8～12.0 μg/mL。

急性中毒实验：小鼠经口半数致死量（LD_{50}）为3.27 mg/kg，小鼠腹腔注射半数致死量（LD_{50}）为1.53 mg/kg。

【中毒症状】

中毒早期症状表现为恶心、呕吐、腹痛、头痛、头晕、烦躁不安、轻度抽搐、呼吸急促，继之出现肌肉抽搐至痉挛强直，先出现面部和颈部肌肉抽搐、吞咽困难、全身肌肉抽搐、强直性惊厥，最后呼吸肌痉挛可致呼吸骤停、窒息死亡。

【急救措施】

（1）保持呼吸道畅通，给予吸氧，必要时进行气管插管。

（2）对于口服中毒者，在控制惊厥后可用1∶2 000的高锰酸钾溶液洗胃，洗毕后胃内留置医用活性炭混悬液，应防止呕吐物被误吸和窒息，禁忌催吐。

（3）保持环境安静，避免因声、光刺激诱发惊厥。控制惊厥发作，首选地西泮，也可选用苯巴比妥钠、苯妥英钠、水合氯醛等。经上述措施抢救无效者，在气管插管及人工通气的基础上，可用肌松剂泮库溴铵4 mg静脉注射。

（4）维持水、电解质平衡，纠正酸中毒，防止肾功能衰竭。

【尸体特征】

尸表检验无特殊表现，呈一般窒息性死亡尸体征象，尸僵发生早而强，四肢痉挛性屈曲，足踝明显内翻和伸展，两臂弯曲，两手位于胸前呈握拳状。解剖可见各脏器瘀血，并伴有出血点，特别是脊髓内小血管周围可有片状出血。

【检材提取】

检材可提取胃内容物、血液、肝脏及尿液等。同时并注意收集现场遗留的药品及包装物等。

【检验方法】

高效液相色谱法。

仪器：高效液相色谱仪；色谱柱：Inertsil ODS-3（250 mm×4.6 mm×5 μm）键合硅胶柱；流动相：10 mmol/L的己烷磺酸钠的磷酸盐缓冲液（pH值为2.86）+乙腈（78∶22，*V/V*）；流速：1.0 mL/min；检测波长：254 nm；柱温：25 ℃；进样量：20 μL。

一叶萩碱（叶底珠碱）

【化学名称】（6S，11aR，11bS）-9，10，11，11a-四氢-8H-6，11b-亚甲呋喃并［2，3-c］吡啶并［1，2-a］氮杂䓬-2（6H）-酮

【化学式】$C_{13}H_{15}NO_2$

【结构式】

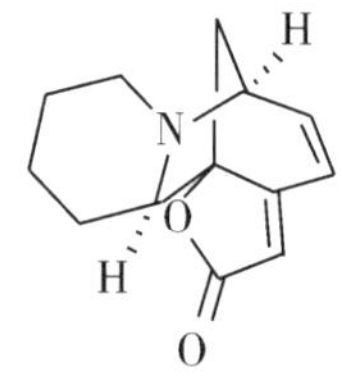

【相对分子质量】217.26

【CAS登记号】5610-40-2

【性状】

一叶萩碱的熔点140～142 ℃，沸点459 ℃，密度1.3 g/cm^3。

【用途及中毒原因】

本品在临床上主要用于治疗小儿麻痹后遗症和面神经麻痹，对神经衰弱、低血压及自主神经功能紊乱引起的头晕、耳鸣、耳聋等有一定疗效。中毒原因多为用药过量、用药不当、药物协同作用、个体差异产生的不良反应、误食等。

【作用机制】

本品主要兴奋脊髓，能提高其反射功能，增加骨骼肌的紧张度；同时能兴奋脑干，增强呼吸强度及心肌收缩力，升高血压，并有抑制胆碱酯酶的作用。大剂量可致死，致死原因为膈肌和肋间肌痉挛致呼吸停止。

本品在体内代谢较快，无蓄积作用，未被代谢的少量药物随尿排出。

【毒性】

一叶萩碱为低毒类物质。

急性中毒实验：大鼠经口半数致死量（LD_{50}）为800 mg/kg，大鼠静脉注射半数致死量（LD_{50}）为15.1 mg/kg；小鼠经口半数致死量（LD_{50}）为270 mg/kg，小鼠皮下注射半数致死量（LD_{50}）为20.4 mg/kg，小鼠静脉注射半数致死量（LD_{50}）为81.2 mg/kg。

【中毒症状】

用药过量引起中毒可出现血压升高，面部和颈部肌肉抽动、痉挛等症状；强直发作时因膈肌

和肋间肌痉挛可致呼吸停止。

【急救措施】

(1) 保持呼吸道畅通，充分供氧，必要时进行气管插管。

(2) 对于口服中毒者，在控制惊厥后可用1∶2 000的高锰酸钾溶液洗胃，洗毕后胃内留置医用活性炭混悬液。应防止呕吐物被误吸和窒息。禁忌催吐。

(3) 控制惊厥发作，首选地西泮，也可选用苯巴比妥钠、苯妥英钠、水合氯醛等。

(4) 维持水、电解质平衡，纠正酸中毒，防止肾功能衰竭。

【尸体特征】

尸表检验无特殊表现，呈一般窒息性死亡尸体征象，尸僵发生早而强，四肢痉挛性屈曲，足踝明显内翻和伸展，两臂弯曲，两手位于胸前呈握拳状。解剖可见各脏器瘀血，并伴有出血点，特别是脊髓内小血管周围可有片状出血。

【检材提取】

检材可提取血液、尿液、肝组织等。同时并注意收集现场遗留的药品及包装物等。

【检验方法】

高效液相色谱法。

仪器：高效液相色谱仪；色谱柱：Shim-Pack VP-ODS C18（250 mm×4.6 mm×5 μm）键合硅胶柱；流动相：甲醇+40 mmol/L 的乙酸铵溶液（45∶55，*V/V*）；流速：1.0 mL/min；柱温：25 ℃；检测波长：256 nm；进样量：20 μL。

第九节 其他临床药物

地高辛（地谷新）

【化学名称】3β-［O-2，O-二脱氧-β-D-核-己吡喃糖基-（1→4）-O-2，6-二脱氧-β-D-核-己吡喃糖基-（1→4）-2，6-二脱氧-β-D-核-己吡喃糖基氧代］-12β，14β-二羟基-5β-心甾-20（22）烯内酯

【化学式】$C_{41}H_{64}O_{14}$

【结构式】

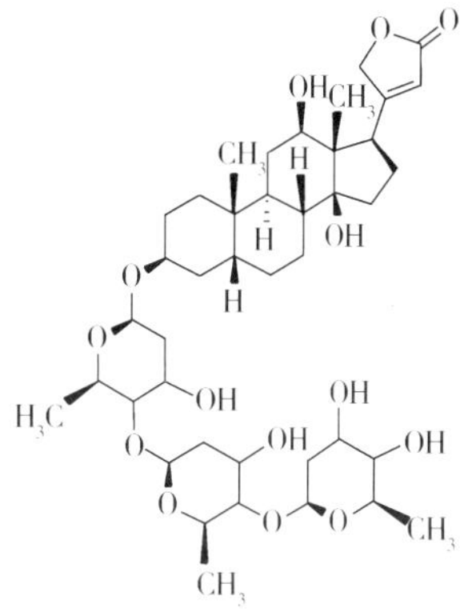

【相对分子质量】780.94

【CAS 登记号】20830-75-5

【性状】

地高辛为白色结晶或结晶性粉末，无臭，味苦。熔点 248～250 ℃，沸点 931.6 ℃，密度 1.36 g/cm³。几乎不溶于水、乙醇、乙醚、丙酮、乙酸乙酯和氯仿，溶于沸乙醇、吡啶及氯仿和乙醇的混合液。

【用途及中毒原因】

地高辛是一种从毛地黄属植物中提取的强心苷，被广泛用于治疗心脏病，临床上主要用于治疗低输出量型充血性心力衰竭、心房颤动、心房扑动、阵发性室上性心动过速。本品的治疗量为中毒量的 60%，中毒原因多为用药不当等，也有误食或者自杀的报道。

【作用机制】

本品为中效强心苷，能有效地加强心肌收缩力，减慢心率，抑制心脏传导，其作用机制如下。

(1) 正性肌力作用：地高辛能选择性地与心肌细胞膜上的 Na^+—K^+—ATP 酶结合而抑制该酶的活性，使心肌细胞膜内外 Na^+—K^+ 主动偶联转运受损，心肌细胞内的 Na^+浓度升高，从而使心肌细胞膜上的 Na^+—Ca^{2+} 交换趋于活跃，使细胞质内的 Ca^{2+} 增多，肌浆网内的 Ca^{2+} 储量亦增多，心肌兴奋时，有较多的 Ca^{2+} 释放；心肌细胞内的 Ca^{2+}浓度增高，可激动心肌收缩蛋白从而增加心肌收缩力。

(2) 负性频率作用：由于地高辛的正性肌力作用，使衰竭心脏的心输出量增加，血流动力学状态改善，消除交感神经张力的反射性增高，并增强迷走神经张力，因而可减慢心率、延缓房室传导。此外，小剂量时可提高窦房结对迷走神

经冲动的敏感性，可增强其减慢心率作用。大剂量（通常接近中毒量）则可直接抑制窦房结、房室结和希氏束而引起窦性心动过缓和不同程度的房室传导阻滞。

（3）心脏电生理作用：①通过对心肌电活动的直接作用和对迷走神经的间接作用，降低窦房结自律性。②提高普肯野氏纤维的自律性。③减慢房室结传导速度，延长其有效不应期，导致房室结隐匿性传导增加，可减慢心房纤颤或心房扑动的心室率。④由于本药可缩短心房的有效不应期，当用于房性心动过速和房扑时，可能导致心房率的加速和心房扑动转为心房纤颤。⑤缩短普肯野氏纤维的有效不应期。

本品口服吸收迅速且完全，生物利用度高达90%以上，服药后1 h血药浓度达峰值，主要经肝微粒体酶代谢消除，消除半衰期一般为4～7 d。由肝汁排出，再循环后，最终随尿排出。

【毒性】

地高辛为剧毒类物质。

血药浓度：治疗浓度0.000 5～0.002 μg/mL，中毒浓度0.002～0.002 5 μg/mL，致死浓度>0.006 μg/mL。

急性中毒实验：大鼠经口半数致死量（LD_{50}）为28.27 mg/kg，小鼠经口半数致死量（LD_{50}）为17.78 mg/kg。

【中毒症状】

（1）心律失常：最常见的是室性早搏，其次为房室传导阻滞、阵发性或非阵发性房室交界区性心动过速、阵发性房性心动过速伴房室传导阻滞、室性心动过速、窦性停搏等；致死的机制为心室颤动。

（2）出现胃纳不佳或恶心、呕吐（刺激延髓中枢）、下腹痛、腹泻（电解质失调）等症状。

（3）视力模糊或"色视"，如黄视、绿视。

（4）罕见的症状有嗜睡、头痛、皮疹、荨麻疹（过敏反应）等。

【急救措施】

（1）立即给予吸氧，建立静脉通路，严密监视心电图和血压，急查血心肌酶、血生化及血常规。无高钾血症者，即在血钾监测下补充钾。

（2）针对地高辛与血浆蛋白结合后能使血药浓度降低的特点，给予静脉滴注白蛋白，提高血浆蛋白的浓度，以促进血清中游离的地高辛与血浆蛋白结合，降低地高辛的血药浓度，减轻不良反应。

（3）及时进行血液透析，加强腹膜透析超滤，促进毒物尽快排出。

（4）注意防止呕吐物被误吸，若出现视力及精神方面的症状，应注意保护患者，免受意外伤害。

【尸体特征】

解剖可见心外膜下点状出血，心腔内血液呈深红色流动状，胃黏膜点状出血，胃内有时可见药物碎片。镜下可见心肌纤维横纹不清、断裂，心肌间质瘀血、点状出血；肺瘀血及点状出血；脑水肿；肝、脾、肾等实质脏器瘀血。

【检材提取】

解剖尸体时可提取胃内容物、血液、尿液和肝脏组织等作为检材。如果经过抢救，应注意收集洗胃液。同时还应注意收集现场遗留的药品、包装物及呕吐物等。

【检验方法】

高效液相色谱法。

仪器：高效液相色谱仪；色谱柱：Kromasil C18（150 mm×4.6 mm×6 μm）键合硅胶柱。流动相A：乙腈+水（10∶90，*V/V*）；流动相B：乙腈+水（60∶40，*V/V*）；流速：1.5 mL/min；检测波长：230 nm；柱温：室温。

洋地黄毒苷（狄吉妥辛）

【化学名称】3β-［O-2，6-二脱氧-β-D-核-己吡喃糖基-（1→4）-O-2，6-二脱氧-β-D-核-己吡喃糖基-（1→4）-2，6-二脱氧-β-D-核-己吡喃糖基氧代］-14β-二羟基-5β-心甾-20（22）烯内酯

【化学式】$C_{41}H_{64}O_{13}$

【结构式】

【相对分子质量】764.94

【CAS登记号】71-63-6

【性状】

洋地黄毒苷为白色或类白色结晶性粉末，无臭，味苦。熔点240 ℃，沸点902.3 ℃，密度1.33 g/cm^3。溶于酸、氯仿、丙酮和吡啶，微溶于乙醇、乙醚及石油醚，不溶于水。从稀醇中结晶常含有半分子或一分子结晶水或结合一分子乙醇，真空加热至118 ℃可转为无水物。

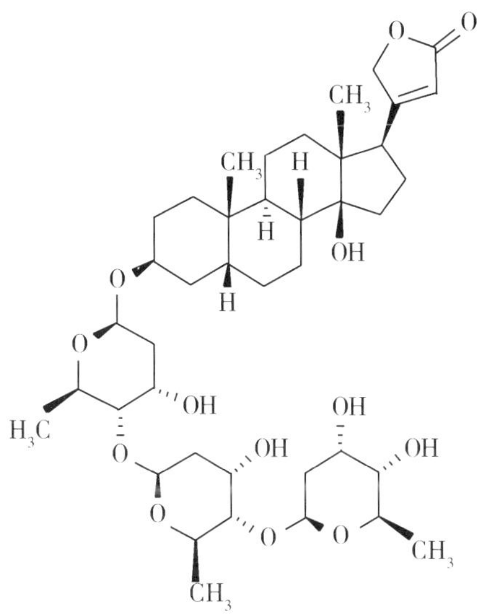

【用途及中毒原因】

本品与地高辛（异羟基洋地黄毒苷）相同，能加强心肌收缩力、减慢心率、抑制心脏传导。其特点是作用开始慢而持久，适用于慢性心功能不全患者长期服用。本药治疗指数低，安全范围窄，治疗量为中毒量的60%，中毒量为致死量的60%。中毒原因多为用药过量、用药不当等，也有误食、自杀的报道。

【作用机制】

参见“地高辛”。

本品口服吸收迅速且完全，生物利用度高达90%以上，服药后1 h血药浓度达峰值，经4 h达显效，6~12 h达峰效应，血清治疗浓度为15~25 mg/mL，血浆蛋白结合率达97%，主要经肝微粒体酶代谢消除，消除半衰期一般为4~7 d。由肝汁排出，再循环后，最终随尿排出，80%皆为无活性代谢物。母体化合物经肾排泄量仅为10%~20%。当肝功能不良时，肝外消除途径增强。

【毒性】

洋地黄毒苷为剧毒类物质。

血药浓度：治疗浓度0.013~0.025 μg/mL，中毒浓度>0.035 μg/mL，致死浓度>0.06 μg/mL。

急性中毒实验：大鼠经口半数致死量（LD_{50}）为23.75 mg/kg，小鼠经口半数致死量（LD_{50}）为4.95 mg/kg。

【中毒症状】

（1）消化系统症状：厌食、流涎、恶心、呕吐、腹泻及腹痛。

（2）神经系统症状：疲惫、头痛、失眠、抑郁、眩晕、精神错乱、定向障碍、梦魇及不安等，还可出现幻觉和其他精神反应等。

（3）眼部改变：瞳孔放大、畏光、色觉改变（黄视、绿视）、闪光、视力减低等，偶尔出现暂时失明。

（4）心律失常：心律失常可能是洋地黄毒苷中毒的首发症状。任何类型的心律失常皆可发生。最常见的是室性早搏二联律或三联律、多形多源性室性早搏、房性心动过速伴房室传导阻滞等。

【急救措施】

（1）中毒轻者，口服钾制剂。

（2）对于洋地黄毒苷引起的房室传导阻滞、窦性心动过缓、窦性停搏等，可静脉注射阿托品0.5~1 mg，2~3 h重复一次。

（3）对于洋地黄毒苷引起的室性心律失常，用苯妥英钠治疗效果较好；利多卡因亦可用于治疗洋地黄类引起的室性心律失常和心室颤动；异丙肾上腺素可以改善心动过缓症状。

【尸体特征】

解剖可见心外膜下点状出血，心腔内血液呈深红色流动状，胃黏膜点状出血，胃内有时可见药物碎片。镜下可见心肌纤维横纹不清、断裂，心肌间质瘀血、点状出血；肺瘀血及点状出血；脑水肿；肝、脾、肾等实质脏器瘀血。

【检材提取】

检材可提取血液、尿液、胃内容物和肝脏、肾脏等。同时应注意收集现场遗留的药品或包装物等。

【检验方法】

液相色谱-质谱法。

仪器：液相色谱-质谱联用仪；色谱柱：Agilent Zorbax SBII C18（150 mm×4.6 mm×5 μm）键合硅胶柱；流动相：乙腈+水（40∶60，*V*/*V*）；柱温：25 ℃；流速：1.0 mL/min；进样量：20 μL。离子源：电喷雾离子源（ESI^+）；检测模式：多反应监测（MRM）；碰撞能量：20 eV；洋地黄毒苷：母离子（m/z）为763.5，子离子（m/z）为503.3；驻留时间：200 ms；干燥气温度：350 ℃；干燥气流速：10 mL/min；毛细管电压：4 000 V；碎裂电压：250 V。

磷酸可待因

【化学名称】17-甲基-3-甲氧基-4，5α-环

氧-7，8-二去氢吗啡喃-6α-醇磷酸盐

【化学式】$C_{18}H_{21}NO_3 \cdot H_3PO_4$

【结构式】

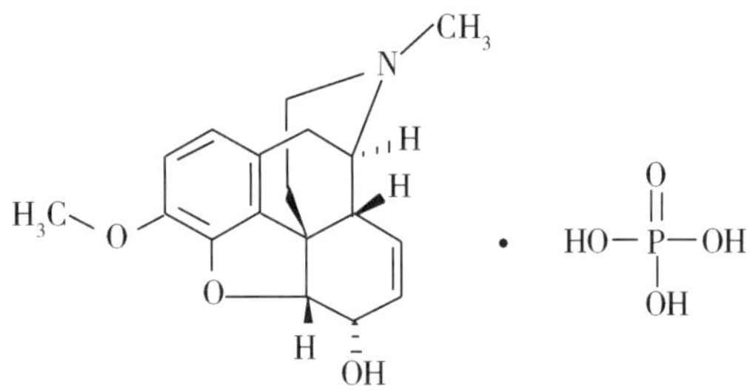

【相对分子质量】397.36

【CAS 登记号】41444-62-6

【性状】

磷酸可待因为白色细微结晶，无臭。熔点157~158 ℃，沸点462 ℃。易溶于水、苯，微溶于乙醇，极微溶于乙醚、氯仿。在干燥空气中慢慢风化，遇光变质。

【用途及中毒原因】

本品在临床上主要用作镇痛药、镇咳药，与吗啡相似。中毒原因多为药物成瘾、过量用药等，也有用于自杀的报道。

【作用机制】

本品为阿片受体激动剂，作用机制类似可待因，其能选择性地抑制咳嗽中枢，镇咳作用强而迅速，但同时可抑制支气管腺体分泌，使痰液黏稠而难以咳出；可作用于中枢神经系统，产生镇痛、镇静作用。

【毒性】

磷酸可待因为高毒类物质。

血药浓度：治疗浓度 0.3~1 mg/100 mL，中毒浓度 1.6 mg/100 mL。致死量 0.01~0.25 g/kg。

【中毒症状】

急性中毒症状主要为中枢神经系统的深度抑制，表现为头昏、嗜睡、烦躁、精神错乱、共济失调、瞳孔缩小、全身发绀、呼吸抑制、心率减慢、血压降低、体温下降、深度昏迷等，严重者可因休克或循环衰竭而死亡。

【急救措施】

对于口服中毒者，应先催吐、洗胃，以清除胃中残留的药物，给予拮抗剂 N-乙酰半胱氨酸；不宜用医用活性炭，以防影响拮抗剂的吸收。并保持呼吸道通畅，必要时进行人工呼吸。

【尸体特征】

急性中毒死亡者，尸表仅呈一般窒息性死亡尸体征象，尸斑青紫，尸僵持续时间较短，口鼻、呼吸道有泡沫性（有时呈血性）液体溢出，早期可见针尖样瞳孔，吸食者鼻孔可见白色粉末，注射吸毒者体表可见针孔，针孔周围有皮下出血。解剖尸体可见气管及支气管内常有泡沫性液体，肺显著瘀血、水肿，脑水肿。镜下可见脑神经细胞出现不同程度的变性、坏死，血管周围灶性出血等。

慢性中毒死亡者多数营养不良、显著消瘦、腹胀明显，还可出现贫血貌。解剖可见淋巴结肿大、缺血性心脏病、心内膜炎、间质性心肌炎等。

【检材提取】

检材可提取胃内容物、血液、尿液、胆汁及脑、肝、肺组织等。同时并注意收集现场遗留的药物、包装物及呕吐物等。

【检验方法】

1. 气相色谱法

仪器：气相色谱仪；色谱柱：Agilent DB-1MS 或 DB-5 MS（30 m×0.32 mm×0.25 μm）弹性石英毛细管柱；检测器：氮磷检测器；柱温：初始温度 240 ℃，保持 1 min，以 10 ℃/min 的升温速率升温至 280 ℃，保持 15 min；进样口温度：260 ℃；检测器温度：280 ℃；载气：高纯氮，流速：1 mL/min；进样方式：不分流进样；空气：400 mL/min；氢气：30 mL/min。

2. 气相色谱-质谱法

仪器：气相色谱-质谱联用仪；色谱柱：Agilent HP-17（30 m×0.32 mm×0.25 μm）弹性石英毛细管柱；柱温：初始温度 160 ℃，保持 1 min，以 10 ℃/min 的升温速率升温至 280 ℃，保持 20 min；进样口温度：260 ℃；载气：高纯氦，流速：1.0 mL/min；进样方式：分流进样，分流比：10 ∶ 1；离子源：电子轰击源（EI），能量：70 eV；扫描方式：全扫描；质量范围：40~450 amu；溶剂延迟：3 min。

盐酸那可汀

【化学名称】6，7-二甲氧基-3-（4-甲氧基-6-甲基-7，8-二氢-5H-［1，3］二氧环戊并［4，5-G］异喹啉-5-基）-3H-2-苯并呋喃-1-酮盐酸盐

【化学式】$C_{22}H_{23}NO_7 \cdot HCl$

【结构式】

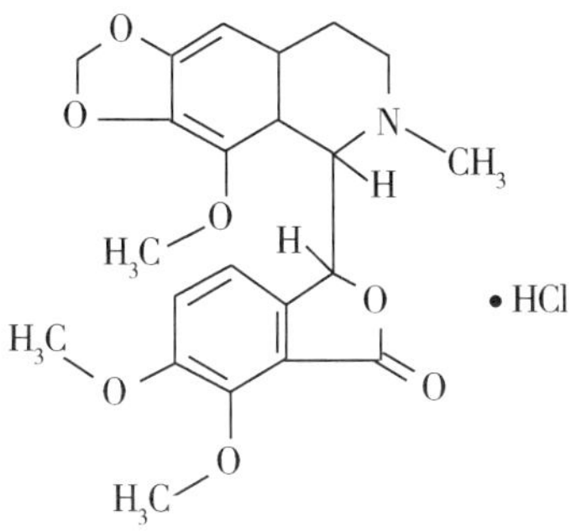

【相对分子质量】449.88

【CAS 登记号】912-60-7

【性状】

盐酸那可汀为白色结晶性粉末，无臭，无味。熔点 221～223 ℃，沸点 565.3 ℃，密度 1.332 g/cm^3。易溶于水形成碱式盐，有引湿性。

【用途及中毒原因】

本品为镇咳药，临床上主要用于镇咳，特别是刺激性干咳。中毒原因多为过量用药、过敏等。

【作用机制】

本品为支气管解痉性镇咳药，其作用与罂粟碱相似，能解除支气管平滑肌痉挛；本品系外周性镇咳药，能抑制肺牵张反射引起的咳嗽。镇咳作用一般维持 4 h。无耐受性和依赖性。

口服本品 250～500 μg，1 h 血药浓度达峰值，6 h 仅排泄用药量的约 1%，且全部为游离状态，6 h 后排泄药物几乎全为结合状态。

【毒性】

盐酸那可汀为低毒类物质。

急性中毒实验：小鼠经口半数致死量（LD_{50}）为 853 mg/kg，小鼠腹腔注射半数致死量（LD_{50}）为 581 mg/kg，小鼠皮下注射半数致死量（LD_{50}）为 700 mg/kg。

【中毒症状】

中毒轻者可出现头痛、恶心、食欲缺乏、便秘、皮疹、瘙痒、嗜睡等症状。严重者可能引起支气管痉挛。

【急救措施】

对于口服中毒者，应先催吐，再用 1∶2 000 的高锰酸钾溶液洗胃，胃管内注入 15～30 g 硫酸钠导泻，以促进药物排出。呼吸困难或缺氧时，应持续人工呼吸并给予吸氧，并采用对症治疗和支持疗法。

【尸体特征】

盐酸那可汀毒性低，目前未见中毒死亡的相关报道。

【检材提取】

检材可提取胃内容物、呕吐物、血液、尿液和肝组织等。

【检验方法】

1. 气相色谱法

仪器：气相色谱仪；色谱柱：Agilent DB-1MS 或 DB-5 MS（30 m×0.32 mm×0.25 μm）弹性石英毛细管柱；检测器：氮磷检测器；柱温：初始温度 240 ℃，保持 1 min，以 10 ℃/min 的升温速率升温至 280 ℃，保持 15 min；进样口温度：260 ℃；检测器温度：280 ℃；载气：高纯氮，流速：1 mL/min；进样方式：不分流进样；空气：400 mL/min；氢气：30 mL/min。

2. 气相色谱-质谱法

仪器：气相色谱-质谱联用仪；色谱柱：Agilent HP-17（30 m×0.32 mm×0.25 μm）弹性石英毛细管柱；柱温：初始温度 160 ℃，保持 1 min，以 10 ℃/min 的升温速率升温至 280 ℃，保持 20 min；进样口温度：260 ℃；载气：高纯氮，流速：1.0 mL/min；进样方式：分流进样，分流比：10∶1；离子源：电子轰击源（EI），能量：70 eV；扫描方式：全扫描；质量范围：40～450 amu；溶剂延迟：3 min。

麻黄碱（麻黄素）

【化学名称】（1R，2S）-2-甲氨基-苯丙烷-1-醇

【化学式】$C_{10}H_{15}NO$

【结构式】

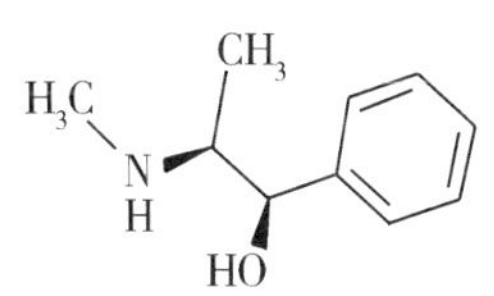

【相对分子质量】165.23

【CAS 登记号】299-42-3

【性状】

麻黄碱为蜡状固体或结晶颗粒，无臭，味苦。熔点 37～39 ℃，沸点 225 ℃，密度 1.124 g/cm^3。易溶于乙醇，溶于水、氯仿和乙

醚。常用其盐酸盐，其盐酸盐为白色针状结晶或结晶性粉末，无臭，味苦。熔点 218 ℃，易溶于水，溶于乙醇，不溶于乙醚和氯仿。

【用途及中毒原因】

本品为类肾上腺素药，能兴奋交感神经，药效较肾上腺素持久；还能松弛支气管平滑肌、收缩血管，有显著的中枢兴奋作用。临床上主要用于治疗习惯性支气管哮喘和预防哮喘发作，对严重支气管哮喘患者的效果则不及肾上腺素。为增强疗效或减轻副作用，可与氨茶碱或苯海拉明、巴比妥类药物合用。用于鼻黏膜充血和鼻塞时，该品的效果较肾上腺素好，作用快而持久。中毒原因多为误服过量麻黄碱或麻黄等，特别需要注意的是，婴儿应用含麻黄碱的滴鼻剂或喷雾剂过量也可导致中毒。

【作用机制】

本品可直接激动肾上腺素受体，也可通过促进肾上腺素能神经末梢释放去甲肾上腺素而间接激动肾上腺素受体，对 α 和 β 受体均有激动作用；可产生松弛支气管平滑肌、收缩血管、兴奋中枢等作用。

【毒性】

麻黄碱为高毒类物质。

血药浓度：治疗浓度 0.02~0.2 μg/mL，中毒浓度 1 μg/mL，致死浓度 5 μg/mL。

成人最低致死量（MLD）为 600 mg。

急性中毒实验：小鼠经口半数致死量（LD_{50}）为 400 mg/kg。

【中毒症状】

本品中毒症状主要有头痛、眩晕、耳鸣、烦躁不安、谵妄、震颤、痉挛、寒战、发热、颜面潮红、多汗、瞳孔散大、视物模糊、口干、恶心、呕吐、腹胀、排尿困难、血压上升、心悸、心律失常、昏迷等，严重中毒时可致心力衰竭或呼吸衰竭。

【急救措施】

对于口服中毒者，应立即催吐，并用 1∶2 000~1∶5 000 的高锰酸钾溶液洗胃，胃管内注入硫酸钠导泻，静脉滴注 10% 的葡萄糖溶液、5%的葡萄糖盐水，以促进毒物排泄。也可用冬眠灵拮抗麻黄碱，严重中毒时可用冬眠合剂。

对症治疗：镇静、给予吸氧、强心、降血压、降温等。

【尸体特征】

急性中毒死亡者尸表无特殊表现。尸检可见死者颜面潮红、瞳孔散大，尸僵出现较早且强。解剖可见脑水肿，肺瘀血、水肿，其他器官也呈瘀血、水肿改变。

【检材提取】

检材可提取血液、尿液、肝脏和肾脏组织等。

【检验方法】

高效液相色谱法。

仪器：高效液相色谱仪；色谱柱：Luna C18（250 mm×4.6 mm×5 μm）键合硅胶柱；流动相：乙腈+0.2%的磷酸溶液（4∶96，*V/V*）；流速：1.0 mL/min；柱温：室温；检测器：二极管阵列检测器；检测波长：210 nm。

异丙托溴铵（溴化异丙托、异丙阿托品）

【化学名称】［（1R，5S）-8-甲基-8-异丙基-8-氮杂双环［3.2.1］辛-3-基］3-羟基-2-苯基丙酸酯溴化物

【化学式】$C_{20}H_{30}BrNO_3$

【结构式】

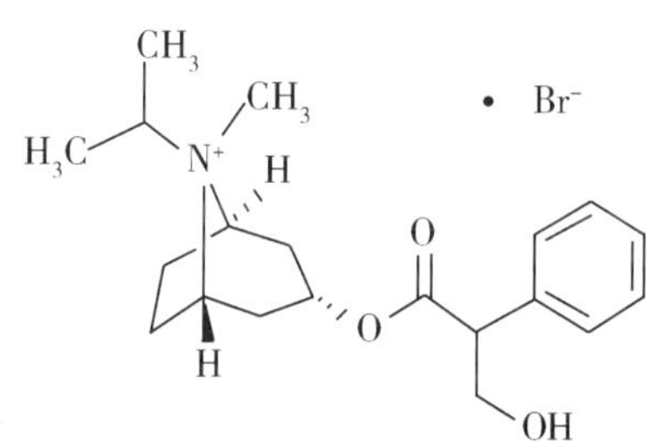

【相对分子质量】412.37

【CAS 登记号】22254-24-6

【性状】

异丙托溴铵为白色结晶性粉末，味苦。熔点 230~232 ℃，溶于水，微溶于乙醇，不溶于其他有机溶剂。

【用途及中毒原因】

本品在临床上主要用于防治支气管哮喘和哮喘型慢性支气管炎，尤其适用于因用 β 受体激动剂产生肌肉震颤、心动过速而不能耐受此类药物的患者。本品与 β 受体激动剂合用可相互增强疗效，如与非诺特罗配伍制成气雾剂用于治疗哮喘、慢性支气管炎和肺气肿。中毒原因多为使

用不当或者用药过量等。

【作用机制】

本品为东莨菪碱的异丙基衍生物，其抗胆碱作用与东莨菪碱相似，具有较强的支气管扩张作用。能阻断乙酰胆碱激活鸟苷酸环化酶，使支气管平滑肌细胞内的环磷酸鸟苷（cGMP）含量减少，cAMP/cGMP 比值上升而致支气管扩张，但对心血管的影响较小。

本品气雾吸入后 5 min 起效，30～60 min 达作用高峰，可维持 3～5 h；在体内消除缓慢，半衰期为 8～63 h，主要由肾脏排泄。

【毒性】

急性中毒实验：大鼠经口半数致死量（LD_{50}）为 1 663 mg/kg，大鼠静脉注射半数致死量（LD_{50}）为 15.7 mg/kg，大鼠腹腔注射半数致死量（LD_{50}）为 113 mg/kg，大鼠皮下注射半数致死量（LD_{50}）为 635 mg/kg；小鼠经口半数致死量（LD_{50}）为 1 001 mg/kg，小鼠静脉注射半数致死量（LD_{50}）为 12.29 mg/kg，小鼠腹腔注射半数致死量（LD_{50}）为 72 mg/kg，小鼠皮下注射半数致死量（LD_{50}）为 300 mg/kg。

【中毒症状】

中毒者可出现头晕、头痛、恶心、呕吐、口干、咳嗽、心悸、神经质、消化道疼痛、震颤、视物模糊、排尿困难、皮疹等症状。

【急救措施】

对于口服中毒者，可洗胃、导泻，以清除未被吸收的药物；可用新斯的明、毒扁豆碱、毛果芸香碱救治；依病情采取相应的对症治疗和支持疗法。

【尸体特征】

尸检可见死者瞳孔散大；解剖可见血管瘀血，肺瘀血、灶性肺水肿，双侧小脑扁桃体疝形成，脑水肿尤其显著。

【检材提取】

检材可提取血液、尿液及肝、肺组织等。

【检验方法】

高效液相色谱法。

仪器：高效液相色谱仪；色谱柱：Waters Symmetry C18（150 mm×3.9 mm×5 μm）键合硅胶柱；柱温：30 ℃；流动相：用 0.001 mol/L 的盐酸+甲醇（185∶340，*V/V*）配制的0.008 mol/L的十二烷基硫酸钠溶液；流速：1.2 mL/min；检测波长：210 nm；进样量：10 μL。

氨茶碱（茶碱胺）

【化学名称】1，3-二甲基-3，7-二氢-1H-嘌呤-2，6-二酮-1，2-乙二胺盐

【化学式】$C_{16}H_{24}N_{10}O_4$

【结构式】

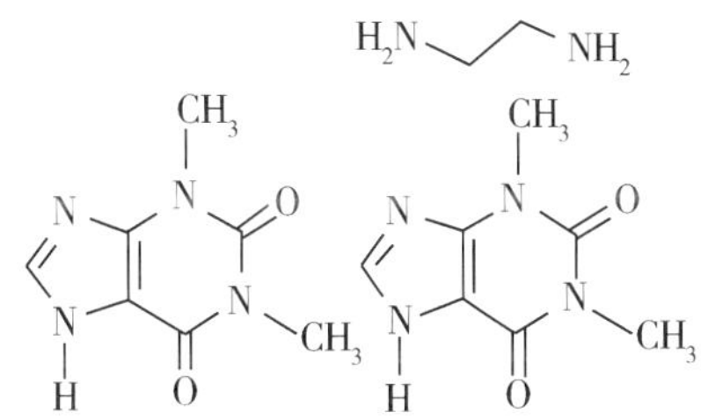

【相对分子质量】420.43

【CAS 登记号】317-34-0

【性状】

氨茶碱为白色或淡黄色颗粒或粉末，易结块，微有氨臭，味苦。熔点 269～270 ℃，沸点 454.1 ℃。易溶于水，不溶于乙醇和乙醚。水溶液呈碱性。露置空气中逐渐吸收二氧化碳气体而分解。

【用途及中毒原因】

本品的用途与茶碱相同，临床上主要用于治疗支气管哮喘和哮喘型慢性支气管炎，也可用于治疗急性心功能不全、心源性哮喘及胆绞痛等。因本品的中毒量与治疗量接近，且有蓄积作用，中毒原因多为用药不当或过量用药等，偶见用于自杀、他杀的报道。

【作用机制】

本品为茶碱与乙二胺的复盐，其药理作用主要来自茶碱，乙二胺可增加其水溶性，并加强其作用。茶碱能促进内源性肾上腺素与去甲肾上腺素的释放，剂量大时，通过兴奋心脏 $β_1$ 受体引起心脏过度兴奋，导致心律失常。茶碱能竞争性地阻断腺苷与受体的结合，引起心脏起搏细胞自律性增高，自发除极速度加快。此外，氨茶碱中的乙二胺能引起过敏反应。

本品口服吸收完全，口服总量的 10% 是以原形随尿排出，90%经肝微粒体酶代谢转化。正常人的半衰期为 9.0 h±2.1 h，早产儿、新生儿及肝硬化、充血性心功能不全、肺炎、肺心病患者等的半衰期延长，肝硬化患者的半衰期为 7～60 h，急性心功能不全者的半衰期为 3～80 h。

【毒性】

氨茶碱为剧毒类物质。

血药浓度：治疗浓度 10~20 μg/mL，中毒浓度 30~40 μg/mL，致死浓度 210~250 μg/mL。

中毒剂量为 2.6 mg/kg，致死剂量为 15 mg/kg。

【中毒症状】

口服中毒早期会出现恶心、呕吐、上腹灼痛、易激动、失眠、耳鸣、心动过速、心律失常、颜面潮红、发热、大汗、失水、惊厥等症状，严重者可出现便血、血尿、蛋白尿、谵妄、抽搐、昏迷、血压下降、休克等症状，甚至引发呼吸、心跳停止。

【急救措施】

氨茶碱中毒尚无特效解毒剂。对于口服中毒者，应立即催吐，并用 1：5 000 的高锰酸钾溶液或温水洗胃，并应用硫酸钠导泻，胃管内注入适量的医用活性炭混悬液吸附氨茶碱；静脉输液，利尿，以促进毒物排泄；必要时行血液透析；对症治疗：镇静、给予吸氧、退热、抗休克等。

【尸体特征】

尸检可见各脏器瘀血、水肿，呈急性死亡尸体征象。口服死亡者胃内可检见残存药片，胃内容物呈深褐色或血样，黏膜下点片状出血。

【检材提取】

解剖检验可提取胃内容物、血液、尿液及肝、肾、脑组织等作为检材。若经过抢救，需注意收集洗胃液。同时还应注意收集现场遗留的药品、包装物、注射器、输液器等。

【检验方法】

高效液相色谱法。

仪器：高效液相色谱仪；色谱柱：Shim-pack CLC C18（150 mm×6 mm×5 μm）键合硅胶柱；流动相：0.02 mol/L 的 KH_2PO_4 + 乙腈（85：15，*V/V*）；流速：1.0 mL/min；检测波长：270 nm。

盐酸氯丙那林（盐酸氯喘）

【化学名称】α-［（1-甲基乙基）氨基］甲基-2-氯-苯甲醇盐酸盐

【化学式】$C_{11}H_{17}Cl_2NO$

【结构式】

【相对分子质量】250.16

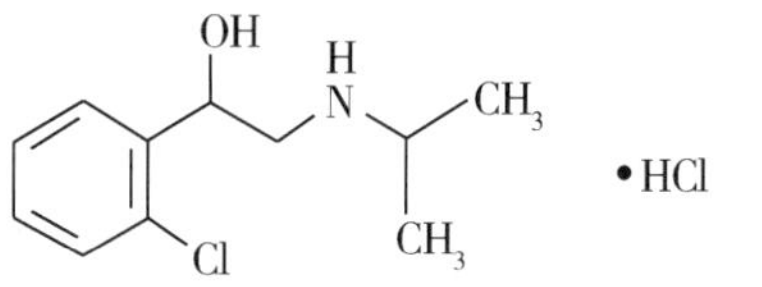

【CAS 登记号】6933-90-0

【性状】

本品为白色或类白色结晶性粉末，无臭，味苦。熔点 165~169 ℃，沸点 329.7 ℃。易溶于水和乙醇，溶于氯仿，微溶于丙酮，不溶于乙醚。

【用途及中毒原因】

本品在临床上多用于治疗支气管哮喘、哮喘型支气管炎、慢性支气管炎合并肺气肿，可止喘并能改善肺功能。中毒原因多为长时间用药、用药过量、用药不当等，偶见用于自杀的报道。

【作用机制】

本品为 β_2 受体激动剂，对 β_2 受体的选择作用大于对 β_1 受体的作用，有明显的支气管舒张作用，对心脏的兴奋作用较弱，仅为异丙肾上腺素的 1/3；平喘作用较强，有增强纤毛运动、溶解黏液的作用。

本品口服后 15~30 min 生效，2~3 h 血药浓度达峰值，在血液中的有效浓度可维持 6 h；气雾吸入 5 min 左右即可见哮喘症状缓解。

【毒性】

临床用量：口服每次 5~10 mg，每日 3 次。预防夜间发作可于睡前加服 5~10 mg。

气雾吸入：每次 6~10 mg。

致死量尚未见相关报道。

【中毒症状】

中毒者主要有头痛、头晕、恶心、呕吐、腹泻、口干、食欲缺乏、手指震颤、心悸、心率加快、血压轻度升高或降低等症状。

【急救措施】

对于口服中毒者，应立即催吐、洗胃；静脉输液，利尿，以促进药物排出；对症治疗：给予吸氧、稳定血压、镇静等。

【尸体特征】

盐酸氯丙那林毒性低，目前未见中毒致死的相关报道。

【检材提取】

本品毒性较小，目前尚未见中毒死亡的报道。因此，对偶见的中毒案件应注意收集现场遗留的药品及包装物。解剖时可提取胃内容物、尿液、血液和肝组织等作为检材。

【检验方法】

1. 高效液相色谱法

仪器：高效液相色谱仪；色谱柱：AGT Venusil XBP C18（250 mm×4.6 mm×5 μm）键合硅胶柱；流动相：0.015 mol/L 的磷酸二氢钠（含 0.15% 的三乙胺，pH 值为 3.1）+甲醇（70∶30，*V/V*）；洗脱方式：梯度洗脱；检测器：紫外检测器；检测波长：215 nm。

2. 液相色谱-质谱法

仪器：液相色谱-质谱联用仪；色谱柱：Agilent XDB C18（150 mm×4.6 mm×3.5 μm）键合硅胶柱；流动相：0.1% 的甲酸+甲醇；离子源：电喷雾离子源（ESI^+）；检测模式：多反应监测（MRM）。

胆茶碱

【化学名称】1，3-二甲基-3，7-二氢-1H-嘌呤-2，6-二酮-N，N，N-三甲基-2-羟基乙铵盐

【化学式】$C_{12}H_{21}N_5O_3$

【结构式】

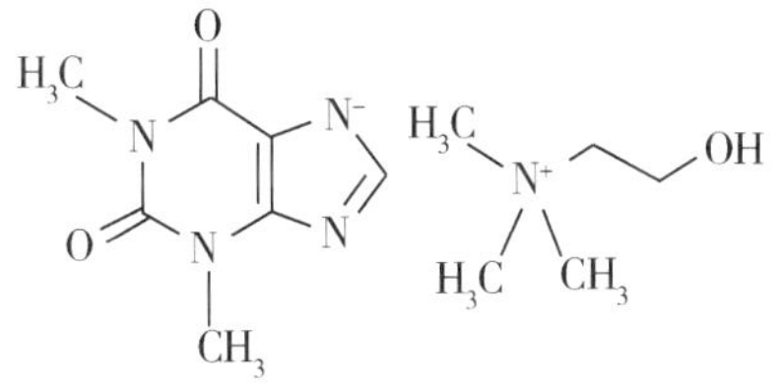

【相对分子质量】283.33

【CAS 登记号】4499-40-5

【性状】

胆茶碱为白色结晶性粉末，微有氨臭，味微苦。熔点 187～192 ℃，沸点 454.1 ℃。易溶于水，溶于乙醇，微溶于乙醚、氯仿。

【用途及中毒原因】

本品在临床上主要用于治疗支气管哮喘、哮喘样支气管炎、心源性哮喘、胆绞痛、病态窦房结综合征和窦房传导阻滞等。中毒原因多为用药过量或者用药不当等。

【作用机制】

胆茶碱主要作用于中枢神经系统，使中枢神经系统先兴奋后抑制，随着剂量增加依次作用于大脑皮层、延髓、脊髓，使各系统出现功能障碍。另外，胆茶碱还有直接兴奋血管运动神经和心肌的作用，对肾脏有直接损害作用。

【毒性】

血药浓度：治疗浓度 10～20 μg/mL，中毒浓度 30～40 μg/mL，致死浓度 210～250 μg/mL。

【中毒症状】

口服中毒会出现恶心、呕吐、上腹灼痛、失眠、耳鸣、心动过速、心律失常、颜面潮红、发热、大汗、失水、惊厥等症状，严重者可出现便血、血尿、蛋白尿、谵妄、抽搐、昏迷、血压下降、休克等症状。

【急救措施】

对于口服中毒者，应立即催吐，并用 1∶5 000的高锰酸钾溶液或温水洗胃，应用硫酸钠导泻，胃管内注入适量的医用活性炭混悬液吸附药物；静脉输液，利尿，以促进毒物排泄；必要时行血液透析；对症治疗：镇静、给予吸氧、退热、抗休克等。

【尸体特征】

口服中毒死亡者胃内可检见残存药片，胃黏膜点片状出血。尸检可见各脏器瘀血、水肿，呈急性死亡尸体征象。

【检材提取】

检材可提取胃内容物、血液、尿液和肝组织等。

【检验方法】

1. 气相色谱-质谱法

仪器：气相色谱-质谱联用仪；色谱柱：Agilent J&W DB-5MS（30 m×0.25 mm×0.25 μm）弹性石英毛细管柱；柱温：初始温度 100 ℃，保持 1 min，以 20 ℃/min 的升温速率升温至 280 ℃，保持 10 min；载气：高纯氦，流速：1.0 mL/min；进样口温度：280 ℃，进样方式：不分流进样；离子源：电子轰击源（EI），能量：70 eV；扫描方式：全扫描；质量范围：40～350 amu。

2. 高效液相色谱法

仪器：高效液相色谱仪；色谱柱：Hypersil ODS C18（250 mm×4.6 mm×5 μm）键合硅胶柱；流动相：甲醇+2%的乙酸（20∶80，*V/V*）；流速：0.8 mL/min；检测波长：270 nm；柱温：30 ℃。

茶碱（水合茶叶碱、茶叶碱）

【化学名称】1，3-二甲基-3，7-二氢-1H-嘌呤-2，6-二酮

【化学式】$C_7H_8N_4O_2$

【结构式】

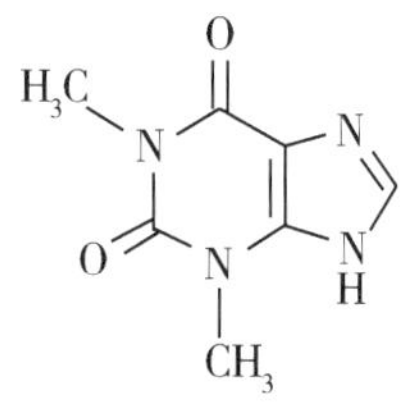

【相对分子质量】180.16

【CAS 登记号】58-55-9

【性状】

茶碱为白色结晶或结晶性粉末，无臭，味苦。熔点 270～274 ℃，沸点 390.1 ℃，密度 1.465 g/cm^3。溶于乙醇、氢氧化钠和氢氧化钾溶液、氨水、稀盐酸和稀硝酸，微溶于水、氯仿、乙醚。

【用途及中毒原因】

本品为甲基嘌呤类药物，具有强心、利尿、扩张冠状动脉、松弛支气管平滑肌和兴奋中枢神经系统等作用。临床上主要用于治疗支气管哮喘、肺气肿、支气管炎、心源性呼吸困难等。中毒原因多为用药过量或者用药不当等。

【作用机制】

本品的作用机制与血药浓度有关。小剂量对大脑皮层有选择性兴奋作用，较大剂量则可直接兴奋延脑呼吸中枢和血管运动中枢，增强心肌收缩力，加快心率，增加心排出量。本品的有效血药浓度安全范围很窄，如血药浓度为 10～20 μg/mL 时，能扩张支气管；超过 20 μg/mL 时，能引起毒性反应。

本品口服易吸收，4～7 h 血药浓度达峰值，主要在肝脏代谢，代谢产物随尿排出。

【毒性】

茶碱为高毒类物质。

当血清茶碱浓度为 30～35 μg/mL 时，有轻度不良反应（如恶心、呕吐、头痛、失眠）；当血清茶碱浓度为 35～50 μg/mL 时，可发生严重的不良反应（窦性心动过速）及严重中毒（心律失常、癫痫发作）。

血药浓度：治疗浓度 10～20 μg/mL，中毒浓度>20 μg/mL。口服最低致死量（MLD）为 66 mg/kg。

急性中毒实验：大鼠经口半数致死量（LD_{50}）为 300 mg/kg，大鼠腹腔注射半数致死量（LD_{50}）为 150 mg/kg；小鼠经口半数致死量（LD_{50}）为 235 mg/kg，小鼠腹腔注射半数致死量（LD_{50}）为 70 mg/kg。

【中毒症状】

轻度中毒可出现恶心、呕吐、头痛、不安、失眠及易激动等症状。中度中毒除出现上述症状外，还可出现心前区不适、心悸、心律失常或呼吸不规则等症状。重度中毒可出现室性心动过速、精神失常、惊厥、癫痫发作、昏迷等症状，甚至引发呼吸和心搏骤停。

【急救措施】

（1）清除毒物：对于口服中毒者，应尽早洗胃，洗胃液可用 1∶5 000 的高锰酸钾溶液。应用硫酸钠导泻，大量输液，酌用利尿剂，以促进毒物排泄。中毒危及生命者可行血液透析或腹膜透析，树脂血液灌注也有效，灌注 2～2.5 h 即可，疗效比血液透析快。反复大剂量口服医用活性炭，初次用 40 g，2～3 h 后再服 20 g，并于每次服用后加服 20%的山梨醇溶液 50～70 mL，此法可使体内茶碱的清除速度加快 1 倍。

（2）对症治疗：出现腹胀、呕吐时，可肌内注射或静脉注射新斯的明 1 mg，也可肌内注射甲氧氯普胺 10 mg。出现兴奋、烦躁不安、谵妄或惊厥时，可用地西泮、苯巴比妥或本妥英钠等安定、镇静剂。心律失常时，应根据具体类型选用药物，如室性心律失常可用利多卡因；房性心律失常可用维拉帕米，也可用普罗帕酮等，出现低血压时，可肌内注射或静脉滴注升压药（如间羟胺等）。

中毒患者治疗期间禁用腺苷三磷酸。

【尸体特征】

该品口服吸收不稳定，在体内代谢受多种因素影响，且个体差异很大，血液中的浓度较难控制，故易发生中毒。尸检可见体表多汗、发绀，各脏器瘀血、水肿，呈急性死亡尸体征象。

【检材提取】

检材可提取胃内容物、血液、尿液及肝、肾组织等。

【检验方法】

1. 气相色谱-质谱法

仪器：气相色谱-质谱联用仪；色谱柱：Agilent DB-5MS（30 m×0.25 mm×0.25 μm）弹性石英毛细管柱；柱温：初始温度100 ℃，保持1 min，以20 ℃/min 的升温速率升温至280 ℃，保持5 min；进样口温度：280 ℃；载气：高纯氦，流速：1 mL/min；进样方式：分流进样，分流比：20∶1；离子源：电子轰击源（EI），能量：70 eV；扫描方式：全扫描；质量范围：40~400 amu。

2. 高效液相色谱法

仪器：高效液相色谱仪；色谱柱：Hypersil ODS C18（250 mm×4.6 mm×5 μm）键合硅胶柱；流动相：甲醇+2%的乙酸（20∶80，*V/V*）；流速：0.8 mL/min；检测波长：270 nm；柱温：30 ℃。

丙羟茶碱（甘油茶碱）

【化学名称】1，3-二甲基-7-（2，3-二羟基丙基）-3，7-二氢-1H-嘌呤-2，6-二酮

【化学式】$C_{10}H_{14}N_4O_4$

【结构式】

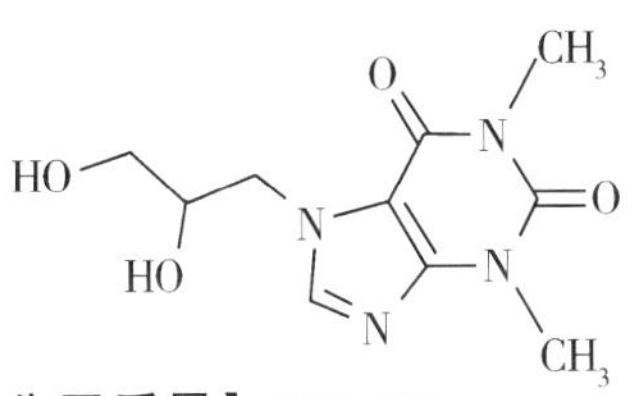

【相对分子质量】254.24

【CAS 登记号】479-18-5

【性状】

丙羟茶碱为白色结晶性粉末，无臭，味苦。熔点161~164 ℃，沸点589.6 ℃，密度1.57 g/cm^3。易溶于水、乙醇、氯仿。

【用途及中毒原因】

本品属黄嘌呤类支气管扩张药，适用于治疗支气管哮喘、喘息性支气管炎及慢性肺气肿等，也可用于预防支气管哮喘发作，还可用于心绞痛及心源性哮喘的治疗。中毒原因多为过量用药或者用药不当等。

【作用机制】

本品主要作用于中枢神经系统，使中枢神经系统先兴奋后抑制，随着剂量增加依次作用于大脑皮层、延髓、脊髓，使各系统出现功能障碍。另外，丙羟茶碱还有直接兴奋血管运动神经和心肌的作用，对肾脏有直接损害作用。

【毒性】

丙羟茶碱为低毒类物质。

口服：一次0.1~0.2 g，一日0.3~0.6 g。极量一次0.3 g，一日1 g。

急性中毒实验：大鼠经口半数致死量（LD_{50}）为3 400 mg/kg。

【中毒症状】

中毒者会出现口干、恶心、心悸、多尿等症状，严重者可出现失眠、惊厥、癫痫发作等中枢兴奋症状，还可出现室性心动过速、心律失常及呼吸、心跳停止等症状。

【急救措施】

对于口服中毒者，应立即催吐，并用1∶5 000的高锰酸钾溶液或温水洗胃，应用硫酸钠导泻，胃管内注入适量医用活性炭混悬液吸附药物；静脉输液，利尿，以促进毒物排泄；必要时行血液透析或腹膜透析；对症治疗：镇静、给予吸氧、抗心律失常等。

【尸体特征】

该品口服吸收不稳定，在体内代谢受多种因素影响，且个体差异很大，血液中的浓度较难控制，故易发生中毒。尸检可见体表多汗、发绀，各脏器瘀血、水肿，呈急性死亡尸体征象。

【检材提取】

检材可提取胃内容物、血液、尿液及肝、肾组织等。

【检验方法】

高效液相色谱法。

仪器：高效液相色谱仪；色谱柱：Agilent Zorbax Eclipese XDB C18（150 mm×4.6 mm×5 μm）键合硅胶柱；流动相：25 mmol/L 的磷酸二氢钾缓冲液（pH 值为3.0）+甲醇（80∶20，*V/V*）；流速：1.0 mL/min；柱温：35 ℃；检测器：紫外检测器；检测波长：273 nm。

奎尼丁（异奎宁碱）

【化学名称】6-甲基-a-（5-乙烯基-2-喹啉环）-4-甲基喹啉

【化学式】$C_{20}H_{24}N_2O_2$

【结构式】

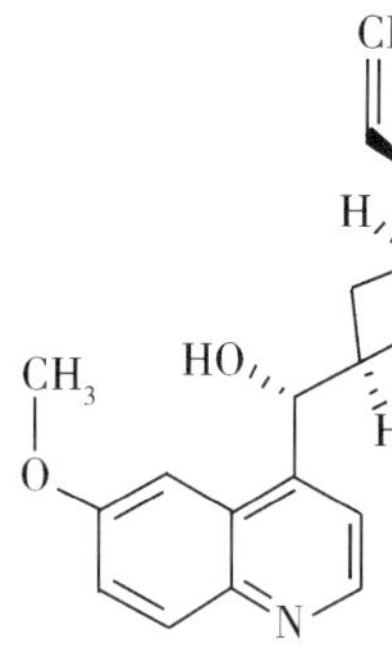

【相对分子质量】 324.42

【CAS 登记号】 56-54-2

【性状】

奎尼丁为白色或淡黄色片状结晶，无臭，味极苦。熔点 170～175 ℃，沸点 495.9 ℃，微溶于水。硫酸奎尼丁为白色针状结晶，熔点 212 ℃，易溶于水，溶于乙醇和氯仿，微溶于乙醚。

【用途及中毒原因】

本品是从茜草科植物金鸡纳的树皮中提取的一种生物碱，用于治疗房性或室性心动过速，转复心房扑动、心房颤动并预防其复发，还可用于恶性早搏的治疗和预防。中毒原因多为用药不当、用药过量等，偶见用于自杀的报道。

【作用机制】

本品为膜抑制性抗心律失常药，其作用机制主要为抑制心肌细胞膜，阻止钠离子内流，从而降低心肌的自律性；也可轻度抑制钾离子外流及钙离子经慢通道内流，延长心肌动作电位的不应期，降低心肌的应激性、传导性和收缩力；另外，本品还有抗胆碱能作用，有轻度扩张血管、降低血压的作用。

本品口服后吸收迅速且完全，肌内注射吸收不规则；半衰期为 6～8 h，小儿的半衰期为2.5～6.7 h；主要经肝脏代谢，由肾脏排泄，以原形随尿排出的量约占用量的 18.4%。

【毒性】

血药浓度：治疗浓度 3～6 μg/mL；中毒浓度>8 μg/mL。

【中毒症状】

（1）服用本品过量可产生“金鸡纳中毒”综合征，如耳鸣、听力障碍、视力减弱、复视、视物模糊、色觉障碍、夜盲、头痛、眩晕、忧虑，或发生暂时性耳聋，甚至死亡。

（2）心脏的毒性反应：可出现不同程度的房室传导阻滞和心脏停搏，也可发生室性早搏、室性心动过速、心室纤颤。心室纤颤或室性心动过速的患者，在临床上可表现为反复发作的晕厥，有时伴有抽搐或（和）尿失禁，特称为“奎尼丁晕厥”。

（3）心电图：Q-T 间期延长，S-T 段下降，T 波倒置，严重中毒者 P-R 间期延长，QRS 波群增宽。

（4）精神状态：严重者可出现精神障碍、谵妄、幻觉等。

（5）血液系统：主要表现有皮下出血、消化道出血等，以及血小板减少、白细胞减少、中性粒细胞减少、溶血性贫血等。

（6）过敏反应：可出现高热、皮疹、血小板减少性紫癜、哮喘、血管神经性水肿、急性溶血性贫血等。严重者可表现为血压下降、眩晕、冷汗及晕厥，甚至发生呼吸困难或周围循环衰竭、呼吸抑制、呼吸停止等。

【急救措施】

对于口服中毒者，应立即催吐，并用 5%的医用活性炭混悬液或 1∶5 000 的高锰酸钾溶液洗胃；应用硫酸镁导泻，静脉输液，以促进药物排泄；肾功能正常者可用氯化铵酸化尿液，加速奎尼丁的排出；必要时行血液透析或腹膜透析；出现晕厥时，应立即进行心肺复苏。

眼睛接触者，应立即用大量清水冲洗眼部，尽快送医院处理。

【尸体特征】

尸表检验可见死者口吐白沫、口唇青紫；解剖可见各脏器充血，并伴有窒息现象。

【检材提取】

解剖尸体时可提取胃内容物、血液、尿液及肝、肾组织等作为检材。对于经过抢救的中毒者，还需注意收集洗胃液，并注意提取现场遗留的可疑药物、包装物等。

【检验方法】

高效液相色谱法。

仪器：高效液相色谱仪；色谱柱：预柱为 Ultrasphere C18（45 mm×4.6 mm×5 μm）柱，分析柱为 Ultrasphere C18（250 mm×4.6 mm×5 μm）键合硅胶柱；流动相：甲醇+水+冰醋酸+三乙胺（62.3∶37.7∶0.034∶0.068，*V/V/V/V*，pH 值为 6.02）；流速：1.0 mL/min；检测器：二极管

阵列检测器；检测波长：220 nm；灵敏度：0.01AUFS。

盐酸苯海拉明（苯那君、可他敏）

【化学名称】N，N-二甲基-2-（二苯基甲氧基）乙胺盐酸盐

【化学式】$C_{17}H_{22}ClNO$

【结构式】

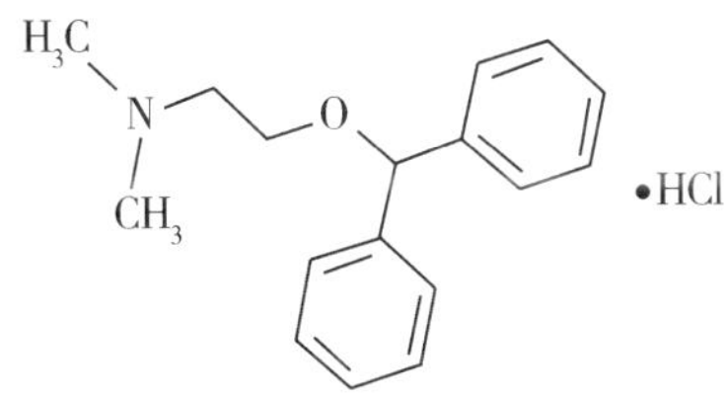

【相对分子质量】291.82

【CAS 登记号】147-24-0

【性状】

盐酸苯海拉明为白色结晶性粉末，无臭，味微苦。熔点 168~172 ℃，沸点 343.7 ℃，密度 1.024 g/cm^3。极易溶于水，易溶于乙醇、氯仿，微溶于丙酮、乙醚、苯。

【用途及中毒原因】

本品为乙二胺类抗组胺类药物，临床上主要用于治疗各种过敏性皮肤疾病和晕动病的恶心、呕吐及感冒或过敏所致的咳嗽等。中毒原因多为过量用药或者用药不当等。

【作用机制】

本品为乙醇胺的衍生物，抗组胺效应不及异丙嗪，作用持续时间也较短，镇静作用与异丙嗪相同，有局麻、镇吐和抗 M 胆碱样作用。抗组胺作用：本品可与组织中释放出来的组胺竞争效应细胞上的 H1 受体，从而阻止过敏反应的发作；抑制中枢神经活动而发挥镇静、催眠作用；本品还具有抗眩晕、抗震颤作用。

本品口服吸收快而完全，血药浓度达峰值的时间为 1~4 h，半衰期为 4~7 h，本药可透过血脑屏障进入中枢。

【毒性】

盐酸苯海拉明毒性中等。

血药浓度：治疗浓度 0.025~0.1 μg/mL，中毒浓度 0.2~2 μg/mL，致死浓度 8 μg/mL。

急性中毒实验：大鼠经口半数致死量（LD_{50}）为 500 mg/kg，小鼠经口半数致死量（LD_{50}）为 114 mg/kg。

【中毒症状】

急性中毒可出现头晕、头痛、恶心、呕吐、上腹不适、嗜睡、精神错乱、肌肉震颤、心悸、视物模糊、瞳孔散大、惊厥、血压降低、心动过速等症状，严重时可出现呼吸困难、休克等症状。终致呼吸麻痹、循环衰竭而死亡。

【急救措施】

对于口服中毒者，应立即催吐，选用 1∶5 000的高锰酸钾溶液、1%的碳酸氢钠溶液或生理盐水洗胃，并用导泻剂导泻；严重者可采用透析疗法；静脉输液，以促进药物排出；对症治疗：给予吸氧、控制抽搐、稳定血压等。

【尸体特征】

尸表呈一般窒息性死亡尸体征象，尸斑呈暗红色，眼结膜充血，脑水肿；肺瘀血、水肿，浆膜下点片状出血；心外膜下点片状出血；胃黏膜点片状出血；肝大；肾瘀血。镜下可见脑血管扩张充血，血管周围有大量红细胞；心肌间质血管扩张充血，血管周围大量出血，心肌纤维部分断裂；肺间质小血管及肺泡壁毛细血管扩张充血，肺泡腔内充满水肿液；肝细胞水肿，肝小叶灶性坏死；肾小管上皮细胞变性、坏死等。

【检材提取】

解剖时应注意观察胃内容物中是否有未溶解的药片或残渣，检材可提取胃内容物、血液、尿液及肝、肾组织等。同时还应注意收集现场遗留的药品、包装物及呕吐物等。

【检验方法】

高效液相色谱法。

仪器：高效液相色谱仪；色谱柱：Syncronis C18（250 mm×4.6 mm×5 μm）苯基硅烷键合硅胶柱；流动相：10 mmol/L 的乙酸铵溶液（用冰醋酸调节 pH 值至 3.5）+甲醇（15∶85，*V/V*）；流速：1.0 mL/min；检测器：紫外检测器；检测波长：225 nm。

胰岛素

【化学名称】21A-Gly-30B a-L-Arg-30Bb-L-Arg-人胰岛素

【化学式】$C_{256}H_{381}N_{65}O_{76}S_6$

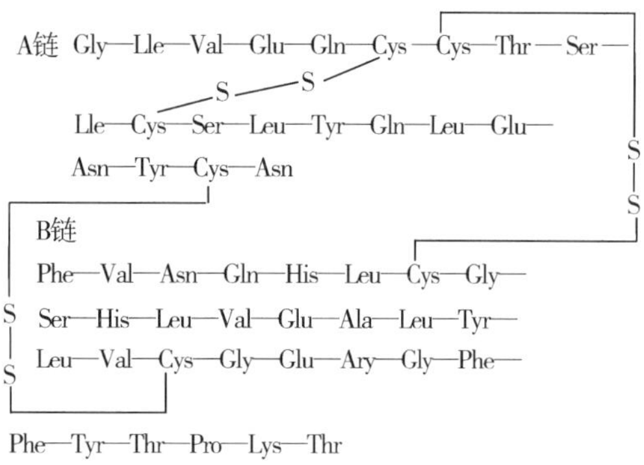

【结构式】 胰岛素由 A、B 两条肽链组成，人胰岛素 A 链有 11 种 21 个氨基酸，B 链有 15 种 30 个氨基酸，共 16 种 51 个氨基酸，其中 A7（Cys）-B7（Cys）、A20（Cys）-B19（Cys）四个半胱氨酸中的巯基形成两个二硫键，使 A、B 两条链连接起来，此外，A 链中 A6（Cys）与 A11（Cys）之间也存在一个二硫键。

【相对分子质量】 5 777.54

【CAS 登记号】 12584-58-6

【性状】

胰岛素为白色或类白色结晶性粉末，熔点 233 ℃（分解）。易溶于稀酸和稀碱，难溶于水、乙醇、氯仿和乙醚。在弱酸溶液中稳定，在碱性溶液或高温条件下易失活。

【用途及中毒原因】

本品在临床上主要用于治疗糖尿病，特别是胰岛素依赖型糖尿病，也可用于纠正细胞内缺钾。此外，胰岛素休克疗法曾用于治疗精神病，现已少用。中毒原因多为用药过量，偶有用于自杀的报道，注射胰岛素杀人的案例较罕见。

【作用机制】

本品主要通过与肝脏、脂肪组织、肌肉等靶器官的细胞膜上的胰岛素受体结合而发挥效应，通过增加葡萄糖的跨膜转运，促进葡萄糖的摄取及其在细胞内的氧化分解或合成糖原，并为合成蛋白质或脂肪提供能量，促进蛋白质及脂肪的合成。

【毒性】

胰岛素是由胰岛 β 细胞受内源性或外源性物质（如葡萄糖、乳糖、核糖、精氨酸、胰高血糖素等）的刺激而分泌的一种蛋白质激素。本身并无毒性，引起中毒或死亡的原因在于过量使用时，使机体出现血糖过低所致。

【中毒症状】

胰岛素过量，会导致低血糖。中毒较轻时主要影响自主神经系统，表现为饥饿、眩晕、面色苍白、出汗，也可出现震颤、心前区不适、颜面和四肢麻木、头痛等症状。严重时影响中枢神经系统，出现发音障碍、复视、肌肉震颤、共济失调等症状，随后出现神志不清和不同程度的惊厥，这种状态即是所谓的"胰岛素休克"，如抢救不及时，可导致死亡。

注射局部出现皮肤红肿、发热及皮下有小结等。

【急救措施】

轻度中毒时，应立即口服糖水或进食，不能口服时，尽快静脉注射 50%的葡萄糖溶液 60～80 mL即可缓解；还可以先肌内注射胰高血糖素或肾上腺素。

重度中毒时，如注射葡萄糖溶液效果不好，可进行血液灌流以清除体内多余的胰岛素或用换血疗法。

【尸体特征】

尸表呈一般窒息性死亡尸体征象，尸检时注意检查体表有无新的注射针孔。另外，注意检查有无引起胰岛素分泌过多的疾病（如胰腺癌、胰岛细胞瘤等）。

【检材提取】

应注意收集现场遗留的药品及包装物、注射器等；如经过抢救，可抽取中毒者的血液进行血清胰岛素含量的检测。

【检验方法】

高效液相色谱法。

仪器：高效液相色谱仪；色谱柱：Ultimate SEC-120（300 mm×7.8 mm×5.0 μm）键合硅胶柱；流动相：乙腈+三氟乙酸+水（40：0.1：60，*V/V/V*）；流速：0.5 mL/min；检测器：紫外检测器；检测波长：214 nm ；进样量：20 μL 。

肾上腺素

【化学名称】 3，4-二羟基-α-（甲氨基甲基）苄醇

【化学式】 $C_9H_{13}NO_3$

【结构式】

【相对分子质量】 183.20

【CAS 登记号】 51-43-4

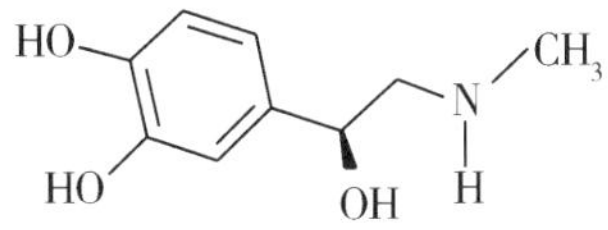

【性状】

肾上腺素为白色或黄白色结晶性粉末，无臭，味苦。熔点208~211 ℃，沸点413.1 ℃，密度1.283 g/cm³。易溶于矿酸及氢氧化碱溶液，微溶于水，不溶于乙醇、乙醚、丙酮、氯仿。露置空气中及见光可被氧化，颜色逐渐变深。

【用途及中毒原因】

本品为非甾体激素类药物，临床上主要用于过敏性休克、支气管哮喘及心搏骤停的抢救。中毒原因多为用药过量；此外，对本品过敏者，小剂量亦可引发严重的不良反应。

【作用机制】

肾上腺素能够激动 α 和 β 两类受体，产生较强的 α 型和 β 型作用，其作用机制如下。

（1）心脏：作用于心肌、传导系统和窦房结的 β_1 受体，加强心肌收缩性，加速心脏传导，加速心率，提高心肌的兴奋性；舒张冠状血管，改善心肌的血液供应，且作用迅速。

（2）血管：作用于小动脉及毛细血管前括约肌，因为这些小血管壁上的肾上腺素受体密度高，而静脉和大动脉上的肾上腺素受体密度低，故作用较弱。

（3）支气管：能激动支气管平滑肌的 β_2 受体，发挥强大的舒张作用。并能抑制肥大细胞释放过敏性物质（如组胺等），还可使支气管黏膜血管收缩，降低毛细血管的通透性，有利于消除支气管黏膜水肿。

【毒性】

肾上腺素为高毒类物质。

人口服：最低致死量（MLD）为 77 mg/kg；静脉注射：最低致死量（MLD）为 0.016 mg/kg；肌内注射：最低致死量（MLD）为0.002 mg/kg。

急性中毒实验：大鼠经口半数致死量（LD_{50}）为 30 mg/kg，小鼠经口半数致死量（LD_{50}）为 50 mg/kg。

【中毒症状】

肾上腺素过量引起中毒时，中毒者可出现恶心、呕吐、面色苍白、心动过速、胸部压迫感、室性早搏、血压上升、肌肉震颤、步态不稳、寒战、发热、出汗、瞳孔散大、喘息性呼吸、惊厥等症状；血压急剧上升时，则有搏动性头痛，重症患者常发生肺水肿、心室颤动、脑出血、昏迷、心脏及呼吸中枢麻痹等；有时可伴有血糖升高及尿糖阳性。

【急救措施】

出现中毒症状时，应立即停药。注射过量时，应立即于注射部位上方暂时结扎止血带，以延缓药物吸收，然后立即吸入亚硝酸异戊酯 0.2 mL，或舌下含化硝酸甘油 0.6 ~ 1.2 mg。采取对症治疗和支持疗法。

【尸体特征】

尸表检验可见面色苍白、四肢末端青紫、瞳孔散大。同时应注意检查体表有无新鲜的注射针孔。解剖可见肺水肿、脑出血等。

【检材提取】

检材可提取血液、尿液、肝组织及注射部位的肌肉组织等。同时还应注意收集现场遗留的药品及包装物、注射器等。

【检验方法】

高效液相色谱法。

仪器：高效液相色谱仪；色谱柱：Hypersil BDS C18（200 mm×4.6 mm×5.0 μm）键合硅胶柱；流动相：0.68%的磷酸二氢钾溶液（用三乙胺调节 pH 值至 5.4）+甲醇（80 ∶ 20，*V/V*）；流速：1.0 mL/min；检测器：紫外检测器；检测波长：273 nm；柱温：室温；进样量：10 μL。

案例：过量胰岛素致死

简要案情：某日在某水库内发现 1 具成年男性尸体，经调查，确认死者周某，28 岁，已婚，生前与某女护士有婚外恋情。

检验情况：尸体左上臂肩峰下 12 cm 处三角肌中束皮肤及皮下有 0.5 cm×0.5 cm 类圆形可疑出血点，已皮革样化。左手背对应第 4 ~ 5 掌骨背侧皮肤见 0.5 cm×0.5 cm 类圆形可疑出血点，皮内及皮下有 1.2 cm×0.5 cm 条状出血，对应手背静脉出血伴显著扩张瘀血。余体表未见其他异常。解剖检验未见异常。提取死者脑、心脏、双肺、肝脏、胰腺、脾脏、双肾及左上臂、左手背可疑皮肤及皮下组织进行组织病理学检验，结果左上臂皮下小片状出血伴少量炎细胞浸润，局部组织脂肪细胞间隙增宽；左手背皮下见小片状出血伴少量炎细胞浸润，对应手背静脉出血；余未见致死性病变。经免疫组化检查，左手背、左上臂皮肤及皮下组织出血部位胰岛素呈强阳性反应。常规毒物检验为阴性。肺组织硅藻检验见少量与现场水样中相同的杆状羽纹目硅藻，肝、肾组织未检见硅藻。

破案后证实周某系被人两次注射胰岛素致急性低血糖性昏迷死亡。

第三章　农　药

第一节　有机磷类农药

对硫磷（1605、乙基一六〇五、乙基对硫磷）

【化学名称】 *O*，*O*-二乙基-*O*-（4-硝基苯基）硫代磷酸酯

【化学式】 $C_{10}H_{14}NO_5PS$

【结构式】

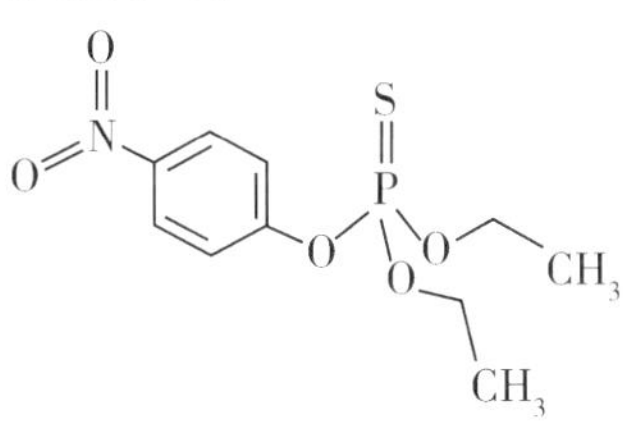

【相对分子质量】 291.26

【CAS 登记号】 56-38-2

【性状】

对硫磷为无色油状液体，工业品为棕色并有蒜臭味的液体。熔点 6 ℃，沸点 375 ℃，密度 1.27 g/cm^3，难溶于水，易溶于醇类、醚类、酯类、酮类、芳香烃等有机溶剂，微溶于石油醚、煤油。在碱性介质中迅速水解，在中性或微酸性溶液中较为稳定，对紫外光和空气都不稳定。

【用途及中毒原因】

对硫磷为广谱性杀虫剂，具有触杀、胃毒、熏蒸作用，无内吸传导作用，但能渗透入植物体内。对昆虫作用很快，高温时杀虫作用显著增快，可用于防治小麦红蜘蛛及水稻、棉花和果树等作物上的多种害虫。人中毒常见于自杀或投毒，在生产、运输、喷洒农药过程中因泄漏或操作不当或误服引起的意外中毒也较常见。

【作用机制】

对硫磷进入机体后与胆碱酯酶结合，使胆碱酯酶失去分解乙酰胆碱的能力，从而造成乙酰胆碱在体内大量蓄积，引起中枢神经系统、横纹肌、平滑肌和某些腺体等发生过度刺激，使各项功能失调，产生生理功能紊乱而出现轻重不等的中毒症状。

【毒性】

对硫磷为剧毒类物质。

成人口服致死剂量为 3 mg/kg。

急性中毒实验：雄大鼠经口半数致死量（LD_{50}）为 13 mg/kg，雌大鼠经口半数致死量（LD_{50}）为 3.6 mg/kg。

【中毒症状】

本品可以通过口服、吸入、皮肤接触、黏膜吸收等途径进入机体引起中毒。中毒症状主要有三种：

（1）毒蕈碱样症状：毒蕈碱样症状出现最早，类似毒蕈碱作用，表现为恶心、呕吐、多汗、流泪、流涕、流涎、腹痛、腹泻、尿频、大小便失禁、心跳减慢、瞳孔缩小、支气管痉挛、分泌物增加、咳嗽、气急等，严重患者可出现肺水肿。

（2）烟碱样症状：可使面部、眼睑、舌、四肢和全身横纹肌发生肌纤维颤动，甚至出现全身肌肉强直性痉挛，中毒者常有全身紧束感和压迫感，而后发生肌力减退和瘫痪，表现为皮肤苍白、心跳加快、血压升高、肌肉震颤、肌无力，呼吸肌麻痹可致呼吸衰竭。

（3）中枢神经系统症状：表现为头晕、头痛、乏力、共济失调、烦躁不安、谵妄、抽搐和昏迷等。

【急救措施】

皮肤接触或吸入中毒者，应立即脱离现场，转移至空气新鲜处，用肥皂水或碱水洗净身体，同时服用阿托品或解磷毒（PAM）2~3片（0.5~1 mg）。严重者应立即送医院急救。口服中毒者应立即催吐（清醒时方可催吐），并用1%~2%的碳酸钠溶液洗胃，可用硫酸钠导泻。

【尸体特征】

尸斑呈暗紫红色。尸僵强度大，腓肠肌、股四头肌、腹直肌和肱二头肌会出现挛缩。瞳孔明显缩小（也可能出现扩大），眼结膜有散在点状出血。口鼻腔出现白色泡沫，部分中毒者的身上可闻及有机磷的特殊臭气，夏秋季节，则可见死苍蝇在口鼻周围黏着。口唇、指端发绀。经口中毒者，解剖时打开胃腔即可闻及有机磷特殊的蒜臭味，有的尚可发现农药原液，胃黏膜有充血及散在点状出血，中度、重度中毒者胃黏膜有不同程度的糜烂、溃疡，并伴有出血；肠壁肌层有明显的收缩波出现。气管及支气管腔内有大量泡沫状液体，肺膜散在点状出血，肺瘀血，灶性肺泡内出血，肺水肿。心、肝、肾等器官呈急性血液循环障碍表现，如心腔及大静脉内充盈大量暗红色流动状血液，心肌间质瘀血，轻度水肿，肝脏瘀血、水肿，肾脏瘀血、水肿。脑膜瘀血、水肿，脑内小血管扩张瘀血，脑水肿明显，脑小血管周围渗出性出血。颌下腺、腮腺及胰腺上皮细胞内空泡形成，胰腺包膜下及间质可见灶性出血，有的可见急性出血性胰腺炎征象。有伴迟发性神经损害者，肌肉电镜显示肌纤维萎缩、断裂、溶解，供给肌细胞能量的线粒体空泡化，符合神经源性肌萎缩的特点。

【检材提取】

对于口服对硫磷中毒死亡者，应采集胃内容物和血液作为检材。对于吸入或经皮肤接触、黏膜吸收中毒死亡者，可提取血液和肺、肝、肾组织等作为检材。对于注射中毒死亡者，可提取局部皮肤、皮下组织及肌肉送检。同时注意收集和提取现场剩余食物或饮料、可疑容器、药瓶、呕吐物、沾染有对硫磷的衣服或喷洒有对硫磷的植物等。

【检验方法】

1. 气相色谱-质谱法

仪器：气相色谱-质谱联用仪；色谱柱：Agilent DB-5MS（30 m×0.25 mm×0.25 μm）弹性石英毛细管柱；柱温：初始温度60 ℃，保持1 min，以20 ℃/min的升温速率升温至260 ℃，保持10 min；载气：高纯氦，流速：1.0 mL/min；进样口温度：260 ℃；进样方式：不分流进样；离子源：电子轰击源（EI），能量：70 eV；离子源温度：230 ℃；四级杆温度：150 ℃；扫描方式：全扫描；质量范围：40~350 amu。

2. 液相色谱-质谱法

仪器：液相色谱-质谱联用仪；色谱柱：Acquity UPLC HSS T3（2.1 mm×50 mm×1.7 μm）键合硅胶柱；流动相：流动相A为乙腈，流动相B为水+0.1%的甲酸；洗脱方式：梯度洗脱；柱温：35 ℃；流速：0.45 mL/min；离子源：电喷雾离子源；离子源温度：150 ℃；雾化温度：350 ℃；毛细管电压：3.0 kV。

甲基对硫磷（甲基1605）

【化学名称】 *O*，*O*-二甲基-*O*-（4-硝基苯基）硫代磷酸酯

【化学式】 $C_8H_{10}NO_5PS$

【结构式】

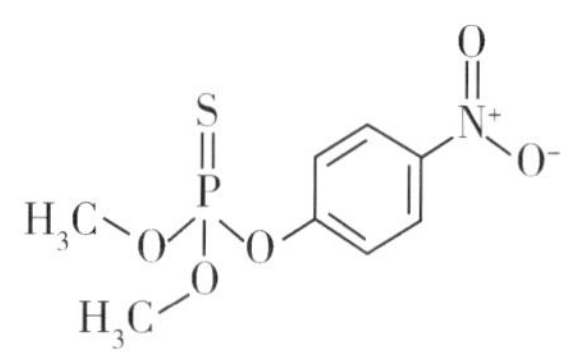

【相对分子质量】 263.21

【CAS登记号】 298-00-0

【性状】

甲基对硫磷纯品为白色结晶，工业产品为带蒜臭味的黄棕色油状液体，熔点36~36.5 ℃，沸点154 ℃（0.133 kPa），密度1.36 g/cm³。易溶于甲醇、乙醇、丙酮、三氯甲烷、苯、乙醚、乙腈等有机溶剂，微溶于石油醚、烷烃，难溶于水。加热会异构化，高温或遇碱易分解。在中性或弱酸性介质中较稳定，常温下储存一年，有效成分含量无显著变化，但不能与强氧化剂放一起。遇明火、高热可燃。受热分解，释放出磷、硫的氧化物等有毒气体。在碱液中能迅速分解。

【用途及中毒原因】

甲基对硫磷具有触杀和胃毒作用，能抑制害虫神经系统中胆碱酯酶的活力而产生致死作用，

系广谱杀虫剂。常加工成乳油或粉剂使用，主要用于防治多种农业害虫，由于其毒性高，要严格按规定施药，并加强安全防护措施。中毒原因多见于自杀或投毒，在生产、运输、喷洒农药过程中因泄漏或操作不当或误服引起的意外中毒也较常见。

【作用机制】

甲基对硫磷能抑制胆碱酯酶的活性，使胆碱酯酶失去分解乙酰胆碱的能力，从而造成乙酰胆碱在体内大量蓄积，引起中枢神经系统、横纹肌、平滑肌和某些腺体等发生过度刺激，使各项功能失调，产生生理功能紊乱而出现轻重不等的中毒症状。

【毒性】

甲基对硫磷为高毒类物质。

亚急性和慢性毒性：曾给5名志愿者口服甲基对硫磷约4周，发现甲基对硫磷的最小中毒剂量为每人每日30 mg或者每人每日约0.43 mg/kg。

急性中毒实验：大鼠经口半数致死量（LD_{50}）为14~42 mg/kg，小鼠经口半数致死量（LD_{50}）为18.3~32.1 mg/kg。

【中毒症状】

本品可以通过口服、吸入、皮肤接触或黏膜吸收等途径进入机体引起中毒。若短期内大量接触可引起急性中毒，症状表现为头昏、头痛、食欲减退、恶心、呕吐、流涎、瞳孔缩小、腹痛、腹泻、呼吸道分泌物增多、多汗、肌肉震颤等。严重中毒者可出现肺水肿、脑水肿、昏迷、呼吸肌麻痹等。部分中毒者可有心、肝、肾损害。少数严重中毒者在意识恢复后数周或数月可发生周围神经病，个别可发生迟发性猝死。

【急救措施】

皮肤接触者，应立即脱去被污染的衣物，用肥皂水及流动清水彻底冲洗污染的皮肤、头发、指甲等。眼睛接触者，应立即用流动清水或生理盐水冲洗眼睑。吸入中毒者，应迅速脱离现场至空气新鲜处，保持呼吸道通畅，如呼吸困难，给予吸氧；如呼吸停止，立即进行人工呼吸。口服中毒者，应迅速催吐，反复、彻底洗胃，洗胃液用清水或2%~5%的碳酸氢钠溶液，忌用高锰酸钾溶液。对症治疗：中度、重度中毒患者可用阿托品类和肟类胆碱酯酶复能剂并用治疗。

【尸体特征】

参见“对硫磷”。

【检材提取】

对于口服甲基对硫磷中毒死亡者，应采集胃内容物和血液作为检材。对于吸入或经皮肤接触、黏膜吸收中毒死亡者，可提取血液和肺、肝、肾组织等作为检材。对于注射中毒死亡者，可提取局部皮肤、皮下组织及肌肉送检。同时注意收集和提取现场剩余食物或饮料、可疑容器、药瓶、呕吐物、沾染有甲基对硫磷的衣服或喷洒有甲基对硫磷的植物等。

【检验方法】

参见“对硫磷”。

苯硫磷（伊皮恩、苯硫磷酯）

【化学名称】 *O*-乙基-*O*-（4-硝基苯基）苯基硫代磷酸酯

【化学式】 $C_{14}H_{14}NO_4PS$

【结构式】

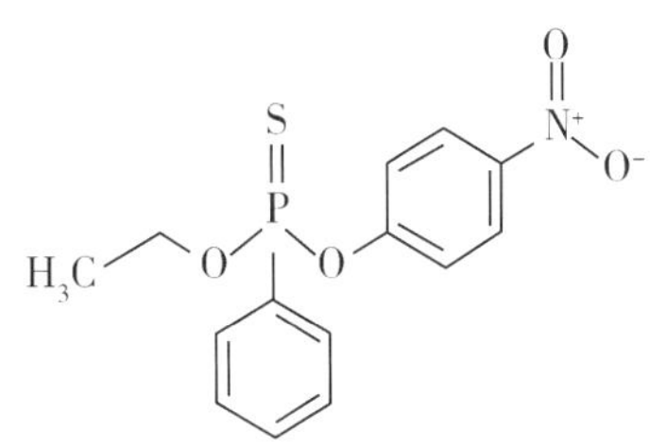

【相对分子质量】 323.31

【CAS登记号】 2104-64-5

【性状】

苯硫磷纯品为淡黄色晶状粉末，工业品为深黄色液体。熔点36 ℃，密度1.27 g/cm^3，沸点100 ℃（0.04 kPa）。不溶于水，易溶于苯、三氯甲烷、丙酮、异丙醇、甲醇、乙腈等多种有机溶剂。遇明火、高热可燃。受高热分解，释放出有毒的氮、磷和硫的氧化物烟气。

【用途及中毒原因】

本品为高毒有机磷杀虫剂，对多种害虫有效。用于防治水稻二化螟、水稻三化螟、稻螟蛉、稻叶蝉、稻飞虱、稻苞虫等。中毒原因多见于自杀，也有用于投毒的案例，在生产、运输、喷洒农药过程中因泄漏或操作不当或误服引起的意外中毒也较常见。

【作用机制】

苯硫磷可抑制胆碱酯酶的活性，造成乙酰胆碱在体内大量蓄积，引起神经系统功能紊乱。

【毒性】

苯硫磷为高毒类物质。

急性中毒实验：大鼠经口半数致死量（LD_{50}）为7 mg/kg，大鼠皮下注射半数致死量（LD_{50}）为25 mg/kg；小鼠经口半数致死量（LD_{50}）为12.2 mg/kg，小鼠皮下注射半数致死量（LD_{50}）为22.9 mg/kg。

【中毒症状】

苯硫磷可以通过消化道、呼吸道或皮肤接触、黏膜吸收等途径进入机体引起中毒。除表现为一般有机磷农药中毒外，还可诱发迟发性神经病变。常见中毒症状有头痛、头晕、乏力、恶心、呕吐、腹痛、流涎、多汗、视物模糊、瞳孔缩小、肌肉震颤，甚至出现肺水肿、昏迷等。

【急救措施】

皮肤接触者，应立即脱去被污染的衣物，用肥皂水及清水彻底冲洗。眼睛接触者，应立即翻开上下眼睑，用流动清水反复冲洗。吸入中毒者，应立即脱离现场至空气新鲜处，呼吸困难时给予吸氧；呼吸停止时，立即进行人工呼吸。口服中毒者，给饮足量温水，催吐、洗胃，及时就医。

【尸体特征】

参见“对硫磷”。

【检材提取】

对于口服苯硫磷中毒死亡者，应采集胃内容物和血液作为检材。对于吸入或经皮肤接触、黏膜吸收中毒死亡者，可提取血液和肺、肝、肾组织等作为检材。对于注射中毒死亡者，可提取局部皮肤、皮下组织及肌肉送检。同时还需注意收集和提取现场剩余食物或饮料、可疑容器、药瓶、可疑农药、呕吐物、沾染有苯硫磷的衣服（物品）等。

【检验方法】

参见“对硫磷”。

杀螟硫磷（杀螟松、速灭松、杀螟磷）

【化学名称】 *O*，*O*-二甲基-*O*-（3-甲基-4-硝基苯基）硫代磷酸酯

【化学式】 $C_9H_{12}NO_5PS$

【结构式】

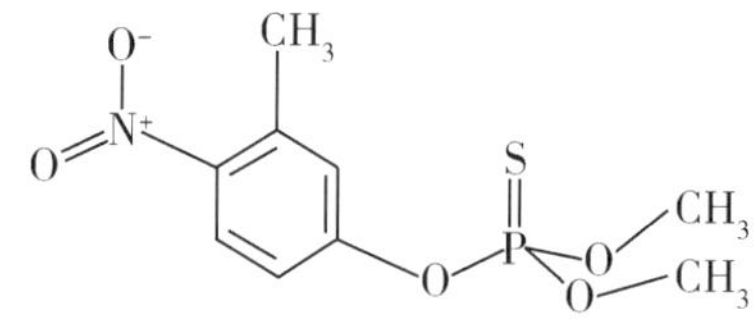

【相对分子质量】 277.23

【CAS 登记号】 122-14-5

【性状】

杀螟硫磷纯品为白色结晶，商品原药为黄褐色油状液体，微有蒜臭味（工业品为褐色液体）。熔点 3.4 ℃，沸点 140～145 ℃，密度 1.322 7 g/cm^3（20 ℃），难溶于水，可溶于苯、三氯甲烷、异丙醇、甲醇、乙腈等多种有机溶剂，在脂肪烃中溶解度低。通常在水中稳定，遇碱水解，蒸馏会引起异构化。

【用途及中毒原因】

该药对水稻大螟、水稻二化螟、水稻三化螟、稻纵卷叶螟有特效，主要用于防治水稻、棉花、蔬菜、豆类、茶树等作物上的各种害虫，也可用于防治卫生害虫。中毒原因以服毒自杀较常见，但也有用于投毒的案例，在生产、运输、喷洒农药过程中因泄漏或操作不当或误服引起的意外中毒也较常见。

【作用机制】

杀螟硫磷可抑制胆碱酯酶的活性，造成乙酰胆碱在体内大量蓄积，引起神经系统功能紊乱。

【毒性】

杀螟硫磷毒性中等。

人口服最低中毒剂量（TDL0）为 800 mg/kg。

急性中毒实验：大鼠经口半数致死量（LD_{50}）为250 mg/kg，大鼠经皮肤吸收半数致死量（LD_{50}）为1 002 mg/kg；小鼠经口半数致死量（LD_{50}）为229 mg/kg，小鼠经皮肤吸收半数致死量（LD_{50}）为2 500 mg/kg。

【中毒症状】

杀螟硫磷可以通过口服、吸入、皮肤接触、黏膜吸收等途径进入机体引起中毒。急性中毒多在12 h内发病，口服立即发病。轻度中毒时可出现头痛、头昏、恶心、呕吐、多汗、无力、胸闷、视物模糊、纳差等症状。中度中毒时除出现上述症状外还会出现轻度呼吸困难、肌肉震颤、瞳孔缩小、精神恍惚、步态不稳、大汗、流涎、

腹疼、腹泻等症状。重度中毒时可出现昏迷、抽搐、呼吸困难、口吐白沫、大小便失禁、惊厥、呼吸肌麻痹等症状。

【急救措施】

吸入中毒者，应立即脱离现场至空气新鲜处，脱去被污染的衣物，用肥皂水或碱溶液彻底清洗全身。口服中毒者，应用2%的碳酸氢钠溶液或淡盐水洗胃。眼睛接触者，可用碳酸钠溶液或生理盐水冲洗眼睑。

【尸体特征】

参见“对硫磷”。

【检材提取】

对于口服中毒死亡者，应采集胃内容物和血液作为检材。对于吸入或经皮肤接触、黏膜吸收中毒死亡者，可提取血液和肺、肝、肾组织等作为检材。对于注射中毒死亡者，可提取局部皮肤、皮下组织及肌肉送检。同时还需注意收集和提取现场剩余食物或饮料、可疑容器、药瓶、可疑农药、呕吐物、沾染有杀螟硫磷的衣服（物品）等。

【检验方法】

1. 样品前处理

取死者的胃内容物、血液或内脏组织，搅碎后加无水硫酸钠研磨至干沙状，用二氯甲烷、三氯甲烷、苯或乙腈等直接提取。提取液经氧化铝（或PSA）柱和活性炭柱子净化，浓缩至0.5 mL备检。

2. 检验方法

（1）气相色谱-质谱法：仪器：气相色谱-质谱联用仪；色谱柱：Agilent DB-5MS（30 m×0.25 mm×0.25 μm）弹性石英毛细管柱；柱温：60 ℃；保持1 min，以20 ℃/min的升温速率升温至250 ℃，保持10 min；载气：高纯氦，流速：1.0 mL/min；进样口温度：200 ℃；进样方式：不分流进样；离子源：电子轰击源（EI），能量70 eV；离子源温度：230 ℃；四级杆温度：150 ℃；扫描方式：全扫描；质量范围：40~350 amu。

（2）液相色谱-质谱法：仪器：液相色谱-质谱联用仪；色谱柱：Eclipse XDB C18（150 mm×4.6 mm×5 μm）键合硅胶柱；流动相：乙腈+水；洗脱方式：梯度洗脱（0~5.0 min，乙腈由55%线性升至80%，至8 min后，乙腈开始由80%线性下降，18.8 min后降至55%）；流速：1.2 mL/min；进样量：10 μL。

氯硫磷（氯赛昂）

【化学名称】 *O*，*O*-二甲基-*O*-（3-氯-4-硝基苯基）硫代磷酸酯

【化学式】 $C_8H_9ClNO_5PS$

【结构式】

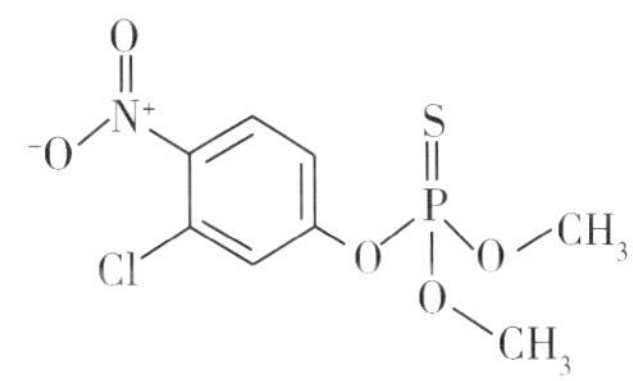

【相对分子质量】 297.65

【CAS登记号】 500-28-7

【性状】

氯硫磷纯品为黄色结晶，工业品为微有气味的黄色油状物。熔点21 ℃，沸点336.6 ℃，密度1.499 g/cm^3。微溶于水，易溶于醇类、苯和脂肪烃。

【用途及中毒原因】

氯硫磷可用于防治桃蚜和苹果蚜，也可用于防治家蝇及鸡虱、螨等。中毒原因常见于服毒自杀，也有用于投毒的案例，在生产、运输、喷洒农药过程中因泄漏或操作不当或误服引起的意外中毒也较常见。

【作用机制】

氯硫磷能抑制胆碱酯酶的活性，造成乙酰胆碱在体内大量蓄积，引起神经系统功能紊乱。

【毒性】

氯硫磷毒性中等。

急性中毒实验：大鼠经口半数致死量（LD_{50}）为285 mg/kg，大鼠经皮肤吸收半数致死量（LD_{50}）为1 500 mg/kg；小鼠经口半数致死量（LD_{50}）为794 mg/kg。

【中毒症状】

氯硫磷可通过口服、吸入、皮肤接触、黏膜吸收等途径进入机体引起中毒。中毒潜伏期与中毒方式和中毒量关系密切。中毒症状主要有三种：①毒蕈碱样症状：表现为恶心、呕吐、腹痛、腹泻、瞳孔缩小、多汗、流涎、呼吸困难等。②烟碱样症状：表现为肌肉震颤、抽搐、呼吸肌麻痹、呼吸停止等。③中枢神经系统症状：表现为头痛、头晕、烦躁不安、昏睡或昏迷等。

【急救措施】

皮肤接触者，应立即脱去被污染的衣物，用大量流动清水彻底冲洗全身。眼睛接触者，应立即提起眼睑，用大量流动清水彻底冲洗。吸入中毒者，应迅速脱离现场至空气新鲜处，保持呼吸道通畅，必要时进行人工呼吸。食入中毒者，应立即催吐（清醒时才能催吐）、洗胃、导泻，饮牛奶或蛋清。用解磷定 0.4～1.2 g 静脉注射（按中毒轻重而定）；禁用吗啡、茶碱、吩噻嗪、利血平等。

【尸体特征】

参见“对硫磷”。

【检材提取】

可提取胃内容物、血液和肺、肝、肾等组织及注射部位皮肤、皮下组织和肌肉作为检材。同时还需注意收集和提取现场剩余食物或饮料、可疑容器、药瓶、可疑农药、呕吐物、沾染有氯硫磷的衣服（物品）等。

【检验方法】

1. 样品前处理

取死者的胃内容物、血液或内脏组织，搅碎后加无水硫酸钠研磨至干沙状，用二氯甲烷、三氯甲烷、苯或乙腈等直接提取。提取液经氧化铝（或 PSA）柱和活性炭柱子净化，浓缩至 0.5 mL 备检。

2. 检验方法

（1）气相色谱-质谱法：仪器：气相色谱-质谱联用仪；色谱柱：Agilent DB-5MS（30 m×0.25 mm×0.25 μm）弹性石英毛细管柱；柱温：60 ℃；保持 1 min，以 20 ℃/min 的升温速率升温至 250 ℃，保持 10 min；载气：高纯氦，流速：1.0 mL/min；进样口温度：200 ℃；进样方式：不分流进样；离子源：电子轰击源（EI），能量 70 eV；离子源温度：230 ℃；四级杆温度：150 ℃；扫描方式：全扫描；质量范围：40～350 amu。

（2）液相色谱-质谱法：仪器：液相色谱-质谱联用仪；色谱柱：Eclipse XDB C18（150 mm×4.6 mm×5 μm）键合硅胶柱；流动相：乙腈+水；洗脱方式：梯度洗脱（0～5.0 min，乙腈由 55% 线性升至 80%，至 8 min 后，乙腈开始由 80% 线性下降，18.8 min 后降至 55%）；流速：1.2 mL/min；进样量：10 μL。

异氯硫磷（异硫磷、异氯磷、氯硝磷、地卡通）

【化学名称】 *O*，*O*-二甲基-*O*-（2-氯-4-硝基苯基）硫代磷酸酯

【化学式】 $C_8H_9ClNO_5PS$

【结构式】

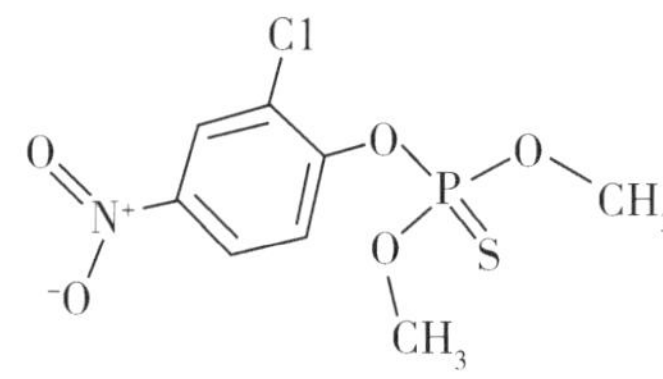

【相对分子质量】 297.66

【CAS 登记号】 2463-84-5

【性状】

异氯硫磷纯品为白色结晶状粉末，工业品纯度大于 90%。熔点 52～53 ℃，沸点 355.8 ℃，密度 1.499 g/cm^3。不溶于水，易溶于多种有机溶剂。在 100 ℃下保持稳定，加热到 200 ℃以上即可分解。能与大多数农药混用。

【用途及中毒原因】

异氯硫磷属触杀性杀虫剂、杀螨剂、胆碱酯酶抑制剂。主要用于室内和牛棚杀虫，对蚜虫、叶螨、厕蝇、蚊子等有效。中毒原因多见于口服自杀，也有用于投毒的案例，在生产、运输、喷洒农药过程中因泄漏或操作不当引起的意外中毒也较常见。

【作用机制】

异氯硫磷进入机体后与胆碱酯酶结合发生磷酰化反应，形成稳定的磷酰化胆碱酯酶，使胆碱酯酶失去分解乙酰胆碱的能力，造成乙酰胆碱在体内大量蓄积，引起中枢神经系统、横纹肌、平滑肌和某些腺体等发生过度刺激，使各项功能失调，产生生理功能紊乱而出现轻重不等的中毒症状。

【毒性】

异氯硫磷毒性中等。

急性中毒实验：大鼠经口半数致死量（LD_{50}）为 284 mg/kg，大鼠经皮肤吸收半数致死量（LD_{50}）为 790 mg/kg；小鼠经口半数致死量（LD_{50}）为 331 mg/kg。

【中毒症状】

中毒症状主要表现为头痛、乏力、恶心、呕

吐、胸闷、流涎、腹痛、瞳孔缩小、肌肉震颤、抽搐、肺水肿、脑水肿等。

【急救措施】

皮肤接触者，应立即脱去被污染的衣物，用肥皂水及流动清水彻底冲洗污染的皮肤、头发、指甲等。眼睛接触者，应立即提起眼睑，用流动清水或生理盐水冲洗。吸入中毒者，应迅速脱离现场至空气新鲜处，保持呼吸道通畅。食入中毒者，应饮足量温水催吐，用清水或2%～5%的碳酸氢钠溶液洗胃。如呼吸困难，给予吸氧；如呼吸停止，立即进行人工呼吸。

【尸体特征】

参见“对硫磷”。

【检材提取】

可提取胃内容物、血液和肺、肝、肾等组织及注射部位皮肤、皮下组织和肌肉作为检材。同时还需注意收集和提取现场剩余食物或饮料、可疑容器、药瓶、可疑农药、呕吐物、沾染有异氯硫磷的衣服（物品）等。

【检验方法】

1. 气相色谱-质谱法

仪器：气相色谱-质谱联用仪；色谱柱：Agilent DB-5MS（30 m×0.25 mm×0.25 μm）弹性石英毛细管柱；柱温：60 ℃；保持1 min，以20 ℃/min的升温速率升温至250 ℃，保持10 min；载气：高纯氦，流速：1.0 mL/min；进样口温度：200 ℃；进样方式：不分流进样；离子源：电子轰击源（EI），能量：70 eV；离子源温度：230 ℃；四级杆温度：200 ℃；扫描方式：全扫描；质量范围：40～350 amu。

2. 液相色谱-质谱法

仪器：液相色谱-质谱联用仪；色谱柱：Eclipse XDB C18（150 mm×4.6 mm×5 μm）键合硅胶柱；流动相：乙腈+水；洗脱方式：梯度洗脱（0～5.0 min；乙腈由55%线性升至80%，至8 min后，乙腈开始由80%线性下降，18.8 min后降至55%）；流速：1.2 mL/min；进样量：10 μL。

倍硫磷（百治屠、蕃硫磷）

【化学名称】 *O*，*O*-二甲基-*O*-（3-甲基-4-甲硫基苯基）硫代磷酸酯

【化学式】 $C_{10}H_{15}O_3PS_2$

【结构式】

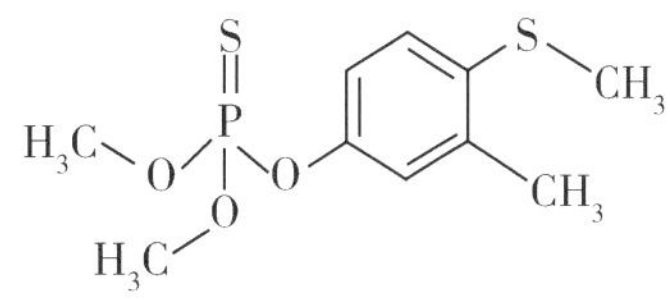

【相对分子质量】 278.32

【CAS登记号】 55-38-9

【性状】

倍硫磷纯品为无色液体，工业品为有轻度蒜臭味的棕色油状液体。熔点7.5 ℃，沸点87 ℃，密度1.25 g/cm^3。不溶于水，易溶于多种有机溶剂。

【用途及中毒原因】

倍硫磷是一种兼有触杀性和内吸性的广谱、速效、残效期长的杀虫剂，消灭臭虫效果极好。在农业生产中主要用于：①水稻害虫水稻二化螟、水稻三化螟、稻叶蝉、稻飞虱的防治。②棉花害虫棉铃虫、棉红铃虫、棉蚜、棉红蜘蛛的防治。③蔬菜害虫菜青虫、菜蚜的防治。④果树害虫桃食心虫的防治。⑤大豆害虫大豆食心虫的防治。中毒原因多见于服毒自杀，也有用于投毒的案例，在生产、运输、喷洒农药过程中因泄漏或操作不当而引起的意外中毒也较常见。

【作用机制】

该药进入机体后可与体内的胆碱酯酶结合发生磷酰化反应，形成稳定的磷酰化胆碱酯酶，使胆碱酯酶失去分解乙酰胆碱的能力，造成乙酰胆碱在体内大量蓄积，引起中枢神经系统、横纹肌、平滑肌和某些腺体等发生过度刺激，使各项功能失调，产生生理功能紊乱而出现轻重不等的中毒症状。

【毒性】

倍硫磷毒性中等。

急性中毒实验：雄性大鼠经口半数致死量（LD_{50}）为191～315 mg/kg，雌性大鼠经口半数致死量（LD_{50}）为245～615 mg/kg，大鼠经皮肤吸收半数致死量（LD_{50}）为300～500 mg/kg。

【中毒症状】

急性中毒多在12 h内发病。轻度中毒时可出现头痛、头昏、恶心、呕吐、多汗、无力、胸闷、视物模糊、纳差等症状；中度中毒除出现上述症状外还可出现轻度呼吸困难、肌肉震颤、瞳孔缩小、精神恍惚、步态不稳、大汗、流涎、腹疼、腹泻等症状；重度中毒时可出现昏迷、抽

搐、呼吸困难、口吐白沫、大小便失禁、惊厥、呼吸肌麻痹等症状。

【急救措施】

对于口服中毒者，应立即催吐、洗胃、导泻（清醒时才能催吐）；并用1~5 mg阿托品皮下或静脉注射（按中毒轻重而定）或用解磷定0.4~1.2 g静脉注射（按中毒轻重而定）。禁用吗啡、茶碱、吩噻嗪、利血平等。

【尸体特征】

参见“对硫磷”。

【检材提取】

可提取胃内容物、血液和肺、肝、肾等组织及注射部位皮肤、皮下组织和肌肉作为检材。同时还需注意收集和提取现场剩余食物或饮料、可疑容器、药瓶、可疑农药、呕吐物、沾染有倍硫磷的衣服（物品）等。

【检验方法】

气相色谱-质谱法。

（1）样品前处理：对于提取的呕吐物、胃内容物或绞碎的脏器组织，可加入无水硫酸钠研磨至干沙状，用苯、三氯甲烷或乙腈等直接提取。提取液经氧化铝（或PSA）柱和活性炭柱子净化。浓缩至0.5 mL备检。

（2）仪器条件：仪器：气相色谱-质谱联用仪；色谱柱：Agilent DB-5MS（30 m×0.25 mm×0.25 μm）弹性石英毛细管柱；柱温：60 ℃；保持1 min，以20 ℃/min的升温速率升温至250 ℃，保持10 min；载气：高纯氦，流速：1.0 mL/min；进样口温度：260 ℃；进样方式：不分流进样；离子源：电子轰击源（EI），能量：70 eV；离子源温度：230 ℃，四级杆温度：150 ℃；扫描方式：全扫描；质量范围：40~350 amu。

双硫磷（硫甲双磷、替美福司、替美磷）

【化学名称】 4，4′-双（*O*，*O*-二甲基硫代磷酰氧基）苯硫醚

【化学式】 $C_{16}H_{20}O_6P_2S_3$

【结构式】

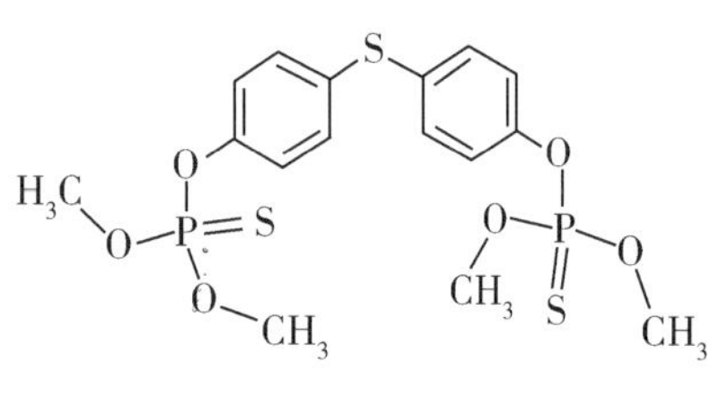

【相对分子质量】 466.46

【CAS登记号】 3383-96-8

【性状】

双硫磷纯品为白色结晶性固体，工业品为深褐色黏稠状液体。熔点30~31 ℃，沸点518.5 ℃，密度1.4 g/cm³。难溶于水，易溶于丙酮、甲苯、乙醚等有机溶剂。

【用途及中毒原因】

双硫磷为触杀性杀虫剂。主要用于防治孑孓、蚋、蠓、体虱、跳蚤等卫生害虫，对水稻二化螟、稻叶蝉、棉铃虫等农业害虫也有效。中毒原因多见于误服，也可见用于投毒、自杀等。

【作用机制】

双硫磷进入机体后与胆碱酯酶结合形成性质比较稳定的磷酰化胆碱酯酶，使胆碱酯酶失去分解乙酰胆碱的能力，造成乙酰胆碱在体内大量蓄积，引起横纹肌、平滑肌和某些腺体等先兴奋性增高、活动增强，最后转入抑制状态，从而出现轻重不等的中毒症状。

【毒性】

双硫磷为低毒类物质。

急性中毒实验：大鼠经口半数致死量（LD_{50}）为1 000 mg/kg，大鼠经皮肤吸收半数致死量（LD_{50}）为1 370 mg/kg；小鼠经口半数致死量（LD_{50}）为223 mg/kg。

【中毒症状】

双硫磷中毒的潜伏期与中毒方式和中毒量关系密切。主要中毒症状有头痛、头晕、恶心、呕吐、烦躁不安、腹痛、腹泻、瞳孔缩小、多汗、流涎、呼吸困难、肌肉震颤、抽搐、呼吸肌麻痹、昏睡或昏迷等，终致呼吸停止而死亡。

【急救措施】

皮肤接触者，应立即脱去被污染的衣物，用大量流动清水彻底冲洗全身。眼睛接触者，应立即提起眼睑，用大量流动清水彻底冲洗。吸入中毒者，应迅速脱离现场至空气新鲜处，保持呼吸道通畅，必要时进行人工呼吸。食入中毒者，应立即催吐（清醒时才能催吐）、洗胃、导泻，给予牛奶或蛋清保护胃黏膜。用解磷定0.4~1.2 g静脉注射解毒（按中毒轻重而定），禁用吗啡、茶碱、吩噻嗪、利血平等。

【尸体特征】

参见“对硫磷”。

【检材提取】

对于口服中毒死亡者，应采集胃内容物和血液作为检材。对于吸入或经皮肤吸收中毒死亡者，可提取血液和肺、肝、肾等组织作为检材。对于注射中毒死亡者，可提取局部皮肤、皮下组织及肌肉送检。同时还需注意收集和提取现场剩余食物或饮料、可疑容器、药瓶、可疑农药、呕吐物、沾染有双硫磷的衣服（物品）等。

【检验方法】

1. 样品前处理

取死者的胃内容物、血液或内脏组织，搅碎后加无水硫酸钠研磨至干沙状，用二氯甲烷、三氯甲烷、苯或乙腈等直接提取。提取液经氧化铝（或 PSA）柱和活性炭柱子净化，浓缩至 0.5 mL 备检。

2. 检验方法

（1）气相色谱-质谱法：仪器：气相色谱-质谱联用仪；色谱柱：Agilent DB-5MS（30 m×0.25 mm×0.25 μm）弹性石英毛细管柱；柱温：60 ℃；保持 1 min，以 20 ℃/min 的升温速率升温至 250 ℃，保持 10 min；载气：高纯氦，流速：1.0 mL/min；进样口温度：200 ℃；进样方式：不分流进样；离子源：电子轰击源（EI），能量 70 eV；离子源温度：230 ℃；四级杆温度：150 ℃；扫描方式：全扫描；质量范围：40～350 amu。

（2）液相色谱-质谱法：仪器：液相色谱-质谱联用仪；色谱柱：Eclipse XDB C18（150 mm×4.6 mm×5 μm）键合硅胶柱；流动相：乙腈+水；洗脱方式：梯度洗脱（0～5.0 min，乙腈由 55% 线性升至 80%，至 8 min 后，乙腈开始由 80% 线性下降，18.8 min 后降至 55%）；流速：1.2 mL/min；进样量：10 μL。

皮蝇磷（芬氯磷、皮蝇硫磷）

【化学名称】 *O*，*O*-二甲基-*O*-（2，4，5-三氯苯基）硫代磷酸酯

【化学式】 $C_8H_8Cl_3O_3PS$

【结构式】

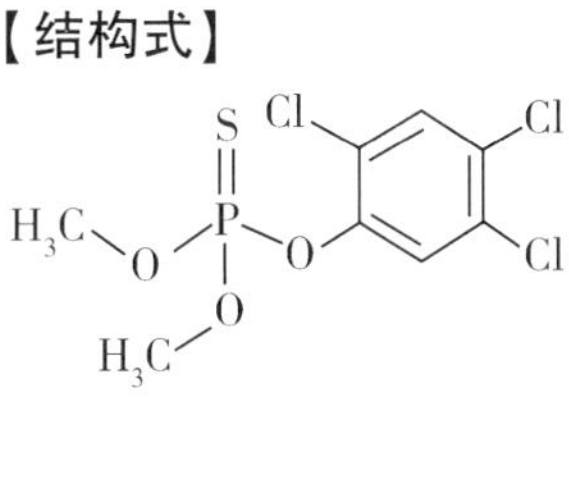

【相对分子质量】 321.55

【CAS 登记号】 299-84-3

【性状】

皮蝇磷为白色结晶性粉末。熔点 35 ℃，沸点 366.1 ℃，密度 1.527 g/cm^3。难溶于水，易溶于丙酮、四氯化碳、乙醚、氯仿等大多数有机溶剂。在中性和酸性介质中稳定，遇碱易水解失去杀虫活性。

【用途及中毒原因】

皮蝇磷为内吸性杀虫剂，具有胃毒、触杀作用，属胆碱酯酶抑制剂。对多种害虫有很好的杀灭效果。本品对卫生害虫（如家蝇）很有效，放在开口的容器内保存 12～16 周仍有效。因其毒性低，可用于食品加工厂灭蝇，此外，使用本品熏蒸可有效防治粮食害虫。中毒原因多见于误服或意外事故，偶见用于自杀或他杀。

【作用机制】

皮蝇磷进入机体后与胆碱酯酶结合形成性质比较稳定的磷酰化胆碱酯酶，使胆碱酯酶失去分解乙酰胆碱的能力，造成乙酰胆碱在体内大量蓄积，引起横纹肌、平滑肌和某些腺体等先兴奋性增高、活动增强，最后转入抑制状态，从而出现轻重不等的中毒症状。

【毒性】

皮蝇磷为低毒类物质。

急性中毒实验：大鼠经口半数致死量（LD_{50}）为 625 mg/kg，大鼠经皮肤吸收半数致死量（LD_{50}）为 2 000 mg/kg；小鼠经口半数致死量（LD_{50}）为 2 000 mg/kg，小鼠腹腔注射半数致死量（LD_{50}）为 118 mg/kg。

【中毒症状】

皮蝇磷可以通过口服、吸入、皮肤接触、黏膜吸收等途径进入机体引起中毒。中毒潜伏期与中毒方式和中毒量关系密切。主要中毒症状有头痛、头晕、恶心、呕吐、腹痛、腹泻、烦躁不安、瞳孔缩小、多汗、流涎、呼吸困难、肌肉震颤、抽搐、呼吸肌麻痹、昏迷、甚至呼吸停止等。

【急救措施】

皮肤接触者，应迅速脱去被污染的衣物，用肥皂水及清水彻底冲洗全身。眼睛接触者，应立即提起眼睑，用流动清水反复冲洗。吸入中毒者，应迅速脱离现场至空气新鲜处，呼吸困难时给予吸氧，呼吸停止时，立即进行人工呼吸。食入中

毒者，应饮适量温水催吐，反复洗胃。中度、重度中毒患者可用阿托品和解磷定并用治疗。

【尸体特征】

参见“对硫磷”。

【检材提取】

可提取胃内容物、血液和肺、肝、肾等组织及注射部位皮肤、皮下组织和肌肉作为检材。同时还需注意收集和提取现场剩余食物或饮料、可疑容器、药瓶、可疑农药、呕吐物、沾染有皮蝇磷的衣服（物品）等。

【检验方法】

1. 样品前处理

取死者的胃内容物、血液或内脏组织，搅碎后加无水硫酸钠研磨至干沙状，用二氯甲烷、三氯甲烷、苯或乙腈等直接提取。提取液经氧化铝（或 PSA）柱和活性炭柱子净化，浓缩至 0.5 mL 备检。

2. 检验方法

（1）气相色谱-质谱法：仪器：气相色谱-质谱联用仪；色谱柱：Agilent DB-5MS（30 m×0.25 mm×0.25 μm）弹性石英毛细管柱；柱温：60 ℃；保持 1 min，以 20 ℃/min 的升温速率升温至 250 ℃，保持 10 min；载气：高纯氦，流速：1.0 mL/min；进样口温度：200 ℃；进样方式：不分流进样；离子源：电子轰击源（EI），能量 70 eV；离子源温度：230 ℃；四级杆温度：150 ℃；扫描方式：全扫描；质量范围：40～350 amu。

（2）液相色谱-质谱法：仪器：液相色谱-质谱联用仪；色谱柱：Eclipse XDB C18（150 mm×4.6 mm×5 μm）键合硅胶柱；流动相：乙腈+水；洗脱方式：梯度洗脱（0～5.0 min，乙腈由 55%线性升至 80%，至 8 min 后，乙腈开始由 80%线性下降，18.8 min 后降至 55%）；流速：1.2 mL/min；进样量：10 μL。

溴硫磷（溴磷松）

【化学名称】 *O*，*O*-二甲基-*O*-（4-溴-2，5-二氯苯基）硫代磷酸酯

【化学式】 $C_8H_8BrCl_2O_3PS$

【结构式】

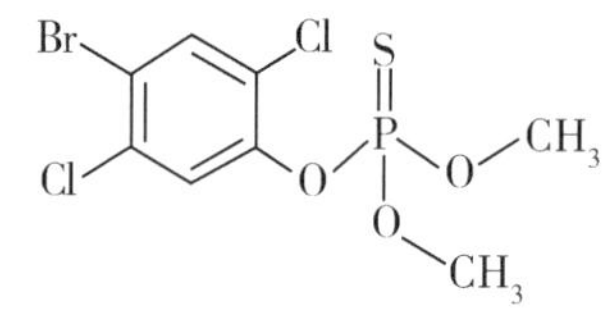

【相对分子质量】 366.00

【CAS 登记号】 2104-96-3

【性状】

溴硫磷外观呈微黄色结晶状，有霉臭味。熔点 53～54 ℃，沸点 140～142 ℃，微溶于水（在水中的溶解度为 40 mg/L），能溶于大多数有机溶剂（如四氯化碳、乙醚、甲苯等）。在 pH≤9 的介质中稳定，腐蚀性不显著。

【用途及中毒原因】

溴硫磷是一种非内吸性的具有触杀和胃毒作用的广谱性杀虫剂。用于作物保护、防治蝇蚊。中毒原因多见于自杀，偶有投毒或误食的报道。

【作用机制】

溴硫磷是有机磷类农药的一种，其作用机制与一般有机磷类农药相同。能抑制胆碱酯酶的活性，使乙酰胆碱在体内大量蓄积，引起神经系统功能紊乱，从而出现轻重不等的中毒症状。

【毒性】

溴硫磷为低毒类物质。

急性中毒实验：大鼠经口半数致死量（LD_{50}）为 1 600 mg/kg，大鼠经皮肤吸收半数致死量（LD_{50}）>5 000 mg/kg；小鼠经口半数致死量（LD_{50}）为 2 829 mg/kg，小鼠腹腔注射半数致死量（LD_{50}）为 1 040 mg/kg。

【中毒症状】

溴硫磷可以通过口服、吸入、皮肤接触、黏膜吸收等途径进入机体引起中毒。中毒症状主要有三种：①毒蕈碱样症状：毒蕈碱样症状出现最早，类似毒蕈碱作用，表现为恶心、呕吐、多汗、流泪、流涕、流涎、腹痛、腹泻、尿频、大小便失禁、心跳减慢、瞳孔缩小、支气管痉挛、分泌物增加、咳嗽、气急等，严重患者可出现肺水肿。②烟碱样症状：全身横纹肌发生肌纤维颤动，甚至出现全身肌肉强直性痉挛，而后发生肌力减退和瘫痪，表现为皮肤苍白、心跳加快、血压升高、肌肉震颤、肌无力，呼吸肌麻痹可致呼吸衰竭。③中枢神经系统症状；表现为头晕、头痛、乏力、共济失调、烦躁不安、谵妄、抽搐和

昏迷等。

【急救措施】

皮肤接触者，应迅速脱去被污染的衣物，用3%~5%的碳酸氢钠溶液冲洗全身。眼睛接触者，用2%的碳酸氢钠溶液或生理盐水反复冲洗，再滴1~2滴1%的阿托品。口服中毒者，应尽早催吐，用2%的碳酸氢钠溶液或淡盐水反复洗胃，必要时肌内注射阿托品。

【尸体特征】

参见“对硫磷”。

【检材提取】

可提取呕吐物、剩余食物或饮料、胃内容、血液及肺、肝、肾、胃等组织作为检材。

【检验方法】

1. 样品前处理

取死者的胃内容物、血液或内脏组织，搅碎后加无水硫酸钠研磨至干沙状，用二氯甲烷、三氯甲烷、苯或乙腈等直接提取。提取液经氧化铝（或PSA）柱和活性炭柱子净化，浓缩至0.5 mL备检。

2. 检验方法

（1）气相色谱-质谱法：仪器：气相色谱-质谱联用仪；色谱柱：Agilent DB-5MS（30 m×0.25 mm×0.25 μm）弹性石英毛细管柱；柱温：60 ℃；保持1 min，以20 ℃/min的升温速率升温至250 ℃，保持10 min；载气：高纯氦，流速：1.0 mL/min；进样口温度：200 ℃；进样方式：不分流进样；离子源：电子轰击源（EI），能量70 eV；离子源温度：230 ℃；四级杆温度：150 ℃；扫描方式：全扫描；质量范围：40~350 amu。

（2）液相色谱-质谱法：仪器：液相色谱-质谱联用仪；色谱柱：Eclipse XDB C18（150 mm×4.6 mm×5 μm）键合硅胶柱；流动相：乙腈+水；洗脱方式：梯度洗脱（0~5.0 min，乙腈由55%线性升至80%，至8 min后，乙腈开始由80%线性下降，18.8 min后降至55%）；流速：1.2 mL/min；进样量：10 μL。

内吸磷（1059）

【化学名称】 *O*，*O*-二乙基-*O*-（2-乙基硫代乙基）硫代磷酸酯与*O*，*O*-二乙基-*S*-（2-乙基硫代乙基）硫代磷酸酯的混合物

【化学式】 $C_{16}H_{38}O_6P_2S_4$

【结构式】

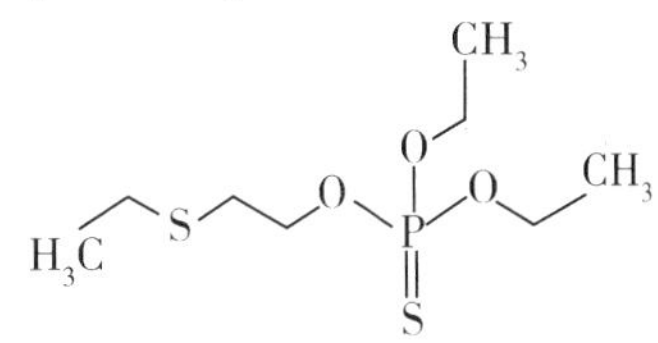

（Ⅰ）

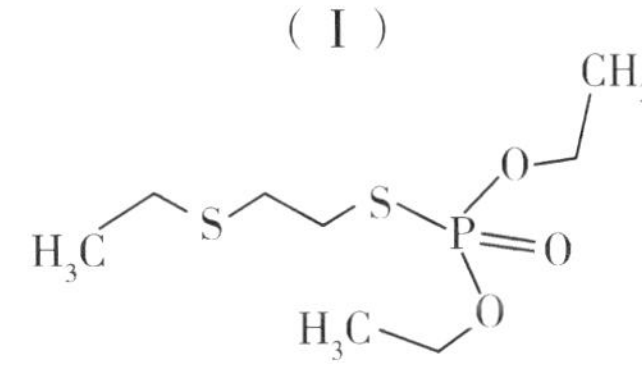

（Ⅱ）

【相对分子质量】 516.6

【CAS登记号】 298-03-3（Ⅰ）　126-75-0（Ⅱ）

【性状】

内吸磷（1059）为硫酮式（Ⅰ）和硫醇式（Ⅱ）两种硫代磷酸酯异构体的混合物（Ⅰ：Ⅱ=70：30）。工业品系淡黄色油状液体，带有硫醇臭味，沸点134 ℃，难溶于水，易溶于甲苯、二甲苯、氯仿等大多数有机溶剂。在强碱下水解，遇明火、高热可燃，高热分解时可释放出磷、硫的氧化物等有毒气体。

【用途及中毒原因】

内吸磷为内吸性杀虫剂、杀螨剂，并有一定的熏蒸活性，主要用来防治棉花和果树上的蚜虫和红蜘蛛等刺吸式口器的害虫、线虫等。在生产、运输和喷洒农药过程中因泄漏或操作不当可引起意外中毒，口服自杀或投毒的案例也较常见。

【作用机制】

内吸磷（1059）虽有硫酮式和硫醇式之分，但两种异构体均属有机磷，故其作用机制与一般有机磷类农药相同，均能抑制胆碱酯酶的活性，使乙酰胆碱在体内大量蓄积，引起神经系统功能紊乱，从而出现轻重不等的中毒症状。

【毒性】

内吸磷为剧毒类物质。

成人口服致死量为2.5 mg/kg。

急性中毒实验：大鼠经口半数致死量（LD_{50}）为1.7 mg/kg，小鼠经口半数致死量（LD_{50}）为7.85 mg/kg。

【中毒症状】

内吸磷可通过口服、吸入、皮肤接触、黏膜吸收等途径进入机体引起中毒。早期症状以头晕、乏力、恶心等居多，少数可出现腹痛、呕吐、出汗、肌肉颤动、瞳孔缩小、血压升高等症状，个别严重者可并发中毒性肝炎、阵发性心房颤动以及精神病后遗症等。若慢性接触可出现头痛、乏力、消化不良、自主神经功能紊乱、血压偏低等症状。

【急救措施】

皮肤接触者，应迅速脱去被污染的衣物，用肥皂水及清水彻底冲洗全身。眼睛接触者，应立即翻开上下眼睑，用流动清水彻底冲洗。吸入中毒者，应立即脱离现场移至空气新鲜处，呼吸困难时给予吸氧，呼吸停止时，立即进行人工呼吸。食入中毒者，应给饮足量温水，催吐，反复洗胃。严重者需立即送往医院救治。

【尸体特征】

参见“对硫磷”。

【检材提取】

对于口服中毒死亡者，应采集胃内容物和血液作为检材。对于吸入或经皮肤吸收中毒死亡者，可提取血液和肺、肝、肾等组织作为检材。对于注射中毒死亡者，可提取局部皮肤、皮下组织及肌肉送检。同时还需注意收集和提取现场剩余食物或饮料、可疑容器、药瓶、可疑农药、呕吐物、沾染有内吸磷的衣服（物品）等。

【检验方法】

气相色谱-质谱法。

仪器：气相色谱-质谱联用仪；色谱柱：Agilent DB-5MS（30 m×0.25 mm×0.25 μm）弹性石英毛细管柱；柱温：初始温度 60 ℃，保持 1 min，以 20 ℃/min 的升温速率升温至 250 ℃，保持 10 min；载气：高纯氦，流速：1.0 mL/min；进样口温度：260 ℃；进样方式：不分流进样；离子源：电子轰击源（EI），能量：70 eV；离子源温度：230 ℃，四级杆温度：150 ℃；扫描方式：全扫描；质量范围：40~350 amu。

甲基内吸磷（甲基 1059）

【化学名称】 *O*，*O*-二甲基-*O*-［2-（乙硫基）乙基］硫代磷酸酯与 *O*，*O*-二甲基-*S*-［2-（乙硫基）乙基］硫代磷酸酯的混合物

【化学式】 $C_{12}H_{30}O_6P_2S_4$

【结构式】

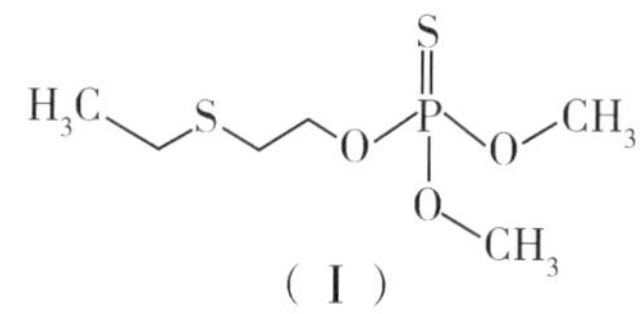

（Ⅰ）

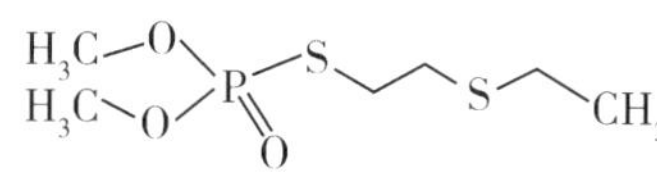

（Ⅱ）

【相对分子质量】 460.60

【CAS 登记号】 919-86-8（Ⅰ） 867-27-6（Ⅱ）

【性状】

甲基内吸磷的工业品是两种硫代磷酸酯异构体的混合物，其中异构体（Ⅰ）*O*，*O*-二甲基-*O*-［2-（乙硫基）乙基］硫代磷酸酯占 70%，异构体（Ⅱ）*O*，*O*-二甲基-*S*-［2-（乙硫基）乙基］硫代磷酸酯占 30%，为棕色油状液体，有特臭。纯品异构体（Ⅰ）是无色油状液体，密度 1.197 g/cm^3，沸点 287.4 ℃；异构体（Ⅱ）是淡黄色油状液体，密度 1.207 g/cm^3，沸点 118 ℃。二者均难溶于水，在碱溶液中易分解，在高温时发生异构体变化。可燃，燃烧时释放出有毒的氮氧化物、磷氧化物和硫氧化物气体。

【用途及中毒原因】

甲基内吸磷为内吸性、触杀性杀虫剂，主要用于防治果树、棉花、马铃薯等作物上的刺吸式口器害虫，并对螨类有效。在生产、运输、喷洒农药过程中应注意操作方法和防止泄漏，否则易引起意外中毒。

【作用机制】

甲基内吸磷能抑制胆碱酯酶的活性，使乙酰胆碱在体内大量蓄积，引起神经系统功能紊乱，造成中毒或死亡。

【毒性】

甲基内吸磷为高毒类物质。

急性中毒实验：大鼠经口半数致死量（LD_{50}）为 30 mg/kg，大鼠经皮肤吸收半数致死量（LD_{50}）为 300~450 mg/kg；小鼠经口半数致死量（LD_{50}）为 46 mg/kg。

【中毒症状】

甲基内吸磷属有机磷类农药，中毒症状主要

表现为头痛、头晕、乏力、恶心、呕吐、腹痛、流涎、多汗、视物模糊、瞳孔缩小、肌肉震颤，严重时可出现肺水肿、昏迷及死亡。

【急救措施】

皮肤接触者，应立即脱去被污染的衣物，用肥皂水及清水彻底冲洗全身。眼睛接触者，应立即翻开上下眼睑，用流动清水反复冲洗。吸入中毒者，应迅速脱离现场至空气新鲜处，合并使用阿托品及复能剂（氯磷定、解磷定）。食入中毒者，应给饮适量温水，催吐，反复洗胃，合并使用阿托品和复能剂（氯磷定、解磷定）。症状严重者需尽快送往医院救治。

【尸体特征】

参见“对硫磷”。

【检材提取】

可提取呕吐物、剩余食物或饮料、胃内容物、血液及肺、肝、肾、胃等组织作为检材。

【检验方法】

1. 样品前处理

取死者的胃内容物、血液或内脏组织，搅碎后加无水硫酸钠研磨至干沙状，用二氯甲烷、三氯甲烷、苯或乙腈等直接提取。提取液经氧化铝（或 PSA）柱和活性炭柱子净化，浓缩至 0.5 mL 备检。

2. 检验方法

（1）气相色谱-质谱法：仪器：气相色谱-质谱联用仪；色谱柱：Agilent DB-5MS（30 m×0.25 mm×0.25 μm）弹性石英毛细管柱；柱温：60 ℃；保持 1 min，以 20 ℃/min 的升温速率升温至 250 ℃，保持 10 min；载气：高纯氦，流速：1.0 mL/min；进样口温度：200 ℃；进样方式：不分流进样；离子源：电子轰击源（EI），能量 70 eV；离子源温度：230 ℃；四级杆温度：150 ℃；扫描方式：全扫描；质量范围：40~350 amu。

（2）液相色谱-质谱法：仪器：液相色谱-质谱联用仪；色谱柱：Eclipse XDB C18（150 mm×4.6 mm×5 μm）键合硅胶柱；流动相：乙腈+水；洗脱方式：梯度洗脱（0~5.0 min，乙腈由 55%线性升至 80%，至 8 min 后，乙腈开始由 80%线性下降，18.8 min 后降至 55%）；流速：1.2 mL/min；进样量：10 μL。

甲拌磷（3911、西梅脱）

【化学名称】 *O*，*O*-二乙基-*S*-乙硫基甲基-二硫代磷酸酯

【化学式】 $C_7H_{17}O_2PS_3$

【结构式】

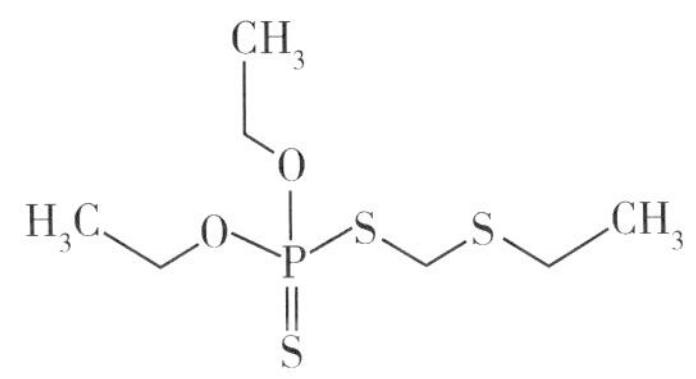

【相对分子质量】 260.38

【CAS 登记号】 298-02-2

【性状】

甲拌磷纯品为无色油状液体，略有臭味。工业品为黄色油状液体，有恶臭。熔点-43 ℃，沸点 118~120 ℃（0.11 kPa），密度 1.201 g/cm^3。难溶于水，易溶于醇类、四氯化碳、脂类、醚类等多种有机溶剂和脂肪油。在室温下稳定，遇明火、高热可燃。受热分解，释放出磷、硫的氧化物等有毒气体。

【用途及中毒原因】

甲拌磷为内吸性、触杀性杀虫剂，属胆碱酯酶抑制剂，对刺吸式口器和咀嚼式口器的害虫有效。在生产、运输、喷洒农药过程中因泄漏或操作不当可引起中毒，自杀、他杀的案例也较常见。

【作用机制】

甲拌磷能抑制胆碱酯酶的活性，使胆碱酯酶失去分解乙酰胆碱的能力，从而造成乙酰胆碱在体内大量蓄积，引起中枢神经系统、横纹肌、平滑肌和某些腺体等发生过度刺激，使各项功能失调，产生生理功能紊乱而出现轻重不等的中毒症状。

【毒性】

甲拌磷为剧毒类物质。

成人口服致死量为 0.1 mg/kg。

急性中毒实验：大鼠经口半数致死量（LD_{50}）为 3.7 mg/kg，大鼠经皮肤吸收半数致死量（LD_{50}）为 70~300 mg/kg。

【中毒症状】

甲拌磷可以通过口服、吸入、皮肤接触、黏膜吸收等途径进入机体引起中毒。短期内大剂量接触可引起急性中毒。主要表现为头痛、头昏、

食欲减退、恶心、呕吐、腹痛、腹泻、流涎、瞳孔缩小、呼吸道分泌物增多、多汗、肌肉震颤等。严重者可出现肺水肿、脑水肿、昏迷、呼吸肌麻痹。个别重症病例可发生迟发性猝死。

【急救措施】

皮肤接触者，应立即脱离现场，脱去被污染的衣物，全身污染部位用肥皂水或碱溶液彻底清洗。食入中毒者，应用2%的碳酸氢钠溶液或淡盐水洗胃，不可使用高锰酸钾溶液洗胃（高锰酸钾会使该品氧化为毒性更强的化合物），并服用片剂解磷毒（PAM）或阿托品1~2片。眼睛接触者，应立即翻开上下眼睑，用碳酸钠溶液或生理盐水反复冲洗。

【尸体特征】

参见“对硫磷”。

【检材提取】

可提取呕吐物、剩余食物或饮料、胃内容物、血液及肺、肝、肾、胃等组织作为检材。

【检验方法】

气相色谱-质谱法。

仪器：气相色谱-质谱联用仪；色谱柱：Agilent DB-5MS（30 m×0.25 mm×0.25 μm）弹性石英毛细管柱；柱温：初始温度60 ℃，保持1 min，以20 ℃/min的升温速率升温至260 ℃，保持10 min；载气：高纯氦，流速：1.0 mL/min；进样口温度：260 ℃；进样方式：不分流进样；进样量：1.0 μL；离子源：电子轰击源（EI）；能量：70 eV；离子源温度：230 ℃；四级杆温度：150 ℃，扫描方式：全扫描；质量范围：40~350 amu。

蚜灭多（完灭硫磷、蚜灭磷、除虫雷）

【化学名称】 *O*，*O*-二甲基-*S*-［2-（1-甲基-2-甲氨基-2-氧代乙硫）乙基］硫代磷酸酯

【化学式】 $C_8H_{18}NO_4PS_2$

【结构式】

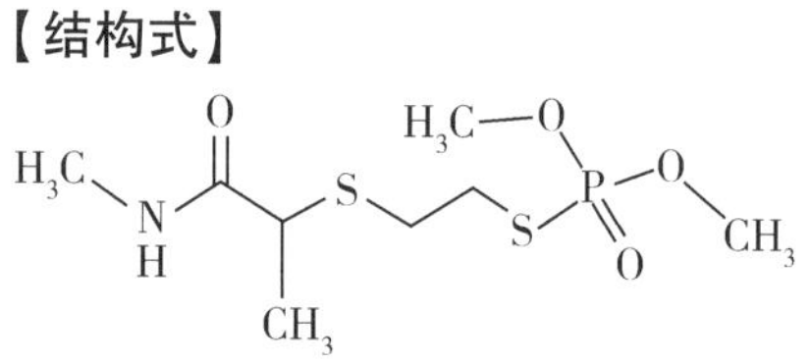

【相对分子质量】 287.34

【CAS登记号】 2275-23-2

【性状】

蚜灭多原药为无色针状结晶，工业品为白色蜡状固体，熔点46~48 ℃（工业品熔点40 ℃），沸点100 ℃，密度1.24 g/cm^3。难溶于水，溶于乙醇、乙醚、丙酮、氯仿等有机溶剂。

【用途及中毒原因】

蚜灭多是一种内吸性的广谱杀虫剂、杀螨剂。用于防治各种蚜、螨、稻飞虱、稻叶蝉等，对苹果棉蚜有特效。中毒原因多见于自杀和投毒，在生产、运输、喷洒农药过程中因泄漏或操作不当而引起的意外中毒也较常见。

【作用机制】

蚜灭多是有机磷类农药的一种，作用机制可参见“对硫磷”。主要抑制胆碱酯酶的活性，使体内的乙酰胆碱大量蓄积，引起神经系统功能紊乱，从而出现轻重不等的中毒症状。

【毒性】

蚜灭多毒性中等。

急性中毒实验：大鼠经口半数致死量（LD_{50}）为60~100 mg/kg；小鼠经口半数致死量（LD_{50}）为34~57 mg/kg，小鼠经皮肤吸收半数致死量（LD_{50}）为1 460 mg/kg。

【中毒症状】

中毒症状主要表现为头痛、头昏、食欲减退、恶心、呕吐、腹痛、腹泻、流涎、瞳孔缩小、呼吸道分泌物增多、多汗、肌肉震颤等。严重者可出现肺水肿、脑水肿、昏迷、呼吸肌麻痹等。

【急救措施】

对于口服中毒者，应立即催吐（清醒时才能催吐）、洗胃、导泻，然后用阿托品1~5 mg皮下或静脉注射（按中毒轻重而定），或用解磷定0.4~1.2 g静脉注射（按中毒轻重而定）。禁用吗啡、茶碱、吩噻嗪、利血平等。

【尸体特征】

参见“对硫磷”。

【检材提取】

对于口服蚜灭多中毒死亡者，应采集胃内容物和血液作为检材。对于吸入中毒死亡者，可提取血液、肺组织等作为检材。对于注射中毒死亡者，可提取局部皮肤、皮下组织及肌肉作为检材。同时应注意收集和提取现场剩余食物或饮料、可疑容器、药瓶、洗胃液、呕吐物、沾染有

蚜灭多的衣物等。

【检验方法】

气相色谱-质谱法。

仪器：气相色谱-质谱联用仪；色谱柱：Agilent DB-5MS（30 m×0.25 mm×0.25 μm）弹性石英毛细管柱；柱温：初始温度 60 ℃，保持 1 min，以 20 ℃/min 的升温速率升温至 260 ℃，保持 10 min；载气：高纯氦，流速：1.0 mL/min；进样口温度：260 ℃；进样方式：不分流进样；进样量：1.0 μL；离子源：电子轰击源（EI）；能量：70 eV；离子源温度：230 ℃；四级杆温度：150 ℃，扫描方式：全扫描；质量范围：40~350 amu。

敌百虫

【化学名称】 *O*，*O*-二甲基-（2，2，2-三氯-1-羟基乙基）磷酸酯

【化学式】 $C_4H_8Cl_3O_4P$

【结构式】

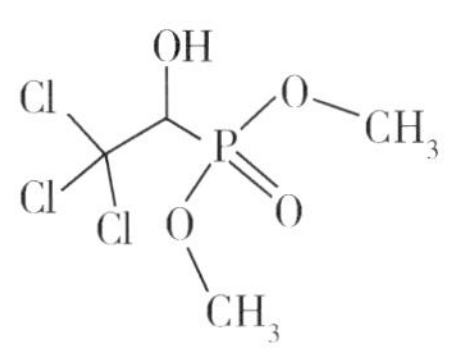

【相对分子质量】 257.44

【CAS 登记号】 52-68-6

【性状】

敌百虫纯品为稍带芳香气味的白色结晶性粉末，工业品带有氯醛气味。熔点 83~84 ℃，沸点 100 ℃，密度 1.73 g/cm^3。易溶于水和大多数有机溶剂（如乙醚、氯仿、苯、甲醇、乙醇等），微溶于四氯化碳、烷烃，不溶于石油醚。常温下稳定，在体内能较快地被水解为三氯乙醇，三氯乙醇与葡萄糖醛酸结合后排出体外。

【用途及中毒原因】

敌百虫是一种高效低毒杀虫剂，具有强烈的胃毒和触杀作用，同时兼有熏蒸作用。对双翅目、鳞翅目、鞘翅目害虫最为有效。主要用于防治蔬菜、果树、茶树、桑树、棉花和粮食作物上的咀嚼式口器害虫，也可用于防治卫生害虫。对多种作物一般不产生药害，但对高粱、大豆易产生药害。精制敌百虫可用作畜用驱虫药。敌百虫毒性较低，因而用于投毒的案件较少见，中毒原因多为误服或喷洒农药时操作不当等，偶见皮肤接触、黏膜吸收等引起中毒的报道。

【作用机制】

敌百虫毒性虽低，但大量进入体内也可抑制胆碱酯酶的活性，使乙酰胆碱在体内大量蓄积，引起神经系统功能紊乱，从而出现轻重不等的中毒症状。

【毒性】

敌百虫毒性中等。

成人口服致死量为 450 mg/kg；致死血药浓度为 310 μg/mL。

急性中毒实验：大鼠经口半数致死量（LD_{50}）为 450~500 mg/kg，大鼠腹腔注射半数致死量（LD_{50}）为 160 mg/kg；小鼠经口半数致死量（LD_{50}）为 400~600 mg/kg，小鼠经皮肤吸收半数致死量（LD_{50}）为 1 700~1 900 mg/kg。

【中毒症状】

急性中毒多在 12 h 内发病。症状主要有头痛、头昏、恶心、呕吐、无力、胸闷、视物模糊、纳差、呼吸困难、肌肉震颤、瞳孔缩小、精神恍惚、步态不稳、大汗、流涎、腹疼、腹泻等；严重者还可出现昏迷、抽搐、呼吸困难、口吐白沫、大小便失禁、惊厥、呼吸肌麻痹等症状。

【急救措施】

对于口服中毒者，应立即催吐（清醒时才能催吐）、洗胃（禁用碱性水溶液洗胃，因为敌百虫在碱性条件下能转化为毒性更强的敌敌畏）、导泻，然后用 1~5 mg 阿托品皮下或静脉注射（按中毒轻重而定），或用 0.4~1.2 g 解磷定静脉注射（按中毒轻重而定）。禁用吗啡、茶碱、吩噻嗪、利血平等。

【尸体特征】

尸斑显著，呈暗紫红色。尸僵早而强，有的可见腓肠肌和肱二头肌显著挛缩，口唇及指甲明显青紫，口鼻周围有白色泡沫，切开胃后可闻到有机磷农药的特殊气味，胃及十二指肠黏膜充血并有点状出血，气管及支气管腔内有大量白色泡沫状液体，肺水肿明显，右心房及右心室轻度扩张，心腔及大静脉内充满暗红色流动状血液。

【检材提取】

对于口服中毒死亡者，应采集胃内容物、血液和肝、肺等组织作为检材。对于注射中毒死亡者，需提取局部皮肤、皮下组织及肌肉作为检

材。同时应注意收集和提取现场剩余的食物或饮料、洗胃液、可疑容器、药瓶、呕吐物、沾染有敌百虫的衣物等。

【检验方法】

1. 气相色谱-质谱法

仪器：气相色谱-质谱联用仪；色谱柱：Agilent DB-5MS（30 m×0.25 mm×0.25 μm）弹性石英毛细管柱；柱温：初始温度 150 ℃，保持 1 min，以 20 ℃/min 的升温速率升温至 280 ℃；进样口温度：250 ℃；进样方式：分流进样，分流比：30∶1；离子源：电子轰击源（EI），能量：70 eV，离子源温度：230 ℃；扫描方式：全扫描；质量范围：40~450 amu。

2. 液相色谱-质谱法

仪器：液相色谱-质谱联用仪；色谱柱：Acquity UPLC BEH C18（50 mm×2.1 mm×1.7 μm）键合硅胶柱；流动相：流动相 A 为乙腈，流动相 B 为 5 mmol/L 的甲酸铵+0.1%的甲酸；流速：0.6 mL/min；洗脱方式：梯度洗脱；柱温：35 ℃；离子源：电喷雾离子源（ESI^+）；检测模式：多反应监测（MRM）；雾化气：氮气；脱溶剂气：氮气；脱溶剂气流速：900 L/h；锥孔气流速：50 L/h；碰撞气：氩气；离子源温度：150 ℃；雾化温度：350 ℃；毛细管电压：3.0 kV。

敌敌畏（二氯松、DDVP）

【化学名称】 *O*，*O*-二甲基-*O*-（2，2-二氯乙烯基）磷酸酯

【化学式】 $C_4H_7Cl_2O_4P$

【结构式】

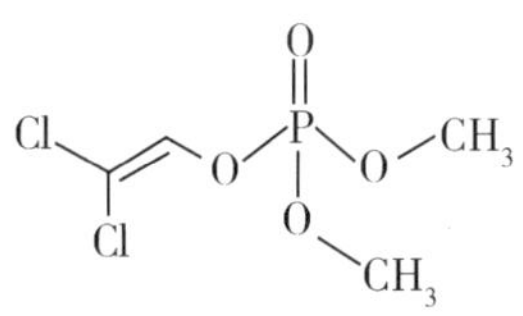

【相对分子质量】 220.98

【CAS 登记号】 62-73-7

【性状】

敌敌畏纯品为无色透明油状液体，有芳香味，挥发性较大，工业品略带黄色。熔点-60 ℃，沸点 140 ℃，密度 1.415 g/mL。微溶于水（室温下在水中的溶解度约为 1 g/L），能与大多数有机溶剂混溶。对热稳定，但能水解，水解产物为磷酸二甲酯和二氯乙醛。

【用途及中毒原因】

敌敌畏是一种广谱杀虫剂、杀螨剂。具有触杀、胃毒和熏蒸作用，触杀作用比敌百虫效果好，对咀嚼式口器害虫和刺吸式口器害虫均有良好的防治效果。敌敌畏的蒸气压较高，对害虫有很强的击倒力。但施药后易分解、残效期短。使用方法多种多样，简便易行。适用于防治棉花、果树、蔬菜、甘蔗、烟草、茶树、桑树等作物上的多种害虫，对蚊、蝇等家庭卫生害虫以及仓库害虫米象、谷盗等也有良好的防治效果。因敌敌畏应用范围较广、易得，口服敌敌畏自杀的案件较多。同时在生产、运输、喷洒农药过程中因操作不当而引起的意外中毒也较常见。

【作用机制】

敌敌畏为典型的胆碱能神经性毒剂，其毒理作用是抑制胆碱酯酶的活性，致使胆碱酯酶不能分解乙酰胆碱，造成体内的乙酰胆碱大量蓄积，引起神经系统功能紊乱。呼吸衰竭是敌敌畏急性中毒死亡的主要原因。

【毒性】

敌敌畏为高毒类物质。

成人口服致死量约为 56 mg/kg。

急性中毒实验：大鼠经口半数致死量（LD_{50}）为 56~80 mg/kg，大鼠经皮肤吸收半数致死量（LD_{50}）为 75~210 mg/kg；小鼠经口半数致死量（LD_{50}）为 50~92 mg/kg。

【中毒症状】

敌敌畏可以通过口服、吸入、皮肤接触、黏膜吸收等途径进入机体引起中毒，中毒症状主要有三种：①毒蕈碱样症状：表现为恶心、呕吐、腹痛、腹泻、瞳孔缩小、多汗、流涎、呼吸困难等。②烟碱样症状：表现为肌肉震颤、抽搐、呼吸肌麻痹、呼吸停止等。③中枢神经系统症状：表现为头痛、头晕、烦躁不安、昏睡或昏迷等。若皮肤接触敌敌畏可引起过敏性皮炎，并可出现水疱和脱皮。

【急救措施】

皮肤接触者，应立即脱去被污染的衣物，尽快用肥皂水反复彻底清洗全身，特别要清洗头发、指甲。口服中毒者，应迅速催吐、洗胃（因敌敌畏对胃黏膜具有强烈刺激作用，洗胃时要小心、轻柔，防止消化道黏膜出血或胃穿

孔）。应用阿托品类药物治疗，并尽快达到阿托品化。防止病情反复，阿托品停用不宜太早，需密切观察病情，特别是意识状态、脉搏、呼吸、血压、瞳孔、肺部情况，注意心脏监护，并采用对症治疗和支持疗法。

【尸体特征】

尸斑显著，呈暗紫红色。尸僵早而强，有的可见腓肠肌和肱二头肌显著挛缩，口唇及指甲明显青紫，口鼻周围有白色泡沫，切开胃后可闻到有机磷农药的特殊气味，胃及十二指肠黏膜充血并有点状出血，气管及支气管腔内有大量白色泡沫状液体，肺水肿明显，右心房及右心室轻度扩张，心腔及大静脉内充满暗红色流动状血液。

【检材提取】

对于口服敌敌畏中毒死亡者，应采集胃内容物、血液及肝组织作为检材。对于吸入中毒死亡者，可提取血液、肺组织等作为检材。对于注射中毒死亡者，需提取局部皮肤、皮下组织及肌肉作为检材。同时应注意收集和提取现场剩余的食物或饮料、可疑容器、药瓶、呕吐物、沾染有敌敌畏的衣服、洗胃液等。

【检验方法】

1. 气相色谱-质谱法

仪器：气相色谱-质谱联用仪；色谱柱：Agilent DB-5MS（30 m×0.25 mm×0.25 μm）弹性石英毛细管柱；柱温：初始温度 150 ℃，保持 1 min，以 20 ℃/min 的升温速率升温至 280 ℃；进样口温度：250 ℃；进样方式：分流进样，分流比：30∶1；离子源：电子轰击源（EI）；能量：70 eV；离子源温度：230 ℃；扫描方式：全扫描；质量范围：40~450 amu。

2. 液相色谱-质谱法

仪器：液相色谱-质谱联用仪；色谱柱：Acquity UPLC BEH C18（2.1 mm×50 mm×1.7 μm）键合硅胶柱；流动相：流动相 A 为乙腈，流动相 B 为 5 mmol/L 的甲酸铵+0.1%的甲酸；流速：0.6 mL/min；洗脱方式：梯度洗脱；柱温：35 ℃；离子源：电喷雾离子源（ESI^+）；检测模式：多反应监测（MRM）；雾化气：氮气；脱溶剂气：氮气；脱溶剂气流速：900 L/h；锥孔气流速：50 L/h；碰撞气：氩气；离子源温度：150 ℃；雾化温度：350 ℃；毛细管电压：3.0 kV。

二溴磷（二溴灵）

【化学名称】 *O*，*O*-二甲基-1，2-二溴-2，2-二氯代乙基磷酸酯

【化学式】 $C_4H_7Br_2Cl_2O_4P$

【结构式】

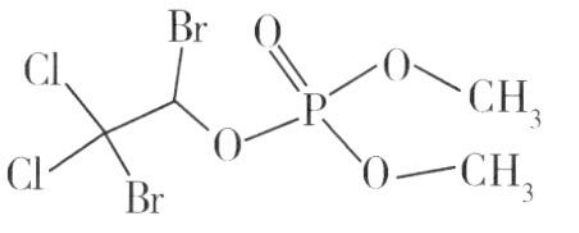

【相对分子质量】 380.78

【CAS 登记号】 300-76-5

【性状】

二溴磷纯品为白色结晶，工业品为琥珀色液体，稍有辛辣气味。熔点 26.5~27.5 ℃，沸点 273.8 ℃，密度 2.032 g/cm³。不溶于水，易溶于苯、丙酮、醇、醚等多种有机溶剂。在高温和碱性条件下可发生水解。

【用途及中毒原因】

二溴磷是一种具有触杀性和胃毒性的速效杀虫剂、杀螨剂，用于防治将要采收的蔬菜、果树等作物上的害虫，对人畜毒性较低，对蜜蜂毒性较大。中毒原因多为口服自杀或投毒，在生产、运输、喷洒农药过程中因泄漏或操作不当而引起的意外中毒也较常见。

【作用机制】

二溴磷的作用机制与一般有机磷类农药相同。主要抑制胆碱酯酶的活性，造成乙酰胆碱在体内大量蓄积，引起神经系统功能紊乱，从而出现轻重不等的中毒症状。

【毒性】

二溴磷毒性中等。

急性中毒实验：大鼠经口半数致死量（LD_{50}）为 92 mg/kg，小鼠经口半数致死量（LD_{50}）为 222 mg/kg。

【中毒症状】

一般急性中毒多在 12 h 内发病，若是吸入、口服高浓度或剧毒的有机磷农药，可在几分钟到十几分钟出现症状，甚至死亡。皮肤接触中毒发病时间较为缓慢，但可表现吸收后的严重症状。本类农药中毒早期或中毒较轻时可出现头晕、头痛、恶心、呕吐、流涎、多汗、视物模糊、乏力等症状。中毒较重者除出现上述症状外，还可出现瞳孔缩小、肌肉震颤、流泪、支气管分泌物增

多、腹痛、腹泻、意识恍惚、步履蹒跚、心动过缓、发热、寒战及肺部有干、湿啰音和哮鸣音等症状。重度中毒者可出现心动过速、房室传导阻滞、心房颤动等心律异常，血压升高或下降，发绀，呼吸困难，口、鼻冒沫甚至带有血液（肺水肿），惊厥，昏迷，大、小便失禁或尿潴留，四肢瘫痪，反射消失等症状。

【急救措施】

皮肤接触者，应立即脱去被污染的衣物，尽快用肥皂水反复彻底清洗全身，特别要清洗头发、指甲。口服中毒者，应迅速催吐、洗胃（因二溴磷对胃黏膜有强烈刺激作用，洗胃时要小心、轻柔，防止消化道黏膜出血或胃穿孔）；应用阿托品类药物治疗，并尽快达到阿托品化。防止病情反复，阿托品停用不宜太早，需密切观察病情，特别是意识状态、脉搏、呼吸、血压、瞳孔、肺部情况，注意心脏监护；并采用对症治疗和支持疗法。

【尸体特征】

参见“对硫磷”。

【检材提取】

可采集胃内容物、血液和肝、肺等组织作为检材。同时应注意收集和提取现场剩余的食物或饮料、洗胃液、可疑容器、药瓶、呕吐物、沾染有二溴磷的衣物等。

【检验方法】

气相色谱-质谱法。

仪器：气相色谱-质谱联用仪；色谱柱：Agilent DB-5MS（30 m×0.25 mm×0.25 μm）弹性石英毛细管柱；柱温：初始温度 150 ℃，保持 1 min，以 20 ℃/min 的升温速率升温至 280 ℃；进样口温度：260 ℃；进样方式：分流进样，分流比，30∶1；离子源：电子轰击源（EI），能量：70 eV；离子源温度：230 ℃；扫描方式：全扫描；质量范围：40~450 amu。

杀螟威（毒虫畏、杀螟畏）

【化学名称】 *O*，*O*-二乙基-*O*-［2-氯-1-(2，4-二氯苯基)］乙烯基磷酸酯

【化学式】 $C_{12}H_{14}Cl_3O_4P$

【结构式】

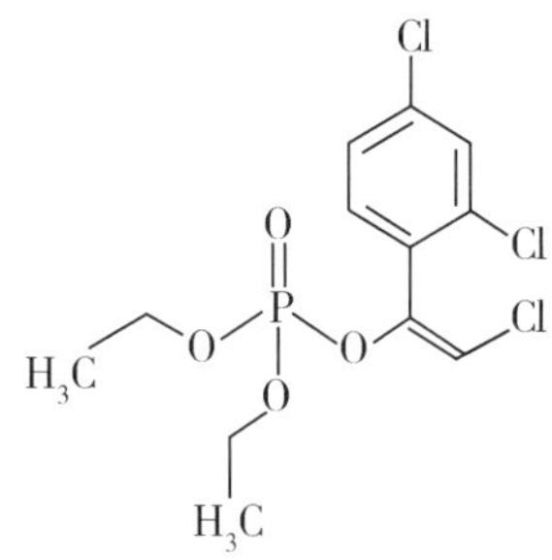

【相对分子质量】 359.57

【CAS 登记号】 470-90-6

【性状】

杀螟威纯品为无色液体，工业品呈琥珀色，熔点-23~-19 ℃，沸点 396.5 ℃，密度 1.373 g/mL。微溶于水（水中溶解度为 145 mg/L），可溶于乙醇、丙酮、二氯甲烷、三氯甲烷、苯等。

【用途及中毒原因】

杀螟威是一种广谱的杀虫剂、杀螨剂。用于土壤处理可防治水稻、玉米、甘蔗、蔬菜、大豆等作物的地下害虫，叶面喷洒可防治马铃薯甲虫、水稻螟虫、棉花白粉虱等多种害虫，也可用于卫生害虫的防治和动物体外驱虫。中毒原因多见于口服自杀或投毒，偶见喷洒农药过程中因操作不当而引起的意外中毒。

【作用机制】

杀螟威的作用机制与一般有机磷类农药相同，主要抑制胆碱酯酶的活性，造成乙酰胆碱在体内大量蓄积，引起神经系统功能紊乱，从而出现轻重不等的中毒症状。

【毒性】

杀螟威为高毒类物质。

急性中毒实验：大鼠经口半数致死量（LD_{50}）为 10 mg/kg，小鼠经口半数致死量（LD_{50}）为 65 mg/kg。

【中毒症状】

中毒症状主要表现有头痛、头昏、食欲减退、恶心、呕吐、腹痛、腹泻、流涎、瞳孔缩小、呼吸道分泌物增多、多汗、肌肉震颤等。严重者可出现肺水肿、脑水肿、昏迷、呼吸肌麻痹等症状。

【急救措施】

首先洗胃、催吐，用吸附剂吸出残留在体内的药物。同时给予吸氧，并进行心电监护，纠正水、电解质紊乱和酸中毒。可使用阿托品或解磷

定等药物进行治疗。

【尸体特征】

尸斑显著，呈暗紫红色。尸僵早而强，有的可见腓肠肌和肱二头肌显著挛缩，口唇及指甲明显青紫，口鼻周围有白色泡沫，切开胃后可闻到有机磷农药的特殊气味，胃及十二指肠黏膜充血并有点状出血，气管及支气管腔内有大量白色泡沫状液体，肺水肿明显，右心房及右心室轻度扩张，心腔及大静脉内充满暗红色流动状血液。

【检材提取】

可采集胃内容物、血液和肝、肺等组织作为检材。同时应注意收集和提取现场剩余的食物或饮料、洗胃液、可疑容器、药瓶、呕吐物、沾染有毒物的衣物等。

【检验方法】

1. 气相色谱-质谱法

仪器：气相色谱-质谱联用仪；色谱柱：Agilent DB-5MS（30 m×0.25 mm×0.25 μm）弹性石英毛细管柱；柱温：初始温度 60 ℃，保持 1 min，以 20 ℃/min 的升温速率升温至 260 ℃，保持10 min；载气：高纯氦，流速：1.0 mL/min；进样口温度：260 ℃；进样方式：不分流进样；离子源：电子轰击源（EI），能量：70 eV；离子源温度：230 ℃；四级杆温度：150 ℃；扫描方式：全扫描；质量范围：40～350 amu。

2. 液相色谱-质谱法

仪器：液相色谱-质谱联用仪；色谱柱：Acquity UPLC HSS T3（2.1 mm×50 mm×1.7 μm）键合硅胶柱；流动相：流动相 A 为乙腈，流动相 B 为水+0.1%的甲酸；洗脱方式：梯度洗脱；柱温：35 ℃；流速：0.45 mL/min；离子源：电喷雾离子源；离子源温度：150 ℃；雾化温度：350 ℃；毛细管电压：3.0 kV。

速灭磷（磷君、磷石、法斯金）

【化学名称】 *O*，*O*-二甲基-*O*-（2-甲氧羟基-1-甲基）乙烯基磷酸酯

【化学式】 $C_7H_{13}O_6P$

【结构式】

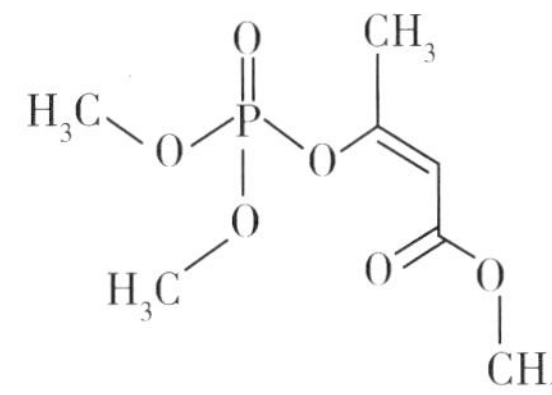

【相对分子质量】 224.15

【CAS 登记号】 7786-34-7

【性状】

速灭磷有反式和顺式两种异构体。顺式异构体的熔点为 6.9 ℃，密度 1.245 g/cm^3；反式异构体的熔点为 21 ℃，密度 1.234 5 g/cm^3。商品速灭磷为两种异构体的混合物，其中反式异构体含量占 60%，顺式异构体含量占 40%，为淡黄色液体，沸点 99～103 ℃。易溶于水，能溶于醇、酮等多种有机溶剂，微溶于脂肪烃。常温下储存稳定，在碱性水溶液中可水解。

【用途及中毒原因】

速灭磷是一种水溶性的广谱杀虫剂、杀螨剂，具有触杀和胃毒作用。对棉蚜、棉铃虫、苹果蚜、苹果红蜘蛛、玉米蚜、大豆蚜、菜青虫及螨虫均有较好的防治效果。中毒原因多见于口服自杀或投毒，在生产、运输、喷洒农药过程中因泄漏或操作不当而引起的意外中毒也较常见。

【作用机制】

速灭磷是一种强烈的胆碱酯酶抑制剂，进入机体后可以与胆碱酯酶结合，使胆碱酯酶失去分解乙酰胆碱的能力，造成乙酰胆碱在体内大量蓄积，引起神经系统功能紊乱，从而出现轻重不等的中毒症状。

【毒性】

速灭磷为剧毒类物质。

人经口致死剂量<5 mg/kg。

急性中毒实验：大鼠经口半数致死量（LD_{50}）为 3 mg/kg，大鼠经皮肤吸收半数致死量（LD_{50}）为 4.2 mg/kg；小鼠经口半数致死量（LD_{50}）为 4 mg/kg，小鼠经皮肤吸收半数致死量（LD_{50}）为 12 mg/kg。

【中毒症状】

本品中毒后的主要症状有心跳减慢、血压升高、恶心、呕吐、腹部痛性痉挛、腹泻、多涎、晕眩、流鼻涕、胸闷、视物模糊、肌肉痉挛、精神错乱、定向力障碍、呼吸困难、皮肤变青、惊

风、昏迷、甚至死亡。

【急救措施】

皮肤接触者，应用肥皂水及清水彻底冲洗全身。眼睛接触者，应立即翻开上下眼睑，用流动清水反复冲洗。吸入中毒者，应迅速脱离现场至空气新鲜处，呼吸困难时，给予吸氧，呼吸停止时，立即进行人工呼吸。食入、误服中毒者，给饮适量温水，催吐，反复洗胃。合并使用阿托品和复能剂（氯磷定、解磷定）。

【尸体特征】

尸斑显著，呈暗紫红色。尸僵早而强，有的可见腓肠肌和肱二头肌显著挛缩，口唇及指甲明显青紫，口鼻周围有白色泡沫，切开胃后可闻到有机磷农药的特殊气味，胃及十二指肠黏膜充血并有点状出血，气管及支气管腔内有大量白色泡沫状液体，肺水肿明显，右心房及右心室轻度扩张，心腔及大静脉内充满暗红色流动状血液。

【检材提取】

检材可提取胃内容物、血液和肝、肺组织等。同时应注意收集和提取现场剩余的食物或饮料、洗胃液、可疑容器、药瓶、呕吐物、沾染有毒物的衣物等。

【检验方法】

1. 气相色谱-质谱法

仪器：气相色谱-质谱联用仪；色谱柱：Agilent DB-5MS（30 m×0.25 mm×0.25 μm）弹性石英毛细管柱；柱温：初始温度 60 ℃，保持 1 min，以 20 ℃/min 的升温速率升温至 260 ℃，保持10 min；载气：高纯氦，流速：1.0 mL/min；进样口温度：260 ℃；进样方式：不分流进样；离子源：电子轰击源（EI），能量：70 eV；离子源温度：230 ℃；四级杆温度：150 ℃；扫描方式：全扫描；质量范围：40~350 amu。

2. 液相色谱-质谱法

仪器：液相色谱-质谱联用仪；色谱柱：Acquity UPLC HSS T3（2.1 mm×50 mm×1.7 μm）键合硅胶柱；流动相：流动相 A 为乙腈，流动相 B 为水+0.1%的甲酸；洗脱方式：梯度洗脱；柱温：35 ℃；流速：0.45 mL/min；离子源：电喷雾离子源；离子源温度：150 ℃；雾化温度：350 ℃；毛细管电压：3.0 kV。

磷胺（大灭虫）

【化学名称】 *O*，*O*-二甲基-*O*-［2-氯-2-（二乙基氨基甲酰基）-1-甲基］乙烯基磷酸酯

【化学式】 $C_{10}H_{19}ClNO_5P$

【结构式】

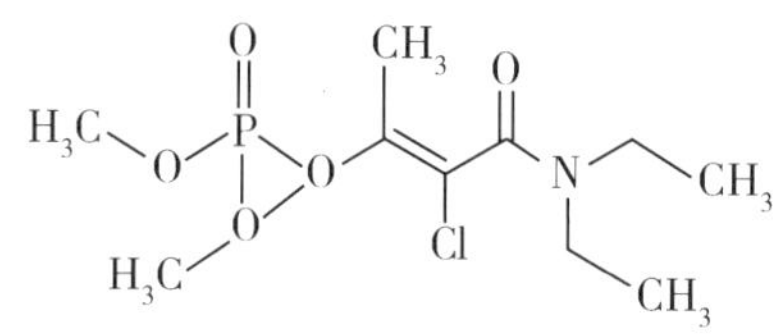

【相对分子质量】 299.69

【CAS 登记号】 13171-21-6

【性状】

磷胺纯品为无色无臭的油状液体，熔点 -48~-45 ℃，沸点 162 ℃，密度 1.21 g/mL。易溶于水、醇、丙酮、乙醚、二氯甲烷，微溶于芳香烃，不溶于石油醚及脂肪烃。在中性或酸性介质中缓慢水解，在碱性介质或高温下迅速水解。工业品为顺式异构体和反式异构体的混合物，其中顺式异构体含量占 70%，反式异构体含量占 30%。

【用途及中毒原因】

磷胺为广谱性有机磷类杀虫剂和胆碱酯酶抑制剂。可防治刺吸式口器和咀嚼式口器的多种害虫。对棉蚜、棉红蜘蛛等棉花害虫有较高防效，对稻飞虱、稻叶蝉、稻螟虫等也有优良的杀伤效果。还可用于防治甘蔗螟虫、大豆食心虫、梨小食心虫等。中毒原因多为自杀或投毒，偶见在生产、运输、喷洒农药过程中因泄漏或操作不当而引起的意外中毒。

【作用机制】

磷胺进入机体后与胆碱酯酶结合形成磷酰化胆碱酯酶，后者比较稳定，使胆碱酯酶失去分解乙酰胆碱的能力，造成乙酰胆碱在体内大量蓄积，引起神经系统功能紊乱，从而出现轻重不等的中毒症状。

【毒性】

磷胺为剧毒类物质。

人最小致死量（MLD）为 5 mg/kg。

急性中毒实验：大鼠经口半数致死量（LD_{50}）为 8 mg/kg，小鼠经口半数致死量（LD_{50}）为 6 mg/kg。

【中毒症状】

本品中毒后的主要症状有头痛、头晕、恶心、呕吐、腹痛、腹泻、多汗、胸闷、视物模糊、肌肉震颤、瞳孔缩小、呼吸困难、流涎等，严重者可出现肺水肿、昏迷、呼吸肌麻痹或脑水肿等症状。

【急救措施】

皮肤接触者，应立即脱去被污染的衣物，用肥皂水及清水彻底冲洗污染的皮肤、头发、指甲等。眼睛接触者，应立即翻开上下眼睑，用流动清水或2%的碳酸氢钠溶液冲洗。吸入中毒者，应迅速脱离现场至空气新鲜处，呼吸困难时，给予吸氧，呼吸停止时，立即进行人工呼吸和心脏按压术。食入、误服中毒者，给饮大量温水，催吐，可用温水或1∶5 000的高锰酸钾溶液彻底洗胃，或用2%的碳酸氢钠溶液反复洗胃。症状严重者立即送往医院治疗。

【尸体特征】

尸斑显著，呈暗紫红色。尸僵早而强，有的可见腓肠肌和肱二头肌显著挛缩，口唇及指甲明显青紫，口鼻周围有白色泡沫，切开胃后可闻到有机磷农药的特殊气味，胃及十二指肠黏膜充血并有点状出血，气管及支气管腔内有大量白色泡沫状液体，肺水肿明显，右心房及右心室轻度扩张，心腔及大静脉内充满暗红色流动状血液。

【检材提取】

检材可提取胃内容物、血液和肝、肺组织等。同时应注意收集和提取现场剩余的食物或饮料、洗胃液、可疑容器、药瓶、呕吐物、沾染有毒物的衣物等。

【检验方法】

气相色谱-质谱法。

仪器：气相色谱-质谱联用仪；色谱柱：Agilent DB-5MS（30 m×0.25 mm×0.25 μm）弹性石英毛细管柱；柱温：初始温度60 ℃，保持1 min，以20 ℃/min的升温速率升温至260 ℃，保持10 min；载气：高纯氦，流速：1.0 mL/min；进样口温度：280 ℃；进样方式：不分流进样；进样量：1.0 μL；离子源：电子轰击源（EI），能量：70 eV；离子源温度：230 ℃；四级杆温度：150 ℃；扫描方式：全扫描；质量范围：40~350 amu。

久效磷（纽瓦克）

【化学名称】 *O*，*O*-二甲基-*O*-（1-甲基-2-甲基氨基甲酰基）乙烯基磷酸酯

【化学式】 $C_7H_{14}NO_5P$

【结构式】

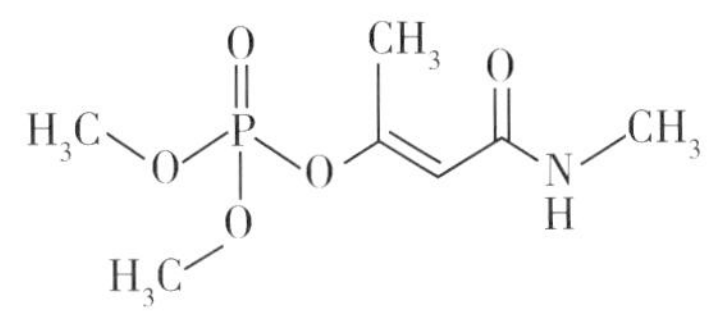

【相对分子质量】 223.16

【CAS登记号】 6923-22-4

【性状】

久效磷是有轻微酯气味的无色结晶体，有顺式和反式两种异构体，工业品是这两种异构体的混合物，常温下为红色至棕色的半固体或黏性液体，熔点54~55 ℃，沸点125 ℃，密度1.195 g/cm³。能与水混溶，可溶于乙醇、丙酮，稍溶于二甲苯和煤油，难溶于脂肪烃。在中性及酸性介质中较稳定，在碱性介质中易水解。

【用途及中毒原因】

久效磷是一种高效内吸性有机磷杀虫剂，具有很强的触杀和胃毒作用。杀虫谱广，速效性好，残效期长，对刺吸式口器、咀嚼式口器和蛀食性的多种害虫有效。用于防治棉花蚜虫、棉红蜘蛛、棉叶蝉、棉大造桥虫、棉蓟马和水稻二化螟、水稻三化螟、稻纵卷叶螟、稻飞虱、稻苞虫及稻潜叶蝇、斜纹夜蛾等害虫。中毒原因多见于口服自杀或投毒，偶见喷洒农药过程中因操作不当或意外泄漏而引起的意外中毒。

【作用机制】

久效磷进入机体后与胆碱酯酶结合形成磷酰化胆碱酯酶，使胆碱酯酶失去分解乙酰胆碱的能力，蓄积的乙酰胆碱对中枢神经系统产生作用，主要是破坏兴奋和抑制的平衡，引起中枢神经调节功能紊乱，从而引发昏迷或死亡。

【毒性】

久效磷为高毒类物质。

急性中毒实验：大鼠经口半数致死量（LD_{50}）为8~23 mg/kg，大鼠经皮肤吸收半数致死量（LD_{50}）为354 mg/kg；小鼠经口半数致死量（LD_{50}）为15 mg/kg。

【中毒症状】

急性中毒多在 12 h 内发病，症状主要有头痛、头昏、恶心、呕吐、腹疼、腹泻、多汗、无力、流涎、胸闷、视物模糊、纳差等；严重者还可出现肌肉震颤、瞳孔缩小、精神恍惚、步态不稳、昏迷、抽搐、呼吸困难、口吐白沫、大小便失禁、惊厥、呼吸肌麻痹等症状。

【急救措施】

对于误服中毒者，应立即催吐（清醒时才能催吐）、洗胃、导泻，并用阿托品或解磷定解毒，禁用吗啡、茶碱、吩噻嗪、利血平等。待症状缓解后需多观察几日，以防止“反跳”现象的发生。

【尸体特征】

尸斑显著，呈暗紫红色。尸僵早而强，有的可见腓肠肌和肱二头肌显著挛缩，口唇及指甲明显青紫，口鼻周围有白色泡沫，切开胃后可闻到有机磷农药的特殊气味，胃及十二指肠黏膜充血并有点状出血，气管及支气管腔内有大量白色泡沫状液体，肺水肿明显，右心房及右心室轻度扩张，心腔及大静脉内充满暗红色流动状血液。

【检材提取】

检材可提取胃内容物、血液和肝、肺组织等。同时应注意收集和提取现场剩余的食物或饮料、可疑容器、药瓶、呕吐物、沾染有毒物的衣物等，如果经过抢救，还应注意提取洗胃液。

【检验方法】

1. 气相色谱-质谱法

仪器：气相色谱-质谱联用仪；色谱柱：Agilent DB-5MS（30 m×0.25 mm×0.25 μm）弹性石英毛细管柱；柱温：初始温度 60 ℃，保持 1 min，以 20 ℃/min 的升温速率升温至 260 ℃，保持10 min；载气：高纯氦，流速：1.0 mL/min；进样口温度：260 ℃；进样方式：不分流进样；离子源：电子轰击源（EI），能量：70 eV；离子源温度：230 ℃；四级杆温度：150 ℃；扫描方式：全扫描；质量范围：40~350 amu。

2. 液相色谱-质谱法

仪器：液相色谱-质谱联用仪；色谱柱：Acquity UPLC HSS T3（2.1 mm×50 mm×1.7 μm）键合硅胶柱；流动相：流动相 A 为乙腈，流动相 B 为水+0.1%的甲酸；洗脱方式：梯度洗脱；柱温：35 ℃；流速：0.45 mL/min；离子源：电喷雾离子源；离子源温度：150 ℃；雾化温度：350 ℃；毛细管电压：3.0 kV。

马拉硫磷（马拉松、杀虫剂 4049、马拉赛昂）

【化学名称】 O，O-二甲基-S-［1，2-二（乙氧基羰基）乙基］二硫代磷酸酯

【化学式】 $C_{10}H_{19}O_6PS_2$

【结构式】

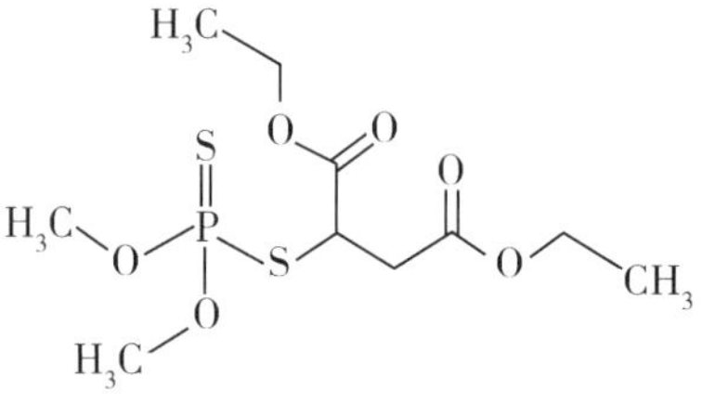

【相对分子质量】 330.36

【CAS 登记号】 121-75-5

【性状】

马拉硫磷纯品常温下为无色或浅黄色油状液体，有蒜臭味，工业品呈深褐色，有强烈气味。熔点 2.85 ℃，沸点 156~157 ℃，密度 1.207 6 g/cm³。难溶于水，微溶于石油醚，易溶于乙醇、丙酮、苯、氯代烃、植物油等多种有机溶剂。对光稳定，对热不稳定，加热时易发生异构化反应。

【用途及中毒原因】

马拉硫磷为广谱的杀虫剂、杀螨剂。具有触杀、胃毒作用，也有微弱的熏蒸作用，无内吸作用。可用于防治水稻、麦类、棉花、蔬菜、茶树、果树等作物上的害虫。可用于杀灭蚊蝇幼虫和臭虫等卫生害虫，也可用于防治仓储害虫。中毒原因多见于口服自杀或投毒，偶见在生产、运输或喷洒农药过程中因泄漏或操作不当而引起的意外中毒。

【作用机制】

马拉硫磷可抑制胆碱酯酶的活性，造成乙酰胆碱在体内大量蓄积，引起神经系统功能紊乱，从而出现轻重不等的中毒症状。

【毒性】

马拉硫磷为低毒类物质。

成人口服致死量为 1 375 mg/kg。

急性中毒实验：大鼠经口半数致死量（LD_{50}）为 290 mg/kg，小鼠经口半数致死量（LD_{50}）为 190 mg/kg。

【中毒症状】

本品中毒后的主要症状有头痛、头昏、恶心、呕吐、多汗、无力、流涎、胸闷、视物模糊、瞳孔缩小、纳差、抽搐、肌肉震颤、精神恍惚、步态不稳、昏迷、呼吸困难、肺水肿等。

【急救措施】

皮肤接触者，应立即脱去被污染的衣物，用肥皂水及清水彻底冲洗全身。眼睛接触者，应立即翻开上下眼睑，用流动清水反复冲洗。口服中毒者，应立即用弱碱性液体反复洗胃，忌服牛奶、蛋清和油类食物。应用解磷定、阿托品等解毒药进行治疗，禁用吗啡、茶碱、利血平、吩噻嗪等。症状严重者需尽快送往医院救治。

【尸体特征】

尸斑显著，呈暗紫红色。尸僵早而强，有的可见四肢骨骼肌显著挛缩，口唇及指甲明显青紫，口鼻周围有白色泡沫，切开胃后可闻到浓烈的蒜臭味，胃及十二指肠黏膜充血并有点状出血，气管及支气管腔内有大量白色泡沫状液体，肺水肿明显，心腔及大静脉内充满暗红色流动状血液。

【检材提取】

可采集洗胃液、呕吐物、胃内容物、血液及肝、肺等组织作为检材。同时需注意收集和提取现场剩余的食物或饮料、可疑容器、药瓶、呕吐物、沾染有毒物的衣物等。

【检验方法】

气相色谱-质谱法。

（1）样品前处理：①马拉硫磷原药不用提取可以直接检验。②沾有马拉硫磷的植物、物品等固体检材及马拉硫磷中毒者的洗胃液、呕吐物等检材可直接用二氯甲烷、三氯甲烷提取。检材如果为油，可以用与油不相混溶的乙腈提取。③因马拉硫磷中毒致死的，可以提取死者的胃内容物、血液或内脏组织，搅碎后加无水硫酸钠研磨至干沙状，用二氯甲烷、三氯甲烷、苯或乙腈等直接提取。提取液经氧化铝柱（或 PSA）和活性炭柱净化，浓缩至 0.5 mL 备检。

（2）仪器条件：仪器：气相色谱-质谱联用仪；色谱柱：Agilent DB-5MS（30 m×0.25 mm×0.25 μm）弹性石英毛细管柱；柱温：初始温度 60 ℃，保持 1 min，以 20 ℃/min 的升温速率升温至 250 ℃，保持 10 min；载气：高纯氦，流速：1.0 mL/min；进样口温度：200 ℃；进样方式：不分流进样；离子源：电子轰击源（EI），能量：70 eV；离子源温度：230 ℃；四级杆温度：200 ℃；扫描方式：全扫描；质量范围：40~350 amu。

稻丰散（爱乐散、稻芬妥胺酚拉明）

【化学名称】 *O*，*O*-二甲基-*S*-（苯基乙酸乙酯）二硫代磷酸酯

【化学式】 $C_{12}H_{17}O_4PS_2$

【结构式】

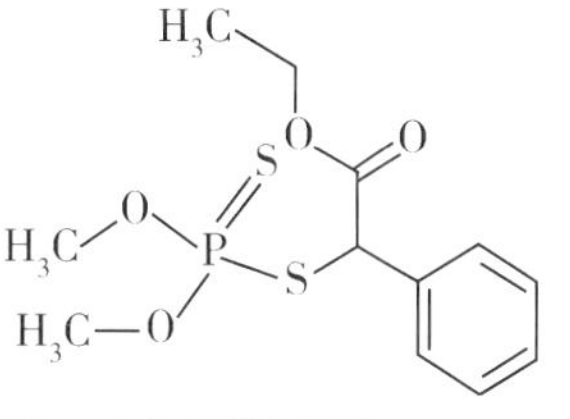

【相对分子质量】 320.36

【CAS 登记号】 2597-03-7

【性状】

稻丰散纯品为白色结晶固体，有芳香气味，工业品为黄褐色具有芳香味的油状液体。熔点 17~18 ℃，沸点 379.5 ℃，密度 1.275 g/cm^3。易溶于甲醇、乙醇、丙酮、苯、二硫化碳、氯仿、乙腈等多种有机溶剂，难溶于水（水中溶解度为 11 mg/L）。在酸性与中性介质中稳定，在碱性条件下易水解。

【用途及中毒原因】

稻丰散为高效、广谱、低毒的非内吸性有机磷类杀虫剂、杀卵剂、杀螨剂。具有触杀和胃毒作用，无内吸作用。此外，稻丰散还具有残效期长、速效性强、对作物安全的特点。可用于防治水稻、棉花、蔬菜、果树等作物上的大螟、二化螟，也可用于防治稻飞虱、稻叶蝉、棉铃虫、菜青虫、小菜蛾、蚜虫等多种害虫。中毒原因多见于误服，也可见于投毒，在生产过程中使用不当会发生意外中毒事件。

【作用机制】

稻丰散的作用机制主要是抑制胆碱酯酶的活性，使胆碱能神经的化学递质——乙酰胆碱在体内大量蓄积，导致胆碱能神经系统功能紊乱，或直接作用于胆碱能受体，导致下一神经元或效应器过度兴奋或抑制。

【毒性】

稻丰散毒性中等。

急性中毒实验：大鼠经口半数致死量（LD_{50}）为 71 mg/kg，小鼠经口半数致死量（LD_{50}）为 138 mg/kg；大鼠经皮肤吸收半数致死量（LD_{50}）为 700 mg/kg，小鼠经皮肤吸收半数致死量（LD_{50}）为 2 620 mg/kg。

【中毒症状】

稻丰散可以通过口服、吸入、皮肤接触、黏膜吸收等途径进入机体引起中毒。急性中毒多在 12 h 内发病，症状主要有头痛、头昏、恶心、呕吐、腹疼、腹泻、多汗、乏力、流涎、胸闷、视物模糊、纳差等；严重者还会出现肌肉震颤、瞳孔缩小、精神恍惚、步态不稳、昏迷、抽搐、呼吸困难、口吐白沫、大小便失禁、惊厥、呼吸肌麻痹等症状。

【急救措施】

口服中毒者，应立即催吐（清醒时才能催吐）、洗胃、导泻，用阿托品或解磷定进行治疗，禁用吗啡、茶碱、吩噻嗪、利血平等。并采取对症治疗和支持疗法。

【尸体特征】

尸斑显著，呈暗紫红色。尸僵早而强，有的可见腓肠肌和肱二头肌显著挛缩，口唇及指甲明显青紫，口鼻周围有白色泡沫，切开胃后可闻到有机磷农药的特殊气味，胃及十二指肠黏膜充血并有点状出血，气管及支气管腔内有大量白色泡沫状液体，肺水肿明显，右心房及右心室轻度扩张，心腔及大静脉内充满暗红色流动状血液。

【检材提取】

检材可提取胃内容物、血液、肝组织等，如果经过抢救，还需注意提取洗胃液。同时还应注意收集和提取现场剩余的食物或饮料、可疑容器、药瓶、呕吐物或沾染有稻丰散的衣物等。

【检验方法】

气相色谱-质谱法。

仪器：气相色谱-质谱联用仪；色谱柱：Agilent DB-5MS（30 m×0.25 mm×0.25 μm）弹性石英毛细管柱；柱温：初始温度 60 ℃，保持 1 min，以 20 ℃/min 的升温速率升温至 250 ℃，保持 10 min；载气：高纯氦，流速：1.0 mL/min；进样口温度：200 ℃；进样方式：不分流进样；离子源：电子轰击源（EI），能量：70 eV；离子源温度：230 ℃；四级杆温度：150 ℃；扫描方式：全扫描；质量范围：40~350 amu。

乐果（乐戈）

【化学名称】 *O*，*O*-二甲基-*S*-（N-甲基氨基甲酰甲基）二硫代磷酸酯

【化学式】 $C_5H_{12}NO_3PS_2$

【结构式】

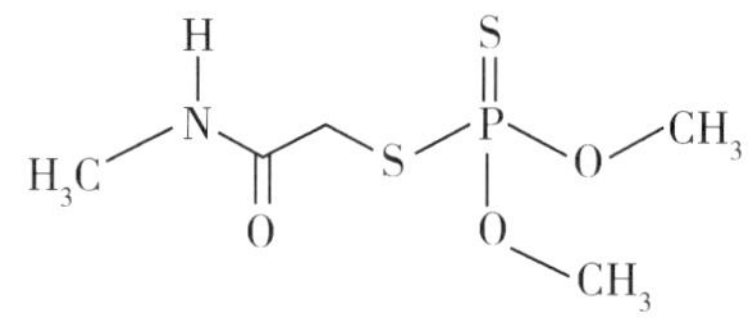

【相对分子质量】 229.26

【CAS 登记号】 60-51-5

【性状】

乐果为白色针状结晶，具有樟脑气味，工业品通常是灰色至白色结晶。熔点 52~52.5 ℃，沸点 117 ℃，相对密度 1.277（65 ℃）。微溶于水，可溶于大多数有机溶剂，如醇类、酮类、醚类、酯类、苯、甲苯、氯仿等。在水溶液中稳定，但遇碱液时容易水解。对光稳定。

【用途及中毒原因】

乐果为广谱的有机磷杀虫剂、杀螨剂，具有内吸作用。对害虫和螨类有强烈的触杀和一定的胃毒作用。在机体内能氧化成活性更高的氧化乐果，其作用机制是抑制体内胆碱酯酶的活性，阻碍神经传导而导致死亡。适用于防治多种作物上的刺吸式口器害虫（如蚜虫、叶蝉、粉虱、潜叶性害虫），对某些蚧类也有良好的防治效果，对螨有一定的防效，对卫生害虫特别有效。中毒原因多见于服毒自杀，偶见用于投毒杀人，在生产、运输、喷洒农药过程中因泄漏或操作不当或误服而引起的意外中毒也较常见。

【作用机制】

乐果在机体内可被氧化成活性更高的氧化乐果，通过抑制体内胆碱酯酶的活性，造成乙酰胆碱在体内大量蓄积，引起神经系统功能紊乱。乐果对胆碱酯酶的抑制是不可逆的。

【毒性】

乐果为高毒类物质。

成人致死血药浓度为 4 μg/mL，致死量为 215 mg/kg。

急性中毒实验：大鼠经口半数致死量（LD_{50}）为 60 mg/kg；小鼠经口半数致死量（LD_{50}）为156 mg/kg，小鼠经皮肤吸收半数致死量（LD_{50}）为 700~1 150 mg/kg。

【中毒症状】

乐果可以通过口服、吸入、皮肤接触、黏膜吸收等途径进入机体引起中毒。症状主要有头晕、头痛、恶心、呕吐、腹痛、腹泻、瞳孔缩小、多汗、流涎、呼吸困难、肌肉震颤、抽搐等。口服中毒者潜伏期短，发病快，病情危重，常见有昏迷，数十分钟内死亡。乐果是有机磷类农药中最易引起“反跳”的，反跳时多并发呼吸肌麻痹而致死亡。

【急救措施】

口服中毒者，应用碱性溶液或清水反复彻底洗胃，忌用高锰酸钾溶液。皮肤接触者，应立即脱去被污染的衣物，用肥皂水反复清洗全身。应用阿托品类药物进行解毒治疗，对于中度、重度中毒患者应迅速达到阿托品化，随后继续给予维持量 3~5d，防止病情反复。在治疗中密切观察病情，如意识状态、瞳孔、呼吸、心率、血压及肺部情况；加强心脏监护，保护心肌，防止猝死；急性中毒症状消失后，继续观察一周，不宜过早下床活动。出现呼吸肌麻痹时，应立即行气管插管或气管切开、机械通气。

【尸体特征】

尸斑显著，呈暗紫红色。尸僵早而强，有的可见腓肠肌和肱二头肌显著挛缩，口唇及指甲明显青紫，口鼻周围有白色泡沫，切开胃后可闻到有机磷农药的特殊气味，胃及十二指肠黏膜充血并有点状出血，气管及支气管腔内有大量白色泡沫状液体，肺水肿明显，右心房及右心室轻度扩张，心腔及大静脉内充满暗红色流动状血液。

【检材提取】

检材可提取胃内容物、血液、肝组织等。同时还应注意收集和提取现场剩余的食物或饮料、可疑容器、药瓶、呕吐物或沾染有乐果的衣物等。

【检验方法】

气相色谱-质谱法。

（1）样品前处理：①乐果原药不用提取可以直接检验。②沾有乐果的植物、物品等固体检材及乐果中毒者的洗胃液、呕吐物等检材可直接用二氯甲烷、三氯甲烷提取。检材如果为油，可以用与油不相混溶的乙腈提取。③因乐果中毒致死的，可以提取死者的胃内容物、血液或内脏组织，搅碎后加无水硫酸钠研磨至干沙状，用二氯甲烷、三氯甲烷、苯或乙腈等直接提取。提取液经氧化铝柱（或 PSA）和活性炭柱净化。浓缩至 0.5 mL 备检。

（2）仪器条件：仪器：气相色谱-质谱联用仪；色谱柱：Agilent DB-5MS（30 m×0.25 mm×0.25 μm）弹性石英毛细管柱；柱温：初始温度 60 ℃，保持 1 min，以 20 ℃/min 的升温速率升温至 250 ℃，保持 10 min；载气：高纯氦，流速：1.0 mL/min；进样口温度：200 ℃；进样方式：不分流进样；离子源：电子轰击源（EI），能量：70 eV；离子源温度：230 ℃；四级杆温度：150 ℃；扫描方式：全扫描；质量范围：40~350 amu。

氧化乐果（氧乐果、华果、欧灭松）

【化学名称】 *O*，*O*-二甲基-*S*-［2-（甲氨基）-2-氧代乙基］硫代磷酸酯

【化学式】 $C_5H_{12}NO_4PS$

【结构式】

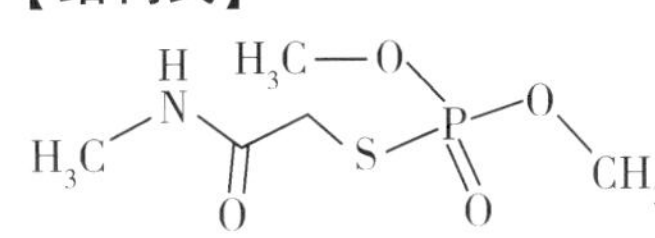

【相对分子质量】 213.21

【CAS 登记号】 1113-02-6

【性状】

氧化乐果纯品为无色透明油状液体，有硫醇气味，熔点-28 ℃，沸点 135 ℃，密度 1.27 g/cm^3。能与水、乙醇、丙酮和烃类等多种溶剂混溶，微溶于乙醚，几乎不溶于石油醚。在碱性介质中水解，在酸性介质中缓慢水解。

【用途及中毒原因】

氧化乐果为广谱的有机磷杀虫剂、杀螨剂和胆碱酯酶抑制剂，具有内吸作用，主要用于防治棉花、小麦、果树、蔬菜、高粱等作物上的各种蚜虫、红蜘蛛，用于水稻可防治稻飞虱、稻蓟马、稻纵卷叶螟等。对于各种蚧虫（如柑橘红蜡蚧、桦干蚧等）的防治效果也很显著。特别适宜防治抗性蚜螨。中毒原因常见于服毒自杀，偶见用于投毒杀人，在生产、运输、喷洒农药过程中因泄漏或操作不当或误服而引起的意外中毒

也较常见。

【作用机制】

氧化乐果能够抑制体内胆碱酯酶的活性，不仅能对呼吸中枢产生抑制作用，而且还具有较强的外周呼吸肌麻痹作用，故其导致呼吸衰竭的发生率明显高于其他种类农药。

【毒性】

氧化乐果为高毒类有机磷杀虫剂，毒性较乐果强。

急性中毒实验：大鼠经口半数致死量（LD_{50}）为 30 mg/kg，大鼠经皮肤吸收半数致死量（LD_{50}）为 200 mg/kg；小鼠经口半数致死量（LD_{50}）为 24 mg/kg，小鼠腹腔注射半数致死量（LD_{50}）为 180 mg/kg。

【中毒症状】

氧化乐果可以通过口服、吸入、皮肤接触、黏膜吸收等途径进入体内引起中毒。主要中毒症状如下。

（1）毒蕈碱样症状：表现为恶心、呕吐、腹痛、腹泻、多汗、流涎、尿频、大小便失禁、心跳减慢、瞳孔缩小、呼吸道分泌物增多等，严重患者可出现肺水肿。

（2）烟碱样症状：表现为肌肉震颤、肌肉强直性痉挛，而后发生肌力减退和瘫痪，可致呼吸肌麻痹。

（3）中枢神经系统症状：表现为头晕、头痛、乏力、共济失调、烦躁不安、言语不清、抽搐和昏迷等。

【急救措施】

皮肤接触者，应立即脱去被污染的衣物，用肥皂水和清水彻底冲洗全身。眼睛接触者，应立即提起眼睑，用流动清水或生理盐水反复冲洗。误服中毒者，应立即催吐，并口服 1%~2%的碳酸钠溶液洗胃；应用特效解毒药解磷定、阿托品等进行治疗。立即送往医院抢救。

【尸体特征】

尸斑显著，呈暗紫红色。尸僵早而强，有的可见腓肠肌和肱二头肌显著挛缩，口唇及指甲明显青紫，口鼻周围有白色泡沫。切开胃后可闻到有机磷农药的特殊气味，胃及十二指肠黏膜充血并有点状出血，气管及支气管腔内有大量白色泡沫状液体，肺水肿明显，右心房及右心室轻度扩张，心腔及大静脉内充满暗红色流动状血液。

【检材提取】

可提取洗胃液、呕吐物、胃内容物、血液及肝、肺等组织作为检材。同时还需注意收集和提取现场剩余食物或饮料、可疑容器、药瓶、沾染有毒物的衣物等。

【检验方法】

气相色谱-质谱法。

（1）样品前处理：①氧化乐果原药不用提取可以直接检验。②沾有氧化乐果的植物、物品等固体检材及氧化乐果中毒者的洗胃液、呕吐物等检材可直接用二氯甲烷、三氯甲烷、乙酸乙酯提取。检材如果为油，可以用与油不相混溶的乙腈提取。③因氧化乐果中毒致死的，可以提取死者的胃内容物、血液或内脏组织，搅碎后加无水硫酸钠研磨至干沙状，用二氯甲烷、三氯甲烷、乙酸乙酯、苯或乙腈等直接提取。提取液经氧化铝柱（或 PSA）和活性炭柱净化。浓缩至 0.5 mL 备检。

（2）仪器条件：仪器：气相色谱-质谱联用仪；色谱柱：Agilent DB-5MS（30 m×0.25 mm×0.25 μm）弹性石英毛细管柱；柱温：初始温度 60 ℃，保持 1 min，以 20 ℃/min 的升温速率升温至 250 ℃，保持 10 min，载气：高纯氦，流速：1.0 mL/min；进样口温度：200 ℃；进样方式：不分流进样；离子源：电子轰击源（EI），能量：70 eV；离子源温度：230 ℃；四级杆温度：150 ℃；扫描方式：全扫描；质量范围：40~350 amu。

灭蚜蜱（灭芽磷、苯噻草胺）

【化学名称】 *O*，*O*-二乙基-*S*-（N-乙氧羰基-N-甲基氨基甲酰甲基）二硫代磷酸酯

【化学式】 $C_{10}H_{20}NO_5PS_2$

【结构式】

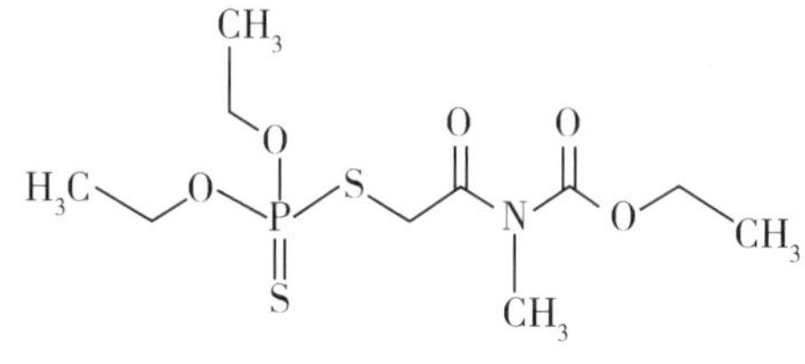

【相对分子质量】 329.37

【CAS 登记号】 2595-54-2

【性状】

灭蚜蜱为浅褐色至淡黄色油状液体。沸点

421.4 ℃，密度 1.265 g/cm³。微溶于水（水中溶解度为1 g/L），可溶于醇类、酮类、酯类、芳香烃等。在脂肪烃中的溶解度小于 50 g/kg。

【用途及中毒原因】

灭蚜蜱主要用于防治水稻、果树、蔬菜、茶树等作物上的蚜虫、叶蝉、飞虱、螨类、蚧类等害虫。也可用于防治飞虱类、葱头蝇、介壳虫、油虫、叶螨等害虫。中毒原因多见于服毒自杀，偶见用于投毒杀人，在生产、运输、喷洒农药过程中因泄漏或操作不当或误服而引起的意外中毒也较常见。

【作用机制】

灭蚜蜱的作用机制主要是抑制胆碱酯酶的活性，造成乙酰胆碱在体内大量蓄积，引起神经系统功能紊乱，从而出现轻重不等的中毒症状。

【毒性】

灭蚜蜱为高毒类物质。

急性中毒实验：大鼠经口半数致死量（LD_{50}）为 31 mg/kg，大鼠经皮肤吸收半数致死量（LD_{50}）为 380 mg/kg；小鼠经口半数致死量（LD_{50}）为 106 mg/kg。

【中毒症状】

灭蚜蜱可以通过口服、吸入、皮肤接触、黏膜吸收等途径进入机体引起中毒。症状主要有头痛、头昏、食欲减退、恶心、呕吐、腹痛、腹泻、流涎、瞳孔缩小、呼吸道分泌物增多、多汗、肌肉震颤等。严重者可出现肺水肿、脑水肿、昏迷、呼吸肌麻痹等。

【急救措施】

皮肤接触者，应立即脱去被污染的衣物，用肥皂水及流动清水彻底冲洗污染的皮肤、头发、指甲等。眼睛接触者，应立即提起眼睑，用流动清水或生理盐水反复冲洗。吸入中毒者，应迅速脱离现场至空气新鲜处，保持呼吸道通畅，如呼吸困难，给予吸氧；如呼吸、心跳停止，立即进行心肺复苏术。食入中毒者，应给饮足量温水，催吐，用1∶5 000的高锰酸钾溶液洗胃，口服医用活性炭导泻。每 5 min 给服一片阿托品，直到感觉口干为止。

【尸体特征】

尸斑显著，呈暗紫红色。尸僵早而强，有的可见腓肠肌和肱二头肌显著挛缩，口唇及指甲明显青紫，口鼻周围有白色泡沫，切开胃后可闻到有机磷农药的特殊气味，胃及十二指肠黏膜充血并有点状出血，气管及支气管腔内有大量白色泡沫状液体，肺水肿明显，右心房及右心室轻度扩张，心腔及大静脉内充满暗红色流动状血液。

【检材提取】

可提取洗胃液、呕吐物、胃内容物、血液及肝、肺组织等作为检材。同时需注意收集和提取现场剩余食物或饮料、可疑容器、药瓶、沾染有毒物的衣物等。

【检验方法】

气相色谱-质谱法。

（1）样品前处理：参见“氧化乐果”。

（2）仪器条件：仪器：气相色谱-质谱联用仪；色谱柱：Agilent DB-5MS（30 m×0.25 mm×0.25 μm）弹性石英毛细管柱；柱温：初始温度 60 ℃，保持 1 min，以 20 ℃/min 的升温速率升温至 250 ℃，保持 10 min；载气：高纯氦，流速：1.0 mL/min；进样口温度：200 ℃；进样方式：不分流进样；离子源：电子轰击源（EI），能量：70 eV；离子源温度：230 ℃；四级杆温度：200 ℃；扫描方式：全扫描；质量范围：40~400 amu。

克瘟散（敌瘟磷、稻瘟光）

【化学名称】 *O*-乙基-*S*，*S*-二苯基二硫代磷酸酯

【化学式】 $C_{14}H_{15}O_2PS_2$

【结构式】

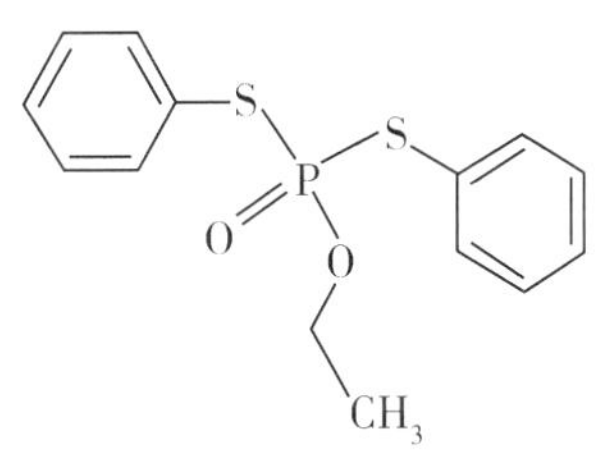

【相对分子质量】 310.37

【CAS 登记号】 17109-49-8

【性状】

克瘟散工业品为黄色至浅棕色透明液体，有硫醇气味。熔点-25 ℃，沸点 430.2 ℃，密度 1.27 g/cm³。能溶于甲醇、乙醚、氯仿、丙酮、苯、二甲苯等多种有机溶剂，难溶于水（水中溶解度为 56 mg/L）。在碱性条件下，尤其是温度较高时，易发生水解或酯交换反应。

【用途及中毒原因】

克瘟散为广谱的有机磷杀菌剂，具有内吸作用，兼有保护和治疗作用。主要用于防治稻瘟病，对水稻叶瘟、水稻穗颈瘟、水稻苗瘟有良好的防效。此外，还可用于防治麦类赤霉病、水稻小粒菌核病、水稻纹枯病、玉米大斑病和小斑病、胡麻叶斑病及稻叶蝉、稻飞虱、稻螟等。本药剂在病原菌侵入前使用效果明显。中毒原因多见于服毒自杀，偶见用于投毒杀人，在生产、运输、喷洒农药过程中因泄漏或操作不当或误服而引起的意外中毒也较常见。

【作用机制】

克瘟散的作用机制主要是抑制胆碱酯酶的活性，造成乙酰胆碱在体内大量蓄积，引起神经系统功能紊乱，从而出现轻重不等的中毒症状。

【毒性】

克瘟散毒性中等。

急性中毒实验：大鼠经口半数致死量（LD_{50}）为 100 mg/kg；小鼠经口半数致死量（LD_{50}）为 143 mg/kg，小鼠皮下注射半数致死量（LD_{50}）为 163 mg/kg。

【中毒症状】

中毒症状主要有头痛、头昏、食欲减退、恶心、呕吐、腹痛、腹泻、流涎、瞳孔缩小、呼吸道分泌物增多、多汗、肌肉震颤等。严重者可出现肺水肿、脑水肿、昏迷、呼吸肌麻痹等。

【急救措施】

皮肤接触者，应立即脱去被污染的衣物，尽快用肥皂水反复彻底清洗全身，特别要清洗头发、指甲。口服中毒者，需迅速催吐、洗胃；应用阿托品类药物治疗，并尽快达到阿托品化。防止病情反复，密切观察病情，特别是意识状态、脉搏、呼吸、血压、瞳孔、肺部情况，注意心电监护；并采用对症治疗和支持疗法。

【尸体特征】

尸斑显著，呈暗紫红色。尸僵早而强，有的可见腓肠肌和肱二头肌显著挛缩，口唇及指甲明显青紫，口鼻周围有白色泡沫，切开胃后可闻到有机磷农药的特殊气味，胃及十二指肠黏膜充血并有点状出血，气管及支气管腔内有大量白色泡沫状液体，肺水肿明显，右心房及右心室轻度扩张，心腔及大静脉内充满暗红色流动状血液。

【检材提取】

可提取洗胃液、呕吐物、胃内容物、血液及肝、肺组织等作为检材。同时需注意收集和提取现场剩余食物或饮料、可疑容器、药瓶、沾染有毒物的衣物等。

【检验方法】

气相色谱-质谱法。

仪器：气相色谱-质谱联用仪；色谱柱：Agilent DB-5MS（30 m×0.25 mm×0.25 μm）弹性石英毛细管柱；柱温：初始温度 60 ℃，保持 1 min，以 20 ℃/min 的升温速率升温至 250 ℃，保持 10 min；载气：高纯氦，流速：1.0 mL/min；进样口温度：200 ℃；进样方式：不分流进样；离子源：电子轰击源（EI），能量：70 eV；离子源温度：230 ℃；四级杆温度：200 ℃；扫描方式：全扫描；质量范围：40~400 amu。

稻瘟净（喜乐松）

【化学名称】 *O*，*O*-二乙基-*S*-苄基硫代磷酸酯

【化学式】 $C_{11}H_{17}O_3PS$

【结构式】

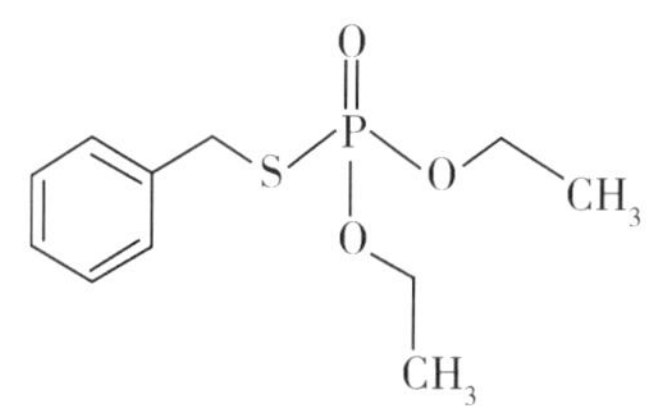

【相对分子质量】 260.29

【CAS 登记号】 13286-32-3

【性状】

稻瘟净为无色透明油状液体，工业品为淡黄色液体。沸点 334.1 ℃，密度 1.169 g/cm^3。易溶于醇、醚、二甲苯、环己酮，几乎不溶于水。对酸稳定，在碱性介质中易分解，温度过高或长期高温易分解。

【用途及中毒原因】

稻瘟净为高效、低毒的有机磷杀菌剂。主要用于防治稻瘟病。也可用于防治水稻小粒菌核病、水稻纹枯病，对水稻枯穗病也有一定效果。并能防治黑尾叶蝉、稻飞虱等。与其他杀虫剂混用时，可提高其药效，还能作为增效剂与杀虫剂混用。中毒原因多见于误服。

【作用机制】

稻瘟净的作用机制主要是抑制胆碱酯酶的活性，造成乙酰胆碱在体内大量蓄积，引起神经系统功能紊乱，从而出现轻重不等的中毒症状。

【毒性】

稻瘟净毒性中等。

急性中毒实验：大鼠经口半数致死量（LD_{50}）为660 mg/kg，大鼠经皮肤吸收半数致死量（LD_{50}）为576 mg/kg；小鼠经口半数致死量（LD_{50}）为230 mg/kg。

【中毒症状】

轻度中毒出现头痛、头昏、恶心、呕吐、多汗、无力、胸闷、视物模糊、纳差等症状。中度中毒可出现呼吸困难、肌肉震颤、瞳孔收缩、精神恍惚、步态不稳、大汗、流涎、腹痛、腹泻等症状。严重者可出现昏迷、抽搐、口吐白沫、大小便失禁、惊厥、呼吸肌麻痹等症状。

【急救措施】

用阿托品1~5 mg皮下或静脉注射（按中毒轻重而定）；并用解磷定0.4~1.2 g静脉注射（按中毒轻重而定）；禁用吗啡、茶碱、吩噻、利血平等；误服中毒者，应立即催吐（ 清醒时才能催吐）、洗胃、导泻。

【尸体特征】

尸斑显著，呈暗紫红色。尸僵早而强，有的可见腓肠肌和肱二头肌显著挛缩，口唇及指甲明显青紫，口鼻周围有白色泡沫，切开胃后可闻到有机磷农药的特殊气味，胃及十二指肠黏膜充血并有点状出血，气管及支气管腔内有大量白色泡沫状液体，肺水肿明显，右心房及右心室轻度扩张，心腔及大静脉内充满暗红色流动状血液。

【检材提取】

可提取洗胃液、呕吐物、胃内容物、血液及肝、肺组织等作为检材。同时需注意收集和提取现场剩余食物或饮料、可疑容器、药瓶、沾染有毒物的衣物等。

【检验方法】

气相色谱-质谱法。

仪器：气相色谱-质谱联用仪；色谱柱：Agilent DB-5MS（30 m×0.25 mm×0.25 μm）弹性石英毛细管柱；柱温：初始温度60 ℃，保持1 min，以20 ℃/min的升温速率升温至250 ℃，保持10 min；载气：高纯氦，流速：1.0 mL/min；进样口温度：200 ℃；进样方式：不分流进样；离子源：电子轰击源（EI），能量：70 eV；离子源温度：230 ℃；四级杆温度：150 ℃；扫描方式：全扫描；质量范围：40~400 amu。

喹硫磷（爱卡士、喹恶磷）

【化学名称】 *O*，*O*-二乙基-*O*-喹恶啉-2-基硫代磷酸酯

【化学式】 $C_{12}H_{15}N_2O_3PS$

【结构式】

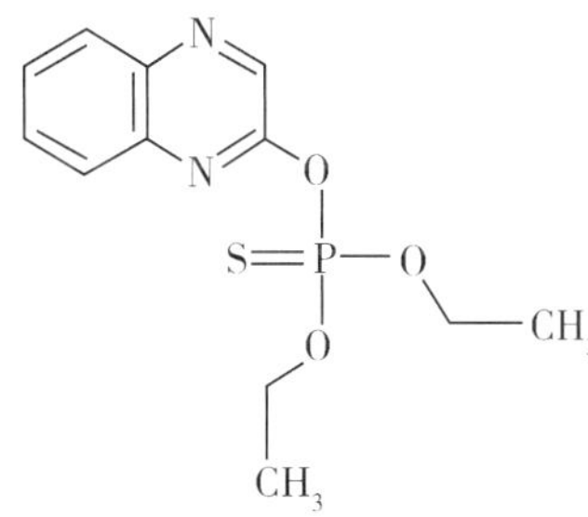

【相对分子质量】 298.3

【CAS登记号】 13593-03-8

【性状】

喹硫磷纯品为白色结晶，无味。熔点31~32 ℃，沸点387 ℃，密度1.306 g/cm^3。易溶于苯、甲苯、二甲苯、醇、乙醚、丙酮、乙腈、乙酸乙酯等多种有机溶剂，微溶于石油醚，难溶于水（水中溶解度为22 mg/L）。纯品在室温下可稳定14d，工业品在非极性溶剂中或有稳定剂存在的情况下稳定，在酸性条件下易水解，于120 ℃分解。明火可燃，受热分解释放出有毒的氧化磷、氧化硫、氧化氮等气体。

【用途及中毒原因】

喹硫磷为具有渗透性的广谱杀虫剂和杀螨剂，具有触杀和胃毒作用，无内吸和熏蒸作用，有一定的杀卵作用；可用于防治鳞翅目害虫、红铃虫、棉铃虫、红蜘蛛及蔬菜上的菜青虫等；对咀嚼式口器和刺吸式口器害虫有效；还可用于防治水稻螟虫、棉花害虫、蔬菜蚜虫等多种害虫及螨类。中毒原因常见于服毒自杀，偶见用于投毒杀人，在生产、运输、喷洒农药过程中因泄漏或操作不当或误服而引起的意外中毒也较常见。

【作用机制】

喹硫磷的作用机制主要是抑制胆碱酯酶的活性，造成乙酰胆碱在体内大量蓄积，引起神经系统功能紊乱，从而出现轻重不等的中毒症状。

【毒性】

喹硫磷毒性中等。

急性中毒实验：大鼠经口半数致死量（LD_{50}）为 26 mg/kg，大鼠经皮肤吸收半数致死量（LD_{50}）为 300 mg/kg；小鼠经口半数致死量（LD_{50}）为 107 mg/kg。

【中毒症状】

轻度中毒出现头痛、头昏、恶心、呕吐、多汗、无力、胸闷、视物模糊、纳差等症状。中度中毒可出现轻度呼吸困难、肌肉震颤、瞳孔缩小、精神恍惚、行走不稳、大汗、流涎、腹痛、腹泻等症状。严重者可出现昏迷、抽搐、呼吸困难、口吐白沫、大小便失禁、惊厥、呼吸肌麻痹等症状。

【急救措施】

皮肤接触者，应尽快脱去被污染的衣物，尽快用肥皂水反复彻底清洗全身，特别要清洗头发、指甲。口服中毒者，需迅速催吐、洗胃；应用阿托品类药物治疗，并尽快达到阿托品化。防止病情反复，密切观察病情，注意心电监护；并采用对症治疗和支持疗法。

【尸体特征】

尸斑显著，呈暗紫红色。尸僵早而强，有的可见腓肠肌和肱二头肌显著挛缩，口唇及指甲明显青紫，口鼻周围有白色泡沫，切开胃后可闻到有机磷农药的特殊气味，胃及十二指肠黏膜充血并有点状出血，气管及支气管腔内有大量白色泡沫状液体，肺水肿明显，右心房及右心室轻度扩张，心腔及大静脉内充满暗红色流动状血液。

【检材提取】

可提取洗胃液、呕吐物、胃内容物、血液及肝、肺组织等作为检材。同时需注意收集和提取现场剩余食物或饮料、可疑容器、药瓶、沾染有毒物的衣物等。

【检验方法】

参见“氧化乐果”。

毒死蜱（氯蜱硫磷、乐斯本）

【化学名称】 *O*，*O*-二乙基-*O*-（3，5，6-三氯-2-吡啶基）硫代磷酸酯

【化学式】 $C_9H_{11}Cl_3NO_3PS$

【结构式】

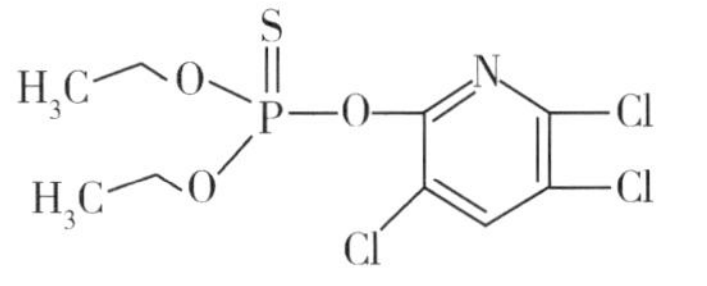

【相对分子质量】 350.59

【CAS 登记号】 2921-88-2

【性状】

毒死蜱原药为白色颗粒状结晶，有硫醇臭味。熔点 41.5～43.5 ℃，沸点 200 ℃，密度 1.398 g/cm^3。难溶于水（水中溶解度为 1.2 mg/L），溶于苯、丙酮、氯仿、二硫化碳、乙醚、甲醇等多种有机溶剂。室温下稳定。

【用途及中毒原因】

毒死蜱为非内吸性的广谱杀虫剂，具有触杀、胃毒和熏蒸作用。用于防治玉米、棉花、大豆、花生、果树、蔬菜等作物上的害虫，可防治多种土壤害虫和叶面害虫。也可用于防治蚊蝇、蟑螂、白蚁等家庭害虫及仓储害虫和家畜体外寄生虫。中毒原因常见于服毒自杀，偶见用于投毒杀人，在生产、运输、喷洒农药过程中因泄漏或操作不当或误服而引起的意外中毒也较常见。

【作用机制】

毒死蜱的作用机制主要是抑制胆碱酯酶的活性，造成乙酰胆碱在体内大量蓄积，引起神经系统功能紊乱，从而出现轻重不等的中毒症状。

【毒性】

毒死蜱毒性中等。

急性中毒实验：大鼠经口半数致死量（LD_{50}）为 82 mg/kg，大鼠经皮肤吸收半数致死量（LD_{50}）为 202 mg/kg；小鼠经口半数致死量（LD_{50}）为 60 mg/kg，小鼠经皮肤吸收半数致死量（LD_{50}）为 120 mg/kg。

【中毒症状】

急性中毒多因误食引起，约半小时到数小时可发病。轻度中毒者全身不适，出现头痛、头昏、无力、视物模糊、出汗、流涎、嗜睡等症状，有时可出现肌肉震颤，偶有腹泻。中度中毒者除具有上述症状外，还可出现剧烈呕吐、腹痛、烦躁不安、抽搐、呼吸困难等症状；重度中毒者可出现癫痫样抽搐。

【急救措施】

皮肤接触者，应立即脱去被污染的衣物，用肥皂水及流动清水彻底冲洗全身。眼睛接触者，应立即提起眼睑，用流动清水或生理盐水反复冲洗。吸入中毒者，应迅速脱离现场至空气新鲜处，保持呼吸道通畅，出现呼吸困难时给予吸氧，呼吸停止时，进行人工呼吸。食入中毒者，应立即洗胃，并携带本物品标签立即就医。用阿托品 1~5 mg 皮下或静脉注射（按中毒轻重而定），并用解磷定 0.4~1.2 g 静脉注射（按中毒轻重而定），禁用吗啡、茶碱、吩噻嗪、利血平等。

【尸体特征】

尸斑显著，呈暗紫红色。尸僵早而强，有的可见腓肠肌和肱二头肌显著挛缩，口唇及指甲明显青紫，口鼻周围有白色泡沫，切开胃后可闻到有机磷农药的特殊气味，胃及十二指肠黏膜充血并有点状出血，气管及支气管腔内有大量白色泡沫状液体，肺水肿明显，右心房及右心室轻度扩张，心腔及大静脉内充满暗红色流动状血液。

【检材提取】

可提取洗胃液、呕吐物、胃内容物、血液及肝、肺组织等作为检材。同时需注意收集和提取现场剩余食物或饮料、可疑容器、药瓶、沾染有毒物的衣物等。

【检验方法】

气相色谱-质谱法。

仪器：气相色谱-质谱联用仪；色谱柱：Agilent DB-5MS（30 m×0.25 mm×0.25 μm）弹性石英毛细管柱；柱温：初始温度 60 ℃，保持 1 min，以 20 ℃/min 的升温速率升温至 250 ℃，保持 10 min；载气：高纯氦，流速：1.0 mL/min；进样口温度：200 ℃；进样方式：不分流进样；离子源：电子轰击源（EI），能量：70 eV；离子源温度：230 ℃；四级杆温度：150 ℃；扫描方式：全扫描；质量范围：40~400 amu。

治螟磷（地松、硫特普、治螟灵、触杀灵）

【化学名称】 *O*，*O*，*O′*，*O′*-四乙基二硫代焦磷酸酯

【化学式】 $C_8H_{20}O_5P_2S_2$

【结构式】

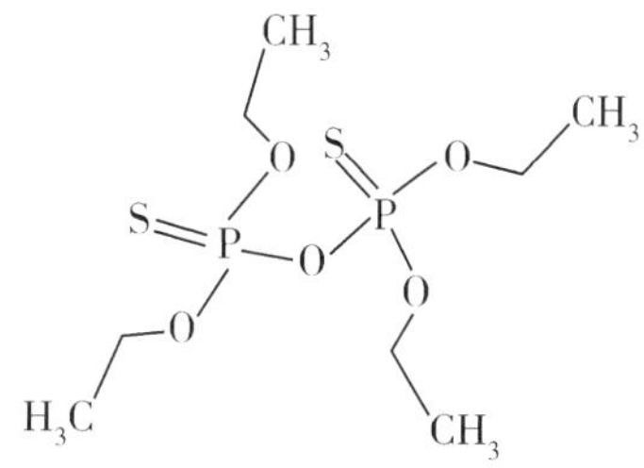

【相对分子质量】 322.32

【CAS 登记号】 3689-24-5

【性状】

治螟磷为无色透明液体，工业品为黄棕色透明油状液体。沸点 318.7 ℃，密度 1.256 g/cm^3。能与大多数有机溶剂混溶，难溶于水（水中溶解度为 30 mg/L）。不易水解，对铁有腐蚀性。

【用途及中毒原因】

治螟磷为触杀性有机磷类杀虫剂和胆碱酯酶抑制剂。主要用于防治水稻、棉花害虫。对钉螺和蚂蟥有很好的杀灭效果，亦可用于温室熏蒸杀虫、杀螨。中毒原因常见于服毒自杀，偶见用于投毒杀人，在生产、运输、喷洒农药过程中因泄漏或操作不当或误服而引起的意外中毒也较常见。

【作用机制】

治螟磷的作用机制主要是抑制胆碱酯酶的活性，造成乙酰胆碱在体内大量蓄积，引起神经系统功能紊乱，从而出现轻重不等的中毒症状。

【毒性】

治螟磷为高毒类物质。

急性中毒实验：大鼠经口半数致死量（LD_{50}）为 7~10 mg/kg，大鼠经皮肤吸收半数致死量（LD_{50}）为 65 mg/kg；小鼠经口半数致死量（LD_{50}）为 22 mg/kg，小鼠皮下注射半数致死量（LD_{50}）为 8 mg/kg。

【中毒症状】

治螟磷可以通过口服、吸入、皮肤接触、黏膜吸收等途径进入机体引起中毒。轻度中毒者出现头痛、头昏、恶心、呕吐、无力、胸闷、视物模糊、纳差等症状；中度中毒者除出现上述症状外还可出现轻度呼吸困难、肌肉震颤、瞳孔缩小、精神恍惚、步态不稳、大汗、流涎、腹疼、腹泻等症状；严重者还会出现昏迷、抽搐、口吐白沫、大小便失禁、惊厥、呼吸肌麻痹等症状。

【急救措施】

皮肤接触者，应立即脱去被污染的衣物，用肥皂水或流动清水彻底冲洗全身。眼睛接触者，应立即提起眼睑，用大量流动清水或生理盐水反复冲洗。吸入中毒者，应迅速脱离现场至空气新鲜处，出现呼吸困难时给予吸氧，呼吸停止时，进行人工呼吸。食入中毒者，应立即催吐（清醒时才能催吐）、洗胃、导泻，并携带本物品标签立即就医。用阿托品 1~5 mg 皮下或静脉注射（按中毒轻重而定）；并用解磷定 0.4~1.2 g 静脉注射（按中毒轻重而定）；禁用吗啡、茶碱、吩噻嗪、利血平等。

【尸体特征】

尸斑显著，呈暗紫红色。尸僵早而强，有的可见腓肠肌和肱二头肌显著挛缩，口唇及指甲明显青紫，口鼻周围有白色泡沫，切开胃后可闻到有机磷农药的特殊气味，胃及十二指肠黏膜充血并有点状出血，气管及支气管腔内有大量白色泡沫状液体，肺水肿明显，右心房及右心室轻度扩张，心腔及大静脉内充满暗红色流动状血液。

【检材提取】

可提取洗胃液、呕吐物、胃内容物、血液及肝、肺组织等作为检材。同时需注意收集和提取现场剩余食物或饮料、可疑容器、药瓶、沾染有毒物的衣物等。

【检验方法】

气相色谱-质谱法。

（1）样品前处理：参见“氧化乐果”。

（2）仪器条件：仪器：气相色谱-质谱联用仪；色谱柱：Agilent DB-5MS（30 m×0.25 mm×0.25 μm）弹性石英毛细管柱；柱温：初始温度 60 ℃，保持 1 min，以 20 ℃/min 的升温速率升温至 250 ℃，保持 10 min；载气：高纯氦，流速：1.0 mL/min；进样口温度：200 ℃；进样方式：不分流进样；离子源：电子轰击源（EI），能量：70 eV；离子源温度：230 ℃；四级杆温度：150 ℃；扫描方式：全扫描；质量范围：40~400 amu。

乙硫磷（益赛昂、易赛昂、乙赛昂、1240 蚜螨立死）

【化学名称】 *O*，*O*，*O′*，*O′*-四乙基-*S*，*S′*-亚甲基双（二硫代磷酸酯）

【化学式】 $C_9H_{22}O_4P_2S_4$

【结构式】

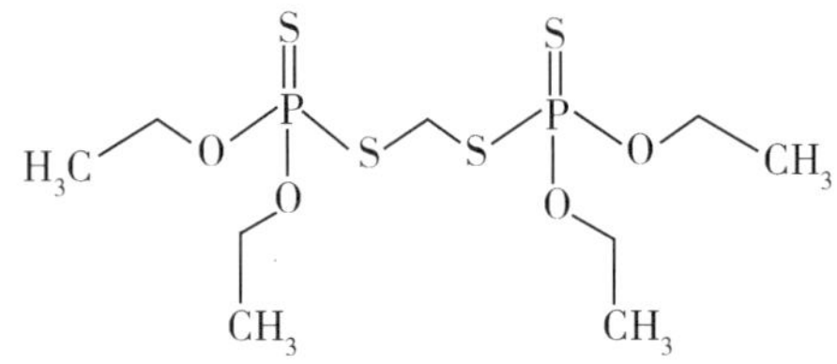

【相对分子质量】 384.48

【CAS 登记号】 563-12-2

【性状】

乙硫磷纯品为白色至琥珀色油状液体，有大蒜臭味。熔点 -15~-12 ℃，沸点 125 ℃，密度 1.22 g/cm^3。难溶于水（水中溶解度为 2 mg/kg），溶于丙酮、甲醇、乙醇、苯等多种有机溶剂。常温下稳定，遇碱、酸分解，高温（150 ℃以上）可加速其分解。

【用途及中毒原因】

乙硫磷为有机磷类杀虫剂、杀螨剂和胆碱酯酶抑制剂。具有较强的触杀作用，有一定的杀螨卵作用。用于防治棉花、水稻、果树等作物上的害虫和害螨，也可用于拌种，防治蛴螬、蝼蛄等地下害虫。不能在蔬菜和茶树上使用。中毒原因常见于服毒自杀，偶见用于投毒杀人，在生产、运输、喷洒农药过程中因泄漏或操作不当或误服而引起的意外中毒也较常见。

【作用机制】

乙硫磷的作用机制主要是抑制胆碱酯酶的活性，造成乙酰胆碱在体内大量蓄积，引起神经系统功能紊乱，从而出现轻重不等的中毒症状。

【毒性】

乙硫磷为高毒类物质。

急性中毒实验：大鼠经口半数致死量（LD_{50}）为 13 mg/kg，大鼠经皮肤吸收半数致死量（LD_{50}）为 62 mg/kg；小鼠经口半数致死量（LD_{50}）为 40 mg/kg。

【中毒症状】

乙硫磷可以通过口服、吸入、皮肤接触、黏膜吸收等途径进入机体引起中毒。症状主要有头痛、头昏、食欲减退、恶心、呕吐、腹痛、腹泻、流涎、瞳孔缩小、呼吸道分泌物增多、多汗、肌肉震颤等。严重者可出现肺水肿、脑水肿、昏迷、呼吸肌麻痹等。

【急救措施】

皮肤接触者，应立即脱去被污染的衣物，用肥皂水及流动清水彻底冲洗污染的皮肤、头发、指甲等。眼睛接触者，应立即提起眼睑，用流动清水或生理盐水反复冲洗。吸入中毒者，应迅速脱离现场至空气新鲜处，保持呼吸道通畅，如呼吸困难，给予吸氧；如呼吸停止，立即进行人工呼吸。食入中毒者，应给饮足量温水，催吐，用清水或2%~5%的碳酸氢钠溶液洗胃。

【尸体特征】

尸斑显著，呈暗紫红色。尸僵早而强，有的可见腓肠肌和肱二头肌显著挛缩，口唇及指甲明显青紫，口鼻周围有白色泡沫，切开胃后可闻到有机磷农药的特殊气味，胃及十二指肠黏膜充血并有点状出血，气管及支气管腔内有大量白色泡沫状液体，肺水肿明显，右心房及右心室轻度扩张，心腔及大静脉内充满暗红色流动状血液。

【检材提取】

可提取洗胃液、呕吐物、胃内容物、血液及肝、肺组织等作为检材。同时需注意收集和提取现场剩余食物或饮料、可疑容器、药瓶、沾染有毒物的衣物等。

【检验方法】

气相色谱-质谱法。

仪器：气相色谱-质谱联用仪；色谱柱：Agilent DB-5MS（30 m×0.25 mm×0.25 μm）弹性石英毛细管柱；柱温：初始温度60 ℃，保持1 min，以20 ℃/min的升温速率升温至250 ℃，保持10 min；载气：高纯氦，流速：1.0 mL/min；进样口温度：200 ℃；进样方式：不分流进样；离子源：电子轰击源（EI），能量：70 eV；离子源温度：230 ℃；四级杆温度：150 ℃；扫描方式：全扫描；质量范围：40~400 amu。

甲胺磷（多灭磷）

【化学名称】 *O*，*S*-二甲基硫代磷酰胺

【化学式】 $C_2H_8NO_2PS$

【结构式】

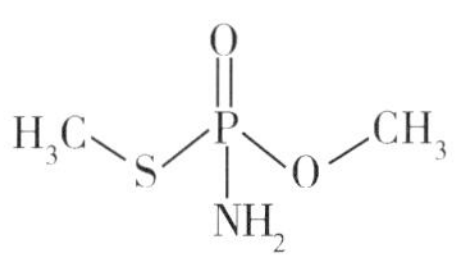

【相对分子质量】 141.13

【CAS登记号】 10265-92-6

【性状】

甲胺磷为白色针状结晶，有硫醇气味。熔点44.5 ℃（工业品熔点20~25 ℃），密度1.27 g/cm^3。易溶于水、醇，较易溶于氯仿、苯、醚。在弱酸、弱碱介质中水解缓慢，在强碱性溶液中易水解。高温分解，在100 ℃以上，随温度升高而加快分解，150 ℃以上全部分解。

【用途及中毒原因】

甲胺磷是一种内吸性有机磷杀虫剂、杀螨剂，具有触杀、胃毒、熏蒸作用。杀虫谱广，对危害小麦、棉花、果树等作物的多种害虫（如蚜虫、稻飞虱、稻蓟马、稻纵卷叶虫、稻苞虫、斜纹夜蛾等）均有良好的防效，防治抗性蚜螨药效更优。中毒原因常见于服毒自杀，偶见用于投毒杀人，在生产、运输、喷洒农药过程中因泄漏或操作不当或误服而引起的意外中毒也较常见。

【作用机制】

甲胺磷的作用机制主要是抑制胆碱酯酶的活性，造成乙酰胆碱在体内大量蓄积，引起神经系统功能紊乱，从而出现轻重不等的中毒症状。

【毒性】

甲胺磷为高毒类物质。

急性中毒实验：大鼠经口半数致死量（LD_{50}）为13.0~32.3 mg/kg，大鼠经皮肤吸收半数致死量（LD_{50}）为50 mg/kg。

【中毒症状】

甲胺磷可以通过口服、吸入、皮肤接触、黏膜吸收等途径进入机体引起中毒。症状主要有头痛、头昏、食欲减退、恶心、呕吐、腹痛、腹泻、流涎、瞳孔缩小、呼吸道分泌物增多、多汗、肌肉震颤等。严重者可出现肺水肿、脑水肿、昏迷、呼吸肌麻痹等。

【急救措施】

皮肤接触者，应立即脱去被污染的衣物，用肥皂水及流动清水彻底冲洗污染的皮肤、头发、指甲等。眼睛接触者，应立即提起眼睑，用流动清水或生理盐水反复冲洗。吸入中毒者，应迅速脱离现场至空气新鲜处，保持呼吸道通畅，如呼吸困难，给予吸氧；如呼吸停止，立即进行人工呼吸。食入中毒者，应给饮足量温水，催吐，用清水或2%~5%的碳酸氢钠溶液洗胃。可用解磷

定或阿托品进行治疗。

【尸体特征】

尸斑显著，呈暗紫红色。尸僵早而强，有的可见腓肠肌和肱二头肌显著挛缩，口唇及指甲明显青紫，口鼻周围有白色泡沫，切开胃后可闻到有机磷农药的特殊气味，胃及十二指肠黏膜充血并有点状出血，气管及支气管腔内有大量白色泡沫状液体，肺水肿明显，右心房及右心室轻度扩张，心腔及大静脉内充满暗红色流动状血液。

【检材提取】

可提取洗胃液、呕吐物、胃内容物、血液及肝、肺组织等作为检材。同时需注意收集和提取现场剩余食物或饮料、可疑容器、药瓶、沾染有毒物的衣物等。

【检验方法】

1. 气相色谱-质谱法

仪器：气相色谱-质谱联用仪；色谱柱：Agilent DB-5MS（30 m×0.25 mm×0.25 μm）弹性石英毛细管柱；柱温：初始温度 150 ℃，保持 1 min，以 20 ℃/min 的升温速率升温至 280 ℃；进样口温度：250 ℃；进样方式：分流进样，分流比：30∶1；离子源：电子轰击源（EI）；能量：70 eV；离子源温度：230 ℃；扫描方式：全扫描；质量范围：40~450 amu。

2. 液相色谱-质谱法

仪器：液相色谱-质谱联用仪；色谱柱：Acquity UPLC BEH C18（2.1 mm×50 mm×1.7 μm）键合硅胶柱；流动相：流动相 A 为乙腈，流动相 B 为 5 mmol/L 的甲酸铵+0.1%的甲酸；流速：0.6 mL/min；洗脱方式：梯度洗脱；柱温：35 ℃；离子源：电喷雾离子源（ESI^+）；检测模式：多反应监测（MRM）；雾化气：氮气；脱溶剂气：氮气；脱溶剂气流速：900 L/h；锥孔气流速：50 L/h；碰撞气：氩气；离子源温度：150 ℃；雾化温度：350 ℃；毛细管电压：3.0 kV。

毒鼠磷（毒鼠灵）

【化学名称】 *O*，*O*-双-4-氯苯基-N-亚氨乙酰基硫代磷酰胺酯

【化学式】 $C_{14}H_{13}Cl_2N_2O_2PS$

【结构式】

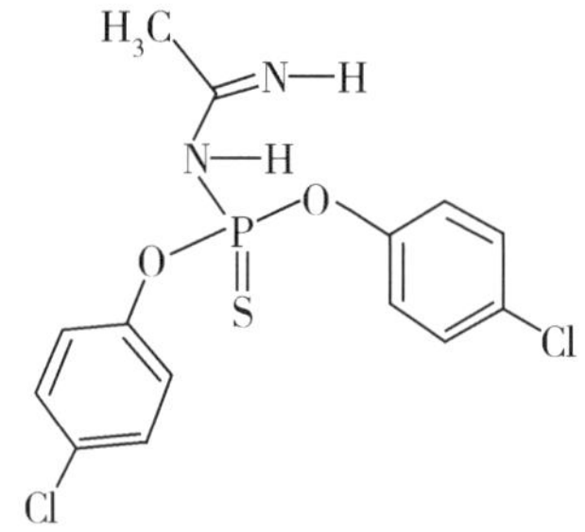

【相对分子质量】 375.21

【CAS 登记号】 4104-14-7

【性状】

毒鼠磷纯品为白色结晶，无臭，无味，工业品为浅粉色或浅黄色粉末。熔点 104~106 ℃，沸点 477.24 ℃，密度 1.43 g/cm³。易溶于二氯甲烷，微溶于乙醇、氯仿、苯和醚，难溶于水（水中溶解度为 3.1 mg/L）。在室温下稳定，不具引湿性。

【用途及中毒原因】

毒鼠磷为急性杀鼠剂，可用于杀灭家鼠和野鼠。中毒原因常见于服毒自杀，偶见用于投毒杀人，在生产、运输、使用时操作不当或误服而引起的意外中毒也较常见。

【作用机制】

毒鼠磷的作用机制主要是抑制胆碱酯酶的活性，造成乙酰胆碱在体内大量蓄积，引起神经系统功能紊乱，从而出现轻重不等的中毒症状。

【毒性】

毒鼠磷为高毒类物质。

急性中毒实验：大鼠经口半数致死量（LD_{50}）为 3.7 mg/kg，大鼠经皮肤吸收半数致死量（LD_{50}）为 25 mg/kg；小鼠经口半数致死量（LD_{50}）为 12 mg/kg，小鼠经皮肤吸收半数致死量（LD_{50}）为 60 mg/kg。

【中毒症状】

一旦中毒，数小时内可出现头痛、多汗、瞳孔缩小、流涎、呕吐、腹泻、肌肉震颤、惊厥、呼吸困难、视物模糊等症状。

【急救措施】

对于口服中毒者，应立即催吐、洗胃、导泻，皮下或静脉注射硫酸阿托品，重症患者，注射阿托品总量可达 20~65 mg，此外，还可肌内注射氯磷定 0.5~1.5 g。

【尸体特征】

尸斑显著，呈暗紫红色。尸僵早而强，有的可见腓肠肌和肱二头肌显著挛缩，口唇及指甲明显青紫，口鼻周围有白色泡沫，切开胃后可闻到有机磷农药的特殊气味，胃及十二指肠黏膜充血并有点状出血，气管及支气管腔内有大量白色泡沫状液体，肺水肿明显，右心房及右心室轻度扩张，心腔及大静脉内充满暗红色流动状血液。

【检材提取】

可提取洗胃液、呕吐物、胃内容物、血液及肝、肺组织等作为检材。同时需注意收集和提取现场剩余食物或饮料、可疑容器、药瓶、沾染有毒物的衣物等。

【检验方法】

1. 样品前处理

（1）毒鼠磷原药不用提取可以直接检验。

（2）沾有毒鼠磷的植物、物品等固体检材及毒鼠磷中毒者的洗胃液、呕吐物等检材可直接用二氯甲烷提取。

（3）因毒鼠磷中毒致死的，可以提取死者的胃内容物、血液或内脏组织，搅碎后加无水硫酸钠研磨至干沙状，用二氯甲烷直接提取。提取液经氧化铝柱（或 PSA）和活性炭柱净化。浓缩至 0.5 mL 备检。

2. 检验所用方法如下

（1）高效液相色谱法：仪器：高效液相色谱仪；色谱柱：Hypersil ODS C18（25 cm×4.6 mm×5.0 μm）键合硅胶柱；流动相：甲醇+水=（90∶10，*V/V*）；流速：1 mL/min；压力：760 Pa；检测波长：224 nm。

（2）气相色谱法：仪器：气相色谱仪；色谱柱：Agilent DB-1MS（25 m×0.53 mm×0.3 μm）弹性石英毛细管柱；柱温：初始温度 100 ℃，保持 1 min，以 10 ℃/min 的升温速率升温至 280 ℃，保持 15 min；汽化室温度：280 ℃；检测器温度：300 ℃；载气：高纯氮，流速：2.2 mL/min。

（3）气相色谱-质谱法：仪器：气相色谱-质谱联用仪；色谱柱：Agilent DB-5MS（30 m×0.25 mm×0.25 μm）弹性石英毛细管柱；柱温：初始温度 60 ℃，保持 1 min，以 20 ℃/min 的升温速率升温至 250 ℃，保持 10 min；载气：高纯氦，流速：1.0 mL/min；进样口温度：200 ℃；进样方式：不分流进样；离子源：电子轰击源（EI），能量：70 eV；离子源温度：230 ℃；四级杆温度：150 ℃；扫描方式：全扫描；质量范围：40～400 amu。

第二节　氨基甲酸酯类农药

呋喃丹（虫螨威、克百威）

【化学名称】 2，3-二氢-2，2-二甲基-7-苯并呋喃基甲基氨基甲酸酯

【化学式】 $C_{12}H_{15}NO_3$

【结构式】

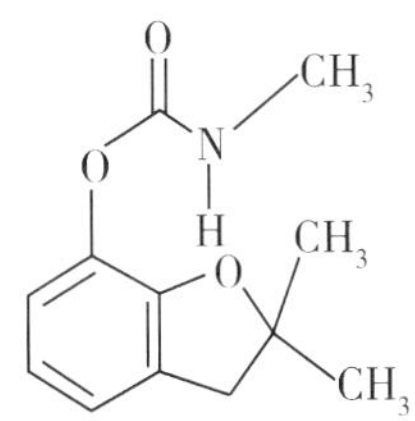

【相对分子质量】 221.25

【CAS 登记号】 1563-66-2

【性状】

呋喃丹纯品为白色结晶，无臭，工业品稍有苯酚气味。熔点 153～154 ℃，沸点 200 ℃，密度 1.18 g/cm³。难溶于二甲苯、石油醚、煤油，微溶于水（水中溶解度为 700 mg/L），易溶于甲醇、乙醚、氯仿、正己烷等有机溶剂。在中性和酸性条件下较稳定，在碱性介质中不稳定，水解速度随 pH 值和温度的升高而加快。

【用途及中毒原因】

呋喃丹为广谱、高效、低残留、高毒性的氨基甲酸酯类杀虫剂、杀螨剂和杀线虫剂。具有内吸、触杀、胃毒作用，并有一定的杀卵作用，持效期较长，一般在土壤中的半衰期为 30～60d。可用于防治水稻螟虫、稻蓟马、稻飞虱、稻叶蝉、稻象甲、玉米螟、玉米切根虫、棉蚜、棉铃虫、大豆蚜、大豆食心虫、螨类及线虫等。中毒原因常见于服毒自杀，偶见用于投毒杀人，在生产、运输、喷洒农药过程中因泄漏或操作不当或误服而引起的意外中毒也较常见。

【作用机制】

呋喃丹的作用机制与一般有机磷类农药相似，主要是抑制体内胆碱酯酶的活性，使乙酰胆

碱在体内大量蓄积，引起神经系统功能紊乱。但与有机磷类农药相比，呋喃丹抑制胆碱酯酶的作用时间较短。停止接触后，胆碱酯酶的活性恢复较快。

【毒性】

呋喃丹为剧毒类物质。

成人口服致死量为 11 mg/kg。

急性中毒实验：大鼠经口半数致死量（LD_{50}）为 5 mg/kg，大鼠经皮肤吸收半数致死量（LD_{50}）为 120 mg/kg；小鼠经口半数致死量（LD_{50}）为 2 mg/kg，小鼠静脉注射半数致死量（LD_{50}）为 0.45 mg/kg。

【中毒症状】

呋喃丹可以通过呼吸道、消化道吸收引起中毒。主要症状有头晕、恶心、呕吐、全身无力、瞳孔缩小、面色苍白、视物模糊、肌肉震颤、皮肤多汗、流涎、腹痛、意识模糊、昏迷、腹泻、肺部湿啰音、心率减慢或增快、呼吸衰竭、末梢血白细胞增高等，口服中毒者有胃烧灼感。由于氨基甲酸酯类农药和胆碱酯酶的结合属可逆性，所以在机体内的水解代谢较快，半衰期较短（6~12 h），一般 4 h 左右胆碱酯酶的活力即开始恢复，24 h 几乎完全恢复正常，故症状轻、消失快，病程短。治疗过程中一般不出现“反跳”现象。

【急救措施】

皮肤接触者，应立即脱去被污染的衣物，用肥皂水及流动清水彻底冲洗污染的皮肤、头发、指甲等。眼睛接触者，应立即提起眼睑，用流动清水或 2%的碳酸氢钠溶液反复冲洗。吸入中毒者，应迅速脱离现场至空气新鲜处，注意保暖，呼吸困难时给予吸氧；呼吸停止时，立即进行人工呼吸。食入中毒患者清醒时给饮大量温水，催吐，可用温水或肥皂水或 2%的碳酸氢钠溶液彻底洗胃。可用阿托品 0.5~2 mg 口服或肌内注射，重者加用肾上腺素，用 5%的碳酸氢钠溶液静脉滴注可加速药物毒性的破坏。禁用解磷定、氯磷定、双复磷、吗啡等。

【尸体特征】

氨基甲酸酯类农药中毒死亡者的尸表改变和组织形态学改变与有机磷类农药中毒死亡者近似，如尸僵比较早，器官瘀血、水肿，并可见小灶性出血。由于呋喃丹多为紫蓝色或粉红色颗粒，因此，尸检时在死者胃内有时可见沙粒状物。

【检材提取】

可提取洗胃液、呕吐物、胃内容物、血液及肝、肺组织等作为检材。同时需注意收集和提取现场剩余食物或饮料、可疑容器、药瓶、沾染有毒物的衣物等。

【检验方法】

1. 样品前处理

（1）呋喃丹原药不用提取可以直接检验。

（2）沾有呋喃丹的植物、物品等固体检材及呋喃丹中毒者的洗胃液、呕吐物等检材可直接用二氯甲烷、三氯甲烷、乙酸乙酯提取。检材如果为油，可以用与油不相混溶的乙腈提取。

（3）因呋喃丹中毒致死的，可以提取死者的胃内容物、血液或内脏组织，搅碎后加无水硫酸钠研磨至干沙状，用二氯甲烷、三氯甲烷、乙酸乙酯、苯或乙腈等直接提取。提取液经氧化铝柱（或 PSA）和活性炭柱净化。浓缩至 0.5 mL 备检。

2. 检验所用方法如下

（1）气相色谱-质谱法：仪器：气相色谱-质谱联用仪；色谱柱：HP-5MS（30 m×0.25 mm×0.25 μm）弹性石英毛细管柱；载气：高纯氦，流速：1 mL/min；进样口温度：280 ℃；柱温：初始温度 80 ℃，保持 2 min，以 8 ℃/min 的升温速率升温至 250 ℃，保持 10 min，再以 10 ℃/min 的升温速率升温至 280 ℃，保持 3 min；进样方式：不分流进样；离子源：电子轰击源（EI），能量：70 eV；离子源温度：230 ℃；四级杆温度：150 ℃；扫描方式：全扫描；质量范围：50~450 amu。

（2）液相色谱-质谱法：仪器：液相色谱-质谱联用仪；色谱柱：Waters UPLC BEH C18（50 mm ×2.1 mm× 1.7 μm）键合硅胶柱；流动相：流动相 A 为甲酸+水（0.1∶99.9，*V/V*），流动相 B 为甲醇；洗脱方式：梯度洗脱（0~2 min 时，B 由 40%线性增加至 60%，随后 1 min 内降至 40%，并保持 1 min）；进样量：10 μL；流速：0.5 mL/min；柱温：30 ℃；离子源：电喷雾离子源（ESI^+）；离子源温度：120 ℃；雾化温度：380 ℃；雾化气流速：700 L/h；反吹气流速：50 L/h；碰撞气流速：0.15 mL/h；母离子（m/z）：165.1；扫描方式：全扫描；质量范围：50~500 amu。

叶蝉散（异灭威、灭扑威、速死威）

【化学名称】 2-（1-甲基乙基）苯基甲基氨基甲酸酯

【化学式】 $C_{11}H_{15}NO_2$

【结构式】

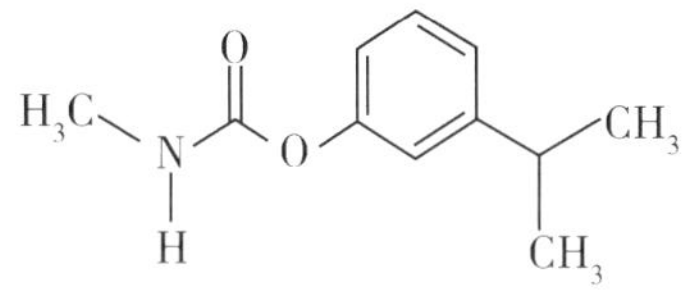

【相对分子质量】 193.24

【CAS 登记号】 2631-40-5

【性状】

叶蝉散纯品为白色结晶性粉末。熔点 96～97 ℃，沸点 128°～129 ℃，密度 1.039 g/cm³。不溶于水、芳香烃和卤代烃，易溶于乙醇、丙酮、环己烷和乙酸乙酯。

【用途及中毒原因】

叶蝉散为触杀性、速效性农药，主要用于防治稻叶蝉、稻飞虱等。速效，但药效期很短。也可用于防治棉花椿象、稻蓟马、瓜类蓟马、马铃薯甲虫等。叶蝉散对芋有药害。作物收获前 2 周停止使用。中毒原因常见于服毒自杀，偶见用于投毒杀人，在生产、运输、喷洒农药过程中因泄漏或操作不当或误服而引起的意外中毒也较常见。

【作用机制】

叶蝉散的作用机制与有机磷类农药相似，主要是抑制体内胆碱酯酶的活性，使乙酰胆碱在体内大量蓄积，引起神经系统功能紊乱，从而出现轻重不等的中毒症状。

【毒性】

叶蝉散毒性中等。

急性中毒实验：大鼠经口半数致死量（LD_{50}）为 450 mg/kg，大鼠经皮肤吸收半数致死量（LD_{50}）>500 mg/kg；小鼠经口半数致死量（LD_{50}）为 94 mg/kg，小鼠经皮肤吸收半数致死量（LD_{50}）为 1 620 mg/kg。

【中毒症状】

叶蝉散可以通过口服、吸入、皮肤接触、黏膜吸收等途径进入机体引起中毒。中毒症状与有机磷类农药相似。主要症状有头昏、头痛、乏力、面色苍白、呕吐、多汗、流涎、瞳孔缩小、视物模糊等。重度中毒时，除出现极度呼吸困难、昏迷、抽搐等症状外，还可出现心肌损害和心律失常等，大多因呼吸衰竭在 24 h 内死亡。

【急救措施】

皮肤接触者，应立即脱去被污染的衣物，用肥皂水及流动清水彻底冲洗污染的皮肤、头发、指甲等。眼睛接触者，应立即提起眼睑，用流动清水或 2%的碳酸氢钠溶液反复冲洗。吸入中毒者，应迅速脱离现场至空气新鲜处，注意保暖，呼吸困难时给予吸氧；呼吸停止时，立即进行人工呼吸。食入中毒患者清醒时给饮大量温水，催吐，可用温水或肥皂水或 2%的碳酸氢钠溶液彻底洗胃。可用阿托品 0.5～2 mg 口服或肌内注射，重者加用肾上腺素，用 5%的碳酸氢钠溶液静脉滴注可加速药物毒性的破坏。禁用解磷定、氯磷定、双复磷、吗啡等。

【尸体特征】

叶蝉散中毒死亡者的尸表改变和组织形态学改变与有机磷类农药中毒死亡者近似，如尸僵比较早，器官瘀血、水肿，并可见小灶性出血。

【检材提取】

解剖检验时可提取胃内容物、血液及肝、肺组织等作为检材。同时需注意收集和提取现场剩余食物或饮料、可疑容器、药瓶、沾染有毒物的衣物及洗胃液、呕吐物等。

【检验方法】

1. 气相色谱-质谱法

仪器：气相色谱-质谱联用仪；色谱柱：HP-5MS（30 m×0.25 mm×0.25 μm）弹性石英毛细管柱；柱温：初始温度 80 ℃，保持 2 min，以 8 ℃/min 的升温速率升温至 250 ℃，保持 10 min，再以 10 ℃/min 的升温速率升温至 280 ℃，保持 3 min；载气：高纯氦，流速：1 mL/min；进样方式：不分流进样；离子源：电子轰击源（EI），能量：70 eV；离子源温度：230 ℃；四级杆温度：150 ℃；扫描方式：全扫描；质量范围：50～450 amu。

2. 液相色谱-质谱法

仪器：液相色谱-质谱联用仪；色谱柱：Waters UPLC BEH C18（50 mm×2.1 mm×1.7 μm）键合硅胶柱；流动相：流动相 A 为甲酸+水（0.1∶99.9，*V/V*），流动相 B 为甲醇；洗脱方式：梯度洗脱（0～2 min 时，B 由 40%线性增加至 60%，随后 1 min 内降至 40%，并保持 1

min)；流速：0.5 mL/min；进样量：10 μL；柱温：30 ℃；离子源：电喷雾离子源（ESI^+）；离子源温度：120 ℃；雾化温度：380 ℃；雾化气流速：700 L/h；反吹气流速：50 L/h；碰撞气流速：0.15 mL/h；母离子（m/z）：165.1；扫描方式：全扫描；质量范围：50～500 amu。

西维因（甲萘威、胺甲萘）

【化学名称】（1-萘基）-N-甲基氨基甲酸酯

【化学式】 $C_{12}H_{11}NO_2$

【结构式】

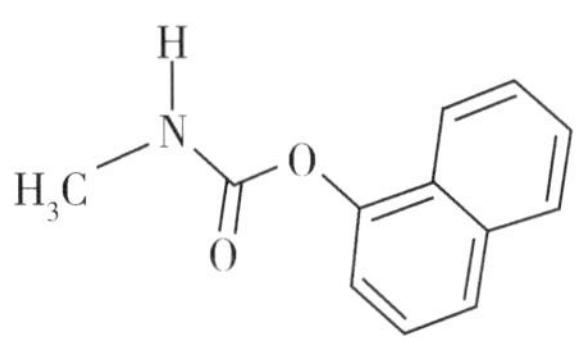

【相对分子质量】 201.22

【CAS 登记号】 63-25-2

【性状】

西维因纯品为白色结晶，工业品为无色至淡黄褐色晶体。熔点 142～146 ℃，沸点 315 ℃，密度 1.183 g/cm^3。难溶于水（水中溶解度为 82.6 mg/L），溶于乙醇、苯、丙酮等多种有机溶剂，在中性、弱酸性条件下稳定，在碱性条件下分解，对光、热稳定。

【用途及中毒原因】

西维因为高效、低毒、低残留、长效的广谱性氨基甲酸酯类杀虫剂。对害虫有强烈的触杀作用，兼有胃毒作用，并有轻微的内吸作用。用于防治棉铃虫、棉大卷叶虫、棉蚜、棉大造桥虫、棉蓟马和稻叶蝉、稻纵卷叶螟、稻苞虫、稻蓟马及果树害虫，也可用于防治菜园蜗牛、蛞蝓等软体动物。中毒原因常见于误服，偶见用于自杀和投毒，喷洒农药过程中因泄漏和操作不当而引起的意外中毒也较常见。

【作用机制】

西维因的作用机制与有机磷类农药相似，主要是抑制体内胆碱酯酶的活性，使乙酰胆碱在体内大量蓄积，引起神经系统功能紊乱，从而出现轻重不等的中毒症状。

【毒性】

西维因毒性中等。

成人口服致死量为 500 mg/kg。

急性中毒实验：大鼠经口半数致死量（LD_{50}）为 230 mg/kg，大鼠经皮肤吸收半数致死量（LD_{50}）>4 000 mg/kg。

【中毒症状】

西维因可以通过口服、吸入、皮肤接触、黏膜吸收等途径进入机体引起中毒。主要症状有头昏、头痛、乏力、面色苍白、呕吐、多汗、流涎、瞳孔缩小、视物模糊等。重度中毒时，除出现极度呼吸困难、昏迷、抽搐等症状外，还可出现心肌损害和心律失常等，大多因呼吸衰竭在 24 h 内死亡。皮肤出现接触性皮炎（如风疹），局部红肿、痛痒。还可出现眼结膜充血、流泪、胸闷等症状。

【急救措施】

皮肤接触者，应立即脱去被污染的衣物，用肥皂水及流动清水彻底冲洗污染的皮肤、头发、指甲等。眼睛接触者，应立即提起眼睑，用流动清水或 2% 的碳酸氢钠溶液反复冲洗。吸入中毒者，应迅速脱离现场至空气新鲜处，注意保暖，呼吸困难时给予吸氧；呼吸停止时，立即进行人工呼吸。食入中毒患者清醒时给饮大量温水，催吐，可用温水或肥皂水或 2% 的碳酸氢钠溶液彻底洗胃。可用阿托品 0.5～2 mg 口服或肌内注射，重者加用肾上腺素，用 5% 的碳酸氢钠溶液静脉滴注可加速药物毒性的破坏。禁用解磷定、氯磷定、双复磷、吗啡等。

【尸体特征】

西维因中毒死亡者的尸表改变和组织形态学改变与有机磷类农药中毒死亡者近似，如尸僵比较早，器官瘀血、水肿，并可见小灶性出血。

【检材提取】

可采集洗胃液、呕吐物、胃内容物、血液及肝、肺组织等作为检材。同时需注意收集和提取现场剩余食物或饮料、可疑容器、药瓶、沾染有毒物的衣物等。

【检验方法】

1. 气相色谱-质谱法

仪器：气相色谱-质谱联用仪；色谱柱：Agilent DB-5MS（30 m×0.25 mm×0.25 μm）弹性石英毛细管柱；柱温：初始温度 80 ℃，保持 1 min，以 20 ℃/min 的升温速率升温至 280 ℃，保持 15 min；载气：高纯氦，流速：1.0 mL/min；

进样方式：不分流进样；离子源：电子轰击源（EI），能量：70 eV；离子源温度：230 ℃；四级杆温度：150 ℃；扫描方式：全扫描；质量范围：50~450 amu。

2. 高效液相色谱法

仪器：高效液相色谱仪；色谱柱：Atlantis C18（250 mm ×4.6 mm×5 μm）键合硅胶柱；流动相：水+甲醇（20∶80，*V/V*）；流速：1.0 mL/min；柱温：30 ℃；检测器：紫外检测器；检测波长：280 nm；进样量：5 μL。

速灭威

【化学名称】 间甲苯基-N-甲基氨基甲酸酯

【化学式】 $C_9H_{11}NO_2$

【结构式】

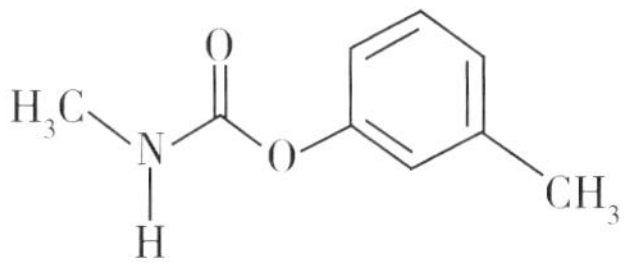

【相对分子质量】 165.19

【CAS 登记号】 1129-41-5

【性状】

速灭威纯品为白色结晶。熔点 76~77 ℃，沸点 241.6 ℃，密度 1.085 g/cm³。易溶于丙酮、乙醇、氯仿，微溶于苯、甲苯和水（水中溶解度为 2.6 g/L），遇碱性物质易分解。

【用途及中毒原因】

速灭威具有良好的触杀和熏蒸作用，击倒力强，持效期 3~4d，对稻叶蝉、稻飞虱有速效性防治效果。此外，还可用于防治棉蚜、棉铃虫、茶蚜虫、茶小绿叶蝉、稻纵卷叶螟、柑橘锈壁虱等。生活中误服、喷洒农药时操作不当引起的意外中毒较为常见，偶见用于自杀及投毒。

【作用机制】

速灭威的作用机制与有机磷类农药相似，主要是抑制体内胆碱酯酶的活性，使乙酰胆碱在体内大量蓄积，引起神经系统功能紊乱，从而出现轻重不等的中毒症状。

【毒性】

速灭威毒性中等。

急性中毒实验：大鼠经口半数致死量（LD_{50}）为 268 mg/kg，大鼠经皮肤吸收半数致死量（LD_{50}）为 896 mg/kg；小鼠经口半数致死量（LD_{50}）为 109 mg/kg。

【中毒症状】

速灭威可以通过口服、吸入、皮肤接触、黏膜吸收等途径进入机体引起中毒。中毒症状出现快，一般几分钟至 1 h 即可表现出来。主要表现为头昏、头痛、乏力、面色苍白、呕吐、多汗、流涎、瞳孔缩小、视物模糊等。严重者出现血压下降、意识不清、眼结膜充血、流泪、胸闷、呼吸困难等症状。皮肤出现接触性皮炎（如风疹），局部红肿、痛痒。

【急救措施】

皮肤接触者，应立即脱去被污染的衣物，用肥皂水及流动清水彻底冲洗全身。眼睛接触者，应立即提起眼睑，用流动清水或 2%的碳酸氢钠溶液反复冲洗。吸入中毒者，应迅速脱离现场至空气新鲜处，呼吸困难时给予吸氧，必要时立即进行人工呼吸。食入中毒患者清醒时给饮大量温水，催吐，可用温水或肥皂水或 2%的碳酸氢钠溶液彻底洗胃。用阿托品 0.5~2 mg 口服或肌内注射，重者加用肾上腺素。禁用解磷定、氯磷定、双复磷、吗啡等。

【尸体特征】

速灭威中毒死亡者的尸表改变和组织形态学改变与有机磷类农药中毒死亡者近似，如尸僵比较早，器官瘀血、水肿，并可见小灶性出血。

【检材提取】

可采集洗胃液、呕吐物、胃内容物、血液及肝、肺组织等作为检材。同时应注意收集和提取现场剩余食物或饮料、可疑容器、药瓶、沾染有毒物的衣物等。

【检验方法】

1. 气相色谱-质谱法

仪器：气相色谱-质谱联用仪；色谱柱：Agilent DB-5MS（30 m×0.25 mm×0.25 μm）弹性石英毛细管柱；柱温：初始温度 60 ℃，保持 1 min，以 20 ℃/min 的升温速率升温至 260 ℃，保持 10 min；载气：高纯氦，流速：1.0 mL/min；进样口温度：260 ℃；进样方式：不分流进样；离子源：电子轰击源（EI），能量：70 eV；离子源温度：230 ℃；四级杆温度：150 ℃；扫描方式：全扫描；质量范围：40~450 amu。

2. 液相色谱-质谱法

仪器：液相色谱-质谱联用仪；色谱柱：

Thermo Syncronis C18（2.1 mm×100 mm×1.7 μm）键合硅胶柱；流动相：0.1%的甲酸水溶液+乙腈；洗脱方式：梯度洗脱；流速：0.25 mL/min；柱温：30 ℃；进样量：2 μL；检测模式：多反应监测（MRM）；离子源：电喷雾离子源（ESI^+）；毛细管电压：2.0 kV；锥孔电压：15 V；离子源温度：120 ℃；锥孔反吹气流速：50 L/h；脱溶剂气温度：350 ℃；脱溶剂气流速：650 L/h。

害扑威（飞浮散）

【化学名称】 2-氯苯基-N-甲基氨基甲酸酯

【化学式】 $C_8H_8ClNO_2$

【结构式】

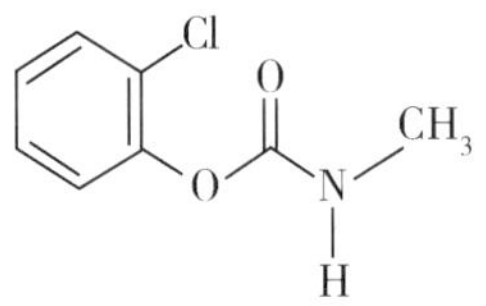

【相对分子质量】 185.61

【CAS 登记号】 3942-54-9

【性状】

害扑威纯品为白色结晶，有轻微苯酚气味。熔点 90~91 ℃，沸点 253.8 ℃，密度 1.255 g/cm³。溶于丙酮、甲醇等有机溶剂，几乎不溶于水。

【用途及中毒原因】

害扑威是胆碱酯酶抑制剂，作用迅速，残效期短，适用于防治水稻上的稻叶蝉、稻飞虱等害虫。中毒原因常见于服毒自杀，偶见用于投毒杀人，在生产、运输、喷洒农药过程中因泄漏或操作不当或误服而引起的意外中毒也较常见。

【作用机制】

害扑威的作用机制主要是抑制体内胆碱酯酶的活性，使乙酰胆碱在体内大量蓄积，引起神经系统功能紊乱，从而出现轻重不等的中毒症状。

【毒性】

害扑威为低毒类物质。

急性中毒实验：大鼠经口半数致死量（LD_{50}）为 648 mg/kg，大鼠经皮肤吸收半数致死量（LD_{50}）>500 mg/kg；小鼠经口半数致死量（LD_{50}）为 150 mg/kg。

【中毒症状】

害扑威可以通过口服、吸入、皮肤接触、黏膜吸收等途径进入机体引起中毒。中毒症状出现快，一般几分钟至 1 h 即可表现出来。主要表现为头昏、头痛、乏力、面色苍白、呕吐、多汗、流涎、瞳孔缩小、视物模糊等。严重者出现血压下降、意识不清、眼结膜充血、流泪、胸闷、呼吸困难等症状。皮肤出现接触性皮炎（如风疹），局部红肿、痛痒。

【急救措施】

皮肤接触者，应立即脱去被污染的衣物，用肥皂水及流动清水彻底冲洗全身。眼睛接触者，应立即提起眼睑，用流动清水或 2%的碳酸氢钠溶液反复冲洗。吸入中毒者，应迅速脱离现场至空气新鲜处，呼吸困难时给予吸氧，必要时立即进行人工呼吸。食入中毒患者清醒时给饮大量温水，催吐，可用温水或肥皂水或 2%的碳酸氢钠溶液彻底洗胃。用阿托品 0.5~2 mg 口服或肌内注射，重者加用肾上腺素。禁用解磷定、氯磷定、双复磷、吗啡等。

【尸体特征】

速灭威中毒死亡者的尸表改变和组织形态学改变与有机磷类农药中毒死亡者近似，如尸僵比较早，器官瘀血、水肿，并可见小灶性出血。

【检材提取】

可采集洗胃液、呕吐物、胃内容物、血液及肝、肺组织等作为检材。同时应注意收集和提取现场剩余食物或饮料、可疑容器、药瓶、沾染有毒物的衣物等。

【检验方法】

1. 气相色谱-质谱法

仪器：气相色谱-质谱联用仪；色谱柱：Agilent DB-5MS（30 m×0.25 mm×0.25 μm）弹性石英毛细管柱；柱温：初始温度 60 ℃，保持 1 min，以 20 ℃/min 的升温速率升温至 260 ℃，保持 10 min；载气：高纯氦，流速：1.0 mL/min；进样口温度：260 ℃；进样方式：不分流进样；离子源：电子轰击源（EI），能量：70 eV；离子源温度：230 ℃；四级杆温度：150 ℃；扫描方式：全扫描；质量范围：40~450 amu。

2. 液相色谱-质谱法

仪器：液相色谱-质谱联用仪；色谱柱：Thermo Syncronis C18（2.1 mm×100 mm×1.7 μm）键合硅胶柱；流动相：0.1%的甲酸水溶液+乙腈；洗脱方式：梯度洗脱；流速：0.25 mL/min；柱温：30 ℃；进样量：2 μL；检测模式：多反应监

测（MRM）；离子源：电喷雾离子源（ESI^+）；毛细管电压：2.0 kV；锥孔电压：15 V；离子源温度：120 ℃；锥孔反吹气流速：50 L/h；脱溶剂气温度：350 ℃；脱溶剂气流速：650 L/h。

巴沙（丁苯威、扑杀威、仲丁威）

【化学名称】 2-（1-甲基丙基）苯基-N-甲基氨基甲酸酯

【化学式】 $C_{12}H_{17}NO_2$

【结构式】

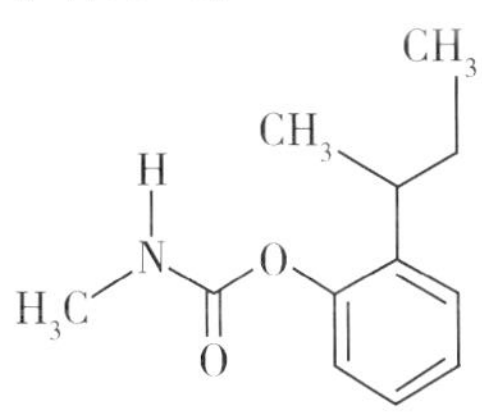

【相对分子质量】 207.27

【CAS 登记号】 3766-81-2

【性状】

巴沙纯品为白色结晶，带芳香气味，工业品为淡黄色油状液体。熔点 32 ℃（工业品熔点 28.5～31 ℃），沸点 282.5 ℃，密度 1.023 g/cm^3。不溶于水，易溶于丙酮、苯、甲醇等有机溶剂。遇碱或强酸易分解，在弱酸介质中稳定，日光下稳定。

【用途及中毒原因】

巴沙为氨基甲酸酯类杀虫剂，具有较强的触杀作用，兼有胃毒、熏蒸、杀卵作用。速效，但残效期较短。主要用于防治稻飞虱、稻叶蝉、稻蓟马，对稻纵卷叶螟、稻椿象、水稻三化螟及蚜虫也有良好的防效。生活中误服或喷洒农药时操作不当而引起的意外中毒较为常见，偶见用于自杀和投毒。

【作用机制】

巴沙的作用机制主要是抑制体内胆碱酯酶的活性，使乙酰胆碱在体内大量蓄积，引起神经系统功能紊乱，从而出现轻重不等的中毒症状。

【毒性】

巴沙毒性中等。

急性中毒实验：大鼠经口半数致死量（LD_{50}）为 350 mg/kg，大鼠经皮肤吸收半数致死量（LD_{50}）>5 000 mg/kg；小鼠经口半数致死量（LD_{50}）为 173 mg/kg。

【中毒症状】

巴沙可以通过口服、吸入、皮肤接触、黏膜吸收等途径进入机体引起中毒，症状出现快，一般几分钟至 1 h 即可表现出来。主要表现为头昏、头痛、乏力、面色苍白、呕吐、多汗、流涎、瞳孔缩小、视物模糊、眼结膜充血、流泪等。严重者可出现血压下降、意识不清、胸闷、呼吸困难等症状，皮肤出现接触性皮炎（如风疹），局部红肿、痛痒。

【急救措施】

皮肤接触者，应立即脱去被污染的衣物，用肥皂水及流动清水彻底冲洗全身。眼睛接触者，应立即提起眼睑，用流动清水或 2% 的碳酸氢钠溶液反复冲洗。吸入中毒者，应迅速脱离现场至空气新鲜处，呼吸困难时给予吸氧，必要时立即进行人工呼吸。食入中毒患者清醒时给饮大量温水，催吐，可用温水或肥皂水或 2% 的碳酸氢钠溶液彻底洗胃。用阿托品 0.5～2 mg 口服或肌内注射，重者加用肾上腺素。禁用解磷定、氯磷定、双复磷、吗啡等。

【尸体特征】

巴沙中毒死亡者的尸表改变和组织形态学改变与有机磷类农药中毒死亡者近似，如尸僵比较早，器官瘀血、水肿，并可见小灶性出血。

【检材提取】

可提取中毒者的洗胃液、呕吐物、胃内容物、血液及肝组织等作为检材。同时需注意收集和提取现场剩余食物或饮料、可疑容器、药瓶等。

【检验方法】

1. 样品前处理

（1）巴沙原药不用提取可以直接检验。

（2）喷洒有巴沙的植物、物品等固体检材可直接用乙酸乙酯提取。检材如果为油，可以用与油不相混溶的乙腈等提取。

（3）因巴沙中毒致死的，可以提取胃内容物、血液和肝脏、肾脏组织等，搅碎后加无水硫酸钠研磨至干沙状，用乙酸乙酯直接提取。提取液经氧化铝柱（或 PSA）和活性炭柱净化。浓缩至 0.5 mL 备检。

2. 检验所用方法如下

（1）气相色谱-质谱法：仪器：气相色谱-质谱联用仪；色谱柱：Agilent DB-5MS（30 m×0.25 mm×0.25 μm）弹性石英毛细管柱；柱温：

初始温度 60 ℃，保持 1 min，以 20 ℃/min 的升温速率升温至 260 ℃，保持 10 min；载气：高纯氦，流速：1.0 mL/min；进样口温度：260 ℃；进样方式：不分流进样；离子源：电子轰击源（EI），能量：70 eV；离子源温度：230 ℃；四级杆温度：150 ℃；扫描方式：全扫描；质量范围：40~350 amu。

（2）液相色谱-质谱法：仪器：液相色谱-质谱联用仪；色谱柱：Thermo Syncronis C18（2.1 mm×100 mm×1.7 μm）键合硅胶柱；流动相：0.1%的甲酸水溶液+乙腈；流速：0.25 mL/min；柱温：30 ℃；进样量：2 μL；检测模式：多反应监测（MRM）；离子源：电喷雾离子源（ESI^+）；毛细管电压：2.0 kV；锥孔电压：15 V；离子源温度：120 ℃；锥孔反吹气流速：50 L /h；脱溶剂气温度：350 ℃；脱溶剂气流速：650 L /h。

残杀威（残虫畏、残杀畏、安丹）

【化学名称】 2-（1-甲基乙氧基）苯基甲基氨基甲酸酯

【化学式】 $C_{11}H_{15}NO_3$

【结构式】

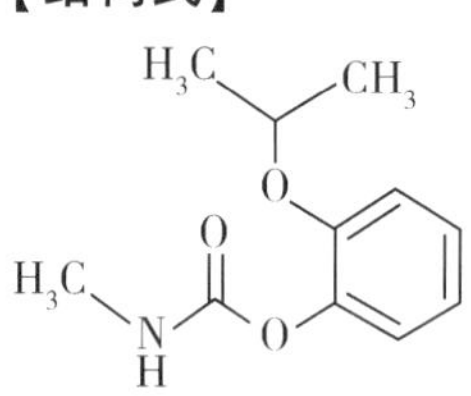

【相对分子质量】 209.24

【CAS 登记号】 114-26-1

【性状】

残杀威纯品为白色结晶性粉末，稍带特殊气味。熔点 91.5 ℃（工业品熔点 84~87 ℃），沸点 295.4 ℃，密度 1.082 g/cm³。能溶于大多数极性有机溶剂，微溶于水（水中溶解度为 2 g/L）。碱性条件下易水解，pH 值为 10 时半衰期为 40 min（20 ℃）。

【用途及中毒原因】

残杀威为速效、长残效期的氨基甲酸酯类杀虫剂，具有触杀、胃毒和熏蒸作用，无内吸作用。主要用于防治水稻螟虫、稻叶蝉、稻飞虱、棉蚜、果树介壳虫、柑橘锈壁虱及杂粮害虫和卫生害虫。中毒原因常见于服毒自杀，偶见用于投毒杀人，在生产、运输、喷洒农药过程中因泄漏或操作不当或误服而引起的意外中毒也较常见。

【作用机制】

残杀威的作用机制主要是抑制体内胆碱酯酶的活性，使乙酰胆碱在体内大量蓄积，引起神经系统功能紊乱，从而出现轻重不等的中毒症状。

【毒性】

残杀威毒性中等。

急性中毒实验：大鼠经口半数致死量（LD_{50}）为 70 mg/kg，大鼠经皮肤吸收半数致死量（LD_{50}）为 800~1 000 mg/kg；小鼠经口半数致死量（LD_{50}）为 23.5 mg/kg。

【中毒症状】

残杀威可以通过口服、吸入、皮肤接触、黏膜吸收等途径进入机体引起中毒。症状主要有恶心、视物模糊、出汗、脉快、血压升高等，还可引起接触性皮炎。重度中毒时，除出现极度呼吸困难、昏迷、抽搐等症状外，还可出现心肌损害和心律失常等症状，大多因呼吸衰竭而死亡。

【急救措施】

皮肤接触者，应立即脱去被污染的衣物，用大量流动清水彻底冲洗全身。眼睛接触者，应立即提起眼睑，用流动清水或生理盐水反复冲洗。食入中毒者，应给饮足量温水，催吐，洗胃，导泻。吸入中毒者，应迅速脱离现场至空气新鲜处，保持呼吸道通畅，如呼吸困难，给予吸氧，如呼吸停止，立即进行人工呼吸。用阿托品 0.5~2 mg 口服或肌内注射，重者加用肾上腺素。禁用解磷定、氯磷定、双复磷、吗啡等。

【尸体特征】

参见“巴沙”。

【检材提取】

检材可提取中毒者的洗胃液、呕吐物、胃内容物、血液及肝组织等。同时需注意收集和提取现场剩余食物或饮料、可疑容器、药瓶等。

【检验方法】

参见“巴沙”。

灭杀威

【化学名称】 3，4-二甲苯基-N-甲基氨基甲酸酯

【化学式】 $C_{10}H_{13}NO_2$

【结构式】

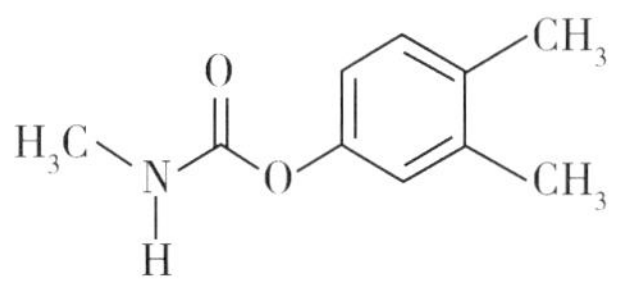

【相对分子质量】　179.24

【CAS 登记号】　2425-10-7

【性状】

灭杀威纯品为白色结晶，工业品纯度为95%，为橙色结晶状固体，熔点 79~80 ℃（工业品熔点 71.5~76.0 ℃），沸点 268.5 ℃，密度 1.064 g/cm^3。微溶于水（水中溶解度为 580 mg/L），易溶于环己酮、乙腈、二甲苯等有机溶剂。pH 值>12 时水解。

【用途及中毒原因】

灭杀威主要用于防治水稻黑尾叶蝉、稻飞虱和蔬菜上的鳞翅目幼虫及果树介壳虫。生活中误服、喷洒农药时操作不当引起的意外中毒较为常见。偶见用于自杀及投毒。

【作用机制】

灭杀威的作用机制主要是抑制体内胆碱酯酶的活性，使乙酰胆碱在体内大量蓄积，引起神经系统功能紊乱，从而出现轻重不等的中毒症状。

【毒性】

灭杀威毒性中等。

急性中毒实验：大鼠经口半数致死量（LD_{50}）为 290 mg/kg，大鼠经皮肤吸收半数致死量（LD_{50}）>1 000 mg/kg；小鼠经口半数致死量（LD_{50}）为 45.5 mg/kg，小鼠经皮肤吸收半数致死量（LD_{50}）>1 500 mg/kg。

【中毒症状】

灭杀威可以通过口服、吸入、皮肤接触、黏膜吸收等途径进入机体引起中毒，中毒症状主要有恶心、视物模糊、出汗、脉快、血压升高等，还可引起接触性皮炎。重度中毒时，除出现极度呼吸困难、昏迷、抽搐等症状外，还可出现心肌损害和心律失常等症状，大多因呼吸衰竭而死亡。

【急救措施】

皮肤接触者，应立即脱去被污染的衣物，用肥皂水及流动清水彻底冲洗全身。眼睛接触者，应立即提起眼睑，用流动清水或 2% 的碳酸氢钠溶液反复冲洗。吸入中毒者，应迅速脱离现场至空气新鲜处，呼吸困难时给予吸氧，必要时立即进行人工呼吸。食入中毒患者清醒时给饮大量温水，催吐，可用温水或肥皂水或 2% 的碳酸氢钠溶液彻底洗胃。用阿托品 0.5~2 mg 口服或肌内注射，重者加用肾上腺素。禁用解磷定、氯磷定、双复磷、吗啡等。

【尸体特征】

灭杀威中毒死亡者的尸表改变和组织形态学改变与有机磷类农药中毒死亡者近似，如尸僵比较早，器官瘀血、水肿，并可见小灶性出血。

【检材提取】

检材可提取中毒者的洗胃液、呕吐物、胃内容物、血液及肝组织等。同时需注意收集和提取现场剩余食物或饮料、可疑容器、药瓶等。

【检验方法】

参见“巴沙”。

灭除威（二甲威）

【化学名称】　3，5-二甲苯基-N-甲基氨基甲酸酯

【化学式】　$C_{10}H_{13}NO_2$

【结构式】

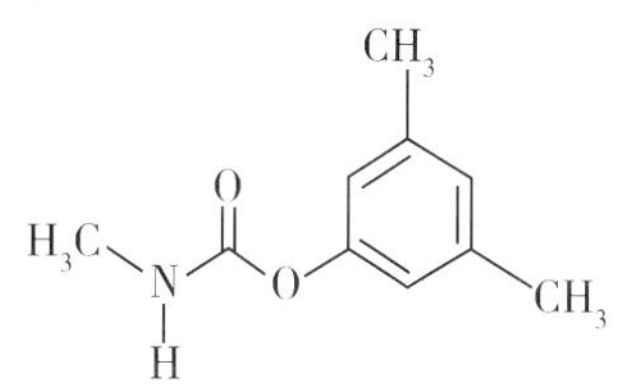

【相对分子质量】　179.22

【CAS 登记号】　2655-14-3

【性状】

灭除威为无色透明至浅褐色的黏稠液体，熔点 25 ℃，沸点 265.1 ℃，密度 1.064 g/cm^3。微溶于水（水中溶解度为 0.47 g/L），可与丙酮、乙腈、氯仿、环己酮、二氯甲烷、甲醇、甲苯等混溶。

【用途及中毒原因】

灭除威为氨基甲酸酯类杀虫剂、胆碱酯酶抑制剂，具有触杀、胃毒作用。主要用于防治稻飞虱、棉蚜、棉铃虫、水稻三化螟等多种害虫。中毒原因常见于服毒自杀，偶见用于投毒杀人，在生产、运输、喷洒农药过程中因泄漏或操作不当或误服而引起的意外中毒也较常见。

【作用机制】

灭除威的作用机制主要是抑制体内胆碱酯酶的活性，使乙酰胆碱在体内大量蓄积，引起神经系统功能紊乱。从而出现轻重不等的中毒症状。

【毒性】

灭除威为低毒类物质。

急性中毒实验：大鼠经口半数致死量（LD_{50}）为 542 mg/kg，小鼠经口半数致死量（LD_{50}）为 245 mg/kg。

【中毒症状】

中毒症状主要有头昏、头痛、乏力、面色苍白、呕吐、多汗、流涎、瞳孔缩小、视物模糊等。严重者可出现血压下降、意识不清、眼结膜充血、流泪、胸闷、呼吸困难等症状。皮肤出现接触性皮炎（如风疹），局部红肿、痛痒。

【急救措施】

皮肤接触者，应立即脱去被污染的衣物，用肥皂水及流动清水彻底冲洗全身。眼睛接触者，应立即提起眼睑，用流动清水或 2%的碳酸氢钠溶液反复冲洗。吸入中毒者，应迅速脱离现场至空气新鲜处，呼吸困难时给予吸氧，必要时立即进行人工呼吸。食入中毒患者清醒时给饮大量温水，催吐，可用温水或肥皂水或 2%的碳酸氢钠溶液彻底洗胃。用阿托品 0.5~2 mg 口服或肌内注射，重者加用肾上腺素。禁用解磷定、氯磷定、双复磷、吗啡等。

【尸体特征】

参见“巴沙”。

【检材提取】

检材可提取中毒者的洗胃液、呕吐物、胃内容物、血液及肝组织等。同时需注意收集和提取现场剩余食物或饮料、可疑容器、药瓶等。

【检验方法】

1. 样品前处理

（1）灭除威原药不用提取可以直接检验。

（2）喷洒有灭除威的植物、物品等固体检材可直接用乙酸乙酯提取。检材如果为油，可以用与油不相混溶的乙腈等提取。

（3）因灭除威中毒致死的，可以提取胃内容物、血液和肝脏、肾脏组织等，搅碎后加无水硫酸钠研磨至干沙状，用乙酸乙酯直接提取。提取液经氧化铝柱（或 PSA）和活性炭柱净化。浓缩至 0.5 mL 备检。

2. 检验所用方法如下

（1）气相色谱-质谱法：仪器：气相色谱-质谱联用仪；色谱柱：Agilent DB-5MS（30 m×0.25 mm×0.25 μm）弹性石英毛细管柱；柱温：初始温度 60 ℃，保持 1 min，以 20 ℃/min 的升温速率升温至 260 ℃，保持 10 min；载气：高纯氦，流速：1.0 mL/min；进样口温度：260 ℃；进样方式：不分流进样；离子源：电子轰击源（EI），能量：70 eV；离子源温度：230 ℃；四级杆温度：150 ℃；扫描方式：全扫描；质量范围：40~350 amu。

（2）液相色谱-质谱法：仪器：液相色谱-质谱联用仪；色谱柱：Thermo Syncronis C18（2.1 mm×100 mm×1.7 μm）键合硅胶柱；流动相：0.1%的甲酸水溶液+乙腈；流速：0.25 mL/min；柱温：30 ℃；进样量：2 μL；检测模式：多反应监测（MRM）；离子源：电喷雾离子源（ESI^+）；毛细管电压：2.0 kV；锥孔电压：15 V；离子源温度：120 ℃；锥孔反吹气流速：50 L/h；脱溶剂气温度：350 ℃；脱溶剂气流速：650 L/h。

灭多威（万灵、灭多虫、虫特威、兰雷威、灭索威）

【化学名称】 1-（甲硫基）亚乙基氨甲基氨基甲酸酯

【化学式】 $C_5H_{10}N_2O_3S$

【结构式】

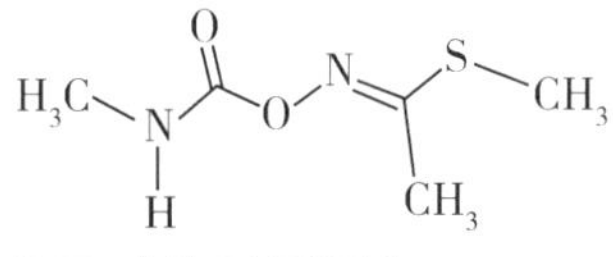

【相对分子质量】 162.23

【CAS 登记号】 16752-77-5

【性状】

灭多威有顺式和反式两种异构体，灭多威为两种异构体的混合物，以顺式为主。灭多威为白色结晶，稍带硫黄气味。熔点 78~79 ℃，沸点 144 ℃，密度 1.17 g/cm³。溶于甲苯、水（水中溶解度为 58 g/kg），易溶于丙酮、乙醇、甲醇、异丙酮等有机溶剂。在水溶液中较稳定，在碱性介质中或在高温下或受日光照射均易分解。

【用途及中毒原因】

灭多威为内吸性氨基甲酸酯类杀虫剂，兼有触杀和胃毒作用，能有效防治多种害虫及其幼虫和卵，残效期较短。用于防治棉铃虫、棉潜蛾、烟夜蛾。可用于叶面喷雾防治蚜虫、蓟马、红蜘蛛、卷叶虫、黏虫等，也可用于土壤处理防治线虫。中毒原因常见于服毒自杀，偶见用于投毒杀人，在生产、运输、喷洒农药过程中因泄漏或操作不当或误服而引起的意外中毒也较常见。

【作用机制】

灭多威的作用机制与有机磷类农药相似，主要抑制体内胆碱酯酶的活性，中毒者可出现毒蕈碱样症状、烟碱样症状、中枢神经系统症状和交感神经症状。

【毒性】

灭多威为高毒类物质。

急性中毒实验：大鼠经口半数致死量（LD_{50}）为 14.7 mg/kg，大鼠经皮肤吸收半数致死量（LD_{50}）>1 600 mg/kg；小鼠经口半数致死量（LD_{50}）为 10 mg/kg。

【中毒症状】

中毒症状主要有头昏、头痛、乏力、面色苍白、呕吐、多汗、流涎、瞳孔缩小、视物模糊等。严重者可出现血压下降、意识不清等症状。大剂量口服中毒者可出现肺水肿、脑水肿、抽搐、昏迷、呼吸困难等症状。

【急救措施】

皮肤接触者，应立即脱去被污染的衣物，用肥皂水及流动清水彻底冲洗全身。眼睛接触者，应立即提起眼睑，用流动清水或 2% 的碳酸氢钠溶液反复冲洗。吸入中毒者，应迅速脱离现场至空气新鲜处，呼吸困难时给予吸氧，必要时立即进行人工呼吸。食入中毒患者清醒时给饮大量温水，催吐，可用温水或肥皂水或 2% 的碳酸氢钠溶液彻底洗胃。用阿托品 0.5～2 mg 口服或肌内注射，重者加用肾上腺素。禁用解磷定、氯磷定、双复磷、吗啡等。

【尸体特征】

灭多威中毒死亡者的尸表改变和组织形态学改变与有机磷类农药中毒死亡者近似，如尸僵比较早，器官瘀血、水肿，并可见小灶性出血，胃肠黏膜充血、糜烂，肝脏无明显改变。

【检材提取】

检材可提取中毒者的洗胃液、呕吐物、胃内容物、血液及肝组织等。同时需注意收集和提取现场剩余食物或饮料、可疑容器、药瓶等。

【检验方法】

参见“灭除威”。

涕灭威（神农丹、铁灭克、丁醛肟威、涕灭克）

【化学名称】 2-甲基-2-（甲硫基）丙醛-*O*-［（甲基氨基）羰基］肟

【化学式】 $C_7H_{14}N_2O_2S$

【结构式】

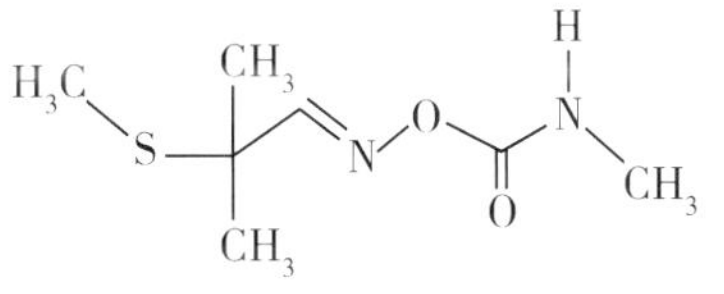

【相对分子质量】 190.26

【CAS 登记号】 116-06-3

【性状】

涕灭威纯品为白色结晶，有硫黄气味。熔点 98～100 ℃，100 ℃以上分解，密度 1.08 g/cm³。微溶于水（室温下在水中的溶解度为 4.93 g/L）。溶于大多数有机溶剂，但不溶于庚烷。在中性、酸性、弱碱性条件下稳定，在浓碱中易水解。

【用途及中毒原因】

涕灭威是内吸性广谱杀虫剂、杀螨剂和胆碱酯酶抑制剂。涕灭威还可兼治线虫，主要用于土壤处理，用来杀灭地下害虫，亦可由作物根部内吸，防治地上部分的多种害虫，如蓟马、蚜虫、叶蝉、粉虱、椿象、红蜘蛛、潜叶蝇、甲虫等。适用于棉花、花生、马铃薯、甜菜、甘薯、大豆、甘蔗、柑橘等多种作物。该品残效期长，最长可达 84d。中毒原因常见于服毒自杀，偶见用于投毒杀人，在生产、运输、喷洒农药过程中因泄漏或操作不当或误服而引起的意外中毒也较常见。

【作用机制】

涕灭威的作用机制主要是抑制体内胆碱酯酶的活性，使乙酰胆碱在体内大量蓄积，引起神经系统功能紊乱，从而出现轻重不等的中毒症状。

【毒性】

涕灭威为剧毒类物质。

50 mg 涕灭威就可致一个 50 kg 重的人死亡。

急性中毒实验：大鼠经口半数致死量（LD_{50}）为 0.65 mg/kg；小鼠经口半数致死量

（LD_{50}）为0.3 mg/kg，小鼠经皮肤吸收半数致死量（LD_{50}）为1 mg/kg。

【中毒症状】

涕灭威可以通过口服、吸入、皮肤接触、黏膜吸收等途径进入机体引起中毒。症状主要有头昏、头痛、乏力、面色苍白、呕吐、多汗、流涎、瞳孔缩小、视物模糊等。严重者可出现血压下降、意识不清、极度呼吸困难等症状，甚至引发心肌损害和心律失常。大剂量口服中毒者可出现肺水肿、脑水肿、抽搐、昏迷等症状。

【急救措施】

对于口服中毒者，应立即催吐，并给患者服用吐根糖浆，但勿给昏迷患者催吐或灌服任何东西。抢救时避免给患者使用增强γ-氨基丁酸活性的药物（如巴比妥、丙戊酸等）。用阿托品0.5~2 mg口服或肌内注射，重者加用肾上腺素。禁用解磷定、氯磷定、双复磷、吗啡等。

【尸体特征】

参见“灭多威”。

【检材提取】

检材可提取中毒者的洗胃液、呕吐物、胃内容物、血液及肝组织等。同时需注意收集和提取现场剩余食物或饮料、可疑容器、药瓶等。

【检验方法】

1. 样品前处理

（1）涕灭威原药不用提取可以直接检验。

（2）喷洒有涕灭威的固体检材可直接用乙酸乙酯提取。检材如果为油，可以用与油不相混溶的乙腈等提取。

（3）因涕灭威中毒致死的，可以提取胃内容物、血液和肝脏、肾脏组织等，搅碎后加无水硫酸钠研磨至干沙状，用乙酸乙酯直接提取。提取液经氧化铝柱（或PSA）和活性炭柱净化，浓缩后备检。

2. 检验所用方法如下

（1）气相色谱-质谱法：仪器：气相色谱-质谱联用仪；色谱柱：Agilent DB-5MS（30 m×0.25 mm×0.25 μm）弹性石英毛细管柱；柱温：初始温度60 ℃，保持1 min，以20 ℃/min的升温速率升温至260 ℃，保持10 min；载气：高纯氦，流速：1.0 mL/min；进样口温度：260 ℃；进样方式：不分流进样；离子源：电子轰击源（EI），能量：70 eV；离子源温度：230 ℃；四级杆温度：150 ℃；扫描方式：全扫描；质量范围：40~350 amu。

（2）液相色谱-质谱法：仪器：液相色谱-质谱联用仪；色谱柱：Thermo Syncronis C18（2.1 mm×100 mm×1.7 μm）键合硅胶柱；流动相：0.1%的甲酸水溶液+乙腈；流速：0.25 mL/min；柱温：30 ℃；进样量：2 μL；检测模式：多反应监测（MRM）；离子源：电喷雾离子源（ESI^+）；毛细管电压：2.0 kV；锥孔电压：15 V；离子源温度：120 ℃；锥孔反吹气流速：50 L/h；脱溶剂气温度：350 ℃；脱溶剂气流速：650 L/h。

第三节　拟除虫菊酯类农药

溴氰菊酯（敌杀死、扑虫净、克敌、康素灵、保棉丹、增效百虫灵）

【化学名称】 2，2-二甲基-3-（2，2-二溴乙烯基）环丙烷羧酸-α-氰基-（3-苯氧基）苄酯

【化学式】 $C_{22}H_{19}Br_2NO_3$

【结构式】

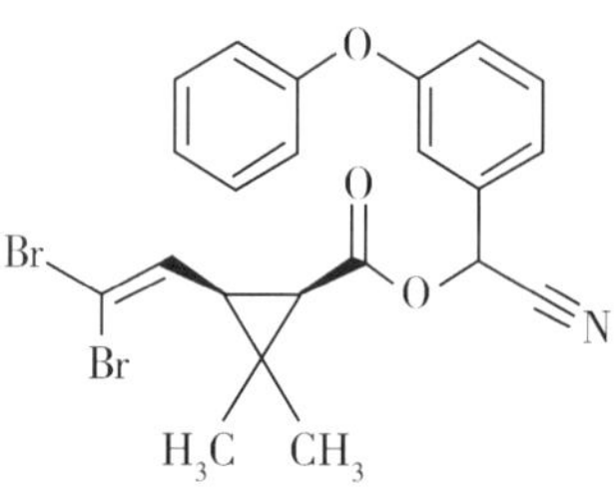

【相对分子质量】 505.20

【CAS登记号】 52918-63-5

【性状】

溴氰菊酯纯品为白色结晶，原药为白色粉末，无味。熔点101~102 ℃（原药熔点98~101 ℃），沸点300 ℃，密度1.595 g/cm³。难溶于水（20 ℃时在水中的溶解度为0.002 mg/L），溶于丙酮、环己酮、苯、二甲基甲酰胺、二甲亚砜等多种有机溶剂。对光和空气稳定，在酸性介质中稳定，在碱性介质中不稳定。当温度高于190 ℃时有明显分解。

【用途及中毒原因】

溴氰菊酯是一种杀虫活性高、杀虫谱广、药效迅速、对作物安全的拟除虫菊酯类杀虫剂。以

触杀和胃毒作用为主，兼有一定的驱避和拒食作用，无内吸和熏蒸作用。对螨、蚧效果差，对家蚕、蜜蜂、鱼类毒性大。对其他拟除虫菊酯类药物产生抗性的害虫有交互抗性。此外，溴氰菊酯可用于防治水稻三化螟、稻蓟马、稻纵卷叶螟、大豆食心虫、柑橘潜叶蛾、梨小食心虫、桃小食心虫、甘蔗螟虫及卫生害虫等。使用时避免高温天气。中毒原因常见于服毒自杀，偶见用于投毒杀人，在生产、运输、喷洒农药过程中因泄漏或操作不当或误服而引起的意外中毒也较常见。

【作用机制】

溴氰菊酯等拟除虫菊酯类药物对人的毒性作用机制目前尚未完全明确，其主要作用部位是神经系统，主要是对神经电生理效应和中枢神经递质及受体产生影响。中毒时出现的四肢痉挛、震颤、惊厥性扭曲、舞蹈样症状与某些中枢神经递质的改变有关。溴氰菊酯等拟除虫菊酯类药物引起的刺痛、瘙痒、发麻、烧灼感等皮肤刺激症状，可能与其直接刺激皮肤感觉神经末梢，引起重复放电有关（也有人认为与皮肤过敏有关）。

溴氰菊酯可通过皮肤接触、胃肠道吸收等途径进入机体，进入机体后迅速分布于全身各组织器官，中枢神经系统中含量最高。进入机体后主要被肝酯酶和肝微粒体酶催化分解。反式异构体的代谢主要靠水解反应，顺式异构体的代谢主要靠氧化反应。其代谢产物排出迅速，部分未代谢的原形药随粪便排出。溴氰菊酯等含 α-氰基的拟除虫菊酯中的氰基在胃内停留较久，在胃中可形成硫氰酸盐。

【毒性】

溴氰菊酯为高毒类物质。

急性中毒实验：大鼠经口半数致死量（LD_{50}）为 9.36 mg/kg，大鼠经皮肤吸收半数致死量（LD_{50}）>800 mg/kg；小鼠经口半数致死量（LD_{50}）为 20 mg/kg。

【中毒症状】

溴氰菊酯等拟除虫菊酯类药物中毒有一定的潜伏期，潜伏期的长短与毒物进入机体的途径、摄入量和毒物的品种、剂型有关，一般为 20 min 至 3 h。皮肤接触中毒者的面部、口唇及手部皮肤会出现刺痒、烧灼感或麻木感，甚至出现过敏性皮炎。口服中毒者会出现明显的消化道症状，多先出现上腹部烧灼感，多见恶心、呕吐、腹痛、腹泻等，伴有流涎、口唇和四肢麻木、肌肉震颤，严重者可出现惊厥性扭曲、四肢痉挛、舞蹈样动作、意识不清、昏迷等症状，甚至出现狂笑、骂人等精神症状。心血管系统症状表现为血压升高、心律失常，甚至出现心力衰竭。经呼吸道吸入中毒者会出现咳嗽、流泪、流涕、结膜充血、鼻咽部充血等刺激症状。皮肤接触及口服中毒者会出现以神经系统为主的症状，表现为头痛、头晕、恶心、胸闷、乏力、失眠、食欲缺乏、视物模糊、畏光等。

【急救措施】

皮肤接触中毒者，应立即脱离中毒场所，脱去被污染的衣物，先用 2% 的碳酸氢钠溶液冲洗皮肤以及受污染的眼部，再用清水冲洗。吸入中毒者，可给予半胱氨酸衍生物，如甲基半胱氨酸雾化吸入 15～30 min。口服中毒者，应尽快催吐，可用 2%～5%的碳酸氢钠溶液洗胃，然后用医用活性炭或镁山软木吸附胃中残留的药液。可用硫酸镁或硫酸钠 20～40 g 导泻。不可用高锰酸钾溶液洗胃（高锰酸钾可增加此类农药的毒性）。积极对症治疗，对抽搐严重者，可应用巴比妥类药物或安定肌内注射或静脉滴注，必要时应用脱水剂防治脑水肿；对缺氧者，给予吸氧；心血管损害明显者，可用糖皮质激素进行救治，禁用肾上腺素；氰基（CN^-）可导致组织细胞生物氧化受阻，产生细胞内窒息，可静脉注射硫代硫酸钠以解毒。

【尸体特征】

口服溴氰菊酯中毒死亡者，尸检可见瞳孔缩小、口鼻部分泌物增多，尸僵发生早且强。解剖时打开胃可闻及特殊的芳香气味，如为乳剂，可见到乳白色物质，如为油剂，可见胃内容物表面漂浮有油状物。偶尔可见胃黏膜散在出血点、黏膜灶性坏死等。

【检材提取】

检材可提取喷洒有溴氰菊酯的植物、物品等，另外，可提取溴氰菊酯中毒者的洗胃液、呕吐物、胃内容物、血液及肺组织等作为检材。同时需注意收集和提取现场剩余食物或饮料、可疑容器、药瓶、沾染有溴氰菊酯的衣物等。

【检验方法】

1. 气相色谱-质谱法

仪器：气相色谱-质谱联用仪；色谱柱：

Agilent DB-5MS（30 m×0.25 mm×0.25 μm）弹性石英毛细管柱；柱温：初始温度 80 ℃，保持 1 min，以 20 ℃/min 的升温速率升温至 280 ℃，保持 10 min；载气：高纯氦，流速：1.0 mL/min；进样口温度：280 ℃；进样方式：不分流进样；离子源：电子轰击源（EI），能量：70 eV；离子源温度：230 ℃；四级杆温度：150 ℃；扫描方式：全扫描；质量范围：40~520 amu。

2. 液相色谱-质谱法

仪器：液相色谱-质谱联用仪；色谱柱：Acquity UPLC BEH C18（2.1 mm×50 mm×1.7 μm）键合硅胶柱；流动相：10.0mmol/L 的乙酸铵水溶液+乙腈（20∶80，*V/V*）；洗脱方式：梯度洗脱；流速：0.4 mL/min；柱温：30 ℃：进样量：10 μL；离子源：电喷雾离子源（ESI^+）；毛细管电压：3.0 kV；锥孔电压：24 V；离子源温度：150 ℃；锥孔反吹气流速：30 L/h；脱溶剂气温度：500 ℃；脱溶剂气流速：800 L /h；扫描方式：全扫描；质量范围：20~980 amu；电子倍增器电压：520 V；溴氰菊酯的母离子/子离子对：523.2/281.1。

氯氰菊酯（安绿宝、灭百可、新棉宝、兴棉宝、兴棉隆）

【化学名称】 2，2-二甲基-3-（2，2-二氯乙烯基）环丙烷羧酸-α-氰基-（3-苯氧基）苄酯

【化学式】 $C_{22}H_{19}Cl_2NO_3$

【结构式】

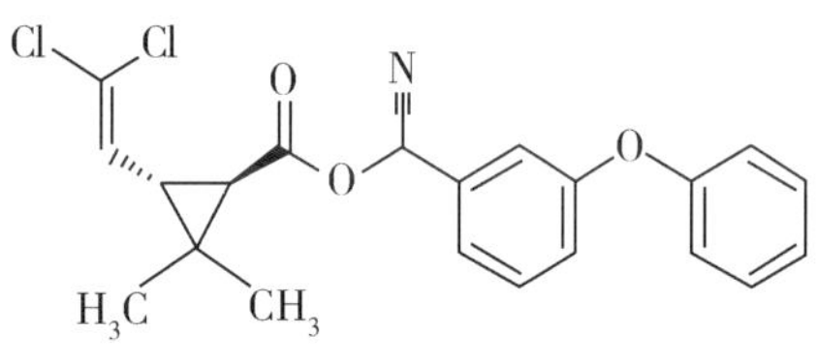

【相对分子质量】 416.30

【CAS 登记号】 52315-07-8

【性状】

氯氰菊酯原药为无色结晶，工业品为黏稠的黄色或棕色半固体物质。熔点 80 ℃（工业品熔点 60~80 ℃），沸点 511.3 ℃，密度约 1.329g/cm^3。易溶于己烷、丙酮、环己烷、乙醇、二甲苯和氯仿，难溶于水。在 220 ℃以下稳定，对光稳定，在 pH=4 时稳定性最佳，在碱性介质中水解。

【用途及中毒原因】

氯氰菊酯为安全有效的广谱杀虫剂，具有强烈的触杀、胃毒及拒食等作用，尤其对鳞翅目害虫具有极高活性。适用于防治棉花、水稻、蔬菜、果树和茶树等多种作物上的害虫。但不宜用作土壤杀虫剂。中毒原因常见于服毒自杀，偶见用于投毒杀人，在生产、运输、喷洒农药过程中因泄漏或操作不当或误服而引起的意外中毒也较常见。

【作用机制】

氯氰菊酯能够选择性地作用于神经细胞膜的钠离子通道，减缓钠离子的“M”通道闸门的关闭，使钠离子通道保持开放，使神经细胞去极化期延长，引起感觉神经反复放电，脊髓中间神经及周围神经兴奋性增强，导致肌肉持续收缩，另外，氯氰菊酯还可直接作用于神经末梢和肾上腺髓质，引起血管收缩、心律失常等。

【毒性】

氯氰菊酯毒性中等。

急性中毒实验：大鼠经口半数致死量（LD_{50}）为 57.5 mg/kg，大鼠经皮肤吸收半数致死量（LD_{50}）>1 600 mg/kg；小鼠经口半数致死量（LD_{50}）为 24.57 mg/kg，小鼠静脉注射半数致死量（LD_{50}）为 25 mg/kg。

【中毒症状】

口服中毒：轻度中毒可出现头痛、头晕、恶心、呕吐、腹痛、腹泻、乏力、食欲缺乏、流涎、心慌、精神萎靡、视物模糊等症状；中度中毒除了上述症状加重外，还可出现意识模糊、口鼻分泌物增多、双手颤抖、心律不齐、胸闷等症状；重度中毒可出现呼吸困难、血压下降、阵发性抽搐、意识丧失、昏迷或休克等症状；严重时可因喉部痉挛导致窒息死亡。

皮肤接触中毒：症状主要有皮肤发红、发辣、发痒、发麻，严重的可出现红疹、水疱、糜烂。

眼睛受农药侵入后，症状表现为结膜充血、疼痛、畏光、流泪、眼睑红肿等。

【急救措施】

口服中毒者，应立即催吐，洗胃。皮肤接触者，应立即脱去被污染的衣物，用肥皂水或清水彻底冲洗全身，若发生皮炎，可用炉甘石洗剂或 2%~3%的硼酸水湿敷。眼睛接触者，应立即提起眼睑，用大量清水或生理盐水反复冲洗。对症

治疗，对躁动不安、抽搐、惊厥者，可用安定10~20 mg 肌内注射或静脉注射；对呼吸困难者，应给予吸氧，还应注意保持呼吸道畅通；对脑水肿者，可用20%的甘露醇或25%的山梨醇250 mL静脉滴注或静脉注射。

【尸体特征】

参见“溴氰菊酯”。

【检材提取】

检材可提取中毒者的洗胃液、呕吐物、胃内容物、血液及肺组织等。同时需注意收集和提取现场剩余食物或饮料、可疑容器、药瓶、沾染有毒物的衣物等。

【检验方法】

参见“溴氰菊酯”。

氟氯氰菊酯（拜高、保得、百树得、拜虫杀、赛扶宁、杀飞克、百树菊酯、百治菊酯）

【化学名称】 2，2-二甲基-3-（2，2-二氯乙烯基）环丙烷羧酸-α-氰基-（3-苯氧基）-4-氟苄酯

【化学式】 $C_{22}H_{18}Cl_2FNO_3$

【结构式】

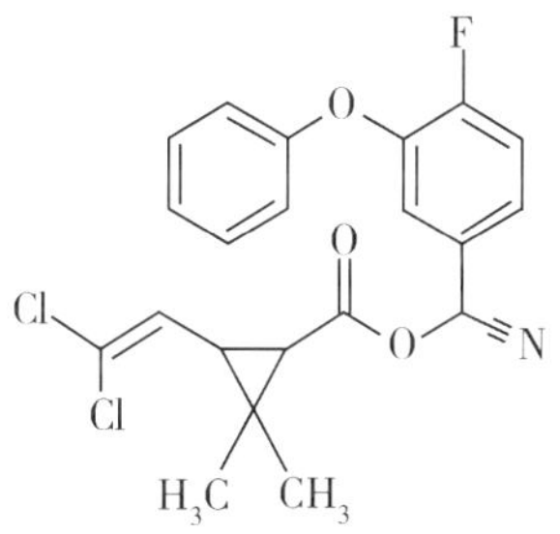

【相对分子质量】 434.29

【CAS 登记号】 68359-37-5

【性状】

氟氯氰菊酯原药为棕色黏稠液体，熔点60 ℃（工业品熔点60~80 ℃），沸点496.3 ℃，密度1.368 g/cm^3。易溶于乙醚、丙酮、甲苯、二氯甲烷等有机溶剂，微溶于乙醇，不溶于水。在酸性条件下稳定，对日光稳定，在pH值大于7.5的碱性介质中不稳定。

【用途及中毒原因】

氟氯氰菊酯具有较强的触杀和胃毒作用。对鳞翅目的多种幼虫及蚜虫等害虫有良好的防效，药效迅速，残效期长，适用于棉花、烟草、蔬菜、大豆、花生、玉米等作物。防治棉铃虫、棉红蜘蛛需要在孵卵期用，也可用于防治大豆食心虫、菜青虫、桃蚜、小菜蛾、甜菜夜蛾、斜纹夜蛾等多种害虫，不能在桑园、鱼塘、水源区、养蜂区使用。高效氟氯氰菊酯的杀虫活性比普通氟氯氰菊酯高1倍以上，使用时有效浓度为普通氟氯氰菊酯的1/2。中毒原因常见于服毒自杀，偶见用于投毒杀人，在生产、运输、喷洒农药过程中因泄漏或操作不当或误服而引起的意外中毒也较常见。

【作用机制】

氟氯氰菊酯主要作用于中枢神经系统的锥体外系统、小脑、延髓和周围神经。能够选择性地作用于神经细胞膜的钠离子通道，减缓钠离子的“M”通道闸门的关闭，使钠离子通道保持开放，使神经细胞去极化期延长，引起感觉神经反复放电，脊髓中间神经和周围神经兴奋性增强，导致肌肉持续收缩。

【毒性】

氟氯氰菊酯为低毒类物质。

急性中毒实验：大鼠经口半数致死量（LD_{50}）为900 mg/kg，大鼠经皮肤吸收半数致死量（LD_{50}）>5 000 mg/kg；小鼠经口半数致死量（LD_{50}）为300 mg/kg。

【中毒症状】

氟氯氰菊酯可以通过口服、吸入、皮肤接触、黏膜吸收等途径进入机体引起中毒。轻度中毒可出现头痛、头晕、恶心、呕吐、腹痛、腹泻、乏力、食欲缺乏、流涎、心慌、精神萎靡、视物模糊等症状。中度中毒除了上述症状加重外，还可出现嗜睡、四肢肌肉震颤、心律失常、胸闷等症状。重度中毒可出现呼吸困难、血压下降、阵发性抽搐、角弓反张、昏迷等症状。

【急救措施】

皮肤接触者，可先用滑石粉或高岭土吸附，再用肥皂水或清水反复冲洗。眼睛接触者，可用生理盐水或2%的碳酸氢钠溶液反复冲洗。口服中毒者不宜催吐，可用2%的碳酸氢钠溶液洗胃（禁用高锰酸钾溶液），再用医用活性炭吸附胃内残留药液，不需导泻，尤其禁用油类泻剂。对症治疗：镇静和解痉用地西泮或巴比妥肌内注射，呼吸困难时给予吸氧，适量补液等。

【尸体特征】

参见“溴氰菊酯”。

【检材提取】

检材可提取中毒者的洗胃液、呕吐物、胃内容物、血液及肺组织等。同时需注意收集和提取现场剩余食物或饮料、可疑容器、药瓶、沾染有毒物的衣物等。

【检验方法】

参见“溴氰菊酯”。

氰戊菊酯（百虫灵、虫畏灵、敌虫菊酯、杀灭菊酯）

【化学名称】 （R，S）-α-氰基-3-苯氧基苄基（R，S）-2-（4-氯苯基）-3-甲基丁酸酯

【化学式】 $C_{25}H_{22}ClNO_3$

【结构式】

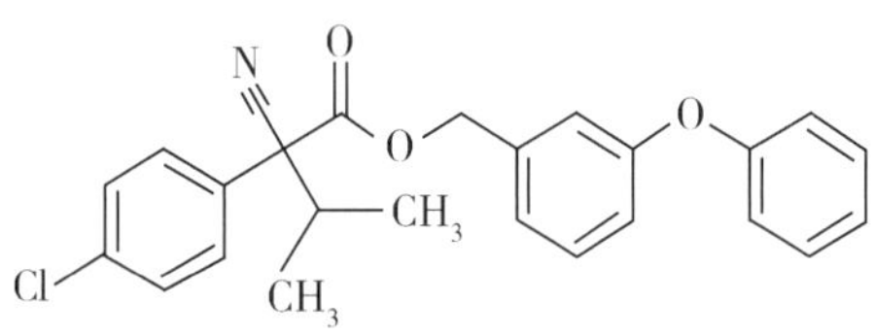

【相对分子质量】 419.90

【CAS 登记号】 51630-58-1

【性状】

氰戊菊酯纯品为微黄色油状液体，原药为黄色油状液体。熔点 59.0～60.2 ℃，沸点 300 ℃，密度 1.21 g/cm^3。能溶于甲醇、丙酮、乙二醇、氯仿、二甲苯等有机溶剂，微溶于己烷，难溶于水（水中溶解度<1 mg/L）。对光稳定，热稳定性好，75 ℃放置 100 h 无明显分解。在酸性条件下比较稳定，在 pH 值大于 8 的碱性介质中不稳定。

【用途及中毒原因】

氰戊菊酯属于广谱、高效、速效的拟除虫菊酯类农药。以触杀和胃毒作用为主，无内吸作用，对螨类无效，对鳞翅目幼虫和直翅目、半翅目、双翅目害虫有效，用于防治棉花蚜虫、棉叶蝉、棉椿象、棉大卷叶虫、菜青虫、大豆食心虫、小麦黏虫、棉铃虫、柑橘潜叶蛾幼虫等。不能在桑园、鱼塘、养蜂区附近使用。中毒原因常见于服毒自杀，偶见用于投毒杀人，在生产、运输、喷洒农药过程中因泄漏或操作不当或误服而引起的意外中毒也较常见。

【作用机制】

氰戊菊酯可选择性地作用于神经细胞膜的钠离子通道，减缓钠离子的“M”通道闸门的关闭，使神经细胞去极化期延长，引起感觉神经反复放电，脊髓中间神经和周围神经兴奋性增强，导致肌肉持续收缩。同时阻止氯离子通道的开放，从而增强神经的兴奋性。

【毒性】

氰戊菊酯毒性中等。

急性中毒实验：大鼠经口半数致死量（LD_{50}）为 70.2 mg/kg；小鼠经口半数致死量（LD_{50}）为 185 mg/kg，小鼠经皮肤吸收半数致死量（LD_{50}）>5 000 mg/kg。

【中毒症状】

氰戊菊酯可以通过口服、吸入、皮肤接触、黏膜吸收等途径进入机体引起中毒。皮肤接触者可出现皮疹、皮肤瘙痒、灼痛等。口服中毒者可出现头痛、头晕、恶心、呕吐、腹痛、腹泻、乏力、食欲缺乏、流涎、视物模糊等症状。严重者可出现舞蹈样动作、呼吸困难、血压下降、昏迷等症状。

【急救措施】

皮肤接触者，可先用滑石粉或高岭土吸附，再用肥皂水或清水反复冲洗。眼睛接触者，应立即提起眼睑，用生理盐水或 2%的碳酸氢钠溶液反复冲洗。口服中毒者不宜催吐，用 2%的碳酸氢钠溶液洗胃（禁用高锰酸钾溶液），再用医用活性炭吸附胃内残留药液，不需导泻，尤其禁用油类泻剂。对症治疗：镇静和解痉用地西泮或巴比妥肌内注射，呼吸困难时给予吸氧，适量补液等。

【尸体特征】

参见“溴氰菊酯”。

【检材提取】

检材可提取中毒者的洗胃液、呕吐物、胃内容物、血液及肺组织等。同时需注意收集和提取现场剩余食物或饮料、可疑容器、药瓶、沾染有毒物的衣物等。

【检验方法】

参见“溴氰菊酯”。

氟氰戊菊酯（氟氰菊酯、中西氟氰菊酯）

【化学名称】 （R，S）-α-氰基-3-苯氧基苄基（S）-2-（4-二氟甲氧基苯基）-3-甲

基丁酸酯

【化学式】 $C_{26}H_{23}F_2NO_4$

【结构式】

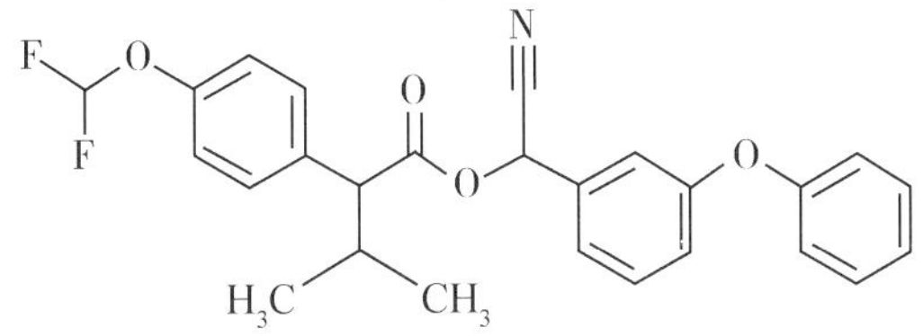

【相对分子质量】 451.48

【CAS 登记号】 70124-77-5

【性状】

氟氰戊菊酯为琥珀色黏稠液体。沸点545.1 ℃，密度 1.219 g/cm^3。易溶于丙醇、丙酮、二甲苯，溶于己烷，几乎不溶于水。在中性、常温的条件下比较稳定，在碱性介质中水解。

【用途及中毒原因】

氟氰戊菊酯为高效、广谱、低残留、长效的拟除虫菊酯类杀虫剂，兼有杀螨、杀蜱活性。以触杀和胃毒作用为主，无内吸作用。可用于棉花、烟草、豆类、油菜、蔬菜、果树等作物，主要用于防治鳞翅目、双翅目、鞘翅目等害虫和蜱类、螨类。中毒原因常见于服毒自杀，偶见用于投毒杀人，在生产、运输、喷洒农药过程中因泄漏或操作不当或误服而引起的意外中毒也较常见。

【作用机制】

氟氰戊菊酯主要作用于中枢神经系统的锥体外系统、小脑、延髓和周围神经。能选择性地作用于神经细胞膜的钠离子通道，减缓钠离子的“M”通道闸门的关闭，使钠离子通道保持开放，使神经细胞去极化期延长，引起感觉神经反复放电，脊髓中间神经和周围神经兴奋性增强，导致肌肉持续收缩。

【毒性】

氟氰戊菊酯毒性中等。

急性中毒实验：大鼠经口半数致死量（LD_{50}）为 67 mg/kg，小鼠经口半数致死量（LD_{50}）为 76 mg/kg，大鼠吸入半数致死浓度（LC_{50}）>4.85 mg/L。

【中毒症状】

氟氰戊菊酯可以通过口服、吸入、皮肤接触、黏膜吸收等途径进入机体引起中毒。皮肤接触部位有刺痛感，接触量大或口服中毒时可出现头痛、头晕、恶心、呕吐、双手震颤、惊厥或抽搐、昏迷和休克等症状。

【急救措施】

皮肤接触者，可先用滑石粉或高岭土吸附，再用肥皂水或清水反复清洗。眼睛接触者，应立即提起眼睑，用生理盐水或 2% 的碳酸氢钠溶液反复冲洗。口服中毒者不宜催吐，用 2% 的碳酸氢钠溶液洗胃（禁用高锰酸钾溶液），再用医用活性炭吸附胃内残留药液，不需导泻，尤其禁用油类泻剂。对症治疗：镇静和解痉用地西泮或巴比妥肌内注射，呼吸困难时给予吸氧，适量补液等。

【尸体特征】

参见“溴氰菊酯”。

【检材提取】

检材可提取中毒者的洗胃液、呕吐物、胃内容物、血液及肺组织等。同时需注意收集和提取现场剩余食物或饮料、可疑容器、药瓶、沾染有毒物的衣物等。

【检验方法】

参见“溴氰菊酯”。

甲氰菊酯（杀螨菊酯、分扑菊、灭扫利、农螨丹）

【化学名称】 （R，S）-α-氰基-3-苯氧基苄基-2，2，3，3-四甲基环丙烷羧酸酯

【化学式】 $C_{22}H_{23}NO_3$

【结构式】

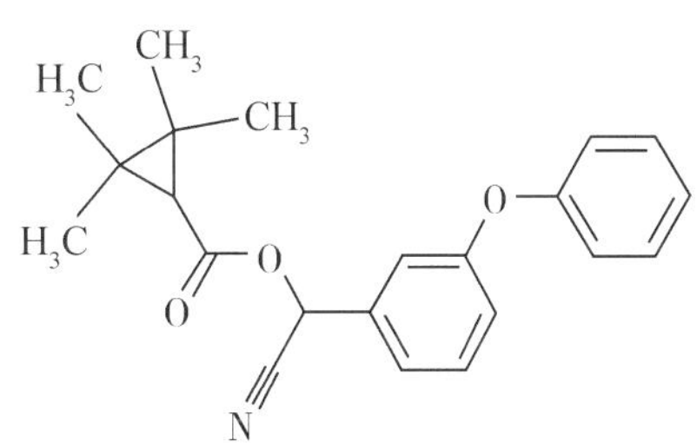

【相对分子质量】 349.43

【CAS 登记号】 64257-84-7

【性状】

甲氰菊酯纯品为白色结晶，工业品为棕黄色液体或固体。熔点 49～50 ℃（工业品固体熔点 45～50 ℃），沸点 448.2 ℃，密度 1.128 g/cm^3。溶于丙酮、环己烷、乙腈、二甲苯、环己酮、氯仿等有机溶剂，不溶于水。在中性和酸性条件下稳定，在碱性条件下易分解。常温下储存 2 年不

变质，暴露在光线下或空气中可导致氧化失去活性。

【用途及中毒原因】

甲氰菊酯为广谱、高效的拟除虫菊酯类杀虫剂、杀螨剂，具有触杀、驱避和胃毒作用。本品除具有一般合成拟除虫菊酯类杀虫剂的特性外，对多种叶螨具有良好防效，因此具有虫螨兼除的优点。对鳞翅目幼虫高效，对双翅目和半翅目害虫有效。可用于防治棉花、果树、蔬菜、茶树、花卉等作物上的害虫。中毒原因常见于服毒自杀，偶见用于投毒杀人，在生产、运输、喷洒农药过程中因泄漏或操作不当或误服而引起的意外中毒也较常见。

【作用机制】

甲氰菊酯可选择性地作用于神经细胞膜的钠离子通道，减缓钠离子的“M”通道闸门的关闭，使神经细胞去极化期延长，引起感觉神经反复放电，脊髓中间神经和周围神经兴奋性增强，导致肌肉持续收缩。同时阻止氯离子通道的开放，从而增强神经的兴奋性。

【毒性】

甲氰菊酯毒性中等。

急性中毒实验：大鼠经口半数致死量（LD_{50}）为 164 mg/kg（雄性）和 107 mg/kg（雌性），大鼠经皮肤吸收半数致死量（LD_{50}）为 600 mg/kg（雄性）和 870 mg/kg（雌性）；小鼠经口半数致死量（LD_{50}）为 58~67 mg/kg。

【中毒症状】

甲氰菊酯可以通过口服、吸入、皮肤接触、黏膜吸收等途径进入机体引起中毒。轻度中毒可出现头痛、头晕、恶心、呕吐、乏力、食欲缺乏、心悸、视物模糊、面部胀麻或蚁行感等症状。中度中毒除了上述症状加重外，还可出现烦躁不安、四肢肌肉震颤等症状。重度中毒可出现呼吸困难、血压下降、阵发性抽搐、角弓反张、大小便失禁、休克或昏迷等症状。

【急救措施】

皮肤接触者，可先用滑石粉或高岭土吸附，再用肥皂水或清水反复清洗。眼睛接触者，应立即提起眼睑，用生理盐水或2%的碳酸氢钠溶液反复冲洗。口服中毒者不宜催吐，用2%的碳酸氢钠溶液洗胃（禁用高锰酸钾溶液），再用医用活性炭吸附胃内残留药液，不需导泻，尤其禁用油类泻剂。对症治疗：镇静和解痉用地西泮或巴比妥肌内注射，呼吸困难时给予吸氧，适量补液等。

【尸体特征】

参见“溴氰菊酯”。

【检材提取】

检材可提取中毒者的洗胃液、呕吐物、胃内容物、血液及肺组织等。同时需注意收集和提取现场剩余食物或饮料、可疑容器、药瓶、沾染有毒物的衣物等。

【检验方法】

参见“溴氰菊酯”。

氯菊酯（二氯苯醚菊酯、苄氯菊酯、百灭宁、除虫精）

【化学名称】 3-苯氧基苄基（R，S）-3-（2，2-二氯乙烯基）-2，2-二甲基环丙烷羧酸酯

【化学式】 $C_{21}H_{20}Cl_2O_3$

【结构式】

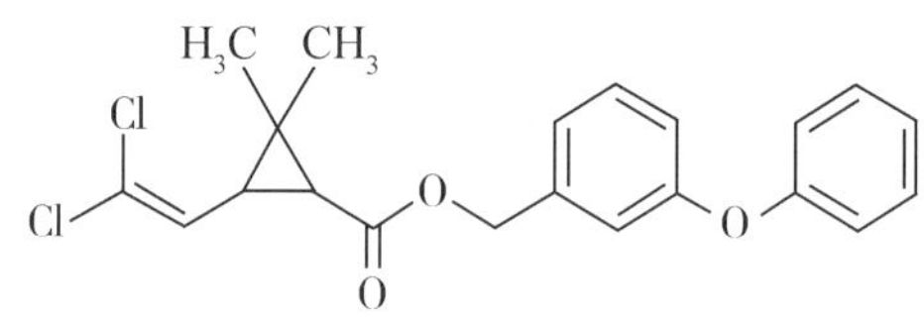

【相对分子质量】 391.29

【CAS 登记号】 52645-53-1

【性状】

氯菊酯纯品为固体，工业品为棕黄色黏稠液体，室温下有时可析出部分结晶。熔点 34~35 ℃，沸点 465.9 ℃，密度 1.21 g/cm^3。易溶于丙酮、甲醇、乙醚、二甲苯等有机溶剂，不溶于水。氯菊酯在酸性和中性条件下稳定，在可见光下较稳定，在碱性介质中易分解。

【用途及中毒原因】

氯菊酯为高效、低毒的拟除虫菊酯类杀虫剂，有较强的触杀和胃毒作用，具有较强的击倒力，对鳞翅目幼虫高效，用于防治棉花、水稻、蔬菜、果树、茶树等多种作物上的害虫，也可用于防治卫生害虫及牲畜害虫。杀虫作用强烈，很低的浓度即可使害虫中毒死亡。中毒原因常见于服毒自杀，偶见用于投毒杀人，在生产、运输、喷洒农药过程中因泄漏或操作不当或误服而引起的意外中毒也较常见。

【作用机制】

氯菊酯能够选择性地作用于神经细胞膜的钠离子通道，减缓钠离子的“M”通道闸门的关闭，使钠离子通道保持开放，使神经细胞去极化期延长，引起感觉神经反复放电，脊髓中间神经和周围神经兴奋性增强，导致肌肉持续收缩。另外，氯菊酯还可直接作用于神经末梢和肾上腺髓质，引起血管收缩、心律失常等。

【毒性】

氯菊酯毒性中等。

急性中毒实验：大鼠经口半数致死量（LD_{50}）为383 mg/kg，大鼠经皮肤吸收半数致死量（LD_{50}）为1 750 mg/kg；小鼠经口半数致死量（LD_{50}）为424 mg/kg，小鼠经皮肤吸收半数致死量（LD_{50}）>1 000 mg/kg。

【中毒症状】

氯菊酯可以通过口服、吸入、皮肤接触、黏膜吸收等途径进入机体引起中毒。

口服中毒：轻度中毒可出现头痛、头晕、恶心、呕吐、上腹灼痛、乏力、食欲缺乏、流涎等症状；中度中毒除了上述症状加重外，还可出现意识模糊、口鼻分泌物增多、双手颤抖、心律不齐、胸闷等症状；重度中毒可出现呼吸困难、血压下降、阵发性抽搐、意识丧失、昏迷或休克等症状；严重时可因喉部痉挛导致窒息死亡。

皮肤接触中毒：症状主要有皮肤发红、发辣、发痒、发麻，严重的可出现红疹、水疱、糜烂。

眼睛受农药侵入后，症状表现为结膜充血、疼痛、畏光、流泪、眼睑红肿等。

【急救措施】

皮肤接触者，应立即脱去被污染的衣物，用流动清水或肥皂水彻底冲洗全身。眼睛接触者，立即提起眼睑，用流动清水或生理盐水反复冲洗。吸入中毒者，应迅速脱离现场至空气新鲜处，保持呼吸道通畅，呼吸困难时给予吸氧，必要时立即进行人工呼吸。食入中毒患者清醒时给饮大量温水，催吐，可用温水或2%的碳酸氢钠溶液彻底洗胃（禁用高锰酸钾溶液），再用医用活性炭吸附胃内残留药液，不需导泻，尤其禁用油类泻剂。对症治疗：镇静和解痉用地西泮或巴比妥肌内注射，适量补液等。

【尸体特征】

参见“溴氰菊酯”。

【检材提取】

检材可提取中毒者的洗胃液、呕吐物、胃内容物、血液及肺组织等。同时需注意收集和提取现场剩余食物或饮料、可疑容器、药瓶、沾染有氯菊酯的衣物等。

【检验方法】

参见“溴氰菊酯”。

第四节 除草剂

2，4-滴丁酯（小麦欢、牧青）

【化学名称】 2，4-二氯苯氧基乙酸正丁酯

【化学式】 $C_{12}H_{14}Cl_2O_3$

【结构式】

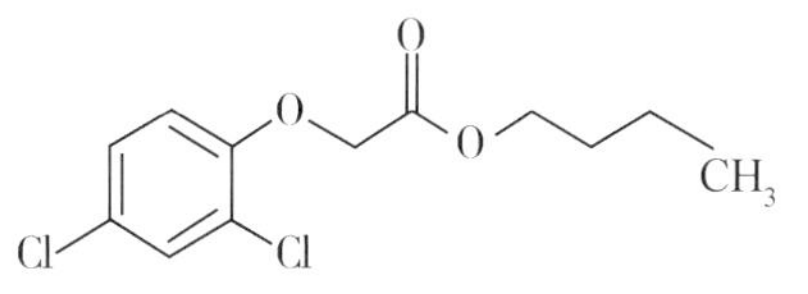

【相对分子质量】 277.14

【CAS 登记号】 94-80-4

【性状】

2，4-滴丁酯纯品为无色油状液体，熔点9 ℃，沸点146~147 ℃，密度1.24 g/cm³。难溶于水，易溶于有机溶剂。挥发性强，对酸、热稳定，遇碱分解。

【用途及中毒原因】

2，4-滴丁酯是一种磺酰脲类激素型选择性除草剂，具有较强的内吸传导性。主要用于防除禾本科作物田中的双子叶杂草、莎草及某些恶性杂草。棉花、大豆等作物对该药剂敏感，使用时要保持一定的隔离区。中毒原因常见于服毒自杀，偶见用于投毒杀人，在生产、运输、喷洒农药过程中因泄漏或操作不当或误服而引起的意外中毒也较常见。

【作用机制】

2，4-滴丁酯主要作用于中枢神经系统，引起神经系统损害，同时对心脏、肝脏、肾脏等脏器有直接损害作用。另外，2，4-滴丁酯对机体接触部位有直接腐蚀作用。

【毒性】

2，4-滴丁酯为低毒类物质。

人的中毒剂量为3~4 g，口服6.5 g可致死。

急性中毒实验：大鼠经口半数致死量（LD_{50}）为500~1 500 mg/kg，小鼠经口半数致死量（LD_{50}）为380 mg/kg。

【中毒症状】

口服中毒者的口腔、咽喉处有烧灼伤，可出现大汗淋漓、头晕、乏力、恶心、呕吐、腹痛、腹泻、肌肉疼痛、震颤、抽搐、呼吸困难、皮肤青紫、四肢厥冷等症状。严重者可出现大小便失禁、谵妄、躁动、血压下降、昏迷、肌张力增高、急性肾功能衰竭等症状。皮肤接触者局部出现红肿、水疱。

【急救措施】

皮肤接触者，应立即脱去被污染的衣物，用肥皂水及流动清水彻底冲洗全身。眼睛接触者，应立即提起眼睑，用生理盐水或流动清水反复冲洗，用消炎眼药水预防感染。口服中毒者，及时用2%的碳酸氢钠溶液或肥皂水洗胃，应用硫酸钠导泻，保持呼吸道通畅，给予吸氧，严重者可进行血液透析。对症治疗：控制抽搐、预防脑水肿和肺水肿等。

【尸体特征】

尸检可见皮肤黏膜发绀，上消化道有明显的烧灼伤，脑水肿，肺水肿等。胃内容物有特殊的酚味。镜下可见脑水肿、神经细胞变性坏死、急性肾小管坏死、细胞管型等。

【检材提取】

检材可提取胃内容物、血液、肝组织等，如为注射中毒，需提取局部皮肤、皮下组织及肌肉作为检材。同时需注意收集和提取现场剩余食物或饮料、可疑容器、药瓶、呕吐物或沾染有2，4-滴丁酯的衣物等。若经过抢救，应注意提取洗胃液。

【检验方法】

1. 气相色谱-质谱法

仪器：气相色谱-质谱联用仪；色谱柱：Agilent DB-5MS（30 m×0.25 mm×0.25 μm）弹性石英毛细管柱，柱温：初始温度50 ℃，保持2 min，以30 ℃/min的升温速率升温至180 ℃，再以5 ℃/min的升温速率升温至300 ℃，保持5 min；载气：高纯氦，流速：1.0 mL/min；进样口温度：280 ℃；进样方式：不分流进样；离子源：电子轰击源（EI），能量：70 eV；离子源温度：230 ℃；四级杆温度：150 ℃；扫描方式：全扫描；质量范围：40~450 amu。

2. 高效液相色谱法

仪器：高效液相色谱仪；色谱柱：分析柱为Agilent Zorbax SB-Aq（250 mm×4.6 mm×5 μm）键合硅胶柱，预柱为C18（8 mm×4 mm）柱；流动相：甲醇+水（60：40，*V/V*）；流速：1.0 mL/min；柱温：25 ℃；进样量：20 μL；检测波长：245 nm（同时收集190~300 nm的紫外吸收光谱）。

二甲四氯（芳米大、兴丰宝）

【化学名称】 2-甲基-4-氯苯氧基乙酸

【化学式】 $C_9H_9ClO_3$

【结构式】

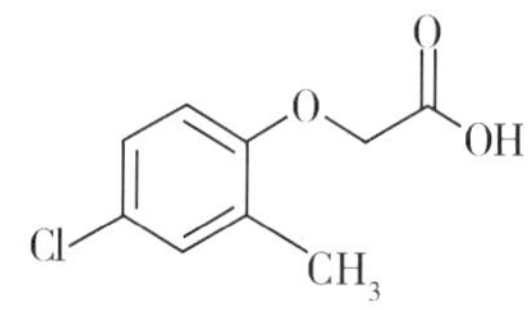

【相对分子质量】 200.62

【CAS登记号】 94-74-6

【性状】

二甲四氯为白色片状结晶，无味，工业品有苯酚臭味。熔点114~118 ℃，沸点327 ℃，密度1.313 g/cm^3。易溶于乙醚、乙醇，溶于甲苯、二甲苯等多种有机溶剂，微溶于正己烷和水（水中溶解度为0.082 5 g/100 mL）。

【用途及中毒原因】

二甲四氯为激素型选择性除草剂，易被植物的根部和叶部吸收并传导。用于水稻等禾本科作物田间，芽后防除多种一年生或多年生阔叶杂草和某些单子叶杂草。对杀灭阔叶草及三棱草有特效，但对稗草类杂草无效。对棉花、黄豆、瓜菜等阔叶作物有影响。多见农村邻里之间报复，向农作物投毒。也有服毒自杀或误服引起意外中毒的报道。

【作用机制】

二甲四氯对机体接触部位有直接腐蚀作用。进入机体后主要作用于中枢神经系统，引起神经系统损害。同时对心脏、肝脏、肾脏等脏器有直接损害作用。

【毒性】

二甲四氯为低毒类物质。

急性中毒实验：大鼠经口半数致死量（LD_{50}）为700～800 mg/kg，小鼠经口半数致死量（LD_{50}）为550 mg/kg。

【中毒症状】

口服中毒者的口腔、咽喉处有烧灼伤，可出现大汗淋漓、头晕、乏力、恶心、呕吐、腹痛、腹泻等症状，伴有瞳孔缩小、对光反应消失、眼球震颤、面肌颤动、角弓反张、抽搐、昏迷等神经系统损害症状，也可出现肾功能衰竭症状。皮肤接触者局部出现红肿。

【急救措施】

皮肤接触者，应立即脱去被污染的衣物，用肥皂水或流动清水彻底清洗全身。眼睛接触者，应立即提起眼睑，用生理盐水或流动清水反复冲洗，用消炎眼药水预防感染。口服中毒者，及时用2%的碳酸氢钠溶液或肥皂水洗胃，应用硫酸钠导泻，保持呼吸道通畅，给予吸氧，对症治疗：控制抽搐、预防脑水肿和肺水肿等。

【尸体特征】

尸检可见全身皮肤黏膜发绀，上消化道有明显烧灼伤，脑水肿，肺水肿等。镜下可见神经细胞变性坏死、急性肾小管坏死、细胞管型等。

【检材提取】

检材可提取：①二甲四氯原药。②喷洒有二甲四氯的植物、物品等，二甲四氯中毒者的洗胃液、呕吐物等。③口服二甲四氯中毒死亡者的胃内容物和血液，注射二甲四氯中毒死亡者的局部皮肤、皮下组织及肌肉等。④现场剩余食物或饮料、可疑容器、药瓶、呕吐物、沾染有二甲四氯的衣物等。

【检验方法】

液相色谱-质谱法。

仪器：液相色谱-质谱联用仪；色谱柱：Thermo Syncronis C18（150 mm×4.6 mm×5 μm）键合硅胶柱；流动相：0.1%的甲酸+甲醇（40∶60，*V/V*）；流速：1.0 mL/min；柱温：30 ℃；离子源：电喷雾离子源（ESI^-）；离子源温度：350 ℃；干燥气：氮气，流速：8 mL/min；检测模式：多反应监测（MRM）；雾化器压力：240 kPa；电喷雾电压：400 V；碰撞气：氦气；扫描方式：全扫描；质量范围：50～500 amu；进样量：10 μL。

除草醚

【化学名称】　2，4-二氯苯基-4′-硝基苯基醚

【化学式】　$C_{12}H_7Cl_2NO_3$

【结构式】

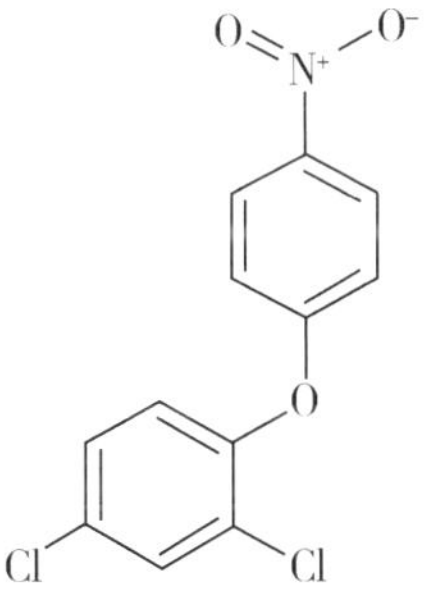

【相对分子质量】　284.09

【CAS号】1836-75-5

【性状】

除草醚为淡黄色针状结晶，工业品为黄棕色或棕褐色粉末，熔点70～71 ℃，沸点368 ℃，密度1.3 g/cm³。易溶于甲苯、乙醇等有机溶剂，难溶于水。化学性质稳定，对金属无腐蚀作用。

【用途及中毒原因】

除草醚为芽前或芽后早期使用的接触性除草剂，可杀灭大多数一年生杂草，如水田中的稗草、牛毛草、鸭舌草、三棱草等，也可杀灭旱田中的马唐、狗尾草、旱稗等。用于胡萝卜、芹菜、白菜等伞形花科和十字花科的菜地可防除杂草，也适用于茶园、桑园、果园及苗圃。对某些多年生杂草有一定抑制作用，但不能根除（已禁止生产和销售）。多见农村邻里之间报复，向农作物投毒。也有服毒自杀或误服引起意外中毒的报道。

【作用机制】

除草醚主要通过皮肤和消化道吸收，在体内代谢为硝基苯，能引起高铁血红蛋白血症；还可引起溶血性贫血、肝功能损害等；个别人有过敏反应，对黏膜有刺激作用。

【毒性】

除草醚为低毒类物质。

急性中毒实验：大鼠经口半数致死量（LD_{50}）为740 mg/kg，大鼠经皮肤吸收半数致死量（LD_{50}）为5 000 mg/kg；小鼠经口半数致死

量（LD_{50}）为 450 mg/kg。

【中毒症状】

皮肤接触者，可出现过敏性皮炎、皮肤痤疮等。口服中毒者，可出现头痛、眩晕、咽喉发干、皮肤黏膜发绀、轻度溶血等症状，可伴有肝脾肿大，严重者出现昏迷、休克等。

【急救措施】

皮肤接触者，应立即脱去被污染的衣物，用肥皂水或流动清水彻底清洗全身。眼睛接触者，应立即提起眼睑，用生理盐水或流动清水反复冲洗，用消炎眼药水预防感染。口服中毒者，及时催吐，用2%的碳酸氢钠溶液洗胃，应用硫酸钠导泻。

【尸体特征】

尸检可见全身皮肤黏膜发绀，胃肠内有苦杏仁气味。镜下可见肝细胞坏死。

【检材提取】

检材可提取：①除草醚原药。②喷洒有除草醚的植物、物品等，除草醚中毒者的洗胃液、呕吐物等。③口服除草醚中毒死亡者的胃内容物和血液；吸入除草醚中毒死亡者的血液、肺组织等；注射除草醚中毒死亡者的局部皮肤、皮下组织及肌肉等。④现场剩余食物或饮料、可疑容器、药瓶、呕吐物、沾染有除草醚的衣物等。

【检验方法】

气相色谱-质谱法。

仪器：气相色谱-质谱联用仪；色谱柱：Agilent DB-5MS（30 m×0.25 mm×0.25 μm）弹性石英毛细管柱；柱温：初始温度 60 ℃，保持 1 min，以 20 ℃/min 的升温速率升温至 260 ℃，保持 10 min；载气：高纯氦，流速：1.0 mL/min；进样口温度：280 ℃；进样方式：不分流进样；进样量：1.0 μL；离子源：电子轰击源（EI），能量：70 eV；离子源温度：230 ℃；四级杆温度：150 ℃；扫描方式：全扫描；质量范围：40~450 amu。

敌草快（杀草快、双快、催熟剂、利农）

【化学名称】 1，1′-乙撑-2，2′-联吡啶二溴盐。

【化学式】 $C_{12}H_{12}Br_2N_2$

【结构式】

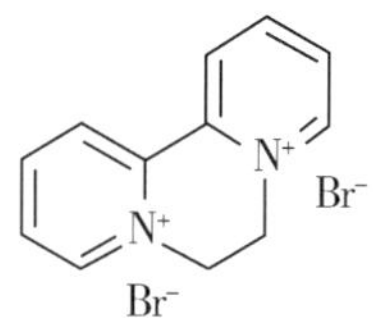

【相对分子质量】 344.05

【CAS 号】85-00-7

【性状】

敌草快纯品为白色至黄色结晶。熔点 330~340 ℃（分解），密度 1.25 g/cm^3。微溶于乙醇和其他带羟基的溶剂，不溶于非极性有机溶剂，易溶于水（水中溶解度为 700 g/L）。不挥发，在酸性和中性介质中稳定，在碱性条件下不稳定，紫外线照射易分解。

【用途及中毒原因】

敌草快为非选择性触杀型除草剂，用于大田、果园、非耕地、收割前等除草。中毒原因多为误服和自杀，偶见用于他杀。

【作用机制】

敌草快进入机体后可经自氧化作用使组织中的水和氧形成过氧化氢和过氧游离基，它们与脂肪结合成脂肪酸过氧化物，脂肪酸过氧化物可干扰肺表面活性物质的功能，引起细胞膜脂质过氧化，造成肺和肾脏等组织细胞损伤。

【毒性】

敌草快为高毒类物质。

人口服敌草快 3 mL 即可中毒，人口服致死量为 30 mg/kg。

急性中毒实验：大鼠经口半数致死量（LD_{50}）为 120 mg/kg，小鼠经口半数致死量（LD_{50}）为 233 mg/kg，大鼠经皮肤吸收半数致死量（LD_{50}）为 50~100 mg/kg。

【中毒症状】

敌草快的浓缩溶液被接触后能引起组织损伤、手部皮肤干裂和指甲脱落。皮肤长期接触可出现水疱和溃疡。经皮肤大量吸收后会引起全身中毒，长期吸入喷雾微滴会引起鼻出血。眼睛被污染后会引起严重的结膜炎，可长期不愈而成永久性角膜混浊。口服中毒后，可出现强烈的恶心、呕吐、腹痛、腹泻，呕吐物和粪便可能带血，有的还出现肠阻塞、肠绞痛，并伴有大量液体在肠内潴留。还可出现脱水、低血压、心动过速、黄疸等症状，休克往往是引起死亡的主要原因。

【急救措施】

皮肤被污染后应用大量清水冲洗。眼睛受污染时必须先用清水反复清洗，再请眼科医生治疗。出现皮炎、裂纹、继发感染或指甲受损伤时，必须及时请皮肤科医生治疗。经口服引起的中毒，迅速服用吸附剂和彻底洗胃是使患者能存活的最佳措施，应立即服用吸附剂皂黏土（7.5%悬液）、漂白土（30%悬液），其效果较好。不要轻易增加氧气，肺内的高浓度氧会增加敌草快引起的肺损伤。可静脉滴注等渗盐水、林格氏溶液、5%的葡萄糖溶液。早期输液可加快毒物的排出。对症治疗：纠正脱水现象、改善酸中毒等。

【尸体特征】

尸检可见口腔、上消化道有明显烧灼伤。气管内有淡绿色液体，食管、胃肠道内有绿色或深绿色液体，胃黏膜广泛性点状出血。双肺实变，脑水肿。镜下可见肺泡上皮细胞变性、坏死，肺泡腔内出血，肺泡透明膜形成。中毒后数日死亡者，肺纤维化显著；肾小管坏死，出现管型，肾上腺皮质坏死；肝细胞脂肪变性、坏死；心肌纤维局灶性坏死等。

【检材提取】

检材可提取胃内容物、肝脏、血液等。并注意收集和提取现场剩余食物或饮料、可疑容器、药瓶、呕吐物、沾染有敌草快的衣物等。若为注射中毒，可提取局部皮肤、皮下组织及肌肉等作为检材。

【检验方法】

液相色谱-质谱法。

仪器：液相色谱-质谱联用仪；色谱柱：Waters Symmetry C18（150 mm×4.6 mm×5 μm）键合硅胶柱；流动相：水（含0.3%三氟醋酸）+乙腈（95∶5，*V/V*）；流速：0.3 mL/min；柱温：30 ℃；进样量：10 μL；离子源：电喷雾离子源（ESI^-）；离子喷射电压：5.5 kV；离子源温度：300 ℃；干燥气：氮气，流速：8 mL/min；检测模式：多反应监测（MRM）；碰撞气：氮气。

甲草胺（拉索、澳特拉索、草不绿、杂草索、灭草胺）

【化学名称】 2-氯-N-（2，6-二乙基苯基）-N-（甲氧甲基）乙酰胺

【化学式】 $C_{14}H_{20}ClNO_2$

【结构式】

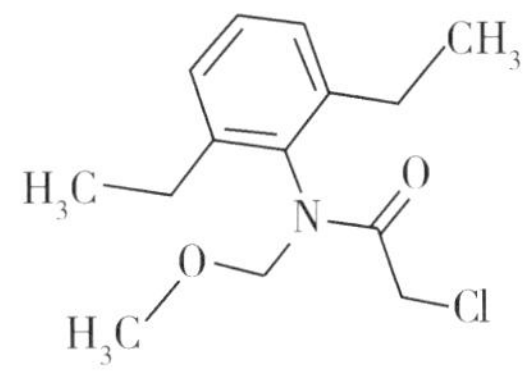

【相对分子质量】 269.77

【CAS 登记号】 15972-60-8

【性状】

甲草胺纯品为淡黄色结晶，工业品纯度≥93%，为黄白色到酒红色固体。熔点39～42 ℃，沸点135 ℃，密度1.119 g/cm^3。微溶于水（水中溶解度为0.24 g/L），可溶于丙酮、苯、乙醇、乙酸乙酯。挥发性极小，抗紫外线分解，在强酸或碱性条件下分解，在土壤中的半衰期约为15d。

【用途及中毒原因】

甲草胺为选择性旱地芽前处理除草剂。主要通过单子叶植物的胚芽鞘或双子叶植物的下胚轴吸收，吸收后向上传导，主要通过阻碍蛋白质合成而抑制细胞生长，使杂草的幼芽、幼根停止生长，致使杂草死亡。主要用于出苗前在土壤中萌发的杂草，对已出土的杂草基本无效。用于防除大豆、棉花、甜菜、玉米、花生、油菜等旱地作物田间的一年生禾本科杂草，如稗草、牛筋草、秋稷、马唐、狗尾草、蟋蟀草等。多见农村邻里之间报复，向农作物投毒，偶见用于口服自杀。

【作用机制】

甲草胺的作用机制主要是在肝内经非特异性酰胺酶作用，迅速水解为相应的酸或在某些情况下以原形排出，从而影响机体组织所需的氧气量，导致窒息及死亡。

【毒性】

甲草胺为低毒类物质。

急性中毒实验：大鼠经口半数致死量（LD_{50}）为930 mg/kg，小鼠经口半数致死量（LD_{50}）为462 mg/kg。

【中毒症状】

甲草胺对皮肤和眼睛有刺激作用。皮肤接触后可引起过敏性皮炎、痛痒等。眼睛触药后可出现疼痛、失明、视力减弱等症状。误食后可出现

恶心、胃部灼痛、呕吐、咽喉痒痛等症状。

【急救措施】

甲草胺中毒尚无特效解毒剂。若大量摄入，应及时催吐和用医用活性炭吸附，或用等渗浓度的盐溶液或5%的碳酸氢钠溶液洗胃。皮肤接触者，应立即用肥皂水或清水彻底冲洗。眼睛接触者，应立即提起眼睑，用大量清水反复冲洗。

【尸体特征】

尸表缺氧症状明显，口唇黏膜可见糜烂、破损，全身发绀。镜下可见组织溶血、肝细胞变性坏死、肾小管上皮细胞变性坏死等。

【检材提取】

检材可提取胃内容物、血液、肝脏组织等，如果经过抢救，应注意收集洗胃液，并及时收集和提取现场剩余食物或饮料、可疑容器、药瓶、呕吐物、沾染有甲草胺的衣物等。若为注射中毒，可提取局部皮肤、皮下组织及肌肉等作为检材。

【检验方法】

气相色谱-质谱法。

仪器：气相色谱-质谱联用仪；色谱柱：Agilent DB-5MS（30 m×0.25 mm×0.25 μm）弹性石英毛细管柱；柱温：初始温度80 ℃，保持1 min，以20 ℃/min的升温速率升温至280 ℃，保持10 min；载气：高纯氦，流速：1.0 mL/min；进样口温度：280 ℃；进样方式：不分流进样；进样量1.0 μL；离子源：电子轰击源（EI），能量：70 eV；离子源温度：230 ℃；四级杆温度：150 ℃；扫描方式：全扫描；质量范围：40~450 amu。

乙草胺（禾耐斯、草必净、消草胺）

【化学名称】 2'-乙基-6'-甲基-N-（乙氧甲基）-2-氯代乙酰替苯胺

【化学式】 $C_{14}H_{20}ClNO_2$

【结构式】

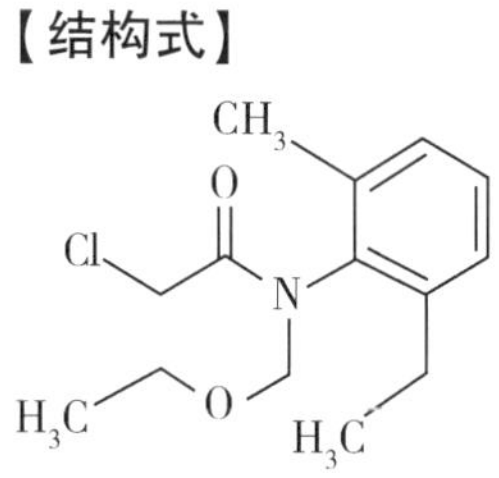

【相对分子质量】 269.77

【CAS登记号】 34256-82-1

【性状】

乙草胺纯品为白色结晶，工业品纯度为92%，为酒红色到黄色或琥珀色油状液体。熔点128.5 ℃，沸点391.5 ℃，密度1.11 g/cm³（30 ℃）。微溶于水（水中溶解度为223 mg/L），溶于乙醚、丙酮、苯、乙醇、乙酸乙酯等多种有机溶剂。不易挥发，对光稳定。

【用途及中毒原因】

乙草胺为酰胺类选择性芽前处理除草剂，可用于玉米、棉花、大豆、花生、油菜、马铃薯、甘蔗、芝麻、向日葵等作物田间，以及豆科、十字花科、茄科、菊科、伞形花科等多种蔬菜田和果园防除一年生禾本科杂草，一次施药可控制作物整个生育期无杂草危害。对多年生杂草无效。多见农村邻里之间报复，向农作物投毒，也有用于鱼塘投毒的案例，误服引起的意外中毒也有报道。

【作用机制】

乙草胺的作用机制主要是在肝内经非特异性酰胺酶作用，迅速水解为相应的酸或在某些情况下以原形排出，从而影响机体组织所需的氧气量，导致窒息及死亡。

【毒性】

乙草胺为低毒类物质。

急性中毒实验：大鼠经口半数致死量（LD_{50}）为763 mg/kg。

【中毒症状】

口服中毒者可出现消化系统症状，主要表现有口腔黏膜溃疡、恶心、呕吐、腹痛、腹泻等，严重者可出现肝功能、肾功能衰竭。神经系统症状主要表现有头疼、头昏等。另外，还可出现口唇黏膜及四肢末端发绀、血压下降、呼吸困难、大小便失禁、抽搐及昏迷等症状。

【急救措施】

乙草胺中毒尚无特效解毒剂。在进行常规急救（如催吐、洗胃、给予吸氧及补液等）的同时应尽快进行血液净化疗法（即血液透析联合血液灌流），依靠血液灌流器中的吸附剂将人体内的毒素吸附出体外。

【尸体特征】

尸表缺氧症状明显，口唇黏膜可见糜烂、破损，全身发绀。镜下可见组织溶血、肝细胞变性坏死、肾小管上皮细胞变性坏死等。

【检材提取】

检材可提取胃内容物、血液、肝脏组织等，如果经过抢救，应注意收集洗胃液，并及时提取现场剩余食物或饮料、可疑容器、药瓶、呕吐物、沾染有乙草胺的衣物等。若为注射中毒，可提取局部皮肤、皮下组织及肌肉等作为检材。

【检验方法】

气相色谱-质谱法。

仪器：气相色谱-质谱联用仪；色谱柱：Agilent DB-5MS（30 m×0.25 mm×0.25 μm）弹性石英毛细管柱；柱温：初始温度 80 ℃，保持 1 min，以 20 ℃/min 的升温速率升温至 280 ℃，保持 10 min；载气：高纯氦，流速：1.0 mL/min；进样口温度：280 ℃；进样方式：不分流进样；进样量：1.0 μL；离子源：电子轰击源（EI），能量：70 eV；离子源温度：230 ℃；四级杆温度：150 ℃；扫描方式：全扫描；质量范围：40~450 amu。

敌稗（敌障、斯达姆）

【化学名称】 N-（3，4-二氯苯基）丙酰胺

【化学式】 $C_9H_9Cl_2NO$

【结构式】

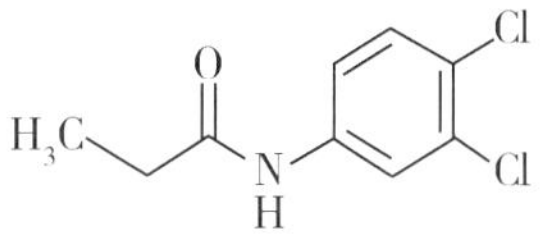

【相对分子质量】 218.08

【CAS 登记号】 709-98-8

【性状】

敌稗纯品为白色针状结晶，工业品为棕色结晶。熔点 92~93 ℃，沸点 369.9 ℃，密度 1.25 g/cm³。微溶于水（水中的溶解度为 130 mg/L），溶于己烷、乙醇，易溶于异丙醇、二氯甲烷、甲苯、苯、丙酮等有机溶剂。在强酸和强碱介质中水解，一般条件下稳定，日光下在水中迅速降解。

【用途及中毒原因】

敌稗为酰胺类高选择性触杀型除草剂，主要用于秧田或直接播种的田地，是防除稗草的特效药，也可用于防除其他多种禾本科和双子叶杂草，如鸭舌草、水芹、马唐、狗尾草等。多见农村邻里之间报复，向农作物投毒，偶见用于口服自杀。

【作用机制】

敌稗主要作用于神经肌肉接头，增加氯离子的释放，抑制神经肌肉接头的信息传递；敌稗在体内水解可产生 3，4-二氯苯胺，能引起中毒性高铁血红蛋白血症，出现缺氧、发绀、溶血、肝肾损害等症状。

【毒性】

敌稗毒性中等。

急性中毒实验：大鼠经口半数致死量（LD_{50}）为 367 mg/kg，大鼠经皮肤吸收半数致死量（LD_{50}）>5 000 mg/kg；小鼠经口半数致死量（LD_{50}）为 360 mg/kg。

【中毒症状】

敌稗对眼睛和皮肤有一定的刺激作用。口服中毒者可出现头痛、头晕、恶心、呕吐、躁动、谵语、抽搐、幻视、口唇及四肢末端发绀、双瞳孔对光反射迟钝等症状，严重者可出现意识模糊、昏迷、大小便失禁、双瞳孔对光反射消失等症状，终因呼吸衰竭和急性肾功能衰竭而死亡。

【急救措施】

皮肤接触者，应立即脱去被污染的衣物，用大量流动清水彻底清洗全身。眼睛接触者，应立即提起眼睑，用生理盐水或流动清水反复冲洗。吸入中毒者，应及时脱离现场，转移至空气新鲜处，出现呼吸困难时，给予吸氧，必要时进行人工呼吸。口服中毒者，应及时催吐，用清水洗胃，用硫酸钠导泻。

【尸体特征】

尸表缺氧症状明显，口唇黏膜及四肢末端发绀，尸斑颜色深。镜下可见组织溶血、肝细胞变性坏死、肾小管上皮细胞变性坏死等。

【检材提取】

可提取洗胃液、呕吐物、胃内容物和血液作为检材，并注意收集现场剩余食物或饮料、可疑容器、药瓶、沾染有毒物的衣物等。

【检验方法】

气相色谱-质谱法。

仪器：气相色谱-质谱联用仪；色谱柱：Agilent DB-5MS（30 m×0.25 mm×0.25 μm）弹性石英毛细管柱；柱温：初始温度 80 ℃，保持 1 min，以 20 ℃/min 的升温速率升温至 280 ℃，保持 10 min；载气：高纯氦，流速：1.0 mL/min；进样口温度：280 ℃；进样方式：不分流进样；

离子源：电子轰击源（EI），能量：70 eV；离子源温度：230 ℃；四级杆温度：150 ℃；扫描方式：全扫描；质量范围：40~450 amu。

百草枯（克芜踪、对草快、百朵）

【化学名称】 1，1’-二甲基-4，4’-联吡啶阳离子盐（二氯化物盐或二甲基硫酸盐）

【化学式】 $C_{12}H_{14}N_2^{2+}$

【结构式】

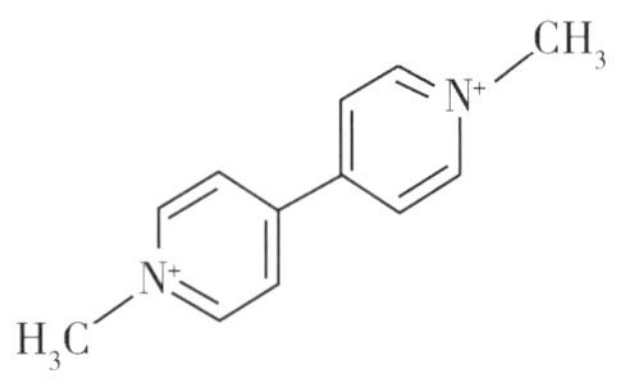

【相对分子质量】 186.25

【CAS登记号】 4685-14-7

【性状】

百草枯纯品为白色结晶。熔点175~180 ℃，300 ℃以上时分解，密度1.24~1.26 g/cm³（20 ℃）。极易溶于水，溶于丙酮，微溶于低分子量的醇类，不溶于烃类溶剂。在酸性及中性介质中稳定，在碱性介质中水解。原药对铁、铝等金属有腐蚀作用。不易燃烧，不爆炸。

【用途及中毒原因】

百草枯为速效、广谱、触杀型、灭生性除草剂。光照会增加其药效发挥，阴天则延缓药剂显效。在小麦、油菜收割后，不经翻耕，对前茬禾秆和田间杂草直接用20%水剂30~45 mL/100 m²，对水3~4.5 kg进行叶面处理。水稻收割后也可用此法。还可用于果园、桑园、橡胶园、茶园、水稻田、麦田等除草（如牛毛毡、莎草、看麦娘、猪殃殃、繁缕、狗尾草、蟋蟀草、竹叶草等）。多见农村邻里之间报复，向农作物投毒，也有向鱼塘投毒的案例。口服自杀的案例也有报道。

【作用机制】

百草枯可经皮肤黏膜、呼吸道及胃肠道吸收。百草枯进入机体后可经自氧化作用使组织中的水和氧形成过氧化氢和过氧游离基，它们与脂肪结合成脂肪酸过氧化物，脂肪酸过氧化物可干扰肺表面活性物质的功能，引起细胞膜脂质过氧化，造成肺和肾脏等组织细胞损伤。

【毒性】

百草枯毒性中等。

急性中毒实验：大鼠经口半数致死量（LD_{50}）为100 mg/kg，大鼠腹腔注射半数致死量（LD_{50}）为14.8 mg/kg；小鼠经口半数致死量（LD_{50}）为120 mg/kg。

【中毒症状】

局部接触百草枯的中毒症状表现为接触性皮炎和黏膜化学烧伤，如皮肤出现红斑、水疱、溃疡等，眼结膜、角膜灼伤形成溃疡，甚至穿孔。长时间大量接触百草枯可出现全身性损害，甚至危及生命。口服中毒者的中毒症状表现为口腔烧灼感，口腔、食管黏膜糜烂、溃疡，恶心、呕吐、腹痛、腹泻，甚至呕血、便血，严重者并发胃穿孔、胰腺炎等；可有头晕、头痛，少数患者出现幻觉、恐惧、抽搐、昏迷等中枢神经系统症状。肾损伤最常见，表现为血尿、蛋白尿、少尿，血尿素氮、血液肌酐升高，严重者发生急性肾功能衰竭。部分患者出现肝脏肿大、黄疸和肝功能异常，甚至出现肝功能衰竭。肺损伤最严重，表现为咳嗽、胸闷、气短、发绀、呼吸困难，直至呼吸衰竭而死亡。少数患者可发生气胸、纵隔气肿、中毒性心肌炎、心包内出血等并发症。

【急救措施】

百草枯中毒尚无特效解毒剂，尽早采取措施清除进入体内的毒物是成功救治急性百草枯中毒的基础。口服中毒者，可刺激咽喉部催吐，尽快洗胃，洗胃液首选清水，也可用肥皂水或1%~2%的碳酸氢钠溶液，洗胃液不少于5 L，直到回流的洗胃液无色无味为止，洗胃完毕后注入吸附剂——医用活性炭或15%的漂白土溶液；可用20%的甘露醇、硫酸钠或硫酸镁等导泻，促进肠道内毒物的排出。补液利尿，促进肾脏排毒。皮肤接触者，应立即脱去被百草枯污染或呕吐物污染的衣物，用清水和肥皂水彻底清洗皮肤、毛发，不要造成皮肤损伤，防止增加毒物的吸收。眼睛接触者，需要用流动的清水冲洗15~20 min，送医院专科处理。

【尸体特征】

尸检可见口腔、上消化道有明显烧灼伤。气管内有淡绿色液体，食管、胃肠道内有绿色或深绿色液体，胃黏膜广泛性点状出血。双肺实变，脑水肿。镜下可见肺泡上皮细胞变性、坏死，肺泡腔内出血，肺泡透明膜形成。中毒后数日死亡者，肺纤维化显著；肾小管坏死，出现管型，肾上腺皮质坏死；肝细胞脂肪变性、坏死；心肌纤维局灶性坏死等。

【检材提取】

可提取洗胃液、呕吐物、胃内容物和血液等作为检材，并注意收集现场剩余食物或饮料、可疑容器、药瓶、沾染有毒物的衣物等。

【检验方法】

液相色谱-质谱法。

（1）样品前处理：①百草枯原药不用提取可以直接检验。②喷洒有百草枯的植物、泥土等固体检材，可加入乙腈 10 mL，直接提取。③因百草枯中毒致死的，可以提取胃内容物、血液等，搅碎后加无水硫酸钠研磨至干沙状，用乙腈直接提取。提取液经氧化铝柱（或 PSA）和活性炭柱净化，浓缩后备检。

（2）仪器条件：仪器：液相色谱-质谱联用仪；色谱柱：Waters Symmetry C18（150 mm×4.6 mm×5 μm）键合硅胶柱；流动相：水（含0.3%的三氟醋酸）+乙腈（95∶5，*V/V*）；流速：0.3 mL/min；柱温：30 ℃；进样量：10 μL；离子源：电喷雾离子源（ESI^-）；检测模式：多反应监测（MRM）；离子喷射电压：5 500 V；离子源温度：300 ℃；干燥气：氮气，流速：8 mL/min；碰撞气：氦气。

草甘膦（农达、镇草宁、草克灵、春多多）

【化学名称】 N-（膦酰基甲基）甘氨酸

【化学式】 $C_3H_8NO_5P$

【结构式】

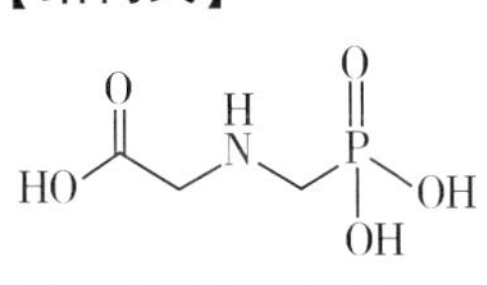

【相对分子质量】 169.07

【CAS 登记号】 1071-83-6

【性状】

草甘膦纯品为白色结晶。熔点 230 ℃，熔化时伴随分解，沸点 465.8 ℃，密度 1.74 g/cm^3。溶于水（水中溶解度为 12 g/L），不溶于丙酮、苯等一般有机溶剂。常温下稳定，不可燃，不爆炸，便于运输。

【用途及中毒原因】

草甘膦为内吸传导型、广谱灭生性除草剂，残效期短，用于防除多年生深根杂草及一年生和二年生的禾本科杂草、莎草和阔叶杂草，适用于果园、茶园、桑园、橡胶园、林地除草。多见农村邻里之间报复，向农作物投毒，也有向鱼塘投毒的案例。口服自杀的案例也有报道。

【作用机制】

草甘膦的作用机制尚不明确，普遍认为草甘膦是在肝细胞线粒体中氧化磷酸化的脱偶联中起到重要的作用，使氧化磷酸化作用受阻，造成ADP 不能转化成 ATP，细胞缺少能量后发生变性、坏死，从而造成组织、器官损害。

【毒性】

草甘膦为低毒类物质。

急性中毒实验：大鼠经口半数致死量（LD_{50}）为 4 973 mg/kg，小鼠经口半数致死量（LD_{50}）为 1 568 mg/kg。

【中毒症状】

口服中毒者可出现咽痛、吞咽困难、恶心、呕吐、腹痛、腹泻、多汗、流涎等症状，严重者可出现昏迷、肺水肿、呼吸衰竭和代谢性酸中毒等，呼吸衰竭及休克是死亡的主要原因。

【急救措施】

皮肤接触者，应立即脱去被污染的衣物，用肥皂水和清水彻底洗净全身。眼睛接触者，应立即提起眼睑，用清水反复冲洗。经口摄入者，为减少引发吸入性肺炎的机会，不宜催吐，洗胃宜轻柔，洗胃液可选用 20%~30%的氧化镁乳液或0.3%~0.5%的医用活性炭混悬液（不宜用碳酸氢钠溶液，以免产生气体）；洗胃后可用氢氧化铝凝胶、蛋清或双八面体蒙脱石 6 g 制成 50 mL 悬液，由胃管注入，并可注入医用活性炭 50 g（制成混悬液），以吸附残余毒物。严重中毒者可早期做血液透析、血液灌流或血浆置换术以清除血液中的毒物。中度以上中毒者均宜吸氧治疗。对症支持治疗：重点应放在控制吸入性肺炎、肺水肿、顽固性低血压、休克和抽搐、昏迷等威胁生命的毒效应上，同时应适当使用抗生素，防治肺部的感染。应注意纠治电解质紊乱和酸碱代谢失衡。

【尸体特征】

尸表呈一般窒息性死亡尸体征象。胃肠道腐

蚀严重；胃肠黏膜充血，灶性出血；肺水肿等。镜下可见肺泡内充满液体，肝脏、肾脏瘀血显著。

【检材提取】

检材可提取胃内容物、血液、肝组织等。同时，应注意提取现场剩余食物或饮料、可疑容器、药瓶、呕吐物、沾染有毒物的衣物等，如果经过抢救，还应注意提取洗胃液。

【检验方法】

液相色谱-质谱法。

（1）样品前处理（固相萃取法）：检材打碎后，加水 3 mL 振荡混匀，10 000 r/min 离心 5 min，上清液过 0.22 μm 的水相滤膜。然后过依次用 3 mL 甲醇、3 mL 去离子水活化的 C18 柱子，流速控制在 1 mL/min 左右，收集过滤液体，直接进样分析。

（2）仪器条件：仪器：液相色谱-质谱联用仪；色谱柱：Waters Xbridge C18（150 mm×2.1 mm×5 μm）键合硅胶柱；流动相：0.5%的异丙胺水溶液+乙腈（15∶85，*V/V*）；流速：0.2 mL/min；柱温：30 ℃；进样量：20 μL；离子源：电喷雾离子源，（ESI^-）；离子源温度：300 ℃；检测模式：多反应监测（MRM）。

莠去津（阿特拉津、盖萨林）

【化学名称】 2-氯-4-乙氨基-6-异丙氨基-1，3，5-三嗪

【化学式】 $C_8H_{14}ClN_5$

【结构式】

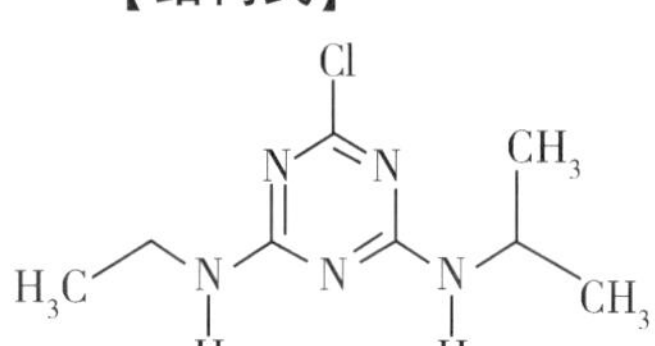

【相对分子质量】 215.68

【CAS 登记号】 1912-24-9

【性状】

莠去津为白色粉末（工业品纯度 96%以上），熔点 173～175 ℃，沸点 200 ℃，密度 1.187 g/cm³。难溶于水（水中的溶解度为 33 mg/L），易溶于二氯甲烷、丙酮、乙酸乙酯、乙醇等有机溶剂。在中性、弱酸性或弱碱性介质中较稳定，70 ℃以上水解，在强酸性或强碱性介质中水解。

【用途及中毒原因】

莠去津是内吸型选择性苗前、苗后除草剂。以根部吸收为主，茎叶吸收很少。适用于玉米、高粱、甘蔗等作物田间及林地、草地等防除一年生、二年生阔叶杂草和单子叶杂草。多见农村邻里之间报复，向农作物投毒，也有向鱼塘投毒的案例。口服自杀的案例也有报道。

【作用机制】

莠去津对皮肤、黏膜有刺激作用；对肝细胞有直接损害作用。

【毒性】

莠去津为低毒类物质。

急性中毒实验：大鼠经口半数致死量（LD_{50}）为 672 mg/kg，大鼠经皮肤吸收半数致死量（LD_{50}）为 3 100 mg/kg；小鼠经口半数致死量（LD_{50}）为 850 mg/kg。

【中毒症状】

莠去津对眼睛、皮肤、呼吸道有刺激作用，一般不会产生全身中毒。严重时可出现肺水肿、代谢性酸中毒、肝肾功能衰竭等。

【急救措施】

莠去津中毒尚无特效解毒剂。先用吐根糖浆催吐，再用医用活性炭吸附毒物，用山梨醇导泻。并采用对症治疗和支持疗法。

【尸体特征】

尸表呈一般窒息性死亡尸体征象。肺水肿较明显。镜下可见肺泡内充满液体、肝细胞灶性坏死。

【检材提取】

可提取洗胃液、胃内容物和血液等作为检材，并注意及时收集现场剩余食物或饮料、可疑容器、药瓶、沾染有毒物的衣物、呕吐物等。

【检验方法】

1. 气相色谱-质谱法

仪器：气相色谱-质谱联用仪；色谱柱：Agilent DB-5MS（30 m×0.25 mm×0.25 μm）弹性石英毛细管柱；柱温：初始温度 80 ℃，保持 1 min，以 20 ℃/min 的升温速率升温至 280 ℃，保持 10 min；载气：高纯氦，流速：1.0 mL/min；进样口温度：280 ℃；进样方式：不分流进样；离子源：电子轰击源（EI），能量：70 eV；离子源温度：230 ℃；四级杆温度：150 ℃；扫描方式：全扫描；质量范围：40~450 amu。

2. 液相色谱-质谱法

仪器：液相色谱-质谱联用仪；色谱柱：Acquity UPLC BEH C18（50 mm×2.1 mm×1.7 μm）超高效分离柱；流动相：流动相 A 为 0.1%的甲酸+乙腈溶液，流动相 B 为 0.1%的甲酸水溶液；洗脱方式：梯度洗脱（0~1.5 min，A 由 10%线性变化到 35%；1.5~4 min，A 由 35%线性变化到 90%；4~5 min，A 的比例维持在 90%；5~7 min，A 的比例为 10%）；流速：0.3 mL/min；柱温：30 ℃；进样量：5 μL；离子源：电喷雾离子源（ESI^+）；检测模式：多反应监测（MRM）；毛细管电压：3.5 kV；碰撞电压：3.0 V；离子源温度：120 ℃。

第五节　杀鼠剂

氟乙酰胺（敌蚜胺、氟素儿、灭鼠药）

【化学名称】 2-氟乙酰胺

【化学式】 C_2H_4FNO

【结构式】

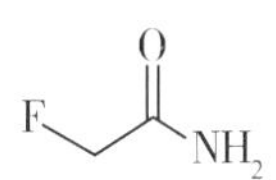

【相对分子质量】 77.06

【CAS 登记号】 640-19-7

【性状】

氟乙酰胺为白色针状结晶，无臭，无味。熔点 106~108 ℃，沸点 259 ℃，密度 1.136 g/cm^3。易溶于水、乙醇、丙酮，溶于乙醚、乙酸乙酯，难溶于氯仿。加热能升华，高于 170 ℃时易分解。

【用途及中毒原因】

氟乙酰胺是一种高毒速效杀鼠剂，亦是一种内吸型杀虫剂，对消化道黏膜有一定刺激作用。也可用于防治棉花、大豆、高粱、小麦、苹果等作物上的蚜虫，对柑橘介壳虫及森林螨类的防效很好，尤其对棉花抗性蚜虫特别有效。中毒原因常见于服毒自杀，也有用于投毒造成人、畜中毒的案例，误食含有氟乙酰胺的毒饵或食用氟乙酰胺毒死的家禽、牲畜等引起的二次中毒案例也有报道。

【作用机制】

氟乙酰胺经胃酸水解成氟乙酸，氟乙酸与辅酶 A 结合成氟乙酸辅酶 A，氟乙酸辅酶 A 与草酰乙酸缩合成氟柠檬酸，氟柠檬酸能与乌头酸酶牢固结合而使后者失去活性，进而阻断三羧酸循环中柠檬酸的氧化，使柠檬酸在组织中大量蓄积，从而引起机体代谢障碍。

【毒性】

氟乙酰胺为剧毒类物质。

成人口服致死量为 0.07~0.1 g。

急性中毒实验：大鼠经口半数致死量（LD_{50}）为 5.75 mg/kg，小鼠经口半数致死量（LD_{50}）为 25 mg/kg，小鼠经皮肤吸收半数致死量（LD_{50}）为 60~70 mg/kg。

【中毒症状】

口服氟乙酰胺后，最早出现食欲缺乏、口渴、恶心、呕吐、腹痛等消化系统症状，严重者可出现消化道出血等。神经系统症状主要表现为头痛、头晕、复视、乏力、四肢麻木、烦躁不安、肌肉震颤等，严重者可出现意识障碍、反复发作的阵发性抽搐、颈强直、昏迷等症状，可因呼吸衰竭而死亡。心血管系统症状主要表现为心慌、胸闷、心律失常、血压下降，甚至出现心室纤颤等。心电图可见 ST-T 改变、Q-T 间期延长和 U 波等。呼吸系统症状主要表现为呼吸道分泌增多、呼吸困难、肺水肿等。

【急救措施】

在中毒早期彻底清除毒物：对清醒者给予催吐，可采用物理方法催吐或给服吐根糖浆催吐；对昏迷者可用生理盐水洗胃；洗胃后通过胃管注入 20%的甘露醇 200 mL、乙酰胺 2.5 g。早期处理后应足量使用乙酰胺（危重患者 5~10 g 肌内注射，病情控制后减量连续用药 5~7d，可与解痉药、半胱氨酸合用）。对症治疗：控制抽搐（可用水合氯醛、安定等），保护心、脑、肝、肾功能等。

【尸体特征】

尸僵出现早，口唇及指端发绀。胃及十二指肠黏膜广泛性出血，小肠黏膜斑纹状出血。内脏器官浆膜下点状出血。各内脏器官瘀血、水肿。镜下可见肝细胞脂肪变性、脾脏散在灶性出血、肾小管上皮细胞水变性伴轻度坏死。迁延中毒死亡者或小剂量多次摄入中毒者，两侧大脑壳核部有对称性软化灶形成，软化灶内脑组织结构疏松，可见较多吞噬脂质的泡沫细胞。可见脑神经细胞、神经胶质细胞及神经轴突肿胀变性。

【检材提取】

可提取洗胃液、呕吐物、胃内容物、血液、尿液及肝、肾组织等作为检材，并注意提取现场剩余食物或饮料、可疑容器、药瓶等。

【检验方法】

离子色谱法。

（1）样品前处理：将固体生物检材用去离子水浸泡，浸泡液加 0.1 mol/L 的 NaOH 调节 pH 值至 10，超声提取 5 min，过 0.4 μm 的水系滤膜，滤液直接进样分析。

（2）仪器条件：仪器：离子色谱仪；色谱柱：IonPac AS14A（4 m×250 mm）阴离子交换柱；柱温：35 ℃；检测器：电导检测器；检测器温度：35 ℃；流动相：0.17 mmol/L 的 $NaHCO_3$+0.18 mmol/L 的 Na_2CO_3 去离子水溶液（50∶50，*V/V*）；流速：1.0 mL/min；进样量：20 μL。

毒鼠强（没鼠命、四二四、三步倒）

【化学名称】 2，6-二硫-1，3，5，7-四氮三环（3，3，1，1，3，7）癸烷-2，2，6，6-四氧化物

【化学式】 $C_4H_8N_4O_4S_2$

【结构式】

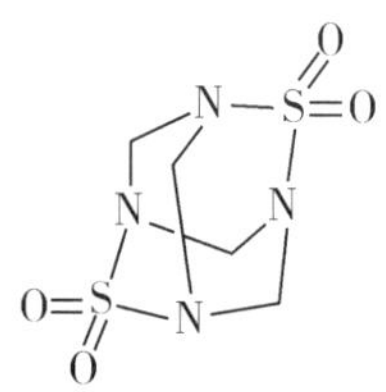

【相对分子质量】 240.261

【CAS 登记号】 80-12-6

【性状】

毒鼠强纯品为正方形结晶，无臭，无味，有剧毒。熔点 250~254 ℃，沸点 498.1 ℃。不溶于甲醇和乙醇，微溶于丙酮、水（水中溶解度约为 0.25 mg/mL），易溶于苯、乙酸乙酯。在稀的酸和碱中稳定（浓度至 0.1 N），但在持续沸水溶液中分解。受热分解为有毒的氧化氮、氧化硫气体，化学性质稳定。

【用途及中毒原因】

毒鼠强属惊厥性毒剂，杀鼠毒力大于毒鼠碱。作用非常快，大剂量时，中毒动物在 3 min 内即死亡。中毒原因常见于服毒自杀，也有用于投毒造成人、畜中毒的案例，误食含有毒鼠强的毒饵或食用毒鼠强毒死的家禽、牲畜等引起的二次中毒案例也有报道。

【作用机制】

毒鼠强是中枢神经系统抑制性神经递质 γ-氨基丁酸的拮抗剂，为中枢神经系统刺激剂，能兴奋中枢神经和周围神经节，阻断抑制性神经递质对神经元的作用，引起强直性痉挛和惊厥。

【毒性】

毒鼠强为剧毒类物质。

人的致死量为 5~12 mg。哺乳动物口服的半数致死量（LD_{50}）为 0.1 mg/kg。

急性中毒实验：大鼠经口半数致死量（LD_{50}）为 0.25 mg/kg，小鼠经口半数致死量（LD_{50}）为 0.2 mg/kg，小鼠腹腔注射半数致死量（LD_{50}）为 0.1~0.2 mg/kg。

【中毒症状】

口服本品后即刻出现中毒症状。轻者可出现头晕、头痛、恶心、呕吐、腹痛、乏力、多汗、口唇及四肢麻木等症状。中度中毒者可出现突然晕倒、面色青紫、口吐白沫、深度昏迷、四肢阵发性强直性抽搐（类似"癫痫大发作"）等症状。其中四肢阵发性强直性抽搐是毒鼠强中毒的典型症状。

【急救措施】

尽早放置胃管，用清水反复洗胃，然后注入硫酸镁导泻，用医用活性炭（50 g）吸附残留毒物。尽快、彻底制止抽搐是抢救成功的关键，首选药物为苯巴比妥钠，严重者可联用大剂量安定，持续 2~4 周。有条件的患者尽快进行血液透析或血液灌流。对症治疗：护脑、预防心力衰竭、保护胃肠道。恢复期用高压氧治疗，可有效预防和减轻并发症。

【尸体特征】

死者尸僵强，尸斑显著，睑球结膜点状出血，有时可见舌尖咬伤出血；各器官瘀血、水肿，胃黏膜点状出血。镜下可见胰腺间质出血，脑实质小灶性出血，肝细胞水变性，心室乳头肌出现心肌收缩带坏死，肌浆凝集和肌细胞溶解，肺灶性出血。

【检材提取】

可提取洗胃液、呕吐物、胃内容物、血液、尿液及肝、肾组织等作为检材，并及时提取现场剩余食物或饮料、可疑容器、药瓶等。同时注意从死者或嫌疑人的指甲及盛装毒鼠强的口袋、包装物中检出毒鼠强对案件的定性意义重大。

【检验方法】

气相色谱-质谱法。

仪器：气相色谱-质谱联用仪；色谱柱：Agilent DB-5MS（30 m×0.25 mm×0.25 μm）弹性石英毛细管柱；柱温：初始温度 90 ℃，保持 1 min，以 20 ℃/min 的升温速率升温至 280 ℃，保持 10 min；载气：高纯氦，流速：1.0 mL/min；进样口温度：280 ℃；进样方式：不分流进样；离子源：电子轰击源（EI）；能量：70 eV；离子源温度：230 ℃；四级杆温度：150 ℃；扫描方式：全扫描；质量范围：40~450 amu。

敌鼠（野鼠净、鼠敌）

【化学名称】 2-（二苯基乙酰基）-1，3-茚满二酮

【化学式】 $C_{23}H_{16}O_3$

【结构式】

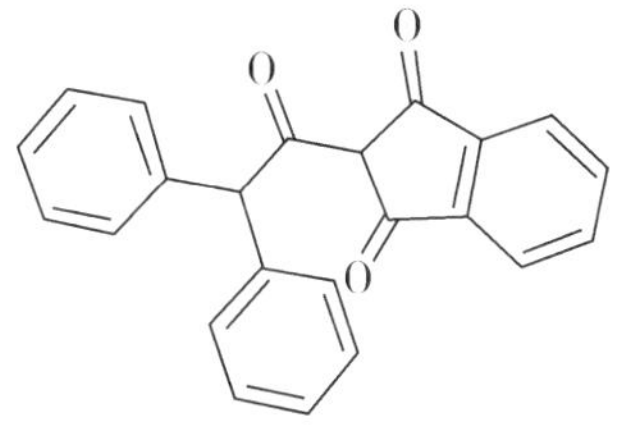

【相对分子质量】 340.37

【CAS 登记号】 82-66-6

【性状】

敌鼠纯品为黄色针状结晶或粉末，无臭，无味。熔点 146~147 ℃，沸点 528.7 ℃，密度 1.281 g/cm^3。不溶于水，溶于丙酮、乙醇等有机溶剂，易溶于甲苯。敌鼠的钠盐为淡黄色粉末，无臭，无味，可溶于热水和乙醇等有机溶剂。敌鼠是目前应用最广泛的第一代抗凝血杀鼠剂品种之一。

【用途及中毒原因】

敌鼠是抗凝血型慢性杀鼠剂，主要用于住宅、粮库、车船码头等地杀灭家鼠。也可用于旱田、稻田、林区、草原等地杀灭野鼠。目前已是我国应用最广泛的杀鼠剂品种之一。意外误食中毒较常见，也可见用于投毒杀人的案例。

【作用机制】

敌鼠的分子结构与维生素 K 相似，主要通过竞争性抑制作用，使维生素 K 的活性降低，从而影响凝血因子及凝血酶原的合成，降低血液凝固性，使凝血时间延长。敌鼠也可直接损伤毛细血管壁，使管壁的通透性和脆性增加，容易破裂出血。

【毒性】

敌鼠为高毒类物质。

成人一次口服中毒量为 0.06~0.25 g，致死量为 0.5~2.5 g。误食敌鼠毒死的家禽、牲畜等可引发二次中毒。

急性中毒实验：大鼠经口半数致死量（LD_{50}）为 1.5 mg/kg，小鼠经口半数致死量（LD_{50}）为 28 mg/kg。

【中毒症状】

敌鼠中毒的潜伏期较长，多于误食数天后出现中毒症状，也有食后（约 30 min）即出现恶心、呕吐、食欲减退、头晕、头痛、腹痛、精神不振等症状，继而出现鼻出血、齿龈出血、皮肤紫癜、咯血、便血、尿血、女性月经过多等不同程度的出血现象。另外，还可出现关节疼痛、颜面苍白、脉搏微弱、血压下降等症状，终因出血性休克而死亡。化验室检查：凝血时间及凝血酶原合成时间均延长，大便潜血阳性，血尿及蛋白尿，出血量大者可引起血红蛋白降低。

【急救措施】

急性中毒者，应立即催吐、洗胃、导泻，减少毒物的吸收；静脉注射维生素 K_1；出血现象明显者，应输新鲜血液或凝血酶原复合物，补充凝血因子；补充维生素 C 及激素，保护血管，减轻出血。

【尸体特征】

尸表广泛性青紫及片块状出血，口腔、鼻腔黏膜及齿龈点片状出血，颈胸部肌肉片状出血，女性外阴可有凝血块，颅腔、胸腹腔及心包腔积血，内脏器官浆膜或黏膜下片状出血，双肺实变，胃内可有血液积聚，肠黏膜出血性坏死。镜下可见不同程度的肺出血、水肿；心间质灶性出血；肝脏被膜下出血，伴有不同程度的肝细胞水变性和脂肪变性；脾脏、肾脏瘀血严重；蛛网膜

下腔小灶性出血；有时可见脑实质出血。

【检材提取】

可提取洗胃液、呕吐物、胃内容物、血液、尿液及肝、肾组织等作为检材。同时需注意收集和提取现场剩余食物或饮料、可疑容器、药瓶等。

【检验方法】

1. 液相色谱-质谱法

仪器：液相色谱-质谱联用仪；色谱柱：Agilent zorbax SB C18（150 mm×2.1 mm×3.5 μm）键合硅胶柱。流动相：流动相 A 为乙腈，流动相 B 为 4.3 mmol/L 的乙酸铵（pH 值为 4.0），流动相 C 为甲醇；洗脱方式：梯度洗脱；流速：200 μL /min；柱温：30 ℃；离子源：电喷雾离子源（ESI^+）；扫描方式：全扫描；质量范围：100~400 amu；毛细管电压：2 800 V；毛细管出口电压：185 V；干燥气温度：325 ℃；干燥气流速：9.0 L/min；喷雾压力：60 Psi。

2. 薄层色谱法

（1）样品前处理：称取可疑食物、呕吐物等固体、半固体类样品 20.0 g 于研钵中，加入适量的无水硫酸钠，研磨样品至均匀且无水，然后转入 250 mL 具塞三角烧瓶中，加入氯仿+丙酮（1∶1，*V/V*）提取液 20 mL，置于回旋振动器中振摇 10 min，经无水硫酸钠柱过滤脱水，滤液收集于浓缩管中，再用 10 mL 提取液重复提取一次，合并提取液，提取液经氮吹仪浓缩近干，以乙醇定容至 1.0 mL。同时做空白实验。

量取尿液、洗胃液等液体类样品 10.0 mL 于 125 mL 分液漏斗中，加适量纯净水稀释，先用氯仿+丙酮（1∶1，*V/V*）提取，经无水硫酸钠过滤于蒸发皿中，于 60 ℃水浴中挥去有机溶剂，加水溶解，调至弱酸性，再用氯仿或乙酸乙酯提取，提取液经无水硫酸钠脱水后，滤液收集于浓缩管中，60 ℃水浴中经氮吹仪浓缩近干，以乙醇定容至 1.0 mL。同时做空白实验，供薄层色谱检验。

（2）检验方法：吸附剂：HSGF254 高效薄层层析硅胶板；展开剂：氯仿+丙酮+环己烷+甲酸（10∶10∶80∶1，*V/V/V/V*）；Rf 值：紫外灯下观察荧光斑点（敌鼠在 254 nm 下只有一个斑点，在 365 nm 下能观察到一个荧光斑点）。

杀鼠灵（灭鼠灵、克鼠灵、华法令、华法林）

【化学名称】 4-羟基-3-（3-氧代-1-苯基丁萘基）-2H-1-苯并吡喃-2-酮

【化学式】 $C_{19}H_{16}O_4$

【结构式】

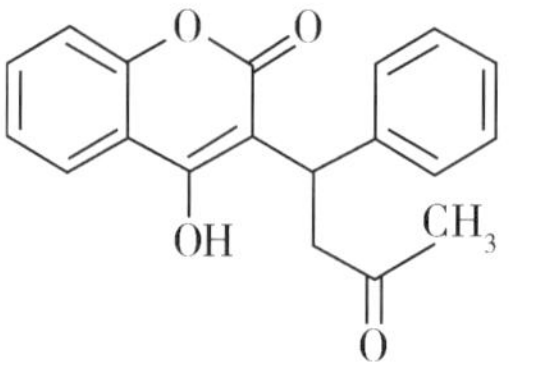

【相对分子质量】 308.33

【CAS 登记号】 81-81-2

【性状】

杀鼠灵为白色或近白色结晶性粉末，无臭，无味。熔点 162～164 ℃，沸点 356 ℃，密度 1.307 g/cm^3。易溶于丙酮、氯仿和碱溶液（生成钠盐），微溶于甲醇、乙醇、异丙醇，不溶于苯和水。其钠盐溶于水，不溶于有机溶剂。

【用途及中毒原因】

杀鼠灵为抗凝血型杀鼠剂，在全世界广泛使用，主要用于杀灭家鼠，也可用于杀灭野鼠。该品可用作口服抗凝血药，也可用于防治血栓栓塞性疾病。意外误食中毒较常见，也可见用于投毒杀人的案例。

【作用机制】

杀鼠灵能抑制维生素 K 的转化，阻止维生素 K 的反复利用，从而影响凝血过程。杀鼠灵对已形成的凝血因子无作用，所以抗凝血作用出现时间较晚。另外，杀鼠灵在体内转化成羟基香豆素，能抑制凝血酶原的合成，并可破坏毛细血管的通透性，损害微血管导致出血。

【毒性】

杀鼠灵为高毒类物质。

急性中毒实验：大鼠经口半数致死量（LD_{50}）为 1.6 mg/kg，小鼠经口半数致死量（LD_{50}）为 3 mg/kg。

【中毒症状】

杀鼠灵中毒的潜伏期长，一般 3 天后出现头痛、头晕、恶心、呕吐、食欲缺乏、腹痛、腹泻、皮肤点片状出血、鼻出血、牙龈出血、咯血、无症状血尿等症状，严重者可因颅内出血或失血性休克而死亡。

【急救措施】

对于口服中毒者，应催吐、洗胃、导泻；给予维生素 K_1；补充维生素 C 及维生素 B；静脉注射高渗葡萄糖溶液加氢化可的松（100~300 mL）及维生素 C（3~4g）。

【尸体特征】

参见“敌鼠”。

【检材提取】

可提取洗胃液、呕吐物、胃内容物、血液、尿液及肝、肾组织等作为检材。并注意收集现场剩余食物或饮料、可疑容器、药瓶等。

【检验方法】

1. 液相色谱-质谱法

（1）样品前处理：取死者血液 2 mL 或肝组织 5 g，制成匀浆，用 pH 值为 4.5 的盐酸+丙酮（20∶80，*V/V*）溶液浸泡，超声提取 5 min，离心后的上清液置 60 ℃的水浴上挥干丙酮，用乙醚萃取，萃取液挥干乙醚后用 200 μL 甲醇+水（45∶55，*V/V*）溶液溶解，过 0.45 μm 滤膜，过滤液进样分析。

（2）仪器条件：仪器：液相色谱-质谱联用仪；色谱柱：Zorbax SB-Aq（150 mm×2.1 mm×3.5 μm，带预柱）键合硅胶柱；流动相：0.1%的甲酸水溶液+0.1%的甲酸甲醇溶液（45∶55，*V/V*）；洗脱方式：梯度洗脱（开始 0.1%的甲酸甲醇溶液为 55%，3 min 后逐渐增加，到 12 min 时 0.1%的甲酸甲醇溶液为 100%，保持 4 min，延迟 5.9 min）；流速：0.4 mL/min；柱温：30 ℃；进样量：10 μL；离子源：电喷雾离子源（ESI^+）；雾化气：氮气，流速：10 L/min；干燥气温度：350 ℃；喷雾压力：40 Psi；杀鼠灵的准分子离子峰（m/z）：306.9。

2. 薄层色谱法

（1）样品前处理：称取可疑食物、呕吐物等固体、半固体类样品 20.0 g 于研钵中，加入适量的无水硫酸钠，研磨样品至均匀且无水，然后转入 250 mL 具塞三角烧瓶中，加入氯仿+丙酮（1∶1，*V/V*）提取液 20 mL，置于回旋振动器中振摇 10 min，经无水硫酸钠柱过滤脱水，滤液收集于试管中，再用 10 mL 提取液重复提取一次，合并提取液，提取液经氮吹仪浓缩近干，以乙醇定容至 1.0 mL。同时做空白对照。

量取尿液、洗胃液等液体类样品 10 mL 于 125 mL 的分液漏斗中，加适量纯净水稀释，先用氯仿+丙酮（1∶1，*V/V*）提取，经无水硫酸钠过滤于蒸发皿中，于 60 ℃水浴中挥去有机溶剂，加水溶解，调至弱酸性，再用氯仿或乙酸乙酯提取，提取液经无水硫酸钠脱水后，滤液收集于浓缩管中，60 ℃水浴中经氮吹仪浓缩近干，以乙醇定容至 1.0 mL，同时做空白对照。

（2）检验方法：吸附剂：GF254 型硅胶薄层板；展开剂：氯仿+丙酮+环己烷+甲酸（10∶10∶80∶1，*V/V/V/V*）；Rf 值：紫外灯下观察荧光斑点（杀鼠灵在 254 nm 下只有一个斑点，在 365 nm 下没有荧光斑点）。

溴敌隆（乐万通、溴敌鼠、溴特隆、扑灭鼠）

【化学名称】 3-［3-（4-溴联苯基）-3-羟基-1-苯基丙基］-4-羟基-2H-1-苯并吡喃-2-酮

【化学式】 $C_{30}H_{23}BrO_4$

【结构式】

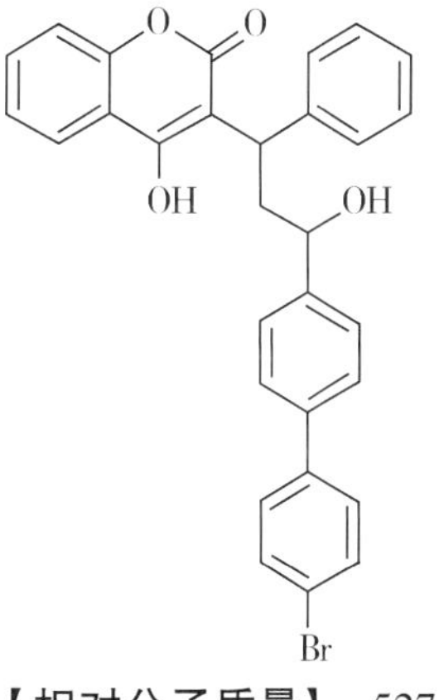

【相对分子质量】 527.41

【CAS 登记号】 28772-56-7

【性状】

溴敌隆原药为淡黄色粉末。熔点 200~210 ℃，沸点 687 ℃，密度 1.454 g/cm^3。能溶于乙醇、丙酮，微溶于氯仿、乙酸乙酯，不溶于水。20~25 ℃时稳定。

【用途及中毒原因】

溴敌隆是新型高效的第二代抗凝血型杀鼠剂，具有毒力强大、高效广谱、安全、不引起二次中毒的特点。能杀灭草原、农田、林区、城乡等多种环境中的 20 多种家鼠和野鼠。中毒原因常见于服毒自杀，也有用于投毒杀人的案例，误服引起的意外中毒也有报道。

【作用机制】

溴敌隆的作用机制与杀鼠灵相同，另外，溴敌隆还可损坏红细胞，导致结缔组织、肾近曲小管细胞中铁的沉积，并增加脾对铁蛋白的储存。

【毒性】

溴敌隆为高毒类物质。

急性中毒实验：大鼠经口半数致死量（LD_{50}）为 0.49 mg/kg，小鼠经口半数致死量（LD_{50}）为 1.75 mg/kg。

【中毒症状】

中毒症状主要有恶心、呕吐、腹痛、腰痛、肾区叩痛、鼻出血、齿龈出血、散在皮下出血、关节周围出血、尿血、便血、女性月经延长等。

【急救措施】

皮肤接触者，应立即脱去被污染的衣物，用流动清水彻底冲洗全身。眼睛接触者，应立即提起眼睑，用流动清水或生理盐水反复冲洗。吸入中毒者，应立即脱离现场至空气新鲜处，保持呼吸道通畅，给予吸氧，必要时进行人工呼吸等。食入中毒者，应立即催吐，用生理盐水洗胃，再用硫酸钠导泻，给予一定量的特效解毒剂（维生素 K）；严重者应立即送往医院输血治疗。

【尸体特征】

参见“敌鼠”。

【检材提取】

可提取中毒者的洗胃液、呕吐物、胃内容物、血液、尿液及肝脏组织等作为检材，并注意收集现场剩余食物或饮料、可疑容器、药瓶等。

【检验方法】

1. 液相色谱-质谱法

（1）样品前处理：取死者血液 2 mL 或肝组织 5 g，制成匀浆，用 pH 值为 4.5 的盐酸+丙酮（20∶80，*V/V*）溶液浸泡，超声提取 5 min，离心后的上清液置 60 ℃的水浴上挥干丙酮，用乙醚萃取，萃取液挥干乙醚后用 200 μL 甲醇+水（45∶55，*V/V*）溶液溶解，过 0.45 μm 滤膜，过滤液进样分析。

（2）仪器条件：仪器：液相色谱-质谱联用仪；色谱柱：Zorbax SB-Aq（150 mm×2.1 mm×3.5 μm，带预柱）键合硅胶柱；流动相：0.1%的甲酸水溶液+0.1%的甲酸甲醇溶液（45∶55，*V/V*）；洗脱方式：梯度洗脱（开始 0.1%的甲酸甲醇溶液为 55%，3 min 后逐渐增加，到 12 min 时 0.1%的甲酸甲醇溶液为 100%，保持 4 min，延迟 5.9 min）；流速：0.4 mL/min；柱温：30 ℃；进样量：10 μL；离子源：电喷雾离子源（ESI^+）；雾化气：氮气，流速：10 L/min；干燥气温度：350 ℃；喷雾压力：40 Psi；溴敌隆的准分子离子峰（m/z）：527。

2. 薄层色谱法

（1）样品前处理：称取可疑食物、呕吐物等固体、半固体类样品 20.0 g 于研钵中，加入适量的无水硫酸钠，研磨样品至均匀且无水，然后转入 250 mL 具塞三角烧瓶中，加入氯仿+丙酮（1∶1，*V/V*）提取液 20 mL，置于回旋振动器中振摇 10 min，经无水硫酸钠柱过滤脱水，滤液收集于试管中，再用 10 mL 提取液重复提取一次，合并提取液，提取液经氮吹仪浓缩近干，以乙醇定容至 1.0 mL。同时做空白对照。

量取尿液、洗胃液等液体类样品 10 mL 于 125 mL 分液漏斗中，加适量纯净水稀释，先用氯仿+丙酮（1∶1，*V/V*）提取，经无水硫酸钠过滤于蒸发皿中，于 60 ℃水浴中挥去有机溶剂，加水溶解，调至弱酸性，再用氯仿或乙酸乙酯提取，提取液经无水硫酸钠脱水后，滤液收集于浓缩管中，60 ℃水浴中经氮吹仪浓缩近干，以乙醇定容至 1.0 mL，同时做空白对照。

（2）检验方法：吸附剂：GF254 型硅胶薄层板；展开剂：氯仿+丙酮+环己烷+甲酸（10∶10∶80∶1，*V/V/V/V*）；Rf 值：紫外灯下观察荧光斑点（溴敌隆在 254 nm 下有两个斑点，标准的 Rf 值分别为 0.08 和 0.15，其中 Rf 值为 0.08 的斑点荧光强度较强）。

溴鼠灵（大隆、溴鼠隆、敌鼠隆、塔隆、杀鼠隆）

【化学名称】 3-［3-（4-溴联苯基-4）-1，2，3，4-四氢萘-1-基］-4-羟基-2H-1-苯并吡喃-2-酮

【化学式】 $C_{31}H_{23}BrO_3$

【结构式】

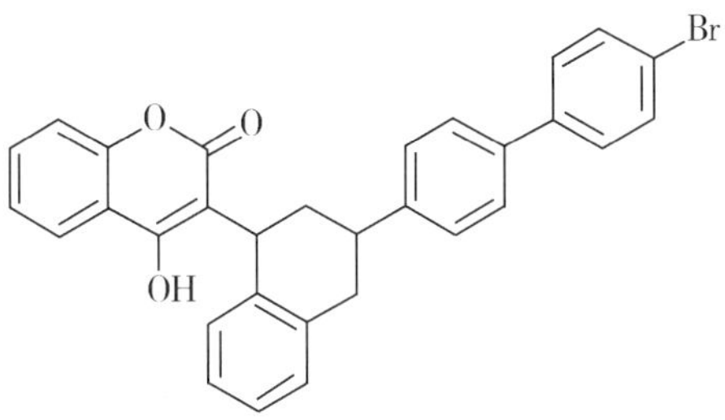

【相对分子质量】 523.42

【CAS 登记号】 56073-10-0

【性状】

溴鼠灵纯品为黄白色或灰白色粉末。熔点 228～233 ℃，沸点 679 ℃，密度 1.431 g/cm^3。不溶于水和石油醚，稍溶于苯、醇类，易溶于丙酮、氯仿和其他氯代烃溶剂。不易形成可溶性碱金属盐，但易形成铵盐。在常温储存条件下稳定。

【用途及中毒原因】

溴鼠灵为第二代抗凝血型杀鼠剂，毒力强，具有急性和慢性杀鼠剂的双重优点。适口性好，不会产生拒食作用，可杀死对第一代抗凝血型杀鼠剂产生抗性的鼠类。用于防治野鼠和家鼠。中毒原因常见于服毒自杀，也有用于投毒杀人的案例，误服引起的意外中毒也有报道。

【作用机制】

溴鼠灵的作用机制与杀鼠灵相同。但其在体内的半衰期更长，抗凝血作用持续可达两年以上。

【毒性】

溴鼠灵为剧毒类物质。

急性中毒实验：大鼠经口半数致死量（LD_{50}）为 0.16 mg/kg，小鼠经口半数致死量（LD_{50}）为 0.29 mg/kg，大鼠经皮肤吸收半数致死量（LD_{50}）为 10～50 mg/kg。

另有报道：原药对大鼠急性经口半数致死量（LD_{50}）<0.72 mg/kg。

【中毒症状】

中毒症状主要有恶心、呕吐、腹痛、腰痛、肾区叩痛、鼻出血、齿龈出血、咯血、散在点片状皮下出血、关节周围出血、尿血、便血、女性月经延长等。

【急救措施】

对于口服中毒者，应立即催吐、洗胃、导泻，用生理盐水、温开水等洗胃，然后用硫酸钠导泻，尽早将毒物排出；可服用维生素 K，成人每日 40 mg，分次服用；对于严重出血者，应立即输血。

【尸体特征】

全身分布大小不一、颜色不同的出血斑，有时可见密集的点状出血。双侧额顶叶及颞叶硬膜下血肿，有时可见脑内及蛛网膜下腔出血，心外膜、胃黏膜点状出血，双肺弥漫性出血。镜下可见肺泡内有大量吞噬含铁血黄素的巨噬细胞。

【检材提取】

解剖检验时可提取死者的胃内容物、血液、尿液及肝脏组织等作为检材，并注意收集中毒者的洗胃液、呕吐物。同时需注意收集和提取现场剩余食物或饮料、可疑容器、药瓶等。

【检验方法】

1. 液相色谱-质谱法

（1）样品前处理：取死者血液 2 mL 或肝组织 5 g，制成匀浆，用 pH 值为 4.5 的盐酸+丙酮（20∶80，*V/V*）溶液浸泡，超声提取 5 min，离心后的上清液置 60 ℃的水浴上挥干丙酮，用乙醚萃取，萃取液挥干乙醚后用 200 μL 甲醇+水（45∶55，*V/V*）溶液溶解，过 0.45 μm 滤膜，过滤液进样分析。

（2）仪器条件：仪器：液相色谱-质谱联用仪；色谱柱：Zorbax SB-Aq（150 mm×2.1 mm×3.5 μm，带预柱）键合硅胶柱；流动相：0.1%的甲酸水溶液+0.1%的甲酸甲醇溶液（45∶55，*V/V*）；洗脱方式：梯度洗脱（开始 0.1%的甲酸甲醇溶液为55%，3 min 后逐渐增加，到 12 min 时 0.1%的甲酸甲醇溶液为 100%，保持 4 min，延迟 5.9 min）；流速：0.4 mL/min；柱温：30 ℃；进样量：10 μL；离子源：电喷雾离子源（ESI^+）；雾化气：氮气，流速：10 L/min；干燥气温度：350 ℃；喷雾压力：40 Psi；溴鼠灵的准分子离子峰（m/z）：521、523。

2. 薄层色谱法

（1）样品前处理：称取可疑食物、呕吐物等固体、半固体类样品 20.0 g 于研钵中，加入适量的无水硫酸钠，研磨样品至均匀且无水，然后转入 250 mL 具塞三角烧瓶中，加入氯仿+丙酮（1∶1，*V/V*）提取液 20 mL，置于回旋振动器中振摇 10 min，经无水硫酸钠柱过滤脱水，滤液收集于试管中，再用 10 mL 提取液重复提取一次，合并提取液，提取液经氮吹仪浓缩近干，以乙醇定容至 1.0 mL。同时做空白对照。

量取尿液、洗胃液等液体类样品 10 mL 于 125 mL 分液漏斗中，加适量纯净水稀释，先用氯仿+丙酮（1∶1，*V/V*）提取，经无水硫酸钠过滤于蒸发皿中，于 60 ℃水浴中挥去有机溶剂，加水溶解，调至弱酸性，再用氯仿或乙酸乙酯提取，提取液经无水硫酸钠脱水后，滤液收集于浓缩管中，60 ℃水浴中经氮吹仪浓缩近干，以乙醇定容至 1.0 mL，同时做空白对照。

（2）检验方法：吸附剂：GF254 型硅胶薄层板；展开剂：氯仿+丙酮+环己烷+甲酸（10∶10∶80∶1，*V/V/V/V*）；Rf 值：紫外灯下观察荧光斑点（溴鼠灵在 254 nm 下有两个斑点，Rf 值分别为 0.36 和 0.49）。

毒鼠磷（毒鼠灵）

【化学名称】 *O*，*O*-双（4-氯苯基）-（1-亚氨基乙基）硫代磷酰胺

【化学式】 $C_{14}H_{13}Cl_2N_2O_2PS$

【结构式】

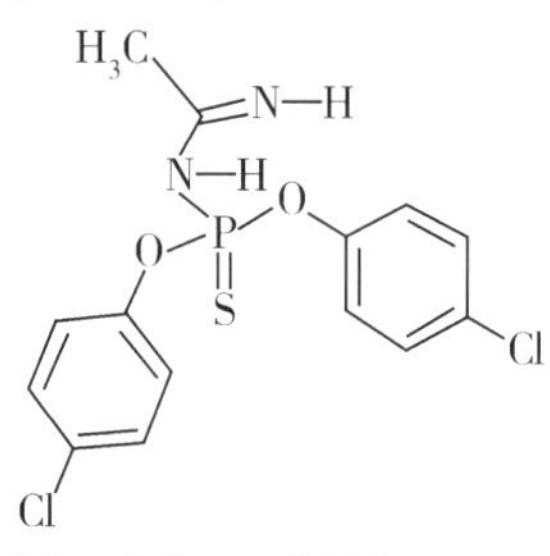

【相对分子质量】 375.21

【CAS 登记号】 4104-14-7

【性状】

毒鼠磷纯品为白色结晶，工业品为浅粉色或浅黄色粉末，纯度 80%以上。熔点 104~106 ℃，沸点 477.2 ℃。易溶于二氯甲烷、丙酮等，微溶于乙醇、氯仿、苯和醚，不溶于水。在干燥环境中较稳定，对碱不稳定，不吸潮。

【用途及中毒原因】

毒鼠磷为高效、高毒、广谱的有机磷急性杀鼠剂。能通过抑制胆碱酯酶的活性而破坏神经系统功能，导致死亡。可用于杀灭家鼠和野鼠。中毒原因常见于服毒自杀，也有用于投毒杀人的案例，误服引起的意外中毒也有报道。

【作用机制】

毒鼠磷与体内的胆碱酯酶结合，形成磷酰化胆碱酯酶，磷酰化胆碱酯酶较稳定，水解缓慢，使胆碱酯酶失去分解乙酰胆碱的能力，造成乙酰胆碱在体内大量蓄积，出现胆碱能神经亢奋所表现的一系列中毒症状。

【毒性】

毒鼠磷为高毒类物质。

急性中毒实验：雄大鼠经口半数致死量（LD_{50}）为 7.5 mg/kg，雌大鼠经口半数致死量（LD_{50}）为 3.5 mg/kg，小鼠经口半数致死量（LD_{50}）为 14 mg/kg，小白鼠经皮肤吸收半数致死量（LD_{50}）为 60 mg/kg，雄大鼠经皮肤吸收半数致死量（LD_{50}）为 25 mg/kg。

【中毒症状】

中毒后数小时内可出现头晕、头痛、多汗、瞳孔缩小、视物模糊、流涎、恶心、呕吐、腹泻、心动过缓、血压下降、肌肉震颤、惊厥、呼吸困难等症状，严重者可因呼吸肌麻痹、呼吸衰竭而死亡。

【急救措施】

口服中毒者，应立即催吐、洗胃和导泻；早期反复使用胆碱酯酶复活剂（氯磷定、碘磷定等）；皮下注射或静脉注射硫酸阿托品。

【尸体特征】

尸斑呈暗紫红色，口唇、指甲青紫，尸僵出现早且强，有时可见四肢骨骼肌挛缩现象。多数可见瞳孔缩小、口周有大量白色泡沫，夏季可见死蝇；胃及十二指肠黏膜出血、坏死；右侧心腔及大静脉血管内血液呈暗红色流动状；气管、支气管内有大量白色泡沫状液体，肺水肿明显；脑水肿显著；镜下可见胃黏膜出血、坏死，少量中性粒细胞浸润，平滑肌出现收缩波。重度中毒可见心肌细胞小灶性坏死，肺显著瘀血、水肿，细小支气管痉挛收缩，软脑膜瘀血、水肿，脑内小血管瘀血明显。

【检材提取】

解剖检验时可提取死者的胃内容物、血液、尿液及肝脏组织等作为检材。并注意收集中毒者的洗胃液、呕吐物及剩余食物、饮料和现场遗留的可疑容器、药瓶等。

【检验方法】

气相色谱法。

（1）样品前处理：取毒鼠磷中毒死亡者的血液 5 mL 或肝组织 5 g，制成匀浆，加无水硫酸钠研磨样品至干沙状，用氯仿+丙酮（9∶1，V/V）混合溶剂 20 mL 振摇提取三次，合并提取液，过无水硫酸钠柱和氧化铝柱净化，滤液置水浴上挥干，用乙醇溶解，定容备检。

（2）仪器条件：仪器：气相色谱仪；色谱柱：Agilent HP-1（25 m×0.25 mm ×0.25 μm）弹性石英毛细管柱；柱温：初始温度 150 ℃或 200 ℃，保持 1 min，以 10 ℃/min 的升温速率升温至 280 ℃，保持 10 min；汽化室温度：280 ℃；载气：高纯氮，流速：2.2 mL/min；检出限：1 ng；检测器：FID；检测器温度：320 ℃。

安妥

【化学名称】 1-萘基硫脲

【化学式】 $C_{11}H_{10}N_2S$

【结构式】

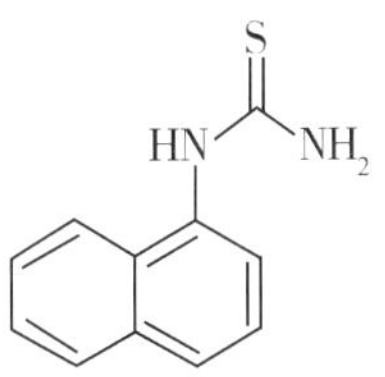

【相对分子质量】 202.28

【CAS 登记号】 86-88-4

【性状】

安妥纯品为白色结晶性粉末（工业品为蓝灰色粉末，有效成分含量 95%以上），无臭，味苦。熔点 193 ℃，沸点 377.6 ℃，密度 1.333 g/cm^3。易溶于沸腾乙醇、丙酮、三甘醇，微溶于水（水中溶解度为 0.6 g/L）。化学性质稳定，不易变质，受潮结块后研碎仍不失效。

【用途及中毒原因】

安妥为硫脲类急性杀鼠剂。选择性强，主要用于防治褐家鼠及黄毛鼠，对其他鼠种毒性较低。该药剂有强胃毒作用，也可损害鼠类的呼吸系统。中毒原因多为生活中误服，也可见用于投毒杀人的案例。

【作用机制】

安妥主要损害肺泡壁毛细血管，使毛细血管壁的通透性增加，大量液体渗入肺泡腔内，引起肺水肿，导致呼吸困难，严重者可因窒息而死亡。

【毒性】

安妥为高毒类物质。

人口服致死量为 4~10 g。

急性中毒实验：大鼠经口半数致死量（LD_{50}）为 6 mg/kg，大鼠腹腔注射半数致死量（LD_{50}）为 2.47 mg/kg，小鼠经口半数致死量（LD_{50}）为 5 mg/kg。

【中毒症状】

口服中毒者先出现口咽部灼热感、恶心、呕吐、口渴、头晕、烦躁不安等症状，数小时后突然出现胸闷、气急、两肺湿啰音、频繁咳嗽、咯大量白色或血性泡沫痰、心率增快、口唇和指甲发绀等症状，严重者则出现全身痉挛、昏迷、休克、呼吸困难、肝脏肿大、黄疸等症状，实验室检查可见血尿、蛋白尿和一过性血糖增高等。

【急救措施】

（1）立即催吐，用 1∶5 000 的高锰酸钾溶液洗胃（禁用碳酸氢钠溶液洗胃，以防加速安妥吸收），用硫酸镁导泻。

（2）积极防治肺水肿，斜坡卧位，必要时给予吸氧。

（3）忌食脂肪类及碱性食物，以减少毒物吸收。

（4）给服半胱氨酸 100 mg/kg，以降低安妥的毒性。

【尸体特征】

死者口唇青紫，气管、支气管内有大量白色泡沫状液体，肺切面有大量泡沫状液体流出，伴有灶性肺气肿、膀胱内尿潴留等。镜下可见重度肺瘀血、水肿，脑、肝、肾及肠壁水肿。

【检材提取】

解剖检验时可提取死者的胃内容物、血液、尿液及肝脏组织等作为检材。同时注意提取和收集现场剩余食物或饮料、可疑容器、药瓶及洗胃液、呕吐物等。

【检验方法】

显色反应。

（1）样品处理：取 1~5 g 样品于带塞的试管或瓶子中，加等量或两倍量的丙酮振摇提取，放置分层或过滤，得到的澄清丙酮溶液待测。

（2）测试方法：取提取液 1 滴于安妥检测试纸上，并喷上雾水或用水使试纸湿润，观察试纸颜色变化，若呈现黄色，则示有安妥存在，最低检出限为 0.02 mg/g（mL）。

福美双（秋兰姆、赛欧散、阿锐生）

【化学名称】 N，N’-四甲基二硫双硫羰胺

【化学式】 $C_6H_{12}N_2S_4$

【结构式】

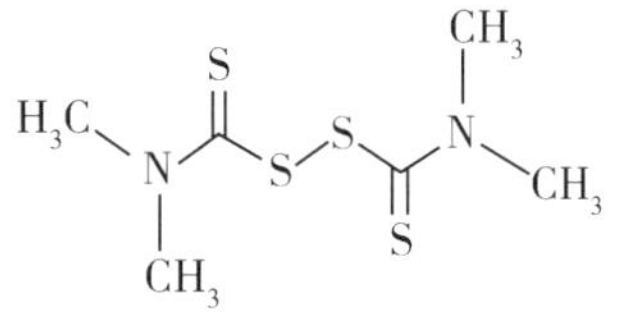

【相对分子质量】 240.43

【CAS 登记号】 137-26-8

【性状】

福美双为白色或近白色结晶性粉末，有特殊气味。熔点 155～158 ℃，沸点 129 ℃，密度 1.43 g/cm³。易溶于醇、苯、氯仿和二硫化碳，微溶于乙醚、乙醇，难溶于水（常温下在水中的溶解度为 18 mg/L）。在酸性介质中分解，长期暴露在空气、高温或潮湿环境中易变质。

【用途及中毒原因】

福美双属广谱的保护性杀菌剂，残效期达7d。主要用于处理种子和土壤，防治禾谷类作物的白粉病、黑穗病、稻秧苗立枯病，也可用于防治一些果树、蔬菜病害。还可用于防治稻瘟病、稻胡麻叶斑病和大麦、小麦黑穗病。高剂量对田间老鼠有一定的驱避作用。中毒原因多见于意外误服，也有用于投毒杀人的案例。

【作用机制】

福美双可在体内代谢生成二硫化碳，二硫化碳对神经系统有毒害作用。

【毒性】

福美双为低毒类物质。

急性中毒实验：大鼠经口半数致死量（LD_{50}）为 560 mg/kg，大鼠腹腔注射半数致死量（LD_{50}）为 138 mg/kg；小鼠经口半数致死量（LD_{50}）为 1 250 mg/kg。

【中毒症状】

中毒症状主要表现为恶心、呕吐、腹痛、腹泻等，重者可出现头痛、头晕、心率加快、血压下降、抽搐等症状，可因循环衰竭、呼吸肌麻痹而死亡。

【急救措施】

误食中毒者，应立即催吐，用温水或 1∶5 000的高锰酸钾溶液洗胃，然后用 50%的硫酸镁 40 mL 导泻，禁用油类泻剂，以防加速毒物吸收；进行输液，防止循环衰竭，加快毒物排出，维持电解质的平衡；忌油类食物，禁酒；对症治疗。

【尸体特征】

尸斑一般呈暗紫色，口唇、指甲发绀；气管内可有灰白色泡沫状黏液；血液呈暗红色流动状；肺脏瘀血、水肿；胃黏膜充血，小灶性出血；肝、脾瘀血；脑组织水肿。

【检材提取】

解剖检验时可提取死者的胃内容物、血液、尿液及肝脏组织等作为检材。并注意收集中毒者的洗胃液、呕吐物及剩余食物、饮料和现场遗留的可疑容器、药瓶等。

【检验方法】

高效液相色谱法。

（1）样品前处理：称取 10 g 检材放入 50 mL 的离心管中，加入 20 mL 二氯甲烷，超声提取 20 min，离心 5 min，取下层二氯甲烷层，置于另一个试管中，残渣中再加入 20 mL 二氯甲烷，重复提取一次，合并提取液，提取液在 40 ℃的条件下用氮气吹干，残留物用 0.5 mL 甲醇溶解定容，涡旋混合 10 s，过 0.22 μm 微孔滤膜后备检。

（2）仪器条件：仪器：高效液相色谱仪；色谱柱：Venusil MP C18（250 mm×4.6 mm×5 μm）键合硅胶柱；流动相：甲醇+0.1%的甲酸水溶液（50∶50，*V/V*）；流速：1.0 mL/min；柱温：40 ℃；检测波长：277 nm；进样量：20 μL。

磷化锌（耗鼠尽）

【化学名称】磷化锌

【化学式】Zn_3P_2

【结构式】

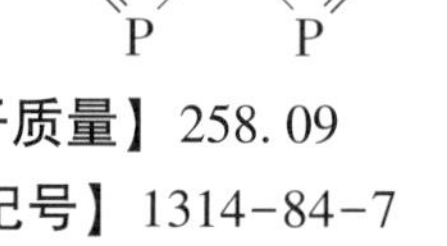

【相对分子质量】258.09

【CAS 登记号】1314-84-7

【性状】

磷化锌为暗灰色等轴晶系结晶或粉末，有大蒜气味，熔点 420 ℃，沸点 1 100 ℃。不挥发，

不溶于水及乙醇，可溶于苯、二硫化碳，能溶于盐酸、硫酸而产生磷化氢气体。在干燥时稳定，但在潮湿的空气中会缓缓分解。遇酸会发生剧烈反应，分解释放出磷化氢气体，易着火。

【用途及中毒原因】

磷化锌为早期使用的灭鼠药，适用于毒杀田鼠和家鼠。此外，磷化锌与硫酸或盐酸反应产生的磷化氢气体可作为熏蒸剂使用，以防治米象、谷蠹、麦蛾及棉红铃虫等多种仓库害虫。磷化锌作为一种杀鼠剂，每年因误服、自杀、投毒、意外造成的中毒或死亡事件屡见不鲜。

【作用机制】

磷化锌与胃酸作用，可产生磷化氢气体，磷化氢被机体吸收后直接作用于中枢神经系统和心脏、肝、肾等实质器官。磷化氢进入细胞后可抑制细胞色素氧化酶的活性，阻止电子传递和氧化磷酸化过程，从而影响细胞内的能量代谢，引起细胞内窒息，导致细胞变性、坏死。

【毒性】

成人致死量一般为2~3 g。

急性中毒实验：大鼠经口半数致死量（LD_{50}）为40 mg/kg，小鼠经口半数致死量（LD_{50}）为3~5 mg/kg。

【中毒症状】

胃肠道症状：主要有上腹不适、烧灼感、腹痛、腹泻、口渴、恶心、剧烈呕吐等，呕吐物多呈暗灰色，含有胆汁及少量咖啡色血性液体，有电石气臭味。

神经系统症状：主要有头晕、头痛、烦躁、乏力、四肢麻木、抽搐、神志不清、意识障碍等。

病情迁延者可出现血压下降、心率减慢、肝脏肿大、黄疸、尿少、血尿、蛋白尿、昏迷等症状，可因呼吸衰竭而死亡。

重度中毒者最早可在1 h后死亡，死前全身可出现青紫及抽搐。也有经抢救后已恢复清醒状态，但在1~2 d后再度昏迷死亡的个例。

【急救措施】

口服中毒者，应立即刺激咽部催吐，并及时用1∶5 000的高锰酸钾溶液（使磷氧化为磷酸酐而失去毒性）或10%的硫酸铜溶液（使磷变为不溶性的黑色磷化铜）洗胃，直至洗出液无磷臭、澄清为止，或内服1%的硫酸铜溶液10 mL，每5~10 min服用1次，连服数次，至呕吐为止，总量不超过100 mL。清洗彻底后，胃内注入液状石蜡（使磷溶解而不被吸收）100~200 mL及硫酸钠30 g导泻。禁用硫酸镁及油类泻剂。保持呼吸道通畅，必要时给予吸氧，纠正酸碱失衡和电解质紊乱。

【尸体特征】

磷化锌中毒死亡者皮肤干燥，呈程度不等的脱水现象，尸斑呈暗紫红色，口唇及指甲发绀。中毒3 d以上死亡者可出现皮肤及巩膜黄染。中毒后急性死亡者，有时打开腹腔即可嗅到磷化氢电石气特殊臭味。死者生前因口渴而大量饮水，胃内可有大量液体。胃及十二指肠黏膜充血、肿胀，可伴有散在点状出血。磷化锌的相对密度较大，可沉于胃底部，在胃黏膜皱襞间可见灰黑色磷化锌粉末附着。镜下可见肺瘀血、水肿及灶性出血。心肌间质瘀血、水肿及小血管周围漏出性出血。肾小管上皮细胞出现水变性。肝细胞也会出现水变性及散在小灶性坏死。

【检材提取】

检材可提取死者的胃组织、呕吐物、胃内容物，或刮取死者胃黏膜上的黑色可疑物或将胃组织在乙醇中反复漂洗，使黑色粉末物沉淀于容器底部，倾去乙醇液，取其沉淀物进行磷化锌检验。

其次是血液、肝、肾组织及现场发现的可疑残留物等。

【检验方法】

1. 化学显色法

取检材5~10 g，放入容量为100 mL的三角烧瓶中，加少量水使之呈稀粥状，加10%的盐酸使溶液呈明显酸性，立即在瓶口接一装有醋酸铅棉花的玻璃管，管口盖以溴化汞或氯化汞试纸，三角烧瓶在50 ℃左右加热30 min，如有磷化锌存在试纸显鲜黄色。

2. 气相色谱法

仪器：气相色谱仪（配有顶空装置）；色谱柱：GDX-101（1 m×3 mm，40~60目）玻璃填充柱；柱温：100 ℃；汽化室温度：130 ℃；检测器温度：130 ℃；载气：高纯氮，流速：40 mL/min；氢气：160 mL/min；空气：30 mL/min（点火时80 mL/min）；检测器：火焰光度检测器（FPD）。

磷化氢（膦烷）

【化学名称】磷化氢

【化学式】PH_3

【结构式】

$$\begin{array}{c} H—P—H \\ | \\ H \end{array}$$

【相对分子质量】34.00

【CAS 登记号】7803-51-2

【性状】

通常情况下磷化氢是指磷化三氢，纯品几乎无味，工业品有大蒜臭味，熔点-133 ℃，沸点-87.7 ℃，相对密度 1.17，蒸气压 2 MPa（-3 ℃），自燃点 100~150 ℃，与空气混合可形成爆炸性混合物，爆炸下限为 1.79%。微溶于水，水溶性：26 mg/100 mL，溶于乙醇、乙醚。

磷化氢有气态和液态之分，一般情况下，气态的磷化氢（PH_3）称作膦，液态的磷化氢（P_2H_4）称作联膦。纯净的膦在空气中的着火点是 150 ℃，若含有联膦，常温下可自燃，能生成磷酸酐和水。

【用途及中毒原因】

磷化氢是工业合成的基本原料，可用重铬酸钾、铬酸银、活性炭、漂白粉的混悬液消除其毒性。磷化氢可用作粮食仓库的烟熏消毒剂。熏蒸杀虫使用不当、防护不良或意外渗漏等可致操作工人乃至周围居民发生急性中毒。在磷相关化合物的生产、储存、运输过程中，若防潮不良，空气湿度过高时，磷化合物吸收水分，亦可产生磷化氢，导致中毒。含磷金属元件的酸洗，亦有磷化氢的产生。日常生活中，误服含有毒鼠药磷化锌的毒饵引发的意外中毒也较常见。

【作用机制】

磷化氢主要经呼吸道吸收，首先刺激呼吸道、损伤微血管内皮细胞，导致黏膜出血、水肿，肺泡内充满血性渗出液，这是肺水肿的病理基础。磷化氢还可以抑制细胞色素氧化酶的活性，阻断电子传递、抑制氧化磷酸化过程，从而造成细胞能量障碍、组织缺氧。磷化氢还能通过广泛破坏微血管内皮细胞造成内脏器官广泛性病变。磷化氢还可作用于中枢神经系统、心血管系统和肝、肾等实质脏器，以中枢神经系统损害最为明显。

【毒性】

磷化氢为剧毒类物质。

人接触磷化氢浓度为 10 mg/m^3（6 h）可引起中毒，接触磷化氢浓度为 409 ~ 846 mg/m^3（0.5~1 h）可致死，接触磷化氢浓度为 1 390 mg/m^3 时可立即死亡。

急性中毒实验：大鼠吸入半数致死浓度（LC_{50}）为 11 mg/m^3（4 h），小鼠吸入最低致死浓度（MLC）为 380 mg/m^3（2 h）。

【中毒症状】

眼暴露在低浓度的磷化氢中会造成刺激，皮肤接触液态磷化氢会造成刺激和冻伤。严重中毒的主要途径为吸入。急性磷化氢中毒潜伏期一般为 2~3 h，可长达 48 h。磷化氢的大蒜臭气味明显时会出现中毒症状，主要表现有头痛、眩晕、腹泻、腹痛、恶心、呕吐、胸闷、心悸、呼吸困难、步履蹒跚等。重度中毒时可出现惊厥、昏迷、休克、肺水肿、呼吸衰竭及严重的心、肝、肾功能损害等。

【急救措施】

迅速将吸入磷化氢气体中毒者移到空气清新处，若已停止呼吸，采用人工呼吸，若呼吸困难，则给予吸氧，并迅速进行医务处理，在等待期间继续给予吸氧，必要时应用高压氧治疗。

如果身体接触磷化氢液体，应立即除去被污染的衣物，用大量的温水冲洗，并立即进行药物处理。早期、足量、短程应用糖皮质激素治疗肺水肿。

【尸体特征】

磷化氢中毒死亡者，可见瞳孔散大，鼻腔有白色泡沫状液体溢出，口唇及甲床发绀。解剖可见气管及支气管管腔内充满白色泡沫状分泌物，管壁充血、出血。肺脏饱满，呈水性肺气肿，肺切面可见大量白色泡沫状液体流出。心肌瘀血，心外膜可见到点状出血。胃黏膜可见到弥漫性出血。肝、肾出现瘀血，脑组织可出现水肿。

【检材提取】

检材可提取死者的血液和肝、肺组织及可疑现场气体等。

【检验方法】

1. 快速检验法

空气中微量的磷化氢可利用硝酸银浸过的硅胶变黑情况来进行指示。

2. 气相色谱法

仪器：气相色谱仪（配有顶空装置）；色谱柱：GDX-101（1 m×3 mm，40~60 目）玻璃填充柱；柱温：100 ℃；汽化室温度：130 ℃；检测器温度：130 ℃；载气：高纯氮，流速：40 mL/min；氢气：160 mL/min；空气：30 mL/min（点火时 80 mL/min）；检测器：火焰光度检测器（FPD）。

第六节　其他农药

杀虫脒（氯苯脒、杀螨脒、克死螨）

【化学名称】 N′-（2-甲基-4-氯苯基）-N，N-二甲基甲脒

【化学式】 $C_{10}H_{13}ClN_2$

【结构式】

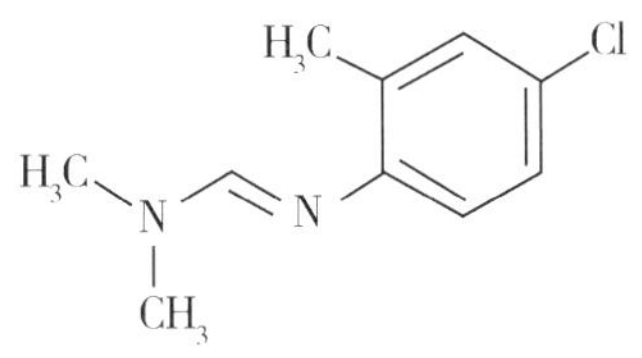

【相对分子量】 196.68

【CAS 号】 6164-98-3

【性状】

杀虫脒纯品为白色结晶（工业品为浅黄色晶体），略带氨气味。熔点 32 ℃，沸点 163~165 ℃，相对密度 1.05（空气 = 1）。挥发性低，微溶于水（20 ℃时，在水中溶解度为 $250×10^{-6}$），易溶于有机溶剂，在酸性介质中稳定，遇碱易分解。

【用途及中毒原因】

杀虫脒主要用作农用杀虫剂。中毒原因多见于服毒自杀和误服，也可见于喷施农药时因操作不当而引起的意外中毒。

【作用机制】

杀虫脒可以通过皮肤接触和消化道吸收进入机体。在体内迅速降解为去甲杀虫脒、N-甲酰-对氯邻甲苯胺、对氯邻甲苯胺、5-氯-2-氨基苯甲酸等。其作用机制可能是直接的麻醉作用、对心脏的直接毒性作用、引发高铁血红蛋白血症、对肾脏和膀胱黏膜的直接损伤等。

【毒性】

曾有一例吞服 30 mL 杀虫脒乳剂致死的报道。

急性中毒实验：大鼠经口半数致死量（LD_{50}）为 160 mg/kg，大鼠经皮肤吸收半数致死量（LD_{50}）为 263 mg/kg；小鼠经口半数致死量（LD_{50}）为 160 mg/kg，小鼠经皮肤吸收半数致死量（LD_{50}）为 225 mg/kg。

【中毒症状】

口服杀虫脒后多在 0.5~1 h 出现中毒症状。以嗜睡、发绀、出血性膀胱炎为严重中毒的主要特点。急性中毒轻者出现恶心、呕吐、头晕、乏力、嗜睡、多汗、心动过缓、四肢发冷等症状，而以嗜睡为突出表现。中毒患者常出现尿频、尿急、尿痛、血尿、蛋白尿和发绀等症状。严重者可出现深度昏迷、面色苍白、瞳孔散大、呼吸浅表、四肢抽搐、反射消失等症状，甚至可因呼吸衰竭和循环衰竭而死亡。皮肤接触中毒者可有烧灼感、麻痒感，局部出现粟粒样丘疹。

【急救措施】

口服中毒者，应立即采用催吐、洗胃（用 1%~2%的碳酸氢钠溶液）、导泻、补液、利尿等措施促进毒物排出。呼吸困难者，给予吸氧；出现发绀者，可用亚甲蓝、葡萄糖溶液及维生素 C 静脉注射。出现血尿者，可用肾上腺皮质激素。皮肤接触者，应立即脱去被污染的衣物，用肥皂水充分清洗全身。眼睛接触者，应立即提起眼睑，用流动清水冲洗 10 min 或用 2%的碳酸氢钠溶液冲洗。

【尸体特征】

尸检可见体表发绀明显，瞳孔散大，口唇黏膜有腐蚀性损伤，食管、胃黏膜及十二指肠黏膜腐蚀糜烂。镜下可见食管、胃黏膜、十二指肠黏膜及黏膜下出血明显；肝细胞水变性、脂肪变性及灶性坏死；膀胱黏膜灶性出血，少量炎细胞浸润；心肌水变性，间质水肿；脑水肿明显。

【检材提取】

解剖检验时可提取死者的胃内容物、血液、尿液及肝、肾组织等作为检材。并注意收集现场剩余食物或饮料、可疑容器、药瓶及洗胃液、呕吐物等。

【检验方法】

气相色谱-质谱法。

仪器：气相色谱-质谱联用仪；色谱柱：Agilent DB-5MS（30 m×0.25 mm×0.25 μm）弹

性石英毛细管柱；柱温：初始温度 80 ℃，保持 1 min，以 20 ℃/min 的升温速率升温至 280 ℃，保持 10 min；载气：高纯氦，流速：1.0 mL/min；进样口温度：280 ℃；进样方式：不分流进样；离子源：电子轰击源（EI），能量 70 eV；离子源温度：230 ℃，四级杆温度：150 ℃；扫描方式：全扫描；质量范围：40~520 amu。

六六六（甲体六六六、α-六六六）

【化学名称】 1，2，3，4，5，6-六氯环己烷

【化学式】 $C_6H_6Cl_6$

【结构式】

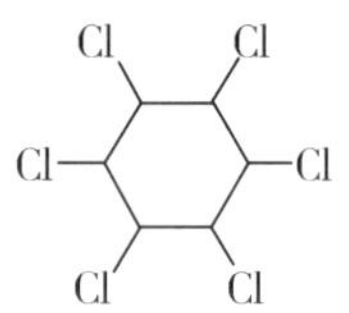

【相对分子质量】 290.83

【CAS 登记号】 319-84-6

【性状】

六六六为白色或淡黄色粉末或块状结晶，有刺激性气味。熔点 156~161 ℃，沸点 288 ℃，密度 1.59 g/cm^3。不溶于水，易溶于氯仿、苯等。可随水蒸气挥发。

【用途及中毒原因】

六六六对昆虫有触杀、熏杀和胃毒作用。中毒原因常见于口服自杀和意外误服，偶见用于他杀。

【作用机制】

六六六为广谱杀虫剂。六六六的急性毒性作用较小，六六六的各异构体毒性比较，以林丹最大。六六六进入机体后主要蓄积在中枢神经系统和脂肪组织中，刺激大脑及小脑，还能通过皮层影响自主神经系统和周围神经；在脏器中影响细胞氧化磷酸化作用，使脏器营养失调，发生变性坏死。能诱导肝细胞微粒体氧化酶类，从而改变体内某些生化过程。影响内分泌活动，抑制 ATP 酶。

【毒性】

六六六毒性中等。

急性中毒实验：大鼠经口半数致死量（LD_{50}）为 177 mg/kg。

【中毒症状】

六六六对皮肤有刺激性，可使皮肤产生红疹和红肿。中毒者有强烈的刺激症状，主要表现为头痛、头晕、眼红充血、流泪怕光、咳嗽、咽痛、乏力、出汗、流涎、恶心、食欲缺乏、失眠及头面部感觉异常等；中度中毒者除有以上症状外，还有呕吐、腹痛、四肢酸痛、抽搐、发绀、呼吸困难、心动过速等症状；重度中毒者除有上述症状外尚有高热、肌肉收缩、癫痫样发作、昏迷等症状，甚至死亡。

【急救措施】

六六六中毒尚无特效解毒剂，如经口摄入，应立即催吐。尽可能使患者安静，控制患者激动，患者清醒时可给予常用剂量的巴比妥和其他镇静剂。注意维持患者呼吸，如出现呼吸困难，应立即进行人工呼吸。禁用肾上腺素或阿托品。

【尸体特征】

尸表呈一般窒息性死亡、猝死的尸体征象。镜下可见肺水肿及支气管炎；肝瘀血、水肿，肝细胞变性，肝小叶中心坏死；肾瘀血，肾小管上皮细胞变性坏死；肠内容物有有机氯的特殊气味；胃黏膜充血，有多数点状出血；脑瘀血、水肿，血管周围小出血灶；脑脊髓神经细胞弥漫性退行性变。

【检材提取】

解剖检验时可提取死者的胃内容物、血液和肝组织等作为检材；若经过抢救，需提取洗胃液；同时，还需注意收集现场剩余食物或饮料、可疑容器、药瓶、呕吐物等。

【检验方法】

气相色谱-质谱法。

仪器：气相色谱-质谱联用仪；色谱柱：Agilent DB-5MS（30 m×0.25 mm×0.25 μm）弹性石英毛细管柱；柱温：初始温度 90 ℃，保持 1 min，以 20 ℃/min 的升温速率升温至 280 ℃，保持 10 min；载气：高纯氦，流速：1.0 mL/min；进样口温度：280 ℃；进样方式：不分流进样；进样量：1.0 μL；离子源：电子轰击源（EI），能量：70 eV；离子源温度：230 ℃；四级杆温度：150 ℃；扫描方式：全扫描；质量范围：40~350 amu。

五氯酚钠（五氯苯酚钠）

【化学名称】 1，2，3，4，5-五氯苯酚钠

【化学式】 C_6Cl_5ONa

【结构式】

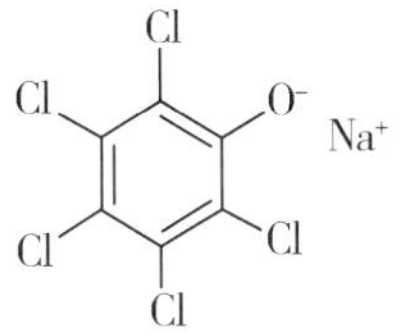

【相对分子质量】 288.32

【CAS 登记号】 131-52-2

【性状】

五氯酚钠为白色或淡黄色针状结晶，带苯酚气味。熔点约 190 ℃，沸点 309.5 ℃，密度 1.804 g/cm^3。易溶于水、乙醇、甲醇、丙酮，微溶于四氯化碳和二硫化碳。水溶液呈弱碱性，加酸酸化至 pH 值为 6.6~6.8 时，全部析出为五氯酚。受日光照射易分解，干燥时性质稳定。

【用途及中毒原因】

五氯酚钠为选择性接触型除草剂、杀虫剂、杀菌剂和收获前的脱叶剂、木材防腐剂，还可用于杀灭血吸虫的中间宿主钉螺，防治血吸虫病。作为除草剂，主要用于灭除以种子繁殖的杂草，是一种杀伤范围很广的除草剂，主要用于水稻田。中毒原因多见于生产过程中意外接触或误食被五氯酚钠污染的水和食物等，偶见用于服毒自杀，近年来有用五氯酚钠外用治疗皮肤病引起中毒死亡的案例。

【作用机制】

五氯酚钠是氧化磷酸化的解偶联剂，可使机体生物氧化产生的能量不能用于二磷酸腺苷的磷酸化，细胞氧化过程仍可以进行，但磷酸化过程被抑制，而氧化过程所增加的能量，不能通过磷酸化转变为腺苷三磷酸或磷酸肌酸的形式予以储存，而以热能的形式散失，因而引起新陈代谢亢进和高热，基础代谢率明显升高，可使体温升高至 40 ℃。由于磷酸化过程发生障碍，身体所产生的能量无法提供给肌肉收缩时使用，使肌肉对刺激反应迟钝，并很快陷入完全抑制，呈僵直状态。由于新陈代谢亢进和高热，可造成中枢神经系统和肝、肾等器官的损害。

【毒性】

五氯酚钠为剧毒类物质。

人经口最低致死量（MLD）为 30 mg/kg，经皮肤吸收最低致死量（MLD）为 60 mg/kg。

急性中毒实验：大鼠经口半数致死量（LD_{50}）为 126 mg/kg，大鼠皮下注射半数致死量（LD_{50}）为 66 mg/kg；小鼠经口半数致死量（LD_{50}）为 197 mg/kg，小鼠经皮肤吸收半数致死量（LD_{50}）为 124 mg/kg。

【中毒症状】

（1）急性中毒：轻度中毒可出现乏力、头痛、头晕、胸闷、多汗、食欲减退、下肢无力等症状。重度中毒除有上述症状外还可出现大汗淋漓、发热、脱水、恶心、呕吐、抽搐、昏迷、呼吸困难等症状，甚至出现呼吸肌麻痹、循环衰竭等。急性期后会出现肝大，肝功能异常，从尿液、血液中可检测出五氯酚钠，血糖增高，尿糖，酮体阳性，基础代谢增高。

（2）慢性中毒：多发生在生产工人中，表现出低热、失眠、心悸、低血压等症状，有的还会发生血小板减少性紫癜、周围神经炎等。皮肤接触中毒可引起皮炎，出现烧灼感、瘙痒、红肿、水疱、手掌脱皮等。还可引起眼睛刺痛、流泪、结膜炎等。鼻腔黏膜受刺激后，有辣味感；出现刺激性咳嗽、气短、胸闷等症状。据国外资料报道，长期接触者可引发周围神经病。

【急救措施】

口服中毒者，应立即进行催吐、洗胃。用2%的碳酸氢钠溶液洗胃。皮肤接触者，应立即脱去被污染的衣物，用肥皂水、清水彻底冲洗全身。五氯酚钠中毒无特效解毒剂，应对症治疗：出现脱水时可进行补液维持电解质平衡，出现抽搐时可用安宫牛黄丸。在治疗时要使用保护肝、肾的药物。严禁使用阿托品及巴比妥类药物，以免增加毒性，加重病情。

【尸体特征】

五氯酚钠中毒死亡者尸僵出现早且明显，尸冷较慢，皮肤黏膜可见散在出血点，内脏器官无特殊病理改变。迁延性中毒者，可见心肌变性、肝小叶中央区肝细胞变性坏死、肾小管上皮细胞变性坏死等。

【检材提取】

解剖检验时可提取死者的胃内容物、血液和

肝组织等作为检材。若经过抢救需提取洗胃液。同时，还需注意收集现场剩余食物或饮料、可疑容器、药瓶、呕吐物等。

【检验方法】

1. 样品前处理

（1）检材如果为植物、面粉等，可加乙醇或丙酮浸泡、过滤，滤液挥干，备检。

（2）检材如果为胃内容物、血液、肝脏等，加10%的盐酸酸化至pH值为3~4，摇匀，放置约30 min，加乙醚或己烷提取三次，合并提取液，过无水硫酸钠柱后收集于蒸发皿中，滤液挥干备检。

2. 检验所用方法如下

（1）液相色谱-质谱法：仪器：液相色谱-质谱联用仪（带阵列二极管检测器）；色谱柱：Agilent zorbax SB-Aq（150 mm×4.6 mm×5 μm）键合硅胶柱；流动相：醋酸铵水溶液（2 g/L，pH值为6.19）+甲醇（20∶80，*V/V*）；流速：1.0 mL/min；柱温：25 ℃；检测波长：350 nm。

（2）气相色谱-质谱法：仪器：气相色谱-质谱联用仪；色谱柱：Agilent DB-5MS（30 m×0.25 mm×0.25 μm）弹性石英毛细管柱；柱温：初始温度90 ℃，保持1 min，以20 ℃/min的升温速率升温至280 ℃，保持10 min；载气：高纯氦，流速1.0 mL/min；进样口温度：280 ℃；进样方式：不分流进样；进样量：1.0 μL；离子源：电子轰击源（EI）；能量：70 eV，离子源温度：230 ℃，四级杆温度：150 ℃；扫描方式：全扫描；质量范围：40~350 amu。

矮壮素（西西西、稻麦立）

【化学名称】 2-氯-N，N，N-三甲基乙铵氯化物

【化学式】 $C_5H_{13}Cl_2N$

【结构式】

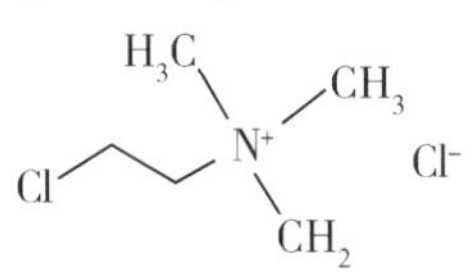

【相对分子质量】 158.07

【CAS登记号】 999-81-5

【性状】

矮壮素纯品为白色晶体，有鱼腥臭味，工业品为浅黄色结晶。熔点239~243 ℃（部分分解）。易溶于水，溶于乙醇，微溶于异丙醇，不溶于乙醚、苯、二甲苯、氯仿、丙酮。在中性和酸性介质中稳定，遇碱则分解。

【用途及中毒原因】

矮壮素是一种优良的植物生长调节剂，可用于小麦、水稻、棉花、烟草、玉米及番茄等作物，可抑制作物细胞伸长，但不抑制细胞分裂，能使植株变矮、秆茎变粗、叶色变绿，可使作物耐旱耐涝，防止作物徒长倒伏，抗盐碱，又能防止棉花落铃，可使马铃薯块茎增大。中毒原因多见于服毒自杀，偶见意外误食或投毒他杀。

【作用机制】

矮壮素的作用机制与拟胆碱药相似，并可抑制呼吸和循环中枢，尤其是呼吸抑制作用强。

【毒性】

矮壮素为低毒类物质。

有成人口服50%的矮壮素水溶液10~15 mL死亡的案例报道。

急性中毒实验：大鼠经口半数致死量（LD_{50}）为600 mg/kg，大鼠经皮肤吸收半数致死量（LD_{50}）为4 000 mg/kg；小鼠经口半数致死量（LD_{50}）为54 mg/kg。

【中毒症状】

矮壮素可经皮肤、消化道吸收，中毒潜伏期甚短（口服中毒者仅数分钟至1 h即可发病，误注射中毒者数分钟内立即发病）。中毒发作征象：患者有明显的毒蕈碱样中毒表现，并可出现呼吸抑制和循环中枢抑制症状，病势急暴，进展快，死亡多发生于中毒发作后数小时内。

（1）消化道症状：主要有恶心、呕吐、上腹不适、腹痛、流涎、口唇麻木、灼舌感及口苦等，但误注射中毒者，此类症状较轻。

（2）神经系统症状：甚为明显，主要有严重的头痛、乏力、胸闷、大汗、肌颤、瞳孔明显缩小等，严重者可出现四肢抽搐、呼吸困难、昏迷、大小便失禁等，患者面色苍白。

（3）循环系统症状：主要有心动缓慢、血压下降、心音低钝等，严重者常并发心源性脑缺氧症。

【急救措施】

（1）清洗排毒：口服中毒者，应选用2%~5%的碳酸氢钠溶液洗胃，导泻可用油类泻剂。

误注射中毒者，应予近心端缚扎及（或）局部喷用氯乙烷，以减少毒物吸收，如刚注射不久即被发现，尚可做局部切开清洗。

（2）解毒治疗：阿托品等抗胆碱药为其特效拮抗解毒剂，应使用相对大剂量，阿托品首剂可用 3 mg 静脉注射或肌内注射，其后再根据病情继续用 1~2 mg/次，定期重复用药，直至毒蕈碱样毒作用完全被控制后，再用 0.5~1 mg，数小时 1 次，维持用药 24 h 左右，一般总用量为 20~40 mg。

（3）心电监护：发现有心肌损害者，应早期应用糖皮质激素治疗；处理心律失常，有 Q-T 间期延长者，用门冬酸钾镁静脉滴注，并限制患者起床活动，防止心源性脑缺氧症发作，如发作亦可及早发现处治。

（4）对症和支持治疗：注意及时防治抽搐与呼吸衰竭，如毒蕈碱样毒作用已控制，而中枢神经损害仍明显者，可改阿托品为东莨菪碱。适当补充 B 族维生素和能量合剂等。

【尸体特征】

口服中毒者胃内容物有鱼腥味，胃黏膜有片状出血，气管、支气管内有大量白色泡沫状液体，肺胸膜可见散在点状出血，脑水肿明显。肝、肾等实质器官瘀血。注射中毒者在注射部位可见皮下组织和肌肉有出血坏死。

【检材提取】

解剖检验时可提取死者的胃内容物、血液和肝组织等作为检材。若经过抢救需提取洗胃液。同时，还需注意收集现场剩余食物或饮料、可疑容器、药瓶、呕吐物等。

【检验方法】

1. 高效液相色谱法

仪器：高效液相色谱仪；色谱柱：Hypersil BDS C18（150 mm×4.6 mm×5.0 μm）键合硅胶柱；流动相：流动相 A 为 10%的甲醇+水（含 0.1%的甲酸），流动相 B 为 0.1%的甲酸+乙腈；洗脱方式：梯度洗脱（0 min 时，A、B 各 50%，2 min 时，B 为 100 %，3.51 min 时，A、B 各 50%，5 min 时，回到起始）；流速：0.5 mL/min；柱温：30 ℃；离子源：电喷雾离子源（ESI^+）；毛细管电压：20 kV；毛细管温度：350 ℃；碰撞电压：30 V；母离子（m/z）：122；扫描方式：全扫描；质量范围：50~500 amu；载气：液氮。

2. 离子色谱法

仪器：离子色谱仪；淋洗液：1.0 mmol/L 的九氟戊酸+7%的乙腈混合液；流速：1.0 mL/min；进样量：25 μL；柱温：35 ℃；检测器温度：35 ℃；抑制器电流：30 mA；抑制器外接水流速：1.1 mL/min。

杀虫双（杀螟丹）

【化学名称】 1，3-二（氨基甲酰硫）-2-二甲基氨基丙烷

【化学式】 $C_7H_{15}O_2N_3S_2$

【结构式】

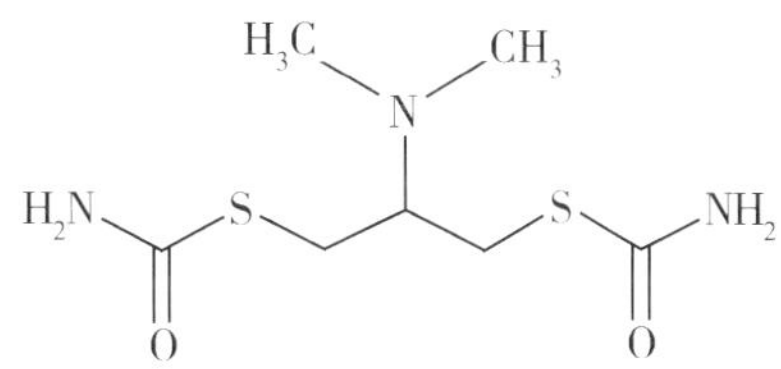

【相对分子量】 237.34

【CAS 号】 15263-53-3

【性状】

杀虫双为无色气体，有特殊臭味。熔点 -80 ℃，沸点 168~170 ℃，密度 0.98 g/cm^3。常用其钠盐，纯品为白色结晶，易吸潮（工业品为茶褐色或棕红色液体），纯品熔点 169~171 ℃（分解），工业品熔点 142~143 ℃，密度 1.3~1.35 g/cm^3，易溶于水，可溶于 95%热乙醇、甲醇、二甲基甲酰胺、二甲基亚砜等有机溶剂，微溶于丙酮，不溶于乙酸乙酯及乙醚。在中性及偏碱性条件下稳定，在酸性条件下会分解，在常温下亦稳定。

【用途及中毒原因】

杀虫双主要用作农用杀虫剂。中毒原因多见于口服自杀或误服，偶见用于他杀或在生产运输中发生的意外中毒。

【作用机制】

杀虫双可经呼吸道及消化道吸收。主要是竞争性占据胆碱能神经递质的受体，阻断突触传导，小剂量以周围性神经-肌肉阻滞为主，大剂量可直接作用于中枢神经。另外，杀虫双分解的中间产物二甲胺可使血液中的高铁血红蛋白增多，引发高铁血红蛋白血症。

【毒性】

杀虫双毒性中等。

曾有一例69岁女性误服25%的杀虫双水剂500 mL死亡的报道。

急性中毒实验：大鼠经口半数致死量（LD_{50}）为451 mg/kg，小鼠经口半数致死量（LD_{50}）为234 mg/kg；小鼠经皮肤吸收半数致死量（LD_{50}）为2 062 mg/kg。

【中毒症状】

杀虫双经口服中毒的潜伏期在30 min左右，长者在2 h左右。轻度、中度中毒者可出现头晕、眼花、恶心、呕吐、腹痛、腹泻、心悸、乏力、出汗、流涎、面色苍白、肌肉震颤等症状；严重者可出现烦躁不安、频繁抽搐、瞳孔缩小、对光反射迟钝、昏迷、呼吸困难、休克等症状，多因呼吸衰竭或心肌损害所致心律失常而死亡。

【急救措施】

口服中毒者，应立即催吐，并用1%~2%的碳酸氢钠溶液洗胃，用二巯基丙磺酸钠解毒。皮肤接触者，应立即脱去被污染的衣物，用肥皂水充分清洗全身。眼睛接触者，应立即提起眼睑，用流动清水冲洗10 min或用2%的碳酸氢钠溶液反复冲洗。

【尸体特征】

尸斑呈暗紫红色，尸僵强；眼结膜有散在点状出血；口鼻腔出现白色泡沫；口唇、指端发绀。解剖可见气管及支气管腔内有大量泡沫状液体；肺浆膜下散在点状出血；肺瘀血、水肿。镜下可见灶性肺泡内出血；脑内小血管扩张瘀血，脑水肿明显。

【检材提取】

解剖检验时可提取死亡者的呕吐物、胃内容物、血液、尿液和肝、肾组织等作为检材。

【检验方法】

气相色谱-质谱法。

（1）提取方法（微波萃取）：取5 mL血液放入萃取罐中，加入pH值为6的缓冲液5 mL，混匀，依次加入1.5 g硅藻土和10 mL丙酮，振荡，再加入15 mL二氯甲烷+环己烷（50∶50，*V/V*）溶液，进行萃取。待萃取完毕，微波系统自动完成降温后，将萃取液倒入50 mL的试管中，离心，取上清液置40 ℃水浴上挥干，加入5.6 mL乙酸乙酯+环己烷（50∶50，*V/V*）溶液溶解。

（2）仪器条件：仪器：气相色谱-质谱联用仪；色谱柱：Agilent DB-5MS（30 m×0.25 mm×0.25 μm）弹性石英毛细管柱；柱温：初始温度80 ℃，保持3 min，以10 ℃/min的升温速率升温至280 ℃，保持12 min；载气：高纯氦，流速：1.0 mL/min；离子源：电子轰击源（EI），能量：70 eV；离子源温度：200 ℃；接口温度：280 ℃；扫描方式：全扫描；质量范围：50~300 amu。

案例一：毒鼠强中毒

2002年12月19日，郑州市公安局中原公安分局电话报称，该辖区须水镇某村死亡两人，分别为郭某（女，98岁）和谢某（男，54岁），两人系母子关系。

检验情况：尸僵存在于全身诸关节，尸僵强。尸斑呈暗紫红色，指压不褪色。角膜轻度混浊，双瞳孔等圆、散大。体表未见明显损伤。解剖见头皮下无出血，颅骨无骨折，颈部皮下无出血，舌骨、甲状软骨及环状软骨无骨折，胸腹腔各脏器呈瘀血状，无损伤及器质性病变。男性尸体左冠状动脉粥样硬化，管腔阻塞约50%，胃内容物约300 mL，主为面条。女性尸体胃内容物约200 mL，主为液体，可见面条。分别提取两名死者的心血、肝脏及胃内容物进行常见毒物检验，结果从死者心血、肝脏及胃内容物中均检出毒鼠强成分。

两人均系毒鼠强中毒死亡。后经调查系谢某之子投毒所致。

案例二：有机磷（氧化乐果）中毒

2004年6月2日，郑州市二七区侯寨乡盆刘村村民李某回家发现丈夫刘某（男，30岁）死在自家屋内地面上，遂报案。

检验情况：尸僵已缓解。尸斑呈暗紫红色。角膜轻度混浊，双瞳孔缩小，直径3 mm，眼结膜未见出血点。口唇发绀。体表无明显损伤，肋骨及四肢长骨无骨折。解剖见头皮下无出血，颅骨无骨折，颈部皮下无出血，舌骨、甲状软骨及环状软骨无骨折，胸腹腔各脏器呈瘀血状，无器质性病变。双肺浆膜下可见散在点状出血。胃黏膜见腐蚀充血迹象。提取死者脑、心脏、双肺、肝脏、胰腺、脾脏、双肾及胃壁等进行病理组织学检验，结果各脏器瘀血，胃壁黏膜部分变性坏死。提取死者胃内容物、肝脏及心血进行常见毒物检验，结果从死者心血、肝脏及胃内容物中均检出氧化乐果成分。

刘某系口服氧化乐果死亡。

案例三：有机磷（敌敌畏）中毒

2005年10月6日，郑东新区公安分局电话报称，其辖区森林公园内一树下发现一名女尸，经调查死者周某，女，30岁，新野县人，10月6日15时许被人发现死亡。经勘查，现场发现一装敌敌畏的塑料瓶（250 mL，已空，可嗅及农药气味）。

检验情况：尸体衣着完整，尸僵存在于全身诸关节，尸僵强。尸斑呈暗红色。角膜透明，双瞳孔缩小，直径2 mm。口周见流注状分泌物，有多只死苍蝇附着。体表无明显损伤，肋骨及四肢长骨无骨折。解剖见头皮下无出血，颅骨无骨折，颈部皮下无出血，气管内有较多泡沫状液体，舌骨、甲状软骨及环状软骨无骨折，胸腹腔各脏器呈瘀血状，无器质性病变。双肺浆膜下可见散在点状出血。胃内容物为乳白色液体，约200 mL，可嗅及烂苹果味。提取死者脑、心脏、双肺、肝脏、胰腺、脾脏、双肾及胃壁等进行病理组织学检验，结果各脏器瘀血，胃壁黏膜部分变性坏死。提取死者胃内容物、肝脏及心血进行常见毒物检验，结果从死者心血、肝脏及胃内容物中均检出敌敌畏成分。

周某系口服敌敌畏死亡。结合现场勘查及调查访问，系自杀。

案例四：大隆中毒

2014年9月21日下午，开封市某公园拐角处一无名男意识不清，经医院抢救无效死亡。

2014年9月21日，开封市中医院24 h内入院死亡记录记载：意识不清3 h余入院。CT示右侧蛛网膜下腔出血，脑挫伤，右枕区脑梗死。入院诊断：①脑挫伤；②创伤性蛛网膜下腔出血；③脑干损伤；④枕区脑梗死；⑤头皮挫伤；⑥胸部软组织挫伤；⑦四肢多处软组织挫伤。医院检验报告提示凝血障碍。复查头部CT示脑水肿加重。

检验情况：尸僵存在于全身诸关节，尸僵强。尸斑呈暗红色。角膜透明，双瞳孔等大，直径5 mm。体表较多小片状皮下出血或皮肤擦伤，肋骨及四肢长骨无骨折。解剖见头皮下无出血，颅骨无骨折，右侧大脑蛛网膜下腔出血。颈部皮下无出血，气管内无异物，舌骨、甲状软骨及环状软骨无骨折，胸腹腔各脏器呈瘀血状，无器质性病变。双肺未见异常。大网膜、腹腔及盆腔弥漫性出血，腹膜后片状出血。左肾盂内出血。胃内少量液体，约20 mL。提取死者脑、心脏、双肺、肝脏、胰腺、脾脏、双肾及部分皮下脂肪和肌肉进行病理组织学检验，结果大脑部分蛛网膜下腔出血，右大脑局部脑实质出血；脑水肿。肾盂及输尿管黏膜下及周围组织明显出血并较多单核细胞、淋巴细胞浸润；肾水肿。肺组织局灶性出血。肺、肝、脾、肾等贫血。皮下脂肪组织出血。提取死者胃内容物、肝脏及心血进行常见毒物检验，结果从死者心血、肝脏及胃内容物中均检出大隆成分。

该无名男系大隆中毒死亡。

案例五：磷化铝中毒

2013年8月7日，新郑市龙湖镇王家村王某的妻子（40岁）和儿子（8岁）离奇死亡。8月6日王某的妻子及一双儿女均出现头晕、呕吐的症状，到医院检查未查出原因，后返回家中。7日凌晨，又出现上述症状，且加重，遂送医院，其妻子及儿子经抢救无效先后于当日下午15时许和17时许相继死亡。

检验情况：体表无明显损伤，瞳孔散大，鼻腔有白色泡沫状液体溢出，口唇及甲床发绀。解剖见气管、支气管腔内充满白色泡沫状液体，肺脏饱满，呈水性肺气肿，肺脏切面可见大量白色泡沫状液体流出。心外膜下可见点状出血。胃黏膜见弥漫性出血。脑组织可见水肿。未发现致死性病变。提取被检者心血、肝组织及现场可疑气体、药片等进行理化检验，结果在被检者的心血和可疑气体中均检出磷化氢，在药片中检出磷化铝，未检出其他有毒成分。

现场勘查：三间平房，中间堂屋有一柜式空调。西屋为粮仓，囤积有粮食及杂物，在粮食内发现未挥发尽的药片。东屋为卧室。屋内房门封闭不严。

经调查，2013年8月5日，王某在集市上买了一包“熏麦药”（主要成分为磷化铝），将其埋在家中麦垛里。由于天气太热，一家人就在堂屋地上铺上竹席，开着空调在堂屋内休息。毒气从粮仓门缝里飘到堂屋。因天气持续高温，空气湿度大，磷化铝快速挥发，遇水汽变成磷化氢，又加上房间通风不好，导致家人中毒。

鉴定意见：两人均系磷化铝意外中毒死亡。

对于毒物中毒死亡的案件，要通过现场勘查，解决毒物来源、毒物进入人体的途径及方式等问题，以判明中毒案件性质。

第四章　有毒植物

第一节　含苷类的有毒植物

夹竹桃（柳叶桃、半年红）

【概述】

夹竹桃属常绿大灌木，原产印度、伊朗和阿富汗，在我国栽培历史悠久，遍及南北城乡各地。夏季开花，花期6～10月，花桃红色，呈顶生的聚伞花序；花萼直立；花冠深红色，芳香，重瓣；副花冠鳞片状，顶端撕裂；叶面光亮，侧脉羽状平生。常见栽培变种有：白花夹竹桃（花白色、单瓣）、重瓣夹竹桃（花红色、重瓣）、淡黄夹竹桃（花淡黄色、单瓣）。临床上用于强心利尿，定喘镇痛。民间偏方用新鲜夹竹桃叶煎液治疗精神病。

【有毒成分】

夹竹桃全株均具有剧毒。其中：叶含强心成分，主要为欧夹竹桃苷丙，系夹竹桃苷元与夹竹桃糖所成的苷；还含有欧夹竹桃苷甲、欧夹竹桃苷乙、去乙酰欧夹竹桃苷丙等。树皮含夹竹桃苷A、夹竹桃苷B、夹竹桃苷D、夹竹桃苷F、夹竹桃苷G、夹竹桃苷H、夹竹桃苷K等，系洋地黄毒苷元和乌沙苷元的各种糖苷。根含酚性结晶物质，主要为挥发油、棕榈酸、硬脂酸、油酸、亚油酸、三萜成分。花含羟基洋地黄毒苷元、乌沙苷元、洋地黄次苷、夹竹桃苷H等。

【毒性】

通常10～20片叶子就能对成人造成不良影响，服干叶3 g即可致死，服根15 g或8～10颗黄花夹竹桃种子均可致人死亡。单一叶子即可令婴儿丧命。

【中毒原因】

中毒原因多为药用过量或误服，偶见用于自杀。

【作用机制】

夹竹桃所含强心苷对心肌细胞膜上的Na-K-ATP酶有抑制作用，引起Na^+/Ca^{2+}交换增加，导致细胞内Na^+、Ca^{2+}增多，K^+缺失，引起各种心律失常，继而导致死亡。

【中毒症状】

一般在食后2～5 h出现中毒症状。其中，消化系统症状主要有食欲缺乏、恶心、呕吐、腹泻、腹痛等。神经系统症状主要有头痛、头晕、谵语、出汗、流涎、嗜睡、四肢麻木等。心脏毒性表现为心律失常、脉搏不规则、房颤或室颤等，严重者出现心源性脑缺血症状，表现为瞳孔散大、视物模糊、昏睡、抽搐、休克，继而心跳停止而死亡。

【急救措施】

①口服催吐药催吐。②用0.2%～0.5%的鞣酸洗胃。③用硫酸镁20 g导泻。

【尸体特征】

尸检可见心外膜点状出血，心腔内血液呈暗红色流动状；胸腹腔器官瘀血，胃内可有棕褐色液体，无特殊气味；胃黏膜充血，有广泛性出血。镜下可见脑水肿显著；脏器瘀血严重；心肌纤维断裂明显，间质点状出血；肺散在小灶性出血；胃黏膜、肺浆膜下点状出血。

【检材提取】

解剖检验时可提取呕吐物、胃内容物、未吃完的药渣、血液和心脏等作为检材。

【检验方法】

1. 比色法

用碱性苦味酸钠试剂比色测定其总苷的含量。

2. 高效液相色谱法

仪器：高效液相色谱仪；色谱柱：YWG-CH（250 mm×7.9 mm×5 μm）填充柱；流动相：70%的甲醇；流速：1.0 mL/min；检测波长：230 nm。

洋地黄（毛地黄、吊钟花）

【概述】

洋地黄原产于欧洲中部与南部山区。现在中国的浙江、上海、江苏与山东等地已有大量栽培。系二年生或多年生草本植物，全体密被短毛；叶卵形至卵状披针形，边缘具钝齿，有长柄；第2~3年春于叶簇中央抽出花茎，高达1~1.5 m，茎生叶长卵形，边缘有细齿，有短柄或近无柄；总状花序顶生，花冠钟形，下垂，偏向一侧，紫红色，内面带深紫色斑点；蒴果圆锥形，种子细小；花期5~6月，果期6~7月。

【有毒成分】

洋地黄的有毒成分主要有地高辛、洋地黄毒苷、毛花苷丙（西地兰）、毒毛旋花子苷K等。

【毒性】

直接使用洋地黄植物的剂量很难准确掌握，治疗量、中毒量和致死量三者相当接近，尤其小儿对药物的耐受性个体差异较大，故容易发生中毒。在治疗剂量下，地高辛的血药浓度为0.1~0.2 mg/100 mL；若血液中地高辛的浓度大于0.3 mg/100 mL即为急性中毒。

急性中毒实验：大鼠经口半数致死量（LD_{50}）为23.75 mg/kg，小鼠经口半数致死量（LD_{50}）为4.95 mg/kg。

【中毒原因】

中毒原因多为用药不当或误服等。

【作用机制】

洋地黄所含强心苷对心肌细胞膜上的Na-K-ATP酶有抑制作用，引起Na^+/Ca^{2+}交换增加，导致细胞内Na^+、Ca^{2+}增多，K^+缺失，引起各种心律失常，继而导致死亡。还能消除交感神经张力的反射性增高，并增强迷走神经张力，从而减慢心率。

【中毒症状】

①胃肠道症状：主要有恶心、呕吐、食欲下降。②神经系统症状：主要有头晕、头痛、倦怠、神志不清、精神异常。③视神经障碍：表现为视物模糊、色视（黄视症和绿视症）。④心脏毒性反应：表现为各种心律失常，室性早搏最多见，其次为房室传导阻滞、双向性室性心动过速及房室结性心动过速。

【急救措施】

口服中毒时应尽快洗胃，口服鞣酸蛋白3~5 g或医用活性炭1 g/kg以吸附洋地黄，可同时用硫酸镁30 g导泻；血液中K^+浓度减少时可静脉滴注氯化钾；出现慢性心律失常时应用硫酸阿托品，出现快速型心律失常时用苯妥英钠等救治。

【尸体特征】

尸检可见心外膜点状出血，心腔内血液呈暗

红色流动状；胸腹腔器官瘀血，胃内可有棕褐色液体，无特殊气味；胃黏膜充血，有广泛性出血。镜下可见脑水肿显著；脏器瘀血严重；心肌纤维断裂明显，间质点状出血；肺散在小灶性出血；胃黏膜、肺浆膜下点状出血。

【检材提取】

可提取剩余药物或残渣、胃内容物、血液和肝、肾组织等作为检材。

【检验方法】

1. 洋地黄毒苷的检验（高效液相色谱法）

仪器：高效液相色谱仪；色谱柱：ODS（102 mm×0.5 mm×5 μm）反相柱；流动相：乙腈+甲醇+水（10∶20∶17，*V/V/V*）；流速：8 μL/min；检测波长：220 nm；进样量：0.5 μL；内标物：黄体酮。

2. 去乙酰毛花苷 C 的检验（高效液相色谱法）

仪器：高效液相色谱仪；色谱柱：ODS（114 mm×0.5 mm×5 μm）反相柱；流动相：乙腈+水（21∶70，*V/V*）；流速：8 μL/min；检测波长：220 nm；进样量：1.0 μL；内标物：可的松。

铃兰（草玉铃、小芦铃、香水花、鹿铃、君影草、草寸香）

【概述】

铃兰为多年生草本植物，根状茎细长，匍匐。叶基生，2~3 枚，椭圆形，长 13~15 cm，宽 7~7.5 cm，先端急尖，基部稍狭窄；叶柄长约 16 cm，呈鞘状互相抱着，基部有数枚鞘状的膜质鳞片；花葶由鳞片腋伸出；总状花序偏向一侧；苞片披针形，膜质；花乳白色，阔钟形，下垂，花期 5~6 月；种子椭圆形，扁平，果期 6~7 月。生于山地阴湿地带之林下或林缘灌丛，分布在东北及河北、山东、河南、陕西、山西等地。

【有毒成分】

铃兰全株含铃兰毒苷、铃兰毒醇苷、铃兰毒原苷、去葡萄糖墙花毒苷、3β，5β，11α，14β-四羟基-卡烯-20（22）内酯-3α-L-鼠李糖苷、铃兰黄酮苷、3′，4′，5，7-四羟基黄酮醇-3-β-D-半乳糖苷、3′，4′，5，7-四羟基黄烷醇及万年青皂苷元与异万年青皂苷元。

【毒性】

铃兰制剂的副作用和毒性较洋地黄小，铃兰酊小鼠腹腔注射半数致死量（LD_{50}）为 1.61 mg/g±0.123 8 mg/g。

【中毒原因】

中毒原因多为用药不当或误服等。

【作用机制】

铃兰的作用机制与洋地黄类似，中毒时可直接抑制窦房结，使其自律性降低，并可抑制心脏传导系统，使其不应期延长、心率减慢，此外，尚可直接兴奋心脏异位兴奋点而引起各种类型的心律失常。

【中毒症状】

中毒后先出现头痛、恶心、呕吐、胃痛、面部潮红、紧张易怒、瞳孔散大、幻觉、心跳减慢等症状；继而出现心力衰竭、昏迷，直至死亡。

【急救措施】

口服中毒时应先催吐，再用 0.2%~0.5% 的鞣酸洗胃，然后服用心脏镇静剂，用硫酸镁 30 g 导泻，并尽快及时就医。

【尸体特征】

尸检可见心外膜点状出血，心腔内血液呈暗红色流动状；胸腹腔器官瘀血，胃内可有棕褐色液体，无特殊气味；胃黏膜充血，有广泛性出血。镜下可见脑水肿显著；脏器瘀血严重；心肌纤维断裂明显，间质点状出血；肺散在小灶性出血；胃黏膜、肺浆膜下点状出血。

【检材提取】

可提取剩余药物或残渣、胃内容物、血液及肝、肾组织等作为检材。

【检验方法】

高效液相色谱法。

(1) 样品处理：精密称取药材干燥粉末 5 g 于烧杯中，加入 95%的乙醇 25 mL，浸泡 24 h，共反复 4 次。抽滤，合并滤液，减压浓缩至 5 mL，加入 5 mL 蒸馏水，放入冰箱中冷冻 24 h，去胶，过滤。滤液用氯仿 10 mL 及氯仿+乙醇 (1∶1，*V/V*) 混合溶液 10 mL，反复交替萃取，直至水层对 3，3-二硝基苯甲酸试液呈阴性为止，合并萃取液，减压蒸馏除去溶剂，加入甲醇 5 mL 溶解，作为供试品溶液。

(2) 仪器条件：仪器：高效液相色谱仪；色谱柱：YWG-CH (100 mm×0.5 mm×5 μm) 填充柱；流动相：甲醇+水+磷酸 (650∶350∶3，*V/V/V*)；流速：0.4 mL/min；柱温：30 ℃；检测波长：218 nm；进样量：2 μL。

毒毛旋花（箭毒羊角拗）

【概述】

毒毛旋花是夹竹桃科羊角拗属的植物。枝条密被黄色糙硬毛，高 2~3 m，具乳汁。叶对生，幼时疏被黄色糙硬毛，老渐脱落，椭圆形，长 5~20 cm，宽 2.5~8 cm，顶端短渐尖；聚伞花序顶生或生于枝端叶腋间，密被黄色粗糙硬毛；花萼裂片 5 枚，矩圆形，渐尖；花冠黄色，副花冠有紫色斑点，花冠裂片 5 枚，顶端延长成长尾带，长达 18 cm，下垂；种子条状披针形，外种皮被金黄色柔毛，顶端具长喙，沿喙密生白绢质种毛，种毛长达 5 cm。分布在非洲以及我国的云南、广东、广西等地，目前已由人工引种栽培。

【有毒成分】

毒毛旋花的有毒成分为毒毛旋花子苷 K 和毒毛旋花子苷 G。为白色或微黄色粉末；遇光易变质。在水或乙醇 (90%) 中溶解，在氯仿中极微溶解，在乙醚和苯中几乎不溶。

【毒性】

毒毛旋花全株有毒，尤以种子和乳汁毒性更大。种子可作箭毒药。毒毛旋花子苷 K：家兔 1 次静脉注射致死量为 0.16 mg/kg。毒毛旋花子苷 G：大鼠皮下注射半数致死量 (LD_{50}) 为 50 mg/kg，小鼠经口半数致死量 (LD_{50}) 为 5 mg/kg。

【中毒原因】

中毒原因多为药用过量或误服等。

【作用机制】

毒毛旋花所含强心苷对心肌细胞膜上的 Na-K-ATP 酶有抑制作用，引起 Na^+/Ca^{2+} 交换增加，导致细胞内 Na^+、Ca^{2+} 增多，K^+ 缺失，引起各种心律失常，继而导致死亡。

【中毒症状】

①胃肠道症状：主要有恶心、呕吐、胃纳不佳、下腹疼痛。②神经系统症状：主要有头晕、头痛、疲倦、嗜睡，有时出现面部下 1/3 疼痛；严重者可出现行为异常和精神症状，主要表现有失语、谵妄、幻觉、定向困难等。③视神经障碍：表现为视物模糊、复视、色视（黄视症和绿视症）。④心脏毒性反应：表现为各种心律失常，最常见室性早搏（约占 1/3），其次为房室传导阻滞、室性心动过速、心室颤动、窦性停搏等。

【急救措施】

①口服催吐药催吐。②用 0.2%~0.5%的鞣酸洗胃。③用硫酸镁 20 g 导泻。④送医院急救。

【尸体特征】

尸检可见心外膜点状出血，心腔内血液呈暗红色流动状；胸腹腔器官瘀血，胃内可有棕褐色液体，无特殊气味；胃黏膜充血，有广泛性出血。镜下可见脑水肿显著；脏器瘀血严重；心肌纤维断裂明显，间质点状出血；肺散在小灶性出血；胃黏膜、肺浆膜下点状出血。

【检材提取】

可提取剩余药物或残渣、胃内容物、血液及肝组织等作为检材。

【检验方法】

1. 沉淀反应

取本品约 50 mg，加水 5 mL 溶解后，加鞣酸试液 2 mL，即产生沉淀。

2. 显色反应

取本品少许，加硫酸与水（4∶1，*V/V*）混合液溶解后，应即显绿色。

毒箭树（见血封喉树、箭毒木）

【概述】

毒箭树又名见血封喉树、箭毒木，为桑科见血封喉属植物，是世界上木本植物中最毒的一种树木，这一属共有 4 种，生长在亚洲和非洲的热带地区，均含有剧毒的汁液。我国只有见血封喉一种，见于云南的西双版纳、广西南部、广东西部和海南省等地。见血封喉树为高大的常绿乔木，树高可达 30 m 以上。它的茎秆基部具有从树干各侧向四周生长的高大板根。春夏之际开花，秋季结出一个个小梨子一样的红色果实，成熟时变为紫黑色；这种果实味道极苦，含毒素，不能食用。当地少数民族在历史上曾将见血封喉的枝叶、树皮等捣烂取其汁液涂在箭头上，射猎野兽。有“七上八下九不活”之说，即凡被射中的野兽，上坡的跑七步，下坡的跑八步，平路的跑九步就必死无疑。

【有毒成分】

毒箭树的有毒成分为见血封喉苷、弩箭子苷、铃兰毒苷、铃兰毒醇苷、伊夫草苷、马来欧苷等。

【毒性】

毒箭树的汁液剧毒，若误入眼中会引起双目失明；由伤口进入人体内会引起中毒，使心脏麻痹，血液凝固，血管封闭，在 20～30 min 死亡。猫的致死剂量为 0. 107～0. 160 mg/kg。

【中毒原因】

中毒原因多为破损的皮肤接触到毒箭树的汁液或误食其果实，也有食用用毒箭树的汁液涂抹的毒箭射杀的动物肉引起的中毒。

【作用机制】

毒箭树的乳白色汁液中含有的见血封喉苷，一经接触可使人畜血液凝固，引起缺氧甚至窒息而死亡。

【中毒症状】

如果毒箭树的汁液溅入眼里，可马上引起失明。接触或经口中毒可引起肌肉松弛、血液凝固、心跳减缓，终因心跳停止而死亡。

【急救措施】

红背竹竿草是此毒的唯一解药，常生长在毒箭树根部周围。

【尸体特征】

尸表呈一般窒息性死亡尸体征象。经接触中毒死亡者体表常可见创口，经口中毒者胃内可见果实肉或动物肉。心脏、血管内的血液呈凝固状。

【检材提取】

可提取死者的血液、肝组织及毒箭树的枝叶和汁液等作为检材。

【检验方法】

1. 洋地黄毒苷的检验（高效液相色谱法）

仪器：高效液相色谱仪；色谱柱：ODS（102 mm×0. 5 mm×5 μm）反相柱；流动相：乙腈+甲醇+水（10∶20∶17，*V/V/V*）；流速：8 μL/min；检测波长：220 nm；进样量：0. 5 μm；内标物：黄体酮。

2. 去乙酰毛花苷 C 的检验（高效液相色谱法）

仪器：高效液相色谱仪；色谱柱：ODS（114 mm×0. 5 mm×5 μm）反相柱；流动相：乙

腈+水（21∶70，*V/V*）；流速：8 μL/min；检测波长：220 nm；进样量：1.0 μm；内标物：可的松。

苦杏仁（杏仁）

【概述】

苦杏仁为蔷薇科植物山杏除去果肉及核壳而取出的种子。晒干后呈扁心形，长 1~1.9 cm、宽 0.8~1.5 cm、厚 0.5~0.8 cm，面黄棕色至深棕色，一端尖，另端钝圆，肥厚，左右不对称。尖端一侧有短线形种脐，圆端合点处向上具多数深棕色的脉纹。主产于内蒙古、吉林、辽宁、河北、山西、陕西等地。夏季采收成熟果实，分甜杏仁和苦杏仁两种。

【有毒成分】

苦杏仁的有毒成分为苦杏仁苷。

【毒性】

苦杏仁苷进入人体后可产生氰化氢，但毒性甚微。成人服苦杏仁 50~60 粒、小儿服 7~10 粒可致死。

【中毒原因】

儿童误食中毒最常见。

【作用机制】

苦杏仁中含有苦杏仁苷（氰苷）和苦杏仁酶，苦杏仁苷被自身含有的苦杏仁酶水解后，产生苯甲醛和氢氰酸，氢氰酸与细胞色素氧化酶的三价铁反应，从而抑制细胞呼吸，形成细胞“内窒息”，造成组织缺氧，导致死亡。

【中毒症状】

中毒后首先表现为黏膜刺激症状，可出现口中苦涩、咽喉有烧灼感、眩晕、乏力、心悸、头痛、恶心、呕吐、腹泻（常为水样便）、血压升高、心跳加快、口唇发绀等症状；中毒较重时可出现瞳孔散大、对光反射消失、脉搏弱慢、呼吸急促或缓慢而不规则等症状，继而出现意识丧失、大小便失禁、牙关紧闭等症状，终因呼吸衰竭而死亡。

【急救措施】

发现中毒后可用筷子、勺子或手指刺激咽后壁，立即催吐；有条件的可用 1∶1 000 的高锰酸钾溶液洗胃或灌服绿豆水等，经上述处理后，应尽快送医院救治。

【尸体特征】

尸斑呈鲜红色，尸僵明显，心腔及大血管内血液呈鲜红色流动状，肺浆膜下有斑点状出血，胃肠内可发现杏仁颗粒或残渣，可嗅到苦杏仁气味。镜下可见脑充血、水肿，神经细胞变性、坏死等。

【检材提取】

可提取呕吐物、胃内容物、血液及肝、肾、脑等组织作为毒物化验的检材。检材要尽早提取，血液要防止挥发，需冷藏，并尽早送检。

【检验方法】

1. 氰苷的检验（化学法）

取检材适量，置于带塞试管中，加 5% 的硫酸溶液 3 mL 充分摇匀，在试管口放一用三硝基苯酚钠溶液湿润的滤纸条，塞紧塞子，试管置 40~50 ℃水浴中加热 10 min，滤纸条由黄色变为砖红色。

2. 薄层色谱法

取检材适量，与等量的碳酸钙共研碎，放入带塞三角瓶内，加石油醚（沸程为 60~90 ℃）4 mL，冷浸过夜后，过滤。残渣挥干石油醚，加入乙醇 4 mL 冷浸过夜，过滤。滤液浓缩作供试品。以苦杏仁苷作对照，分别点样于同一硅胶 G 薄层板上，以氯仿+乙酸乙酯+乙醇（2∶1∶2，*V/V/V*）展开，用碘蒸气显色。检材提取液与对照品在薄层板的相对应位置上显相同颜色的斑点。

3. 高效液相色谱法

取检材适量于具塞离心试管中，加入甲醇，超声振荡后离心，上清液稀释制成待测液，按下述方法用高效液相色谱仪进行检验。

仪器：高效液相色谱仪；色谱柱：Hypersil

C18（4.6 mm×250 mm×5 μm）键合硅胶柱；流动相：乙腈+0.1%的磷酸溶液（8∶92，*V/V*）；流速：1.0 mL/min；进样量：1 μL；检测器波长：206 nm。

皂荚（皂角树）

【概述】

皂荚为苏木科皂荚属树种之一，为落叶乔木或小乔木植物，是中国的特有植物，生长旺盛，雌雄异株，雌树结荚（皂角）能力强。高5~10 m,花期5~6月，果熟9~10月。荚果条形，不扭转，长12~30 cm，宽2~4 cm，微厚，成熟后呈黑棕色，被白色粉霜，两端略尖，基部有短果柄或果柄断痕，背缝线突起呈棱脊状；质坚硬，摇之有响声，剖开后呈浅黄色，内含多粒种子；种子扁椭圆形，外皮黄棕色且光滑、质坚。主要分布在我国的东北、华北、华东、华南以及四川、贵州等地。皂角树的荚果、种子、枝刺等均可入药，荚果入药可祛痰、利尿；种子入药可治癣和通便秘；皂刺入药可活血并治疮癣。皂荚种子含有丰富的半乳甘露聚糖胶和蛋白质成分，半乳甘露聚糖胶因具有独特的流变性，常被用作增稠剂、稳定剂、黏合剂、胶凝剂、浮选剂、絮凝剂、分散剂等，广泛应用于石油钻采、食品医药、纺织印染、采矿选矿、兵工炸药、日化陶瓷、建筑涂料、木材加工、造纸、农药等行业。

【有毒成分】

皂荚的有毒成分为皂荚苷。

【毒性】

皂荚的豆荚、种子、叶及茎皮均有毒。皂荚中所含的皂荚苷不仅能够刺激胃肠黏膜，而且还能腐蚀胃黏膜，服用后10 min即可出现呕吐，继而出现腹泻。国内曾有服皂荚煎剂（200 g加老醋1杯）中毒死亡的案例报道。

【中毒原因】

中毒原因多为药用过量、误服等。

【作用机制】

皂荚中所含的皂荚苷，如服用剂量过大或胃肠黏膜有损伤或注射给药，均可产生全身毒性，特别是影响中枢神经系统，先痉挛，再麻痹，最终导致呼吸中枢麻痹而死亡。

【中毒症状】

中毒症状主要有咽干、上腹饱胀及烧灼感、恶心、呕吐、腹痛，10~12 h出现腹泻，呈水样及泡沫样便，或为黑色稀便，出现烦躁不安、头晕、头痛、四肢酸麻、乏力等症状，严重者可影响中枢神经系统，出现呼吸急促、心悸、痉挛、谵妄等症状，终因呼吸中枢麻痹而死亡。

【急救措施】

①用5%的鞣酸溶液洗胃。②口服50%的硫酸钠40~50 mL导泻。③补液及对症治疗，如用5%的葡萄糖盐液（500 mL）、10%的葡萄糖液（1 000 mL）、维生素C（2 g）、ATP（40 mg）及辅酶A（100 u）等静脉滴注。

【尸体特征】

尸检可见急性胃肠炎，肺瘀血、充血，脑充血、水肿，内脏黏膜充血、水肿，可见毒血症及缺氧症表现。

【检材提取】

可提取剩余药物、胃内容物、血液及肝组织等作为毒物化验的检材。

【检验方法】

1. 三萜类皂苷的检验（化学法）

取检材适量，加乙醇5 mL，煮沸2~3 min，放冷，过滤，取滤液0.5 mL，置小蒸发皿中，蒸干，放冷，加醋酐3滴，搅匀，加硫酸2滴，渐呈红紫色。

2. 薄层色谱法

取检材适量，加甲醇30 mL，加热回流6 h，过滤，滤液蒸干，残渣溶于20 mL水中，用乙醚提取2~3次，水层再用饱和的正丁醇提取3次，合并正丁醇提取液，减压浓缩至干，残渣用少量甲醇溶解，作供试液，以皂苷C作对照品，按下述条件进行检验。

吸附剂：硅胶G薄层板；展开剂：正丁醇+乙醇+氨水（10∶2∶5，*V/V/V*）；显色剂：20%

的磷酸银乙醇溶液。显色后将薄层板置 120 ℃烤箱中烘烤 10 min，检材提取液与对照品在薄层板的相对应位置上显相同的深蓝色斑点。

木薯（木番薯、树薯）

【概述】

木薯属于大戟科木薯属植物，是热带地区主要的块根作物，系世界三大薯类（木薯、甘薯、马铃薯）作物之一。其块根可食，可磨木薯粉、做面包、提供木薯淀粉和浆洗用淀粉。原产于美洲热带地区，19 世纪 20 年代引入中国，现已广泛分布于华南地区，以广西、广东和海南栽培最多，福建、云南、江西、四川和贵州等省的南部地区也有引种。

【有毒成分】

木薯的有毒成分为亚麻仁苦苷。

【毒性】

木薯的根、茎、叶都含有有毒物质，而且新鲜块根毒性较大，一个人如果食用 150~300 g 生木薯即可引起中毒，甚至死亡。

【中毒原因】

中毒原因多为过量生食。

【作用机制】

木薯含有有毒物质亚麻仁苦苷，亚麻仁苦苷经胃酸水解后产生氢氰酸，氢氰酸与细胞色素氧化酶的三价铁反应，从而抑制细胞呼吸，形成细胞“内窒息”，造成组织缺氧，导致死亡。

【中毒症状】

中毒早期出现头痛、头晕、恶心、呕吐、腹痛、心悸、乏力、嗜睡等症状；严重者可出现面色苍白、呼吸急促、瞳孔散大、对光反射迟钝，甚至昏迷，最后出现四肢抽搐，终因呼吸衰竭而死亡。

【急救措施】

①催吐、洗胃、导泻。②输液、利尿。③应用解毒剂治疗，首选亚硝酸戊酯、亚硝酸钠及硫代硫酸钠联合应用。④对症治疗：给予吸氧、镇静等，必要时可行血液透析治疗。

【尸体特征】

尸检可见瞳孔散大，四肢强直，同时在尿液中可检出氰酸盐或硫氰酸盐。余见“苦杏仁”。

【检材提取】

可提取呕吐物、胃内容物、血液及肝、肾、脑等组织作为毒物化验的检材。

【检验方法】

气相色谱法。

（1）检材处理：取 0.5 mL 检血于一小顶空瓶中，加入 0.3 mL 水，密封后隔垫注入 50%的磷酸 0.2 mL，50 ℃保温 30 min，抽取 0.5 mL 顶空气体，按下述方法进行检验。

（2）色谱条件：仪器：气相色谱仪（配备顶空装置）；色谱柱：GS-Q（30 m×0.32 mm×0.25 μm）弹性石英毛细管柱；柱温：初始温度 110 ℃，保持 4 min，以 10 ℃/min 的升温速率升温至 160 ℃；检测器：NPD；载气：高纯氮，流速：1.5 mL/min；进样口温度：200 ℃；检测器温度：250 ℃。

商陆（野萝卜、土人参、牛萝卜）

【概述】

商陆为商陆科商陆属多年生宿根草本植物，全株光滑无毛。根粗壮，圆锥形，肉质；外皮淡黄色，有横长皮孔；侧根甚多；茎绿色或紫红色，多分枝；单叶互生，具柄，柄的基部稍扁宽，叶片卵状椭圆形或椭圆形；花序直立，初白色后渐变为淡红色；其浆果呈扁圆状，有宿萼，熟时呈深红紫色或黑色；花、果期为 5~10 月；根可入药，俗称“章柳根”。主要分布在河南、安徽、湖北等地。

【有毒成分】

商陆的有毒成分为商陆皂苷、商陆毒素。

【毒性】

小鼠口服商陆的半数致死量（LD_{50}）如下：水浸剂 26 g/kg，煎剂 28 g/kg，配剂 46.5 g/kg。

【中毒原因】

中毒原因多为用药不当等。

【作用机制】

商陆中所含的商陆毒素，少量能刺激胃黏膜，促进胃肠道蠕动，兴奋延髓运动中枢和血管运动中枢；大剂量时能麻痹中枢神经，抑制心肌，造成呼吸运动障碍，导致呼吸循环衰竭。

【中毒症状】

中毒症状主要有口干、恶心、呕吐、腹痛、腹泻（水样便，部分便血）、体温和血压升高、心动过速、呼吸频数；继而出现眩晕、头痛、烦躁不安、精神恍惚、言语不清、抽搐、牙关紧闭、神志恍惚等症状；甚至出现昏迷、瞳孔散大、对光反射消失、膝反射亢进、大小便失禁等症状；严重时可出现中枢神经麻痹、血压下降、心率缓慢、心肌麻痹、呼吸抑制等症状，终致死亡。

【急救措施】

轻度中毒者，以对症治疗为主；严重中毒者，需尽快催吐，并用 1∶5 000 的高锰酸钾溶液洗胃，并服蛋清或牛奶保护胃黏膜，纠正酸中毒及电解质紊乱，同时辅以给予吸氧、强心、镇静及抗休克等对症治疗。民间的解毒偏方是用生甘草、生绿豆各 50～100 g，捣烂，开水泡服或煎服。

【尸体特征】

商陆中毒死亡者，除牙关紧闭、瞳孔散大外，无其他特殊尸体征象。

【检材提取】

现场提取未食用完的食物及药物残渣或呕吐物等作为检材，尸检时可提取胃内容物等作为毒物化验的检材。

【检验方法】

1. 显色反应（商陆皂苷的检验）

取检材适量，加 95%的乙醇 10 mL 回流提取 0.5 h，过滤。滤液蒸干，残渣用 1 mL 冰醋酸和 1 mL 醋酐溶解，再滴加浓硫酸，立即显红棕色，2 h 也不褪色。

2. 薄层色谱法

取检材适量，加甲醇 10 mL 浸泡过夜，过滤，作供试品溶液。另取商陆皂苷 A、商陆皂苷 H 制成对照品溶液。用毛细管分别吸取上述两种溶液点于同一硅胶 G 薄层板上，用氯仿+甲醇（80∶20，*V/V*）展开，展距为 10 cm。喷 10%的硫酸乙醇溶液，100 ℃烘烤 10 min 进行显色，检材提取液与对照品在薄层板的相对应位置上显相同颜色的斑点。

第二节　含生物碱类的有毒植物

曼陀罗（洋金花、大喇叭花、山茄子）

【概述】

曼陀罗为茄科、曼陀罗属植物，在热带为木本或半木本，在温带地区为一年生直立草本植物。单叶互生，花均为白色或微带淡黄绿色，单瓣，花两性，花冠喇叭状，五裂，有重瓣；蒴果，规则或不规则 4 瓣裂，或浆果状，表面生硬针刺或无针刺；种子多数，扁肾形或近圆形。原产于热带及亚热带，在我国各省区均可见，多野生在田间、沟旁、道边、河岸、山坡等地，我国常见的品种有曼陀罗、毛曼陀罗及白花曼陀罗三种。其叶、花、籽均可入药，有镇痛麻醉、止咳平喘等作用。

【有毒成分】

曼陀罗的有毒成分为莨菪碱、阿托品及东莨

菪碱等。

【毒性】

曼陀罗全株有毒，尤以种子毒性最强，儿童服 3~8 颗后即可中毒。

【中毒原因】

曼陀罗中毒多因误食曼陀罗种子、果实、叶、花所致。

【作用机制】

曼陀罗主要含东莨菪碱、莨菪碱、阿托品等有毒成分。上述成分均具有阻断 M-胆碱受体、兴奋中枢神经和麻痹副交感神经的作用，表现为改善微循环、抑制腺体分泌、散大瞳孔、解除迷走神经对心脏的抑制及兴奋呼吸中枢等。

【中毒症状】

常于食后 0.5~1 h 出现中毒症状。早期症状主要表现为面色潮红、口咽发干、吞咽困难、声音嘶哑、瞳孔散大、视近物模糊、皮肤干燥、体温升高等；继而出现幻觉、谵妄、抽搐、惊厥、意识障碍等症状；严重者可出现血压下降、休克、昏迷、呼吸肌麻痹等症状，最后死于窒息和心力衰竭。

【急救措施】

用 1∶5 000 的高锰酸钾溶液或 1%的鞣酸洗胃，然后用硫酸镁导泻或灌肠；反复应用 3%的硝酸毛果芸香碱注射液（每次 2~4 mL）或用水杨酸毒扁豆碱 1 mg 皮下注射（每 15 min 一次，直至症状消失），以拮抗莨菪碱作用；对症治疗：给予吸氧、降温、镇静等。

【尸体特征】

尸检可见瞳孔散大，皮肤红斑，有时可见咽黏膜变成暗紫红色，各脏器瘀血，脑及肺重度水肿，胃内可见曼陀罗植物碎片。

【检材提取】

检材可提取现场未食用完的食物及药物残渣或呕吐物；检材以胃内容物、血液、尿液最好，其次为肝、肾组织。

【检验方法】

1. 高效液相色谱法

（1）样品处理：精密称取干燥的曼陀罗籽粉末 1 g，置圆底烧瓶中，加 2 mL 浓氨水浸润 1 h，再加入三氯甲烷 30 mL，加热回流 3 h，放冷，过滤。滤液蒸发浓缩至干后，残渣用流动相溶解并转移至 5 mL 容量瓶中，定容备检。

（2）色谱条件：仪器：高效液相色谱仪；色谱柱：Kromasil C18（250 mm×4.6 mm×5 μm）键合硅胶柱；流动相：水（含 0.07 mol/L 磷酸钠，0.017 5 mol/L 十二烷基硫酸钠，0.5%磷酸，0.1%三乙胺）+乙腈（63∶37，*V/V*）；柱温：室温；检测波长：216 nm。

2. 气相色谱-质谱法

（1）样品处理：取呕吐物、胃内容物、残留食物等 5~10 g，加入 1%的盐酸 10 mL，超声振荡提取 5 min，离心；取上清液，用饱和的碳酸钠水溶液调节 pH 值至 9~10，然后用 1 mL 氯仿振荡提取；提取液经无水硫酸钠柱脱水后，置氮吹仪吹干，用 100 μL 氯仿溶解残渣。

（2）色谱条件：仪器：气相色谱-质谱联用仪；色谱柱：Agilent DB-5MS（30 m×0.25 mm×0.25 μm）弹性石英毛细管柱；柱温：初始温度 120 ℃，不保持，以 20 ℃/min 的升温速率升温至 280 ℃，保持 15 min；进样口温度：270 ℃；进样方式：不分流进样；载气：高纯氦，流速：1.8 mL/min；离子源：电子轰击源（EI），能量：70 eV；离子源温度：230 ℃；传输线温度：280 ℃；扫描方式：全扫描；质量范围：40~450 amu。

3. 液相色谱-质谱法

仪器：液相色谱-质谱联用仪；色谱柱：Agilent Zorbax SB-Aq（150 mm×2.1 mm×3.5 μm，带预柱）键合硅胶柱；柱温：30 ℃；流动相：甲酸+水（0.1∶99.9，*V/V*）混合溶液与甲酸+甲醇（0.1∶99.9，*V/V*）混合溶液以不同比例混合后进行梯度淋洗；流速：0.4 mL/min；进样量：10 μL；离子源：电喷雾离子源；质谱扫描：自动 3 级；质量范围：50~1 000 amu。

颠茄（野山茄）

【概述】

颠茄是一种多年生草本茄科植物。原产于西欧，后移植到北非、西亚、北美等地，20 世纪 30 年代引进中国。初春时发芽，全长 40~50 cm，最高可达 5 m；茎扁圆柱形，直径 3~6 mm，表面黄绿色，有细纵皱纹及稀疏的细点状皮孔，中空，幼茎有毛；叶互生，叶片广卵圆形或卵状长圆形，叶表面呈蝉绿色，背面灰绿色；开深紫色花朵，花期 6~8 月；浆果呈球形，果期 7~9 月，成熟后变为黑紫色。为常用中草药之一，可用于镇静、麻醉、止痛、镇痉、减少腺体（如涎腺和汗腺）分泌，以及扩大瞳孔等。

【有毒成分】

颠茄的有毒成分主要是莨菪碱，还有阿托品和东莨菪碱等。

【毒性】

两个颠茄浆果就可以使一个小孩丧命，10~20个浆果就能使一个成年人死亡。

【中毒原因】

颠茄的浆果味甜多汁，经常会迷惑儿童食用，引起中毒；也有用药过量引起中毒的案例。

【作用机制】

颠茄含有多种生物碱，主要是莨菪碱，其次是阿托品和东莨菪碱。上述生物碱均具有阻断M-胆碱受体、兴奋中枢神经和麻痹副交感神经的作用，表现为改善微循环、抑制腺体分泌、散大瞳孔、解除迷走神经对心脏的抑制及兴奋呼吸中枢等。

【中毒症状】

常见中毒症状有呕吐、腹泻、口咽发干、吞咽困难、声音嘶哑、面色潮红、瞳孔散大、视物模糊、皮肤干燥、体温升高、腹胀便秘、排尿困难等；中枢神经系统症状表现为幻觉、谵妄、狂躁、共济失调、意识障碍等；严重者可发生昏迷、血压下降，甚至休克，最终出现呼吸衰竭而死亡。

【急救措施】

用1∶5 000的高锰酸钾溶液或1%的鞣酸洗胃，然后用硫酸镁导泻或灌肠；反复应用3%的硝酸毛果芸香碱注射液（每次2~4 mL）或用水杨酸毒扁豆碱1 mg皮下注射（每15 min一次，直至症状消失），以拮抗莨菪碱作用；对症治疗：给予吸氧、降温、镇静等。

【尸体特征】

参见“曼陀罗”。

【检材提取】

检材可提取现场未食用完的药物残渣或呕吐物，检材以尿液最好，其次为胃内容物、血液和肝、肾组织。

【检验方法】

1. 薄层色谱法

（1）检材提取：取本品粗粉10 g，加氨水10滴及乙醇60 mL，浸泡2 h，并不停振摇，过滤。滤液蒸干后加5%的盐酸2 mL，转移至分液漏斗中，加氯仿少许振荡，分出氯仿层，用氨水调节pH值至10，再用氯仿提取2次（5 mL、3 mL）。合并氯仿提取液，蒸干后用薄层色谱法检验。

（2）色谱条件：吸附剂：硅胶G薄层板；展开剂：氯仿+甲醇+氨水（85∶14∶1，*V/V/V*）；对照品：阿托品、东莨菪碱；显色剂：改良碘化铋钾。

2. 气相色谱-质谱法

（1）样品处理：取呕吐物、胃内容物、残留食物等5~10 g，加入1%的盐酸10 mL，超声振荡提取5 min，离心；取上清液，用饱和的碳酸钠水溶液调节pH值至9~10，然后用1 mL氯仿振荡提取；提取液经无水硫酸钠柱脱水后，置氮吹仪吹干，用100 μL氯仿溶解残渣。

（2）色谱条件：仪器：气相色谱-质谱联用仪；色谱柱：Agilent DB-5MS（30 m×0.25 mm×0.25 μm）弹性石英毛细管柱；柱温：初始温度120 ℃，不保持，以20 ℃/min的升温速率升温至280 ℃，保持15 min；进样口温度：270 ℃；进样方式：不分流进样；载气：高纯氦，流速：1.8 mL/min；离子源：电子轰击源（EI），能量：70 eV；离子源温度：230 ℃；传输线温度：280 ℃；扫描方式：全扫描；质量范围：40~450 amu。

3. 液相色谱-质谱法

参见“曼陀罗”。

天仙子（莨菪子、小颠茄子、野大烟）

【概述】

天仙子为一年或两年生草本植物，高30~70 cm，全体被有黏性腺毛和柔毛。基生叶大，丛生，呈莲座状；茎生叶互生，近花序的叶常交叉互生，呈2列状；叶片长卵形，长7~20 cm，边缘羽状深裂或浅裂；花单生于叶腋，常于茎端密集；花萼管状钟形；花冠漏斗状，黄绿色，具紫色脉纹；蒴果卵球形，直径1.2 cm，盖裂，藏于宿萼内；种子呈肾形或卵圆形，两面扁平，直径约1 mm，表面棕黄色或淡棕灰色，有细密的网纹及排列不整齐的麻点，脐点处突出；花期6~7月，果期8~9月。分布于东北、华北、西北及山东、安徽、河南、四川、西藏等地。具有解痉止痛、安神定痛的作用，用于治疗胃痉挛疼痛、喘咳、癫狂等。

【有毒成分】

天仙子的有毒成分为莨菪碱、阿托品和东莨菪碱。

【毒性】

天仙子的根、茎、叶、花、果实和种子均含有上述多种生物碱，5~10 mg生物碱即能产生显著的中毒症状，最低致死量为0.08~0.13 g。

【中毒原因】

临床上除有因过量服用天仙子中毒者外，还有因误食其根、叶、花、果实中毒的病例。

【作用机制】

天仙子含有莨菪碱、阿托品、东莨菪碱等生物碱，上述成分均具有阻断M-胆碱受体、兴奋中枢神经和麻痹副交感神经的作用，表现为散大瞳孔、抑制腺体分泌、改善微循环、解除迷走神经对心脏的抑制及兴奋呼吸中枢等。

【中毒症状】

常见中毒症状有口干、皮肤黏膜干燥潮红、声音嘶哑、吞咽困难、头痛、头晕、发热、心动过速、瞳孔散大、视物模糊、排尿困难等。严重者可出现谵妄、狂躁、摸空动作、共济失调、反应迟钝、精神萎靡、昏睡等症状。可因血压下降、呼吸衰竭而死亡。

【急救措施】

①口服中毒者，早期用1∶5 000的高锰酸钾溶液或2%~4%的鞣酸溶液洗胃，应用硫酸镁30 g导泻。②应用毛果芸香碱5~10 mg或新斯的明0.5~1 mg皮下注射，每15~20 min注射一次，直至口干症状消失。③静脉补液。④对症治疗：高热者，物理降温；尿潴留时导尿；呼吸困难时给予吸氧（或行人工呼吸）；烦躁不安或惊厥者给予氯丙嗪或水合氯醛；有中枢抑制现象时，则可给予中枢兴奋药。

【尸体特征】

参见“曼陀罗”。

【检材提取】

检材可提取现场未食用完的药物残渣或呕吐物。解剖检验时可提取尿液、胃内容物、血液和肝、肾组织等作为检材。

【检验方法】

1. 薄层色谱法

（1）样品处理：取本品粉末1 g，加石油醚（沸程为30~60 ℃）10 mL，超声处理15 min，弃去石油醚液，同上再处理一次，药渣挥干溶剂，加浓氨水试液+乙醇（1∶1，*V/V*）的混合溶液2 mL湿润，加入20 mL氯仿，超声提取15 min，过滤，滤液蒸干，残渣加无水乙醇0.5 mL使其溶解，作为供试品溶液。另取硫酸阿托品、氢溴酸东莨菪碱作对照品，加无水乙醇分别制成每1 mL含1 mg对照品的混合溶液，作为对照品溶液。

（2）色谱条件：吸附剂：硅胶G薄层板；展开剂：醋酸乙酯+甲醇+浓氨水试液（17∶2∶1，*V/V/V*）；点样量：5 μL；显色剂：碘化铋钾试液与亚硝酸钠乙醇试液；结果：供试品与对照品在薄层板的相对应位置上显相同的两个棕色斑点。

2. 气相色谱-质谱法

（1）样品处理：取呕吐物、胃内容物、残留食物等5~10 g，加入1%的盐酸10 mL，超声振荡提取5 min，离心；取上清液，用饱和的碳酸钠水溶液调节pH值至9~10，然后用1 mL氯仿振荡提取；提取液经无水硫酸钠柱脱水后，置氮吹仪吹干，用100 μL氯仿溶解残渣。

（2）色谱条件：仪器：气相色谱-质谱联用仪；色谱柱：Agilent DB-5MS（30 m×0.25 mm×0.25 μm）弹性石英毛细管柱；柱温：初始温度 120 ℃，不保持，以 20 ℃/min 的升温速率升温至 280 ℃，保持 15 min；进样口温度：270 ℃；进样方式：不分流进样；载气：高纯氦，流速：1.2 mL/min；离子源：电子轰击源（EI），能量：70 eV；离子源温度：230 ℃；传输线温度：280 ℃；扫描方式：全扫描；质量范围：40~450 amu。

乌头

【概述】

乌头系毛茛科多年生草本植物，主要分布于四川、陕西、云南、贵州、河北、湖南、湖北、江西、甘肃等地。叶互生，革质，有柄，块根通常 2~3 个连生在一起，呈圆锥形或卵形，母根称乌头，旁生侧根称附子，外表茶褐色，内部乳白色，粉状肉质。乌头辛温有大毒，具有搜风、祛寒、温阳、逐湿、止痛、镇痉、麻醉等功效，常用于治疗风湿骨痛、沉寒痼冷、肾阳不足等病症。

【有毒成分】

乌头的有毒成分为乌头碱、新乌头碱和次乌头碱等。

【毒性】

乌头分川乌和草乌。乌头因采集时间和炮制方法、煎煮时间不同，中毒剂量差别很大，川乌为 3~30 g，草乌为 3~4.5 g，口服乌头碱 0.2 mg 即可中毒，致死量为 2~5 mg。

【中毒原因】

用药过量、滥用药物、误采误服或炮制不规范及服法不当均可引起意外中毒。同时，乌头产地服毒自杀和投毒他杀的案例也时有发生。

【作用机制】

乌头碱主要作用于神经系统和心血管系统。对神经系统的作用主要是使中枢神经系统和周围神经系统先兴奋后抑制，阻断神经肌肉接头传导，严重者可使呼吸中枢和血管运动中枢麻痹，从而导致呼吸抑制、血压下降，终因呼吸循环衰竭而死亡。对心脏的毒性作用：①强烈兴奋迷走神经，使节后纤维释放大量的乙酰胆碱，引起窦房结抑制，产生各种心律失常。②对心脏的直接作用，使心肌细胞膜上的 Na^+ 通道开放，促进细胞膜去极化而产生高频异位节律，出现室性心动过速及室颤。

【中毒症状】

口服中毒后先出现的症状有口唇、舌、咽喉麻木，呼吸增强；胃有强烈烧灼感，干渴，欲饮大量凉水。继而出现流涎、全身发麻、手足特异的刺痛感和蚁走感、面部肌肉及四肢痉挛、言语不清、视力减退、瞳孔大小不定、呼吸困难、血压下降、心律不齐等症状。终因呼吸衰竭和心脏麻痹而死亡。

【急救措施】

首先应立即停止服用含有乌头或附子的中药或药酒；即刻催吐、洗胃、导泻；大量补液，促进毒物排泄；心律失常者给予阿托品等，采用对症治疗。

【尸体特征】

有时口角可见流涎痕迹，窒息症状明显，胃黏膜充血、水肿，胃内有较多黏液，有时可见乌头块根碎屑。镜下可见各脏器瘀血，肺浆膜下及脑膜瘀血、水肿，可见血管周围少量出血。

【检材提取】

检材以尿液、涎液、呕吐物、胃内容物最佳，解剖检验时可提取肝、肾组织等作为检材。同时应注意，乌头碱因腐败易水解，故检材宜冷藏保存。

【检验方法】

液相色谱-质谱法。

（1）仪器条件（Ⅰ）：仪器：液相色谱-质谱联用仪；色谱柱：Hypersil C18（50 mm×2 mm

×5 μm）键合硅胶柱；流动相：0.04%的三氟乙酸水溶液+乙腈（60∶40，*V/V*）；流速：0.2 μL/ min；进样量：5.0 μL；离子源：电喷雾离子源（ESI^+）；检测模式：多反应监测（MRM）。

（2）仪器条件（Ⅱ）：仪器：液相色谱-质谱联用仪；色谱柱：Hypersil C18（150 mm×2.9 mm×5 μm）键合硅胶柱；流动相：10 mmol/L 的 NH_4HCO_3（pH 值为 9.5）+乙腈（50∶50，*V/V*）；流速：0.2 mL/min；离子源：电喷雾离子源（ESI^+）；扫描方式：全扫描或选择离子 646±0.5（乌头碱）、585±0.5。

毒芹（野芹菜　白头翁　毒人参　芹叶钩吻、斑毒芹）

【概述】

毒芹为多年生草本植物，形态似芹菜，全株有恶臭。根茎粗短，中空；叶似芹菜，夏天开小白花，花期 7~8 月。喜潮湿，分布在北温带地区，在我国的东北、西北、华北地区均有生长。

【有毒成分】

毒芹的有毒成分为毒芹碱，为强碱性生物碱，具有刺激性鼠尿臭味（易溶于醇及碱性溶液）。

【毒性】

毒芹全株有毒，以根、茎最毒。毒芹碱：人中毒量为 30~60 mg，致死量为 120~150 mg；毒芹根、茎：牛致死量为 200~250 g，绵羊致死量为 60~80 g。

【中毒原因】

毒芹春天出土较早，长势旺盛，又肥又嫩，故马、牛、羊等牲畜喜食之，因此，极易造成牲畜误食中毒。

【作用机制】

毒芹碱系神经毒，主要作用于神经系统，使运动神经末梢麻痹，对延脑中枢亦有抑制作用；大量服用时，也可使呼吸中枢、循环中枢和迷走神经麻痹而致死；还能够兴奋延髓的痉挛中枢，引起痉挛。

【中毒症状】

误食后即感口腔、咽部烧灼痛，随即出现头痛、胸闷、恶心、呕吐等症状；呕吐物有鼠尿样特殊气味，继而出现嗜睡、眼睑下垂、瞳孔散大、四肢麻痹等症状，最终因呼吸肌麻痹而死亡。

【急救措施】

①立即给予 3%~5%的鞣酸溶液或 1∶2 000 的高锰酸钾溶液洗胃。②给予盐类泻剂导泻。③补液，促进毒物排出。④对症治疗：给予吸氧、人工呼吸及应用呼吸兴奋剂等。

【尸体特征】

尸检可见面色发绀、瞳孔散大、口吐白沫，个别中毒者可出现血尿。解剖可见多脏器损害。

【检材提取】

检材以呕吐物和胃、肠内容物及中毒者吃剩的食物等最佳。

【检验方法】

显色反应。

毒芹提取物用乙醚、乙醇、氯仿、二硫化碳或冰醋酸溶解后，滴加浓硫酸，则呈紫色。

钩吻（野葛、胡蔓藤、断肠草、黄藤、烂肠草）

【概述】

钩吻为多年生常绿藤本植物，长 3~12 m。枝叶较大，叶子呈卵状长圆形，叶面光滑，单叶对生；花一般生长在枝条的关节处和枝条的顶端，花冠黄色，花形呈漏斗状，内有淡红色斑点，且呈簇状生长，花期 5~11 月；蒴果呈卵状椭圆形，种子长圆形，具刺状突起，边缘有翅；根浅黄色，有甜味。主要分布于浙江、福建、广东、广西、湖南、贵州、云南等地，多生于向阳的山坡、路边的草丛或灌丛中。钩吻是一种重要的中药药材，主要用于治疗疥癞、湿疹、瘰疬、痈疽肿痛、疔疮、跌打损伤、风湿顽痹、神经痛等病症。

【有毒成分】

钩吻的有毒成分为钩吻碱子、钩吻碱寅、钩吻碱卯、钩吻碱甲、钩吻碱丙、钩吻碱辰，其中钩吻碱寅毒性最强。

【毒性】

钩吻有剧毒，根和叶（尤其是嫩叶）的毒性极大，误服后极易引起中毒，甚至致死。内服钩吻茎叶 10 g（2~12 枚叶）或根 2~8 g 或嫩芽 10~38 个即能引起中毒。甚者用根 3 g 或嫩芽 7 个煎水内服或咽下即可造成死亡。钩吻碱寅对家兔的最低致死量（MLD）为 0.8 mg/kg。

【中毒原因】

中毒原因多为将钩吻误认为金银花或将少量钩吻嫩叶混入蔬菜而误食，也有用药过量引起的中毒，因此，在该植物生长区服毒自杀或投毒他杀的案件时有发生。

【作用机制】

钩吻中含有钩吻碱，主要抑制延脑的呼吸中枢，致呼吸肌麻痹，导致呼吸衰竭而死亡。其次，钩吻碱可作用于迷走神经或直接作用于心肌，引起心律失常；还可抑制脑和延髓的运动中枢。另外，钩吻碱还有类似箭毒、烟碱、士的宁及抗胆碱药样作用。

【中毒症状】

（1）神经系统症状：主要有眩晕、言语不清、肌肉松弛无力、吞咽困难、呼吸肌麻痹、共济失调、昏迷，还可见复视、瞳孔散大、眼睑下垂等，甚至出现沉睡。

（2）消化系统症状：主要有口腔、咽喉灼痛，恶心、呕吐、腹痛、腹泻或便秘、腹胀等。

（3）循环系统和呼吸系统症状：主要有面红，早期心跳缓慢，呼呼快而深，继而心搏加快，呼吸慢而浅、不规则，渐至呼吸困难和麻痹，体温及血压下降，四肢冰冷，面色苍白，最终因呼吸肌麻痹而死亡。死前可出现肌肉震颤、痉挛和角弓反张等症状。

【急救措施】

民间所用的解毒偏方有：①用鸭毛蘸花生油拭咽喉催吐，然后再灌服花生油适量。②新鲜鸭血或鹅血一大碗灌服。③鸭蛋清调花生油灌服。

【尸体特征】

尸斑出现早且显著，尸僵发生晚、较强。口唇、指甲青紫，双瞳孔对称性散大，部分睑结膜点状出血，口鼻腔有白色或淡红色泡沫，有时牙缝可见碎叶片，窒息症状明显。胃黏膜有弥漫性点片状出血，胃内容中可见钩吻茎、叶碎片。镜下可见胃壁肌层收缩波，胃肠黏膜下充血、出血，肺明显瘀血、水肿，肝、肾、脑等脏器重度瘀血。

【检材提取】

采集呕吐物、胃内容物和剩余的药物（药液、药渣）作为检材最好，其次为肝脏和血液等。

【检验方法】

1. 气相色谱-质谱法

（1）样品处理：取呕吐物、胃内容物、残留食物等 5~10 g，加入 1%的盐酸 10 mL，超声振荡提取 5 min，离心；取上清液，用饱和的碳酸钠水溶液调节 pH 值至 9~10，然后用 1 mL 氯仿振荡提取；提取液经无水硫酸钠柱脱水后，置氮吹仪吹干，用 100 μL 氯仿溶解残渣。

（2）仪器条件：仪器：气相色谱-质谱联用仪；色谱柱：Agilent DB-5MS（30 m×0.25 mm×0.25 μm）弹性石英毛细管柱；柱温：初始温度 120 ℃，不保持，以 20 ℃/min 的升温速率升温至 280 ℃，保持 15 min；进样口温度：270 ℃；进样方式：不分流进样；载气：高纯氦，流速：1.0 mL/min；离子源：电子轰击源（EI），能量：70 eV；离子源温度：230 ℃；传输线温度：280 ℃；扫描方式：全扫描；质量范围：40~450 amu。

2. 液相色谱-质谱法

仪器：液相色谱-质谱联用仪；色谱柱：Agilent Zorbax SB-Aq（150 mm×2.1 mm×3.5 μm，带预柱）键合硅胶柱；柱温：30 ℃；流动

相：甲酸+水（0.1∶99.9，*V/V*）混合溶液与甲酸+甲醇（0.1∶99.9，*V/V*）混合溶液以不同比例混合后进行梯度淋洗；流速：0.4 mL/min；进样量：10 μL；离子源：电喷雾离子源；质谱扫描：自动3级；质量范围：50~1 000 amu。

雷公藤（黄藤、黄腊藤、菜虫药、红药、水莽草）

【概述】

雷公藤系落叶蔓性灌木，长1~3 m；小枝红褐色，有棱角；单叶互生，叶片椭圆形或宽卵形；花小，白色，为顶生或腋生的圆锥聚伞花序；翅果长圆形，种子细柱状。多生于背阴多湿的山坡、山谷、溪边灌木林中。主要分布在浙江、江西、安徽、湖南、广东、福建、台湾等地。具有清热凉血、化瘀止痛的功效。由于其毒性较大，故早期主要用作杀虫剂。

【有毒成分】

雷公藤的有毒成分为雷公藤甲素（雷公藤内酯醇）。

【毒性】

雷公藤全株有毒，以叶、根皮的毒性最强。人误服其叶2~3枚可中毒，服嫩芽7个或根皮30 g以上可以引起死亡。雷公藤甲素：小鼠静脉注射半数致死量（LD_{50}）为0.8 mg/kg，小鼠腹腔注射半数致死量（LD_{50}）为0.9 mg/kg。

【中毒原因】

中毒原因多为用药过量和药物滥用等。在雷公藤种植区服毒自杀或投毒杀人的案件时有发生。

【作用机制】

雷公藤的作用：一是胃肠道局部刺激作用；二是对中枢神经系统的直接损害。此外，雷公藤还能导致心脏、肝脏和肾脏的直接损害。

【中毒症状】

口服中毒后胃肠道刺激症状明显，胃部烧灼感，腹部剧烈绞痛，伴有呕吐、腹胀、腹泻、大便带血、口干、厌食、心慌、心率增快等症状。严重者可出现血压下降、四肢湿冷等心源性休克症状，甚至死亡。迁延数日者可出现水肿、少尿、无尿或蛋白尿、酸中毒和电解质紊乱等急性肾功能衰竭症状，亦可致死。

【急救措施】

除催吐、洗胃、灌肠、导泻外，可服鲜萝卜汁200 mL或炖服莱菔子400 mL，也可用浓茶、羊血等解毒。并注意保护心脏功能和肾功能等。

【尸体特征】

体表检查无特殊表现。解剖可见胃黏膜斑点状出血。镜下可见神经系统的视丘、中脑、延脑、小脑和脊髓的严重营养不良性变化，肝、肾、心脏等出血、水肿、坏死。

【检材提取】

可采集呕吐物和胃、肠内容物及中毒者吃剩的食物等作为检材。

【检验方法】

薄层色谱法。

取样品2 g，置索氏提取器中，用无水乙醇回流提取2 h，回收乙醇，然后取出溶液于蒸发皿中，加10 g中性氧化铝，搅拌均匀，挥干，再置索氏提取器中用氯仿提取4 h，回收氯仿至干，加氯仿1 mL溶解即得供试溶液。精确称取雷公藤甲素0.2 mg，用氯仿1 mL溶解，作为对照品溶液。用微量注射器分别取样品溶液和对照品溶液各10 μL，点于硅胶G薄层板上。以氯仿+乙醚（2∶1，*V/V*）展开，展距10 cm，取出，用2%的3，5-二硝基苯甲酸乙醇溶液与5%的氢氧化钠乙醇溶液（临用时以1∶3混合）显色，供试品与对照品在薄层板的相对应位置上显相同斑点。

马钱子（番木鳖、马钱树）

【概述】

马钱子为马钱科马钱属植物，高5~25 m。叶呈圆形、宽椭圆形至卵形，长5~18 cm，宽4~13 cm；圆锥状聚伞花序腋生，花冠绿白色，后变白色；浆果为圆球状，直径2~4 cm，成熟时呈橘黄色，含有种子 1~4 颗；种子呈扁圆纽扣状，一面微凹，另面稍隆起，直径 1.2~3 cm，厚 3~6 mm，表面灰绿色或灰黄色，密生匍匐的银灰色丝状茸毛，自中间向四周呈辐射状排列，有丝样光泽，底面中心有突起的圆点状种脐。性寒、味苦、有大毒，具有通络止痛、散结消肿之功效，常用于风湿顽痹、麻木瘫痪、跌打损伤、痈疽肿痛的治疗。其主产区分布在福建、台湾、广东、海南、广西、云南等地，多生于山地林中较炎热的半山坡凹地、山谷湿处或杂木、树林丛中。

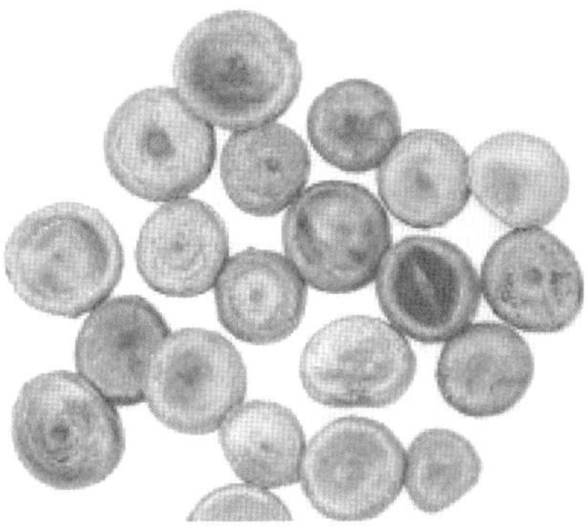

【有毒成分】

马钱子的有毒成分为番木鳖碱（士的宁）及马钱子碱。

【毒性】

成人 1 次口服 5~10 mg 番木鳖碱可致中毒，口服 30 mg 可致死亡。中毒血药浓度为 0.075~0.1 μg/mL，致死血药浓度为 2~10 μg/mL。

【中毒原因】

中毒原因多为用药过量或投毒。

【作用机制】

马钱子的有毒成分主要为番木鳖碱（士的宁）和马钱子碱。番木鳖碱对整个中枢神经系统都有兴奋作用，对脊髓有高度选择性兴奋作用，能竞争性地阻断甘氨酸对脊髓中间神经元和运动神经元的突触后抑制，缩短脊髓反射时间，增强反射强度；番木鳖碱能增强大脑皮层的兴奋性，提高味觉、触觉、听觉及视觉等感受器官的功能；还可提高呼吸中枢的兴奋性，剂量过大时则产生抑制作用，可直接抑制心肌。

【中毒症状】

中毒早期症状表现为头痛、头晕、躁动不安、面色苍白、呼吸增强、肌肉抽搐、吞咽困难；继而出现阵发性强直性痉挛，甚至出现角弓反张、牙关紧闭、面呈痉笑、瞳孔散大、嘴歪眼瞪等症状，使视觉、听觉、味觉、触觉功能变得敏锐；最后因呼吸肌麻痹或呼吸肌强直而窒息死亡。

【急救措施】

（1）轻度中毒（无明显抽搐的）可用绿豆 100 g、生甘草 100 g，煎水频服；或蜂蜜 6 g、绿豆 120 g、甘草 30 g，煎水频服。

（2）中度中毒（有明显抽搐的）可用防风 6 g、甘草 10 g、勾藤 12 g、生姜 5 g、青黛 2 g，冲服或用水煎服。

（3）严重抽搐的可用蜈蚣 3 条、全蝎 6 g，研成细末一次灌服（小儿减量）。

【尸体特征】

尸检可见四肢痉挛性屈曲，足明显内翻或伸展，两手握拳状，胃内可见马钱子碎片，各内脏瘀血伴有点状出血。镜下可见脊髓内小血管周围片状出血。

【检材提取】

检材以现场提取的剩余药液或残渣、胃内容物最好，其次为尿液、血液、肝脏、脑、脊髓等。番木鳖碱性质稳定，死亡多年的腐尸残渣中亦可检出。

【检验方法】

1. 显色反应

（1）Mandelin 试剂（0.5%钒酸铵的硫酸溶液）反应：萃取物加 Mandelin 试剂一滴，若含有士的宁则立即生成蓝色至蓝紫色，最后变为红橙色。若含马钱子碱则显红色，最后呈棕色。

（2）硝酸反应：马钱子碱遇硝酸可立即被氧化而显深红色，若再加氯化亚锡溶液，颜色则由深红色转变成紫色。士的宁遇硝酸显淡黄色，但于 100 ℃加热蒸干后，残渣遇氨气即转变为紫红色。

2. 薄层色谱法

取本品粉末 0.5 g，加氯仿+乙醇（10：1，*V/V*）混合液 5 mL 及浓氨水溶液 0.5 mL，振摇 5 min，放置 2 h，滤液供试。另取番木鳖碱、马钱子碱作为对照品，加氯仿溶解，制成每 1 mL 含 2 mg 对照品的混合液作对照。供试溶液和对照品溶液各取 10 μL 分别点样于同一硅胶 G 薄层板上，以甲苯+丙酮+乙醇+浓氨水溶液（40：50：6：4，*V/V/V/V*）展开，展距 15 cm，取出晾干，喷稀碘化铋显色液，对照品显两橙色斑点，马钱子碱在下方，番木鳖碱在上方，供试品显相同的色斑。

3. 气相色谱-质谱法

（1）样品处理：取呕吐物、胃内容物、残留食物等 5~10 g，加入 1%的盐酸 10 mL，超声振荡提取 5 min，离心；取上清液，用饱和的碳酸钠水溶液调节 pH 值至 9~10，然后用 1 mL 氯仿振荡提取；提取液经无水硫酸钠柱脱水后，置氮吹仪吹干，用 100 μL 氯仿溶解残渣。

（2）仪器条件：仪器：气相色谱-质谱联用仪；色谱柱：Agilent DB-5MS（30 m×0. 25 mm × 0. 25 μm）弹性石英毛细管柱；柱温：初始温度 120 ℃，不保持，以 20 ℃/min 的升温速率升温至 280 ℃，保持 15 min；进样口温度：270 ℃；进样方式：不分流进样；载气：高纯氦，流速：1. 2 mL/min；离子源：电子轰击源（EI），能量：70 eV；离子源温度：230 ℃；传输线温度：280 ℃；扫描方式：全扫描；质量范围：40~450 amu。

4. 高效液相色谱法

仪器：高效液相色谱仪；色谱柱：Hypersil ODS C18（150 mm×4. 6 mm×5 μm）键合硅胶柱；流动相：甲醇+水+二乙胺（55∶45∶1，*V/V*）；检测波长：254 nm。

吕宋果（加挖弄、宝豆、苦果）

【概述】

吕宋果系马钱属大型木质藤本植物，吕宋果的种子呈不规则卵圆形，长 1. 8~2. 5 cm，宽约 1. 3 cm，厚约 0. 5 cm，全体不平坦，有钝棱，有稍隆起的细皱纹，少数有残留的毛茸，有明显的圆形种脐，新鲜时呈稻草色略带青绿色，干燥后表面黄棕色或灰黑色，质坚硬，纵剖面可见角质状、棕色的胚乳，中央具子叶 2 片，叶脉 5~7 条，胚根长 3~4 mm。气微，味极苦，剧毒。具有解毒、消肿、杀虫、止痛之功效。常用于治疗腹痛泻痢、疟疾、刀伤出血、蜈蚣咬伤等。

【有毒成分】

吕宋果的有毒成分为番木鳖碱和马钱子碱。

【毒性】

磨汁（内服），每次 2~3 粒（0. 06~0. 09 g），每日 2~3 次。

【中毒原因】

中毒原因多为误服、用药过量或投毒。

【作用机制】

番木鳖碱能阻止胆碱酯酶对乙酰胆碱的分解，其兴奋作用可能是由于乙酰胆碱在体内大量蓄积所致。中毒量的番木鳖碱能使大脑皮层发生超限抑制，引起脊髓反射性兴奋的显著亢进和特殊的强直性痉挛，常因呼吸肌强直性收缩而窒息死亡。

【中毒症状】

中毒早期症状表现为头昏、头晕、胸闷、恶心、呕吐、全身瘙痒、疼痛、灼热、腹痛、烦躁不安、心搏缓慢、血压上升、呼吸增强、嚼肌及颈部肌肉抽筋感、吞咽困难、呼吸加快、瞳孔缩小、全身发紧，然后伸肌与屈肌同时极度收缩，继而出现士的宁的典型症状，从阵挛性到强直性呈角弓反张姿势；最后因呼吸肌麻痹或呼吸肌强直性收缩而窒息死亡。

【急救措施】

（1）立即将中毒患者安置在黑暗、安静的环境中，避免外界刺激引起反射性惊厥，尽快用安定 10~20 mL 或苯巴比妥钠 0. 1~0. 3 g 静脉注射，控制惊厥。

（2）控制惊厥后，用 1∶2 000 的高锰酸钾溶液洗胃，然后灌服 20%的医用活性炭混悬液 30 mL 或适量蛋清。

（3）静脉滴注葡萄糖盐水，促进有毒物质排出。

【尸体特征】

参见“马钱子”。

【检材提取】

可提取现场剩余的药液或残渣、胃内容物、

尿液、血液和肝脏、脑组织等作为毒物检验的检材。

【检验方法】

参见“马钱子”。

烟草（土烟）

【概述】

烟草系茄科一年生草本植物，全体被腺毛；根粗壮；茎高 0.7~2 m，基部稍木质化；叶披针形、矩圆形或卵形，顶端渐尖，长 10~30 cm，宽 8~15 cm；花序顶生，圆锥状，多花；花冠漏斗状，淡红色；种子圆形或宽矩圆形，直径约 0.5 cm，褐色；夏秋季开花结果。早在明朝万历年间从菲律宾的吕宋岛传入我国，并在广东、福建两省有少量种植，现在我国各地均有栽培。其性味辛温、有毒，具有祛风除湿、行气止痛、开窍醒神、活血消肿、解毒、杀虫等多种功效。是一种重要的经济作物。

【有毒成分】

烟草的有毒成分为烟碱（尼古丁）。

【毒性】

烟碱是一种生物碱，对大脑中枢神经系统有强刺激性，长期使用可产生依赖性。急性中毒时死亡之快，与氰化物相似。成人致死量在 50 mg 左右。另据研究：三支卷烟或半支雪茄烟中含有的全部尼古丁就可以致人死亡。

【中毒原因】

多因使用含烟碱的农药不当引起中毒，国外口服烟碱自杀者多见，罕见用于他杀。

【作用机制】

烟碱对中枢神经系统和自主神经有双向作用，小剂量时产生兴奋，大剂量时产生抑制。作用于自主神经节和神经肌肉连接点，进而使该部位麻痹。研究表明，烟碱的细胞毒作用机制与细胞氧化损伤有关，同时还能干扰细胞内的多种信号传导通路。

【中毒症状】

中毒症状主要有眼睛发红，眼皮水肿，双唇向外翻转，声音嘶哑而低沉，口舌发麻、发热甚至疼痛，头晕（吸烟）、恶心，呕吐，全身抽搐（口服浸出液）等。

【尸体特征】

尸表呈一般窒息性死亡尸体征象，颜面青紫，眼睑结膜充血，有出血点，两侧瞳孔呈针尖状，口唇黏膜发绀，指（趾）甲青紫，尸斑明显，呈暗紫红色，尸僵出现早而强，口腔、手上有烟草气味。解剖检验可见心、肺浆膜下有大量出血点，肝脏瘀血，胃黏膜充血、出血，胃内有棕色液体，可闻及浓烟草气味（口服浸出液）。

【检材提取】

检材可提取胃内容物、呕吐物、血液、尿液、肝脏、肾脏、毛发等。

【检验方法】

气相色谱-质谱法。

（1）样品处理：①植物样品：用三氯甲烷作萃取溶剂，涡旋混合 75 s，然后离心 5 min，取上清液。②尿液和唾液：尿液和唾液用 2 mol/L 的 NaOH 溶液碱化，然后用三氯甲烷萃取。③头发：取头发 100 mg，加入 1.5 mol/L 的 NaOH 溶液 3 mL，超声提取 30 min，水浴消解 3 h。

（2）仪器条件：仪器：气相色谱-质谱联用仪；色谱柱：Agilent DB-5MS（30 m×0.25 mm×0.25 μm）弹性石英毛细管柱；柱温：初始温度 100 ℃，不保持，以 20 ℃/min 的升温速率升温至 280 ℃，保持 15 min；进样口温度：280 ℃；进样方式：不分流进样；载气：高纯氦，流速：1.0 mL/min；离子源：电子轰击源（EI），能量：70 eV；离子源温度：230 ℃；传输线温度：280 ℃；扫描方式：全扫描；质量范围：40~450 amu；内标物：二苯胺。

秋水仙（草地番红花）

【概述】

秋水仙是百合科秋水仙属多年生草本球根花卉植物。球茎卵形，外皮黑褐色，茎极短，大部埋于地下；叶披针形，长约 30 cm；花蕾呈纺锤形，开放时似漏斗，淡粉红色（或紫红色）；蒴果，种子多数，呈不规则的球形，褐色；8～10 月开花。原产于欧洲和地中海沿岸，中国自 20 世纪 70 年代起从国外引进种子和球茎进行栽培。现因生物工程科学的发展，对秋水仙碱的需要量不断增加，目前各地都在扩大种植面积。

【有毒成分】

秋水仙的花及球茎内有多种毒性极强的生物碱，主要有石蒜碱、雪花莲胺碱及秋水仙碱（又称秋水仙素）等。

【毒性】

口服 6 mg 秋水仙碱即可致人死亡。

【中毒原因】

中毒原因多为误食、滥用或用药超量等。

【作用机制】

秋水仙碱有抗肿瘤及抗痛风的作用。秋水仙碱本身毒性较小，但在体内代谢成二秋水仙碱后，毒性增强，刺激消化道，抑制造血细胞，对中枢神经和平滑肌亦有麻痹作用。

【中毒症状】

（1）胃肠道症状：早期出现恶心、呕吐、腹痛、腹泻、上消化道烧灼感，严重者出现脱水，水、电解质紊乱和出血性胃肠炎。

（2）神经系统症状：手足麻木、四肢酸痛、抽搐、刺痛、无力、上行性麻痹等。

（3）泌尿系统症状：少尿、血尿、蛋白尿。

（4）其他症状：血小板减少，中性粒细胞下降，严重者出现再生障碍性贫血；终因多器官功能衰竭、呼吸抑制、心源性休克而死亡。但患者从中毒至死亡均能保持清醒状态。

【急救措施】

口服中毒者，应尽早采取催吐、洗胃、导泻等措施以清除体内的毒物。可用 5%的碳酸氢钠溶液或 0.5%的医用活性炭混悬液洗胃，而后用牛奶或蛋清保护胃黏膜；积极补液，维持水、电解质平衡，纠正酸中毒；对症处理：肌颤者补钙，保护肝、肾功能，必要时给予吸氧等。

【尸体特征】

尸表检验无特殊表现。解剖可见各脏器瘀血。镜下可见心肌纤维广泛性断裂，间质血管扩张、充血；肺膜增厚，肺泡壁增宽，毛细血管高度扩张、充血，肺泡腔充满淡红色均质物，部分肺泡内有大量中性白细胞，部分小支气管周围可见淋巴细胞浸润；肝小叶外周肝细胞部分脂肪变性，血窦扩张、充血，汇管小叶可见淋巴细胞灶性浸润；肾小球纤维化或玻璃样变，其周围淋巴细胞灶性浸润，肾近曲小管上皮细胞广泛坏死，间质血管扩张、充血；胰、小肠、胃呈自溶性改变；肾上腺瘀血等。

【检材提取】

检材可提取现场剩余食物残渣或药液；解剖时提取胃内容物、尿液及血液作为检材最好。

【检验方法】

高效液相色谱法。

仪器：高效液相色谱仪；色谱柱：Hypersil ODS C18（150 mm×4.6 mm×5 μm）键合硅胶柱；流动相：0.05 mol/L 的磷酸二氢钾+甲醇（50∶50，*V/V*）；流速：1.0 mL/min；检测波长：350 nm。

罂粟（大烟）

【概述】

罂粟为罂粟科一年或两年生草本植物。无毛或在植株下部或总花梗上被极少的刚毛，高 30～60 cm，栽培者可达 1.5 m。主根近圆锥状，垂直；茎直立，不分枝，无毛，具白粉；叶互生，叶片卵形或长卵形，长 7～25 cm，先端渐尖，边缘为不规则的波状锯齿，两面无毛，具白粉；花单一顶生，花瓣四片，呈白色、淡红色或紫红色；果实为蒴果，呈卵状球形或长椭圆形，切割后流出的白色乳浆样液体经加工后变为褐色或呈黑色即为鸦片；花果期 3～11 月。原产于地中海东部山区、小亚细亚、埃及、伊朗、土耳其等地，7 世纪时由波斯地区传入中国。罂粟含多种生物碱，可加工入药，有敛肺、涩肠、止咳、止痛和催眠等功效。

【有毒成分】

鸦片中含二十多种生物碱，但临床上常用的主要有吗啡、可待因、罂粟碱、蒂巴因、那可汀等。

【毒性】

鸦片：成人口服致死量为2~5 g。吗啡：成人口服致死量为0.2~0.25 g；成人一次注射0.06 g可引起中毒；吗啡致死血药浓度为0.5 mg/L。

【中毒原因】

鸦片作为药物长期使用或作为毒品吸食均可造成依赖性。一旦形成毒瘾常因吸食过量而引起中毒或死亡。

【作用机制】

罂粟未成熟蒴果中所含的阿片生物碱对中枢神经有兴奋和抑制的双重作用，抑制占优势，可抑制大脑皮质、脑干、视丘下部、咳嗽中枢、呼吸中枢，具有镇痛、镇静、镇咳作用；还可抑制平滑肌蠕动、兴奋括约肌收缩、扩张周围血管等。

【中毒症状】

急性中毒早期症状表现为兴奋不安、颜面潮红、头晕、头痛、意识模糊、精神恍惚，常伴有恶心、呕吐及疲劳感，继而出现昏睡、呼吸慢而浅表、瞳孔缩小、全身性发绀、心率减慢、皮肤湿冷、体温和血压下降、骨骼肌松弛或抽搐、排尿困难、尿潴留等。慢性中毒症状表现为精神萎靡、食欲缺乏、便秘、早衰、阳痿、消瘦、贫血等。

【急救措施】

先取碘酊20~30滴，温开水送服，再用1∶5 000的高锰酸钾溶液或5%的碳酸氢钠溶液洗胃，内服硫酸钠导泻；应用苯丙胺、可拉明等呼吸兴奋药，勿使患者入睡；静脉滴注10%的葡萄糖溶液，促进毒物排泄。

【尸体特征】

急性中毒死亡者，尸表呈一般窒息性死亡尸体征象。尸斑青紫，尸僵持续时间短，口鼻、呼吸道有泡沫状液体溢出，有时呈血性。早期可见针尖样瞳孔。肺显著瘀血、水肿，肺实变，被称为“海洛因性肺水肿”。镜下可见肺泡腔内充满水肿液，巨噬细胞显著增多，间质血管瘀血，灶性肺泡内出血；脑神经细胞变性、坏死，脑水肿，基底节神经纤维髓鞘崩解，板层结构紊乱。慢性中毒死亡者多表现为营养不良、消瘦明显、贫血、腹胀等。常见支气管肺炎、多发性肺脓肿、多灶性神经细胞坏死、淋巴组织反应性增生、缺血性心脏病、间质性心肌炎、慢性肝炎、肝硬化、睾丸萎缩、曲细精管生精细胞数目减少等。

【检材提取】

检材以呕吐物、洗胃液、胃内容物、血液、尿液、胆汁等较好；其次为脑、肺、肝、肾组织等。

【检验方法】

气相色谱-质谱法。

仪器：气相色谱-质谱联用仪；色谱柱：Agilent HP-17MS（30 m×0.25 mm×0.25 μm）弹性石英毛细管柱；柱温：初始温度160 ℃，保持1 min，然后以10 ℃/min的升温速率升温至280 ℃，保持20 min；进样口温度：260 ℃；进样方式：分流进样，分流比：10∶1；载气：高纯氦，流速：1.0 mL/min；离子源：电子轰击源（EI），能量：70 eV；扫描方式：全扫描；质量范围：40~450 amu；溶剂延迟：3 min。

第三节　含毒蛋白类的有毒植物

海红豆（孔雀豆、红豆、相思豆）

【概述】

海红豆为海红豆属含羞草科落叶乔木。原产于印度、马来西亚、爪哇等地。喜温暖湿润气候，多生于山沟、溪边、林中或栽培于庭园。在我国的福建、台湾、广东、海南、广西、贵州、云南等地均可见。秋季果实成熟时采摘，种子晒干后呈阔卵形或椭圆形，长 5.5~8 mm，表面光亮，呈鲜红色，一端有种脐，呈白色，腹面的一端周围呈乌黑色。

【有毒成分】

海红豆的有毒成分为红豆因（植物血凝素）。

【毒性】

红豆因是地球上最致命的毒素之一，咀嚼海红豆种子 2~3 粒即可中毒、甚至死亡。

【中毒原因】

中毒原因多为意外误食或自杀。

【作用机制】

海红豆含有的红豆因，属于细胞毒素，少量即可使红细胞发生凝集及溶血反应，对其他细胞也有毒害作用，对黏膜有强刺激作用。

【中毒症状】

中毒症状主要有食欲缺乏、恶心、呕吐、肠绞痛、腹泻、皮肤青紫、呼吸困难，继而出现脉搏细弱、心跳乏力、少尿、血尿等，严重者可出现昏迷，终因呼吸循环衰竭或肾功能衰竭而死亡。

【急救措施】

立即催吐、洗胃、导泻，并静脉注射生理盐水或葡萄糖盐水，防止血红素或其他有毒物质在肾脏沉积。若溶血严重，应进行血液透析，并应用保肝的药物。

【尸体特征】

口唇部糜烂，浆膜下点状出血，淋巴结肿大，脾脏肿大，颜色变深，胃内或呕吐物中可见海红豆碎片。镜下可见红细胞大量凝集、溶血，肝、肾组织细胞坏死等。

【检材提取】

检材以未食用完的海红豆种子、胃内容物、呕吐物、肝脏等较好。

【检验方法】

1. 性状鉴别

海红豆种子为卵形或椭圆形颗粒状，略扁，外种皮表面光滑，具光泽，一端红色，约占 2/3，另端 1/3 呈黑色，黑端有长形白色小凹点。具豆腥气，味微苦、涩。

2. 理化鉴别

（1）检验水溶性蛋白质：取本品 60 目粉末 1 g，加水 10 mL，冷浸一夜，过滤，滤液 1 mL 中加 95%乙醇 1 mL，产生乳白色沉淀。

（2）检验甾醇：取本品粉末 2 g，加醋酐 5 mL，水浴加热 5 min，过滤，取滤液 1 mL，加入干试管中，沿管壁加浓硫酸 1 mL，溶液接触界面立即出现红色，渐变红棕色。

（3）检验生物碱：取本品粉末 2 g，加 1%的盐酸 10 mL，水浴加热 15 min，过滤，滤液分别于 3 支小试管中加 1 mL，并分别加碘化铋钾、碘化碘钾和磷铝酸各 1~2 滴，分别出现橙红色沉淀、棕色沉淀和污绿色沉淀。

巴豆（江子、巴果）

【概述】

巴豆为大戟科巴豆属灌木或小乔木。高 2~7 m；叶卵形，长 5~13 cm，掌状三出脉；花期 4~6月，花小，单性，雌雄同株；总状花序顶生，雌花在下，雄花在上，雌花无花瓣，子房 3 室，每室一胚珠；蒴果矩圆状，种子呈椭圆形或卵形，略扁，长 1~1.5 cm，直径 6~9 mm，厚 4~7 mm，表面灰棕色至棕色，一端有种脐及种阜的疤痕；外种皮薄而脆，内种皮呈白色薄膜，淡黄色，油质，无臭。主要分布于四川、湖南、湖北、云南、贵州、广西、广东、福建、台湾、浙江、江苏等地。

【有毒成分】

巴豆的有毒成分为巴豆毒素、巴豆油等。

【毒性】

人口服巴豆油 20 滴可致死。巴豆毒素：兔皮下注射半数致死量（LD_{50}）为 50~80 mg。巴

豆油：大鼠口服半数致死量（LD_{50}）为 1 g/kg。

【中毒原因】

中毒原因多为误服、用药过量、使用不当或投毒等。

【作用机制】

巴豆毒素有溶解红细胞的作用，可使局部细胞坏死；巴豆油对胃黏膜及皮肤有刺激和腐蚀作用。

【中毒症状】

口服中毒症状表现为口腔、咽喉、食管有烧灼感，上腹剧痛、恶心、呕吐、剧烈腹泻。严重者肠壁腐蚀可引起出血性肠炎，数小时内可因脱水、呼吸循环衰竭而死亡。

【急救措施】

误服在 6 h 以内者，可用 0.2%～0.5%的高锰酸钾溶液或温开水洗胃，洗胃后灌服生绿豆水。同时采取对症治疗和支持疗法：脱水者，可输液；中枢神经抑制者，可静脉注射士的宁、可拉明等兴奋剂；腹泻剧烈者，可静脉注射盐酸吗啡 15 mg、阿托品 0.6 mg；预防虚脱可皮下注射咖啡因及阿托品。

【尸体特征】

尸检可见胃肠黏膜肿胀、充血，有的部位黏膜糜烂脱落。

【检材提取】

检材可提取现场吃剩的巴豆、药渣以及胃、肠内容物等。

【检验方法】

1. 化学法（显色反应）

取本品约 0.5 g，研碎，加乙醚 10 mL，浸泡 2 h，并不停振摇，过滤，滤液置试管中挥干，加盐酸羟胺饱和的甲醇溶液 0.5 mL 及麝香草酚酞指示液 1 滴，再加氢氧化钾饱和的甲醇溶液至显蓝色后，再多加 4 滴，加热至沸腾，冷却，加稀盐酸调节 pH 值至 2～3，加三氯化铁试液 3 滴及氯仿 1 mL，振摇，上层溶液显紫红色。

2. 气相色谱法

仪器：气相色谱仪；色谱柱：20%山梨酸和 0.4%磷酸的硅烷化的硅藻土（粒度为 0.1～0.125 mm，1 m×3 mm）填充柱；柱温：135 ℃；载气：高纯氮，流速：60 mL/min；检测器：FID。

白头翁（老公花、奈何草、毛姑朵花）

【概述】

白头翁系多年生毛茛科植物，别名奈何草、粉乳草、白头草、老姑草、菊菊苗、老翁花、老冠花、猫爪子花等，主要分布在我国的吉林、辽宁、河北、山东、河南、山西、陕西、黑龙江等地，多生长于山冈、荒坡及田野间。其药用部分为白头翁的根，春季开花前采挖，干燥后呈圆柱形至圆锥形，稍扭曲，外皮黄棕色或灰棕色，不带外皮者呈灰黄色或淡黄褐色，具纵皱及斑状的支根痕，皮破处有网状裂纹或裂隙。质硬而脆，断面较平坦，外部黄白色或淡黄棕色，木心淡黄色。气微，味苦涩，具有清热解毒、凉血止痢、燥湿、杀虫的功效。

【有毒成分】

白头翁的有毒成分为白头翁素、皂苷等。

【毒性】

白头翁煎剂及其皂苷的毒性很低，对大鼠几乎无毒，皂苷的溶血指数为 1∶666，与纯皂苷相比，其溶血强度仅为后者的 1/100，对金鱼的毒性最多为后者的 1/400。

【中毒原因】

中毒原因多为用药过量。

【作用机制】

皂苷水解产生三萜皂苷、葡萄糖、鼠李糖等，皂苷具有抑制细菌、抗阿米巴原虫及阴道滴虫的作用，对病毒亦有抑制作用，但抑制作用较轻。另外，白头翁素是较强的心脏毒素。

【中毒症状】

局部作用，可刺激眼部引起流泪；吸入可引起呛咳及打喷嚏；口服中毒症状主要表现为流涎、恶心、呕吐、腹痛、血尿、蛋白尿及心力衰竭，严重者可因呼吸、循环衰竭而死亡。

【急救措施】

局部接触者，应立即用清水反复清洗。口服中毒者，要立即催吐、洗胃、导泻、输液等，以促进毒物排泄。

【尸体特征】

白头翁煎剂及其皂苷的毒性很低，尚未见中毒死亡的报道。

【检材提取】

检材可提取呕吐物、胃内容物、剩余的药渣等。

【检验方法】

薄层色谱法。

取本品粗粉 1 g，置索氏提取器中加氯仿提取 4 h，取出纸筒挥干氯仿，加甲醇提取 6 h，浓缩后移入 5 mL 容量瓶中，以甲醇定容作供试品溶液。取白头翁皂苷 A、白头翁皂苷 B，加甲醇制成对照品溶液。用毛细管分别吸取供试品溶液和对照品溶液点于同一硅胶 G 薄层板上，以氯仿+甲醇+水（65∶35∶10，*V/V/V*）作展开剂展开，用 10%的硫酸显色，100 ℃烘 10 min 进行显色，供试品与对照品在薄层板的相对应位置上显相同的斑点。

麻风树（麻枫树、麻疯树）

【概述】

麻风树又名羔桐、臭油桐、黄肿树、小桐子、假花生树等，属大戟科麻风树属落叶灌木或小乔木。分布于热带和亚热带地区。在我国的广东、广西、四川、贵州、云南等地均有栽培。麻风树高 3~15 m，胸径 8~20 cm，树皮光滑；叶大，生于枝的顶端，呈心形，长 15~25 cm，宽 12~22 cm，先端渐尖，基部心形，边缘全缘或有不明显的细齿；花序雌雄异株，生于小枝近顶部叶腋，长圆锥状；蒴果近球形，熟时黄色；果实含油率高达 60%，是我国重点开发的绿色能源树种。可以驱蛔虫。

【有毒成分】

麻风树的有毒成分为毒蛋白、氢氰酸及川芎嗪。

【毒性】

麻风树全株有毒。茎、叶、树皮中均有丰富的白色乳汁，内含大量毒蛋白，尤其以种子中的毒蛋白含量最高。成人吃下 3 粒麻风果即可中毒，儿童中毒量则更小。

【中毒原因】

多因小儿好奇误食麻风果中毒。

【作用机制】

麻风树含有大量毒蛋白、少量氢氰酸及川芎嗪。其毒蛋白的毒性与蓖麻毒蛋白类似；川芎嗪是一种生物碱，有抑制血管运动中枢及呼吸中枢的作用。

【中毒症状】

轻度中毒症状有头晕、头痛、烦躁、口渴、出汗、流涎、恶心、呕吐、腹痛、腹部烧灼感、腹泻（多为水样便）等；严重时可出现脱水、酸中毒、出血性胃肠炎、肌肉痉挛、血压下降、呼吸困难等症状，最后出现溶血现象、尿血，逐渐呈现呼吸窒息而死亡。

【急救措施】

除采用一般的催吐、洗胃、导泻等措施，还需对症治疗：出现窒息征象时要给予吸氧，必要时进行人工呼吸；溶血严重时给予输血。民间的解毒偏方有口服蜂蜜、红糖水、盐水及甘草煎剂等。

【尸体特征】

胃内或呕吐物中可见麻风果碎片，胃肠黏膜出血、糜烂，心脏外膜下及肺脏浆膜下出血。镜下可见胃黏膜充血、出血，肾间质炎性浸润，心肌呈退行性改变。

【检材提取】

检材可提取呕吐物、胃内容物、血液及现场发现的剩余麻风果等。

【检验方法】

麻风树毒蛋白的提取包括两大步骤：粗提和纯化。

（1）粗提：粗提是将麻风树种子加入磷酸盐缓冲液中，温度为 3～5 ℃，在植物匀浆机上匀浆后，搅拌 4～6 h，3～5 ℃下静置 20～30 h，匀浆液以 8 000～12 000 r/min 离心 15～30 min，取上清液，上清液移入干净容器中，加入硫酸铵固体至最终浓度为60%，静置 3～6 h，以 14 000～18 000 r/min 离心 8～12 min，保存上清液，将沉淀溶于 30～40 mL 的磷酸盐缓冲液中，将保存的上清液继续加入硫酸铵固体至最终浓度达 80%，以 14 000～18 000 r/min 离心 15～30 min，弃上清液，收集沉淀，并将沉淀溶于 30～40 mL 的磷酸盐缓冲液中。将上述蛋白溶液合并，低温透析 45～50 h，将透析袋以 14 000～18 000 r/min 离心 15～30 min，弃沉淀，取上清液，即为毒蛋白粗提液。于-30～-15 ℃下保存备用。

（2）纯化：纯化是指将毒蛋白粗提液进行凝胶柱层析；上样前凝胶柱先用磷酸盐缓冲液平衡，上样后用同一缓冲液洗脱，洗脱速度为 12～20 mL/h，然后进行收集，将收集的溶液进行紫外检测，然后做 SDS-PAGE 变性凝胶电泳检测。

蓖麻（大麻子、老麻子、草麻、红蓖麻）

【概述】

蓖麻为大戟科蓖麻属植物，是一年生或两年生草本植物，茎圆形，中空；叶大，互生，掌状分裂；雌花淡红色，雄花呈淡黄色。蓖麻子是蓖麻的种子，外形似豆，呈椭圆形或卵形，稍扁，表面有灰白色与黑褐色或黄棕色与红棕色相间的花斑且光滑，种皮薄而脆，胚乳肥厚，白色，富油性。蓖麻是一种经济价值很高的油料作物，原产非洲索马里、肯尼亚等地，现广泛栽培于热带和温带地区，在我国已有 1 300 多年的栽培历史。具有祛湿通络、消肿、拔毒之功效。

【有毒成分】

蓖麻子的有毒成分为蓖麻毒蛋白（蓖麻毒素）、蓖麻碱。

【毒性】

蓖麻全株有毒，种子毒性最大，儿童吃 3～4 粒、成人吃 20 粒即可中毒死亡，蓖麻毒蛋白的致死量约为 7 mg。

【中毒原因】

中毒原因多为小儿误食。

【作用机制】

蓖麻子所含蓖麻毒蛋白可以直接损害肝、肾细胞，引起细胞变性、坏死；蓖麻毒蛋白还有凝集、溶解红细胞的作用，可致小血管栓塞、出血性胃肠炎及中毒性肝病、肾病等；另外，蓖麻毒蛋白也可引起呼吸中枢及血管运动中枢麻痹。

【中毒症状】

蓖麻子中毒的潜伏期较长，一般为 1～3 天，多在食后 18～24 h 发病。首先，喉头有强烈的刺激感和灼烧感，并伴有恶心、呕吐、腹痛、腹泻等胃肠道症状，较重者呕吐、腹泻剧烈且频繁，呈水样便、黏液便或血性便，继而引起脱水和酸中毒，精神萎靡不振。严重者出现嗜睡、发热、昏迷、抽搐、黄疸、蛋白尿、血尿或尿闭、血压下降、休克等症状。多死于呼吸抑制、心力衰竭和尿毒症。死亡多发生在中毒后6~8天。吸入蓖麻油渣粉尘可引起皮炎及鼻、咽、眼发炎。

【急救措施】

立即用高锰酸钾溶液或医用活性炭混悬液洗胃，随后采用口服盐类泻药及高位灌肠等急救措施，以排出未被吸收的毒物。口服乳汁、鸡蛋清或阿拉伯胶，以保护胃黏膜。对于出现昏迷、嗜睡等症状者，可皮下注射可拉明、樟脑磺酸钠等，必要时可用洋地黄制剂。对于因大量呕吐、严重腹泻而失水者，应及时大量静脉滴注5%的葡萄糖盐水或低分子右旋糖酐，以防止脱水导致休克，并有利于稀释和排出毒素。注意纠正酸中毒。发生惊厥时给予苯巴比妥等镇静剂。有条件时，尽早采用注射抗蓖麻毒血清和输血等治疗措施。

【尸体特征】

尸检可见浆膜出血，胃肠黏膜出血。镜下可见心内膜、肾皮质、髓质出血，心、肝、肾退行性改变。

【检材提取】

检材可提取胃内容物及蓖麻子残渣。同时注意收集现场植物标本进行品种鉴定。

【检验方法】

高效液相色谱法。

仪器：高效液相色谱仪；色谱柱：Hypersil ODS C18（150 mm×4.6 mm×5 μm）键合硅胶柱；流动相：水+乙腈+二乙胺（89∶11∶0.03，*V/V/V*）；流速：0.8 mL/min，检测波长：307 nm。

苍耳（菜耳、苍子棵、地葵子）

【概述】

苍耳为菊科苍耳属一年生草本植物，其果实、茎、叶皆入中药。茎、叶叫苍耳草，果实叫苍耳子。苍耳子呈纺锤形或卵圆形，表面黄棕色或黄绿色，全体有钩刺，质硬而韧，气微，味微苦，具有散风、除湿、通窍之功效。原产于美洲和东亚，广泛分布于欧洲大部和北美部分地区，在我国的东北、华北、华东、华南、西北及西南各省区均有分布。

【有毒成分】

苍耳的有毒成分主要为苍耳苷、苍耳醇、苍耳酯、二萜羧基苍术苷等。

【毒性】

苍耳的茎、叶、果实中皆含有对神经和肌肉有毒的物质，尤其是苍耳的幼苗有剧毒，切勿采食。小鼠1次腹腔注射苍耳子水浸剂半数致死量（LD_{50}）为0.93 g/kg，儿童服食苍耳子5~6粒、成人煎服苍耳子干品30 g或服食苍耳子10粒以上可致中毒。

【中毒原因】

中毒原因多为药用过量或误食苍耳子和苍耳幼芽等。

【作用机制】

苍耳中含有毒蛋白、氢醌、毒苷等，这些有毒成分主要作用于肝、肾及心脏等实质器官，使细胞变性、坏死；并能使毛细血管扩张、通透性增加，引起广泛性出血，常因肝、肾功能衰竭而死亡。

【中毒症状】

中毒症状主要有头晕、头痛、恶心、呕吐、腹痛、便秘或腹泻、心率加快或减慢、精神萎靡、全身无力、多汗或无汗、嗜睡或烦躁不安、瞳孔扩大等；严重者可见肝、肾有损害，出现肝大、黄疸、广泛性出血及昏迷、抽搐、皮肤和内脏广泛出血等症状，多于中毒后1~6天死于肝、肾功能衰竭。

【急救措施】

轻度中毒者应暂停饮食数小时至一天，在此期间大量喝糖水。严重者早期可洗胃、导泻及用2%的生理盐水高位灌肠，同时注射25%的葡萄糖液，加500 mL维生素C；当预防出血时，可静脉注射维生素K及芦丁，必要时考虑输血浆，保护肝脏；或服枸橼酸胆碱，肌内注射甲硫氨基酸；低脂饮食。民间的解毒偏方是用生甘草、生绿豆各 50~100 g，捣烂，开水泡服或煎服。

【尸体特征】

尸检可见胃肠黏膜点状出血、坏死；内脏浆膜下及黏膜下广泛点状出血。镜下可见肝小叶中央区凝固性坏死及脂肪变性，坏死区有少量中性粒细胞浸润；肾小管上皮细胞变性、坏死，部分可见蛋白管型。

【检材提取】

检材可提取现场吃剩的苍耳子、苍耳子饼及苍耳幼芽，以及胃、肠内容物或胃内容物中检出的苍耳子碎块、残存苍耳幼芽等。

【检验方法】

1. 显色反应

（1）酚性成分的检验：取样品粗粉 10 g，加 0.5% 的盐酸乙醇溶液 70 mL 溶解，回流 10 min，过滤。取滤液 2 mL 加三氯化铁溶液 1 滴，显绿色。

（2）生物碱的检验：将上述滤液用氨试液调节 pH 值至中性，蒸干，残渣用少量 5% 的硫酸溶解，分成两份，一份加硅钨酸试剂 1 滴，显浅黄色沉淀；另一份加碘化铋钾试剂 1 滴，显橘红色沉淀。

2. 薄层色谱法

（1）样品制备：取样品粗粉 10 g，用甲醇振摇提取 3 次，合并提取液，减压浓缩至一定量，备检。

（2）色谱条件：吸附剂：硅胶 G 薄层板（湿法铺板）；展开剂：正丁醇+醋酸+水（4∶1∶5，*V/V/V*）；展距：10.5 cm；显色剂：氨蒸气（斑点呈黄色）；对照品：芦丁。

毒蕈（毒蘑菇）

【概述】

蕈类又称蘑菇，属于真菌植物，外形似伞，靠孢子传播繁殖。毒蕈是指食后能够引起中毒的蕈类。其中毒伞、白毒伞毒性最大，占毒蕈致死病例的 90% 以上。毒伞子实体中等大；菌盖表面光滑，边缘无条纹，菌盖初期近卵圆形至钟形，开伞后近平展，表面灰绿色、烟灰褐色至暗褐色，往往有放射状内生条纹；菌肉白色；菌褶白色，离生，稍密，不等长；菌柄白色，细长，圆柱形，长 5~18 cm，粗 0.6~2 cm，表面光滑或稍有纤毛状鳞片及花纹，基部膨大呈球形，内部松软至空心；菌托较大而厚，呈苞状，白色；菌环白色，生菌柄之上部。白毒伞子实体中等大，纯白色；菌盖初期卵圆形，开伞后近平展，直径 7~12 cm，表面光滑；菌肉白色；菌褶离生，稍密，不等长；菌柄细长，圆柱形，长 9~12 cm，粗 2~2.5 cm，基部膨大呈球形，内部实心或松软；菌托肥厚，呈苞状或浅杯状；菌环生菌柄之上部。

【有毒成分】

毒蕈的有毒成分为毒肽、毒伞肽、毒蕈碱。

【毒性】

口服毒伞超过 10 g 可致死亡，口服白毒伞超过 50 g 可致死亡；毒伞肽的致死量低于0.1 mg/kg。

【中毒原因】

中毒原因均为误食所致，国外有投毒他杀的报道，国内未见相关报道。

【作用机制】

毒肽、毒伞肽能直接损害肝细胞；毒蕈碱可以兴奋副交感神经系统，引起心血管、腺体等发生相应变化。

【中毒症状】

毒蕈中毒后的潜伏期长达 24 h 左右。发病初期出现恶心、呕吐、腹痛、腹泻等症状，此后 1~2 天症状减轻，似乎病愈，患者也可以活动，但实际上毒素正在进一步损害肝、肾、心脏、肺和大脑中枢神经系统。接着病情很快恶化，出现呼吸困难、烦躁不安、谵语、面肌抽搐、小腿肌肉痉挛等症状。病情进一步加重，出现肝、肾细胞损害，黄疸，急性肝炎，肝大及肝萎缩，最后昏迷，甚至死亡。

【急救措施】

①催吐：使用物理方法催吐或药物催吐。②洗胃：严重呕吐者不必洗胃，如呕吐次数不多，则可以洗胃，一般用微温开水和生理盐水洗胃。③导泻：为清除肠道内残留的毒物，可口服10%的硫酸镁，进行导泻，可用甘露醇或山露醇作为导泻剂，也有人建议用蓖麻油 30~60 mL 作为导泻剂。④输液和利尿：早期可大量输液，以使毒素从尿中大量排出。输液可用 10%的葡萄糖溶液、生理盐水等，同时应静脉注射利尿剂，一般用速尿 20~40 mg 或 20%的甘露醇 250 mL 静脉注射。

【尸体特征】

尸检可见胃肠黏膜点状出血；内脏浆膜下点状出血；脑水肿；肺瘀血、水肿，浆膜下点片状出血；肝脏体积显著缩小，呈黄色或红色。镜下可见肝细胞变性坏死，以肝小叶中央区及中间带较重，周围残存的肝细胞脂肪变性；心肌灶性坏死，或呈水变性或脂肪变性；急性胃肠炎改变。

【检材提取】

检材可提取现场吃剩的毒蕈，或采集胃、肠内容物和呕吐物等。同时，还要收集同种毒蕈标本进行品种鉴定。

【检验方法】

薄层色谱法。

(1) 样品处理：取一定量的检材，放入索氏提取器中，加入 100 mL 甲醇进行提取，将提取液冷却至 10 ℃，离心，轻轻取出上清液，浓缩至 20 mL，再冷却。将离心冷却的提取液再轻轻取出，上清液中加入少量水，直到不见进一步沉淀为止。将提取液蒸发至干，用 4 mL 甲醇溶解提取物残渣。

(2) 色谱条件：吸附剂：硅胶 G 薄层板；展开剂：甲醇+丁酮（1∶1，V/V）；显色方法：用 10 g/L 的肉桂醛甲醇溶液喷于薄层板上，干燥后，再将薄层板暴露于浓盐酸酸雾中 10 min，可见紫色斑点；Rf 值：α-毒伞肽（0.46）、β-毒伞肽（0.23）。

第四节　含酚类的有毒植物

大麻（胡麻、火麻、线麻、白麻）

【概述】

大麻是地球上大部分温带和热带地区都能生长的一种强韧、耐寒的一年生草本植物，高 1~3 m，雌雄异株，枝具纵沟槽，密生灰白色贴伏毛。叶掌状全裂，裂片披针形或线状披针形，长 7~15 cm，表面深绿，微被糙毛；雄花序长达 25 cm，花黄绿色；雌花绿色；蒴果为宿存黄褐色苞片所包，果皮坚脆，表面具细网纹；花期 5~6 月，果期为 7 月。原产于锡金、不丹、印度和中亚细亚，在我国既有栽培也有野生，属于毒品的一种。通常情况下把用大麻原植物的茎、叶、花、籽等经过筛选、揉搓、挤压、晾干制成的粗制毒品称为大麻草或大麻烟；把从大麻植物中提取的分泌物制成的毒品称为大麻脂；把从捣碎绞烂成浆的大麻植物中压榨、提炼的油状液体称为大麻油。这三种大麻毒品被吸食后均具有一定的精神和生理活性作用，容易产生毒瘾。大麻具有镇静、止痛的作用。

【有毒成分】

大麻的主要活性成分为四氢大麻酚（THC）、大麻酚和大麻二酚。

【毒性】

一般认为吸食大麻很难致死，因为大麻中毒性最大的成分为四氢大麻酚，其最小致死量为 666 mg/kg，而大麻中四氢大麻酚的含量很低，只有 5%。吸食大麻对人的致死量为 2~10 g/kg。

【中毒原因】

长期滥用可致中毒。

【作用机制】

大麻中含有60多种有效成分，主要有四氢大麻酚、大麻酚、大麻二酚及大麻酚酸等，其中四氢大麻酚的作用最强。研究发现，大麻对神经系统的作用受多种因素影响，如个体差异、心理状态、用药途径、大麻种类、是否使用过大麻及外部因素等。过量吸食时可出现情绪与行为异常、幻觉及偏执狂等，并可出现思维混乱、人格变异、空间定向障碍、做事不计后果等。大麻作用于心血管系统，可引起心率加快、血管扩张、眼内压降低。大麻作用于内分泌系统，能引起促性腺激素（FSH和LH）分泌障碍，降低睾酮水平，男性出现乳房发育、阳痿等，女性出现月经紊乱、闭经等。长期使用大麻可产生依赖性和耐受性。

【中毒症状】

（1）神经系统症状：表现为兴奋、头痛、头晕、情绪激动、烦躁不安、欣快感，有时表现为好斗、行动鲁莽、步态不稳、言语不清、感觉异常、肌肉震颤、定向障碍，继而深睡，若死亡，多为呼吸抑制所致。

（2）消化系统症状：表现为口咽干燥、恶心、呕吐、上腹不适、腹泻等。其他表现有眼花、胸闷、心慌等。

（3）长期吸食大麻者的表现为冷漠、呆滞、懒散、情感枯燥、体重下降等，停用大麻后可出现戒断症状。

【急救措施】

口服中毒轻者，可用手指、羽毛刺激咽喉催吐；中毒严重者，及时送往医院救治。

【尸体特征】

尸检可见双眼角膜清晰，口周可见褐色呕吐物，口角处有流向枕部的流注痕，十指甲床及颜面发绀。解剖检验可见胸腹腔内双侧肺表面点状出血，心脏外膜下针尖样出血，胃内容物为褐色糊状。组织病理学检验可见肺充血、肺水肿；多器官瘀血（心、肝、肾、脑）。滥用大麻发生意外死亡者，体表除可见损伤外，还可见眼结膜充血、口唇黏膜干燥、牙齿和手指上有烟釉。此外，吸食大麻者的衣服上可散发出大麻气味，口服者的胃内有大麻碎片。

【检材提取】

检材以胃及胃内容物、血液、肝脏、小肠等较好，肾脏、脑组织、尿液等次之，长期吸食大麻者的毛发亦可作为检材。现场还应注意收集剩余的大麻残渣以便与大麻植物标本对照，这样可以方便、快捷地判断是否为大麻中毒。

【检验方法】

1. 气相色谱法

仪器：气相色谱仪；色谱柱：Agilent HP-5（30 m×0.25 mm×0.25 μm）弹性石英毛细管柱；柱温：初始温度200 ℃，保持1 min，以30 ℃/min的升温速率升温至270 ℃，保持10 min；进样口温度：280 ℃；检测器温度：290 ℃。

2. 高效液相色谱法

仪器：高效液相色谱仪；色谱柱：Inertsil ODS-SP（150 mm×4.6 mm×5 μm）键合硅胶柱；流动相：水+乙腈（50∶50，*V/V*）；流速：1.0 mL/min；检测器：紫外检测器；检测波长：210 nm；柱温：40 ℃。

3. 气相色谱-质谱法

仪器：气相色谱-质谱联用仪；色谱柱：Agilent DB-5MS（30 m×0.25 mm×0.25 μm）弹性石英毛细管柱；柱温：初始温度60 ℃，以15 ℃/min的升温速率升温至300 ℃，保持15 min；进样口温度：250 ℃；进样方式：分流进样，分流比：20∶1；载气：高纯氦，流速：1.0 mL/min；传输线温度：250 ℃；扫描方式：全扫描；质量范围：40~500 amu。

棉籽

【概述】

棉籽即棉花的种子，外部为坚硬的褐色籽壳，形状大小因品种而异。籽壳内有胚，是棉籽的主要部分，也称籽仁，籽仁含油量可高达35%~45%，是重要的榨油原料，棉籽所榨出的初级产品，民间俗称黑油，因黑油中含有游离棉酚，会引起男性不育，故不能食用。黑油必须经过精炼清除了棉酚等有毒物质后使油品变为橙黄色或棕色后方能食用。

【有毒成分】

棉籽的有毒成分为棉酚。

【毒性】

棉酚具有抑制精子产生和精子活动的作用。小

鼠口服棉酚的半数致死量（LD_{50}）为 315 mg/kg，将试验小鼠分为 3 组，每日给小鼠分别口服棉酚 25 mg/kg、50 mg/kg、75 mg/kg，小鼠则会出现体重减轻、食欲缺乏、腹泻（血性大便）及活动抑制等症状，小量者 40 天内死亡 40%。

【中毒原因】

中毒原因为直接食用未经精炼的粗制棉籽油。

【作用机制】

棉籽除含有亚油酸、油酸外，还含有棉酚。棉酚是一种血液毒和细胞原浆毒，对心血管、肝脏、肾脏、神经系统等均有毒性。

【中毒症状】

大量食用发病快，症状重，仅数小时即可发病。轻度急性中毒症状表现为精神萎靡、烦躁不安、流涎、恶心、呕吐、腹胀、便秘、胃部烧灼感等。严重中毒症状表现为昏迷、嗜睡、抽搐、心动过缓、血压下降、心力衰竭、肝肾功能障碍等。夏季可出现高热，皮肤干燥、发红，伴有针刺感、瘙痒感，肢体麻木等症状。

【急救措施】

棉酚中毒无特殊解毒剂，食用后短时间内可立即催吐、洗胃、导泻，出现临床症状时对症处理。

【尸体特征】

尸检可见胸腹腔内积液呈淡红色，肺充血、水肿；气管及支气管内充满泡沫；心内外膜有出血点；肝脏充血、肿大、质脆；肾脏充血、被膜有出血点；尿呈茶褐色，胃肠道有出血性炎症；血液凝固不良。

【检材提取】

检材可提取呕吐物、胃内容物等。

【检验方法】

1. 化学显色法

取 5 mL 棉籽油于分液漏斗中，加 95%的乙醇 10 mL，振摇，静置分层，分出乙醇层转入另一试管中。首先在试管中加 $SnCl_4$ 粉末 0.1g，然后加 0.5 mL 乙醇提取液，混匀，如呈暗红色则示棉酚为阳性反应。

2. 气相色谱法

仪器：气相色谱仪；色谱柱：3%SE-52 Gas-chrom Q（100~120 目，2.1 mm×3 mm）不锈钢柱；柱温：恒温（250 ℃或 255 ℃）；载气：高纯氮，流速：46 mL/min；检测器：FID；进样口温度：260 ℃；检测器温度：270 ℃。

3. 高效液相色谱法

仪器：高效液相色谱仪；色谱柱：Shim-pack Vp-ODS C18（4.6 mm× 200 mm×5 μm）或 Agilent TC-C18（250 mm×4.6 mm×5 μm）键合硅胶柱；柱温：25 ℃，流动相：甲醇+1%的磷酸溶液（85：15，*V/V*）或乙腈+0.2%的磷酸溶液（85：15，*V/V*）；流速：1.0 mL/min；检测波长：235 nm。

第五节　其他有毒植物

油桐（油桐树、桐油树、桐子树、光桐）

【概述】

油桐属大戟科落叶乔木，因树似梧桐，种子可榨油而得名。树高 4~10 m。树皮灰色，近光滑，枝条粗壮，无毛，具明显皮孔；叶卵圆形，长 8~18 cm，宽 6~15 cm，顶端短尖；单性花，雌雄同株，花萼长约 1 cm，花瓣白色，有淡红色脉纹，倒卵形，长 2~3 cm；核果近球状，直径 4~6 cm，果皮光滑；花期 3~4 月，果期 8~9 月。分布于陕西、甘肃、江苏、安徽、浙江、江西、福建、台湾、湖北、湖南、广东、广西、四川、贵州、云南等地。是我国特有的经济林木，具有上千年的栽培历史，从其种仁中榨出的桐油，是重要的工业用油，广泛用于制漆、塑料、电器、人造橡胶、人造皮革、人造汽油、油墨等制造业。

【有毒成分】

油桐的有毒成分为桐子酸及异桐子酸。

【毒性】

油桐全株有毒，种子毒性较大，树皮及树叶次之，人食5~6粒种子即可中毒。榨油后的桐油饼含有毒苷，其毒性大于桐油。

【中毒原因】

中毒原因多为误食或生产过程中发生意外。

【作用机制】

油桐的主要有毒成分为桐子酸和异桐子酸，还含有少量毒苷。桐子酸和异桐子酸对胃肠道有强烈刺激作用，并且对肝脏、肾脏有直接损害作用。

【中毒症状】

食后0.5~4 h可出现头晕、胸闷、口渴、恶心、呕吐、全身乏力、腹痛、腹泻（多为水样便）等症状；严重者可出现手足及口唇麻木、喉肌痉挛、四肢抽搐、便血、血尿、蛋白尿等症状，终因心肌麻痹而死亡。

【急救措施】

中毒轻者大量饮用淡盐水或糖盐水；中毒较重者应立即催吐、洗胃、导泻，洗胃可用温开水，然后给服蛋清、牛奶或面汤保护胃黏膜，导泻可用硫酸镁。出现并发症时给予对症治疗及保护肝、肾功能。

【尸体特征】

皮肤潮红，可出现紫红色网状斑纹；电解质及酸碱平衡紊乱，造成尸体呈严重脱水状，并伴有心脏肿大。

【检材提取】

检材可提取呕吐物、胃内容物、肝脏等。

【检验方法】

气相色谱-质谱法。

（1）样品制备：取样品0.1~0.2 g于一比色管中，加4.0 mL石油醚+乙醚（1∶4，V/V）的混合溶液，混匀；再加0.4 mol/L的氢氧化钾+甲醇溶液1.5 mL，混匀。放置10 min，滴加适量去离子水，混匀，待分层后取上层液进样分析。

（2）仪器条件：仪器：气相色谱-质谱联用仪；色谱柱：Agilent DB-5MS（30 m×0.25 mm×0.25 μm）弹性石英毛细管柱；柱温：初始温度170 ℃，以6 ℃/min的升温速率升温至230 ℃，保持2.5 min；进样口温度：280 ℃；载气：氦气；流速：1.2 mL/min；离子源：电子轰击源（EI），能量：70 eV；扫描方式：全扫描。

莽草（毒八角、山大茴、山木蟹）

【概述】

莽草系木兰科常绿小乔木或灌木，高3~8 m。树皮灰褐色；叶互生或聚生于小枝上部，叶厚而翠绿，有香气，革质，倒披针形或披针形，长6~12 cm，宽2~4 cm，顶端渐尖；花1~2朵，腋生，花红色或深红色；蓇葖果木质，顶端有长而弯曲的尖头；种子淡褐色，有光泽；花期4~5月，果期9~10月。形似八角（茴香），气香烈，味辛，有剧毒。分布于我国长江中下游及其以南地区，常生于阴湿的溪谷阔叶林中。

【有毒成分】

莽草的有毒成分为莽草素和新莽草素。

【毒性】

莽草的枝、叶、根、果均有毒，尤其是果壳毒性最大。莽草素小鼠腹腔注射半数致死量

(LD_{50})为0.7 mg/kg；新莽草素小鼠腹腔注射半数致死量(LD_{50})为1 mg/kg。人服种子5~8粒可中毒。

【中毒原因】

多因将莽草果误作八角食用而引起中毒。

【作用机制】

莽草所含毒素经胃肠道吸收后，能够兴奋延脑生命中枢，剂量大时能作用于大脑和脊髓，先兴奋后抑制。

【中毒症状】

中毒症状类似癫痫，主要是惊厥，轻者出现口渴、头痛、眩晕、上腹灼痛、狂躁不安、流涎、多汗等症状，继而出现恶心、呕吐、眼球胀痛、四肢麻木、自主运动障碍等症状，严重者出现剧烈头痛、反复喷射状呕吐（带血丝）、抽搐或阵发性惊厥、昏迷、呼吸困难或暂停、瞳孔散大、血压下降、尿少至尿闭等症状，终因中毒性脑病、肺水肿、呼吸衰竭而死亡。

【急救措施】

先用1：2 000的高锰酸钾溶液洗胃，再用25%的硫酸镁200 mL导泻；血压剧降时给予阿拉明维持血压；保持呼吸道通畅，及时给予吸氧和给予呼吸兴奋剂。

【尸体特征】

尸检可见指甲青紫，面部及枕部皮下出血。镜下可见脑瘀血，肺瘀血、水肿，心、肝和肾等轻度水肿变性。

【检材提取】

可采集呕吐物、胃内容物及可疑剩余食物作为检材。

【检验方法】

高效液相色谱法。

仪器：高效液相色谱仪；色谱柱：Venusil HILIC（4.6 mm×250 mm×5 μm）或Waters Symmetry C18（4.6 mm×150 mm×5 μm）键合硅胶柱；流动相：乙腈+0.5%的三氟乙酸（95：5，V/V）或0.01 mol/L的K_2HPO_4磷酸盐缓冲液（用磷酸调节pH值至3.0）+3%的甲醇（50：50，V/V）；流速：0.5~1.0 mL/min；检测波长：210 nm；柱温：30 ℃。

苦楝（楝树、紫花树）

【概述】

苦楝子又名金铃子，是楝科植物楝树的干燥成熟果实。核果长圆形至近球形，长1.2~2 cm，直径1.2~1.5 cm。外表面棕黄色至灰棕色，微有光泽，干皱。先端偶见花柱残痕，基部有果梗痕。果肉较松软，淡黄色，遇水浸润显黏性。果核卵圆形，坚硬，具4~5棱，内分4~5室，每室含种子1粒。气特异，味酸、苦。苦楝子及苦楝皮均可入药，用以驱蛔虫、蛲虫。苦楝树全株有毒，以苦楝子毒性最强，根、皮次之，叶最弱。该植物原系落叶乔木，野生，现在全国各地均有栽培。

【有毒成分】

苦楝的有毒成分为苦楝素。

【毒性】

食入苦楝果6~8颗即可引起中毒。

【中毒原因】

常见自用苦楝皮、苦楝子治病用药量过大或小儿误食造成中毒。

【作用机制】

苦楝子含有苦楝素等，对消化道有刺激作用，对心血管及肝脏有损害作用。

【中毒症状】

中毒初期症状表现为恶心、呕吐、剧烈腹痛、腹泻，继而出现头晕、口唇麻木、视力障碍、行动迟缓、肌无力、肝大、黄疸、心悸等症状，严重者出现震颤、肌肉麻痹、呼吸困难、休克及心力衰竭等症状。

【急救措施】

本品中毒无特殊解救方法，按一般中毒处理，早期催吐、洗胃、导泻，出现临床症状时对症处理。

【尸体特征】

解剖可见死者的肝、肾、肠道等内脏有出血。

【检材提取】

检材可提取呕吐物、胃内容物等。

【检验方法】

高效液相色谱法。

（1）提取方法：苦楝素属四环三萜类化合物，为无色针状结晶，易溶于甲醇、乙醇、丙酮、吡啶等，微溶于苯及氯仿，几乎不溶于水及石油醚。可用乙醇-氯仿超声波提取。

（2）仪器条件：仪器：高效液相色谱仪；色谱柱：Agilent Zorbax Eclipse XDB C18（4.6 mm×250 mm×5 μm）键合硅胶柱；流动相：乙腈+水（45∶55，*V/V*）；流速：1.0 mL/min；检测波长：215 nm；柱温：25 ℃。

瓜蒂

【概述】

瓜蒂又叫苦丁香、甜瓜蒂、香瓜蒂，为葫芦科一年生匍匐或攀缘草本植物甜瓜的果蒂。它是甜瓜盛产期，剪取的青绿色瓜蒂之阴干品；干燥的果蒂，其果柄略弯曲，上有纵棱，微皱缩；连接果实的一端渐膨大，即花萼的残基，表面黄褐色，有时带有卷曲的果皮，质柔韧，不易折断。瓜蒂气微、味苦、性寒、有毒。在全国各地均有生产。

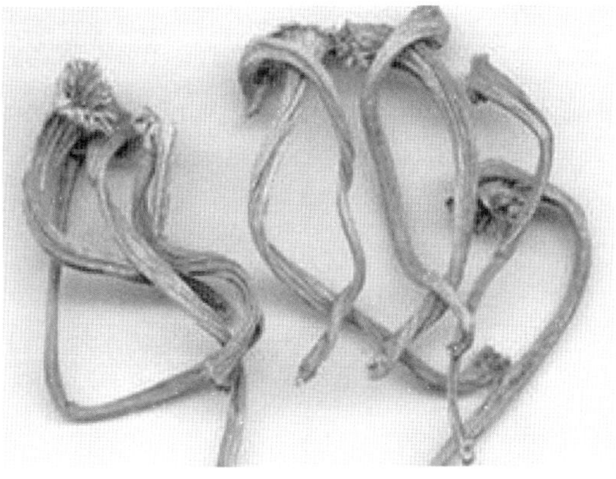

【有毒成分】

瓜蒂的有毒成分为葫芦苦素B、葫芦苦素E（即甜瓜素或甜瓜毒素）等，其中以葫芦苦素B的含量最高（1.4%）。

【毒性】

小鼠的半数致死量（mg/kg）如下：甜瓜蒂注射液：6.87±0.2（尾静脉注射）；葫芦苦素B：14.0±3.0（灌胃），1.0±0.07（皮下注射）；葫芦苦素E：6.3（灌胃），4.6（皮下注射），1.5（腹腔注射），0.96（静脉注射）。

【中毒原因】

中毒原因多为用药过量或滥用药物等。

【作用机制】

瓜蒂中含有的甜瓜毒素，能刺激胃黏膜感觉神经，反射性引起呕吐中枢兴奋，导致强烈呕吐；刺激胃黏膜，引起腹痛、腹泻。

【中毒症状】

中毒症状主要有头晕眼花、上腹不适、胃部灼痛、恶心、呕吐等，呕吐物中可含血及胆汁，腹泻黄色水样便。血压先升后降，并可出现发绀、呼吸困难、胸闷、昏迷、抽搐等症状。终因呼吸中枢麻痹而死亡。

【急救措施】

宜用高锰酸钾溶液洗胃，口服医用活性炭，大量补液，皮下注射阿托品；呼吸抑制者，可用尼可刹米、咖啡因等，给予吸氧，必要时进行人工呼吸；昏迷、抽搐者，可用甘露醇或山梨醇快速静脉滴注；血压下降时，可用升压药。

【尸体特征】

尸检可见口唇及四肢指（趾）端明显发绀；胃肠黏膜瘀血、水肿，小灶性出血；双肺明显瘀血、水肿。镜下可见心肌细胞、肝细胞及肾小管上皮细胞有不同程度水变性；脑水肿，神经细胞变性。

【检材提取】

检材可提取胃内容物、胃壁及肝脏等；并注意现场采集植物标本进行品种鉴定和中毒确认。

【检验方法】

葫芦素类的检验（显色反应）。

取本品粉末0.5 g，加乙醇10 mL，回流30 min，过滤。取滤液置蒸发皿中蒸干，残渣加5%的磷钼酸乙醇溶液1~2滴，烘烤后显深蓝色。

四季豆

【概述】

四季豆是豆科菜豆种的栽培品种，因地区不同又称为小刀豆、白饭豆、豆角、菜豆、梅豆角、芸扁豆等，其状为月条形，略膨胀，长10~15 cm，宽约1 cm，成熟前为绿色或浅黄色，成熟后一般为粉白色、黄白色、黄褐色。每荚含种子4~10粒，种子呈椭圆形、肾形、扁圆形、长圆形等。种皮有白、黄、褐、红、紫红、蓝、黑等色及各种花纹和花斑。是餐桌上常见的蔬菜之一。虽在20世纪70年代人们就已发现食用烹调加工不熟的四季豆能使人中毒，但每年因此而发生的集体中毒事件仍屡见不鲜。

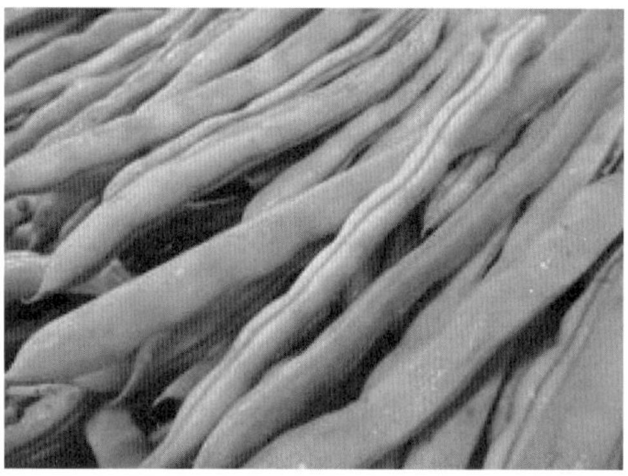

【有毒成分】

四季豆的有毒成分主要是皂苷和胰蛋白酶抑制物。

【毒性】

四季豆中毒个体差异较大，小鼠灌胃急性中毒半数致死量（LD_{50}）为19 g/kg。

【中毒原因】

食用未煮熟的四季豆是导致中毒的主要原因。

【作用机制】

四季豆中含有皂苷、凝集素等有毒成分，皂苷对消化道黏膜有较强的刺激作用，凝集素有凝血作用。

【中毒症状】

摄入未煮熟的四季豆，引起中毒的潜伏期为数十分钟，一般不超过5 h，症状主要表现为头痛、头晕、恶心、呕吐、腹痛、腹泻、出冷汗等，有时可伴有肢体麻木、心慌、胃内烧灼感等症状。

【急救措施】

中毒轻者可多饮浓茶或糖水，以促进毒物排出，多休息即可；严重者出现脱水或溶血症状时，应及时送往医院救治；民间用甘草、绿豆适量煎汤当茶饮，有一定的解毒作用。

【尸体特征】

四季豆急性中毒的临床表现以呕吐、腹泻、腹痛等急性胃肠炎型多见，死亡多因脏器衰竭所致，解剖可见心、肾、肝等多脏器损害。

【检材提取】

检材可提取吃剩的饭菜、呕吐物、血液等。

【检验方法】

目前尚无可靠的四季豆中毒检验方法，主要以调查是否有食用四季豆史作为重要依据。

山道年蒿（驱蛔蒿、蛔蒿）

【概述】

山道年蒿系菊科多年生草本植物，是北极圈内特有的可以被人类用来作为药用的植物，也是前苏联特有的药用植物。我国1952年从前苏联引种，在呼和浩特、大同、西安、潍坊等四个国营农场分别试种。该植物主根细，茎数枚或多枚，叶互生，小形，羽状深裂，头状花序，无梗，气浓香，味微苦。从山道年蒿中提取出的一种含有两个双键的酮内酯化学物质叫山道年，呈无色晶体状，熔点174~176 ℃，遇光变黄，可溶于氯仿、苯和乙醇，对驱蛔虫和驱蛲虫有特效，曾是驱蛔虫药宝塔糖的主要成分。

【有毒成分】

山道年蒿的有毒成分为山道年。

【毒性】

成人最低致死量（MLD）约为 1 g，10 岁以下儿童 0.3 g 可致死；山道年小鼠皮下注射半数致死量（LD_{50}）为 250~400 mg/kg。

【中毒原因】

中毒原因多为用药过量或小儿贪食。

【作用机制】

小剂量仅影响特种感觉，以色觉障碍较为明显，听觉次之；大剂量可兴奋中枢神经系统，引起癫痫样惊厥，过度兴奋后，转入严重的抑制状态，甚至昏迷。

【中毒症状】

中毒症状有眩晕、头痛、呕吐、腹痛、腹泻、黄视及听觉、嗅觉、味觉发生变化等，严重者出现肢体痉挛、精神错乱、血尿等症状，最终可因中枢抑制而死亡。

【急救措施】

洗胃、导泻及对症治疗。

【尸体特征】

死者皮肤可见药物皮疹及黄染，面色苍白，瞳孔散大。

【检材提取】

检材可提取粪便、尿液等。

【检验方法】

化学显色法。

微量山道年与氢氧化钾-乙醇溶液共热，呈紫红色；与硫酸+水（1∶1，V/V）溶液共热，再加 1 滴三氯化铁，先呈黄色，后转变成红色，再后变为紫色。

毒鱼藤（鱼藤、白药根、雷公藤蹄）

【概述】

毒鱼藤属豆科多年生藤本攀缘灌木，全株无毛；枝条有麻点；叶互生，近革质，有不明显的钝齿；花粉红色，花冠蝶形，长在叶腋下；结斜卵形豆荚，扁平而薄，近于肾形。分布于浙江、江西、福建、湖北、湖南、广东、广西、四川、贵州、云南等地。

【有毒成分】

毒鱼藤的有毒成分为鱼藤酮。

【毒性】

鱼藤酮对昆虫和鱼的毒性较强，而对哺乳动物的毒性则较轻。对人的致死量为 3.6~20 g，

犬静脉注射致死量为 0.5 mg/kg。

【中毒原因】

中毒原因多为误食或用药不当等。

【作用机制】

毒鱼藤的主要毒性成分为鱼藤酮，属于神经毒类，能兴奋延髓呼吸中枢，引起呼吸兴奋，并可引起惊厥，严重时可导致呼吸中枢及血管运动中枢麻痹。另外，鱼藤酮对皮肤、黏膜有较强的刺激作用。

【中毒症状】

口服中毒者出现口唇麻木、黏膜干燥、恶心、呕吐、阵发性腹痛、烦躁不安、心律不齐等症状，继而出现口唇发绀、阵发性痉挛、肌肉震颤、呼吸减慢、意识模糊等症状，甚至出现昏迷，终因呼吸肌麻痹或心力衰竭而死亡。皮肤接触者，接触部位可出现丘疹等。

【急救措施】

出现痉挛前应先催吐、洗胃，可用山梨醇导泻。出现痉挛时应给予解痉剂（如安定、苯妥英钠等）；当出现呼吸抑制时，应给予吸氧，必要时行气管切开术；心力衰竭者，给予强心剂治疗。若皮肤沾染上鱼藤酮，必须立即用大量清水冲洗，再用肥皂水清洗干净。

【尸体特征】

尸检可见血液呈暗红色流动状；支气管内有较多黏液；肺瘀血、水肿显著；脑水肿。

【检材提取】

检材可提取呕吐物、胃内容物、剩余食物、肝脏等。

【检验方法】

气相色谱法。

仪器：气相色谱仪；色谱柱（填充柱）：固

定相为 5% SE－30，担体为 Shimalite W（AW－DMCS），80～100 目；柱温：270 ℃（恒温）；检测器：FID；内标物：邻苯二甲酸二壬酯。

豆薯（沙葛、凉薯、地瓜）

【概述】

豆薯为豆科一年生或多年生缠绕性草质藤本植物。直根系，须根多，主根上端逐渐膨大成为扁圆形或纺锤形肉质块根；块根表皮为浅黄色，皮薄而坚韧，易剥离；茎蔓生，高 2 m 以上，右旋缠绕；叶为三出复叶，浓绿色，表面光滑；花为总状花序；自茎基部第 5～6 节起，节节可抽生花序；荚果，扁平条形，长 10～13 cm，宽 1.2～1.5 cm，嫩荚有刺毛不能食用；内含种子 8～10 粒，种子近方形，扁平，黄褐色，间有槽纹。种子及茎、叶均有毒。

【有毒成分】

豆薯的种子及茎、叶中含有鱼藤酮。

【毒性】

有成人口服豆薯籽 5～6 粒死亡的报道。

【中毒原因】

中毒原因多见于意外误食，也有将豆薯籽混入扁豆内做菜投毒他杀的报道。

【作用机制】

豆薯籽所含毒性物质鱼藤酮，属于神经毒类，能兴奋延髓呼吸中枢，引起呼吸兴奋，并可引起惊厥，严重时可导致呼吸中枢及血管运动中枢麻痹。另外，鱼藤酮对胃肠道有较强的刺激作用，可致呕吐、腹泻。

【中毒症状】

食后数分钟至数小时出现头昏、恶心、口干、呕吐、腹泻、腹痛、四肢发麻等症状，严重者出现惊叫、口唇发绀、呼吸困难、肢端发凉、血压急剧下降、眼球突出、瞳孔缩小、对光反射消失、惊厥、昏迷等症状。可在中毒后数小时或 1～2 天死亡。

【急救措施】

经口中毒者，应选用 2%～4% 的碳酸氢钠溶液洗胃，导泻忌用油类泻剂，避免促进毒物吸收，同时禁用油脂类食物；草药崩大碗（又名蚶壳草）对鱼藤酮中毒具有较好的解毒作用，轻度中毒者，可用崩大碗 250～1 000 g 捶汁，加茶油 250～500 g，均分 1～2 次服用，服后患者常有呕吐、腹泻等反应；对症治疗，其中以及时控制抽搐和防治呼吸衰竭最为重要。选用抗惊厥类药物时，应尽量避免对呼吸的不利影响，及时给予吸氧，必要时应用呼吸机维持呼吸。

【尸体特征】

尸检可见血液呈暗红色流动状；支气管内有较多黏液；肺瘀血、水肿显著；脑水肿；胃内容物中可见淡绿色豆薯籽碎片。

【检材提取】

可采集呕吐物、胃内容物及可疑剩余食物等作为检材。

【检验方法】

参见“毒鱼藤”。

金鸡纳树

【概述】

金鸡纳树，又名鸡纳树、奎宁树、金鸡勒树。属常绿灌木或小乔木。树皮黄绿色或褐色，叶对生，7～9 月开白色或黄白色花；蒴果椭圆形，种子小而扁平，褐色，有翅。从其树皮中可提取出一种白色结晶性粉末或颗粒状生物碱叫金鸡纳霜（又名奎宁），它微溶于水，无臭，味极苦，在阳光下逐渐变为黄色，是防治热病尤其是治疗间日疟疾的特效药。该树种原产于南美洲的秘鲁，最初发现于安第斯山脉东面海拔 900～2 700 m 的山谷中，19 世纪中期移植至东南亚一带栽培，中国于 1906 年开始在台湾省试种，1933 年引种于广东、云南等地，是目前提取奎宁和奎尼丁的重要原料。

【有毒成分】

金鸡纳树的有毒成分主要为金鸡纳霜（奎宁）。

【毒性】

奎宁的急性中毒量为 4~12 g，致死量约为 8 g，常在服药后几小时或几天内死亡。

【中毒原因】

中毒原因多为药用过量、自杀等。

【作用机制】

金鸡纳树所含有毒成分主要是奎宁，其次是辛克宁、辛克尼丁、奎尼丁等，统称为金鸡勒生物碱。主要抑制 Na^+的跨膜转运，其次抑制 Ca^{2+}向细胞内流动；还能阻滞迷走神经，使房室传导加快，造成室性心动过速，加重循环障碍。

【中毒症状】

一般中毒后出现金鸡纳反应，如眩晕、头痛、耳鸣、眼花、恶心、呕吐、听力及视力减退等。个别会出现皮疹、瘙痒、发热、哮喘等过敏反应。大剂量中毒时出现视野缩小、心律失常、血压下降、呼吸浅慢、烦躁、谵妄、惊厥、昏迷等症状，终因呼吸肌麻痹、循环衰竭而死亡。偶尔会有“奎尼丁晕厥”症状发生，主要表现为室性早搏、室性心动过速、室颤等，发作时患者意识可突然丧失，并伴有惊厥。

【急救措施】

眼睛接触者，应立即提起眼睑，用大量清水反复冲洗，尽快送医院处理。口服中毒者，应立即催吐，并用 5% 的医用活性炭混悬液或 1∶5 000 的高锰酸钾溶液洗胃，同时用硫酸镁导泻，静脉输液促进毒物排泄；肾功能正常时可用氯化铵酸化尿液，加速奎宁的排出；必要时行透析疗法；出现晕厥时应立即进行心肺复苏。

【尸体特征】

尸检可见口吐白沫，口唇青紫，解剖可见死者各脏器充血，并伴有窒息征象。

【检材提取】

检材可提取呕吐物、胃内容物、血液等。

【检验方法】

高效液相色谱法。

仪器：高效液相色谱仪；色谱柱：Waters sunfire C18（250 mm×4.6 mm×5 μm）键合硅胶柱；流动相：甲醇+0.01 mol/L 的 $(NH_4)_2HPO_4$（90∶10，*V/V*）；流速：1.0 mL/min；检测波长：328 nm；柱温：30 ℃；进样量：20 μL。

及己（四叶对、四皮风、獐耳细辛、四角金）

【概述】

及己为金粟兰科金粟兰属多年生草本植物，高 20~40 cm。根状茎横生，粗短，须根密集，状如细辛；茎单一或数个自根抽出，具明显的节，无毛；单叶对生，常 4 片生于茎顶，椭圆形或卵状椭圆形；夏季开花，穗状花序单一或 2~3 个生于茎顶，无花梗及花被；浆果梨形。生于林边阴湿处；分布于江苏、安徽、湖北、福建、广东、广西、贵州等地。具有舒筋活络、祛风止痛、消肿解毒之功效。可用于跌打损伤、风湿腰腿痛、疔疮肿毒、毒蛇咬伤等的救治。

【有毒成分】

及己的有毒成分为二氢焦莪术呋喃烯酮、焦莪术呋喃烯酮、黄酮苷等。

【毒性】

及己全株有毒，以根的毒性最强。成人口服

及己根超过6~7 g即可发生中毒。曾有一例用黄酒捣服及己鲜根约20 g，24 h内死亡的报道。成人口服及己三株以上均可出现严重中毒，甚至死亡。

【中毒原因】

药用过量引起的意外中毒多见，亦有用于自杀的案例报道。

【作用机制】

及己含有的有毒成分可作用于神经系统，导致窦性心动过速；还能直接损害肝、肾细胞，引起肝、肾功能障碍。肝、肾功能衰竭是导致死亡的主要原因。

【中毒症状】

中毒后可出现头昏、恶心、呕吐、口唇干燥、面色苍白、意识模糊、结膜充血、齿龈发黑、心悸亢进、狂躁不安、手足抽搐、昏迷等症状，而后死亡。

【急救措施】

中毒早期及时催吐，继之洗胃；静脉输液可促进毒物排出；民间用香茶菜、阴地蕨、当归各15 g，黑豆20粒，煎服，有一定的解毒作用。

【尸体特征】

尸检可见死者的皮肤、黏膜下及器官浆膜下广泛性出血；肝脏弥漫性、大块状坏死；肾小管上皮细胞变性、坏死；肺出血、水肿；脾脏瘀血。镜下可见肝脏坏死灶周围有少量中性粒细胞和淋巴细胞浸润，肾上腺皮质出血、坏死。

【检材提取】

现场提取的原植物、呕吐物、胃内容物、剩余药液等可以作为检材。

【检验方法】

用原植物与呕吐物、胃内容物、剩余药液残渣对比进行毒物分析或动物实验。

案例一：吕宋果中毒

1980年6月某日，张某将80 g吕宋果煎熬约2 h，与其子女共4人饮服该药汁，服药不久皆中毒。其中张某及其长女服药量各达100 mL以上，中毒严重，经抢救无效而死亡。

案例二：乌头碱中毒

2015年4月24日22时许，张某（女，65岁）在三门峡市开发区某出租屋内喝下他人配制的药酒后感觉恶心、呕吐，被送至黄河三门峡医院抢救，于次日凌晨2时许死亡。

2015年4月25日，黄河三门峡医院24 h内入院死亡记录记载：头晕、心悸伴恶心、呕吐2 h就诊。2 h前患者开始出现头晕、心悸伴恶心、呕吐、出汗等症状，心电监护提示心率170次/分，频发多源性室性早搏，阵发性室性心动过速。抢救过程中出现意识丧失、小便失禁等症状。心电监护提示尖端扭转型室性心动过速，随即出现室颤。

检验情况：尸僵存在于全身诸关节，尸僵强。尸斑呈暗紫红色，指压不褪色。角膜透明，双瞳孔等圆、散大。除注射针孔外体表未见明显损伤。解剖见头皮下无出血，颅骨无骨折，颈部皮下无出血，舌骨、甲状软骨及环状软骨无骨折，胸腹腔各脏器呈瘀血状，无损伤及器质性病变。胃内有少量液体，约20 mL。提取死者脑、心脏、双肺、肝脏、胰腺、脾脏、双肾及部分胃壁和肠组织进行病理组织学检验，结果右心室壁心外膜下及心肌间质灶性出血；脑瘀血、水肿；肺瘀血、水肿，灶性出血；部分肝细胞脂肪变性；脾瘀血，中央小动脉玻璃样变性。提取死者胃内容物及心血进行毒物检验，结果从死者心血及胃内容物中均检出乌头碱成分，其中心血中含量109.94 ng/mL。

张某系口服乌头碱中毒死亡。经调查及检验，在死者所喝的药酒中检出乌头碱成分。

案例三：雷公藤中毒

2008年某日晚22时许，翟某酒后和情妇黄某发生矛盾，打伤了黄某。后黄某以帮翟某解酒为名，将雷公藤干根约50 g煎成200 mL药液让翟某服下，30 min后翟某出现呕吐、腹泻等症状。急送医院救治，两日后死亡。

尸体检验：胃黏膜散在斑点状出血。心肌间质瘀血，肺瘀血、水肿，肝细胞灶性脂肪变性；肾近曲小管上皮细胞重度水变性，脑瘀血、水肿。

现场勘查：在黄某家厨房内发现煎药的残渣。

理化检验：提取死者的胃内容物、肝组织及药物残渣检验，均检出雷公藤成分。

鉴定意见：翟某系雷公藤中毒死亡。

第五章　有毒动物

第一节　昆虫、动物类

毒蛇

【概述】

毒蛇，顾名思义，就是有毒的蛇。此类蛇一般头呈三角形，尾很短，并突然变细；口内有毒牙，牙根部有毒腺，毒腺能分泌特殊的毒液即蛇毒。按蛇毒的作用方式可将毒蛇分为以神经毒为主的毒蛇（如金环蛇、银环蛇及海蛇等）和以血液毒为主的毒蛇（如竹叶青、蝰蛇和龟壳花蛇等）及兼有神经毒和血液毒的毒蛇（如蝮蛇、眼镜王蛇和眼镜蛇等）三大类。

【有毒成分】

蛇毒，它是毒蛇分泌出来的一种含有多种酶类的毒性蛋白质、多肽类物质。新鲜的蛇毒为略带腥味的蛋清样黏稠液体，呈黄色、淡黄色、绿色，甚至无色，新鲜时呈中性或弱酸性，放置稍久可变成碱性，含水量 50%~75%，相对密度为 1.030~1.080。蛇毒的成分相当复杂，不同的蛇种、亚种，甚至同一种蛇不同季节所分泌的毒液，其毒性成分均会存在一定的差异。

【毒性】

中毒的严重程度与蛇的大小和种类、注入蛇毒的数量、伤口的数目、咬伤的部位和深度及被咬者的年龄、体重和健康状况、咬伤和开始治疗之间的时间和被咬者对蛇毒的易感（反应）性有关。成人被咬伤（干毒）致死量：银环蛇：1 mg/kg（死亡率 23%）；蝰蛇：4.2 mg/kg（死亡率 30%）；海蛇：3.5 mg/kg（死亡率 35%）；眼镜王蛇：12 mg/kg（死亡率 100%）。

【中毒原因】

多见于野外意外咬伤，也有注射蛇毒或投放毒蛇故意杀人的案例报道。

【作用机制】

蛇毒大致可分为神经毒素和血液循环毒素。神经毒素能够选择性地阻断神经肌肉生物电活动的传导，使横纹肌产生弛缓性瘫痪；能抑制呼吸中枢和颈动脉窦化学感受器，使缺氧症状加重，呼吸衰竭；能使肾上腺释放肾上腺素，引起血压升高；能抑制延髓血管运动中枢，使外周血管扩张，血压下降；能使胃肠平滑肌先兴奋后抑制，引起肠麻痹；另外，神经毒素还能引起抽搐、意识障碍及动眼神经、面神经等的损害。血液循环毒素主要包括心脏毒素、凝血毒素、出血毒素、溶血毒素及抗凝血毒素。有的蛇毒还可引起细胞溶解、组织坏死等。

【中毒症状】

毒蛇咬伤部位多位于肢体末端，中毒症状与毒蛇的种类有关。

（1）局部症状：轻者肿胀不明显，仅有微痛、麻木感、轻度红肿；重者红肿疼痛明显，随后红肿加剧，变紫黑色，组织坏死。

（2）全身症状：①神经毒类的毒蛇咬伤后 30 min 即出现头痛、眩晕、流涎、恶心、腹痛、胸闷、气促、眼睑下垂、视力模糊、感觉异常、声嘶、舌麻痹、言语不清、吞咽困难、全身瘫痪等症状，重者可发生昏迷、休克、呼吸麻痹、循环衰竭。②血液毒类的毒蛇咬伤2 h，即出现畏寒、发热、恶心、呕吐、全身酸痛、心悸、胸闷、烦躁不安、全身多发性出血、贫血、血压下降、休克等症状，重者可发生心、肾功能衰竭或中毒性休克。③兼有神经毒和血液毒的毒蛇咬伤具有双重症状，可于数分钟内死亡。海蛇的蛇毒可引起急性肾功能衰竭。

【急救措施】

（1）结扎：在被毒蛇咬伤部位的上部用橡胶带或止血带结扎，阻止毒素向全身扩散，每隔20 min要松开2~3 min，防止肢体缺血坏死。

（2）洗伤口：用净水、生理盐水或0.1%的高锰酸钾溶液冲洗伤口，从上到下挤压20~30 min，排出毒液。

（3）排毒：结扎后用拔火罐或吸奶器吸吮毒素，紧急情况下可用口吸吮，把毒汁吸出(用口吸吮时，应注意用清水漱口，防止毒素进入施救者体内)；中毒时间较短可采用扩创排毒，超过24 h则不可采用此法。

（4）解毒：抗蛇毒血清是最佳的抢救药物，若无，紧急时可用氢化可的松、地塞米松静脉注射或并用葡萄糖、腺苷三磷酸、辅酶A、胰岛素静脉滴注，以减轻毒性反应。

（5）对症治疗：防止脑水肿、心力衰竭、肾功能衰竭、休克及呼吸困难等的发生。症状严重者，马上送医院抢救。

【尸体特征】

局部可见一对深而粗的牙痕，组织肿胀，严重者可见紫黑色坏死；脑水肿，多发小灶性出血及小脑扁桃体疝形成；心外膜下及心内膜下斑点状或广泛性出血；肺浆膜下斑点状出血，肺瘀血、水肿，可见灶性出血。镜下可见咬伤局部广泛性出血坏死，伴有大量中性粒细胞浸润，局部淋巴结内有大量中性粒细胞浸润；脑和脊髓神经细胞呈急性肿胀，广泛空泡变性、坏死，尼氏小体消失；横纹肌坏死，细胞结构消失，胞浆嗜碱性；肾上腺皮质束状带和网状带内有灶性出血、坏死，可伴有较多中性粒细胞浸润；肝、肾细胞呈水变性及灶性坏死。

【检材提取】

可采集咬伤部位的组织、血液及内脏等作为检材。

【检验方法】

间接酶联免疫吸附测定法。

以标准银环蛇毒及抗原标本包被96孔酶标板，37 ℃温育2 h，取出后用pH值为7.4的PBS-Tween 20（0.05%）缓冲液洗板3次；再用含3% BSA的PBS-Tween 20（0.01 %）封闭液每孔100 μL封闭酶标板，37 ℃温育90 min，洗板3次；将抗银环蛇毒的抗体配成浓度为10 μg/mL的工作液，以0.1 mL/孔加入到上述酶标板中，37 ℃温育30 min，用PBS洗板3次；加入兔抗马IgG-HRP（按1∶5 000稀释）100 μL，37 ℃温育1 h；洗涤后每孔加40%的邻苯二胺底物溶液0.1 mL，37 ℃避光温育10 min，每孔加4 mol/L的H_2SO_4溶液100 μL终止反应；490 nm下测光吸收值。

黄蜂（胡蜂、蚂蜂）

【概述】

黄蜂又称为胡蜂、蚂蜂或马蜂，是一种分布广泛、种类繁多、有社会性行为的飞翔迅速的昆虫类群，在遇到攻击或不友善干扰时，会群起攻击，此时黄蜂的雌蜂将会用尾端与毒腺相通的长而粗的螯针刺入动物的体内并射入毒液，引起毒性反应，严重者可导致死亡。

【有毒成分】

蜂毒（蜂毒素），是从蜂毒腺和副腺中分泌出的一种具有芳香气味的透明液体，相对密度1.131 3，pH值为5.5，味苦，室温下很快干燥成类白色或淡黄色结晶体，微透明而闪亮。它是一种成分复杂的混合物，除了含有大量水分外，还含有若干种蛋白质、多肽类、酶类、组胺、酸类、氨基酸及微量元素等。在多肽类物质中，蜂毒肽约占干蜂毒的50%，蜂毒神经肽占干蜂毒的3%。蜂毒中的酶类多达55种，磷脂酶A占干蜂毒的12%，透明质酸酶占干蜂毒的2%~3%。

【毒性】

蜂毒对哺乳类动物的作用最强，健康人同时接受10次蜂蜇可引起局部反应；接受200~300次蜂蜇会引起中毒；短时间内接受蜂蜇500次，可致人死亡。但是，大多数人会对蜂毒产生免疫力，常受蜂蜇的蜂农一旦产生免疫力，即使同时遭受数百只蜂蜇也不会发生任何中毒症状。过敏体质的人，即使是被很少的蜂蜇伤，也可因过敏性休克或急性喉头水肿而死亡。

一般情况下，蜂毒的半数致死量（LD_{50}）：小白鼠皮下注射为18.3 mg/kg±0.92 mg/kg，腹腔注射为3 mg/kg±0.41 mg/kg；大白鼠皮下注射为31.5 mg/kg±6.7 mg/kg，腹腔注射为7.5 mg/kg±0.34 mg/kg。

【中毒原因】

中毒原因均为意外蜇伤，需注意用注射蜂毒的方式进行他杀案件的发生。

【作用机制】

蜂毒中含有神经毒素和血液毒素。蜂毒中的磷脂酶A和磷脂酶B可作用于细胞膜，引起溶血，继发急性肾小管坏死。蜂毒中的蛋白质、多肽类可引起过敏反应。

【中毒症状】

蜂蜇机体后，轻者可引起疼痛、起疱、灼热、水肿等局部症状，较重者当时可昏迷，敏感体质者可引起过敏性休克、荨麻疹等，全身中毒症状有头痛、头晕、口舌麻木、口唇及眼睑水肿、喉头水肿、恶心、呕吐、腹痛、水样便、烦躁不安、血压升高、呼吸困难等，严重者可因休克或呼吸衰竭而死亡。

【急救措施】

先用针挑拨取出毒刺（切记不可挤压），再清洗。蜜蜂蜇伤可用弱碱性溶液（肥皂水、2%~3%的碳酸氢钠溶液）清洗、浸泡伤口。黄蜂蜇伤则要用弱酸性溶液（醋）清洗、浸泡伤口，然后用蛇药片加水研成糊状外敷，最后对症处理：促排毒、抗感染、抗过敏及抗休克等。症状严重者，马上送医院抢救。

【尸体特征】

尸检可见蜂蜇伤处充血、肿胀，有时蜂蜇人后其毒刺可部分残留于蜇伤处。喉头水肿；肺瘀血、水肿；多脏器出血。镜下可见肾小管上皮细胞坏死；大量血红蛋白管型；肝、肾、脾等受嗜酸性粒细胞浸润。

【检材提取】

蜂毒毒素进入人体后可迅速分布于全身，不易提取，目前尚无特异的检测方法，因此直接认定很难，取器官组织做病理切片观察，有助于诊断和鉴别诊断。

【检验方法】

1. 显色反应

取蜂毒少许，加1 mol/L的氢氧化钠溶液1 mL，摇匀，加5%的硫酸铜溶液2~3滴，即呈玫瑰红色或蓝紫色。

2. 紫外光谱法

取蜂毒加水配成0.03%的溶液，于280 nm±1 nm波长处有最大吸收峰。

3. 电泳法

取0.16%的蜂毒水溶液20 mL，在醋酸纤维薄膜上点样，以含1.9%甲酸铵的1.5%的乙酸液为缓冲液，于8 mA、40 V的电泳仪上电泳40 min，用考马斯亮蓝R-250染色，即出现三条蓝色色带，中间较粗的一条色带为蜂毒多肽。

蝎子

【概述】

蝎子是一种有8只脚的节肢动物，属于蛛形纲。广泛分布于世界各地，它的身体一般可分为3部分，即头胸部、前腹部和后腹部。蝎子体表黄褐色，腹面及附肢颜色较淡，后腹部第5节的颜色较深。头胸部和前腹部合在一起，称为躯干部，呈扁平长椭圆形；后腹部分节，呈尾状，又称为尾部。整个身体极似琵琶状，全身表面都是高度几丁质化的硬皮。尾部末端有一个毒囊，内有毒液，连一毒刺。在受到激怒的情况下，出于防御或攻击的本能可从其毒囊中排出一种毒液即蝎毒，又称蝎子毒。蝎毒除了具有抗惊厥、抗癫痫、镇痛、镇静作用外，尚具有抗血栓、抗肿瘤等多种作用。它在分子神经生物学、分子免疫学、分子进化学、蛋白质的结构与功能等方面有着广阔的应用前景。

【有毒成分】

蝎毒为无色蛋白毒，主要有毒成分为神经毒素、溶血毒素、出血毒素、心血管收缩毒素，并且含有导致胰腺炎和血糖过高的成分。新鲜的蝎毒液为乳白色，具有蛋白质的一切通性，易失活。

【毒性】

蝎毒因区域不同其毒性差异很大。辽宁产蝎毒：小鼠腹腔注射半数致死量（LD_{50}）为 10.3 mg/kg；河南和山东产蝎毒：小鼠腹腔注射半数致死量（LD_{50}）为 214 mg/kg；河北产蝎毒：小鼠静脉注射半数致死量（LD_{50}）为 2.79 mg/kg。蝎毒最低致死量（MLD）对兔为 0.07 mg/kg，对小鼠为 0.5 mg/kg。

【中毒原因】

中毒原因均为意外蜇伤。

【作用机制】

蝎毒中的神经毒素进入血液中可麻痹呼吸中枢，兴奋迷走神经；神经毒素能使细胞膜上的 Na^+和 K^+通道不能关闭或推迟、阻碍 Na^+和 K^+通道打开，前者表现为持续兴奋，后者表现为神经麻痹。溶血毒素作用于红细胞表面，使红细胞膜破裂产生溶血；出血毒素作用于血管壁，使毛细血管脆性增加；心血管收缩毒素使心肌细胞受损，导致心肌无力、心动过缓、低血压以致休克。

【中毒症状】

皮肤被蝎子蜇伤后，蜇伤部位中央可见蜇伤斑点，内有钩形毒刺，周围皮肤局部麻木红肿、灼痛、起水疱，甚至坏死；若被剧毒蝎子蜇伤，1~2 h 后出现头痛、头昏、畏光、流泪、恶心、呕吐、流涎、大汗淋漓、呼吸急促、血压升高、口唇及舌肌麻痹等症状，严重者出现昏迷、惊厥、呼吸停止而死亡。

【急救措施】

① 立即取出毒刺。②用拔火罐或吸奶器尽量将毒液吸出。③立即用止血带缚扎，并用冰袋局部降温，阻止毒素扩散。④扩大创口，用肥皂水或稀氨水反复冲洗，再用 5%的碳酸氢钠溶液湿敷。⑤对症治疗。

【尸体特征】

尸检可见死者体表有被蜇伤的针孔状创口。所有器官均有不同程度的充血。镜下可见心内膜下出血，心脏壁的血液栓塞，肾上腺大块区域出血，脑前叶大面积出血，大脑皮层亦有出血斑，可见血泪、血尿、腹膜内出血及生殖器异常勃起等。

【检材提取】

检材可提取局部皮肤、血液、肝脏等。

【检验方法】

薄层色谱法。

吸附剂：硅胶 G 薄层板或纸色谱；显色剂：0.3%的茚三酮；展开剂：正丁醇+乙酸+冰乙酸+水（4∶1∶1∶2，$V/V/V/V$）。

蜘蛛（网虫、园蛛、八脚蟾）

【概述】

蜘蛛是节肢动物门、蛛形纲、蛛形目的动物。身体长圆形，分头胸部和腹部两个部分，共 8 条腿；腹部多为圆形或卵圆形，肛门尖端能分泌黏液，在空气中凝成丝，用以结网捕食昆虫；头胸部有附肢两对，第一对为螯肢，螯肢节内或头胸部有毒腺，当蜘蛛咬人时，蜘蛛的螯肢可将人的皮肤刺破，从毒腺中分泌出的毒液可经伤口进入人体引起中毒。主要种类有间斑寇蛛（俗称黑寡妇）、穴居狼蛛。

【有毒成分】

蜘蛛毒液的有毒成分为蜘蛛毒素（包括神经毒素、溶血毒素）。

【毒性】

毒蜘蛛会对人类的安全产生威胁，部分蜘蛛也会危害农作物。蜘蛛如果腹部为红色就是有毒的，真正的有毒蜘蛛有多少，目前尚无确切统计，世界上毒性最强的蜘蛛有球腹蛛科的地中海黑寡妇蜘蛛、甲蛛科的褐平甲蛛、天疣蛛科的澳大利亚漏斗蛛、栉足蛛科的黑腹栉足蛛、捕鸟蛛科的澳大利亚捕鸟蛛。

Phoneutria 蛛的毒性最强，以 20 g 小白鼠做试验，静脉注射 0.006 mg 毒素，2~5 h 即出现死亡。据统计，美国在 1959~1973 年间被 *Lathroclectustus* 咬伤的有 1 726 人，死亡 55 人。线蛛属、捕鸟蛛属的蜘蛛咬伤的伤口较大而深；狼蛛属、园蛛属的蜘蛛咬伤则较轻。雌性蜘蛛的毒性要比雄性蜘蛛的毒性强得多，雄性蜘蛛不会给人以致死量的毒素。

【中毒原因】

中毒原因均为意外咬伤。

【作用机制】

蜘蛛毒素主要是神经毒素，可分为两大类，一类是相对分子质量较大的蛋白质和多肽类神经毒素，另一类是相对分子质量较小的非蛋白类神经毒素；其次是溶血毒素。即使是神经毒素，也因蜘蛛种类不同而不同。如北美黑寡妇蜘蛛和地中海黑寡妇蜘蛛的神经毒素能促进乙酰胆碱大量释放，而南美流浪者蜘蛛的神经毒素能阻断乙酰胆碱释放；悉尼漏斗网蜘蛛的神经毒素能促进神经介质大量释放；穴居狼蛛的神经毒素能促进钙离子传导和阻滞胆碱能。

【中毒症状】

被蜘蛛咬伤后局部会出现红肿、疼痛，严重时伤口区形成一个疱，周围为不规则的瘀斑区，像一个红色的靶子。中间的疱开始像一个牛眼，随后逐渐扩大，疱内充血，破裂后形成溃疡。全身症状表现为头晕、头痛、恶心、呕吐、流涎、乏力、畏寒、大汗、视物模糊、肌肉痉挛等，严重者出现休克、呼吸困难、急性肾功能衰竭及弥散性血管内凝血（DIC）等。

【急救措施】

立即在咬伤部位近心端扎止血带，每 15~20 min放松 1~2 min；尽快在咬伤局部消毒，并做“十”字形切口，用拔火罐或吸奶器抽吸毒液；用石炭酸烧灼或涂 2%的碘酊后，放松止血带；立即送医院治疗。

【尸体特征】

尸检可见死者瞳孔缩小、脑水肿及弥散性血管内凝血、肌肉僵硬、血尿、紫癜。

【检材提取】

检材可提取局部皮肤、血液、肝脏等。

【检验方法】

氨基酸序列测定法。

将样品置于水解管中，加入 6 mol/L 的盐酸溶液，真空封口，水解，冷却后过滤和蒸干，再加入 0.02 mol/L 的盐酸溶液在空气中放置 30 min。用氨基酸自动分析仪测定氨基酸序列。

蜈蚣

【概述】

蜈蚣又称百足虫、百脚虫、蝍蛆、天龙、天虫等，为陆生节肢动物，身体由许多体节组成，每一节上均长有步足。蜈蚣的第一对脚呈钩状，锐利，钩端有毒腺口，一般称为腭牙、牙爪或毒肢等，能排出毒液。当蜈蚣将人咬伤时，毒液从蜈蚣第一对呈钩状脚的钩端内的毒腺中排出，顺腭牙注入被咬者皮下，引起被咬者中毒。蜈蚣的干燥体，系我国传统的动物药材，性味辛、温，有毒。具有祛风镇惊、解毒散结、通络止痛之功效。

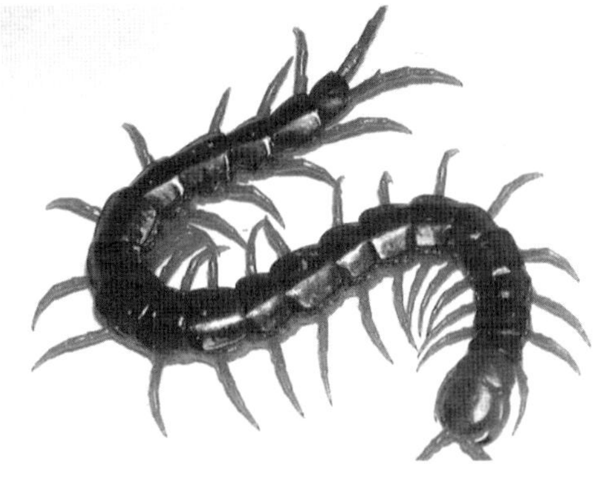

【有毒成分】

蜈蚣的毒液呈酸性，毒液中含有两种类似蜂毒的有毒成分，即组胺样物质和溶血性蛋白质。

【毒性】

蜈蚣毒的急性毒性实验半数致死量（LD_{50}）未能测出。小鼠给药超过人体给药最大剂量 5 倍时，连服 1 个月，小鼠的体重、血色素、内脏器官均无异常变化，据此推断，50 kg 体重的成年人最大剂量可服至 25~50 g，相当于服用 34.2~68.4 条少棘蜈蚣而不至于中毒。但儿童被咬伤后，有可能危及生命。

【中毒原因】

中毒原因多为意外咬伤或用药过量。

【作用机制】

当被蜈蚣咬伤后，其毒腺分泌出大量毒液，顺颚牙的毒腺口注入皮下，可致被咬者出现淋巴管炎和组织坏死，或发生横纹肌溶解，甚至导致急性肾功能衰竭，有时整个肢体会出现紫癜。

【中毒症状】

被蜈蚣咬伤后局部出现发热、红肿、灼痛，严重者出现水疱、组织坏死、淋巴管炎及局部淋巴结肿痛，有时整个肢体出现紫癜。全身症状有畏寒、发热、头晕、头痛、恶心、呕吐、抽搐、全身无力、呼吸困难、心跳缓慢、体温及血压下降等，儿童可危及生命。

【急救措施】

在伤肢上端 2~3 cm 处用布带扎紧，立即用肥皂水冲洗患处，用吸奶器或拔火罐尽量吸出毒液，局部涂擦 5%的稀氨水或碳酸氢钠溶液。但伤口不宜湿敷，否则易出现水疱、糜烂和坏死。出现全身中毒症状时应尽快送医院治疗。

【尸体特征】

尸检可见过敏性皮疹、水疱、瘀斑，咬伤处组织坏死。尿液呈酱油色，大便呈黑色。

【检材提取】

检材可提取局部皮肤、血液、肝脏等。

【检验方法】

蜈蚣水浸液在紫外光灯（254 nm）下观察呈亮绿色荧光。

蚂蚁（蚁、玄驹、昆蜉）

【概述】

蚂蚁属节肢动物门、昆虫纲、膜翅目、蚁科昆虫，种类繁多，遍布世界各地，是地球上最常见的数量最多的昆虫之一。一般体形较小（10.5 mm~3 cm），外部形态分头、胸、腹三部分，有六条腿。颜色有黑色、褐色、黄色、红色等，是一种重要的中药材，具有补肾益精、通经活络、解毒消肿之功效。当蚂蚁进行攻击或自卫时，会用两个大牙进行叮咬，叮咬的同时会分泌出一种毒素（蚂蚁毒素）刺激被叮咬的伤口造成红肿疼痛。

【有毒成分】

蚂蚁的有毒成分为蚁酸（即甲酸）。

【毒性】

大鼠经口半数致死量（LD_{50}）为 1 100 mg/kg，大鼠吸入半数致死浓度（LC_{50}）为 15 000 mg/m^3（15 min）。

【中毒原因】

中毒原因多为意外咬伤或食用过量。

【作用机制】

蚂蚁咬伤致激发人体过敏反应后，组胺、5-羟色胺等活性介质使全身毛细血管扩张、通透性增加，并促使平滑肌收缩，不仅会造成喉头水肿、皮肤荨麻疹，还可引发有效血容量降低、休克和支气管哮喘，此过程发作迅速而强烈，尤其是当患者长时间处于休克、呼吸困难状态时，组织灌流过低和低氧血症均可造成脑、肾等器官的不可逆损害。

【中毒症状】

局部或全身出现红色皮疹，密集成片，瘙痒剧烈，全身皮肤潮红，并伴有头昏、胸闷、恶心、呕吐、意识不清等症状，甚至出现休克。

【急救措施】

首先用流动的清水或肥皂水清洗叮咬处，然后局部可用炉甘石洗剂或樟脑与水合氯醛合剂（樟脑与水合氯醛各半）擦洗，或用 2%的苯海拉明霜或 0.05%~0.1%的地塞米松霜涂拭。对于出现严重血清病症状者，应按血清病治疗。

【尸体特征】

蚂蚁咬伤能造成过敏性窒息、休克，甚至死亡（极少见）。尸检可见过敏反应，以咬伤周围最为显著。

【检材提取】

检材可提取咬伤部位的组织、血液、肝脏等。

【检验方法】

1. 气相色谱法

仪器：气相色谱仪（配备顶空装置）；色谱柱：HP-INNO WAX（30 m×0.32 mm×0.25 μm）弹性石

英毛细管柱；柱温：初始温度 60 ℃，保持 1 min，以 10 ℃/min 的升温速率升温至 180 ℃，保持 5 min；进样口温度：200 ℃；载气：高纯氮，流速：1.0 mL/min；空气：300 mL/min；氢气：30 mL/min；尾吹气：15 mL/min；顶空箱温度：60 ℃；平衡时间：30 min；定量管温度：80 ℃；传输线温度：90 ℃；检测器：FID；检测器温度：250 ℃。

2. 高效液相色谱法

仪器：高效液相色谱仪；色谱柱：Thermo syncronis C18（250 mm×4.6 mm×5 μm）键合硅胶柱；流动相：0.02 mol/L 的磷酸二氢钾水溶液；流速：1.0 mL/min；检测器：紫外检测器；检测波长：214 nm。

蟾蜍（癞蛤蟆、疥蛤蟆）

【概述】

蟾蜍，俗称癞蛤蟆，指两栖纲、蟾蜍科动物，在全国各地均有分布。从春末至秋末，白天多潜伏在草丛和农作物间，或在住宅四周及旱地的石块下、土洞中，黄昏时常在路旁、草地上爬行觅食。多行动缓慢笨拙，不能跳跃，也不能鸣叫。皮肤粗糙，背面长满了大大小小的疙瘩。蟾蜍的耳后腺和皮肤腺能分泌白色的浆液，称为蟾酥，有剧毒，是珍贵的中药材，内含多种生物成分，具有解毒、消肿、止痛、强心、利尿之功效。

【有毒成分】

蟾酥（蟾毒配基-3-辛二酰精氨酸酯）为针状晶体，有苦味。易溶于甲醇、吡啶，微溶于无水乙醇，不溶于水、乙醚、丙酮、氯仿、石油醚。

【毒性】

蟾酥中毒的死亡率较高，而且无特效的治疗方法，因此用量切勿过大。小鼠致死量为 0.3 mg，猫平均致死量为 0.292 mg/kg。

【中毒原因】

中毒原因均为误服或药用过量。

【作用机制】

蟾蜍分泌液中含有蟾毒配基毒素、蟾蜍毒素等有毒物质，其基本结构及对心脏的作用与洋地黄（毛地黄）相似，能兴奋迷走神经且可直接作用于心肌，但作用稍弱，易引起心率变慢、室性心动过速及室颤等。另外，还具有催吐、局部麻醉及引起惊厥的作用，其局部麻醉作用比可卡因强几倍。

【中毒症状】

一般在食后 30 min 出现中毒症状，重度中毒者多在 1~4 h 死亡。首先出现剧烈的恶心、呕吐、腹痛、腹泻等消化系统症状，腹泻多为水样便，严重者可致脱水；神经系统症状有头昏、头痛、嗜睡、抽搐、口唇及四肢麻木、膝反射迟钝或消失等，神志多清楚；并可出现胸闷、心悸及各种心律失常，心电图示 S-T 段压低、T 波低平或倒置；中毒中晚期可出现口唇青紫、呼吸不规则，严重者可发生呼吸衰竭。

【急救措施】

早期先催吐，用清水或 1∶5 000 的高锰酸钾溶液洗胃，以减少毒素的吸收。然后对症治疗：出现似洋地黄中毒症状时，口服或静脉滴注稀释的氯化钾；出现传导阻滞时可用阿托品；出现快速型心律失常时可用利多卡因。

【尸体特征】

尸表呈窒息性改变。眼结膜点状出血，心腔内血液为流动性不凝血，心外膜下点状出血，各内脏呈瘀血状，胃内有时可发现蟾蜍卵、蟾蜍组织碎片或含蟾酥的药丸。镜下可见肺水肿，胃黏膜弥漫性斑点状出血，脑小血管周围渗出性出血。

【检材提取】

检材以呕吐物、胃内容物及吃剩的药渣、药丸等较好。

【检验方法】

高效液相色谱法。

仪器：高效液相色谱仪；色谱柱：Agilent C18（250 mm×4.6 mm×5 μm）键合硅胶柱；流动相：乙腈+0.5%的磷酸二氢钾溶液（50∶50，*V/V*，用磷酸调节 pH 值至 3.2）；检测波长：296 nm。

斑蝥（花壳虫、芫菁、斑猫、章瓦）

【概述】

斑蝥为节肢动物门、昆虫纲、鞘翅目、芫菁

科的甲壳昆虫，俗称西班牙苍蝇，常居于忍冬科和木犀科的植物之上，身体长圆形、翠绿色，背部有3条黄色或棕黄色的纹，胸腹部乌黑色，有特殊的臭气。关节处能分泌一种气味辛辣的黄色液体，干燥后呈斜方形鳞状晶体称之为斑蝥素，有剧毒。斑蝥及其制剂可用于治疗肝炎、癌症、皮肤病等。

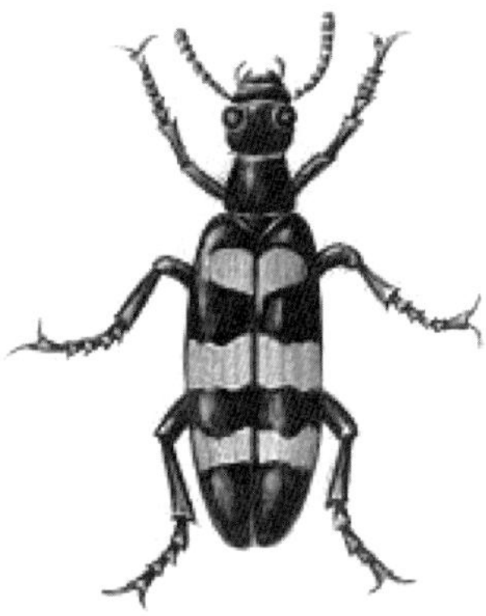

【有毒成分】

斑蝥的有毒成分为斑蝥素，斑蝥素为斜方形鳞状晶体，难溶于水，易溶于丙酮、氯仿、乙醚及醋酸乙酯。

【毒性】

斑蝥（素）属剧毒药，如果滥用或超量使用极易引起中毒。斑蝥素小鼠急性中毒实验：腹腔注射的半数致死量（LD_{50}）为1.25 mg/kg，中毒剂量为0.6 g，致死剂量为1.5 g；斑蝥素30 mg即可使人死亡。

【中毒原因】

常见滥用、误用或超量使用引起的中毒，国外有用斑蝥自杀或投毒的报道。

【作用机制】

斑蝥所含的斑蝥素具有呼吸抑制作用、免疫抑制作用及较强的皮肤、黏膜刺激作用。

【中毒症状】

局部刺激症状有皮肤黏膜出现烧灼感、疼痛、出血、水肿、水疱等。消化道症状有恶心、呕吐、剧烈腹痛、腹泻，甚则溃疡、便血等。中枢神经系统症状有神志不清、昏迷、眼球转动不灵、复视、言语不清、口唇麻木，严重者出现肢体瘫痪。泌尿系统症状有腰痛、尿急、尿频、尿道烧灼感、排尿困难、血尿、蛋白尿、尿少等，终因肝肾功能衰竭而死亡。有时出现生殖器官兴奋现象，表现为阴茎勃起、子宫收缩出血、流产等。

【急救措施】

皮肤受损者，应尽快用大量温开水或温生理盐水冲洗，局部出现水疱时，可涂擦龙胆紫溶液。口服中毒者，应尽快用医用活性炭混悬液洗胃，内服硫酸钠导泻，再服牛奶、蛋清等。最后对症处理。必要时送医院救治。

【尸体特征】

局部皮肤可见红斑、水疱和溃疡；食管黏膜充血、肿胀，可见斑块状溃疡；胃黏膜显著充血、点状出血及灶性浅表糜烂；胃内容物及黏膜表面可见斑蝥残躯碎片。镜下可见肾小管上皮细胞水变性、坏死，卡他性或坏死性胃炎，肝细胞灶性坏死，脑水肿等。

【检材提取】

检材可提取呕吐物、胃内容物、吃剩的药物残渣及肝、肾组织等。

【检验方法】

高效液相色谱法。

仪器：高效液相色谱仪；色谱柱：Diamonsil C18（4.6 mm×250 mm×5 μm）键合硅胶柱；流动相：乙腈+水（80∶20，*V/V*）；流速：1.0 mL/min；检测波长：209 nm；柱温：30 ℃；进样量：20 μL。

对照品溶液：取斑蝥素适量，精密称定，加甲醇制成每1 mL含0.1 mg斑蝥素的溶液，即得。

第二节　水生生物类

河豚（河鲀、吹肚鱼、气泡鱼、青郎君）

【概述】

河豚，一般泛指鲀形目中东方鲀属的鱼类，全体椭圆形，前部钝圆，尾部渐细。体背灰褐色，体侧稍带黄褐色，腹面白色；体背、侧面的斑纹随种类不同而各异。当遇到外敌时，腹腔气囊迅速膨胀，使整个身体呈球状浮上水面，同时皮肤上的小刺竖起，借以自卫。几乎所有种类的河豚都含有河豚毒素（TTX），该毒素是一种无色针状结晶体，属于耐酸、耐高温的动物性碱，毒性极强，煮食时处理不当，极易引起中毒。

【有毒成分】

河豚所含毒素主要为河豚毒素、河豚卵巢毒素、河豚酸和河豚肝毒素等。其中河豚毒素是一种无色针状结晶体，主要分布于河豚的卵巢和肝脏，其次是肾脏、血液、眼睛、鳃和皮肤。河豚毒素是目前自然界毒性最强的非蛋白物质之一。

【毒性】

河豚毒素是一种神经毒素，毒性极强。经检测，其毒性相当于氰化钠的 1 250 倍，对人体的最低致死量（MLD）为 0.5 mg；食用河豚肝脏 10 g 可以使人死亡。

【中毒原因】

多因食用不当或误食引起中毒，用河豚自杀或他杀者罕见。

【作用机制】

河豚毒素能选择性地抑制神经和肌肉细胞膜表面的某种蛋白质功能，阻止 Na^+ 进入细胞，影响神经肌肉间的兴奋传导，从而麻痹神经、肌肉。此外，还可麻痹呼吸中枢、血管运动中枢、感觉神经和运动神经。

【中毒症状】

河豚毒素中毒的特点是发病急剧。一般可在食后 0.5～3 h 迅速发病，病情进展快，发病后 4～6 h可发生死亡。典型症状是开始全身乏力、胃部不适、恶心、呕吐、腹痛、腹泻，继而出现口唇、手指和舌尖麻木，随着病情进展，出现四肢肌肉麻痹、步态蹒跚、共济失调，终致瘫痪，严重者出现吞咽困难、言语不清、呼吸困难、瞳孔散大、心律失常、昏睡、昏迷、全身青紫，最后引起呼吸肌麻痹和循环衰竭而死亡。

【急救措施】

①尽快排出毒物：催吐、洗胃、导泻。②应用吸附剂以减少毒物的吸收。③早期立即使用L-半胱氨酸静脉注射可迅速解毒。④补液、利尿，以促进毒物排出。⑤对症治疗：防止呼吸衰竭。

【尸体特征】

尸检可见眼结膜点状出血；口鼻腔有白色泡沫；心腔内血液呈暗红色流动状；肺水肿显著；胃明显扩张，胃壁变薄，充满气体，胃黏膜充血及点状出血；胃内可见河豚组织碎片。

【检材提取】

可采集呕吐物、胃内容物及吃剩的鱼组织等作为毒物化验及动物实验的检材。

【检验方法】

高效液相色谱法。

仪器：高效液相色谱仪；色谱柱：Agilent Zorbax SB C18（100 mm×2.1 mm×3.5 μm）键合硅胶柱；流动相：0.1%的乙酸水溶液+乙腈（35：65，*V/V*）；流速：0.2 mL/min；检测器：紫外检测器；检测波长：200 nm；柱温：25 ℃。

鱼胆

【概述】

鱼胆，即鱼的胆囊，位于鱼类躯干部腹侧。主要用于容纳鱼类肝脏、胰脏分泌的胆汁。鱼类进食后，胆囊收缩，胆汁注入小肠，起消化作用。鱼胆一般呈淡淡的青黄色、黄色、青色、青黑色，味极苦。民间有鱼胆具有“清肝明目、清热解毒、止咳平喘”之说，故常有以生吞鲤鱼胆来治疗眼疾、高血压及气管炎等的做法，往往因用量、服法不当而引起中毒。

【有毒成分】

鱼胆的有毒成分为鱼胆毒素（其中主要的有毒成分为水溶性鲤醇硫酸酯钠和多种致敏物质）。

【毒性】

不论生吞、熟食或用酒送服，凡鱼胆量超过2.5 g，就可中毒，甚至死亡。一般吞食鱼重0.5 kg的鱼胆4~5个或鱼重2 kg的鱼胆1个，即可引起中毒；吞食鱼重2.5 kg的鱼胆2个或鱼重5 kg的鱼胆1个即可死亡。

【中毒原因】

多因食用不当或误服引起中毒。

【作用机制】

鱼胆毒素经消化道进入体内，可在服食后0.5~14 h到达肝脏，引起中毒性肝炎，甚至引起肝细胞急剧坏死。毒素经肾脏排泄可引起急性肾小管坏死、肾间质水肿、集合管的阻塞，导致急性肾功能衰竭。也可造成心血管、神经系统损害。

【中毒症状】

吞食鱼胆2~7 h，突然腹痛、剧烈呕吐、腹泻；肝脏肿大、触痛，并有黄疸症状；全身水肿、少尿、血压升高，严重者可发生尿闭，甚至出现尿毒症；部分中毒者有头痛、低热、嗜睡、四肢发麻、眼球震颤等症状，严重时可发生抽搐，甚至昏迷。重症病例可死于急性肾功能衰竭、急性肺水肿或中毒性心肌炎。

【急救措施】

目前临床上尚无鱼胆中毒的特效解毒剂，因此，对鱼胆中毒人员24 h内就诊者应及时彻底洗胃，还需补液、利尿，以促进毒素排出。同时，需纠正水、电解质紊乱，保护肝、肾功能，危重者可用糖皮质激素。尤其是早期应用透析治疗，可获得较好的预后效果。

【尸体特征】

尸检可见肾脏轻度增大，皮质肿胀；胃、肠黏膜瘀血、水肿，散在小灶性出血。镜下可见肾小管上皮细胞水变性、坏死，以近曲小管较重，有较多蛋白管型，肾间质水肿；肝细胞水变性、灶性坏死；心肌间质水肿伴灶性出血；脑、肺水肿。

【检材提取】

检材可提取呕吐物、胃内容物及剩余食物等。

【检验方法】

薄层色谱法。

吸附剂：硅胶G－CMC薄层板（临用时110 ℃活化30 min）；展开剂：CEEAW溶剂系统；显色方法：在波长365 nm的紫外灯下观察。

章鱼（坐蛸、石吸、死牛）

【概述】

章鱼，又称石居、八爪鱼。身体呈囊状，头与躯体的分界不明显，头上有大的复眼及八条可收缩的腕，腕足上有许多吸盘，有时会喷出黑色的墨汁，帮助其逃跑。章鱼的种类甚多（约有650种），大小相差极大，毒性亦不一样，世界上最毒的章鱼是蓝环章鱼，该品种个头很小，通常生活在海边，因身体上有鲜艳的蓝环而得名。遇到危险时，身上和爪上深色的环就会发出耀眼的蓝光，一旦它被激怒，分泌的毒液足以在一次啮咬中夺人性命。

【有毒成分】

章鱼的有毒成分为章鱼毒素（或称头足类毒素），类似蛇毒。

【毒性】

在海洋中，蓝环章鱼属于剧毒生物之一，它所分泌的毒素含有河豚毒素，被这种小章鱼咬上一口，其毒液可以在数分钟内置人于死地。

【中毒原因】

中毒原因多为打渔时防护不当被意外咬伤。

【作用机制】

章鱼毒素（头足类毒素）属于活性蛋白，对热非常敏感。能够阻断兴奋在神经元之间的传递，很快导致神经肌肉麻痹，特别是膈神经传导的阻断，可引起呼吸困难，甚至出现呼吸衰竭。

对心脏无明显毒性作用。

【中毒症状】

章鱼毒素对热敏感，一般不易引起食用中毒，但在烹饪不当的情况下亦可引起中毒。食用中毒后症状表现为头晕、头痛、气急、颜面潮红、恶心、呕吐、腹痛、腹泻、四肢乏力等。多数中毒是被章鱼误咬所致，主要有头晕、眼花、恶心、呕吐、全身乏力、步态不稳等症状，严重时出现意识障碍及昏迷，终因心力衰竭及呼吸麻痹而死亡。

【急救措施】

口服中毒时，用一般中毒抢救方法即可。若被咬伤，立即在创口近心端缚扎，切开创口排毒，用吸奶器或拔火罐等抽吸毒液，用 1∶2 000 的高锰酸钾溶液冲洗。中毒严重时及时送医院治疗。

【尸体特征】

尸检可见脑水肿，多发小灶性出血及小脑扁桃体疝形成；心外膜下斑点状出血；肺浆膜下斑点状出血，肺瘀血、水肿，局灶性出血。镜下可见脑神经细胞肿胀，广泛空泡变性、坏死，尼氏小体消失；肾上腺皮质内有灶性出血、坏死，可伴有较多中性粒细胞浸润；肝、肾细胞呈水变性及灶性坏死。

【检材提取】

检材可提取咬伤部位周围的软组织及血液等。

【检验方法】

参见“河豚”。

沙蚕（沙虫、龙肠）

【概述】

沙蚕为环节动物门、多毛纲、游走目、沙蚕科动物，俗称海虫、海蛆、海蜈蚣、海蚂蝗，系无脊椎动物，体似蠕虫，呈长椭圆柱形而稍扁，两侧对称，后端尖。绝大多数为海生，少数为淡水生。一般为褐色、鲜红色或鲜绿色。早期日本的钓鱼爱好者在用沙蚕作诱饵时，发现蚊蝇等昆虫在沙蚕尸体上爬行后会中毒死亡，同时使用沙蚕的垂钓者有头痛、恶心、呕吐、呼吸异常等症状。经研究，1934 年从沙蚕体内分离出一种活性物质（其结构为 4-二甲氨基-1，2-二硫烷），被命名为沙蚕毒素，1964 年，人们发现这种毒素对水稻螟虫具有特殊的毒杀作用。遂按照沙蚕毒素的化学结构，仿生合成了一系列能作农用杀虫剂的类似物，如杀螟丹、杀虫双、杀虫单、杀虫环、杀虫蟥等，统称为沙蚕毒素类杀虫剂，沙蚕毒素类杀虫剂也是人类开发成功的第一类动物源杀虫剂。

【有毒成分】

沙蚕的有毒成分为沙蚕毒素。

【毒性】

沙蚕毒素为低毒低残留的生物毒素，对环境污染较小。小鼠经口半数致死量（LD_{50}）为 420 mg/kg，小鼠皮下注射半数致死量（LD_{50}）为 38 mg/kg。

【中毒原因】

中毒原因多为误食、投毒或自杀等。

【作用机制】

沙蚕毒素是一种神经毒素，作用机制主要是竞争性占据胆碱能神经递质的受体，阻断突触传导。剂量小时主要表现为周围神经-肌肉阻滞，剂量大时可直接作用于中枢神经。还可兴奋 M 胆碱受体。

【中毒症状】

沙蚕毒素中毒的潜伏期较短，一般为 0.5~1 h，短者 10~15 min，长者也只有 2 h 左右。轻度中毒症状主要表现为头昏、眼花、出汗、流涎、心悸、乏力、恶心、呕吐、腹痛、上腹不适、面色苍白、肌束震颤、低烧及轻度意识障碍等，严重中毒可出现烦躁不安、瞳孔缩小、对光反应迟钝、抽搐、昏迷等症状，终因呼吸肌麻痹致呼吸衰竭而死亡。

【急救措施】

皮肤接触者，应立即用肥皂水彻底清洗。口服中毒者，应立即用 2% 的碳酸氢钠溶液或清水反复洗胃，用巯基类络合剂解毒，对症支持治疗。

【尸体特征】

尸斑呈暗紫红色，尸僵强；眼结膜有散在点

状出血；口鼻腔内有白色泡沫；口唇、指端发绀；气管及支气管腔内有大量泡沫状液体；肺浆膜下散在点状出血，肺瘀血、水肿，灶性肺泡内出血；脑内小血管扩张、瘀血，脑水肿明显。

【检材提取】

检材可提取血液、尿液和肝、肾组织等。

【检验方法】

气相色谱-质谱法。

（1）提取方法（微波萃取）：取 5 mL 血液放入萃取罐中，加入 pH 值为 6 的缓冲液 0.5 mL，混匀，依次加入 1.5 g 硅藻土和 10 mL 丙酮，振荡，再加入 15 mL 二氯甲烷+环己烷（1∶1，*V/V*）的混合溶液，进行萃取。待萃取完毕，微波系统自动完成降温后，将萃取液倒入 50 mL 的试管中，离心取上清液，上清液置 40 ℃水浴上挥干，加入 5.6 mL 乙酸乙酯+环己烷（1∶1，*V/V*）的混合溶液溶解。

（2）仪器条件：仪器：气相色谱-质谱联用仪；色谱柱：Agilent DB-5MS（30 m×0.25 mm×0.25 μm）弹性石英毛细管柱；柱温：初始温度 80 ℃，保持3 min，以 10 ℃/min 的升温速率升温至 280 ℃，保持 12 min；载气：高纯氦，流速：1.0 mL/min；离子源：电子轰击源（EI），能量：70 eV；离子源温度：200 ℃；接口温度：280 ℃；扫描方式：全扫描；质量范围：50~300 amu。

扇贝

【概述】

扇贝是扇贝属的双壳类软体动物的代称，壳扇形，大小几乎相等，壳面一般为紫褐色、浅褐色、黄褐色、红褐色、杏黄色、灰白色等。扇贝本身无毒，但在其取食有毒藻类时，毒素在体内积累形成扇贝毒素。扇贝毒素的种类很多，不同种类的毒素，中毒的症状不尽相同。依据中毒症状可将扇贝毒素分为麻痹性贝类毒素、腹泻性贝类毒素、神经性贝类毒素和失忆性贝类毒素四类。它们均属于毒性很强的非蛋白质毒素，加热高温不能使之失活，食用后能使人中毒，甚至死亡。

【有毒成分】

扇贝的有毒成分为扇贝毒素，扇贝毒素是带有聚醚大环内酯结构的脂溶性海洋生物毒素。

【毒性】

人进食含有麻痹性贝类毒素的软体动物后，5~30 min 即可出现中毒症状，严重时可阻碍呼吸，导致死亡，致死率较高。小鼠腹腔注射最低致死量（MLD）为 260 μg/kg，半数致死量（LD_{50}）为 411 μg/kg。

【中毒原因】

中毒原因多为误食或食用有毒的扇贝内脏。

【作用机制】

扇贝毒素主要有腹泻性贝类毒素、麻痹性贝类毒素、神经性贝类毒素、失忆性贝类毒素等，扇贝滤食海洋浮藻（主要是甲藻和硅藻）后，这些藻类产生的毒素在扇贝体内蓄积，再通过食物链的转换，最后对人类造成毒害。这些毒素性质非常稳定，一般加热烹调难以破坏。

【中毒症状】

中毒症状有头痛、头晕、恶心、呕吐、口唇刺麻感、面部和颈部麻木等，严重者出现肢端麻木、呼吸和吞咽困难、脑干功能障碍、语言困难或完全不能说话，终因呼吸肌麻痹、心力衰竭而死亡。

【急救措施】

扇贝毒素中毒目前尚无解毒药物。主要采取立即进行物理催吐或药物催吐、洗胃和口服医用活性炭、牛奶、豆浆及对症和支持治疗等措施进行解毒，严重时及时送医院救治。

【尸体特征】

尸表呈一般窒息性死亡尸体征象。在中毒者的呕吐物或死者的胃内容物中可发现扇贝组织碎片。

【检材提取】

检材可提取呕吐物、胃内容物、血液和吃剩的贝类食物等。

【检验方法】

液相色谱-质谱法。

（1）样品提取：称取 2 g 研磨过的熟的贝类，加入 80%的甲醇溶液 9 mL，分别进行两次提取。合并两次提取液，移至 50 mL 容量瓶中，取一定体积的样品溶液，过滤（RC 0.45 μm），取 10 μL 提取物进样进行分析。

（2）仪器条件：仪器：液相色谱-质谱联用仪；色谱柱：Phenomenex Luna C18（150 mm×2.0 mm×5 μm）键合硅胶柱；流动相：正离子模式下用 0.1%的甲酸溶液+甲醇，负离子模式下用 2 mmol/L 的醋酸铵溶液+甲醇；流速：均为 0.2 mL/min；柱温：30 ℃。

紫石房蛤

【概述】

紫石房蛤系软体动物，贝壳坚厚，壳体略呈卵圆形，壳表面黄褐色，壳内面暗紫色并泛珍珠光泽，是一种大型经济贝类。紫石房蛤本身无毒性，当它摄食到有毒的藻类时，可将藻类的毒素富集和蓄积，向更高一级的捕食者传递造成食用者中毒。引起中毒的这种毒素被称为石房蛤毒素，是由海洋生物膝沟藻属的双鞭毛藻产生的相对分子质量较小的非蛋白质类神经毒素，它是海洋生物中毒性最强烈的麻痹性毒素之一，作为潜在的生化战剂，长期以来倍受国外军事研究单位的高度重视，是重要的研究对象之一。

【有毒成分】

紫石房蛤的有毒成分为石房蛤毒素。它是四氢嘌呤的一种衍生物，分子式为 $C_{10}H_{17}N_7O_4$，相对分子质量为 299；纯品为白色固体，易溶于水，微溶于甲醇和乙醇。不被人体的消化酶所破坏，遇热稳定，在稀盐酸溶液中保存数年而不失活性。

【毒性】

石房蛤毒素的毒性很高，小鼠静脉注射半数致死量（LD_{50}）为 10 μg/kg，小鼠经口半数致死量（LD_{50}）为 382 μg/kg；家兔静脉注射半数致死量（LD_{50}）为 3~4 μg/kg。由此可推算出人的口服致死量为 1.0~5.0 mg。因此，现世界各国均将其列为水产品安全检验的必检项目。

【中毒原因】

多因误食含石房蛤毒素的贝类等海产品而引发中毒，尤其是食用石房蛤的肝脏和胰腺等。

【作用机制】

同扇贝毒素一样，石房蛤毒素也是海洋浮藻（双鞭毛藻）产生的毒素在石房蛤体内蓄积，再通过食物链的转换，最后对人类造成毒害。石房蛤毒素是最强的神经毒素之一，是 Na^+通道阻滞剂，能阻滞 Na^+通过细胞膜进入细胞内，使细胞膜去极化，从而阻断神经肌肉的传导。石房蛤毒素的性质非常稳定，一般加热烹调难以破坏。

【中毒症状】

中毒发生很突然，一般口服后 0.5~3 h 出现中毒症状。轻度中毒仅表现为恶心、呕吐、腹痛、腹泻，局部皮肤有麻木或针刺样感觉。严重中毒可出现神经肌肉麻痹、肌无力、血压下降、心率减慢、呼吸麻痹，中毒者多有身体漂浮感，较严重者可在 15 min 内可死亡。

【急救措施】

石房蛤毒素中毒死亡率极高，目前尚无特效解毒剂。主要是采用催吐、洗胃和用医用活性炭吸附胃内的毒素等方法进行治疗。严重者，在条件允许的情况下可进行透析治疗。此外，4-氨基吡啶可以拮抗石房蛤毒素的毒性作用，能起到一定的治疗效果，但 4-氨基吡啶的毒副作用大，安全剂量范围小，因此，4-氨基吡啶对石房蛤毒素中毒的治疗效果和安全剂量范围有待进一步研究。

【尸体特征】

尸体无特殊表现，尸表呈一般窒息性死亡尸体征象。在呕吐物或胃内容物中可发现石房蛤组织碎片。

【检材提取】

检材可提取呕吐物、剩余食物、胃内容物、血液、肝脏等。

【检验方法】

液相色谱-质谱法。

(1) 样品处理：取适量样品除去贝壳，用去离子水洗净后用均质器制成匀浆，加入 0.1 mol/L 的盐酸溶液 15 mL，煮沸 5 min，冷却后以 3 500 r/min 的转速离心 10 min，上清液用 6 mol/L的盐酸溶液调节 pH 值，使 pH 值小于 4，用去离子水适当稀释后备检。

(2) 仪器条件：仪器：液相色谱-质谱联用仪；色谱柱：Agilent Zorbax SB C18（100 mm× 2.1 mm × 3.5 μm）键合硅胶柱；流动相：2 mmol/L的甲酸铵溶液（pH 值为 3.7）或乙腈+ 2 mmol/L 的甲酸铵混合液（95∶5，*V/V*），两种洗脱液均含 50 mmol/L 的甲酸；流速：流动相以 1∶5（*V/V*）的分离比例进入质谱仪；离子源：电喷雾离子源；离子喷雾接口的离子化电压：5.2 kV。

海兔（海蛞蝓）

【概述】

海兔，是海兔科海洋腹足类的统称，属浅海生活的贝类。身体呈卵圆形，背面有透明的薄壳，壳皮一般呈白色，有珍珠光泽，运动时身体可变形，因其贝壳已经退化为内壳，故为甲壳类软体动物家族中的一个特殊成员。海兔体内有两种腺体，当受到侵害时，生长在外套膜前部的毒腺能分泌出一种被称为海兔毒素的乳状液体，可使敌方神经麻醉而失去攻击力。

【有毒成分】

海兔的有毒成分为海兔毒素，海兔毒素是一种刺激性的类萜物质，分子式为 $C_{31}H_{46}BrO_{10}$，相对分子质量为 784。

【毒性】

海兔毒素的毒性很大，小鼠腹腔注射致死量为 0.3 mg/kg。

【中毒原因】

多因误食含海兔毒素的海产品而引发中毒。

【作用机制】

海兔毒素是海洋蓝藻——巨大鞘丝藻所含的一种缩肽类毒性蛋白（9 肽），具有高活性的抗癌作用，人类最早从食藻软体动物长尾背肛海兔的消化腺里发现这种物质，故而得名。近年发现的“海水浴皮炎”多由海兔毒素所致。海兔能浓缩溴元素，有人认为食用海兔中毒可能是亚急性有机溴中毒。

【中毒症状】

在海洋蓝藻较多的海域游泳时，皮肤会出现瘙痒、疼痛、斑疹，皮肤有烧灼感、起水疱，甚至出现深部糜烂。食用海兔后会出现头晕、全身刺痛、恶心、呕吐、腹泻、发热等症状，继而出现面部和肢体肌群自发性收缩、震颤、共济失调等症状，严重时出现极度烦躁、视物不清、呼吸困难等症状。

【急救措施】

海兔毒素中毒目前尚无解毒药物，主要采取排毒措施及对症治疗和支持疗法。皮肤沾染者，应尽快脱离海水接触，用清水反复冲洗，切勿用手抓。食用中毒者，应尽快催吐、洗胃，对症治疗。

【尸体特征】

尸表呈一般窒息性死亡尸体征象。在呕吐物或胃内容物中可发现海兔组织碎片。

【检材提取】

检材可提取胃内容物、呕吐物、血液、肝脏等。

【检验方法】

液相色谱-质谱法。

(1) 检材提取：称取 2.0 g 样品，加入 80% 的甲醇溶液 4 mL，超声提取 5 min，以 4 000 r/min 的转速离心 10 min，重复提取一次，合并提取液，用 5 mL 正己烷脱脂两次，弃去正己烷层，剩下溶液在 45 ℃下用氮气吹至约 2 mL 用于固相萃取。HLB 固相萃取柱分别用 3 mL 甲醇、3 mL 水活化，上样后用 3 mL 水和 3 mL10% 的甲醇水溶液清洗，干燥后用 5 mL 甲醇洗脱，氮气吹干后用 1 mL 初始流动相溶解，过 0.22 μm 滤膜后备检。

(2) 仪器条件：仪器：液相色谱-质谱联用

仪；色谱柱：Varian Pursuit C18（150 mm×3.0 mm×3 μm）键合硅胶柱；流动相：流动相A为超纯水，流动相B为甲醇，80%的甲醇溶液等梯度洗脱6 min；流速：0.4 mL/min；进样量：20 μL；柱温：30 ℃；离子源：电喷雾离子源（ESI^+）；检测模式：多反应监测（MRM）；电喷雾电压：-4 200 V；保护电压：-600 V；离子源温度：50 ℃；雾化气：空气，压力：380 kPa；干燥气：氮气，压力：152 kPa；干燥气温度：300 ℃；碰撞气：氩气，压力：0.29 kPa；碰撞能量：45.5 V。

海葵（海菊花）

【概述】

海葵又名海菊花，它外表很像植物，无骨骼，富肉质，是一种构造非常简单的腔肠动物，单体呈圆柱状，柱体开口端为口盘、封闭端为基盘。口盘中央为口，口部周围有能够充分伸展的柔软而美丽的花瓣状触手，触手上布满了倒刺，倒刺丝胞是一种特殊的有毒器官，能分泌一种毒液，当海葵受到外界侵害或化学刺激时，这种倒刺能够刺穿敌人或猎物的肉体并分泌出毒液，用来麻痹其他动物以自卫或摄食。

【有毒成分】

海葵的有毒成分为海葵毒素，分子式为$C_{129}H_{223}N_3O_{54}$，相对分子质量为2 677。该毒素是一种无定形、吸湿性强、非结晶性的白色粉末。无确定熔点，加热到300 ℃以上时碳化。不溶于氯仿、乙醚和丙酮，微溶于甲醇和乙醇，易溶于吡啶、二甲基亚砜和水。

【毒性】

海葵毒素毒性极强，该毒素对家兔的半数致死量（LD_{50}）为25 ng/kg，从中毒到死亡的时间仅有3~5 min，海葵卵的毒性更大，1 g卵所含毒素足以杀死10万只体重20 g的小白鼠。海葵毒素是非蛋白毒素中毒性最强的化合物之一，尤其是生长在百慕大的砂岩海葵，其毒素的毒性更大，堪称世界上最厉害的生物毒素，比氰化钾的毒性强许多。

【中毒原因】

多因无意中触碰到海葵而引起中毒。

【作用机制】

海葵毒素具有神经毒性和心脏毒性，并可抑制蛋白水解酶的活性。

【中毒症状】

中毒者发病急骤，可在几分钟内死亡。局部症状一般为水肿性红斑、丘疹，经过数日可消退，严重者在数分钟内局部出现灼痛、刺痛感，继而出现水疱、出血或溃疡等。中毒症状主要表现为惊厥、痉挛、运动失调、嗜睡、四肢无力、呕吐、消化道广泛出血、呼吸困难、呼吸衰竭、休克等，甚至死亡。

【急救措施】

如果被海葵蜇伤，应立即除去皮肤表面的触手、刺丝胞和刺丝，用活性氯（5.25%的漂白粉溶于1 mol/L的盐酸溶液）或0.5~1 mol/L的氢氧化钠溶液擦拭染毒的皮肤；全身治疗可用罂粟碱和硝酸异山梨醇（消心痛）做心室内直接注射，其他症状可对症处理。

【尸体特征】

尸表呈一般窒息性死亡尸体征象。尸斑暗红色，有时尸表可见蜇伤，伤口周围红肿；各脏器瘀血、肿胀；胃黏膜可见广泛性出血、糜烂。

【检材提取】

检材可提取血液、肝脏及蜇伤部位皮肤。

【检验方法】

酶联免疫吸附试验（ELISA法）。

将纯品海葵毒素（PTX）与大分子蛋白质匙孔血蓝蛋白（KLH）分别巯基化，用化学法偶联二者成为半抗原，以其诱导BALB/c小鼠产生多价抗血清；以辣根过氧化物酶（HRP）标记PTX多价抗血清；以PTX纯毒素作为包被抗原，HRP标记的多价抗血清为酶标抗体，建立PTX多抗直接ELISA检测方法。

海胆（海肚齐、刺锅子、海锅）

【概述】

海胆是棘皮动物门海胆纲的一种无脊椎动

物，生活在海洋的浅水区，是地球上最长寿的海洋生物之一，也是海洋里一种古老的生物，与海星、海参是近亲。海胆体形呈圆球状，就像一个个带刺的紫色仙人球，因而有“海中刺客”之称，渔民也常把它称为“海底树球”“龙宫刺猬”。普通成年海胆的硬壳通常为3~10 cm，外形大多呈球形或扁薄形。不同种类的海胆大小差别悬殊，小的仅5 mm，大的则达30 cm，叉棘散布于整个海胆体表上及围口区，有些海胆的叉棘区与棘刺区分开。海胆的形状有球形、心形和饼形。所有的海胆都有棘刺和棘钳，棘的功能是保持壳的清洁、维持运动及挖掘沙泥等。海胆的棘有长有短，有尖有钝，种类不同，棘的结构也不一样。海胆一旦刺进皮肤，毒汁就会注入人体，棘刺也就断在皮肉中，使皮肤局部红肿疼痛，这种毒素就是海胆毒素，海胆毒素是由海胆的两种器官叉棘和棘产生的，少数海胆的卵巢也有毒。

【有毒成分】

海胆的有毒成分为海胆毒素，海胆毒素可溶于水。

【毒性】

海胆毒素的毒性很大，被海胆刺伤后，轻者疼痛难忍，重者会导致死亡。

【中毒原因】

中毒原因多为被海胆的棘或叉棘刺伤，在海胆的生殖季节摄食海胆的生殖腺或卵巢也可引起中毒。

【作用机制】

海胆毒素的性状不稳定。因海胆的种类不同，海胆毒素的作用也不相同，有的对红细胞有溶解作用，有的能引起心脏的激活，有的使肌肉对非直接刺激不起反应，有的对平滑肌有收缩作用。

【中毒症状】

常见的中毒症状取决于海胆的种类和刺伤的部位、时间、严重程度及机体的敏感状态。被海胆刺伤后，海胆体内的毒液或神经毒素注入人体，局部出现刺痛、瘙痒，起红色皮疹，甚至出现水疱。除引起局部皮肤损伤外，有时还出现不同程度的全身中毒症状，如头晕、头痛、心悸、血压下降、呼吸困难、面瘫，甚至出现全身瘫痪而死亡。食用海胆后中毒，症状表现为抽搐、肌肉麻痹、呼吸困难等，严重时可引起死亡。

【急救措施】

被海胆刺伤后，先去除叉棘，负压吸除毒素，马上用海水、食用醋或稀醋酸冲洗，勿用清水或乙醇冲洗，因为清水或乙醇会加速毒素的释放速度。食用海胆中毒者，采取催吐、洗胃、导泻等一般中毒处理方法治疗。

【尸体特征】

尸表呈一般窒息性死亡尸体征象。被海胆刺伤死亡者体表可见蜇刺损伤，并遗留有叉棘；食用海胆中毒死亡者胃内可检见海胆组织。

【检材提取】

检材可提取胃内容物、吃剩的食物、血液、肝脏及刺伤部位皮肤等。

【检验方法】

1. 显微鉴别

取海胆壳粉碎过80目筛，用石油醚浸后在显微镜下观察，可见众多聚集在一起的骨壳颗粒。

2. 化学检验法

（1）取海胆粉末少许放入试管中滴加20 mmol/L的盐酸，可见反应剧烈并有大量气泡产生，将此气体引入盛有氢氧化钙澄清溶液的试管中，可见试管中溶液逐渐混浊，并形成白色沉淀。

（2）取上述反应液，滴在载玻片上，再滴加1 mol/L的硫酸1滴，放置片刻，置显微镜下观察，可见含水硫酸钙（$CaSO_4 \cdot 2H_2O$）结晶成簇状存在。

水母

【概述】

水母，是海洋中重要的大型浮游生物，属于刺丝胞动物。水母寿命很短，平均只有数个月。水母是无脊椎动物，属于腔肠动物门中的一员，并且形状大小各不相同，最大的水母的触手可以延伸约 10 m 远。水母在分类上有些属于水螅纲，有些属于钵水母纲，在其生活史中，几乎所有种类的水母都有两型，即水螅型和水母型，并有两型在有性生殖与无性生殖之间的世代交替现象，而我们常见到的水母，即是有性生殖的水母型。有些水母不单颜色多变，而且还会在水中发光，有些闪耀着微弱的淡绿色或蓝紫色光芒，有些还带有彩虹般的光环，当它们在海中游动时，就变成了一个光彩夺目的彩球，光影随波摇曳，非常优美。所有水母都是肉食性动物，它们以鱼类和浮游生物为食。当猎食的时候，水母很被动，只捕食游到它们身边的动物。它们用触手上的刺丝囊来蜇伤或是杀死猎物，然后把食物送到嘴和消化腔里。大部分水母几乎是透明的，令敌人难以发现。有些水母能够发光，单凭身上发出的幽光，水母不费吹灰之力就能吸引猎物。

【有毒成分】

水母的有毒成分为水母毒素，水母毒素是水母所含有的毒素的总称，是一类结构独特而新颖的蛋白质和多肽混合物，活性广泛，具有溶血、抗氧化等多种生物活性。

【毒性】

水母毒素的毒性非常强烈，对人的致死量仅为几十微克。水母毒素的毒性是海蛇毒素的 250 倍、海豚毒素的 450 倍。其中，澳洲著名的方水母是毒性最强的有毒水母，人如果碰到它的触手，30 s 后便会死亡。

【中毒原因】

中毒原因多为无意中皮肤接触到水母的触手。

【作用机制】

水母的触手上面布满了刺细胞，像毒丝一样，能够射出毒液。水母所含毒素成分较多，主要有类蛋白毒素、多肽、酶、组胺、5-羟色胺、强麻醉剂等，因其很不稳定（温度超过 37 ℃大部分失去活性），故水母毒素的种类、活性及其纯化技术和部分作用机制尚未搞清楚。主要有溶血毒性、心血管毒性、神经毒性、肌肉毒性和肝脏毒性等。

【中毒症状】

被水母蜇伤后会立即有刺痛感，局部逐渐出现线状排列的红斑、丘疹、充血、水肿、水疱、糜烂、出血、坏死等，严重者出现胸闷、烦躁、血压下降、昏厥、呼吸困难、休克等症状，甚至死亡。

【急救措施】

中毒较轻者，局部涂抹消炎药或食醋，出现呼吸困难时立即实施人工呼吸或注射强心剂。大部分水母中毒以皮炎或过敏反应为主，可用 5%的醋酸（或食醋）或 40%～70%的异丙醇湿敷，再用 1%的氢化可的松处理。用 1%的氨水冷敷患处，也可用 5%的碳酸氢钠等弱碱性溶液或明矾水等冷敷。用 10%的葡萄糖酸钙溶液 10 mL 静脉注射，或用抗组胺药物如非那根、扑尔敏等治疗。

【尸体特征】

局部可出现红斑、水肿、水疱、瘀斑，甚至表皮坏死，口吐白色或粉红色泡沫痰液。解剖可见急性肺水肿。

【检材提取】

检材可提取血液、肝脏及蜇伤部位皮肤。

【检验方法】

高效液相色谱法。

（1）水母毒素的提取：水母毒素主要分布于刺丝囊中，目前常用的提取方法有两种。一种是直接对水母触手进行破碎提取毒素，该方法会在提取过程中不可避免地将非毒素类蛋白也提取在其中；另一种方法是通过先制备水母刺丝囊细胞，然后再从刺丝囊细胞中提取水母毒素，该方法是目前应用较多的提取方法。

（2）仪器条件：仪器：高效液相色谱仪；色谱柱：Atlantis（150 mm×2. 1 mm×5 μm）键合硅胶柱；流动相：甲醇+乙酸铵溶液（采用梯度改变乙腈在流动相中的比例和流速）；检测波长：230 nm。

芋螺（鸡心螺）

【概述】

芋螺，属于软体动物门、腹足纲、芋螺科动物，是生长在热带海域的一种美丽螺类。本属动物的贝壳呈倒圆锥形或近筒形或纺锤形，表面常有各色美丽的斑纹，外形似鸡心，又名鸡心螺。它的种类繁多，个体大小和食物类型迥异，是一种含有剧毒的海洋生物。这类动物均有毒腺，所产生的毒液被称为芋螺毒素，这种毒素毒性极强，不慎被其所伤，轻则产生剧烈疼痛，出现惊厥、颤抖，重则可使心脏麻痹而死亡。

【有毒成分】

芋螺的有毒成分为芋螺毒素，芋螺毒素是由许多单一毒肽组成的鸡尾酒样的混合毒素。

【毒性】

芋螺毒素对小鼠颅腔注射时，低剂量（0.5~6.0 nmol/g）可使小鼠出现搔抓、舔咬、竖尾、桶状翻滚等症状；高剂量（8~20 nmol/g）可使小鼠出现抽搐、惊厥、瘫痪等症状，乃至死亡。对鱼产生毒性作用的量为1~10 μg/kg。芋螺的毒性极大，一只芋螺所含的毒素足以毒死一名成年人。

【中毒原因】

多为被芋螺刺伤或误食或吃法不当引起中毒。

【作用机制】

芋螺含有多种毒素，属多肽类毒素，因芋螺的种类不同，其所含毒素亦不相同，这些种类繁多的毒素作用也不相同，有的表现为钾、钠、钙等离子通道的拮抗剂，有的特异性地作用于乙酰胆碱受体，有的作用于神经递质的各种受体亚型。

【中毒症状】

被芋螺刺伤后，可出现局部烧灼感、麻木、剧痛、呕吐、呼吸困难、四肢无力、共济失调、逐渐昏厥等症状，严重者可因心力衰竭而死亡。

【急救措施】

芋螺毒素中毒尚无有效的治疗方法，一般采用给予吸氧、对症治疗和支持疗法。

【尸体特征】

芋螺毒素致死的主要原因为心力衰竭，而心力衰竭最典型的症状是程度不同的呼吸困难。因此，芋螺毒素中毒死亡者的尸表呈一般窒息性死亡尸体征象。

【检材提取】

对于被芋螺刺伤的中毒者，可提取受伤部位软组织作为检材；对于误食芋螺的中毒者，可提取胃内容物、呕吐物、血液等作为检材。

【检验方法】

参见“紫石房蛤”。

案例一：河豚中毒

河豚味道鲜美，却有剧毒。每年都会有人冒险尝鲜而发生中毒事件，甚至死亡。日本1972~1993年间河豚中毒者1258人，死亡279人。我国也时有食用河豚中毒事件的报道，如大连母子吃河豚生鱼片中毒的报道、深圳西乡一市民食用河豚后中毒死亡等。

简要案情：一名3岁半幼儿与26岁母亲同吃一片“河豚鱼干”，1 h后幼儿诉头昏、头晕，并出现口唇、舌及四肢发麻、呕吐、呼吸困难等症状。3.5 h后突然昏迷、心跳加快、面色及口唇青紫、瞳孔散大、四肢肌张力降低，经抢救无效于中毒4.5 h后死亡。母亲经抢救脱险。

尸体检验：口唇、指甲明显青紫；脑水肿；双肺胸膜下点状出血；肺水肿、灶性出血、细支气管痉挛；心肌小灶性肌溶坏死；胃及肠管胀气，胃黏膜小灶性出血。

理化检验：提取吃剩下的河豚鱼干进行检验，测得TTX含量7.1μg/g。

鉴定意见：该幼儿系河豚中毒致呼吸功能衰竭死亡。

案例二：斑蝥中毒

简要案情：张某，女，19岁，未婚。因停经怀疑怀孕，打听到服用斑蝥可堕胎，遂买来口服，不久即出现腹痛、腹泻、频繁呕吐等症状。

次日腹痛减轻，仍头痛，心口不适，仍剧烈呕吐，全身发冷，于第 3 日抢救无效死亡。

尸体检验：阴道内有少量淡红色液体流出，心外膜、肺胸膜、肾被膜下及胃黏膜点状出血，子宫腔内见凝血块。胃内见斑蝥碎片。镜下见肝细胞轻度脂肪变性，肝小叶内小灶状坏死。在其衣服兜内见斑蝥碎片。

理化检验：提取死者胃内容物检验，检出斑蝥毒素。

鉴定意见：张某系斑蝥中毒死亡。

第六章　毒品、麻醉药品、精神药品

第一节　毒　品

鸦片（阿片、大烟、阿芙蓉）

【化学名称】鸦片中含有多种生物碱。其中以吗啡、可待因、那可汀、蒂巴因、罂粟碱等含量较高且药用价值大。

【化学式】$C_{17}H_{19}NO_3$（吗啡）

【结构式】（吗啡）

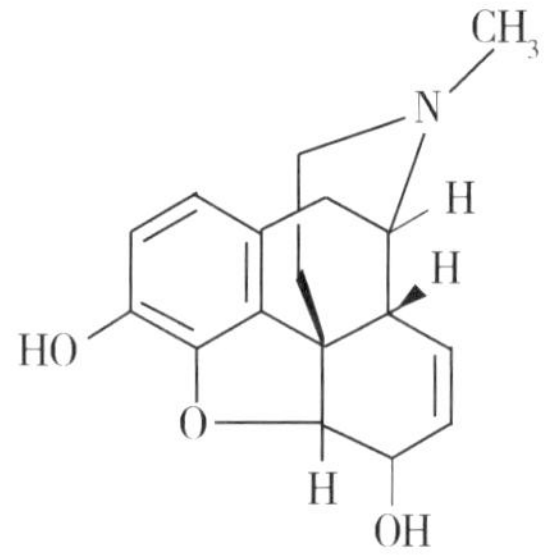

【相对分子质量】285.34（吗啡）

【CAS 登记号】8008-60-4

【性状】

鸦片源于罂粟植物未成熟的蒴果，用刀割裂会渗出一种汁液，经干燥后而得到的膏状物便称为鸦片。因产地不同，多呈黑色或褐色，有氨味或陈旧尿味，味苦。经烧煮和发酵，可制成精制鸦片，呈棕色或金黄色，吸食时散发出香甜气味。

【用途及中毒原因】

鸦片最初是作为药用，有敛肺、涩肠、止痛的作用。用于治疗久咳、久泻、脱肛、脘腹疼痛及创伤性剧痛等。但该产品具有成瘾性，故吸食过量可造成中毒甚至死亡。

【作用机制】

阿片类药物的镇痛作用机制至今尚未充分了解。已知它们通过作用于中枢神经组织内的立体结构特异的、可饱和的阿片受体而起效。并能选择性地抑制某些兴奋性神经的冲动传递，发挥竞争性抑制作用，从而解除对疼痛的感受和伴随着的心理行为反应。

【毒性】

鸦片对成人的致死量为 2~5 g。

急性中毒实验：小鼠皮下注射半数致死量（LD_{50}）为 500 mg/kg。

【中毒症状】

偶见恶心、呕吐、便秘、晕眩、输尿管及胆管痉挛等症状。

【急救措施】

急性中毒者应立即注射鸦片拮抗剂纳洛酮进行解毒。

【尸体特征】

急性阿片类药物中毒死亡者，尸表没有显著变化，仅呈一般窒息性死亡尸体征象，尸斑青紫，尸僵持续时间较短，口鼻、呼吸道有泡沫性液体溢出，有时呈血性。死亡早期可见针尖样瞳孔。用鼻吸食者鼻腔内可发现毒品粉末。

慢性阿片类药物中毒死亡者，因长期滥用毒品，死者多数营养不良、显著消瘦、贫血、腹胀明显。

解剖检验：①急性中毒死亡者常见肺显著瘀血、水肿，气管及支气管内常有泡沫性液体；多灶性神经细胞坏死，灶性软化，周围胶质细胞增生，形成胶质结节。②慢性中毒死亡者常见支气管肺炎、多发性肺脓肿的改变；常见淋巴组织反应性增生，肝门、肺门、肠系膜等部位淋巴结肿大，胸腺增生和脾肿大也较多见；心血管系统可出现缺血性心脏病，感染性心内膜炎，间质性心肌炎；肝脏以慢性肝炎、肝硬化最常见。镜下可见弥漫性肺泡腔内充满水肿液，间质血管瘀血、灶性肺泡内出血，灶性肺气肿，肺泡腔内巨噬细胞显著增多；脑神经细胞出现不同程度的变性、坏死，灶性血管周围出血，急性脑水肿。

【检材提取】

检材以血液、尿液、胆汁及吸食的鸦片残渣最好，脑、肺、肝、肾等组织也是较好的检材。

【检验方法】

1. 气相色谱法

仪器：气相色谱仪；色谱柱：Agilent HP-17（5 m×0.53 mm×5.0 μm）弹性石英毛细管性；柱温：初始温度250 ℃，保持6 min，以5 ℃/min的升温速率升温至270 ℃，保持3 min；进样口温度：270 ℃；检测器温度：280 ℃；载气：高纯氮，流速：12.2 mL/min；空气：100～110 mL/min；氢气：4～4.5 mL/min；内标物：氟安定。

2. 气相色谱-质谱法

仪器：气相色谱-质谱联用仪；色谱柱：Agilent HP-17（30 m×0.25 mm×0.25 μm）弹性石英毛细管柱；柱温：初始温度160 ℃，保持1 min，以10 ℃/min的升温速率升温至280 ℃，保持20 min；进样口温度：260 ℃；载气：高纯氦，流速：1.0 mL/min；进样方式：分流进样，分流比：10∶1；离子源：电子轰击源（EI），能量：70 eV；扫描方式：全扫描；质量范围：40～450 amu；溶剂延迟：3 min。

吗啡

【化学名称】7，8-二脱氢-4，5-环氧-17-甲基吗啡喃-3，6α-二醇

【化学式】$C_{17}H_{19}NO_3$

【结构式】

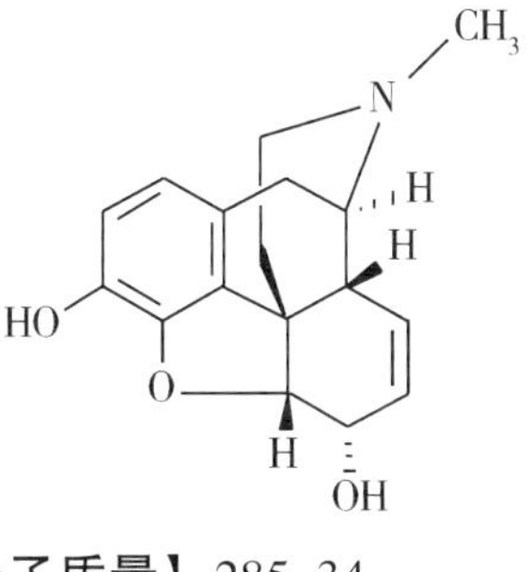

【相对分子质量】285.34

【CAS登记号】57-27-2

【性状】

吗啡为白色有丝光的针状结晶或结晶性粉末，无臭，味苦。熔点154～156 ℃，沸点476.2 ℃，密度1.44 g/cm^3。易溶于水，不溶于氯仿和乙醚，能溶于稀酸的水溶液而生成盐类。其盐类化合物易溶于水和乙醇，不溶或难溶于有机溶剂，此性质可用于生物碱的提取、分离和纯化。有毒，遇光易变质。

【用途及中毒原因】

吗啡在临床上常用于镇痛、催眠、止咳、止泻。但吸食后会产生欣快感，比鸦片更容易成瘾。长期使用会引起精神失常、谵妄和幻想，过量使用会导致呼吸衰竭而死亡。中毒原因多为药物滥用或用药过量等。

【作用机制】

（1）阿片类药物具有极强的麻醉作用，对中枢神经系统兼有兴奋和抑制的双重作用，以抑制作用占优势。①抑制大脑皮质、视丘下部和脑干，产生明显的镇痛、镇静作用。②抑制咳嗽中枢产生明显的镇咳作用，镇咳机制可能与阿片类药物作用于延脑孤束核的阿片受体有关，该神经核作为舌咽神经和迷走神经的中枢，与咳嗽反射有关。③抑制呼吸中枢。④激活中脑前核阿片受体使动眼神经兴奋，引起特有的瞳孔缩小，形成针尖样瞳孔。

（2）对脊髓具有兴奋作用，使脊髓反射增强。

（3）对消化系统具有止泻和致便秘作用。使胃肠道平滑肌蠕动减少，增加括约肌收缩；抑制消化液分泌，加重食物消化迟缓。

（4）扩张周围血管，引起体位性低血压。

（5）使膀胱括约肌张力增高、收缩加强，造成排尿困难，引起尿潴留。

【毒性】

吗啡为高毒类物质。

最低致死量（MLD）为200 mg。

血药浓度：治疗浓度74～273 μg/mL，中毒浓度100～500 μg/mL，致死浓度＞1 000 μg/mL。

急性中毒实验：大鼠经口半数致死量（LD_{50}）为335 mg/kg，大鼠腹腔注射半数致死量（LD_{50}）为100 mg/kg；小鼠经口半数致死量（LD_{50}）为524 mg/kg，小鼠腹腔注射半数致死量

(LD_{50}) 为 140 mg/kg。

【中毒症状】

本品可经过消化道、鼻黏膜、肺或通过注射吸收。急性中毒的症状主要是中枢神经系统的深度抑制，早期症状表现为颜面部潮红、头晕、意识模糊、精神恍惚及疲劳感，并伴有恶心、呕吐等，逐渐进入昏睡状态。典型症状为呼吸浅慢、周期性潮式呼吸、瞳孔缩小、光反射消失、发绀、皮肤湿冷、体温下降、心率减慢、脉搏细弱、血压下降、骨骼肌松弛、少尿或尿潴留，严重者出现抽搐，甚至角弓反张、意识丧失、对刺激无应答、各种反射消失，直至死亡。

慢性中毒者可出现消瘦、贫血、精神萎靡、早衰、食欲缺乏、便秘、性功能减退或消失、窦性心动过速和频发室性早搏及不同程度的呼吸困难等症状。若药物戒断，可出现典型的戒断综合征，表现为呕吐、腹泻、躁动不安、失眠、恐惧、流泪、出汗、瞳孔散大甚至循环衰竭，严重者可虚脱死亡。

【急救措施】

对于口服中毒者，应先催吐，再用 1∶2 000 的高锰酸钾溶液洗胃，胃管内注入或喂食硫酸钠 15~30 g 导泻，以促进毒物排出。如系皮下注射中毒时，应尽快用橡皮带或布带扎紧注射部位的上方，同时冷敷注射部位，以延缓毒物吸收，结扎部位应每 20~30 min 间歇放松 1~2 min，不能连续结扎。当出现呼吸困难或缺氧时，应持续人工呼吸并给予吸氧。纳洛酮为吗啡的拮抗剂，必要时可重复给药进行解毒。

【尸体特征】

急性中毒死亡者，尸表仅呈一般窒息性死亡尸体征象，尸斑青紫，尸僵持续时间较短，口鼻、呼吸道有泡沫性（有时呈血性）液体溢出，早期可见针尖样瞳孔，吸食者鼻孔可见白色粉末，注射吸毒者体表可见针孔，针孔周围有皮下出血。解剖尸体可见气管及支气管内常有泡沫性液体，肺显著瘀血、水肿，脑水肿。镜下可见脑神经细胞出现不同程度的变性、坏死，血管周围灶性出血等。

慢性吗啡中毒死亡者多数营养不良、显著消瘦、腹胀明显，还可出现贫血貌。解剖可见淋巴结肿大、缺血性心脏病、心内膜炎、间质性心肌炎等。

【检材提取】

检材可提取血液、尿液、胆汁、脑组织、肺组织、肝组织、肾组织及注射部位的软组织等。对于滥用毒品死亡者，可提取其毛发及吸食的残渣作为检材。

【检验方法】

1. 气相色谱法

仪器：气相色谱仪；色谱柱：Agilent DB-1 MS 或 DB-5 MS（30 m×0.32 mm×0.25 μm）弹性石英毛细管柱；检测器：氮磷检测器；柱温：初始温度 240 ℃，保持 1 min，以 10 ℃/min 的升温速率升温至 280 ℃，保持 15 min；进样口温度：260 ℃；检测器温度：280 ℃；载气：高纯氮，流速：1 mL/min；进样方式：不分流进样；空气：400 mL/min；氢气：30 mL/min。

2. 气相色谱-质谱法

仪器：气相色谱-质谱联用仪；色谱柱：Agilent HP-17（30 m×0.32 mm×0.25 μm）弹性石英毛细管柱；柱温：初始温度 160 ℃，保持 1 min，以 10 ℃/min 的升温速率升温至 280 ℃，保持 20 min；进样口温度：260 ℃；载气：高纯氦，流速：1.0 mL/min；进样方式：分流进样，分流比：10∶1；离子源：电子轰击源（EI），能量：70 eV；扫描方式：全扫描；质量范围：40~450 amu；溶剂延迟：3 min。

海洛因（白面、白粉）

【化学名称】3，6-二乙酰氧基-7，8-去氢-4，5-环氧-N-甲基吗啡烷

【化学式】$C_{21}H_{23}NO_5$

【结构式】

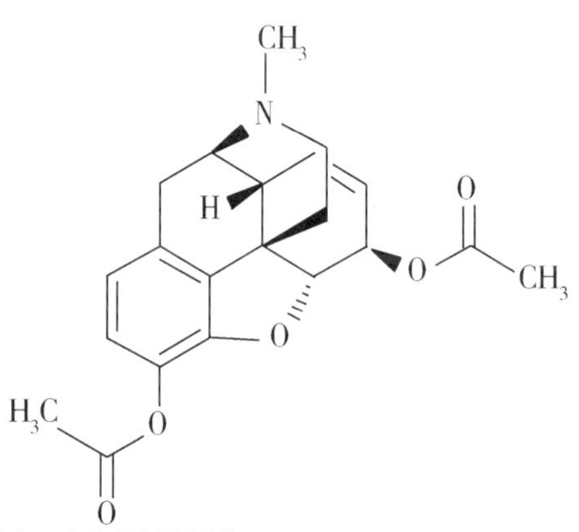

【相对分子质量】369.41

【CAS 登记号】561-27-3

【性状】

海洛因纯品为白色晶体，交易中的海洛因因制造工艺及纯度不同常呈白色、灰色、黄色、褐色等。熔点 171～173 ℃，沸点 492.9 ℃，密度 1.34 g/cm^3。溶于水、乙醇、乙醚和氯仿。海洛因多以盐酸盐的形式出现，其纯品系白色结晶状粉末，熔点 229～233 ℃，溶于水、乙醇、氯仿，但不溶于乙醚。

【用途及中毒原因】

海洛因早期主要用于医疗领域，后因其成瘾性太大而禁止使用。对于吸食者，常因过量使用而引起中毒。

【作用机制】

海洛因主要作用于中枢神经系统，呈现出先兴奋后抑制。

海洛因经口服或注射后，能迅速转化为吗啡，透过血脑屏障与大脑中的 μ-鸦片受体结合，发挥药效。

【毒性】

海洛因的致死量为 200 mg，成瘾者的致死量可能达到一般致死量的 10 倍。

急性中毒实验：大鼠静脉注射半数致死量（LD_{50}）为 22.5 mg/kg，小鼠静脉注射半数致死量（LD_{50}）为 21.8 mg/kg，小鼠皮下注射半数致死量（LD_{50}）为 262 mg/kg。

【中毒症状】

急性中毒症状可表现为昏睡、呼吸抑制、低血压、瞳孔变小等。长期使用后若突然停药可表现出不安、流泪、出汗、流鼻涕、易怒、发抖、恶寒、打冷战、厌食、腹泻、身体蜷曲、抽筋等症状。

【急救措施】

首先应保持呼吸道通畅，清除口腔的内分泌物，高浓度给氧。对于呼吸抑制、意识模糊的患者，应立即开放气道。早期足量静脉注射纳洛酮，能有效改善呼吸抑制等。严密监视神志变化，注意保暖，预防感染等。

【尸体特征】

尸表没有显著变化，仅呈一般窒息性死亡尸体征象。对于用鼻吸食者，有时在鼻腔内可发现毒品粉末。对于用注射方式吸毒者，可在皮肤上发现注射痕迹。

慢性阿片类药物中毒死亡者，因长期滥用毒品，死者多数营养不良、显著消瘦、贫血、腹胀明显。

【检材提取】

检材以血液、尿液、胆汁及吸食的残渣最好，脑、肺、肝、肾等组织也是较好的检材，对于慢性中毒者，可采集其毛发作为检材。

【检验方法】

1. 气相色谱-质谱法

仪器：气相色谱-质谱联用仪；色谱柱：Agilent DB-5MS（30 m×0.25 mm×0.25 μm）弹性石英毛细管柱；柱温：初始温度 60 ℃，保持 1 min，以 20 ℃/min 的升温速率升温至 280 ℃，保持 5 min；载气：高纯氦，流速：1.0 mL/min；进样口温度：280 ℃；离子源：电子轰击源（EI）；能量：70 eV。

2. 液相色谱-质谱法

仪器：液相色谱-质谱联用仪；色谱柱：Allure PFP Propyl（50 mm×2.1 mm×5 μm）柱；保护柱：Allure PFPP（10 mm×2.1 mm）柱；柱温：20 ℃；进样量：20 μL；流动相：流动相 A 为 2 mmol/L 的甲酸铵+0.2%的甲酸水溶液，流动相 B 为 2 mmol/L 的甲酸铵+0.2%的甲酸乙腈溶液；流速：0.8 mL/min；洗脱方式：梯度洗脱；离子源：电喷雾离子源（ESI^+）；检测模式：MRM 模式、MRM-IDA-EPI 模式；碰撞气：氩气；气帘气：20 psi；离子喷雾电压：4 000 V；温度：500 ℃；驻留时间：50 ms；母离子/子离子对：370.2/268.2。

苯丙胺（去甲麻黄素、安非他命、非那明）

【化学名称】1-苯基丙基-2-胺

【化学式】$C_9H_{13}N$

【结构式】

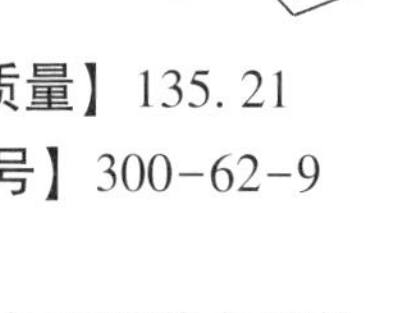

【相对分子质量】135.21

【CAS 登记号】300-62-9

【性状】

苯丙胺为无色至淡黄色液体，气味淡薄，无臭，味辛辣、微苦。沸点 201.5 ℃，密度 0.946 g/cm^3。易溶于水，微溶于乙醇，不溶于乙醚。其盐酸盐或硫酸盐为微带苦味的白色结晶性粉末，溶于水、乙醇，微溶于氯仿。

【用途及中毒原因】

苯丙胺可用于治疗发作性睡眠病、麻醉药及其他中枢抑制药中毒、精神抑郁症等。同时，苯丙胺在饭前食用可降低食欲，因此也常用来辅助限食以进行减肥。但是，超量或反复使用可产生病态嗜好，并引起兴奋与抑制过程的平衡失调而导致精神症状，甚至中毒。

【作用机制】

苯丙胺类药物属于拟交感胺类中枢神经兴奋剂，可以选择性地作用于脑干以上的中枢神经系统部位，提高大脑皮质的兴奋性，增强中枢神经系统活动。

该类药物口服后在胃肠道内迅速被吸收，进入血液后可分布至各个器官和组织中。在酸性环境下，大部分以原形排出，在碱性环境下，约50%以原形排出。

【毒性】

苯丙胺为剧毒类物质。

致死量：成人20~25 mg/kg，儿童5 mg/kg。

血药浓度：治疗浓度0.02~0.15 μg/mL，中毒浓度0.2 μg/mL，致死浓度0.5~10 μg/mL。

急性中毒实验：大鼠经口半数致死量（LD_{50}）为30 mg/kg，小鼠经口半数致死量（LD_{50}）为21 mg/kg。

【中毒症状】

苯丙胺类药物的急性中毒症状与可卡因的中毒症状相似，表现为兴奋、不安、大汗、血压升高、头痛、高热、颜面潮红、精神活跃、饥饿感减轻、动作快而不准、焦虑、紧张、性欲亢进、不眠、眩晕、意识紊乱等。严重者可出现谵妄、恐慌、狂躁、心律失常、幻觉等症状，甚至产生冲动、伤人或自伤。可因高血压危象、循环衰竭而死亡。

【急救措施】

口服中毒者，应尽早催吐、洗胃。急性中毒时可以口服或鼻饲氯化铵或维生素C，以促进毒物排泄。对于极度兴奋或烦躁的患者，可用氟哌啶醇或地西泮等肌内注射，可根据情况加用氯丙嗪。对症治疗：降温、降压、保肝等。

【尸体特征】

急性中毒死亡者无特殊病变。尸僵出现早且较强，脑水肿，肺瘀血、水肿，其他器官也呈瘀血、水肿改变。

长期滥用死亡者，尸检可见营养不良，脑出血、水肿。镜下可见神经细胞变性、坏死和胶质细胞反应，有的可见蛛网膜下腔出血、垂体坏死或脑疝形成；心外膜下及心肌间质血管周围出血，心肌细胞水肿，心肌组织收缩带坏死或广泛坏死，坏死组织周围可见中性粒细胞和巨噬细胞浸润，有的可见心肌纤维化。

【检材提取】

检材可提取血液、尿液和肝、肾、脑等组织。同时，还应注意提取注射部位的皮肤及皮下组织和非注射处的对照组织作为检材。

【检验方法】

气相色谱-质谱法。

仪器：气相色谱-质谱联用仪；色谱柱：Agilent DB-5MS（30 m×0.25 mm×0.25 μm）弹性石英毛细管柱；柱温：初始温度100 ℃，保持1 min，以20 ℃/min的升温速率升温至260 ℃，保持5 min；进样口温度：260 ℃；载气：高纯氦，流速：1 mL/min；进样方式：分流进样，分流比：20∶1；离子源：电子轰击源（EI），能量：70 eV；扫描方式：全扫描；质量范围：40~400 amu。

甲基苯丙胺（冰毒、去氧麻黄素、甲基安非他命）

【化学名称】 N-甲基-1-苯基-丙烷-2-胺

【化学式】 $C_{10}H_{15}N$

【结构式】

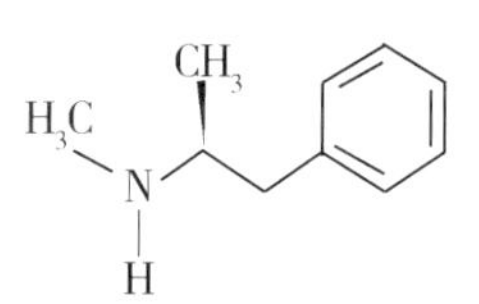

【相对分子质量】 149.23

【CAS登记号】 537-46-2

【性状】

甲基苯丙胺纯品为白色结晶体，微带苦味，晶莹剔透，外观似冰，故被吸毒者和贩毒者称为“冰”，由于它的毒性剧烈，人们便称之为“冰毒”。该药小剂量时有短暂的兴奋、抗疲劳作用，故其丸剂又有“大力丸”之称。沸点215.5 ℃，密度0.907 g/cm³。微溶于水，能溶于乙醇、乙醚及氯仿等。其盐酸盐为白色结晶性粉末，熔点172~174 ℃，溶于水、乙醇、氯仿，不溶于乙醚。

【用途及中毒原因】

本品在临床上用于治疗注意力不足过动症、嗜睡症以及极端的肥胖症等。由于吸食冰毒后会产生强烈的生理兴奋，短期内增强精神力、动力和大脑活力及愉悦幸福感，因此，长期滥用者为了增强性刺激，寻找初期使用时的欣快感，往往将剂量不断增加而造成急性中毒，引起惊厥、昏迷，甚至死亡。

【作用机制】

甲基苯丙胺在体内的代谢方式主要是侧链水解。一部分脱甲基形成苯丙胺，一部分可羟基化形成羟基苯丙胺，再氧化为羟基去氧麻黄碱。苯丙胺通过脱氨基转变为苯丙酮，最终可代谢为苯甲酸和马尿酸，代谢产物少部分与葡萄糖醛酸和硫酸结合后随尿排出。作用机制与苯丙胺相同。

【毒性】

口服致死量为20~25 mg/kg。

血药浓度：治疗浓度0.01~0.05 μg/mL，中毒浓度0.2~5 μg/mL，致死浓度10~40 μg/mL。

【中毒症状】

过量使用能导致急性中毒。严重者可出现精神紊乱、性欲亢进、焦虑、烦躁、幻觉等症状，甚至死亡。

长期滥用可造成慢性中毒，主要表现为体重下降、消瘦、溃疡、脓肿、指甲脆化、夜间磨牙、龋齿等，甚至死亡。

高剂量或反复使用可产生中毒性精神病（亦称苯丙胺精神病），表现出被害妄想、幻视，也可能出现听幻觉和触幻觉。

【急救措施】

口服中毒者，应尽早催吐、洗胃。急性中毒时可以口服或鼻饲氯化铵或维生素C，以促进毒物排泄。对于极度兴奋或烦躁的患者，可用氟哌啶醇或地西泮等肌内注射，可根据情况加用氯丙嗪。对症治疗：降温、降压、保肝等。

【尸体特征】

参见“苯丙胺”。

【检材提取】

检材以尿液为主，血液和肝、肾、脑等组织及注射用药者注射部位的皮肤、皮下组织均可作为检材。同时，要注意提取非注射处的组织作空白对照。

【检验方法】

参见“苯丙胺”。

摇头丸

【化学名称】（S）-（+）-3，4-（亚甲二氧基）甲基苯丙胺

【化学式】$C_{11}H_{15}NO_2$

【结构式】

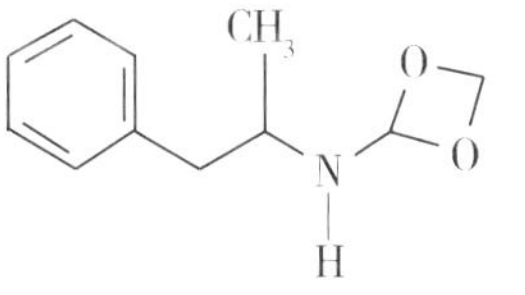

【相对分子质量】193.24

【CAS登记号】66142-89-0

【性状】

摇头丸纯品为白色结晶体，微带苦味，沸点283 ℃，密度1.1 g/cm^3。微溶于水，能溶于乙醇、乙醚及氯仿等。

【用途及中毒原因】

摇头丸是苯丙胺类衍生物，属于中枢神经兴奋剂，是我国规定管制的精神药品，由于其成瘾性不像海洛因、可卡因等硬性毒品那样强烈，许多人认为其危害性不大，而事实恰恰相反，它有强烈的中枢神经兴奋作用，并有很强的精神依赖性，对人体有严重的危害。中毒原因多为滥用过量等。

【作用机制】

摇头丸可使突触前神经元释放5-羟色胺、多巴胺和去甲肾上腺素，并抑制这些递质的再摄取。摇头丸也可抑制单胺氧化酶，所以这些递质的破坏减少，不过摇头丸不能增加多巴胺的合成。结果在大脑各区的突触中，这些递质就明显增加，引起中枢神经的刺激和兴奋，而且还有些致幻作用。摇头丸很可能由于5-羟色胺的异常，使机体体温升高和活动过度亢进。

摇头丸在体内代谢经N-脱甲基形成MDA（亚甲二氧基苯丙胺），代谢产物MDA也有活性和药理作用。一次服摇头丸起作用后，感觉醉意持续约5 h，65%随尿排出。

【毒性】

摇头丸毒性中等。

急性中毒实验：小鼠经口半数致死量

(LD_{50}) 为 568mg/kg。

【中毒症状】

中毒后初期症状为头昏、头痛、心悸、焦虑不安、容易激动、面色潮红、发热、多汗、性欲亢进等，继而产生高血压危象。还可出现感觉异常、谵妄、狂躁、视力模糊、眼球震颤、共济失调、抽搐等症状。经过兴奋期后转为抑制期，出现昏迷、休克、心律失常、持续癫痫状态、呼吸衰竭等症状。

【急救措施】

①清醒或昏迷患者均要洗胃，用 1∶5 000 的高锰酸钾溶液反复冲洗，迅速彻底地清除毒物，并经胃管注入胃黏膜保护剂。②应用速尿、甘露醇，保证输液量，促进毒物排泄，减少毒物吸收。③应用地西泮对抗其兴奋、躁动症状。④支持疗法：纠正酸碱失衡和电解质紊乱，采取降温措施，保护心脑功能，保持呼吸道通畅及给予吸氧等。

【尸体特征】

参见“苯丙胺”。

【检材提取】

检材以尿液为主，血液及肝、肾、脑等组织也可作为检材。

【检验方法】

参见“苯丙胺”。

可卡因（古柯碱）

【化学名称】(-) 3β-苯甲酰氧基-2β-甲氧甲酰基托烷

【化学式】$C_{17}H_{21}NO_4$

【结构式】

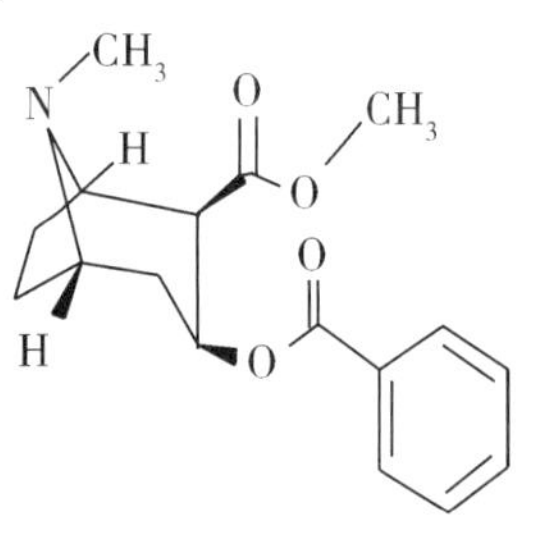

【相对分子质量】303. 35

【CAS 登记号】50-36-2

【性状】

可卡因为无色单斜形结晶，无臭，味先苦而后麻。熔点 98 ℃，沸点 395.2 ℃，密度 1. 223 g/cm^3。几乎不溶于水，可溶于乙醇、乙醚等有机溶剂。其盐酸盐为无色结晶或白色结晶性粉末，熔点 197 ℃以上，沸点 423. 9 ℃。极易溶于水，易溶于乙醇，溶于氯仿，不溶于乙醚和苯。

【用途及中毒原因】

可卡因是人类发现的第一种具有局麻作用的天然生物碱，为长效酯类局麻药，常用于口、鼻、咽、耳、尿道、阴道等手术的局部麻醉。可卡因的药效与安非他命非常类似，吸毒者为了恢复初期的体验，往往会一而再、再而三地反复使用，以维持“瘾劲”不致衰落。周而复始，剂量越用越大，使用频率也越来越高，最终因滥用造成中毒或死亡。

【作用机制】

可卡因能阻止神经末梢对去甲肾上腺素的再摄取，间接起到拟交感神经药的作用，具有收缩血管的作用。小剂量时能兴奋大脑皮层，产生欣快感，随着剂量增大，使呼吸中枢、血管运动中枢和呕吐中枢兴奋，严重者可发生惊厥；大剂量时可引起大脑皮层下行异化作用的抑制，出现中枢性呼吸抑制，并抑制心肌而引起心力衰竭。

【毒性】

口服致死量：成人为 0. 5～1 g，成瘾者可耐受至 5 g。

血药浓度：治疗浓度 0. 05～0. 3 μg/mL，中毒浓度 0. 25～5 μg/mL，致死浓度 1～20 μg/mL。

急性中毒实验：大鼠静脉注射半数致死量 (LD_{50}) 为 17. 5 mg/kg，大鼠腹腔注射半数致死量 (LD_{50}) 为 70 mg/kg，大鼠皮下注射半数致死量 (LD_{50}) 为 250 mg/kg；小鼠静脉注射半数致死量 (LD_{50}) 为 16 mg/kg，小鼠皮下注射半数致死量 (LD_{50}) 为 81 mg/kg，小鼠腹腔注射半数致死量 (LD_{50}) 为 59 mg/kg。

【中毒症状】

兴奋早期表现为欣快、情绪不稳、易激怒、失眠、无食欲、性欲亢进、有阵发性暴力行为、恶心、呕吐、突发性头痛。兴奋进展期，中毒者反射亢进，出现阵发性痉挛及强制性抽搐，血压和脉搏连续升高。中毒后期为抑制期，表现为肌肉无力、昏迷、瞳孔散大、反射消失，可因呼吸、循环衰竭而死亡。长期滥用会出现依赖性，且有精神病的危险，表现为面色苍白、口唇和指甲青紫、呕吐、冷汗、瞳孔散大、肌肉抽搐、烦躁不安、体温骤升、反射增强、晕倒、惊厥、昏迷、血压下降、脉搏频弱及呼吸浅缓不规则等。

【急救措施】

口服中毒者，应立即用温生理盐水洗胃，然后给服鞣酸 5 g。麻醉中毒者，应立即停止用药，保持呼吸道通畅，给予吸氧，必要时进行人工呼吸。对症治疗：给予抗惊厥药等。

【尸体特征】

急性中毒死亡者，尸表呈一般窒息性死亡尸体征象，各脏器瘀血明显。同时因血管收缩可能出现心肌梗死。对于用鼻吸食者，有时在鼻腔内可发现毒品粉末。长期滥用者出现消瘦、营养不良等症状。用鼻吸食者，因鼻中隔的反复慢性炎症可检见鼻中隔黏膜萎缩，甚至穿孔。注射者可见新鲜注射针眼及陈旧不等的注射瘢痕。心脏损害明显，肉眼可见右心室常呈扩张状。镜下可见心肌灶性带状坏死甚至梗死。有时并发肺炎、心内膜炎、肝炎等感染性疾病。有时可见脑出血、动脉瘤破裂、血管栓塞、异物肉芽肿形成及折射晶体物质沉积。

【检材提取】

可卡因可通过血脑屏障，在中枢神经系统蓄积，急性中毒时脑中的药物浓度高于血药浓度，因此除血液、尿液为必取检材外，脑、肝、肾等组织也是理想的检验用材。

【检验方法】

气相色谱-质谱法。

仪器：气相色谱-质谱联用仪；色谱柱：Agilent DB-5MS（30 m×0.25 mm×0.25 μm）弹性石英毛细管柱；柱温：初始温度 140 ℃，保持 1 min，以 20 ℃/min 的升温速率升温至 280 ℃，保持 11 min；进样口温度：280 ℃；载气：高纯氦，流速：1.0 mL/min；进样方式：分流进样，分流比：20∶1；离子源：电子轰击源（EI），能量：70 eV；扫描方式：全扫描；质量范围：40~400 amu。

大麻（胡麻、线麻、火麻、白麻）

【化学名称】大麻植物中含有多种化学成分，其主要毒性成分为大麻酚、大麻二酚和四氢大麻酚，尤其是四氢大麻酚的含量越高，烈性成分越强，毒品的劲头就越大。

【化学式】$C_{21}H_{30}O_2$（四氢大麻酚）

【结构式】（四氢大麻酚）

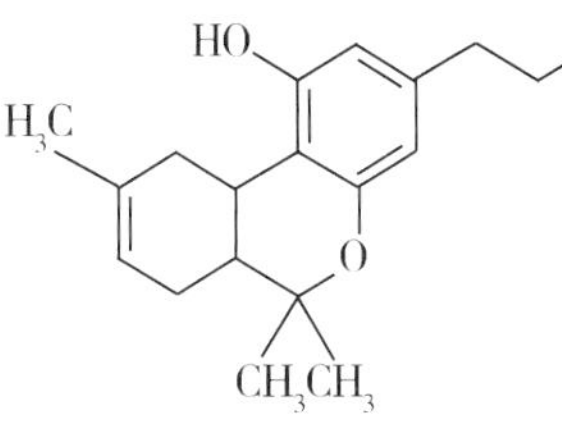

【相对分子质量】314.46（四氢大麻酚）

【CAS 登记号】8063-14-7

【性状】

大麻毒品按形态可分为三种，即大麻烟、大麻脂和大麻油。通常把用大麻原植物的茎、叶、花、籽等经过筛选、揉搓、挤压、晾干制成的粗制毒品称为大麻草或大麻烟；把从大麻植物中提取的分泌物制成的毒品称为大麻脂；把从捣碎绞烂成浆的大麻植物中压榨、提炼的油状液体称为大麻油。

【用途及中毒原因】

大麻植物的韧皮本是一种纺织纤维，一直被用来制造绳索、服装、纸张等。但它的化学成分比较复杂，且具有一定的生物活性，因而在医学上又经常被用来辅助治疗某些晚期绝症（如癌症、艾滋病等）或用来增进食欲、减轻疼痛。但过量吸食可引起中毒。

【作用机制】

大麻酚类物质的毒理作用目前尚不完全明了，主要是影响精神活动，属中枢神经系统抑制剂。进入机体后可直接作用于中枢神经系统，同时也能促进脑内多巴胺的转化，表现为先兴奋后麻痹，最终造成心力衰竭。

【毒性】

大麻对人的致死量目前尚不能确定，一般认为一次口服大麻种子 60~120 g 可中毒，致死量为 2~10 g/kg（随植物不同部分而异）。

【中毒症状】

中毒初期，表现为醉酒状、兴奋、眼结膜发红、行动不稳、心率加快、瞳孔散大、口咽干燥、恶心、呕吐、情绪激动、自觉欣快，产生梦幻般的陶醉感，感觉时间过得非常慢，有时发生狂喜、爱吵好斗、行动鲁莽。可产生浮在空中、漂在浪上、视人变形等离奇幻觉。有时发生中毒性谵妄，出现焦虑、不安、恐惧、一时性抑郁、心悸、心理功能紊乱等症状，甚至产生灾难或濒死感，有的甚至会产生敌对或自杀意念。进入抑制期后，则表现出肌肉无力、运动失调、言语不清、知觉异常、嗜睡，继而进入深睡，但很少发生死亡。若发生死亡多为呼吸抑制所致。

长期吸食大麻者，可表现出冷漠、呆滞、做事乏味、懒散、情感枯燥、易怒、睡眠周期改变、体重下降、慢性腹泻、腹痛等，还可引起意志消沉，丧失进取心，学习、记忆和交谈能力受到损害等。一旦停止使用，几小时内即可出现戒断症状，表现为易激怒、坐立不安、神经质、失眠、食欲下降、体重减轻、震颤、体温升高、寒战等。

【急救措施】

①用2%的鞣酸溶液洗胃。②口服医用活性炭混悬液。③50%的硫酸镁40～60 mL导泻。④静脉补液，纠正水、电解质紊乱。⑤适时应用呼吸兴奋剂。⑥对症治疗。⑦呼吸中枢抑制时，应慎用镇静剂。

【尸体特征】

尸检可见双眼角膜清晰，口周可见褐色呕吐物，口角处有流向枕部的流注痕，十指甲床及颜面发绀。解剖检验可见胸腹腔内双侧肺表面点状出血，心脏外膜下针尖样出血，胃内容物为褐色糊状。组织病理学检验可见肺充血、肺水肿；多器官瘀血（心、肝、肾、脑）。滥用大麻发生意外死亡者，体表除可见损伤外，还可见眼结膜充血、口唇黏膜干燥、牙齿和手指上有烟釉。此外，吸食大麻者的衣服上可散发出大麻气味，口服者的胃内有大麻碎片。

【检材提取】

检材以胃及胃内容物、血液、肝脏、小肠等较好，肾脏、脑组织、尿液等次之，长期吸食大麻者的毛发亦可作为检材。现场还应注意收集剩余的大麻残渣以便与大麻植物标本对照，这样可以方便、快捷地判断是否为大麻中毒。

【检验方法】

1. 气相色谱法

仪器：气相色谱仪；色谱柱：Agilent HP-5（30 m×0.25 mm×0.25 μm）弹性石英毛细管柱；柱温：初始温度200 ℃，保持1 min，以30 ℃/min的升温速率升温至270 ℃，保持10 min；进样口温度：280 ℃；检测器温度：290 ℃。

2. 高效液相色谱法

仪器：高效液相色谱仪；色谱柱：Inertsil ODS-SP（150 mm×4.6 mm×5 μm）键合硅胶柱；流动相：水+乙腈（50∶50，*V/V*）；流速：1.0 mL/min；检测器：紫外检测器；检测波长：210 nm；柱温：40 ℃。

3. 气相色谱-质谱法

仪器：气相色谱-质谱联用仪；色谱柱：Agilent DB-5MS（30 m×0.25 mm×0.25 μm）弹性石英毛细管柱；柱温：初始温度60 ℃，以15 ℃/min的升温速率升温至300 ℃，保持15 min；进样口温度：250 ℃；进样方式：分流进样，分流比：20∶1；载气：高纯氦，流速：1.0 mL/min；传输线温度：250 ℃；扫描方式：全扫描；质量范围：40～500 amu。

第二节　麻醉药品

阿法罗定（法罗定、安那度、安依痛、α-普洛丁、阿度那儿、甲替啶）

【化学名称】（3S，4R）-1，3-二甲基-4-苯基哌啶-4-丙酸酯

【化学式】$C_{16}H_{23}NO_2$

【结构式】

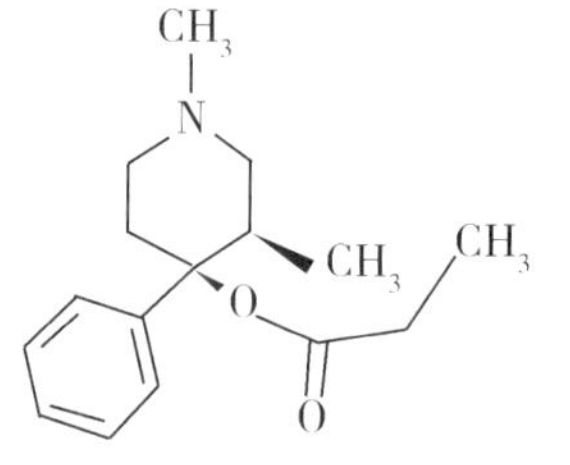

【相对分子质量】261.36

【CAS登记号】77-20-3

【性状】

阿法罗定，沸点338.4 ℃，密度1.06 g/cm^3。其盐酸盐为白色结晶性粉末，稍有苦咸味，有氨臭，熔点196～197 ℃，易溶于水和醇。水溶液呈微酸性。

【用途及中毒原因】

阿法罗定的镇痛作用比吗啡迅速，但持续时间短，皮下注射后5 min即见效，可维持2 h。镇痛效力不如哌替啶，呼吸抑制作用轻微。阿法罗定主要用于需短时止痛的情况，如小手术及手术后的止痛，也可与阿托品合用用于胃肠道、泌尿道等平滑肌痉挛性疼痛的止痛。本品有成瘾性，

不宜久用，滥用过量可引起中毒。

【作用机制】

阿法罗定属于阿片受体激动剂类药物，其结构和作用类似于哌替啶，但镇痛机制至今尚未完全了解。研究发现，它可以通过作用于中枢神经组织内的立体结构特异的、可饱和的阿片受体而起效。并能选择性地抑制某些兴奋性神经的冲动传递，发挥竞争性抑制作用，从而解除对疼痛的感受和伴随着的心理行为反应。

【毒性】

口服最小中毒剂量为 1 440 μg/kg。

急性中毒实验：大鼠经口半数致死量（LD_{50}）为 90 mg/kg，大鼠腹腔注射半数致死量（LD_{50}）为 22 mg/kg，大鼠皮下注射半数致死量（LD_{50}）为 98 mg/kg；小鼠腹腔注射半数致死量（LD_{50}）为 73 mg/kg。

【中毒症状】

中毒轻者出现眩晕、头痛、口干、出汗及恶心等症状，偶可致急性尿潴留、血压下降或心动过速。严重者表现为中枢兴奋，如惊厥、定向力丧失和幻觉，直至昏迷；瞳孔缩小如针尖状，呼吸浅表、缓慢，最终可死于呼吸衰竭。

【急救措施】

（1）对于口服中毒者，应尽早洗胃，洗胃液可用 1：2 000 的高锰酸钾溶液。洗胃后向胃内注入 2%的医用活性炭混悬液及 50%的硫酸钠 50 mL。忌用阿扑吗啡催吐。

（2）静脉补液，休克者酌用血管活性药（如间羟胺）。

（3）对于昏睡尚未昏迷的患者，应经常唤醒，以防并发吸入性肺炎；并可预防性应用抗生素。

（4）其他对症处理。

【尸体特征】

尸体无特殊征象。尸表检验可见瞳孔明显缩小，似针尖。

【检材提取】

检材可提取肝脏、血液、尿液、胃内容物等。

【检验方法】

1. 气相色谱-质谱法

仪器：气相色谱-质谱联用仪；色谱柱：Agilent DB-17MS（30 m×0.25 mm×0.25 μm）弹性石英毛细管柱；柱温：初始温度 50 ℃，保持 0.5 min，以 25 ℃/min 的升温速率升温至 125 ℃，再以 10 ℃/min 的升温速率升温至 255 ℃，最后以 25 ℃/min 的升温速率升温至 320 ℃，保持 16 min。进样口温度：250 ℃；进样方式：不分流进样；载气：高纯氦；柱流速：30 cm/s；传输线温度：300 ℃；扫描方式：全扫描；质量范围：40~350 amu。

2. 液相色谱-质谱法

仪器：液相色谱-质谱联用仪；色谱柱：Agilent Zorbax SB2 C18（2.1 mm ×150 mm×3 μm）键合硅胶柱；流动相：乙腈 + 20.05% 的甲酸（38：62，*V/V*）；流速：0.3 mL/min；柱温：35 ℃；离子源：电喷雾电子源（ESI^+）；检测模式：多反应监测（MRM）。

二氢埃托啡

【化学名称】17-甲基-7α-［（s）-1-羟基-1-甲基丁基］-6，14-桥亚乙基-6，7，8，14-四氢东罂粟碱

【化学式】$C_{25}H_{35}NO_4$

【结构式】

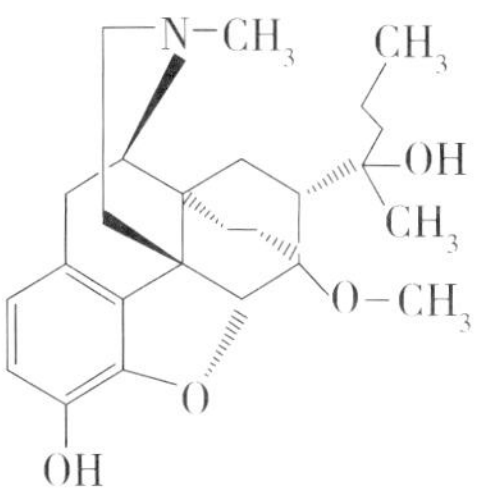

【相对分子质量】413.56

【CAS 登记号】14357-76-7

【性状】

二氢埃托啡为白色或类白色结晶性粉末，无臭，味甜。沸点 554.2 ℃。在甲醇中溶解，在水和乙醇中微溶，在氯仿中几乎不溶。

【用途及中毒原因】

二氢埃托啡有镇静和解痛作用，可用于治疗平滑肌痉挛引起的绞痛及各种急慢性疼痛。但反复用药可产生耐药性和依赖性，因此，口服或注射过量易引发中毒。

【作用机制】

二氢埃托啡为阿片受体的纯激动剂，与 μ 受体、δ 受体、κ 受体的亲和力都远远大于吗啡，特别对 μ 受体的亲和力大于 δ 受体和 κ 受体上千倍。其镇痛作用的量效关系与吗啡一样呈直线型，药

理活性强度比吗啡强 6 000~10 000 倍。

【毒性】

急性中毒实验：小鼠皮下注射半数致死量（LD_{50}）为 82 mg/kg±17 mg/kg。

【中毒症状】

中毒症状表现为头晕、恶心、呕吐、乏力、出汗等，偶尔出现便秘。

【急救措施】

当呼吸减慢至 10 次/min 左右时，用呼吸兴奋药尼可刹米可纠正，也可用给予吸氧纠正。当出现呼吸暂停时，应及时进行人工呼吸，必要时可肌内注射或静脉注射盐酸纳洛酮或氢溴酸烯丙吗啡解救。

【尸体特征】

二氢埃托啡的作用与吗啡基本相同，主要表现为呼吸抑制、昏迷和呼吸停止，造成机体严重缺氧，表现为全身性发绀。尸体解剖可见中毒者的肺显著瘀血、水肿，气管及支气管内常有泡沫性液体。

【检材提取】

检材可提取血液、胃内容物、肝脏等。

【检验方法】

1. 化学鉴别法

（1）取本品 1 mg，加甲醛-硫酸试液 1 滴，即显紫堇色。

（2）取本品 1 mg，加稀铁氰化钾试液 1 滴，即显蓝绿色。

（3）取本品 1 mg，置小试管中，加枸橼酸醋酐试液 2 滴，置水浴中加热，显紫红色。

2. 高效液相色谱法

仪器：高效液相色谱仪；色谱柱：Diamosil C18（250 mm×4.6 mm×5 μm）键合硅胶柱；流动相：甲醇+乙腈+0.02 mol/L 的磷酸二氢钾水溶液（20∶7∶73，*V/V/V*，用磷酸调节 pH 值至 3.8~4.0）；流速：1.0 mL/min；检测波长：215 nm；进样量：20 μL。

地芬诺酯（苯乙哌啶、止泻宁、氰苯哌酯）

【化学名称】1-（3-氰基-3，3-二苯基丙基）-4-苯基哌啶-4-羧酸乙酯

【化学式】$C_{30}H_{32}N_2O_2$

【结构式】

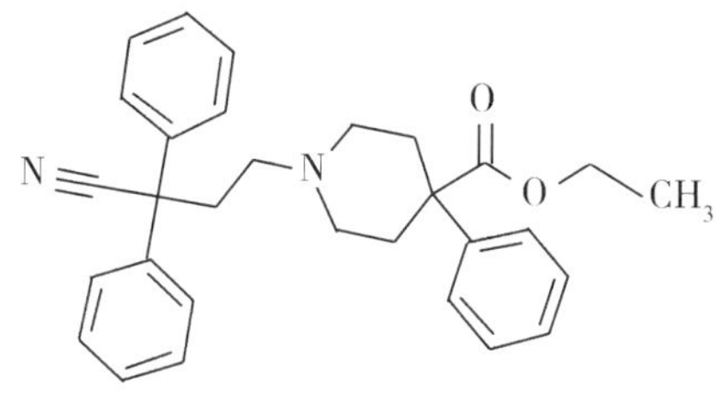

【相对分子质量】452.59

【CAS 登记号】915-30-0

【性状】

地芬诺酯为白色或几乎白色的结晶性粉末，无臭。熔点 220~225 ℃，沸点 602.3 ℃，密度 1.123 g/cm³。易溶于氯仿，在甲醇中溶解，在乙醇和丙酮中略溶，在水和乙醚中几乎不溶。

【用途及中毒原因】

地芬诺酯为止泻药，可直接作用于肠平滑肌，通过抑制肠黏膜感受器，消除局部黏膜的蠕动反射而减弱肠蠕动，同时可增加肠的节段性收缩，使肠内容物通过延迟，有利于肠内水分的吸收，故具有明显的止泻作用。若大剂量使用能起到镇静作用，可产生欣快感，因此易滥用，稍有不慎可引起中毒。

【作用机制】

地芬诺酯系哌替啶的衍生物，是阿片类制剂的代用品。对肠道的作用类似于吗啡，可直接作用于肠平滑肌，通过抑制肠黏膜感受器，消除局部黏膜的蠕动反射而减弱肠蠕动，同时可增加肠的节段性收缩，从而延长肠内容物与肠黏膜的接触时间，促进肠内水分的重吸收。

【毒性】

地芬诺酯为高毒类物质。

血药浓度为 0.01 μg/mL。

人的最低致死量（MLD）为 200 mg/kg。

急性中毒实验：大鼠经口半数致死量（LD_{50}）为 221 mg/kg，小鼠经口半数致死量（LD_{50}）为 337 mg/kg。

【中毒症状】

中毒症状表现为恶心、嗜睡、头晕、头痛、失眠、抑郁、皮疹、腹胀、大肠扩张及肠梗阻等。大剂量（40~60 mg）可引起欣快感，长期服用可产生依赖性。过量使用可引起呼吸抑制和昏迷。

【急救措施】

对于口服中毒者，应先催吐、洗胃，输液利

尿，促进毒物排泄，并给予纳洛酮解救。

【尸体特征】

尸表没有显著变化，仅呈一般窒息性死亡尸体征象。对于用鼻吸食者，有时在鼻腔内可发现毒品粉末。对于用注射方式吸毒者，可在皮肤上发现注射痕迹。

慢性阿片类药物中毒死亡者，因长期滥用毒品，死者多数营养不良、显著消瘦、贫血、腹胀明显。

【检材提取】

检材可提取肝脏、血液、尿液、胃内容物等。

【检验方法】

1. 毛细管电泳法（CE）

仪器：毛细管电泳仪（毛细管使用前依次用 0.5 mol/L 的氢氧化钠、水和缓冲液冲洗 15 min，每 2 h 或更换新缓冲液时处理一次；每次进样前，依次用 0.5 mol/L 的氢氧化钠、水和缓冲液冲洗 1 min）；毛细管柱：HP - Innowax（60 m × 0.32 mm × 0.25 μm）；缓冲液：10.0 mmol/L的乳酸+15.0%的乙醇；进样：重力虹吸进样；进样高度：25.0 cm；进样时间：10.0 s；分离电压：20.0 kV。

2. 高效液相色谱法

仪器：高效液相色谱仪；色谱柱：Hypersil ODS C18（250 mm×4.6 mm×5 μm）键合硅胶柱；流动相：0.04 mol/L 的磷酸二氢钾+甲醇（16∶84，*V/V*）；流速：1.0 mL/min；检测波长：264 nm。

芬太尼（多瑞吉）

【化学名称】N-苯基-N-［1-（2-苯乙基）-4-哌啶基］-丙酰胺

【化学式】$C_{22}H_{28}N_2O$

【结构式】

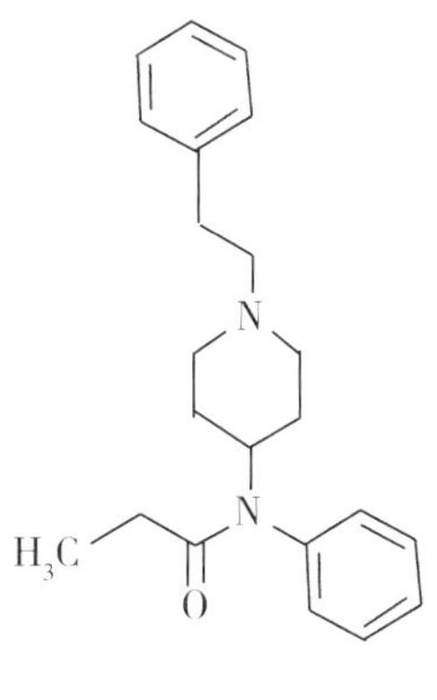

【相对分子质量】336.47

【CAS 登记号】437-38-7

【性状】

芬太尼为白色颗粒或结晶性粉末，无臭，味苦。熔点 83～84 ℃，沸点 466.2 ℃，密度 1.087 g/cm^3。微溶于水。枸橼酸芬太尼为白色结晶性粉末，熔点 153～156 ℃，沸点 466.2 ℃。

【用途及中毒原因】

芬太尼是一种分子结构与吗啡类似的镇痛药，其镇痛作用为吗啡的 60～80 倍，成瘾性却比吗啡小。属强效麻醉性镇痛药，镇痛作用产生快，但持续时间较短，用于麻醉前、中、后的镇静与镇痛，也可用于癌痛、创伤痛及手术后疼痛等中度、重度慢性疼痛的治疗。其副作用与吗啡类似，过量使用会引起呼吸抑制，严重时可导致死亡。

【作用机制】

芬太尼为人工合成的强效麻醉性镇痛药。镇痛作用机制与吗啡相似，为阿片受体激动剂，作用强度为吗啡的 60～80 倍。与吗啡和哌替啶相比，芬太尼作用迅速，维持时间短，不释放组胺，对心血管功能影响小，能抑制气管插管时的应激反应。芬太尼对呼吸的抑制作用弱于吗啡，但静脉注射过快则易抑制呼吸。有成瘾性。

【毒性】

芬太尼为剧毒类物质。

血药浓度：治疗浓度 0.001～0.002 μg/mL，中毒浓度 0.002～0.02 μg/mL。

人的最低致死量（MLD）为 2 mg；静脉注射最低致死量（MLD）为 2 μg/kg。

急性中毒实验：大鼠经口半数致死量（LD_{50}）为 18 mg/kg，大鼠皮下注射半数致死量（LD_{50}）为 1.5 mg/kg；小鼠静脉注射半数致死量（LD_{50}）为 11.2mg/kg，小鼠腹腔注射半数致死量（LD_{50}）为 76 mg/kg。

【中毒症状】

中毒症状表现为瘙痒、欣快感、眩晕、视物模糊、恶心、呕吐、低血压、胆道括约肌痉挛、喉痉挛及出汗等。偶有肌肉抽搐，严重时可出现呼吸抑制、窒息及心动过缓，如不及时治疗，可发生呼吸停止、循环抑制及心脏停搏等。

【急救措施】

出现肌肉强直时，可用肌松药或吗啡拮抗剂

(如纳洛酮、丙烯吗啡等)对抗。出现呼吸抑制时，应立即采用给予吸氧、人工呼吸等急救措施，必要时亦可静脉注射纳洛酮。对于心动过缓者，可用阿托品治疗。

【尸体特征】

芬太尼中毒造成死亡多为呼吸抑制、窒息及心动过缓造成呼吸停止及心脏停搏所致，因而尸体常表现为全身性发绀，尸检可见死者的肺显著瘀血、水肿，气管及支气管内有泡沫性液体等。

【检材提取】

检材可提取血液、尿液、肝脏、胃内容物等。

【检验方法】

1. 样品处理

取血浆或全血适量，用正己烷+乙醇（20：1，*V/V*）混合液进行萃取，提取液浓缩后备检。

2. 检验所用方法如下

（1）气相色谱-质谱法：仪器：气相色谱-质谱联用仪；色谱柱：Agilent DB-17MS（30 m×0.25 mm×0.25 μm）弹性石英毛细管柱；柱温：初始温度 50 ℃，保持 0.5 min，以 25 ℃/min 的升温速率升温至 125 ℃，再以 10 ℃/min 的升温速率升温至 255 ℃，最后以 25 ℃/min 的升温速率升温至 320 ℃，保持 16 min；进样口温度：250 ℃；进样方式：不分流进样；载气：高纯氦；柱流速：30 cm/s；传输线温度：300 ℃；扫描方式：全扫描；质量范围：40~350 amu。

（2）液相色谱-质谱法：仪器：液相色谱-质谱联用仪；色谱柱：Agilent Zorbax SB2 C18（150 mm×2.1 mm×3 μm）键合硅胶柱；流动相：乙腈+20.05%的甲酸（38：62，*V/V*）；流速：0.3 mL/min；柱温：35 ℃；离子源：电喷雾离子源（ESI^+）；检测模式：多反应监测（MRM）。

氢可酮（二氢可待因酮）

【化学名称】4，5-环氧-3-甲氧基-17-甲基-5α-吗啡烷-6-（2R，3R）-2，3-双羟基可待因酮

【化学式】$C_{18}H_{21}NO_3$

【结构式】

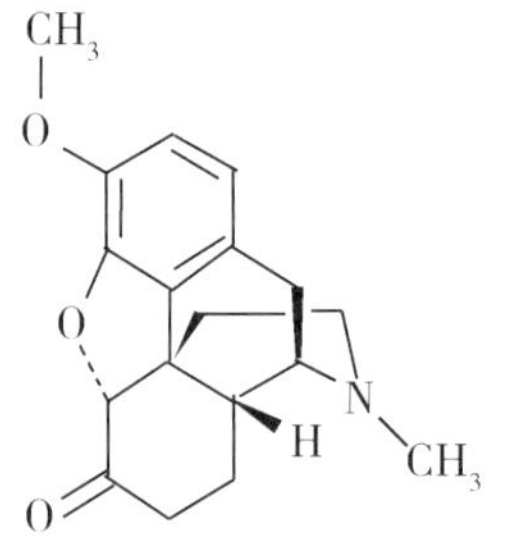

【相对分子质量】299.36

【CAS 登记号】125-29-1

【性状】

氢可酮为白色至淡黄色结晶。熔点 198 ℃，沸点 461.4 ℃，密度 1.31 g/cm^3。溶于乙醇、稀酸，不溶于水。

【用途及中毒原因】

本品属于半合成的麻醉、镇痛、镇咳药物，主要作用于中枢神经系统和平滑肌，其镇痛作用相当于吗啡的 7 倍，能引起嗜睡、情绪改变和精神抑郁等。本品有成瘾性，因此，患者在使用本品时，应按照医生处方规定的剂量服用，并不应超过处方规定的使用频率，否则易引起中毒甚至死亡。滥用易引起中毒。

【作用机制】

氢可酮是一种菲类衍生物，为阿片类止痛剂，具有和可待因特性相似的多种活性，其镇痛作用比吗啡稍强。目前认为，氢可酮和其他阿片类药物的作用机制可能和中枢阿片类受体有关。氢可酮口服后，1.3 h±0.3 h 达到最大血药浓度，平均峰值浓度为 23.6 ng/mL±5.2 ng/mL，半衰期为 3.8 h±0.3 h。氢可酮有复杂的代谢途径，包括 O-去甲基、N-去甲基和 6-酮基还原为 6-α 或 6-β 羟基代谢物，在肝脏代谢，代谢产物大部分随尿液排出。

【毒性】

血药浓度：治疗浓度 0.002~0.024 μg/mL，中毒浓度 0.1 μg/mL，致死浓度 0.2 μg/mL。

急性中毒实验：大鼠皮下注射半数致死量（LD_{50}）为 150 mg/kg，小鼠皮下注射半数致死量（LD_{50}）为 86 mg/kg。

【中毒症状】

中毒症状表现为恶心、呕吐、便秘、嗜睡、意识混乱、中枢神经系统异常、心血管疾病、口干、多汗、面色潮红、性欲降低、瞳孔缩小、惊

厥等。严重时可出现呼吸抑制。

【急救措施】

口服中毒时，应先洗胃，阻止毒物吸收；输液利尿，促进毒物排泄；应用特效拮抗剂纳洛酮解救；对症治疗：给予吸氧等。

【尸体特征】

氢可酮为中枢性镇咳药，作用机制与吗啡相似，造成死亡的原因多为呼吸中枢抑制，因而机体可出现严重缺氧症，尸体常表现为全身性发绀。尸体解剖可见死者的肺显著瘀血、水肿，气管及支气管内常有泡沫性液体等。

【检材提取】

检材可提取呕吐物、胃内容物、血液、肝组织、尿液等。

【检验方法】

液相色谱-质谱法。

仪器：液相色谱-质谱联用仪；色谱柱：Agilent C18（150 mm×2. 1 mm×3. 5 μm）键合硅胶柱；流动相：流动相 A 为甲醇，流动相 B 为 0. 05%的甲酸水溶液；洗脱方式：梯度洗脱（0~1. 5 min，20% A；1. 5~ 1. 6 min，20% ~ 75% A；1. 6~ 3. 6 min，75% A；3. 6~3. 7min，75% ~ 20% A；3. 7 ~ 6. 5min，20% A）；流速：0. 35 mL/min；柱温：室温；进样量：10 μL；离子源：电喷雾离子源（ESI^+）；检测模式：多反应监测（MRM）；喷射电压：4 000 V；离子源温度：350 ℃；源内气体 1（GS1，N_2），压力：207 kPa；源内气体 2（GS2，N_2），压力：413. 7 kPa；碰撞电压：19 V；裂解电压：160 V；母离子：300. 2；子离子：199. 1。

美沙酮（非那酮、阿米酮、美散酮）

【化学名称】4，4-二苯基-6-（二甲氨基）-3-庚酮

【化学式】$C_{21}H_{27}NO$

【结构式】

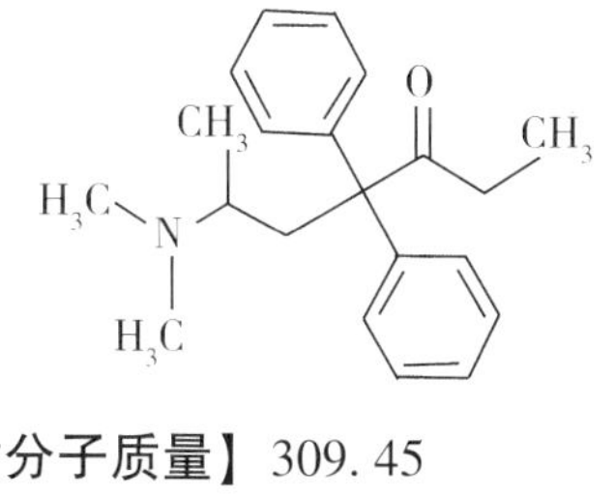

【相对分子质量】309. 45

【CAS 登记号】76-99-3

【性状】

美沙酮为结晶性粉末，无臭，味苦。熔点 79~81 ℃。其盐酸盐为白色结晶性粉末，熔点 230~234 ℃，溶于水、乙醇、氯仿，几乎不溶于乙醚。常见剂型为胶囊。

【用途及中毒原因】

美沙酮是一种人工合成的镇痛药，在临床上用作镇痛麻醉剂，止痛效果略强于吗啡，毒性、副作用较小，成瘾性也比吗啡小，故可用作吗啡的代替品，现已成为欧美西方国家主要的戒毒药物，对阿片类成瘾者的躯体戒断症状治疗效果显著。但在戒毒过程中应掌握好用量，否则，因过量服用或使用不当（美沙酮不宜以静脉注射的方式给药，尤其是脱毒治疗时禁止以注射方式给药）可造成中毒。

【作用机制】

美沙酮为 μ 阿片受体激动剂，其药效与吗啡类似，具有镇痛作用，并可产生呼吸抑制、缩瞳、镇静等作用。与吗啡相比，美沙酮具有作用时间较长、不易产生耐受性、药物依赖性低的特点。美沙酮对中枢神经系统、呼吸循环系统有抑制作用，过量服用可导致肺水肿。

【毒性】

美沙酮为高毒类物质。

血药浓度：治疗浓度 0. 04~0. 3 μg/mL，中毒浓度 1 μg/mL，致死浓度 > 2 μg/mL。

中毒剂量为 30~50 mg，致死剂量为 60~120 mg。

急性中毒实验：大鼠经口半数致死量（LD_{50}）为 95 mg/kg。

【中毒症状】

服用本品后会使患者的中枢神经系统、血液循环系统极度兴奋，能大量消耗人的体力和免疫功能。中毒症状表现为出冷汗、头昏、坐卧不安、针尖样瞳孔、无力、嗜睡、血压下降，呼吸、心率减慢甚至昏迷，严重者可因呼吸抑制而死亡。

【急救措施】

口服中毒时，应先洗胃，阻止毒物吸收；输液利尿，促进毒物排泄；应用特效拮抗剂纳洛酮解救；对症治疗：给予吸氧等。

【尸体特征】

尸表可见瞳孔缩小，口唇及指甲甲床发绀等，解剖可见肺瘀血、水肿，气管内有泡沫性液体。

【检材提取】

检材可提取尿液、血液、呕吐物、胃内容物、肝组织等。

【检验方法】

气相色谱-质谱法。

仪器：气相色谱-质谱联用仪；色谱柱：Agilent DB-1MS（30 m×0.25 mm×0.25 μm）弹性石英毛细管柱；柱温：初始温度 60 ℃，保持 1 min，以 20 ℃/min 的升温速率升温至 280 ℃，保持 15 min；进样口温度：280 ℃；进样方式：不分流进样；载气：高纯氦，流速：1 mL/min；传输线温度：280 ℃；扫描方式：全扫描；质量范围：40~450 amu。

羟考酮（羟可待酮）

【化学名称】 4，5-环氧基-14-羟基-3-甲氧基-17-甲基吗啡烷-6-酮

【化学式】 $C_{18}H_{21}NO_4$

【结构式】

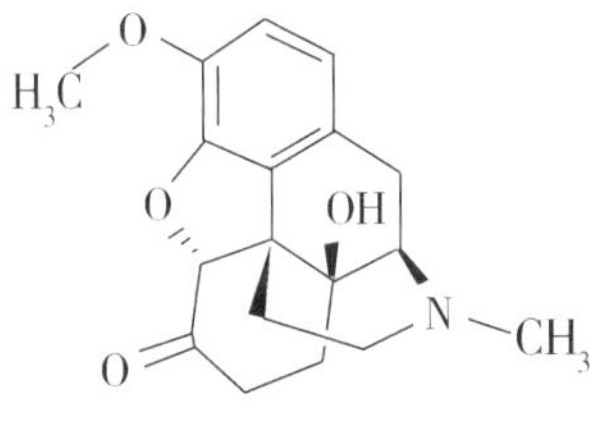

【相对分子质量】 315.37

【CAS 登记号】 76-42-6

【性状】

羟考酮为棒状结晶，熔点 218~220 ℃，沸点 501.6 ℃，密度 1.39 g/cm^3。溶于乙醇、氯仿，几乎不溶于水、乙醚和氢氧化钾（钠）溶液。

【用途及中毒原因】

羟考酮是从生物碱蒂巴因中提取的半合成阿片类药物，本品具有抗焦虑、镇静作用，适用于缓解中度至重度疼痛，如关节痛、背痛、癌性疼痛、牙痛、手术后疼痛等。中毒原因多见于药物滥用、用药过量等。

【作用机制】

羟考酮为半合成的纯阿片受体激动药，其药理作用及作用机制与吗啡相似，主要通过激动中枢神经系统内的阿片受体而起镇痛作用，镇痛效力中等。也可通过直接作用于延髓的咳嗽中枢而起镇咳作用。

【毒性】

羟考酮为高毒类物质。

最低致死量（MLD）约为 500 mg。

血药浓度：治疗浓度 0.02~0.05 μg/mL，中毒浓度 0.2 μg/mL，致死浓度 0.6 μg/mL。

【中毒症状】

中毒症状表现为头痛、头晕、嗜睡、恶心、呕吐（运动时加重，休息时减轻）及精神亢奋、烦躁不安、便秘、皮疹和皮肤瘙痒。大剂量应用时，会产生与吗啡类似的不良反应，包括呼吸抑制等。

【急救措施】

对于心搏骤停或心律不齐者，可进行心脏按压或除颤；对于口服中毒者，应先洗胃，应用特效拮抗剂纳洛酮解救；输液利尿，以促进毒物排泄；对症治疗：给予吸氧等。

【尸体特征】

尸表没有显著变化，仅呈一般窒息性死亡尸体征象。对于用鼻吸食者，有时在鼻腔内可发现毒品粉末。对于用注射方式吸毒者，可在皮肤上发现注射痕迹。

慢性阿片类药物中毒死亡者，因长期滥用毒品，死者多数营养不良、显著消瘦、贫血、腹胀明显。

【检材提取】

检材可提取尿液、血液、呕吐物、胃内容物、肝组织等。

【检验方法】

气相色谱-质谱法。

仪器：气相色谱-质谱联用仪；色谱柱：Agilent HP-17（30 m×0.25 mm×0.25 μm）弹性石英毛细管柱；柱温：初始温度 160 ℃，保持 1 min，以 10 ℃/min 的升温速率升温至 280 ℃，保持 20 min；进样口温度：260 ℃；载气：高纯氦，流速：1.0 mL/min；进样方式：分流进样，分流比：10∶1；离子源：电子轰击源（EI），能量：70 eV；扫描方式：全扫描；质量范围：40~450 amu；溶剂延迟：3 min。

氯胺酮（K 粉、凯他敏、克他命）

【化学名称】2-（2-氯苯基）-2-甲氨基环己酮

【化学式】$C_{13}H_{16}ClNO$

【结构式】

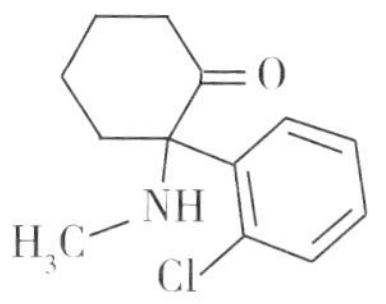

【相对分子质量】237.73

【CAS 登记号】6740-88-1

【性状】

氯胺酮为白色结晶性粉末，无臭，熔点 92～93 ℃。遇光和热可分解。其盐酸盐为白色晶体，熔点 262～263 ℃，易溶于水，溶于热乙醇，不溶于有机溶剂。水溶液呈酸性，pH 值为 4.0～5.5。

【用途及中毒原因】

本品为麻醉药，可使患者进入镇静和遗忘状态，对疼痛无反应。本品在临床上常用于烧伤患者的反复麻醉和各种诊断操作及幼儿的外科小手术。但近年来在一些歌舞厅等娱乐场所中发现了 K 粉的滥用迹象，若使用不当或过量使用可引起中毒。

【作用机制】

氯胺酮为新型的非巴比妥类静脉麻醉剂，静脉注射后可进入脑组织，先阻断大脑联络径路和丘脑向新皮层的投射，选择性地抑制大脑和丘脑，随血药浓度升高而抑制整个中枢神经系统，产生麻醉。

【毒性】

氯胺酮为高毒类物质。

血药浓度：治疗浓度 0.04～3 μg/mL，中毒浓度 7 μg/mL。

人应用氯胺酮的中毒量>70 mg，致死量为 900 mg，滥用者的中毒量和致死量会更高。

急性中毒实验：小鼠腹腔注射半数致死量（LD_{50}）为 400 mg/kg，小鼠静脉注射半数致死量（LD_{50}）为 77 mg/kg。

【中毒症状】

中毒症状表现为恶心、呕吐、流涎、眼球震颤、瞳孔散大、胸闷、胸痛、焦虑、心动过速、血压上升、谵妄、兴奋、烦躁不安、易激惹、鲜明的梦幻觉、定向力及认知力障碍等。严重时可导致呼吸、心搏骤停。

长期服用者会出现尿频、尿急、尿痛、尿少、胃痛、流鼻血等症状，有成瘾性。

【急救措施】

若中毒症状不明显可不予处理。如果出现精神症状或心率加快等，可用安定及纳洛酮解毒，或用倍他乐克减慢心率对症治疗即可。

【尸体特征】

口服中毒死亡者，口角有呕吐痕迹，双手指甲甲床轻度发绀。解剖可见双肺膨满，叶间裂浆膜下散在点状出血；心尖有出血点；肝脏被膜下有散在出血点；胃肠道胀气；脑水肿。慢性中毒者，镜下可见局灶性肺泡壁毛细血管扩张、充血，间质血管瘀血；心外膜增厚，心外膜下有较多的纤维素性渗出液，部分心肌纤维断裂；心肌间质部分小血管壁玻璃样变性，周围心肌纤维局灶性坏死；脑神经细胞和血管周围出现较大间隙，胶质细胞增生，淀粉小体形成，神经纤维脱髓鞘样改变。

【检材提取】

检材可提取尿液、血液、胃内容物、胆汁和肾、肝、脑等组织；对于长期滥用者，可采集其毛发作为检材。

【检验方法】

气相色谱-质谱法。

仪器：气相色谱-质谱联用仪；色谱柱：Agilent DB-5MS（30 m×0.25 mm×0.25 μm）弹性石英毛细管柱；柱温：初始温度 60 ℃，不保持，以 15 ℃/min 的升温速率升温至 300 ℃，保持 15 min；进样口温度：280 ℃；传输线温度：250 ℃；载气：高纯氦，流速：1.0 mL/min；进样方式：分流进样，分流比：20∶1；离子源：电子轰击源（EI），能量：70 eV；扫描方式：全扫描；质量范围：40～500 amu；溶剂延迟：3 min。

哌替啶（度冷丁、杜冷丁、地美露、唛啶）

【化学名称】1-甲基-4-苯哌啶-4-甲酸乙酯

【化学式】$C_{15}H_{21}NO_2$

【结构式】

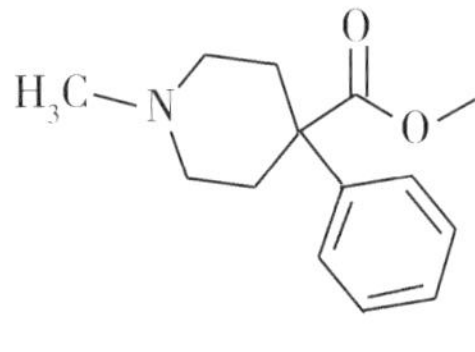

【相对分子质量】247.34

【CAS 登记号】57-42-1

【性状】

哌替啶为油状液体或白色结晶，无臭，味微苦。熔点 30 ℃，沸点 328.9 ℃，密度 1.055 g/cm^3，在空气中稳定。其盐酸盐为白色结晶性粉末，熔点 187~189 ℃，易溶于水、丙酮、乙酸乙酯，溶于乙醇、氯仿，不溶于乙醚。

【用途及中毒原因】

哌替啶为人工合成的阿片受体激动剂，属于苯基哌啶衍生物，是中枢抑制药，具有镇痛作用，用于某些剧烈痛、内脏痛、创口痛的治疗及作为麻醉辅助药。是吗啡的良好代替品，但长期使用会产生依赖性。滥用过量时可造成中毒。

【作用机制】

哌替啶的作用机制与吗啡相似，主要作用于乙酰胆碱 M 受体，出现阿托品的活性作用，中毒患者可出现咽干、口渴、瞳孔扩大、心动过速等症状。

【毒性】

口服最低致死量（MLD）>5 g。

血药浓度：治疗浓度 0.2~0.8 μg/mL，中毒浓度 1~5 μg/mL，致死浓度>5 μg/mL。

急性中毒实验：大鼠经口半数致死量（LD_{50}）为 162 mg/kg，大鼠腹腔注射半数致死量（LD_{50}）为 87 mg/kg，大鼠皮下注射半数致死量（LD_{50}）为 113 mg/kg；小鼠经口半数致死量（LD_{50}）为 200 mg/kg，小鼠腹腔注射半数致死量（LD_{50}）为 150 mg/kg。

【中毒症状】

哌替啶中毒者的症状常表现为嗜睡、恶心、呕吐、呼吸抑制、便秘、尿潴留、瞳孔扩大等。研究表明，连续使用哌替啶 1~2 周便可产生药物依赖性。这种依赖性以心理依赖为主，生理依赖为辅，但两者都比吗啡的依赖性弱。一旦停药则会产生类似于吗啡戒断后的戒断综合征，主要表现有精神萎靡不振、全身不适、流泪、流涕、呕吐、腹泻、失眠，严重者也会产生虚脱等。

【急救措施】

对于口服中毒者，可采取催吐、洗胃等措施以清除胃中未吸收的药物，并给予拮抗剂 N-乙酰半胱氨酸或静脉注射纳络酮。不宜使用医用活性炭，以免影响拮抗剂的吸收，此外，尚需注意保持呼吸道通畅，必要时可行人工呼吸。

【尸体特征】

哌替啶中毒死亡者，其尸表没有显著变化，仅呈一般窒息性死亡尸体征象，尸斑青紫，尸僵持续时间较短，口鼻、呼吸道有泡沫性液体溢出，有时呈血性。

【检材提取】

哌替啶多以注射方式给药，因此检材以血液、尿液和肝组织较好。必要时也可提取死者注射部位的皮肤或肌肉组织等作为检材。

【检验方法】

气相色谱-质谱法。

仪器：气相色谱-质谱联用仪；色谱柱：Agilent DB-5MS（30 m×0.25 mm×0.25 μm）弹性石英毛细管柱；柱温：初始温度 100 ℃，保持 1 min，以 20 ℃/min 的升温速率升温至 280 ℃，保持 10 min；进样口温度：280 ℃；传输线温度：280 ℃；离子源：电子轰击源（EI），能量：70 eV；扫描方式：全扫描。

罂粟碱（帕帕非林）

【化学名称】1-（3，4-二甲氧基苄基）-6，7-二甲氧基异喹啉

【化学式】$C_{20}H_{21}NO_4$

【结构式】

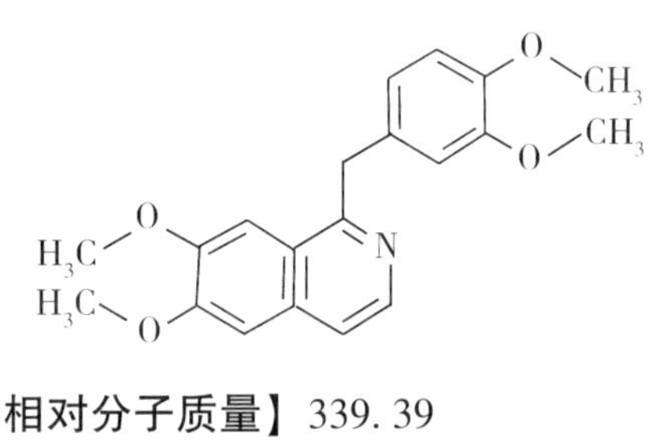

【相对分子质量】339.39

【CAS 登记号】58-74-2

【性状】

罂粟碱系从罂粟成熟果壳中分离出的一种生物碱，为无色棱柱状或针状晶体，熔点 147~

148 ℃，沸点 483.2 ℃，密度 1.161 g/cm^3。易溶于苯、丙酮、热乙醇、冰醋酸，溶于浓硫酸，微溶于乙醚、氯仿，不溶于水。加热到 110 ℃时变为玫瑰红色，加热至 200 ℃时则变为紫色，有毒。其盐酸盐为白色结晶性粉末，无臭，熔点 226 ℃，溶于氯仿、水，略溶于乙醇，几乎不溶于乙醚。

【用途及中毒原因】

罂粟碱对血管平滑肌、支气管平滑肌、胃肠道平滑肌、胆管平滑肌等都有松弛作用，通过松弛血管平滑肌，使冠脉扩张、外周阻力及脑血管阻力降低。主要用于缓解伴有动脉痉挛的大脑及外周血管疾病，可用于治疗脑血栓、肺栓塞、肢端动脉痉挛及动脉栓塞性疼痛等，亦可用于治疗肠道、输尿管及胆管痉挛疼痛和痛经，以及作为复方支气管扩张喷雾剂的组分之一，还可用于治疗高血压、心绞痛、并发心律失常的心脏局部缺血症等。有一定的成瘾性，滥用易中毒。

【作用机制】

罂粟碱对血管平滑肌、心肌或其他平滑肌有直接的非特异性松弛作用，其作用机制可能是抑制环核苷酸磷酸二酯酶所致。罂粟碱也可以抑制心脏传导，直接作用于心肌细胞，延长不应期。

【毒性】

罂粟碱为高毒类物质。

人体肌内注射最低致死量（MLD）为 1.143 mg/kg。

血药浓度：治疗浓度为 0.2~0.6 μg/mL。

急性中毒实验：大鼠经口半数致死量（LD_{50}）为 325 mg/kg，大鼠腹腔注射半数致死量（LD_{50}）为 59.6 mg/kg；小鼠经口半数致死量（LD_{50}）为 162 mg/kg，小鼠腹腔注射半数致死量（LD_{50}）为 91 mg/kg。

【中毒症状】

中毒初期可见烦躁不安、谵妄、呕吐、全身乏力等症状。继而出现头晕、嗜睡，脉搏开始快，逐渐变为慢而弱，瞳孔极度缩小，可如针尖大小，呼吸浅表而不规则，可慢至 2~4 次/min，并伴有发绀。有时也可能出现肺水肿、体温下降、血压下降、肌肉松弛等。最终常因呼吸中枢麻痹而死亡。

若为慢性中毒，可见厌食、便秘、早衰、阳痿、消瘦、贫血等症状。

【急救措施】

急性中毒时，可先用黄酒 20~30 滴，加入温开水中，让患者饮服。然后洗胃，洗胃后再用 20%的医用活性炭混悬液及 50%的硫酸镁溶液注入胃内。严重时可行血液透析。出现呼吸抑制时，可用呼吸中枢兴奋剂。呼吸衰竭时，可使患者吸入含 5%二氧化碳的氧气，或进行人工呼吸，也可用阿托品、盐酸烯丙吗啡及丙烯左吗喃等进行治疗。

慢性中毒者，应逐步减量戒除，同时给予镇静剂。

【尸体特征】

急性阿片类药物中毒死亡者，尸表没有显著变化，仅呈一般窒息性死亡尸体征象，尸斑青紫，尸僵持续时间较短，口鼻、呼吸道有泡沫性液体溢出，有时呈血性。死亡早期可见针尖样瞳孔。用鼻吸食者鼻腔内可发现毒品粉末。

慢性阿片类药物中毒死亡者，因长期滥用毒品，死者多数营养不良、显著消瘦、贫血、腹胀明显。

解剖检验：①急性中毒死亡者常见肺显著淤血、水肿，气管及支气管内常有泡沫性液体；多灶性神经细胞坏死，灶性软化，周围胶质细胞增生，形成胶质结节。②慢性中毒死亡者常见支气管肺炎、多发性肺脓肿的改变；常见淋巴组织反应性增生，肝门、肺门、肠系膜等部位淋巴结肿大，胸腺增生和脾肿大也较多见；心血管系统可出现缺血性心脏病，感染性心内膜炎，间质性心肌炎；肝脏以慢性肝炎、肝硬化最常见。镜下可见弥漫性肺泡腔内充满水肿液，间质血管淤血、灶性肺泡内出血，灶性肺气肿，肺泡腔内巨噬细胞显著增多；脑神经细胞出现不同程度的变性、坏死，灶性血管周围出血，急性脑水肿。

【检材提取】

检材可提取尿液、血液和肝组织等。

【检验方法】

1. 气相色谱法

仪器：气相色谱仪；色谱柱：Agilent HP-17（5 m×0.53 mm×5.0 μm）弹性石英毛细管柱；柱温：初始温度 250 ℃，保持 6 min，以 5 ℃/min 的升温速率升温至 270 ℃，保持 3 min；进样口温度：270 ℃；检测器温度：280 ℃；载气：高纯氮，流速：12.2 mL/min；空气：100~110 mL/

min；氢气：4~4.5 mL/min；内标物：氟安定。

2. 气相色谱-质谱法

仪器：气相色谱-质谱联用仪；色谱柱：Agilent HP-17（30 m×0.25 mm×0.25 μm）弹性石英毛细管柱；柱温：初始温度 160 ℃，保持 1 min，以 10 ℃/min 的升温速率升温至 280 ℃，保持 20 min；进样口温度：260 ℃；载气：高纯氦，流速：1.0 mL/min；进样方式：分流进样，分流比：10∶1；离子源：电子轰击源（EI），能量：70 eV；扫描方式：全扫描；质量范围：40~450 amu；溶剂延迟：3 min。

瑞芬太尼（雷米芬太尼、瑞伐托酯）

【化学名称】 4-（甲氧羰基）-4-［（1-氧丙基）苯氨基］-1-哌啶丙酸甲酯

【化学式】 $C_{20}H_{28}N_2O_5$

【结构式】

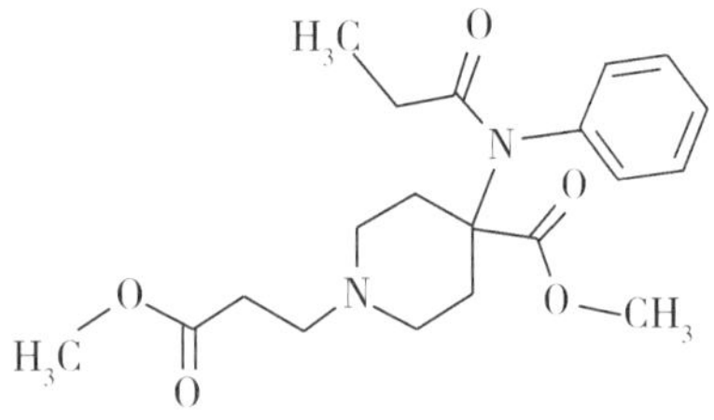

【相对分子质量】 376.45

【CAS 登记号】 132875-61-7

【性状】

瑞芬太尼为白色或类白色疏松块状固体，沸点 487.8 ℃，密度 1.171 g/cm^3。其盐酸盐易溶于水，难溶于有机溶剂。

【用途及中毒原因】

瑞芬太尼主要用于全麻诱导和全麻中维持镇痛，起效快，1 min 即可达有效浓度，作用持续时间仅 5~10 min。其镇痛作用及副作用呈剂量依赖性。另外，瑞芬太尼也可引起呼吸抑制、骨骼肌（如胸壁肌）强直、恶心、呕吐、低血压和心动过缓等，使用不当或用药过量可引起中毒。

【作用机制】

瑞芬太尼为 μ 阿片受体激动剂，在人体内 1 min左右迅速达到血-脑平衡，在组织和血液中被迅速水解，其镇痛作用及副作用呈剂量依赖性。与催眠药、吸入性麻醉药和苯二氮䓬类药物合用有协同作用，瑞芬太尼的 μ 型阿片受体激动作用可被纳洛酮所拮抗。

【毒性】

瑞芬太尼引起呼吸抑制时的半数血药浓度为 1.8 μg/L。

【中毒症状】

中毒症状主要表现为恶心、呕吐、呼吸抑制、心动过缓和肌肉强直等；还可出现寒战、发热、眩晕、视觉障碍、头痛、呼吸暂停、瘙痒、心动过速、高血压、低氧血症、癫痫、面色潮红和过敏等症状。此外，还有一些较少见的症状，如便秘、腹部不适、口干、胃食管反流、吞咽困难、腹泻、胃灼热感、肠梗阻等。

【急救措施】

如果出现药物过量或怀疑药物过量，应立即中断给药，维持气道开放，给予吸氧，并维持正常的心血管功能。如呼吸抑制与肌肉强直有关，需给予神经肌肉阻断剂或 μ 阿片受体拮抗剂，并辅助呼吸。

瑞芬太尼中毒的特异性解毒剂为阿片拮抗剂（如纳洛酮等）。

【尸体特征】

尸表无特殊表现，仅呈一般窒息性死亡尸体征象，尸斑多呈青紫色，尸僵持续时间较短。

【检材提取】

检材可提取呕吐物、洗胃液、胃内容物、尿液、血液和肝组织等。

【检验方法】

1. 气相色谱-质谱法

仪器：气相色谱-质谱联用仪；色谱柱：Agilent DB-17MS（30 m×0.25 mm×0.25 μm）弹性石英毛细管柱；柱温：初始温度 50 ℃，保持 0.5 min，以 25 ℃/min 的升温速率升温至125 ℃，再以 10 ℃/min 的升温速率升温至 255 ℃，最后以 25 ℃/min 的升温速率升温至 320 ℃，保持 16 min；进样口温度：250 ℃；进样方式：不分流进样；载气：高纯氦；柱流速：30 cm/s；传输线温度：300 ℃；扫描方式：全扫描；质量范围：40~350 amu。

2. 高效液相色谱法

仪器：高效液相色谱仪；色谱柱：Agilent Zorbax SB2 C18（150 mm×2.1 mm×3 μm）键合硅胶柱；检测波长：210 nm；柱温：30 ℃，流动相：乙腈+甲醇+磷酸二氢钠缓冲液（128 mL

乙腈，280 mL 甲醇，60 mL 磷酸二氢钠缓冲液）；流速：1.5 mL/min；进样量：100 μL。

舒芬太尼（噻甲醚芬太尼、苏芬塔、新芬太尼）

【化学名称】N-［4-（甲氧甲基）-1-［2-（2-噻吩基）乙基］-4-哌啶基］-N-苯丙酰胺

【化学式】$C_{22}H_{30}N_2O_2S$

【结构式】

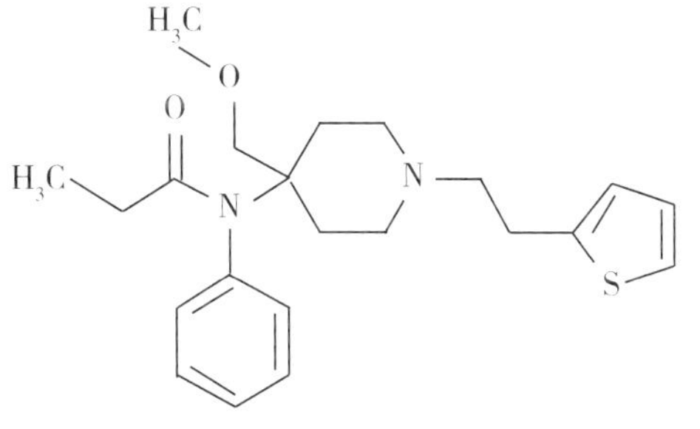

【相对分子质量】386.55

【CAS 登记号】56030-54-7

【性状】

舒芬太尼为白色结晶或结晶性粉末，熔点 96.6 ℃，沸点 493.1 ℃，密度 1.132 g/cm^3。易溶于水、乙醇，不溶于三氯甲烷、乙醚。其柠檬酸盐为白色结晶性粉末，在水中溶解，在乙醇、丙酮和氯仿中部分溶解。

【用途及中毒原因】

舒芬太尼是一种强效的阿片类镇痛药，同时也是一种特异性 μ 阿片受体激动剂，对 μ 受体的亲和力比芬太尼强 7~10 倍。舒芬太尼的镇痛效果比芬太尼强好几倍，而且有良好的血流动力学稳定性，可同时保证足够的心肌氧供应。中毒原因多为药物滥用或用药过量等。

【作用机制】

舒芬太尼是一种强效的阿片类镇痛药，对呼吸有抑制作用，其作用程度与等效剂量的芬太尼相似，引起胸壁僵硬的作用也相似，只是持续时间较芬太尼长。对呼吸抑制的时间短于镇痛时间，复苏时间也短于芬太尼。

【毒性】

舒芬太尼有较宽的安全阈值范围。舒芬太尼引起呼吸抑制时的半数血药浓度为 0.23 μg/L。

【中毒症状】

中毒时出现典型的阿片样症状，如呼吸抑制、呼吸暂停、骨骼肌强直（胸肌强直）、肌肉阵挛、低血压、心动过缓、恶心、呕吐、眩晕、缩瞳和尿潴留等。其他较少见的不良反应有咽部痉挛、过敏反应和心搏停止。

【急救措施】

对于舒芬太尼所引起的中毒，所有这些舒芬太尼的作用均可通过使用其拮抗剂（如纳洛酮、烯丙吗啡或烯丙左吗喃）迅速和完全地逆转。

【尸体特征】

尸表没有显著变化，仅呈一般窒息性死亡尸体征象。对于用鼻吸食者，有时在鼻腔内可发现毒品粉末。对于用注射方式吸毒者，可在皮肤上发现注射痕迹。

慢性阿片类药物中毒死亡者，因长期滥用毒品，死者多数营养不良、显著消瘦、贫血、腹胀明显。

【检材提取】

检材可提取呕吐物、洗胃液、胃内容物、尿液、血液和肝组织等。

【检验方法】

参见“瑞芬太尼”

盐酸布桂嗪（强痛定）

【化学名称】1-正丁酰基-4-肉桂基-哌嗪盐酸盐

【化学式】$C_{17}H_{24}N_2O \cdot HCl$

【结构式】

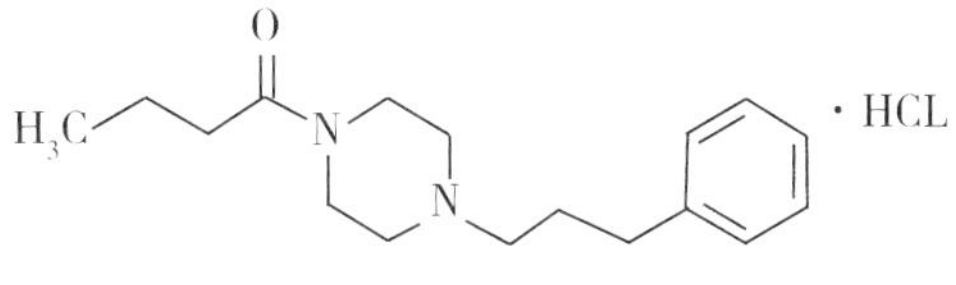

【相对分子质量】308.85

【CAS 登记号】17730-82-4

【性状】

布桂嗪在临床应用上多以盐酸盐的形式使用，其外观呈白色结晶性粉末，有异臭，味苦。沸点 444.9 ℃。极易溶于水、氯仿，溶于乙醇，不溶于苯。

【用途及中毒原因】

本品系非麻醉性镇痛药，用于治疗各种疼痛，如偏头痛、三叉神经疼、炎症性及外伤性疼痛、关节痛、痛经、癌症引起的疼痛等。中毒原因多见于药物滥用或用药过量等。

【作用机制】

本品的作用机制同吗啡，镇痛作用仅为吗啡的1/3，但比解热镇痛药强，镇痛作用为氨基比林的4~20倍。

【毒性】

盐酸布桂嗪毒性中等。

急性中毒实验：大鼠经口半数致死量（LD_{50}）为545 mg/kg，小鼠经口半数致死量（LD_{50}）为258 mg/kg。

【中毒症状】

偶有恶心或头晕、困倦等症状，连续使用本品可使机体产生耐受性和成瘾性。

【急救措施】

对于口服中毒者，应先催吐，再用1∶2 000的高锰酸钾溶液洗胃，经胃管注入硫酸钠导泻，以促进毒物排出。呼吸困难或缺氧时应持续人工呼吸并给予吸氧。纳洛酮为盐酸布桂嗪的拮抗剂，必要时可重复给药进行解毒。

【尸体特征】

急性中毒死亡者，尸表仅呈一般窒息性死亡尸体征象，尸斑青紫，尸僵持续时间较短，口鼻、呼吸道有泡沫性（有时呈血性）液体溢出，早期可见针尖样瞳孔，注射者体表可见针孔，针孔周围有皮下出血。解剖尸体可见气管及支气管内常有泡沫性液体，肺显著瘀血、水肿，脑水肿。镜下可见脑神经细胞出现不同程度的变性、坏死，血管周围灶性出血等。

慢性中毒死亡者多数营养不良、显著消瘦、腹胀明显，还可出现贫血貌。解剖可见淋巴结肿大、缺血性心脏病、心内膜炎、间质性心肌炎等。

【检材提取】

检材可提取尿液、血液和肝组织等。

【检验方法】

高效液相色谱法。

仪器：高效液相色谱仪；色谱柱：Diamonsil C18（250 mm×4.6 mm×5 μm）键合硅胶柱；流动相：甲醇+0.1 mol/L的醋酸铵溶液（75∶25，*V/V*；用氨水调节pH值至7.0）；流速：1.0 mL/min；检测波长：252 nm；柱温：35 ℃；进样量：20 μL。

樟脑（韶脑、潮脑、脑子、油脑、树脑）

【化学名称】1，7，7-三甲基二环［2.2.1］庚烷-2-酮

【化学式】$C_{10}H_{16}O$

【结构式】

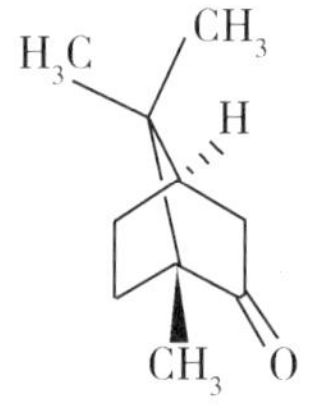

【相对分子质量】152.23

【CAS登记号】76-22-2

【性状】

樟脑为白色结晶性粉末或无色透明的硬块，粗制品略带黄色，有强烈的樟木气味和辛辣的味道。熔点179 ℃，沸点204 ℃，密度0.992 g/cm³。微溶于水，易溶于乙醇、乙醚、氯仿、冰醋酸等。能在常温下升华，有光亮，在常温中易挥发，火试能发生有烟的红色火焰而燃烧。

【用途及中毒原因】

樟脑在医药上用于配制强心药、十滴水、清凉油等，也用于制造赛璐珞、无烟火药，并可用作防蛀剂、防腐剂等。外用可治疗关节炎、肌腱炎、肌肉风湿症、蜂窝织炎、各种挫伤、慢性睾丸炎以及慢性炎性肌肉痛和神经痛等。吸入樟脑蒸气可造成急性重症中毒，出现意识丧失、牙关紧闭，甚至死亡。中毒原因多见于生产、运输过程中的意外事件。

【作用机制】

樟脑经黏膜、皮肤、肌内注射皆易吸收，口服吸收更快。在肝中解毒颇为迅速，可被氧化成樟脑醇，樟脑醇再与葡萄糖醛酸结合后随尿排出。樟脑对中枢神经系统有兴奋作用，但对呼吸中枢无选择性，能引起大脑皮层的兴奋，导致癫痫样痉挛，最后可引起呼吸衰竭乃至死亡。

【毒性】

口服0.5~1.0 g可引起眩晕、头痛、温热感，乃至兴奋、谵妄等。口服2.0 g以上在一暂时性的镇静状态后，即可引起大脑皮层的兴奋，导致癫痫

样痉挛。内服7~15 g或肌内注射4 g可致命。成人的最低致死量（MLD）为2 g，儿童摄入0.75 g可致死。

急性中毒实验：大鼠皮下注射半数致死量（LD_{50}）为70 mg/kg，小鼠经口半数致死量（LD_{50}）为1 310 mg/kg，小鼠皮下注射半数致死量（LD_{50}）为200 mg/kg。

【中毒症状】

樟脑可经口腔黏膜、鼻黏膜、皮肤吸收，可引起恶心、呕吐、腹绞痛、头痛、头晕、发热、谵妄、肌肉颤搐、癫痫样抽搐、中枢神经系统抑制或昏迷等症状；亦可引起呼吸困难、尿闭等症状；偶见呼吸衰竭。若少量口服在胃内可产生温暖舒适感，在皮肤上揉擦可引起发红，且具有麻木感。

【急救措施】

口服中毒者，应立即催吐、洗胃，用手指或筷子等刺激患者咽后壁或口服粗盐浓溶液催吐，然后用微温开水、5%的医用活性炭混悬液（或2%的碳酸氢钠溶液、1∶2 000的高锰酸钾溶液）洗胃，反复多次。然后口服浓米汤或生蛋清保护胃黏膜。饮蜂蜜水利尿、导泻。吸入中毒者，应立即给予吸氧和静脉滴注10%的葡萄糖溶液。

【尸体特征】

樟脑在体内分解较快，一般难以致人死亡。若大剂量口服可引起大脑皮层兴奋，导致癫痫样痉挛，造成呼吸衰竭，死亡者的尸表呈一般窒息性死亡尸体征象。

【检材提取】

检材可提取血液、胃内容物和肝组织等。

【检验方法】

气相色谱-质谱法。

仪器：气相色谱-质谱联用仪；色谱柱：Agilent DB-5MS（30 m×0.25 mm×0.25 μm）弹性石英毛细管柱；柱温：初始温度100 ℃，保持1 min，以20 ℃/min的升温速率升温至260 ℃，保持10 min；进样口温度：260 ℃；载气：高纯氦，流速：1.0 mL/min；进样方式：分流进样，分流比：10∶1；离子源：电子轰击源（EI），能量：70 eV；扫描方式：全扫描；质量范围：40~450 amu；溶剂延迟：3 min。

右丙氧芬（右旋丙氧芬、双苄丙酯Ⅱ、右旋达尔丰）

【化学名称】4-二甲氨基-3-甲基-1，2-联苯-2-丁醇丙酸酯

【化学式】$C_{22}H_{29}NO_2$

【结构式】

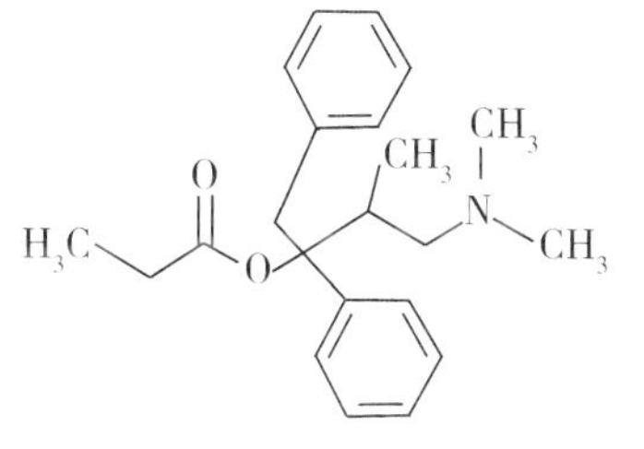

【相对分子质量】339.47

【CAS登记号】469-62-5

【性状】

右丙氧芬纯品为白色粉末，无臭或几乎无臭，味苦。熔点75~76 ℃，密度1.038 g/cm^3。不溶于水，溶于乙醇、氯仿、丙酮和甲醇。其盐酸盐为白色或微黄色粉末，无臭，味苦，熔点163~168.5 ℃，沸点444 ℃，溶于水、乙醇、丙酮和氯仿，不溶于乙醚。

【用途及中毒原因】

右丙氧芬为阿片类镇痛药，于20世纪50~60年代在国外上市，用于轻度到中度疼痛的治疗。该药有单方制剂，也有复方制剂，临床上使用的主要是右丙氧芬的复方制剂，剂型包括片剂、胶囊剂、注射剂等。因该药存在严重的心脏毒副作用，且过量服用可危及生命，因此，我国于2011年7月31日，已完成撤药。本品具有药物依赖性，易成瘾，中毒原因多为用药过量或滥用等。

【作用机制】

本品主要与μ阿片受体结合，其化学结构和药理作用与美沙酮相似，镇痛作用较弱，仅能用于缓解轻度到中度疼痛。本品口服后吸收快，主要在肝脏中代谢为去甲丙氧芬后从尿中排泄。

【毒性】

人口服最低致死量（MLD）为650 mg/kg。

急性中毒实验：大鼠经口半数致死量（LD_{50}）为135 mg/kg，大鼠皮下注射半数致死量（LD_{50}）为79 mg/kg；小鼠经口半数致死量（LD_{50}）为270 mg/kg，小鼠皮下注射半数致死量

（LD_{50}）为 113 mg/kg。

【中毒症状】

轻度中毒症状表现为头晕、嗜睡、恶心、呕吐；少见便秘、腹痛、皮疹、头痛，偶见虚弱、发音困难和轻度视力障碍。

重度中毒症状表现为呼吸抑制、极端困倦乏力，随之出现昏迷、瞳孔缩小、局部或全身抽搐、心脏传导异常、心律失常、肺水肿等，甚至出现呼吸暂停和心搏停止。

【急救措施】

纳洛酮可对抗呼吸抑制，用于解救右丙氧芬中毒时，应在处理好通气道并开始呼吸支持后再给予使用。

【尸体特征】

右丙氧芬为阿片类镇痛药，中毒死亡尸体特征与阿片类药物相似，尸表呈一般窒息性死亡尸体征象，尸斑青紫，尸僵持续时间较短，瞳孔极度缩小。

【检材提取】

检材可提取血液、尿液和肝组织等。

【检验方法】

高效液相色谱法。

仪器：高效液相色谱仪；色谱柱：Hypersil ODS C18（100 mm×4.6 mm×6 μm）键合硅胶柱；柱温：50 ℃；流动相：1.4%的六亚甲基四胺盐酸（0.1 mol/L）溶液+乙腈（15∶85，*V/V*）；流速：1.6 mL/min；检测波长：260 nm（带宽 4 nm）；参比波长：450 nm（带宽 100 nm）。

双氢可待因

【化学名称】17-甲基-3-甲氨基-4，5α-环氧吗啡喃-6α-醇

【化学式】$C_{18}H_{23}NO_3$

【结构式】

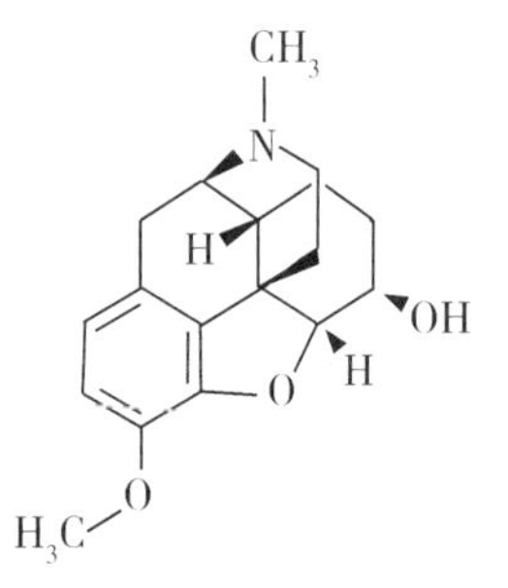

【相对分子质量】301.38

【CAS 登记号】125-28-0

【性状】

双氢可待因为白色针状结晶，沸点 462 ℃，密度 1.31 g/cm^3。常用其磷酸盐，为白色细微的针状结晶性粉末，无臭，有风化性。在水中易溶，水溶液呈酸性，微溶于乙醇，不溶于氯仿和乙醚。

【用途及中毒原因】

双氢可待因可广泛用于治疗各种疼痛，如创伤性疼痛、外科手术后疼痛及计划生育手术疼痛、中度癌痛、肌肉疼痛、腰痛、背痛、头痛、牙痛、痛经、神经痛以及劳损、扭伤、鼻窦炎等引起的持续性疼痛。还可用于治疗各种剧烈咳嗽（尤其是非炎性干咳）及感冒引起的头痛、发热和咳嗽。

【作用机制】

双氢可待因为阿片受体的弱激动剂，在结构上类似于可待因和吗啡，较可待因有更强的镇痛作用，镇痛作用约为可待因的 2 倍，不易成瘾，其镇痛作用的发挥主要是由于口服后有 10%的双氢可待因转换为双氢吗啡。双氢可待因还可以直接作用于咳嗽中枢，起镇咳作用。

【毒性】

人口服最低致死量（MLD）为 6 500 mg/kg。

急性中毒实验：大鼠经口半数致死量（LD_{50}）为 240 mg/kg，小鼠皮下注射半数致死量（LD_{50}）为 135 mg/kg。

【中毒症状】

中毒症状主要有恶心、头痛、眩晕、头昏等，也可能出现皮疹、瘙痒、便秘等症状。

【急救措施】

保持呼吸道通畅，给予吸氧，必要时行人工呼吸；给予注射纳洛酮救治，每 10 min 一次至清醒；对症治疗。

【尸体特征】

尸表没有显著变化，仅呈一般窒息性死亡尸体征象。对于用鼻吸食者，有时在鼻腔内可发现毒品粉末。对于用注射方式吸毒者，可在皮肤上发现注射痕迹。

慢性阿片类药物中毒死亡者，因长期滥用毒品，死者多数营养不良、显著消瘦、贫血、腹胀明显。

【检材提取】

检材可提取血液、尿液和肝组织等。

【检验方法】

高效液相色谱法。

仪器：高效液相色谱仪；色谱柱：分析柱为Zorbax XDB-C18（150 mm×4.6 mm×5 μm，Agilent，USA），保护柱为XDB-C18（12.5 mm×4.6 mm×5 μm，Agilent，USA）；流动相：乙腈+0.1%的TFA+水（12∶40∶48，V/V/V）；流速：1.0 mL/min；柱温：40 ℃；检测波长：230 nm（0~5.0 min，230 nm；5.0~6.2 min，210 nm）。

乙基吗啡（3-乙基吗啡、狄奥宁）

【化学名称】7，8-二去氢-4，5α-氧桥-3-乙氧基-17-甲基吗啡烷-6α-醇

【化学式】$C_{19}H_{23}NO_3$

【结构式】

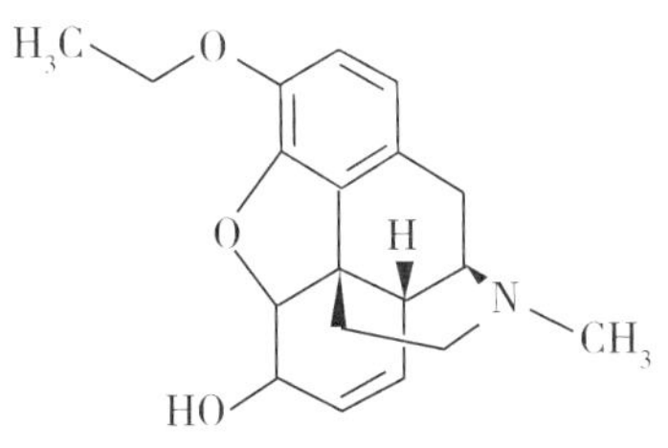

【相对分子质量】313.43

【CAS登记号】76-58-4

【性状】

乙基吗啡纯品为白色或几乎白色结晶性粉末，熔点40~42 ℃，沸点472.2 ℃，密度1.31 g/cm^3。在水和乙醇中溶解，在氯仿和乙醚中微溶。

【用途及中毒原因】

本品为中枢麻醉性镇咳药，镇咳作用不及可待因，但具有镇痛作用。对黏膜有显著刺激性，可使黏膜充血，有助于炎性渗出物、血液、变性异物及云翳的吸收，促进瘢痕消失。过大剂量使用可导致呼吸衰竭而死亡。

【作用机制】

乙基吗啡系吗啡的衍生物，药理作用尚不明确，其中枢麻醉作用介于吗啡和可待因之间。对黏膜有显著的刺激作用，使黏膜呈现充血现象，用于结膜囊内，可改善眼内血流与淋巴循环，促进瘢痕消失。主要用于治疗角膜云翳、虹膜实质炎及巩膜炎等。

【毒性】

人口服最低致死量（MLD）为500 mg。

急性中毒实验：大鼠经口半数致死量（LD_{50}）为810 mg/kg，大鼠腹腔注射半数致死量（LD_{50}）为110 mg/kg，大鼠皮下注射半数致死量（LD_{50}）为200 mg/kg；小鼠经口半数致死量（LD_{50}）为520 mg/kg，小鼠腹腔注射半数致死量（LD_{50}）为120 mg/kg，小鼠皮下注射半数致死量（LD_{50}）为136 mg/kg。

【中毒症状】

中毒初期有欣快感和兴奋表现；继之出现心慌、头晕、出汗、口渴、恶心、呕吐、面色苍白、谵妄、昏迷、呼吸抑制等症状；中毒后期瞳孔缩小如针尖大，对光反射消失，脉搏细弱，血压下降；最后可因呼吸循环衰竭而死亡。

【急救措施】

（1）用1∶2 000的高锰酸钾溶液洗胃，或催吐。

（2）胃管内注入或喂食硫酸钠15~30 g导泻，促进毒物排出。

（3）如为皮下注射中毒，应尽快用橡皮带或布带扎紧注射部位的上方，同时冷敷注射部位，以延缓毒物吸收。结扎部位应每20~30 min间歇放松1~2 min，不能连续结扎。

（4）呼吸困难缺氧时，应保持呼吸道通畅，持续人工呼吸并给予吸氧。

（5）适量给予纳洛芬、纳洛酮等解毒药。

【尸体特征】

尸表没有显著变化，仅呈一般窒息性死亡尸体征象。对于用鼻吸食者，有时在鼻腔内可发现毒品粉末。对于用注射方式吸毒者，可在皮肤上发现注射痕迹。

慢性阿片类药物中毒死亡者，因长期滥用毒品，死者多数营养不良、显著消瘦、贫血、腹胀明显。

【检材提取】

检材可提取血液、尿液和肝组织等。

【检验方法】

1. 化学检验法（显色反应）

取检材的处理液适量于试管中，首先加入10 mL浓硫酸，再滴加三氯化铁试液1滴，置水浴锅上加热，初显绿色，逐渐变为深紫蓝色，若

再滴加 1 滴浓硝酸，颜色则转变为深红色。

2. 气相色谱-质谱法

仪器：气相色谱-质谱联用仪；色谱柱：Agilent HP-17（30 m×0.32 mm×0.25 μm）弹性石英毛细管柱；柱温：初始温度 160 ℃，保持 1 min，以 10 ℃/min 的升温速率升温至 280 ℃，保持 20 min；进样口温度：260 ℃；载气：高纯氦，流速：1.0 mL/min；进样方式：分流进样，分流比：10∶1；离子源：电子轰击源（EI），能量：70 eV；扫描方式：全扫描；质量范围：40~450 amu；溶剂延迟：3 min。

福尔可定（吗啉吗啡、福可定、服尔咳定、吗啉乙基吗啡）

【化学名称】7，8-二去氢-4，5α-氧桥-17-甲基-3-（2-吗啡代乙氧基）吗啡烷-6α-醇

【化学式】$C_{23}H_{30}N_2O_4$

【结构式】

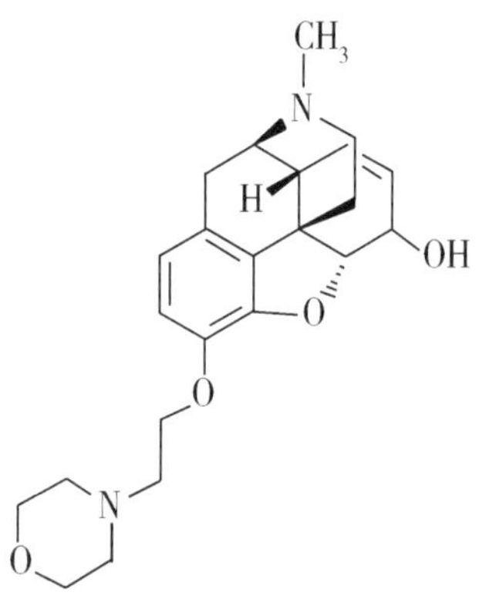

【相对分子质量】398.50

【CAS 登记号】509-67-1

【性状】

福尔可定为白色或近白色结晶性粉末，无臭，味极苦。熔点 91 ℃，沸点 577.8 ℃，密度 1.34 g/cm^3。易溶于乙醇、丙酮、氯仿和苯，微溶于水和乙醚。

【用途及中毒原因】

本品具有镇咳作用，同时也有镇静和镇痛作用，有成瘾性，但成瘾性较弱。用于治疗剧烈干咳和中度疼痛。滥用或过量使用可引起中毒，甚至死亡。

【作用机制】

本品是中枢性镇咳药，与右美沙酚相似，具有中枢性镇咳作用，也有镇静和镇痛作用，但成瘾性较磷酸可待因弱。

本品口服吸收好，4~8 h 血药浓度达峰值，在肝内代谢，通过肾脏排泄。代谢及消除缓慢。

【毒性】

儿童中毒剂量约为 200 mg，最低致死量（MLD）为 500 mg。

急性中毒实验：小鼠经口半数致死量（LD_{50}）为 1 000 mg/kg，小鼠腹腔注射半数致死量（LD_{50}）为 400 mg/kg，小鼠皮下注射半数致死量（LD_{50}）为 540 mg/kg。

【中毒症状】

中毒早期症状表现为颜面部潮红、恶心、呕吐、头晕、意识模糊、精神恍惚、疲劳感、呼吸浅慢、瞳孔缩小、发绀、心率减慢、血压下降等，逐渐进入昏睡状态。

【急救措施】

口服中毒者，应先催吐、洗胃，阻止药物继续吸收；静脉滴注葡萄糖溶液、氯化钠溶液，饮水利尿，以加快药物的排泄；同时给予相应的对症和支持治疗。

【尸体特征】

尸表没有显著变化，仅呈一般窒息性死亡尸体征象。对于用鼻吸食者，有时在鼻腔内可发现毒品粉末。对于用注射方式吸毒者，可在皮肤上发现注射痕迹。

慢性阿片类药物中毒死亡者，因长期滥用毒品，死者多数营养不良、显著消瘦、贫血、腹胀明显。

【检材提取】

检材可提取血液、尿液和肝脏组织等。

【检验方法】

1. 化学检验法（显色反应）

取本品约 50 mg，加硫酸 1 mL 溶解后，加钼酸铵试液 1 滴，即显浅蓝色，微温，变成深蓝色，再加稀硝酸 1 滴，变为棕红色。

2. 高效液相色谱法

仪器：高效液相色谱仪；色谱柱：Agilent Zorbax SB2 C18（2.1 mm×150 mm×3 μm）键合硅胶柱；流动相：甲醇 + 磷酸二氢钾溶液

（0.05 mol/L）+三乙胺（90∶10∶0.25，*V/V/V*，并用磷酸调节 pH 值至 4.0±0.1）；流速：110 mL/min；检测波长：210 nm；柱温：室温。

第三节　精神药品

γ-羟丁酸（4-羟基丁酸、GHB）

【化学名称】4-羟基丁酸

【化学式】$C_4H_8O_3$

【结构式】

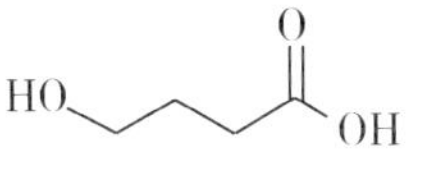

【相对分子质量】103.10

【CAS 登记号】591-81-1

【性状】

本品是一种无色的液体，无臭，无味。熔点 48~50 ℃，沸点 295.6 ℃，密度 1.2 g/cm^3，易溶于水。其钠盐为白色结晶性粉末，微臭，味咸，有引湿性，在水中极易溶解，在乙醇中溶解，在乙醚和氯仿中不溶。

【用途及中毒原因】

自 20 世纪 60 年代以来，γ-羟丁酸常被用作麻醉剂使用，主要用于治疗失眠和抑郁症，也用于提高运动成绩。该药物可口服，也可静脉注射，非法使用或滥用会导致中毒。

【作用机制】

在中枢神经系统中，γ-羟丁酸至少有两个特异性结合位点。γ-羟基丁酸可作用于新发现的 γ-羟基丁酸受体产生兴奋，也可作用于 γ-氨基丁酸受体产生抑制。γ-羟基丁酸在 γ-氨基丁酸神经元中由 γ-氨基丁酸合成，并在神经元兴奋时释放出去。

【毒性】

γ-羟丁酸为低毒类物质。

血药浓度：治疗浓度 50~120 μg/mL，中毒浓度 180 μg/mL，致死浓度 250~280 μg/mL。

急性中毒实验：大鼠经口半数致死量（LD_{50}）为 1 540 mg/kg，小鼠经口半数致死量（LD_{50}）为 1 720 mg/kg。

【中毒症状】

γ-羟丁酸被称为“液体迷魂药”“迷奸水”，使用后可导致意识丧失、心率缓慢、呼吸抑制、痉挛、体温下降、恶心、呕吐、昏迷或其他疾病发作。特别是当 γ-羟丁酸与苯丙胺类中枢神经兴奋剂合用时，危险性增加；与乙醇等其他中枢神经抑制剂合用可引起恶心和呼吸困难，甚至死亡。

【急救措施】

该药注射 15 min 后可出现血清钾一过性下降，对于低血钾患者应纠正后方可使用，在手术中应监测心电图，如有 U 波出现，应及时处理。快速、大剂量静脉注射可引起心率减慢，有传导阻滞的患者及心率低于 50 次/min 的患者慎用。

【尸体特征】

γ-羟丁酸中毒死亡者，尸表呈一般窒息性死亡尸体征象。尸体解剖可见中毒者的肺显著瘀血、水肿，气管及支气管内常有泡沫性液体。

【检材提取】

检材可提取患者喝剩的饮料、血液、尿液和肝组织等。

【检验方法】

1. 化学检验法（显色反应）

在酸性条件下 GHB 转化为 GBL，GBL 和盐酸羟胺在碱性条件下生成 γ-羟基丁酰羟胺，γ-羟基丁酰羟胺在酸性条件下和三氯化铁反应，生成紫红色的络合物。

2. 气相色谱-质谱法

仪器：气相色谱-质谱联用仪；色谱柱：Agilent DB-5MS（30 m×0.25 mm×0.25 μm）弹性石英毛细管柱；柱温：初始温度 60 ℃，保持 1 min，以 5 ℃/min 的升温速率升温至 100 ℃，保持 2 min；进样口温度：260 ℃；载气：高纯氦，流速：1.0 mL/min；进样方式：不分流进样；离子源：电子轰击源（EI），能量：70 eV；离子源温度：230 ℃；传输线温度：280 ℃；四级杆温度：150 ℃；扫描方式：全扫描；质量范围：20~100 amu；溶剂延迟：3 min。

安钠咖

【化学名称】苯甲酸钠咖啡因

【化学式】$C_{15}H_{15}N_4NaO_4$

【结构式】

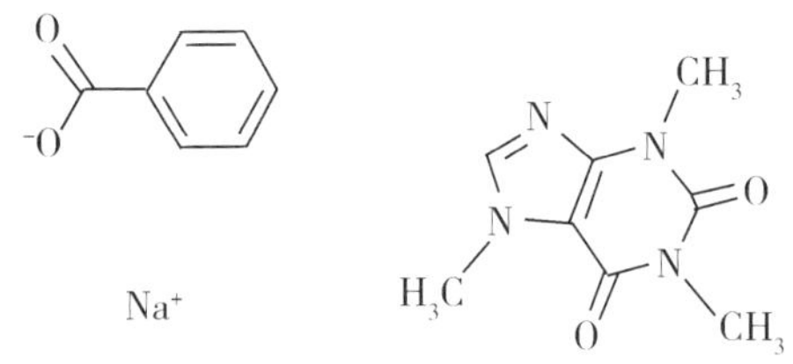

【相对分子质量】338.29

【CAS 登记号】8000-95-1

【性状】

安钠咖是由苯甲酸钠和咖啡因按一定比例混合而成的药物，纯品系白色粉末，无臭，略苦。能溶于水、乙醇，难溶于氯仿。

【用途及中毒原因】

安钠咖可用于治疗因急性感染中毒和催眠药、麻醉药、镇痛药中毒引起的呼吸、循环衰竭。长期过量服用可产生依赖性，中毒多因误服或治疗用量过大所致。

【作用机制】

安钠咖学名为苯甲酸钠咖啡因，是由苯甲酸钠和咖啡因以近似 1∶1 的比例配制而成的，其中咖啡因起兴奋神经作用，苯甲酸钠起助溶作用以帮助人体吸收。

【毒性】

安钠咖为低毒类物质。

急性中毒实验：大鼠经口半数致死量（LD_{50}）为 860 mg/kg；小鼠经口半数致死量（LD_{50}）为 800 mg/kg，小鼠腹腔注射半数致死量（LD_{50}）为 525 mg/kg。

【中毒症状】

常见的中毒症状有呕吐、上腹部疼痛、头晕、耳鸣、血压升高、畏光、眼前闪光、复视、弱视、视野缩小、失眠、烦躁、恐惧、精神错乱、震颤、谵妄、幻觉、多尿等。严重中毒时可出现脉搏快、早搏、心悸及胸部压迫感等症状，并且可出现血压下降、皮肤湿冷、呼吸快而困难、虚脱、强直性惊厥、瞳孔缩小、对光反射消失等现象，甚至会因呼吸衰竭而死亡。

【急救措施】

静脉滴注葡萄糖溶液、氯化钠注射液及静脉注射 20%的甘露醇注射液，以加快药物的排泄。出现烦躁不安、惊厥时，可用镇静药物。同时给予相应的对症治疗和支持疗法。

【尸体特征】

安钠咖中毒死亡者，尸表呈一般窒息性死亡尸体征象，尸体解剖可见肺水肿、脑水肿等。

【检材提取】

检材可提取血液、尿液和肝组织等。

【检验方法】

气相色谱-质谱法。

仪器：气相色谱-质谱联用仪；色谱柱：Agilent DB-5MS（30 m×0.25 mm×0.25 μm）弹性石英毛细管柱；柱温：初始温度 100 ℃，保持 1 min，以 20 ℃/min 的升温速率升温至 280 ℃，保持 5 min；进样口温度：260 ℃；载气：高纯氦，流速：1.0 mL/min；进样方式：不分流进样；离子源：电子轰击源（EI），能量：70 eV；离子源温度：230 ℃；传输线温度：280 ℃；四级杆温度：150 ℃；扫描方式：全扫描；质量范围 40~400 amu；溶剂延迟：3 min。

奥沙西泮（去甲羟基安定、氯羟氧二氮卓、舒宁）

【化学名称】7-氯-2，3-二氢-3-羟基-5-苯基-1，4（2H）-苯并二氮杂草-2-酮

【化学式】$C_{15}H_{11}ClN_2O_2$

【结构式】

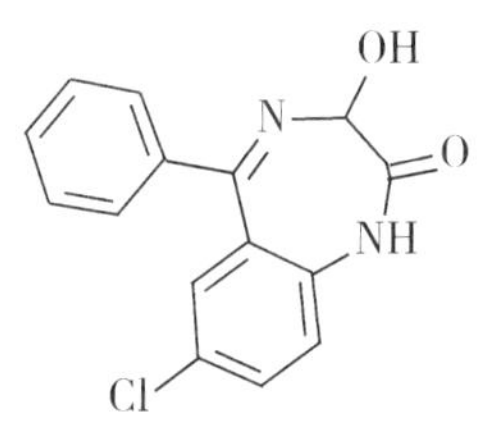

【相对分子质量】286.71

【CAS 登记号】604-75-1

【性状】

奥沙西泮为白色或类白色结晶性粉末，几乎无臭。熔点 205~206 ℃，沸点 506.5 ℃，密度 1.42 g/cm^3。溶于乙醇、氯仿和丙酮，微溶于乙醚，几乎不溶于水，对光稳定性差。

【用途及中毒原因】

奥沙西泮的药理作用与地西泮相似但较弱，嗜睡、共济失调等副作用较小，对焦虑、紧张、失眠、头晕以及部分神经官能症均有效，对控制癫痫大发作、小发作也有一定作用。也可用于神经官能

症、失眠及癫痫的辅助治疗，尤其适用于老年人或肾功能不良者。长期使用有一定的依赖性，谨防过量、超量服用，否则可造成中毒或死亡。

【作用机制】

本品为苯二氮䓬类药物，为中枢抑制剂，具有良好的镇静、催眠、抗焦虑、抗惊厥和肌肉松弛作用。本品可增强 γ-氨基丁酸（GABA）与 GABA 受体的结合，使 Cl^- 通道开放增多，产生超极化，引起中枢神经各个部位突触前和突触后电位的抑制，减少中枢内某些重要神经元放电，从而发挥镇静、催眠、抗焦虑、抗惊厥及肌肉松弛等药理作用，但嗜睡、共济失调等副作用较小。

【毒性】

奥沙西泮为低毒类物质。

血药浓度：治疗浓度 0.1~2 μg/mL，中毒浓度 3~5 μg/mL。

急性中毒实验：小鼠经口半数致死量（LD_{50}）为 1 540 mg/kg，大鼠腹腔注射半数致死量（LD_{50}）为 1 535 mg/kg。

【中毒症状】

本品口服吸收差，过量使用时可出现持续的精神错乱、嗜睡、抖动、言语不清、步态蹒跚、心跳异常减慢、呼吸短促或困难、乏力等症状。

【急救措施】

①催吐或洗胃。②输液利尿，以促进药物排出。③呼吸循环方面的支持疗法。④苯二氮䓬受体拮抗剂氟马西尼可用于该类药物中毒的解救。

【尸体特征】

急性中毒死亡者的尸体特征主要表现为器官瘀血、水变性。尸斑较显著，口唇、指甲发绀，解剖可见胃内残存的药末或药片；脑水肿明显，心、肺表面可有点状出血，组织瘀血、水变性，支气管内可有白色泡沫。迁延死亡者，多并发坠积性肺炎、肺水肿；大脑苍白球可有对称性软化灶，伴有神经胶质细胞反应。

慢性中毒死亡者，可有皮疹及肝、肾损害，镜下可见脑组织小血管周围有漏出性出血；肝细胞坏死及胆汁瘀积；肾小管上皮细胞变性坏死。

长期滥用药物死亡者，镜下可见神经细胞退行性改变，神经细胞变性坏死，胶质细胞增生，淀粉样小体形成，有的可见脑内小血管炎症改变。

【检材提取】

检材可提取胃内容物、血液、尿液和肝组织等。

【检验方法】

1. 气相色谱-质谱法

仪器：气相色谱-质谱联用仪；色谱柱：Agilent DB-5MS（30 m×0.25 mm×0.25 μm）弹性石英毛细管柱；柱温：初始温度 100 ℃，保持1 min，以 20 ℃/min 的升温速率升温至 280 ℃，保持 10 min；载气：高纯氦，流速：1.0 mL/min；进样口温度：280 ℃，进样方式：不分流进样；离子源：电子轰击源（EI），能量：70 eV；离子源温度：230 ℃；四级杆温度：150 ℃；扫描方式：全扫描；质量范围：40~350 amu。

2. 液相色谱-质谱法

仪器：液相色谱-质谱联用仪；色谱柱：Waters BEH C18（100 mm×2.1 mm×1.7 μm）键合硅胶柱；流动相：乙腈+0.2%的甲酸（80∶20，*V/V*）；流速：0.2 mL/min；进样量：10 μL；离子源：电喷雾离子源（ESI^+）；检测模式：多反应监测（MRM）；电离电压：3.0 kV；离子源温度：110 ℃；雾化室温度：300 ℃；锥孔气流速：50 L/h；雾化气流速：700 L/h。

布托啡诺（环丁羟吗喃、环丁甲二羟吗喃）

【化学名称】左旋（-）-17-环丁基甲基-3，14-二羟基吗啡喃

【化学式】$C_{21}H_{29}NO_2$

【结构式】

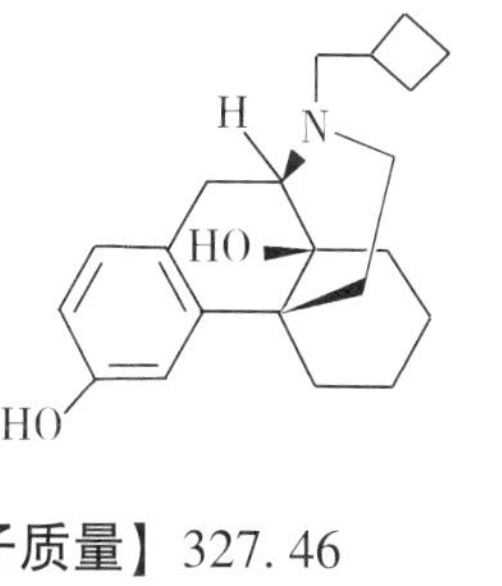

【相对分子质量】327.46

【CAS 登记号】42408-82-2

【性状】

布托啡诺纯品为无色澄明液体，其酒石酸盐为白色粉末。沸点 507.3 ℃，密度 1.24 g/cm^3。略溶于甲醇，不溶于氯仿、乙醇、乙醚、乙酸乙酯，溶于稀酸，水溶液略显酸性。

【用途及中毒原因】

布托啡诺主要用于治疗中度至重度疼痛，如用于术后疼痛、外伤疼痛、癌症疼痛或胆绞痛等的止痛或麻醉前用药。过量可引起中毒或死亡。

【作用机制】

布托啡诺为阿片受体部分激动剂，主要激动κ受体，对μ受体有弱的阻断作用。布托啡诺的作用与喷他佐辛相似。其镇痛效力为吗啡的3.5~7倍，可缓解中度和重度疼痛。

布托啡诺肌内注射吸收较快，20~40 min血药浓度达峰值。能透过血脑屏障和胎盘屏障，可进入人的乳汁中。主要在肝脏被代谢为羟基化布托啡诺，代谢物70%~80%随尿液排出，仅15%随粪便排出。

【毒性】

血药浓度：治疗浓度为0.0003~0.002 μg/mL。

【中毒症状】

常见的中毒症状有嗜睡、恶心、出汗等；偶见心悸、皮疹、幻觉、异常梦境和人格解体感。

【急救措施】

保持呼吸道通畅，如果患者昏迷，应进行气管插管；还应保持适当的静脉通道，以便于治疗血管舒张药引起的低血压；可以使用类阿片拮抗药（如盐酸纳洛酮）治疗。

【尸体特征】

尸表没有显著变化，仅呈一般窒息性死亡尸体征象。对于用鼻吸食者，有时在鼻腔内可发现毒品粉末。对于用注射方式吸毒者，可在皮肤上发现注射痕迹。

慢性阿片类药物中毒死亡者，因长期滥用毒品，死者多数营养不良、显著消瘦、贫血、腹胀明显。

【检材提取】

检材可提取血液、尿液和肝组织等。

【检验方法】

高效液相色谱法。

仪器：高效液相色谱仪；色谱柱：Astec Cyclobond Ⅱβ-CD polymer（250 mm×4.6 mm×5 μm）手性柱；流动相：2%的三乙胺醋酸盐溶液（pH值为6.80）+甲醇（48∶52，*V/V*）；流速：1.0 mL/min；柱温：25 ℃；检测波长：280 nm。

地佐辛

【化学名称】13-氨基-5，6，7，8，9，10，11，12-八氢-5-甲基-5，11-亚甲基苯并环癸烯-3-醇

【化学式】$C_{16}H_{23}NO$

【结构式】

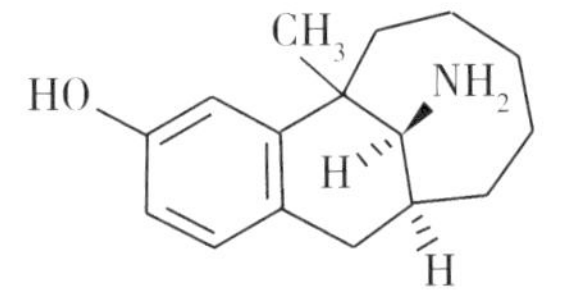

【相对分子质量】245.36

【CAS登记号】53648-55-8

【性状】

地佐辛系白色结晶性粉末，沸点392.6 ℃，密度1.082 g/cm³。其氢溴酸盐熔点为269~270 ℃，溶于水（水中溶解度>20 mg/mL），pH值（2%水溶液）为4.6。

【用途及中毒原因】

地佐辛是一种强效阿片类镇痛药。用于治疗手术后的中度至剧烈疼痛、内脏绞痛及晚期癌症疼痛，但成瘾性较小，静脉注射可引起呼吸抑制。中毒原因多见于用药过量。

【作用机制】

地佐辛是一种具有镇痛作用的精神药物，它既是κ受体激动剂，又是μ受体拮抗剂。

一般在临床上采用肌内注射或静脉注射的方式施药，皮下注射、肌内注射吸收均迅速，肌内注射30 min内生效，静脉注射15 min内生效。在体内的半衰期为2.2~2.8 h，用药后8 h内经肝脏代谢，代谢产物80%以上随尿排出。

【毒性】

地佐辛毒性中等。

急性中毒实验：大鼠经口半数致死量（LD_{50}）为232 mg/kg，大鼠肌内注射半数致死量（LD_{50}）为270 mg/kg；小鼠经口半数致死量（LD_{50}）为313 mg/kg，小鼠肌内注射半数致死量（LD_{50}）为129 mg/kg。

【中毒症状】

中毒症状主要表现为恶心、呕吐、腹痛、腹泻、嗜睡、头晕、视力模糊、言语不清、厌食、定向障碍、幻觉、出汗、心动过速和呼吸抑制等。

【急救措施】

可静脉注射纳洛酮治疗，并持续观察患者的呼吸及心脏状态，采取适当的辅助治疗措施，如给予吸氧、输液、使用血管加压药等。

【尸体特征】

地佐辛的毒性较小，难以致人死亡，但静脉注射可引起呼吸抑制，造成窒息。尸体一般无特殊表现，尸表呈一般窒息性死亡尸体征象。

【检材提取】

检材可提取血液、尿液和肝组织等。

【检验方法】

液相色谱-质谱法。

仪器：液相色谱-质谱联用仪；色谱柱：Waters Xbridge phenyl C18（150 mm×2.1 mm×5 μm）键合硅胶柱；流动相：0.1%的甲酸水溶液+含0.1%甲酸的乙腈溶液（50：50，*V/V*）；流速：1.3 mL/min；离子源：电喷雾离子源（ESI^+）；检测模式：多反应监测（MRM）。

丁丙诺啡（布诺啡、叔丁啡）

【化学名称】21-环丙基-7-（α）-{1-（S）-1-羟基-1，2，2-三甲基丙基}-6，14-桥乙基-6，7，8，14-四氢奥列巴文

【化学式】$C_{29}H_{41}NO_4$

【结构式】

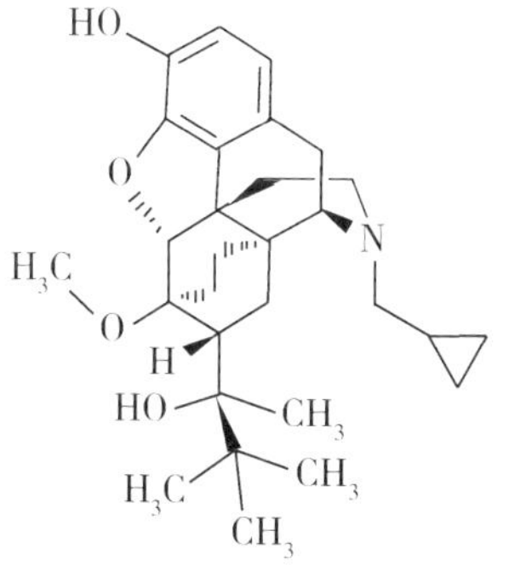

【相对分子质量】467.71

【CAS登记号】52485-79-7

【性状】

丁丙诺啡为白色结晶性粉末，熔点209 ℃，密度1.26 g/cm^3。室温下比较稳定。其盐酸盐为白色结晶性粉末，熔点260~262 ℃。

【用途及中毒原因】

丁丙诺啡是一种具有激动、拮抗双重作用的镇痛药。用于治疗各种术后疼痛、癌症疼痛、烧伤疼痛、肢体痛、心绞痛等。药物依赖性近似吗啡，久用可成瘾，成瘾后易滥用造成中毒或死亡。

【作用机制】

丁丙诺啡属阿片受体部分激动剂。镇痛作用强于哌替啶，对呼吸有抑制作用。

本品注射后吸收好，可透过胎盘屏障和血脑屏障，在肝脏中代谢，由胆汁、粪便排泄。

【毒性】

丁丙诺啡毒性中等。

血药浓度：治疗浓度0.000 1~0.001 μg/mL，中毒浓度0.02~0.03 μg/mL。

急性中毒实验：大鼠静脉注射半数致死量（LD_{50}）为31 mg/kg，大鼠腹腔注射半数致死量（LD_{50}）为197 mg/kg；小鼠经口半数致死量（LD_{50}）为260 mg/kg，小鼠腹腔注射半数致死量（LD_{50}）为90 mg/kg。

【中毒症状】

常见中毒症状有嗜睡、眩晕、恶心、呕吐，并能引起精神错乱和激动。偶见口干、便秘、瞳孔缩小、心率减慢和低血压等。

【急救措施】

除按一般急性中毒处理外，尽快尽早使用纳洛酮是抢救成功的关键。

【尸体特征】

尸表没有显著变化，仅呈一般窒息性死亡尸体征象。对于用鼻吸食者，有时在鼻腔内可发现毒品粉末。对于用注射方式吸毒者，可在皮肤上发现注射痕迹。

慢性阿片类药物中毒死亡者，因长期滥用毒品，死者多数营养不良、显著消瘦、贫血、腹胀明显。

【检材提取】

检材可提取血液、尿液和肝组织等。

【检验方法】

液相色谱-质谱法。

仪器：液相色谱-质谱联用仪；色谱柱：Waters xterra R18（150 mm×2.1 mm×3.5 μm）键合硅胶柱；流动相：乙腈+5 mmol/L的乙酸铵溶液（80：20，*V/V*）；流速：0.2 mL/min；离子源：电喷雾离子源（ESI^+）；扫描方式：二级全扫描，母离子

468，定量离子 414；鞘气：氮气；辅助气：氮气；喷雾电压：4.5 kV；毛细管电压：24 kV；毛细管温度：280 ℃；碰撞能量：34%。

氟西泮（氟西律、妥眠多、妥眠灵、氟安定）

【化学名称】 7-氯-1-（2-二乙氨基乙基）-5-（2-氟苯基）-1，3-二氢-1，4-苯并二氮杂䓬-2-酮

【化学式】 $C_{21}H_{23}ClFN_3O$

【结构式】

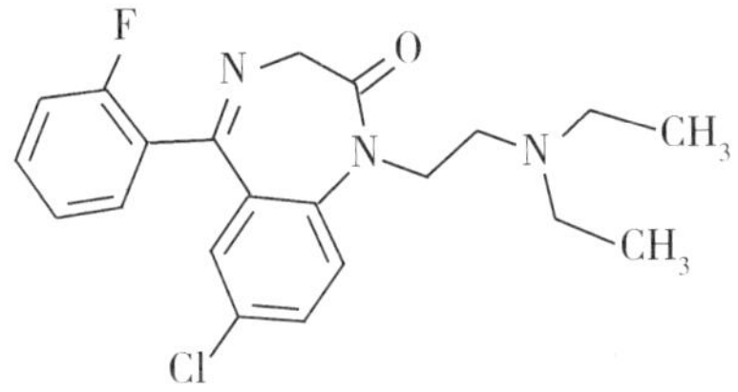

【相对分子质量】 387.88

【CAS 登记号】 17617-23-1

【性状】

本品为白色棒条状结晶，几乎无臭，味苦。熔点 77~82 ℃，沸点 551.4 ℃，密度 1.21 g/cm^3。极易溶于氯仿，易溶于丙酮、甲醇、乙醇、冰醋酸和乙醚，难溶于环己烷，几乎不溶于水。其盐酸盐为白色或淡黄色结晶性粉末，熔点 208~218 ℃，有强引湿性，遇光变质，在水中极易溶解，在甲醇中易溶，在乙醇和氯仿中溶解，几乎不溶于乙醚。

【用途及中毒原因】

本品具有较好的催眠作用，可缩短入睡时间、延长总睡眠时间及减少觉醒次数。临床上用于治疗难以入睡、夜间屡醒及早醒的各型失眠。因此，应用该药进行麻醉抢劫、强奸和投毒、自杀的案件屡见不鲜。

【作用机制】

本品的作用机制同地西泮，为中枢神经抑制药，可增强 γ-氨基丁酸（GABA）与 GABA 受体的结合，使 Cl^- 通道开放增多，产生超极化，引起中枢神经各个部位突触前和突触后电位的抑制，减少中枢内某些重要神经元放电，从而发挥镇静、催眠、抗焦虑、抗惊厥及肌肉松弛等药理作用。

本品口服后自胃肠道迅速吸收，分布广泛，0.5~1 h 血药浓度达峰值，经肝脏代谢，由肾脏排出。可透过胎盘屏障，也可能泌入乳汁。

【毒性】

人口服最低致死量（MLD）为 0.38 mg/kg。

血药浓度：治疗浓度 0.000 5~0.03 μg/mL，中毒浓度 0.15 ~ 0.2 μg/mL，致死浓度 0.5 ~ 17 μg/mL。

急性中毒实验：大鼠经口半数致死量（LD_{50}）为 980 mg/kg，大鼠腹腔注射半数致死量（LD_{50}）为 600 mg/kg；小鼠经口半数致死量（LD_{50}）为 500 mg/kg，小鼠腹腔注射半数致死量（LD_{50}）为 540 mg/kg。

【中毒症状】

常见中毒症状有眩晕、嗜睡、头昏、共济失调，亦可出现胃烧灼、恶心、呕吐、腹泻、便秘、胃肠痛等反应及神经质、多语、不安、发抖、胸痛、关节痛、定向不清、昏迷、呼吸抑制等症状。

【急救措施】

①口服中毒后应及早进行催吐、洗胃，应用医用活性炭吸附、导泻等措施清除未吸收的毒物。②使用特效解毒剂氟马西尼救治。③对症及支持治疗，如维持呼吸、稳定血压、促进意识恢复、保肝护肾等。

【尸体特征】

急性中毒死亡者的尸体特征主要表现为器官瘀血、水变性。尸斑较显著，口唇、指甲发绀，解剖可见胃内残存的药末或药片；脑水肿明显，心、肺表面可有点状出血，组织瘀血、水变性，支气管内可有白色泡沫。迁延死亡者，多并发坠积性肺炎、肺水肿；大脑苍白球可有对称性软化灶，伴有神经胶质细胞反应。

慢性中毒死亡者，可有皮疹及肝、肾损害，镜下可见脑组织小血管周围有漏出性出血；肝细胞坏死及胆汁瘀积；肾小管上皮细胞变性坏死。

长期滥用药物死亡者，镜下可见神经细胞退行性改变，神经细胞变性坏死，胶质细胞增生，淀粉样小体形成，有的可见脑内小血管炎症改变。

【检材提取】

检材可提取血液、尿液、胆汁、胃内容物和肝组织等。

【检验方法】

1. 气相色谱法

仪器：气相色谱仪；色谱柱：Agilent HP-5（30 m×0.32 mm×0.25 μm）弹性石英毛细管柱；

检测器：电子捕获检测器（ECD）；柱温 280 ℃；汽化室温度：250 ℃；检测器温度：300 ℃；进样方式：不分流进样；载气：高纯氮，流速：1.0 mL/min。

2. 气相色谱-质谱法

仪器：气相色谱-质谱联用仪；色谱柱：Agilent DB-5MS（30 m×0.25 mm×0.25 μm）弹性石英毛细管柱；柱温：初始温度 60 ℃，不保持，以 15 ℃/min 的升温速率升温至 300 ℃，保持 15 min；进样口温度：250 ℃；进样方式：分流进样，分流比：20∶1；载气：高纯氦，流速：1 mL/min；传输线温度：250 ℃；扫描方式：全扫描；质量范围：40~500 amu。

格鲁米特（导眠能、多睡丹）

【化学名称】 3-乙基-3-苯基-2，6-哌啶二酮

【化学式】 $C_{13}H_{15}NO_2$

【结构式】

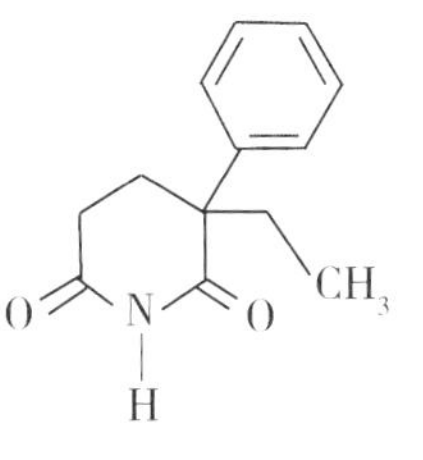

【相对分子质量】 217.26

【CAS 登记号】 77-21-4

【性状】

格鲁米特系白色结晶性粉末，微臭，味微苦。熔点 103～104 ℃，沸点 393.5 ℃，密度 1.11 g/cm^3。易溶于三氯甲烷、乙酸乙酯、丙酮，溶于乙醇、甲醇、乙醚，微溶于水。

【用途及中毒原因】

格鲁米特为巴比妥的哌啶衍生物，具有催眠、镇静、抗惊厥等中枢抑制作用，常用于治疗失眠、夜间易醒及麻醉前给药。长期服用可成瘾，突然停药可引起戒断症状，过量使用或误服能引起中毒。

【作用机制】

格鲁米特的作用机制尚不明确，一般认为格鲁米特的作用机制与巴比妥类药物相似。格鲁米特对中枢神经系统特别是网状结构具有抑制作用，主要作用于脊髓、中脑，同时对大脑皮质也有一定的作用。

本品具有脂溶性，口服吸收较慢，在肝脏和脂肪内浓度较高，部分从胆汁排出，最后经肾脏排出体外。排泄慢，3 d 后完全排出。

【毒性】

致死量为 10～20 g。

血药浓度：治疗浓度 0.2 μg/mL，中毒浓度 10～80 μg/mL，致死浓度 30～100 μg/mL。

【中毒症状】

中毒症状于口服后 15 min 至 1 h 出现，早期症状表现为昏睡、不安、精神紊乱、体温下降，随后出现发热、反射减退、瞳孔散大固定、低血压、局部肌肉痉挛，有的可出现惊厥。

【急救措施】

先催吐、洗胃，应用医用活性炭吸附、导泻等措施清除未吸收的毒物；输液及应用利尿剂，以促进毒物排泄；对症、支持治疗：出现抽搐时用安定或苯巴比妥，保持呼吸道通畅，给予吸氧，必要时给予人工辅助呼吸，维持血压稳定，监护生命体征，促进意识恢复等。因本品脂溶性高，不易采取透析方法治疗。

【尸体特征】

尸体皮肤多呈青紫色，口唇、指甲发绀，尸斑明显。解剖可见脏器充血、肺水肿、脑水肿，有时还可在胃内发现未被完全吸收的白色药物碎片或粉末，胃黏膜可见糜烂或出血，膀胱内尿潴留。迁延数天死亡病例镜下可见坠积性肺炎，大脑苍白球可有对称性坏死灶，有的可见脑血管周围水肿及出血。

【检材提取】

检材可提取呕吐物、胃内容物、血液、尿液和肝脏、脑组织、脂肪组织等。

【检验方法】

气相色谱-质谱法。

仪器：气相色谱-质谱联用仪；色谱柱：Agilent DB-5MS（30 m×0.25 mm×0.25 μm）弹性石英毛细管柱；柱温：初始温度 90 ℃，保持 1 min，以 20 ℃/min 的升温速率升温至 280 ℃，保持 10 min；进样口温度：280 ℃；传输线温度：280 ℃；离子源温度：230 ℃；进样方式：不分流进样；载气：高纯氦，流速：1 mL/min；离子源：电子轰击源（EI），能量：70 eV；扫描方式：全扫描；质量范围：40~450 amu。

眠尔通（甲丙氨酯、安乐神、安宁）

【化学名称】2-甲基-2-丙基-1，3-丙二醇二氨基甲酸酯

【化学式】$C_9H_{18}N_2O_4$

【结构式】

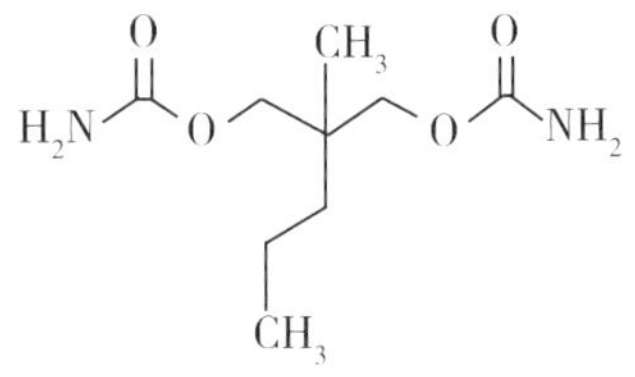

【相对分子质量】218.25

【CAS 登记号】57-53-4

【性状】

眠尔通为白色结晶性粉末，无臭，微苦。熔点 104～106 ℃，沸点 434.2 ℃，密度 1.139 g/cm^3。微溶于水，易溶于丙酮、乙醇、氯仿等。在稀酸、稀碱中稳定。

【用途及中毒原因】

本品为弱安定药，临床上曾用于治疗神经官能症的焦虑、紧张状态和轻度失眠及破伤风所致的肌肉紧张，目前在国内已停止使用。本品可作为饲料营养强化剂，适合于反刍动物，具有在瘤胃中降解的保护作用，用于奶牛饲料中可提高牛奶的产量和牛奶的蛋白质含量，并可延长奶牛的产乳期。中毒原因多为自杀、误服、过量服用等。

【作用机制】

本品为丙二醇衍生物，是一种较弱的抗焦虑药。能抑制中枢神经元间的传导，减少由丘脑向大脑皮质传递的冲动，减少由中枢传出至骨骼肌的冲动，因而具有肌肉松弛、消除精神紧张和诱导睡眠的作用，但不影响末梢部位神经肌肉接头间的传导。

本品口服吸收良好，2～3 h 血药浓度达峰值，半衰期约为 10 h；在肝脏内代谢，由肾脏排泄，其中 8%～19%为原形。

【毒性】

眠尔通为高毒性物质。

血药浓度：治疗浓度 1～5 mg/100 mL，中毒浓度 10～15 mg/100 mL，致死浓度＞20 mg/100 mL。

急性中毒实验：大鼠经口半数致死量（LD_{50}）为 794 mg/kg，大鼠腹腔注射半数致死量（LD_{50}）为 410 mg/kg，大鼠皮下注射半数致死量（LD_{50}）为 525 mg/kg；小鼠经口半数致死量（LD_{50}）为 750 mg/kg，小鼠腹腔注射半数致死量（LD_{50}）为 331 mg/kg，小鼠皮下注射半数致死量（LD_{50}）为 520 mg/kg。

【中毒症状】

中毒者多出现嗜睡、恶心、呕吐、腹泻、虚弱、头痛、反常兴奋、眩晕、共济失调、视力模糊、心动过速、低血压、心律失常等症状；偶见皮肤变态反应、皮炎、皮疹、药热、支气管痉挛、血管性水肿、无尿、粒细胞减少、血小板减少性紫癜、再生障碍性贫血等；重症患者可见精神失常、循环系统衰竭、昏迷等。

长期使用若骤停可产生戒断综合征，表现为失眠、呕吐、震颤、肌肉抽搐、焦虑、动作失调等，甚至出现幻觉、惊厥等。

【急救措施】

清醒患者先催吐，然后用温水彻底洗胃，再用医用活性炭或盐类导泻剂导泻。症状重者可进行血液透析疗法。对症和支持治疗：给予呼吸支持、进行抗过敏治疗、给服中枢兴奋类药物等。

【尸体特征】

口服中毒死亡者，尸表无特殊表现，在胃及十二指肠内，有时可发现白色颗粒状药物残渣，胃黏膜、肝脏、肾脏充血，肺水肿、脑水肿，并发支气管炎。

【检材提取】

解剖尸体时可提取胃内容物、血液、尿液和肝脏组织作为检材。如果经过抢救，应注意收集洗胃液。同时还应注意收集现场遗留的药品、包装物及呕吐物等。

【检验方法】

1. 气相色谱-质谱法

仪器：气相色谱-质谱联用仪；色谱柱：Agilent DB-5MS（30 m×0.25 mm×0.25 μm）弹性石英毛细管柱；柱温：初始温度 100 ℃，不保持，以 20 ℃/min 的升温速率升温至 280 ℃，保持 15 min；进样口温度：280 ℃；进样方式：不分流进样；载气：高纯氦，流速：1 mL/min；传输线温度：280 ℃；扫描方式：全扫描；质量范围：40～500 amu。

2. 气相色谱法

仪器：气相色谱仪；色谱柱：10% SE－30（Chromosorb W－HP 60～80 目，2 m×3 mm）玻璃填充柱；柱温：恒温（210 ℃）；汽化室温度：270 ℃；检测器温度：280 ℃；载气：高纯氮，流速：50 mL/min；内标物：烯丙异丙巴比妥；检测器：FID。

咖啡因（咖啡碱、茶毒）

【化学名称】3，7－二氢－1，3，7－三甲基－1H－嘌呤－2，6－二酮

【化学式】$C_8H_{10}N_4O_2$

【结构式】

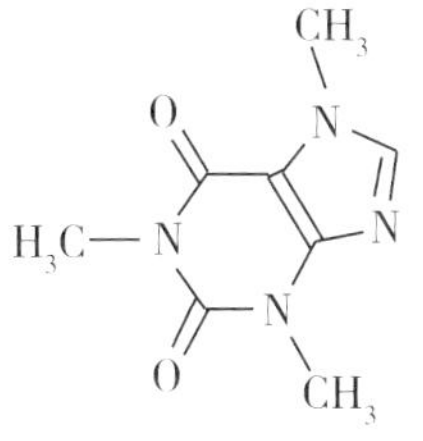

【相对分子质量】194. 19

【CAS 登记号】58－08－2

【性状】

咖啡因为白色针状结晶或粉末状固体，无臭，味苦。熔点 237 ℃，沸点 178 ℃（升华），密度 1.2 g/cm^3。易溶于稀酸，溶于氯仿、乙醇、丙酮，微溶于水、苯、乙醚。水溶液对石蕊呈中性，与有机酸或其碱金属盐（如苯甲酸钠、水杨酸钠、枸橼酸钠或桂皮酸钠等）形成复盐，可加大其在水中的溶解度。

【用途及中毒原因】

本品对中枢神经系统有较强的兴奋作用，对大脑皮层具有选择性兴奋作用。小剂量能增强大脑皮层兴奋过程、改善思维活动、振奋精神、消除瞌睡疲乏，使动作敏捷、工作效率提高。大剂量能直接兴奋延脑呼吸中枢及血管运动中枢，使呼吸加快加深，使血压升高。临床上可用作心脏和呼吸兴奋剂，也是一种重要的解热镇痛剂，是复方阿司匹林和氨非加的主要成分之一，还有一定的利尿作用。在美国等地，咖啡因被大量用作可口可乐等饮料的添加剂。咖啡因作为兴奋剂、苦味剂、香料，主要用于可乐型饮料及含咖啡饮料的生产。

【作用机制】

本品可抑制机体内的磷酸二酯酶的活性，增加细胞内的环磷酸腺苷（cAMP）的含量，而 cAMP 又可激活蛋白激酶，从而又激活蛋白磷酸化酶，促进蛋白质磷酸化，由此而介导一系列生化和生理反应。使用小剂量时，作用于大脑皮质高位的中枢，促使精神兴奋，改善思维，消除疲劳，减轻睡意，提高大脑对外界的感应性。大剂量有扩张支气管的作用，但较茶碱弱；此外，还有兴奋延脑呼吸中枢及血管运动中枢的作用；同时，又可舒张外周小动脉，与其兴奋血管运动中枢相对抗，故血压变化不大。本品还可增加肾小球的血流量，减少肾小管的重吸收，有利尿作用，但作用不如利尿剂显著。

本品口服后容易吸收。可快速进入中枢神经系统，可透过胎盘屏障，同时也可出现于唾液和乳汁中，体内无蓄积。分布半衰期一般为 3. 5 h，消除半衰期为 6 h，血药浓度及其相应的峰值随用量而不同，在降解代谢中生成甲基尿酸或甲基嘌呤而后随尿排出，尿液中仅有 1%～2% 为原形。

【毒性】

咖啡因毒性中等。

血药浓度：治疗浓度 10～20 μg/mL，中毒浓度 30～50 μg/mL，致死浓度 > 80 μg/mL。中毒剂量≥5 g。

急性中毒实验：大鼠经口半数致死量（LD_{50}）为 192 mg/kg，小鼠经口半数致死量（LD_{50}）为 127 mg/kg。

【中毒症状】

中毒症状主要有烦躁、神经过敏、兴奋、失眠、面色潮红、食欲缺乏、尿量增加、胃肠功能紊乱、肌肉抽搐、思维涣散、心律失常、阵发性惊厥、昏迷、呼吸停止，甚至死亡。

【急救措施】

对于口服中毒者，应当立即进行催吐，并用 1∶5 000 的高锰酸钾溶液或微温水洗胃，应用盐类泻剂导泻；输液利尿，以促进毒物排泄；对症支持治疗，如及时处理心律失常、维持血压稳定、控制惊厥发作等；必要时行血液透析或血液灌流疗法。

【尸体特征】

尸表呈一般窒息性死亡尸体征象。解剖可见肺水肿、肺栓塞、脑水肿等。

【检材提取】

解剖时可提取呕吐物、胃内容物、血液、尿液及肝、脑、肾组织等作为检材。

【检验方法】

气相色谱-质谱法。

仪器：气相色谱-质谱联用仪；色谱柱：Agilent DB-5MS（30 m×0.25 mm×0.25 μm）弹性石英毛细管柱；柱温：初始温度 60 ℃，不保持，以 20 ℃/min 的升温速率升温至 280 ℃，保持 10 min；进样口温度：280 ℃；进样方式：不分流进样；载气：高纯氦，流速：1 mL/min；传输线温度：280 ℃；扫描方式：全扫描；质量范围：40~250 amu。

劳拉西泮（氯羟安定、罗拉）

【化学名称】7-氯-5-（2-氯苯基）-3-羟基-1，3-二氢-2H-1，4-苯并二氮杂䓬-2-酮

【化学式】$C_{15}H_{10}Cl_2N_2O_2$

【结构式】

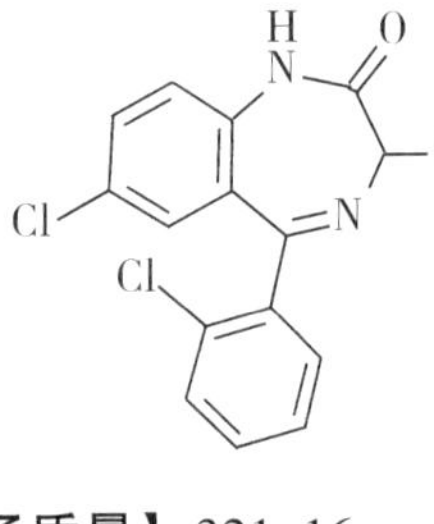

【相对分子质量】321.16

【CAS 登记号】846-49-1

【性状】

劳拉西泮为白色或类白色结晶性粉末，无臭。熔点 166~168 ℃，沸点 533.8 ℃，密度 1.52 g/cm^3。难溶于水，微溶于氯仿，可溶于乙醇、丙酮和乙酸乙酯。

【用途及中毒原因】

劳拉西泮可用于镇静、抗焦虑、催眠、镇吐等。其作用与地西泮相似，但抗焦虑作用较地西泮强。诱导入睡作用明显，口服吸收良好、迅速。临床上可用于治疗焦虑症、膈肌痉挛及失眠症等，中毒原因多见于自杀。

【作用机制】

本品为苯二氮䓬类抗焦虑药，口服后，本品可迅速从胃肠道被吸收，经肝脏代谢为无活性的葡萄糖醛酸盐，并且从肾脏排泄。

【毒性】

血药浓度：治疗浓度 0.02~0.25 μg/mL，中毒浓度 0.3~0.5 μg/mL。

急性中毒实验：大鼠经口半数致死量（LD_{50}）为 4 500 mg/kg，小鼠经口半数致死量（LD_{50}）为 1 850 mg/kg。

【中毒症状】

常见中毒症状有疲劳、嗜睡、轻微头痛、乏力、眩晕、运动失调、不安、激动等；偶见低血压、呼吸抑制、视力模糊、皮疹、尿潴留、忧郁、精神紊乱、白细胞减少等。

【急救措施】

对于口服中毒者，应当立即进行催吐、洗胃；输液利尿，以促进毒物排泄；然后进行一般对症支持治疗，如监测生命体征和密切观察患者、维持血压稳定、保障呼吸畅通等。

【尸体特征】

急性中毒死亡者的尸体特征主要表现为器官瘀血、水变性。尸斑较显著，口唇、指甲发绀，解剖可见胃内残存的药末或药片；脑水肿明显，心、肺表面可有点状出血，组织瘀血、水变性，支气管内可有白色泡沫。迁延死亡者，多并发坠积性肺炎、肺水肿；大脑苍白球可有对称性软化灶，伴有神经胶质细胞反应。

慢性中毒死亡者，可有皮疹及肝、肾损害，镜下可见脑组织小血管周围有漏出性出血；肝细胞坏死及胆汁瘀积；肾小管上皮细胞变性坏死。

长期滥用药物死亡者，镜下可见神经细胞退行性改变，神经细胞变性坏死，胶质细胞增生，淀粉样小体形成，有的可见脑内小血管炎症改变。

【检材提取】

检材可提取呕吐物、胃内容物、血液、尿液和肝组织、脑组织等。

【检验方法】

1. 气相色谱-质谱法

仪器：气相色谱-质谱联用仪；色谱柱：Agilent DB-5MS（30 m×0.25 mm×0.25 μm）弹性石英毛细管柱；柱温：初始温度 100 ℃，保持 1

min，以 20 ℃/min 的升温速率升温至 280 ℃，保持 10 min；载气：高纯氦，流速：1.0 mL/min；进样口温度：280 ℃，进样方式：不分流进样；离子源：电子轰击源（EI），能量：70 eV；离子源温度：230 ℃；四级杆温度：150 ℃；扫描方式：全扫描；质量范围：40~350 amu。

2. 液相色谱-质谱法

仪器：液相色谱-质谱联用仪；色谱柱：Waters BEH C18（100 mm×2.1 mm×1.7 μm）键合硅胶柱；流动相：乙腈+0.2%的甲酸（80∶20，*V/V*）；流速：0.2 mL/min；进样量：10 μL；离子源：电喷雾离子源（ESI^+）；检测模式：多反应监测（MRM）；电离电压：3.0 kV；离子源温度：110 ℃；雾化室温度：300 ℃；锥孔气流速：50 L/h；雾化气流速：700 L/h。

氯氮䓬（利眠宁、利勃龙）

【化学名称】7-氯-2-甲氨基-5-苯基-3H-1，4-苯并二氮杂䓬-4-氧化物

【化学式】$C_{16}H_{14}ClN_3O$

【结构式】

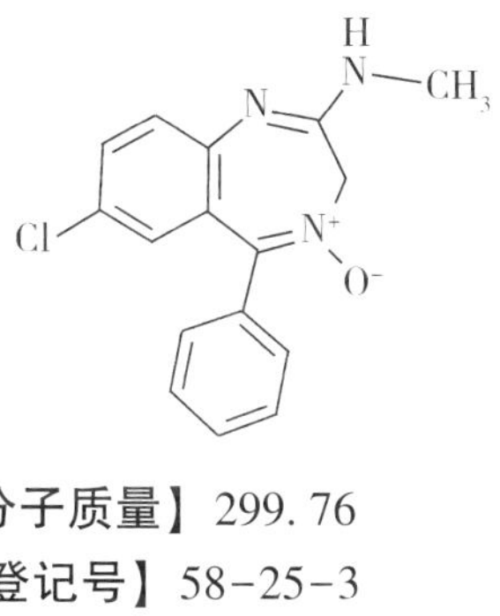

【相对分子质量】299.76

【CAS 登记号】58-25-3

【性状】

氯氮䓬为淡黄色结晶性粉末，有微臭，味极苦。熔点 236 ℃，沸点 451 ℃，密度 1.29 g/cm³。溶于乙醚、氯仿和二氯甲烷，微溶于水。其盐酸盐为白色结晶状粉末，熔点 213 ℃，易溶于水。

【用途及中毒原因】

本品为弱安定药，具有镇静、抗焦虑、抗惊厥及松弛骨骼肌作用。主要用于治疗焦虑症、强迫性神经官能症、神经衰弱患者的失眠及高血压等。与其他抗癫痫药合用可抑制癫痫大发作或小发作。还可用于治疗乙醇中毒及痉挛（如破伤风和各种脑膜炎所致的抽搐发作）。中毒原因多为自杀、麻醉或药物过量等。药物滥用、诱服或注射、投毒等案件也较常见。

【作用机制】

本品为苯二氮卓类药物，为中枢神经系统抑制药，具有良好的抗焦虑、镇静、催眠、抗惊厥和松弛骨骼肌作用，作用机制同“地西泮”。

本品口服吸收较慢但完全，约 4 h 血药浓度达峰值；经肝脏先后转化为具有相似药理活性的去甲氯氮卓和去甲氧安定；自肾排泄缓慢，半衰期为 20~24 h。

【毒性】

成人最低致死量（MLD）约为 2 g，最小致死血药浓度为 3 mg/100 mL。

血药浓度：治疗浓度 0.7~2 μg/mL，中毒浓度 3.5~20 μg/mL，致死浓度>20 μg/mL。

急性中毒实验：大鼠经口半数致死量（LD_{50}）为 537 mg/kg。

【中毒症状】

小剂量中毒者出现嗜睡、头痛、乏力、皮疹、便秘等症状，大剂量中毒者可出现共济失调、反应迟钝、意识模糊、血压下降、呼吸循环抑制等症状，偶见中毒性肝炎及粒细胞减少症。肾、肝功能减退者慎用。

【急救措施】

对于口服中毒者，应立即催吐、洗胃，应用医用活性炭吸附、导泻等措施清除未吸收的毒物；应用特效解毒剂氟马西尼救治；对症支持治疗，如维持水和电解质平衡、维持血压稳定、保障呼吸畅通、促进意识恢复等。

【尸体特征】

尸体皮肤呈青紫色，尸斑比较明显。解剖时可见重度肺水肿，并发坠积性肺炎，各脏器充血，有时在死者胃内可见白色泥样药物粉末或残留的药片碎屑。

【检材提取】

解剖尸体时应注意检查胃内容物中是否有未溶解的药片及残渣。检材以胃内容物、血液、尿液及肝组织、脑组织较好。此外还需注意收集现场遗留的药品及包装物、呕吐物等。

【检验方法】

1. 气相色谱-质谱法

仪器：气相色谱-质谱联用仪；色谱柱：Agilent DB-5MS（30 m×0.25 mm×0.25 μm）弹性石英毛细管柱；柱温：初始温度 60 ℃，不保持，以

15 ℃/min 的升温速率升温至 300 ℃，保持 15 min；进样口温度：280 ℃；传输线温度：250 ℃；载气：高纯氦，流速：1.0 mL/min；进样方式：分流进样；分流比：20∶1；离子源：电子轰击源（EI），能量：70 eV；扫描方式：全扫描；质量范围：40~500 amu；溶剂延迟：3 min。

2. 液相色谱-质谱法

仪器：液相色谱-质谱联用仪；色谱柱：Agilent Zorbax XDB-C18（150 mm×2.1 mm×0.35 μm）氰基键合硅胶柱；流动相：水相（0.5%的庚烷磺酸钠水溶液，用磷酸调节 pH 值至 3.0）+乙腈（50∶50，*V/V*）；检测波长：254 nm。

氯氟䓬乙酯（来克伦、美乐适）

【化学名称】7-氯-5（邻氟苯基）-2，3-二氢-2-氧代-1H-1，4 苯并二氮杂䓬-3-羧酸乙酯

【化学式】$C_{18}H_{14}ClFN_2O_3$

【结构式】

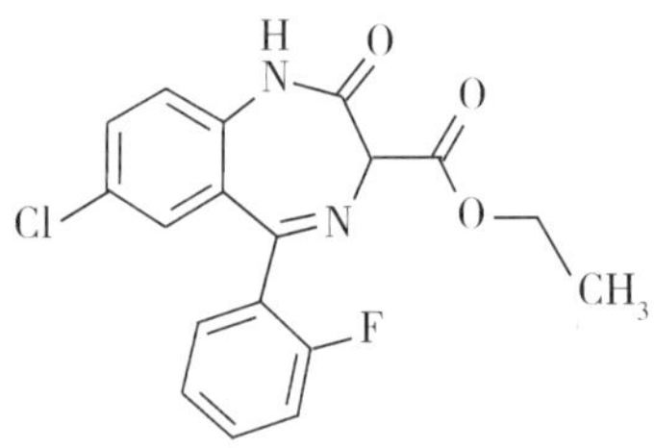

【相对分子质量】360.77

【CAS 登记号】29177-84-2

【性状】

氯氟䓬乙酯为白色或类白色结晶性粉末，熔点 193~194 ℃，沸点 507.7 ℃，密度 1.39 g/cm^3。在氯仿中易溶，在乙醇和丙酮中微溶。

【用途及中毒原因】

氯氟卓乙酯为苯二氮䓬类抗焦虑药，具有镇静、肌肉松弛及抗惊厥作用。常用于治疗神经官能症引起的不安、紧张、抑郁、失眠等。大剂量、长期使用会产生依赖性，停药过快可出现戒断症状，过量时可引起中毒。

【作用机制】

本品为苯二氮䓬类药物，为中枢神经系统抑制药，具有良好的镇静、催眠、抗焦虑、抗惊厥和松弛骨骼肌作用。本品可增强 γ-氨基丁酸（GABA）与 GABA 受体的结合，使 Cl^-通道开放增多，产生超极化，引起中枢神经各个部位突触前和突触后电位的抑制，抑制中枢内某些重要神经元的放电，从而发挥镇静、催眠、抗焦虑、抗惊厥及松弛骨骼肌等药理作用。

本品口服吸收快，约 1 h 血药浓度达峰值，肌内注射后吸收不规则且慢，静脉注射可迅速进入中枢而生效，血液中药物消除半衰期为 20~50 h；可透过胎盘屏障进入胎儿体内；经肝脏代谢为奥沙西泮，仍有生物活性，故连续应用可蓄积，主要由肾脏排出，亦可从乳汁排泄。

【毒性】

口服：1~3 mg（常用量为 2 mg），1 次或分次服。病情严重者可加量。失眠者：睡前服用 2 mg。

【中毒症状】

常见中毒症状有嗜睡、肌无力、健忘等，偶见皮疹。长期用药后停药过快可出现戒断症状。具体表现参见“地西泮”。

【急救措施】

①对于口服中毒者，应及早进行催吐、洗胃，应用医用活性炭吸附、导泻等措施清除未吸收的毒物。②使用特效解毒剂氟马西尼救治。③对症及支持治疗，如保障呼吸畅通、维持血压稳定、促进意识恢复、预防肾功能衰竭等。

【尸体特征】

急性中毒死亡者的尸体特征主要表现为器官瘀血、水变性。尸斑较显著，口唇、指甲发绀，解剖可见胃内残存的药末或药片；脑水肿明显，心、肺表面可有点状出血，组织瘀血、水变性，支气管内可有白色泡沫。迁延死亡者，多并发坠积性肺炎、肺水肿；大脑苍白球可有对称性软化灶，伴有神经胶质细胞反应。

慢性中毒死亡者，可有皮疹及肝、肾损害，镜下可见脑组织小血管周围有漏出性出血；肝细胞坏死及胆汁瘀积；肾小管上皮细胞变性坏死。

长期滥用药物死亡者，镜下可见神经细胞退行性改变，神经细胞变性坏死，胶质细胞增生，淀粉样小体形成，有的可见脑内小血管炎症改变。

【检材提取】

检材可提取呕吐物、血液、尿液、胃内容物和肝脏组织等。

【检验方法】

1. 气相色谱-质谱法

仪器：气相色谱-质谱联用仪；色谱柱：Agilent DB-5MS（30 m×0.25 mm×0.25 μm）弹性石英毛细管柱；柱温：初始温度 100 ℃，保持1 min，以 20 ℃/min 的升温速率升温至 280 ℃，保持

10 min；载气：高纯氦，流速：1.0 mL/min；进样口温度：280 ℃，进样方式：不分流进样；离子源：电子轰击源（EI），能量：70 eV；离子源温度：230 ℃；四级杆温度：150 ℃；扫描方式：全扫描；质量范围：40~350 amu。

2. 液相色谱-质谱法

仪器：液相色谱-质谱联用仪；色谱柱：Waters BEH C 18（100 mm×2.1 mm×1.7 μm）键合硅胶柱；流动相：乙腈+0.2%的甲酸（80∶20，*V/V*）；流速：0.2 mL/min；进样量：10 μL；离子源：电喷雾离子源（ESI^+）；检测模式：多反应监测（MRM）；电离电压：3.0 kV；离子源温度：110 ℃；雾化室温度：300 ℃；锥孔气流速：50 L/h；雾化气流速：700 L/h。

马吲哚

【化学名称】5-（4-氯苯基）-2，3-二氢-5-羟基-5H-咪唑并［2，1-a］异吲哚

【化学式】$C_{16}H_{13}ClN_2O$

【结构式】

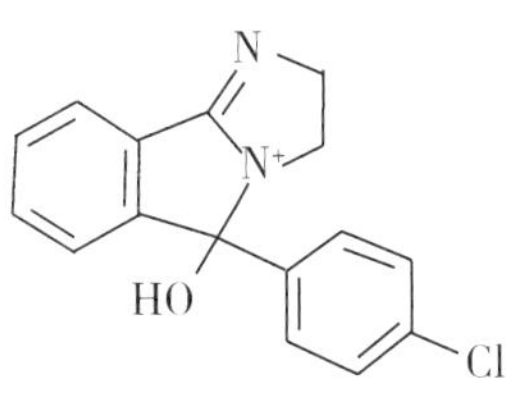

【相对分子质量】284.74

【CAS 登记号】22232-71-9

【性状】

马吲哚为白色或类白色结晶性粉末，几乎无臭。熔点 215~217 ℃，沸点 454.9 ℃，密度 1.39 g/cm³。在二甲基甲酰胺中略溶，微溶于乙醇和氯仿，几乎不溶于水。对光、空气和热稳定。

【用途及中毒原因】

马吲哚为食欲抑制剂，用于治疗非器质性单纯性肥胖症，以辅助控制饮食及运动疗法的减肥。

【作用机制】

马吲哚属三环咪唑异吲哚结构，不同于芳香胺类食欲抑制剂，它主要通过大脑中隔区调节拟交感神经作用，刺激饱腹中枢，使人产生饱食感，并抑制胃酸分泌，促进代谢，减轻体重，同时在降重过程中降低对胰岛素的抵抗及调脂作用。

【毒性】

急性中毒实验：大鼠经口半数致死量（LD_{50}）为 180 mg/kg，小鼠经口半数致死量（LD_{50}）为 106 mg/kg。

【中毒症状】

中毒后偶见口干、头痛、神经过敏、恶心、便秘、失眠、心动过速、皮疹、排尿困难、月经失调、性功能可逆性障碍等症状。

【急救措施】

本品中毒无特效解毒药；口服中毒者应尽早洗胃、导泻，阻止毒物进一步吸收；输液利尿，以促进毒物排出体外；采用对症治疗，如维持血压稳定、保障呼吸畅通等。

【尸体特征】

解剖尸体可见无纤毛的细支气管上皮细胞损害，并引发肺气肿，造成肺泡过度膨胀及细支气管炎变化。

【检材提取】

检材可提取血液、尿液、胃内容物、呕吐物等。

【检验方法】

1. 气相色谱-质谱法

仪器：气相色谱-质谱联用仪；色谱柱：Agilent DB-17MS（30 m×0.25 mm×0.25 μm）弹性石英毛细管柱；柱温：初始温度 70 ℃，保持 2 min，以 10 ℃/min 的升温速率升温至 280 ℃，保持 20 min；进样口温度：250 ℃；进样方式：分流进样，分流比：5∶1；载气：高纯氦；柱流速：36 cm/s；传输线温度：280 ℃；扫描方式：全扫描；质量范围：40~400 amu。

2. 高效液相色谱法

仪器：高效液相色谱仪；色谱柱：Agilent Zorbax XDB-C18（250 mm×4.6 mm×0.35 μm）氰基键合硅胶柱；流动相：0.01 mol/L 的硫酸氢二铵+甲醇（20∶80，*V/V*）；流速：1.0 mL/min；检测波长：254 nm；进样量：10 μL。

麦角酰乙二胺（麦角酰胺、黑芝麻、LSD）

【化学名称】麦角酸二乙基酰胺

【化学式】$C_{20}H_{25}N_3O$

【结构式】

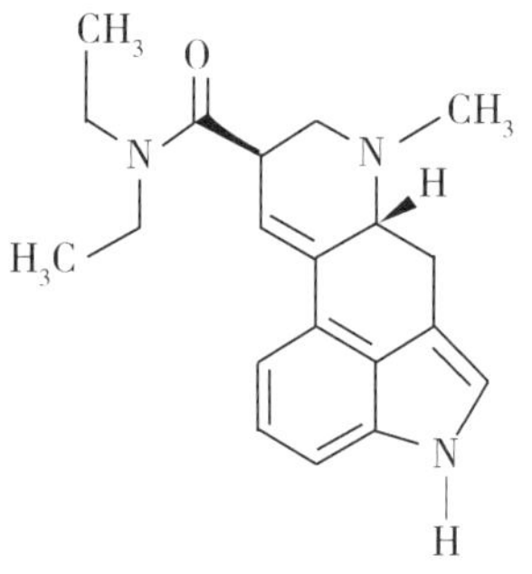

【相对分子质量】323.44

【CAS 登记号】50-37-3

【性状】

麦角酰乙二胺为白色晶体，无臭，无味，熔点 91~93 ℃，沸点 541.3 ℃，密度 1.21 g/cm^3。属于半合成的生物碱类药物，难溶于水，在碱性溶液中易分解，对光不稳定，易溶于甲醇。常用品为其酒石酸盐。

【用途及中毒原因】

麦角酰乙二胺是一种致幻剂，具有较强的滥用倾向，滥用后可造成精神和行为的改变。不宜用于非心理治疗以外的用途。否则，口服、吸入或注射过量均能引起中毒。

【作用机制】

麦角酰乙二胺通过提高脑内 5-羟色胺的（5-HT）水平或抑制5-HT 的释放而发挥作用。同时麦角酰乙二胺还影响去甲肾上腺素、多巴胺、5-HT 的在大脑底部网状激活系统的平衡，导致错觉和幻觉。

本品服用后一般 30~60 min 到达血液循环系统，不久被散布到全身各部位细胞中，脑细胞中沉积很少，大部分沉积于小肠、肝、脾及肾脏内，而后被机体一点一点地排泄掉。

【毒性】

麦角酰乙二胺为剧毒类物质。

麦角酰乙二胺的毒性个体差异较大，一般中毒量为 0.1~0.5 mg，此时可引起幻觉。成人致死量约为 14 mg。

急性中毒实验：大鼠静脉注射半数致死量（LD_{50}）为 16 mg/kg，小鼠静脉注射半数致死量（LD_{50}）为 46 mg/kg。

【中毒症状】

麦角酰乙二胺是已知药力最强的致幻剂，极易被人体吸收。服用后会产生幻视、幻听和幻觉，出现惊慌失措、思想迷乱、疑神疑鬼、焦虑不安、行为失控和完全无助的精神错乱症状。同时会导致失去方向感、失去辨别距离和时间的能力。在生理上常伴有眩晕、头痛、恶心、呕吐、心跳加速、血压升高、瞳孔放大等症状。

【急救措施】

麦角酰乙二胺中毒的急救措施同一般中毒，如催吐、洗胃或导泻。并可行对症治疗，如抗痉挛、扩张血管等。必要时送医院救治。

【尸体特征】

很少有服用致幻剂导致急性中毒死亡的报道。多因滥用后引起精神症状而发生自杀或意外死亡，解剖时除见损伤外无特殊病理变化。

【检材提取】

检材可提取血液、尿液和脑、肝、肾等组织及可疑药粉。

【检验方法】

1. 气相色谱法

仪器：气相色谱仪；色谱柱：Chromosorb W 3%SE-30（2 m×2.6 mm，80~100 目）玻璃填充柱；检测器：氢火焰离子化检测器（FID）；柱温：250 ℃；进样口温度：260 ℃；检测器温度：275 ℃；载气：高纯氮，流速：30 mL/min。

2. 气相色谱-质谱法

仪器：气相色谱-质谱联用仪；色谱柱：Agilent DB-17MS（30 m×0.25 mm×0.25 μm）弹性石英毛细管柱；柱温：初始温度 50 ℃，保持 0.5 min，以 25 ℃/min 的升温速率升温至 125 ℃，再以 10 ℃/min 的升温速率升温至 255 ℃，最后以 25 ℃/min 的升温速率至 320 ℃，保持 16 min；进样口温度：250 ℃；进样方式：不分流进样；载气：高纯氦，柱流速：30 cm/s；传输线温度：300 ℃；扫描方式：全扫描；质量范围：40~350 amu。

纳布啡（纳丁啡）

【化学名称】（一）-17-（环丁烷甲基）-4，5a-环氧基-3，6a，14-三羟基吗啡喃

【化学式】$C_{21}H_{27}NO_4$

【结构式】

【相对分子质量】357.44

【CAS 登记号】20594-83-6

【性状】

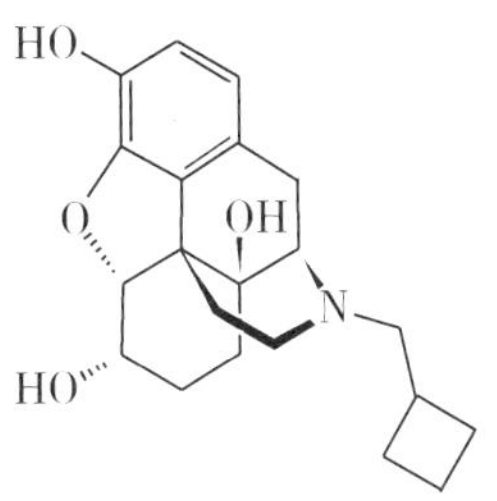

纳布啡为白色或类白色结晶性粉末，无臭。沸点 566.6 ℃，密度 1.44 g/cm^3。溶于水，在乙醇中略溶，在氯仿和乙醚中几乎不溶。在空气中渐变暗。

【用途及中毒原因】

纳布啡是一种阿片类受体的镇静剂型精神药物，其镇静效果类似吗啡，有呼吸抑制作用但不明显。同时其抑制作用有封顶效应，无心血管副反应，临床上一般用于中度至重度疼痛、产科止痛和手术前用药及手术后镇痛，也可辅助外科手术麻醉。本品依赖性小，戒断症状轻。

【作用机制】

本品系阿片类镇痛药。其镇痛作用、镇痛作用开始时间和持续时间基本类似吗啡，或稍弱。有呼吸抑制作用，但不明显。抑制作用有封顶效应，不增加心脏负荷，不升高血压。有依赖性和耐受性。

本品口服后首过效应明显，生物利用度为 20%。30 min 血药浓度达峰值，作用持续 3~6 h。半衰期为 3~5 h。静脉注射后 2~3 min 起效，半衰期为 2~3 h。经肝脏代谢后随粪便排出，7% 原形药随尿排出。可透过胎盘屏障。

【毒性】

最大口服剂量 20 mg/次。肌内注射或静脉注射 10 mg/次，3~6 h 后可重复用药，最大剂量 20 mg/次，全天不得超过 160 mg。

血药浓度：治疗浓度 0.003~0.6 μg/mL。

【中毒症状】

常见中毒症状有嗜睡、出汗、头痛、恶心、呕吐、眩晕、口干等；偶见情绪激动、哭泣、抑郁，甚至出现幻觉和发音困难。

【急救措施】

口服过量者应及时洗胃，然后给予医用活性炭（40 g）悬浮液及 50% 的硫酸钠 50 mL，通过洗胃管灌入（禁止用阿扑吗啡催吐）。对于昏睡或昏迷者要经常唤醒，头部偏向一侧，以防止吸入性肺炎的发生。此外，纳洛酮可对抗本品的镇痛及呼吸抑制作用。

【尸体特征】

尸表没有显著变化，仅呈一般窒息性死亡尸体征象。对于用鼻吸食者，有时在鼻腔内可发现毒品粉末。对于用注射方式吸毒者，可在皮肤上发现注射痕迹。

慢性阿片类药物中毒死亡者，因长期滥用毒品，死者多数营养不良、显著消瘦、贫血、腹胀明显。

【检材提取】

检材可提取血液、尿液、呕吐物、胃内容物和肝组织等。

【检验方法】

气相色谱-质谱法。

（1）样品处理：取尿液适量，加入 β-葡萄糖醛酸酶溶液，在 50 ℃的水浴中水解 2 h，然后添加内标物——长春西汀，用 pH 值为 7 的缓冲溶液调节酸碱度，用三氯甲烷进行提取。提取物经 N，O-双（三甲基硅烷基）三氟乙酰胺衍生化后进行气相色谱—质谱分析。

（2）仪器条件：仪器：气相色谱-质谱联用仪；色谱柱：Agilent HP-5MS（30 m×0.25 mm×0.25 μm）弹性石英毛细管柱；柱温：初温 240 ℃，保持 2 min，以 20 ℃/min 的升温速率升温至 280 ℃，保持 18 min；进样口温度：280 ℃；离子源：电子轰击源（EI），能量：70 eV；扫描方式：全扫描。

哌醋甲酯（利他林）

【化学名称】α-苯基-2-哌啶乙酸乙酯

【化学式】$C_{14}H_{19}NO_2$

【结构式】

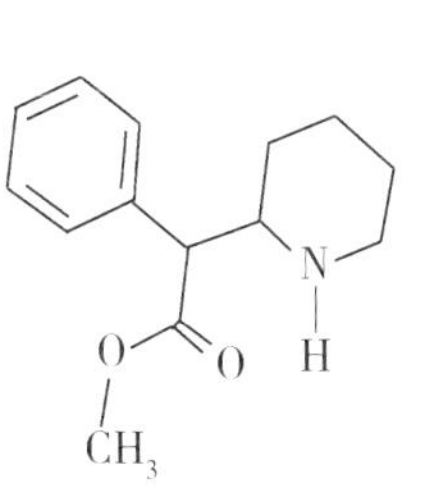

【相对分子质量】233.31

【CAS 登记号】113-45-1

【性状】

哌醋甲酯为白色结晶性粉末，无臭。熔点

74~75 ℃，沸点 327.6 ℃，密度 1.07 g/cm^3。溶于氯仿、乙醇、乙醚、乙酸乙酯，微溶于丙酮，不溶于水、石油醚。其盐酸盐熔点 224~226 ℃，易溶于水、乙醇和氯仿。

【用途及中毒原因】

哌醋甲酯是一种兴奋作用较温和的哌啶类精神运动型兴奋药，能改善精神活动，可对抗抑郁症，主要用于治疗各型抑郁症、儿童轻微脑功能失调。中毒原因主要是用药过量所致。

【作用机制】

哌醋甲酯为呼吸兴奋剂，小剂量时通过颈动脉体化学感受器反射性兴奋呼吸中枢，大剂量时直接兴奋延髓呼吸中枢。作用性质类似苯丙胺，但交感作用很弱，中枢兴奋作用较温和，能改善精神活动，解除轻度抑制及疲乏感。

哌醋甲酯口服易吸收，一次给药作用可维持 4 h 左右。在体内迅速代谢，经肾脏排泄。

【毒性】

哌醋甲酯毒性中等。

血药浓度：治疗浓度 0.005~0.06 μg/mL，中毒浓度 0.5~0.8 μg/mL，致死浓度 2.3 μg/mL。

急性中毒实验：大鼠腹腔注射半数致死量（LD_{50}）为 430 mg/kg；小鼠经口半数致死量（LD_{50}）为 190 mg/kg，小鼠皮下注射半数致死量（LD_{50}）为 218 mg/kg。

【中毒症状】

常见中毒症状有头晕、头痛、恶心、呕吐、震颤、反射亢进、肌肉抽搐、欣快感、幻觉、精神错乱、面色潮红、多汗、心律失常、心悸、血压升高、瞳孔散大等，严重者可引起惊厥。

【急救措施】

治疗过程中中毒轻者立即停药，多能自行康复；口服中毒者应立即洗胃，促进毒物排泄，并采取对症支持治疗；出现抽搐、烦躁者可用地西泮、巴比妥类、水合氯醛等治疗。

【尸体特征】

哌醋甲酯超剂量时，可出现焦虑、紧张、精神错乱、谵妄、幻觉等精神病样症状，严重时可出现昏迷、惊厥甚至死亡。其死亡原因多为昏迷、肾功能衰竭所致，故尸体无异常表现。

【检材提取】

检材可提取尿液、血液、呕吐物等。

【检验方法】

高效液相色谱法。

仪器：高效液相色谱仪；色谱柱：α1 酸性糖蛋白（α1 AGP）色谱柱（150 mm×4.0 mm×5 μm）；流动相：0.4%（体积分数）的醋酸水溶液；流速：1.0 mL/min；检测器：可变波长紫外检测器；检测波长：220 nm。

喷他佐辛（戊唑星、镇痛新）

【化学名称】1，2，3，4，5，6-六氢-顺式-6，11-二甲基-3-（3-甲基-2-丁烯基）-2，6-甲撑-3-苯并吖辛因-8-醇

【化学式】$C_{19}H_{27}NO$

【结构式】

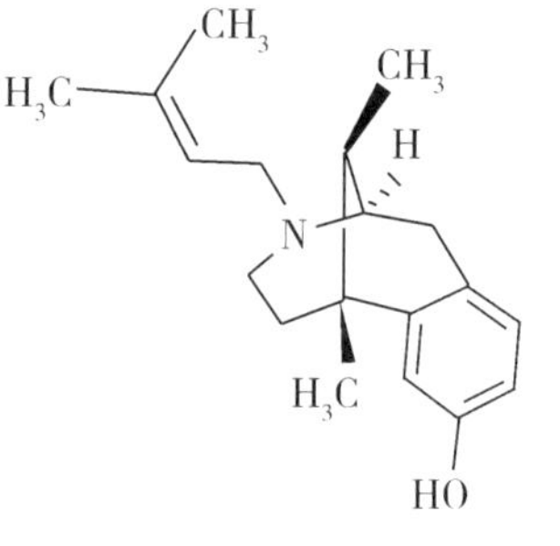

【相对分子质量】285.42

【CAS 登记号】359-83-1

【性状】

喷他佐辛为白色或类白色结晶性粉末，无臭，味苦。熔点 145.4 ~ 147.2 ℃，沸点 403.5 ℃，密度 1.036 g/cm^3。不溶于水，微溶于苯和乙酸乙酯，溶于乙醇，易溶于三氯甲烷。

【用途及中毒原因】

喷他佐辛系阿片类镇痛药，最适于慢性中度疼痛和麻醉前给药。主要用于各种手术麻醉的镇痛、术后镇痛、各种腔镜手术的镇痛、无痛人流的镇痛及癌症患者的镇痛。曾有本品成瘾的报道，故应注意药物滥用和过量使用，以免引起意外中毒。

【作用机制】

喷他佐辛为阿片受体的部分激动剂，主要激动 κ 受体和 α 受体，对 μ 受体有弱拮抗作用。对胃肠道平滑肌的作用与吗啡相似，但对胆道括约肌的作用较弱。对心血管系统的作用不同于吗啡，可引起血压上升、心率增快，增加心脏负荷。

【毒性】

喷他佐辛为剧毒类物质。

人口服最低致死量（MLD）为 18 mg/kg。

急性中毒实验：大鼠经口半数致死量（LD_{50}）为 1 110 mg/kg，大鼠肌内注射半数致死量（LD_{50}）为 175 mg/kg；小鼠经口半数致死量（LD_{50}）为 305 mg/kg，小鼠皮下注射半数致死量（LD_{50}）为 140 mg/kg。

【中毒症状】

轻度中毒的症状有嗜睡、眩晕、头痛、恶心、口干、多汗，偶有尿潴留、血压下降、心率加快等；重度中毒的症状有惊厥、定向力丧失、幻觉、瞳孔缩小、呼吸浅慢、昏迷等，终因呼吸衰竭而死亡。

【急救措施】

口服中毒者应尽早用 1∶2 000 的高锰酸钾溶液洗胃，再用医用活性炭混悬液和硫酸钠溶液导泻（忌用阿扑吗啡催吐）；保持呼吸道通畅，给予吸氧，必要时进行人工呼吸；应用吗啡拮抗剂救治；对于昏睡尚未昏迷的患者，应经常唤醒，以防止吸入性肺炎的发生；其他对症处理。

【尸体特征】

阿片类药物中毒可引起呼吸中枢抑制，造成机体严重缺氧，可引发全身性发绀。解剖尸体可见死亡者的肺显著瘀血、水肿，气管及支气管内常有泡沫性液体。

【检材提取】

检材可提取血液、胃内容物等。

【检验方法】

化学显色法。

取检液数滴于一白色点滴板中，滴加 10% 的三氯化铁水溶液，喷他佐辛结构中的酚羟基遇三氯化铁发生化学反应显黄色。

匹莫林（苯异妥英、培脑灵）

【化学名称】2-亚氨基-5-苯基-4（5H）-恶唑烷酮

【化学式】$C_9H_8N_2O_2$

【结构式】

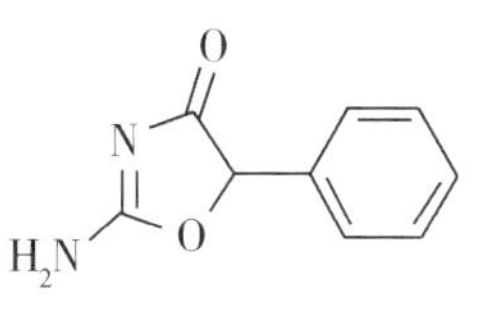

【相对分子质量】176.17

【CAS 登记号】2152-34-3

【性状】

匹莫林为白色或类白色结晶性粉末，无臭，无味。熔点 256 ~ 257 ℃（分解），密度 1.4 g/cm³。难溶于水、乙醚、丙酮、苯和稀盐酸，溶于无水乙醇、丙二醇、热乙醇，易溶于碱性溶液。

【用途及中毒原因】

本品为中枢神经兴奋药，兴奋作用为咖啡因的 20 倍。临床上主要用于治疗儿童轻微脑功能失调（MBD）、轻度抑郁症、发作性睡眠症、更年期焦虑症、过度脑力劳动所致的疲劳、记忆障碍、遗传性过敏性皮炎等。中毒原因多为用药过量、用药不当、药物协同作用、误服产生的不良反应等。

【作用机制】

本品为中枢神经兴奋药，中枢兴奋作用温和，强度介于苯丙胺与哌甲酯之间，并有弱拟交感作用，其作用机制可能与其提高中枢内去甲肾上腺素的含量有关。

本品口服易吸收，20 ~ 30 min 显效，2 ~ 4 h 血药浓度达峰值，半衰期约为 12 h。血浆蛋白结合率为 50%。多次给药 2 ~ 3 天后可达稳态血药浓度。部分在肝脏代谢为匹莫林双酮，原形药和代谢产物经肾排出，24 h 可排出口服药量的 75%，其中 50% 为原形。

【毒性】

血药浓度：治疗浓度 1 ~ 7 μg/mL。

急性中毒实验：大鼠经口半数致死量（LD_{50}）为 436 mg/kg；小鼠经口半数致死量（LD_{50}）为 375 mg/kg，小鼠腹腔注射半数致死量（LD_{50}）为 365 mg/kg。

【中毒症状】

本品中毒时可出现头痛、恶心、呕吐、多汗、面色潮红、高热、瞳孔散大、眼球震颤、抽搐、痉挛、反射亢进、激动、欣快感、幻觉、谵妄、神志不清等症状，心血管系统症状可见心动过速、高血压等。

【急救措施】

对于口服中毒者，应立即催吐、洗胃，以清除未被吸收的药物；静脉注射或静脉滴注高渗葡萄糖注射液，以促进药物排泄。依病情给予相应的对症治疗和支持疗法。

【尸体特征】

匹莫林的毒性较小，一般情况下造成的中毒

死亡案例并不多见。可参见“苯丙胺”。

【检材提取】

检材可提取胃内容物、肝脏、血液、尿液等。同时还应注意收集现场遗留的药品及包装物等。

【检验方法】

1. 高效液相色谱法

仪器：高效液相色谱仪；色谱柱：Waters Acquity UPLC BEH C18（50 mm×2.1 mm×1.7 μm）键合硅胶柱；流动相：甲醇+0.1%的甲酸水溶液（50∶50，*V/V*）；洗脱方式：梯度洗脱；检测器：紫外检测器；检测波长：230 nm。

2. 液相色谱-质谱法

仪器：液相色谱-质谱联用仪；色谱柱：Acquity UPLC BEH C18（50 mm×2.1 mm×1.7 μm）键合硅胶柱；流动相：流动相A为甲醇，流动相B为0.1%（体积分数）的甲酸溶液；洗脱方式：梯度洗脱（0~2.5 min，25%~50% A，保持0.5 min；3 min，25% A，平衡1.0 min）；流速：0.3 mL/min；柱温：30 ℃；进样量：2 μL；离子源：电喷雾离子源（ESI^+）；检测模式：多反应监测（MRM）；电离电压：3.00 kV；离子源温度：110 ℃；脱溶剂气流速：550 L/h；锥孔反吹气流速：50 L/h；脱溶剂气温度：400 ℃。

替马西泮（甲羟安定）

【化学名称】7-氯-1，3-二氢-3-羟基-1-甲基-5-苯基-1，4-苯并二氮杂䓬-2-酮

【化学式】$C_{16}H_{13}ClN_2O_2$

【结构式】

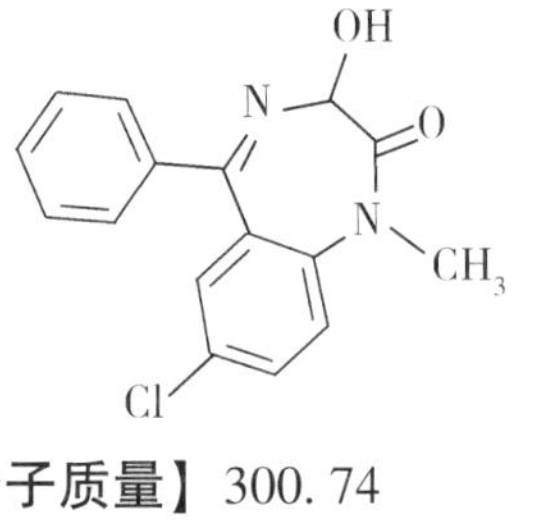

【相对分子质量】300.74

【CAS登记号】846-50-4

【性状】

替马西泮为白色结晶性粉末，几乎无味。熔点119~121 ℃，沸点549.9 ℃，密度1.34 g/cm³。难溶于水，微溶于乙醇，易溶于氯仿。

【用途及中毒原因】

本品为短效苯二氮䓬类药物，主要用于镇静、催眠，也用于焦虑症的治疗及手术前给药。过量服用可引起中毒。

【作用机制】

本品的药理作用与地西泮相似，但维持时间较短，具有抗焦虑、镇静、催眠、抗惊厥、抗癫痫及中枢性肌肉松弛作用。

本品口服易吸收，30 min血药浓度达峰值，约96%与血浆蛋白结合，半衰期约为15 h，在肝脏内代谢，代谢产物约82%经尿液排泄，12%经粪便排泄。

【毒性】

人口服最低致死量（MLD）为0.6 mg/kg。

血药浓度：治疗浓度0.3~0.9 μg/mL，中毒浓度1 μg/mL，致死浓度8.2 μg/mL。

急性中毒实验：大鼠经口半数致死量（LD_{50}）为2 000 mg/kg，大鼠腹腔注射半数致死量（LD_{50}）为600 mg/kg；小鼠经口半数致死量（LD_{50}）为370 mg/kg，小鼠腹腔注射半数致死量（LD_{50}）为85 mg/kg。

【中毒症状】

中毒症状主要表现为嗜睡、共济失调、意识模糊等，严重者可出现昏迷、血压下降、呼吸循环抑制等。长期应用可产生依赖性，突然停药可出现戒断症状。

【急救措施】

口服中毒者应尽快催吐、洗胃；应用医用活性炭混悬液吸附；保持呼吸道通畅，对于深度昏迷患者，应进行气管插管；对症支持治疗，如维持血压稳定、预防心律失常、促进意识恢复等。

【尸体特征】

急性中毒死亡者的尸体特征主要表现为器官瘀血、水变性。尸斑较显著，口唇、指甲发绀，解剖可见胃内残存的药末或药片；脑水肿明显，心、肺表面可有点状出血，组织瘀血、水变性，支气管内可有白色泡沫。迁延死亡者，多并发坠积性肺炎、肺水肿；大脑苍白球可有对称性软化灶，伴有神经胶质细胞反应。

慢性中毒死亡者，可有皮疹及肝、肾损害，镜下可见脑组织小血管周围有漏出性出血；肝细胞坏死及胆汁淤积；肾小管上皮细胞变性坏死。

长期滥用药物死亡者，镜下可见神经细胞退

行性改变，神经细胞变性坏死，胶质细胞增生，淀粉样小体形成，有的可见脑内小血管炎症改变。

【检材提取】

检材可提取血液、尿液、肝脏、胃内容物、呕吐物等。

【检验方法】

高效液相色谱法。

(1) 样品处理：取血浆样品 0.5 mL，在碱性条件下用二氯甲烷-正己烷提取，然后做 HPLC 检测。

(2) 仪器条件：仪器：高效液相色谱仪；色谱柱：Zorbax-P-C18（150 mm×4.6 mm×5 μm）键合硅胶柱；流动相：甲醇+25 mmol/L 的醋酸铵溶液（60∶40，*V/V*）；流速：0.8 mL/min；检测波长：230 nm。

溴西泮（溴吡三氮䓬、溴安定、宁神定）

【化学名称】7-溴-5-（2-吡啶基）-3H-1，4-苯并二氮杂䓬-2（1H）-酮

【化学式】$C_{14}H_{10}BrN_3O$

【结构式】

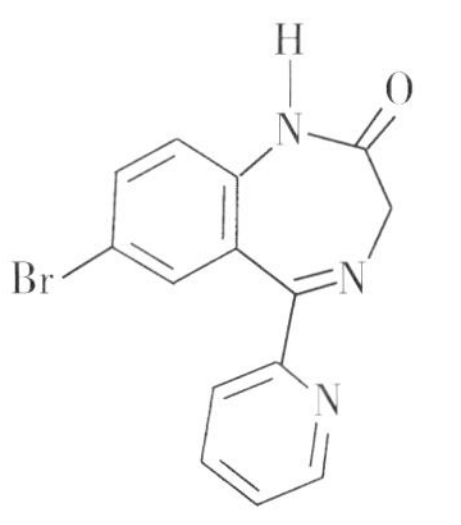

【相对分子质量】316.15

【CAS 登记号】1812-30-2

【性状】

溴西泮为白色或淡黄色结晶性粉末。熔点 237~238.5 ℃，沸点 490.7 ℃，密度 1.6 g/cm^3。微溶于乙醇和氯乙烷，几乎不溶于水。

【用途及中毒原因】

本品为苯二氮䓬类抗焦虑药，适用于焦虑性神经症、抑郁性神经症等。对改善焦虑、抑郁症状具有良好效果。长期使用可产生药物依赖。由于该药品具有一定的催眠、镇静作用，因此也常被用于麻醉抢劫、强奸或自杀，过量服用可引起中毒。

【作用机制】

本品可增强 γ-氨基丁酸（GABA）与 GABA 受体的结合，使 Cl^- 通道开放增多，产生超极化，引起中枢神经各个部位突触前和突触后电位的抑制，减少中枢内某些重要神经元放电，从而发挥镇静、催眠、抗焦虑、抗惊厥及中枢性肌肉松弛等药理作用。

本品经口服吸收后，迅速分布于血液和中枢神经系统，然后在肝脏微粒体氧化系统内经去羟化、去甲化后，代谢产物与葡萄糖醛酸结合后失活，而后经肾脏排泄。

【毒性】

血药浓度：治疗浓度 0.8~1.7 μg/mL，中毒浓度 3~4 μg/mL。

急性中毒实验：大鼠经口半数致死量（LD_{50}）为 1 950 mg/kg，大鼠腹腔注射半数致死量（LD_{50}）为 1 660 mg/kg；小鼠经口半数致死量（LD_{50}）为 879 mg/kg，小鼠腹腔注射半数致死量（LD_{50}）为 200 mg/kg。

【中毒症状】

常见中毒症状有嗜睡、疲倦、眩晕、口干、食欲缺乏、肌无力、共济失调等。

【急救措施】

口服中毒后应及早进行催吐、洗胃，应用医用活性炭吸附、导泻等措施清除未吸收的毒物。使用氟马西尼特效解毒剂救治。对于昏迷患者，首先静脉注射葡萄糖溶液和纳洛酮进行治疗性诊断。对于呼吸衰竭者，进行气管内插管，保持呼吸道通畅，给予吸氧，必要时进行机械通气。对于低血压或休克患者，首先纠正低血容量，快速静脉滴注生理盐水 1~2 L，无效时，静脉输注多巴胺或去甲肾上腺素。

【尸体特征】

急性中毒死亡者的尸体特征主要表现为器官瘀血、水变性。尸斑较显著，口唇、指甲发绀，解剖可见胃内残存的药末或药片；脑水肿明显，心、肺表面可有点状出血，组织瘀血、水变性，支气管内可有白色泡沫。迁延死亡者，多并发坠积性肺炎、肺水肿；大脑苍白球可有对称性软化灶，伴有神经胶质细胞反应。

慢性中毒死亡者，可有皮疹及肝、肾损害，镜下可见脑组织小血管周围有漏出性出血；肝细胞坏死及胆汁瘀积；肾小管上皮细胞变性坏死。

长期滥用药物死亡者，镜下可见神经细胞退

行性改变，神经细胞变性坏死，胶质细胞增生，淀粉样小体形成，有的可见脑内小血管炎症改变。

【检材提取】

检材可提取血液、肝脏、胃内容物、尿液、脑组织等。

【检验方法】

气相色谱-质谱法。

仪器：气相色谱-质谱联用仪；色谱柱：Agilent HP-5MS（30 m×0.25 mm×0.25 μm）弹性石英毛细管柱；柱温：初始温度 200 ℃，保持1 min，以 20 ℃/min 的升温速率升温至 280 ℃；进样口温度：280 ℃；进样方式：不分流进样；载气：高纯氦，流速：1.0 mL/min；传输线温度：280 ℃；离子源：电子轰击源（EI），能量：70 eV；扫描方式：全扫描；质量范围：50~400 amu。

扎来普隆（拆帕隆、扎雷普隆）

【化学名称】 N-乙基-N-3-［7-（3-氰基吡唑并［1，5a］嘧啶基）苯基］乙酰胺

【化学式】 $C_{17}H_{15}N_5O$

【结构式】

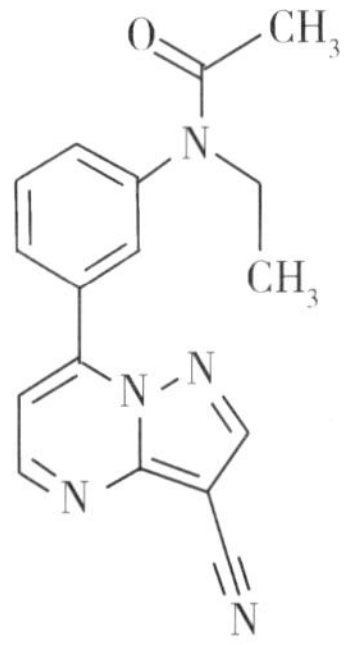

【相对分子质量】 305.33

【CAS 登记号】 151319-34-5

【性状】

扎来普隆为白色或微黄色结晶性粉末，熔点 186~187 ℃，密度 1.25 g/cm^3。不溶于水，微溶于乙醇。

【用途及中毒原因】

扎来普隆为非苯二氮䓬类药物，属吡唑嘧啶类安眠镇静药，临床上用于成年人失眠的短效治疗。但长期服用可产生依赖性，过量或超量使用可引起中毒。

【作用机制】

扎来普隆是一种新型吡唑并嘧啶结构的非苯二氮䓬类镇静催眠药，其化学结构不同于苯二氮䓬类、巴比妥类及其他已知的催眠药，扎来普隆可能通过作用于 γ-氨基丁酸-苯二氮卓（GABA-BZ）受体复合物而发挥其药理作用。

该药口服吸收迅速且完全，1 h 血药浓度达峰值。在体内主要被醛氧化酶代谢为5-氧-扎来普隆，然后被转化成葡萄糖醛酸化合物，代谢产物随尿液排泄。该药物的所有代谢产物均无药理活性。

【毒性】

服用扎来普隆（10 mg 或 20 mg）后，1 h 左右会出现短期的记忆损伤，20 mg 的剂量损伤作用更强，但 2 h 后没有损伤作用发生。

成人口服一次 5~10 mg（1~2 片），睡前服用或入睡困难时服用。体重较轻的患者，推荐剂量为一次 5 mg（1 片）。

【中毒症状】

中毒轻者可出现头痛、恶心、呕吐、厌食、乏力、嗜睡、多梦、复视、记忆困难、精神错乱等症状，严重时可出现共济失调、肌张力减退、低血压、昏迷，直至死亡。

【急救措施】

口服中毒后应及早进行催吐、洗胃，应用医用活性炭吸附、导泻等措施清除未吸收的药物。使用氟马西尼特效解毒剂救治。对于呼吸衰竭者，进行气管内插管，保持呼吸道通畅，给予吸氧，必要时进行机械通气。

【尸体特征】

扎来普隆是 20 世纪 80 年代后期开发的第三代非苯二氮䓬类安眠镇静药，它的安全系数较大，一般情况下，不易发生中毒。

【检材提取】

检材可提取尿液、血液、肝脏、胃内容物等。

【检验方法】

高效液相色谱法。

（1）样品处理：首先在检验的血浆样品中加入内标 β-萘酚，然后用乙酸乙酯提取，提取液用液相色谱法进行分析。

（2）仪器条件：仪器：高效液相色谱仪；色谱柱：Supeleosil C18（250 mm×4.6 mm×5 μm）键合硅胶柱；流动相：0.04mol/L 的磷酸二氢钾缓冲液+乙腈（6∶5，*V/V*，含三乙胺 0.3%，用

磷酸调至 pH 值至 5.0)；流速：1.0 mL/min；检测器：荧光检测器（荧光激发波长 345 nm，发射波长 460 nm)。

唑吡坦（思诺思、乐坦、诺宾）

【化学名称】N，N，6-三甲基-2-（4-甲基苯基）咪唑并［1，2-a］吡啶-3-乙酰胺

【化学式】$C_{19}H_{21}N_3O$

【结构式】

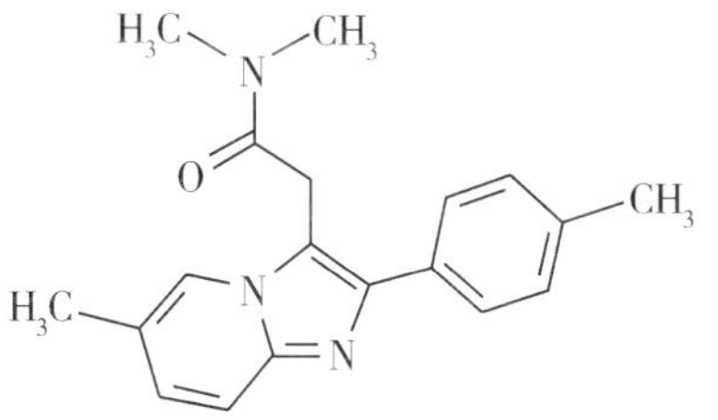

【相对分子质量】307.39

【CAS 登记号】82626-48-0

【性状】

唑吡坦为白色结晶，无臭，熔点 189~191 ℃，密度 1.12 g/cm³。临床上多用其半酒石酸盐，分子式为 $(C_{19}H_{21}N_3O)_2 \cdot C_4H_6O_6$，CAS 登记号为 99294-93-6，水中溶解度为 23 mg/mL（20 ℃）。

【用途及中毒原因】

本品为咪唑吡啶类镇静催眠药物，临床上主要用于偶发性、暂时性或慢性失眠的短期治疗。中毒原因多为滥用或过量使用所致。

【作用机制】

本品为咪唑吡啶类化合物，能选择性地拮抗 GABA 受体上的 BZ1 和 BZ2 高分子受体复合体的活性，从而调节氯离子通道的开放，使来自大脑的兴奋得到抑制，导致睡眠。对正常睡眠时相干扰少，可缩短睡眠潜伏期，减少夜间觉醒次数，延长睡眠时间。

本品口服吸收迅速，口服后 30 min 起效，0.5~3 h 血药浓度达峰值，半衰期为 2~4 h；经肝脏代谢，代谢产物 60%经肾脏分泌排泄，40%经粪便排泄。

【毒性】

唑吡坦为低毒类物质。

血药浓度：治疗浓度 0.08~0.3 μg/mL，中毒浓度 0.5 μg/mL，致死浓度>2 μg/mL。

急性中毒实验：大鼠经口半数致死量（LD_{50}）为 695 mg/kg。

【中毒症状】

中毒者多出现意识模糊、精神矛盾反应、眩晕、头痛、恶心、呕吐、共济失调、嗜睡、警觉度降低、肌力减弱、复视等症状；少出现虚弱、胃肠道症状、性欲改变、皮肤症状等；有时可出现顺行性遗忘。在过量用药病例中，有由意识障碍、嗜睡发展到轻度昏迷、呼吸抑制的报道。

【急救措施】

口服中毒时应立即洗胃，注入医用活性炭混悬液，以促进毒物排泄。给予吸氧、输液等支持治疗；即使出现兴奋，也要禁止使用镇静药物。出现严重症状时，可考虑使用氟马西尼。注意唑吡坦中毒不可透析。

【尸体特征】

尸表呈一般窒息性死亡尸体征象，尸斑呈暗紫色，双手指甲呈青紫色，双肺浆膜下及心外膜下点片状出血，口服中毒死亡者，胃内可见药片残渣或碎末，有时可见膀胱充盈。镜下可见各脏器瘀血，呈急性缺氧性改变。

【检材提取】

检材以胃内容物、血液、尿液及肝、肾组织为好。同时还应注意收集现场遗留的药品、包装物及呕吐物等。

【检验方法】

1. 液相色谱-质谱法

仪器：液相色谱-质谱联用仪；色谱柱：lux Cellulose-1（150 mm×2.0 mm×3 μm）键合硅胶柱；流动相：含 0.1%二乙胺的乙腈+含 0.1%二乙胺的异丙醇（95∶5，*V/V*）；洗脱方式：等梯度洗脱；流速：0.2 mL/min；进样量：5 μL；离子源：电喷雾离子源（ESI）；离子化模式：正离子模式（ESI^+）；检测模式：多反应监测（MRM）。

2. 高效液相色谱法

仪器：高效液相色谱仪；色谱柱：Hypersil C18（150 mm×4.6 mm×5 μm）键合硅胶柱；流动相：溶剂 A 为醋酸铵+乙腈+甲醇+水（3∶10∶10∶77，*V*∶*V*∶*V*∶*V*），溶剂 B 为醋酸铵+乙腈+甲醇+水（3∶40∶40∶17，*V*∶*V*∶*V*∶*V*）；洗脱方式：梯度淋洗（在20 min内溶剂 A 由 5%变至 50%）；流速：1 mL/min；检测器：二极管检测器；检测波长：230 nm。

第七章　化学毒剂

第一节　神经性毒剂

沙林（沙林毒气）

【化学名称】甲氟膦酸异丙酯

【化学式】$C_4H_{10}FO_2P$

【结构式】

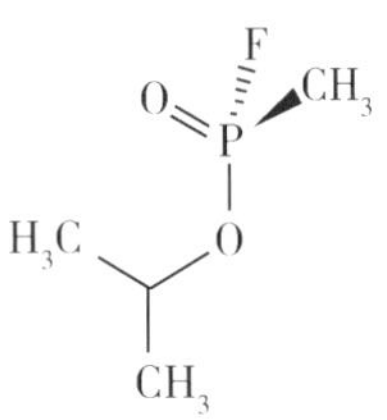

【相对分子质量】140.09

【CAS 登记号】107-44-8

【性状】

沙林纯品常温状态下为无色水样液体，工业品呈淡黄色或黄棕色。纯的沙林无味，含杂质的沙林有水果香味。熔点 56 ℃，沸点 147 ℃，密度 1.07 g/cm^3。可与水及多种有机溶剂互溶。

【用途及中毒原因】

沙林是常用的军用毒剂，按伤害作用可归类为神经性毒剂。中毒原因多见于战争、恐怖袭击或意外泄漏事故等。

【作用机制】

沙林的毒理作用与有机磷相似，主要抑制体内胆碱酯酶的活性。但它的毒性比有机磷更大，挥发性更强，经呼吸道吸收更快。

【毒性】

沙林为剧毒类物质。

人吸入沙林的半数致死浓度（LC_{50}）为 200 mg/m^3（1 min）；人的致死剂量为 0.01 mg/kg；经皮肤吸收时人的致死量为 1 700 mg。

急性中毒实验：小鼠经皮肤吸收半数致死量（LD_{50}）为 200 μg/kg。

【中毒症状】

沙林可以通过呼吸道或透过皮肤和眼结膜侵入人体。中毒症状与有机磷农药非常相似，可出现流泪、鼻漏、瞳孔缩小、眼痛、视物模糊、流涎、多汗、咳嗽、胸部紧迫感、呼吸加快、腹泻、多尿、嗜睡、无力、头痛、恶心、呕吐、腹痛、心率加快或减慢、血压升高或降低等胆碱能神经兴奋的症状。小剂量沙林涂于皮肤上，局部皮肤会出汗，肌肉抽搐。大剂量吸入或摄入沙林，则很快出现意识丧失、剧烈抽搐、支气管痉挛等症状，可因呼吸衰竭而死亡。

【急救措施】

当毒剂液滴落到人身上时，应立即脱去染毒的衣服，用棉花或干净土块吸去皮肤上的毒剂液滴（应防止扩大染毒面积），然后用专门的消毒药液擦拭消毒，再用碳酸氢钠溶液、肥皂水或大量清水冲洗。立即用阿托品或肟等进行治疗，给予吸氧或进行人工呼吸等。

【尸体特征】

沙林中毒死亡的尸体病理变化类似于有机磷农药急性中毒死亡。尸斑呈暗紫红色，尸僵甚强，瞳孔明显缩小（也有扩大的），眼结膜有散在点状出血。口鼻腔出现白色泡沫，夏秋季节，则可见死苍蝇在口鼻周围黏附。口唇、指端发绀。气管及支气管腔内有多量泡沫状液体，肺浆膜下散在点状出血，肺水肿。心、肝、肾等器官呈急性血液循环障碍表现，如心腔及大静脉内充盈多量暗红色流动性血液，心、肝、肾的实质细胞损害并不明显。镜下可见肺瘀血，灶性肺泡内出血；心肌间质瘀血，轻度水肿；肝脏瘀血、水肿；肾脏瘀血及浊肿；脑膜瘀血、水肿，脑内小血管扩张瘀血，脑水肿明显，脑小血管周围渗出性出血；胰腺上皮细胞内空泡形成，胰腺包膜下及间质可见灶性出血，有的可见急性出血性胰腺炎征象。

【检材提取】

对于通过消化道食入中毒死亡者，可提取呕吐物、胃内容物、血液、肝组织等作为检材；对于吸入沙林中毒死亡者，应同时提取肺组织作为检材。

【检验方法】

气相色谱法。

（1）样品前处理：取一定量的染毒血浆，依次加入乙酸乙酯 2 mL、1 mL、1 mL，提取三次。合并提取液，在氮气流下吹至 1.0 mL，按下述仪器条件进行检验。

（2）仪器条件：仪器：气相色谱仪；色谱柱：BP-1（25 m×0.22 mm×0.25 μm）弹性石英毛细管柱；柱温：初始温度 40 ℃，保持 2 min，以 10 ℃/min 的升温速率升温至 100 ℃，再以 20 ℃/min的升温速率升温至 140 ℃，最后以 5 ℃/min的升温速率升温至 180 ℃；进样口温度：250 ℃；检测器温度：250 ℃；进样方式：分流进样，分流比：1∶6；载气：氢气；检测器：FPD（P 型滤光片）。

梭曼

【化学名称】甲氟膦酸特己酯

【化学式】$C_7H_{16}O_2PF$

【结构式】

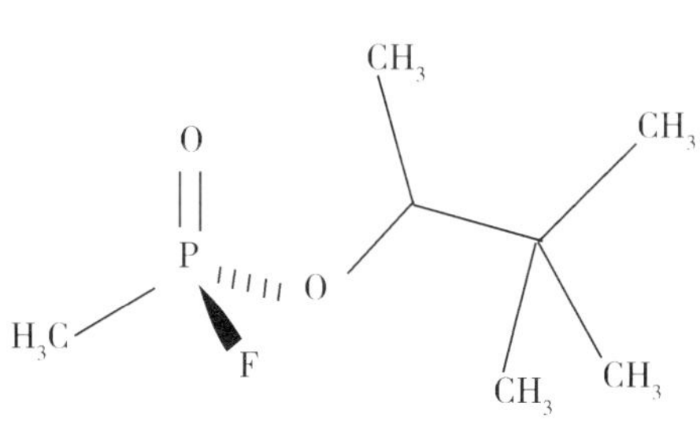

【相对分子质量】182.17

【CAS 登记号】96-64-0

【性状】

梭曼纯品为易于流动的无色液体，有微弱的水果香味，工业品为具有樟脑气味的淡黄色至黄色液体。熔点 -70 ℃，沸点 201.2 ℃，密度 1.009 g/cm^3。能溶于水，易溶于有机溶剂。梭曼在常温下的化学性质很稳定，当环境温度高于 150 ℃时分解明显。

【用途及中毒原因】

梭曼通常被装在导弹、航空炸弹、炮弹、地雷等弹体中使用，形成蒸气、气溶胶或液滴等状态，通过呼吸道吸入（也可通过皮肤吸收或经消化道）进入体内。中毒原因多见于战争、恐怖袭击或意外泄漏事故等。

【作用机制】

梭曼可以直接作用于乙酰胆碱受体，此外还可与神经递质 γ-氨基丁酸（GABA）和环磷酸鸟苷（cGMP）发生作用。

【毒性】

梭曼为剧毒类物质。

梭曼的毒性比沙林大 3 倍左右，皮肤毒性是沙林的 5~10 倍。据有关资料记载，人若吸入几口高浓度的梭曼蒸气，在 1 min 之内即可致死。通常情况下，人吸入半数致死浓度（LC_{50}）为 70 mg /m^3（1 min），半失能剂量为 35 mg /m^3（1 min）；皮肤吸收半数致死量（LD_{50}）为1.4 mg/kg。

急性中毒实验：大鼠腹腔注射半数致死量（LD_{50}）为 98 μg/kg，大鼠皮下注射半数致死量（LD_{50}）为 75 μg/kg；小鼠经皮肤吸收半数致死量（LD_{50}）为 160 μg/kg。

【中毒症状】

中毒者会出现胸闷、瞳孔缩小、流涎、流涕、呼吸困难和全身痉挛等神经性毒剂中毒的症状，严重时可迅速死亡。

【急救措施】

梭曼中毒的特点之一是作用快且无特效解毒剂，因此有“最难防治的毒剂”之称。急救方法可参见“沙林”。

【尸体特征】

参见“沙林”。

【检材提取】

检材可提取呕吐物、胃内容物、血液、肺组织、肝组织等。

【检验方法】

气相色谱法。

仪器：气相色谱仪（配备有大体积进样口）；色谱柱：Alltech Chirasil - Val（50 m×

0.25 mm×0.25 μm）手性毛细管柱；载气：高纯氮，流速：1 mL/min；溶剂：正戊烷+乙醚（5∶1，V/V）；进样量：50 μL×3；进样口温度：初始温度 50 ℃，保持 0.6 min，以 700 ℃/min 的升温速率升温至 180 ℃，保持 5 min；溶剂排出：50 mL/min，持续 0.5 min；溶剂清扫：从1.5 min开始，40 mL/min；柱温：初始温度 60 ℃，保持 1.6 min，以 5 ℃/min 的升温速率升温至 90 ℃，保持 10 min，再以 5 ℃/min 的升温速率升至 130 ℃，保持 1 min，最后以 10 ℃/min 的升温速率升至 200 ℃，保持 1 min；检测器：NPD。

维埃克斯

【化学名称】 *S*-（2-二异丙基氨乙基）-甲基硫代膦酸乙酯

【化学式】 $C_{11}H_{26}NO_2PS$

【结构式】

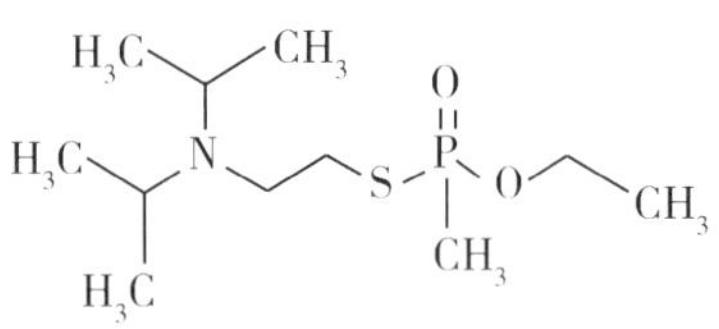

【相对分子质量】 267.37

【CAS 登记号】 50782-69-9

【性状】

维埃克斯常温下呈无色油状液体，工业品呈微黄色、黄色或棕色，无或有硫醇味。熔点-39.8 ℃，沸点 298 ℃（分解），密度 1.008 3 g/cm^3。20 ℃时，饱和蒸气压为 0.090 Pa，挥发度为 9.92×10^{-3} mg/L。微溶于水，易溶于有机溶剂。

【用途及中毒原因】

维埃克斯毒剂是一种比沙林毒性更大的神经性毒剂，是最致命的化学武器之一，用于装填炮弹、航空炸弹等，形成蒸气、气溶胶或液滴等状态，通过呼吸道吸入（也可通过皮肤吸收或经消化道）进入体内。使用方法常以爆炸分散法和飞机布洒法为主，利用产生的蒸气和气溶胶使空气染毒或利用液滴造成地面物体染毒。中毒原因多见于战争、恐怖袭击或意外泄漏事故等。

【作用机制】

因维埃克斯分子中含有磷元素，故被称为含磷毒剂，其作用机制与有机磷相同，主要是抑制胆碱酯酶的活性。当毒剂进入机体后与胆碱酯酶结合发生磷酰化反应，形成稳定的磷酰化酯酶，使胆碱酯酶失去分解乙酰胆碱的能力，造成乙酰胆碱在体内大量蓄积，导致胆碱能神经持续兴奋，而后又转入抑制和衰竭，使各项功能失调产生生理功能紊乱，出现中毒症状。

【毒性】

维埃克斯为剧毒类物质。

维埃克斯的毒性比沙林更大，一滴液体滴落到皮肤上，如不及时消毒和救治，就可引起人的死亡，是最致命的化学武器之一，杀伤作用持续时间可达几小时至几昼夜。致死剂量为 10 mg，经皮肤吸收致死剂量为 15 mg；人吸入半数致死量（LD_{50}）为 40 mg /m^3（1 min）；经皮肤吸收半数致死量（LD_{50}）为 0.09 mg /m^3（1 min）。

急性中毒实验：大鼠腹腔注射半数致死量（LD_{50}）为 37 μg/ kg，大鼠皮下注射半数致死量（LD_{50}）为 12 μg/ kg；小鼠腹腔注射半数致死量（LD_{50}）为 50 μg/ kg，小鼠皮下注射半数致死量（LD_{50}）为 22 μg/ kg，小鼠经皮肤吸收半数致死量（LD_{50}）为 28.8 μg/kg。

【中毒症状】

含磷毒剂的作用方式较多，对机体的侵入方式也不尽相同，而出现中毒症状的先后顺序也不相同，根据中毒的轻重可分为三级。

（1）轻度中毒：出现头痛、头晕、恶心、呕吐、无力、多汗、视物模糊等症状。

（2）中度中毒：除出现上述症状外，还可出现流涎、大汗、肌肉震颤、瞳孔缩小、胸闷、轻度呼吸困难、精神恍惚、步态蹒跚等症状。

（3）重度中毒：除出现上述症状外，还可出现全身发绀、口吐白沫、昏迷、肺水肿、高热、抽搐、大小便失禁、呼吸麻痹等症状，甚至出现死亡。

【急救措施】

吸入中毒者，应立即脱离现场，转移至空气新鲜处，给予吸氧或进行人工呼吸，急救时可采用阿托品等药物。

【尸体特征】

尸斑显著，呈暗紫红色；尸僵较强，尤其表现在双小腿及双上肢上；大拇指常呈钩状弯曲；大多瞳孔缩小；口角有流涎痕迹。

【检材提取】

检材可提取接触部位擦拭物、呕吐物、胃内

容物、血液、肺组织、肝组织等。

【检验方法】

气相色谱-质谱法。

（1）提取方法：取样品适量，用 4 mol/L 的盐酸调节 pH 值至 2，加 5 mL×2 二氯甲烷各超声提取 5 min，合并离心后的提取液，用无水硫酸钠脱水，在氮气流中浓缩至一定体积。

（2）衍生化方法：①甲基化方法：向被测试样中逐滴加入重氮甲烷，并摇匀，直至无气泡冒出为止。用氮气吹走过量的试剂后取样分析。②硅烷化方法：用氮气将试样吹至近干，加入 1～2滴 BSTFA（硅烷化试剂）摇匀，在 60～70 ℃下维持 10 min，冷却至室温，加入适量溶剂溶解后取样分析。

（3）仪器条件：仪器：气相色谱-质谱联用仪；色谱柱：SE-54（25 m×0.2 mm×0.12 μm）弹性石英毛细管柱；柱温：初始温度 40 ℃，保持 1 min，以 10 ℃/min 的升温速率升温至 280 ℃，保持 5 min；进样口温度：250 ℃；离子源温度：180 ℃；离子源：电子轰击源（EI），能量：70 eV。

塔崩（太奔、GA）

【化学名称】二甲氨基氰膦酸乙酯

【化学式】$C_5H_{11}N_2O_2P$

【结构式】

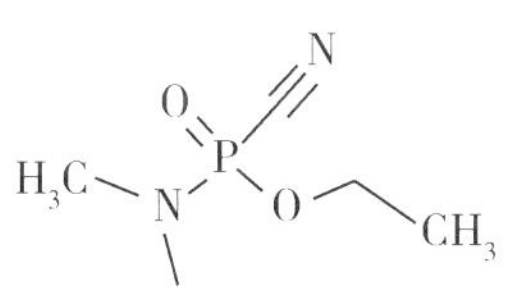

【相对分子质量】162.13

【 CAS 登记号】77-81-6

【性状】

塔崩纯品为无色有轻微水果香味的液体，工业品呈棕色，有苦杏仁气味，高浓度时有氨臭，颜色依浓度高低从无色至棕色。熔点 -50～-48 ℃，沸点 240 ℃，密度 1.14 g/cm^3。25 ℃时的饱和蒸气压为 7.599 Pa，挥发度为 0.500 mg/L。塔崩易溶于水，所以作为化学武器，经常利用塔崩污染水源。

【用途及中毒原因】

塔崩为半持久性毒剂，主要用于地面染毒，当制成气溶胶时也可用于空气染毒。中毒者多因饮用被塔崩污染的水源而引起中毒。

【作用机制】

参见“维埃克斯”。

【毒性】

塔崩为剧毒类物质。

人呼吸道吸入最低致死量（MLD）为 150 mg/m^3，经皮肤吸收最低致死量（MLD）为 23 mg/kg。

急性中毒实验：小鼠经皮肤吸收半数致死量（LD_{50}）为 1 mg/kg，小鼠腹腔注射半数致死量（LD_{50}）为 604 μg/kg，小鼠静脉注射半数致死量（LD_{50}）为 150 μg/kg，小鼠皮下注射半数致死量（LD_{50}）为 340 μg/kg；大鼠经口半数致死量（LD_{50}）为 3.70 mg/kg，大鼠经皮肤吸收最低致死量（MLD）为 18 mg/kg，大鼠皮下注射半数致死量（LD_{50}）为 193 μg/kg。

【中毒症状】

中毒症状和严重程度由吸入塔崩的量和塔崩进入机体的速度而定。极少的皮肤接触有时会出现出汗、颤抖、瞳孔异常收缩等症状。吸入塔崩造成中毒的毒性比沙林毒气少约一半，但低浓度的塔崩对眼睛的刺激和伤害远强于沙林。

【急救措施】

当毒剂液滴落到人身上时，应立即脱去染毒的衣服，用棉花或干净土块吸去皮肤上的毒剂液滴（应防止扩大染毒面积），然后用专门的消毒药液擦拭消毒，再用碳酸氢钠溶液、肥皂水或大量清水冲洗。立即给予吸氧或进行人工呼吸。应用阿托品或肟等进行治疗。

【尸体特征】

尸斑显著，呈暗紫红色；尸僵较强，尤其表现在双小腿及双上肢上；大拇指常呈钩状弯曲；大多瞳孔缩小；口角有流涎痕迹。

【检材提取】

检材可提取呕吐物、胃内容物、血液、肺组织、肝组织等。

【检验方法】

气相色谱-质谱法。

（1）提取方法：取样品适量，用 4 mol/L 的盐酸调节 pH 值至 2，加 5 mL×2 二氯甲烷各超声提取 5 min，合并离心后的提取液，用无水硫酸钠脱水，在氮气流中浓缩至一定体积。

（2）衍生化方法：①甲基化方法：向被测试样中逐滴加入重氮甲烷，并摇匀，直至无气泡冒出为止。用氮气吹走过量的试剂后取样分析。②硅烷化方法：用氮气将试样吹至近干，加入1~2滴BSTFA（硅烷化试剂）摇匀，在60~70 ℃下维持10 min，冷却至室温，加入适量溶剂溶解后取样分析。

（3）仪器条件：仪器：气相色谱-质谱联用仪；色谱柱：SE-54（25 m×0.2 mm×0.12 μm）弹性石英毛细管柱；柱温：初始温度40 ℃，保持1 min，以10 ℃/min的升温速率升温至280 ℃，保持5 min；进样口温度：250 ℃；离子源温度：180 ℃；离子源：电子轰击源（EI），能量：70 eV。

第二节　糜烂性毒剂

芥子气

【化学名称】2，2′-二氯乙硫醚

【化学式】$C_4H_8Cl_2S$

【结构式】

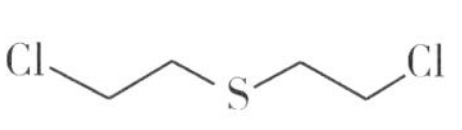

【相对分子质量】159.08

【CAS登记号】505-60-2

【性状】

纯品芥子气为油状液体，无色或淡黄色，具有大蒜或芥末的气味；工业品为褐色或黑色，气味更为浓烈。芥子气的性质稳定，熔点14.4 ℃，沸点216 ℃（分解），密度1.211 g/cm^3，挥发度0.5662 mg/L，微溶于水，易溶于丙酮、苯、乙醇、醚、四氯化碳、汽油等有机溶剂。

【用途及中毒原因】

芥子气主要用于有机合成及制造军用毒气、药物等，是一种毒害作用巨大的化学战剂。中毒原因多见于战争、恐怖袭击或意外泄漏事故等。

【作用机制】

芥子气主要通过呼吸道、皮肤、眼睛、消化道等途径进入机体。芥子气属高毒性细胞毒物，主要引起接触部位的坏死性炎症和严重的全身损伤，表现为皮肤、眼睛、呼吸道、消化道及伤口的糜烂性损伤和脑、肝、脾、肾等实质器官的损害，还可引起物质代谢障碍和中枢神经系统的损伤。芥子气的毒理作用机制尚不清楚，主要有以下几个方面的作用。

（1）对核酸的作用：芥子气被吸收后，在体内极易形成正碳离子和正硫离子而对核酸（特别是脱氧核糖核酸）起作用，影响脱氧核糖核酸双链的分离，而这种分离为细胞分裂所必需，因此导致细胞有丝分裂受抑制，甚至导致细胞死亡。

（2）对酶的作用：芥子气能抑制蛋白分解酶及磷酸激酶的活性，特别是能严重抑制已糖磷酸激酶的活性，致使整个糖代谢障碍和组织营养失调。

（3）引起病理反射：芥子气作用于皮肤、黏膜感受器，产生的神经冲动经交感神经或脊髓神经后根传入下丘脑以至大脑皮质，再传到机体各系统而引起病理反射。

（4）引起高级神经活动障碍：芥子气中毒者出现郁闷、精神抑制、木僵、注意力及记忆力丧失、失眠、语言障碍、运动性麻痹、感觉障碍等症状。

（5）芥子气的氧化产物对细胞有毒性作用：芥子气在体内的代谢特点是吸收快、局部少量固定、全身均匀分布、血液循环中消失迅速、代谢产物无毒、主要由尿中排泄等。芥子气主要通过皮肤或呼吸道侵入机体，潜伏期2~12 h。

【毒性】

芥子气为剧毒类物质。

芥子气属持久性毒剂，人经口半数致死量（LD_{50}）为0.7 mg/kg，经皮肤吸收致死量为70~100 mg/kg，吸入最低致死浓度（MLC）为23×10^{-6}（10 min）。

急性中毒实验：大鼠静脉注射半数致死量（LD_{50}）为0.7 mg/kg，大鼠吸入半数致死浓度（LC_{50}）为100 mg/m^3（10min），大鼠吸入半数致死浓度（LC_{50}）为420 mg/m^3（2min）；小鼠吸入半数致死浓度（LC_{50}）为120 mg/m^3（10 min），小鼠皮下注射半数致死浓度（LC_{50}）为20 mg/kg。

【中毒症状】

芥子气为糜烂性毒剂，对眼睛、呼吸道和皮

肤都有毒性作用。皮肤可出现红肿、起疱甚至溃烂。眼睛接触可致结膜炎、角膜混浊或溃疡形成。吸入蒸气或烟雾可损伤上呼吸道，高浓度可致肺损伤，重度损伤表现为咽喉、气管、支气管黏膜出现坏死性炎症。全身中毒症状有全身不适、疲乏、头痛、头晕、恶心、呕吐、抑郁、嗜睡等中枢抑制及副交感神经兴奋等症状。

【急救措施】

（1）皮肤染毒：首先应立即脱去污染的衣物，用肥皂水或清水彻底冲洗皮肤，然后局部用消毒剂（或粉）消毒（消毒时，应先以纱布、手帕等蘸去可见液滴，避免来回擦拭扩大染毒范围，然后用消毒剂消毒）。

（2）伤口染毒：应立即除去伤口内的毒剂液滴，四肢伤口上端扎止血带，减少毒剂吸收。用消毒液加数倍水或大量清水反复冲洗伤口，简单包扎，30 min 后松开止血带。

（3）眼睛染毒：立即提起眼睑，用大量流动清水、生理盐水、2%的碳酸氢钠溶液或 0.5%的氯胺水溶液彻底冲洗。

（4）经口中毒：立即用手指刺激喉（或舌根）反复引起呕吐。最好用 2%的碳酸氢钠溶液、0.02%～0.05%的高锰酸钾溶液或 0.3%～0.5%的氯胺水溶液，每次 500 mL 反复洗胃（水温及压力要适当，动作要轻，以免加重胃黏膜损伤）；洗胃后取医用活性炭粉 15～20 g 混于一杯水中吞服；用硫代硫酸钠、二巯基丙磺酸钠、半胱氨酸等治疗。

注意，洗出的胃液及呕吐物应及时消毒处理。

【尸体特征】

主要可见皮肤、眼睛、呼吸道、消化道及伤口的糜烂性损伤。皮肤可有红斑、水疱、坏死、溃疡和色素沉着；水疱内含透明或黄白色液体，毒剂接触部位及其周围有轻度皮下水肿；眼睛损伤可见全眼球炎、角膜炎和眼睑粘连等；上呼吸道严重损伤时，从鼻前庭到支气管可见黄色伪膜覆盖，伪膜下有糜烂面及溃疡；消化道损伤时，黏膜可见糜烂、溃疡或穿孔；神经系统可见神经细胞尼氏小体缩小或溶解，胞核染色变浅，胞浆有空泡形成，重度中毒可见细胞变性、细胞核分解及神经胶质细胞增生；肝、脾肿大，肾可见中毒性肾病。

【检材提取】

局部组织、水疱液、胃内容物、血液、尿液及脑、肝、肾等组织均可作为检材，现场的污染物和可疑投毒容器也可作为检材。糜烂性毒剂易挥发，应及早取材，密封送检。

【检验方法】

液相色谱-质谱法。

（1）样品处理：取血样适量，加含有 d8-TDG（内标物）的乙腈+甲醇（4∶1，*V/V*）混合液 200 μL，涡旋 30 s，以 14 000 r/min 离心 15 min，移取上清液，50 ℃浓缩至干。用 100 μL 10%（*V/V*）乙腈+水溶液溶解残渣，离心后进样检测。

（2）仪器条件：仪器：液相色谱-质谱联用仪；色谱柱：Zorbax Eclipse Plus-C18 反相柱（100 mm×3.0 mm×3.5 μm）；流动相：流动相 A 为 1%（*V/V*）甲醇+水（含 5 mmol/L 甲酸铵），流动相 B 为 95%（*V/V*）甲醇+水（含 5 mmol/L 甲酸铵）；洗脱方式：梯度洗脱（0～1.0 min，0%B；1.0～1.5 min，0%～5%B；1.5～3.4 min，5%～17%B；3.4～5.0 min，17%B；5.0～8.5 min，17%～44%B）；柱温：40 ℃；流速：0.3 mL/min。离子源：电喷雾离子源（ESI^+）；检测模式：多反应监测（MRM）；气帘气：241 kPa；离子源温度：550 ℃；雾化气和辅助加热干燥气：379 kPa。

路易氏气

【化学名称】β-氯乙烯二氯胂

【化学式】$C_2H_2AsCl_3$

【结构式】

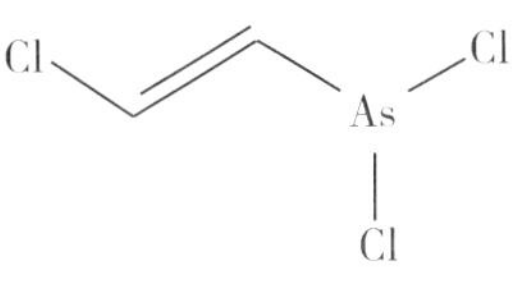

【相对分子质量】207.32

【CAS 登记号】541-25-3

【性状】

路易氏气纯品为无色油状液体，无臭味，工业品呈深褐色，有强烈的天竺葵味。熔点 -13 ℃，沸点 190 ℃，密度 1.89 g/cm^3。微溶于水，易溶于有机溶剂。

【用途及中毒原因】

路易氏气是战争中常用的一种化学武器，通

常情况下以液滴杀伤为主，也能呈蒸气、气溶胶状使空气染毒。该毒剂未经处理前，只能用于恐怖活动和军事作战，无其他医学用途。当吸入被染毒的空气或误食被染毒的食物时可引起中毒。

【作用机制】

路易氏气与人体的酶分子结合后，以共价的形式存在。其中，砷原子可与酶分子中的巯基（—SH）进行非专一性不可逆抑制结合，许多以巯基为必需基团的酶（称为巯基酶）会因此而被抑制。路易氏气既是很强的细胞毒，又是血管毒。

【毒性】

路易氏气为剧毒类物质。

人经呼吸道吸入最低致死浓度（MLC）为 6×10^{-6}（30 min），经皮肤吸收半数致死量（LD_{50}）为 37.6 mg/kg。

急性中毒实验：大鼠经皮肤吸收半数致死量（LD_{50}）为 15 mg/kg，大鼠经口半数致死量（LD_{50}）为 50 mg/kg，大鼠皮下注射半数致死量（LD_{50}）为 1 mg/kg；小鼠经皮肤吸收半数致死量（LD_{50}）为 12 mg/kg。

【中毒症状】

皮肤接触后，局部皮肤迅速出现烧灼疼痛感觉，并有红肿。红肿与健康皮肤分界不清，在红肿附近可见有出血点，红肿逐渐增大形成水疱，水疱内液体混浊并有血性疱液。眼睛染毒时可引起急性坏死性结膜炎，严重时角膜溃疡穿孔可致失明。呼吸道吸入者，咽喉处发辣、疼痛，严重时可致喉头和支气管黏膜水肿、坏死，造成呼吸困难；肺部受损时，肺毛细血管渗透性增高，引起急性肺水肿。

【急救措施】

（1）皮肤染毒：立即消毒局部皮肤（方法同芥子气染毒）。消毒后涂擦 5% 的二巯丙醇（BAL）油膏，10 min 后洗去或擦净（皮肤已出现红斑者涂此油膏仍然有效）；或用 5% 的碘酊涂擦染毒部位。

（2）眼睛染毒：立即冲洗患眼（方法同芥子气染毒），洗后用 3% 的二巯丙醇（BAL）眼膏涂入眼内，轻揉 30 s 后用净水冲洗。

（3）误食染毒的水或食物：催吐、洗胃后，可给予口服 5% 的二巯丙磺钠 20 mL。

（4）呼吸道中毒：处理同芥子气中毒。

二巯基类化合物是路易氏气中毒的特效解毒药物。

【尸体特征】

尸表可见口唇、黏膜干燥，眼窝、囟门凹陷（小儿），皮肤弹性差等表现。眼睛接触者可见结膜充血或坏死，角膜溃疡。解剖可见呼吸道黏膜或消化道黏膜水肿、坏死；肺水肿。镜下可见肺间质水肿，肺泡腔内充满水肿液。

【检材提取】

检材可提取皮肤水疱液、尿液、血液及经口中毒者的呕吐物、中毒者接触的空气样本等。

【检验方法】

1. 化学法（乙炔铜法）

路易氏气可与氢氧化钠发生反应，生成乙炔气，乙炔能与亚铜试剂反应，生成红色的乙炔铜。

2. 气相色谱-质谱法

仪器：气相色谱-质谱联用仪；色谱柱：OV-17（30 m×0.25 mm×0.25 μm）弹性石英毛细管柱；柱温：初始温度 160 ℃，保持 1 min，以 10 ℃/min 的升温速率升温至 280 ℃，保持 5 min；进样口温度：280 ℃；离子源：电子轰击源（EI），能量：70 eV。

氮芥气

【化学名称】2，2′，2″-三氯三乙胺

【化学式】$C_6H_{12}Cl_3N$

【结构式】

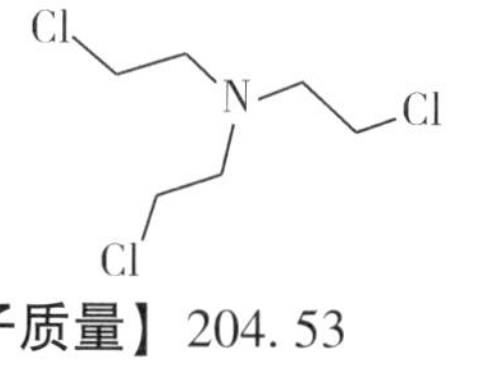

【相对分子质量】204.53

【CAS 登记号】555-77-1

【性状】

氮芥气是糜烂性毒剂之一，为无色油状液体，有鱼腥臭味。熔点 -4 ℃，沸点 156.2 ℃，密度 1.21 g/cm^3。难溶于水，易溶于有机溶剂。漂白粉、二氯胺等可破坏其毒性。

【用途及中毒原因】

虽然目前氮芥气主要应用于临床抗癌或作为某些抗癌药物的重要前体，但早期的氮芥类物质也能像芥子气一样用作化学武器。因此，它既可以民用也可以用于军事目的。超量使用时可引起中毒。

【作用机制】

本品进入体内后，通过分子内成环作用，形成高度活泼的乙烯亚胺离子，在中性或弱碱性条件下迅速与多种有机物质的亲核基团（如蛋白质的羧基、氨基、巯基和核酸的氨基、羟基、磷酸根）结合，进行烷基化作用，对各周期的细胞和非增殖细胞均有杀伤作用。剂量超过0.6 mg/kg可引起神经系统损害。

氮芥气的水溶液极不稳定，氮芥气进入人体后作用迅速，在血中停留的时间只有0.5～1 min，90%在1 min内由血中消失。24 h内50%以代谢物形式排出。

【毒性】

氮芥气为剧毒类物质。

急性中毒实验：大鼠经口半数致死量（LD_{50}）为5 mg/kg，大鼠经皮肤吸收半数致死量（LD_{50}）为2 mg/kg，大鼠皮下注射半数致死量（LD_{50}）为2 mg/kg；小鼠经皮肤吸收半数致死量（LD_{50}）为7 mg/kg，小鼠皮下注射半数致死量（LD_{50}）为6.9 mg/kg，小鼠静脉注射半数致死量（LD_{50}）为19.5 mg/kg。

【中毒症状】

骨髓抑制是氮芥气最常见的剂量限制毒性，可致明显的白细胞及血小板减少，严重者可使全血细胞减少。同时表现出恶心、呕吐、视力下降、性功能丧失。能引起皮肤红肿、起疱，以致溃烂。严重时会引起各器官或全身性中毒。

【急救措施】

(1) 皮肤染毒：首先应立即脱去污毒的衣物，用肥皂水或清水彻底冲洗皮肤，然后局部用消毒剂（或粉）消毒。

(2) 伤口染毒：应立即除去伤口内的毒剂液滴，四肢伤口上端扎止血带，减少毒剂吸收。用消毒液加数倍水或大量清水反复冲洗伤口，简单包扎，30 min后松开止血带。

(3) 眼睛染毒：立即提起眼睑，用大量流动清水、生理盐水或0.5%的氯胺水溶液彻底冲洗。

(4) 经口中毒：立即用手指刺激喉（或舌根）反复引起呕吐。用2%的碳酸氢钠溶液或0.3%～0.5%的氯胺水溶液反复洗胃（水温及压力要适当，动作要轻，以免加重胃黏膜损伤）；洗胃后口服15～20 g医用活性炭混悬液；用硫代硫酸钠、二巯基丙磺酸钠、半胱氨酸等治疗。

【尸体特征】

主要可见皮肤、眼睛、呼吸道、消化道及伤口的糜烂性损伤。皮肤可有红斑、水疱、坏死、溃疡和色素沉着；水疱内含透明或黄白色液体，毒剂接触部位及其周围有轻度皮下水肿；眼睛损伤可见全眼球炎、角膜炎和眼睑粘连等；上呼吸道严重损伤时，从鼻前庭到支气管可见黄色伪膜覆盖，伪膜下有糜烂面及溃疡；消化道损伤时，黏膜可见糜烂、溃疡或穿孔；神经系统可见神经细胞尼氏小体缩小或溶解，胞核染色变浅，胞浆有空泡形成，重度中毒可见细胞变性、细胞核分解及神经胶质细胞增生；肝、脾肿大，肾可见中毒性肾病。

【检材提取】

局部组织、胃内容物、血液、尿液及肝、肾等组织均可作为检材，现场的污染物和可疑投毒容器也可作为检材。糜烂性毒剂易挥发，应尽早取材，密封送检。

【检验方法】

1. 化学显色反应（溴麝香草酚蓝法）

取0.5 mL检液于一试管中，加0.1 g溴麝香草酚蓝试剂，充分振摇，使之完全溶解，再加入5滴氯仿，摇匀，静置，待分层后观察，如有氮芥气则氯仿层呈黄色。

2. 气相色谱-质谱法

(1) 衍生化方法：取检液少许于一磨口玻璃试管中，加入100 μL BSTFA衍生化试剂，密封后在60 ℃的水浴中反应30 min，冷却至室温后进样检测。

(2) 仪器条件：仪器：气相色谱-质谱联用仪；色谱柱：HP-5（25 m×0.25 mm×0.25 μm）弹性石英毛细管柱；柱温：初始温度40 ℃，保持1 min，以10 ℃/min的升温速率升温至280 ℃，保持5 min；进样口温度：250 ℃；载气：高纯氦，流速：1.5 mL/min；离子源：电子轰击源（EI），能量：70 eV；扫描方式：全扫描。

第三节　全身中毒性毒剂

氢氰酸（山埃）

【化学名称】氰化氢

【化学式】HCN

【结构式】 H—C≡N

【相对分子质量】27.03

【CAS 登记号】74-90-8

【性状】

氰化氢为无色剧毒气体，且伴有轻微的苦杏仁气味。熔点 -14 ℃，沸点 26 ℃，相对密度 0.69，闪点 -17.8 ℃，蒸气压 101.08 kPa（760 mmHg，25.8 ℃）。氰化氢蒸气与空气混合可形成爆炸性混合物，爆炸极限为 6%～41%。易溶于水、乙醇，微溶于乙醚。水溶液即氢氰酸，呈弱酸性。

【用途及中毒原因】

氢氰酸是一种强烈的、具有急性作用的毒剂，主要用于丙烯腈和丙烯酸树脂及农药杀虫剂的制造。短时间内吸入高浓度氰化氢气体，可立即引起呼吸停止而死亡，氢氰酸也可以通过皮肤吸收引起中毒。中毒原因多为自杀、他杀或生产运输过程中的意外事故等，少见于恐怖袭击。

【作用机制】

氰化氢可溶于水生成氢氰酸，氢氰酸可经消化道、呼吸道和皮肤被机体吸收。氰化氢进入机体后，CN^- 可与体内多种酶的重要辅基如铁、铜、锌等活性金属离子结合，导致相应酶类失活。其中，尤以三价铁离子（Fe^{3+}）与 CN^- 的亲和力最强，且反应迅速，能很快使细胞失去对氧的利用能力，引起细胞“内窒息”，中断电子传递，使某些生物氧化过程终止，导致细胞死亡。由此可见，CN^- 对细胞呼吸酶的抑制造成内窒息是其核心的毒性作用，故中枢性呼吸衰竭是氰化物中毒致死的根本所在。

【毒性】

人口服最低致死量（MLD）为 570 μg/kg。人吸入最低致死浓度（MLC）为 120 mg/m^3（1 h）或 200 mg/m^3（10 min）或 400 mg/m^3（2 min）。人皮下注射最低致死量（MLD）为 1 mg/kg。

急性中毒实验：小鼠吸入半数致死浓度（LC_{50}）为 357mg/m^3（5min）。

【中毒症状】

吸入氰化氢者，可出现眼、咽喉及呼吸道黏膜刺激症状，口服氰化氢者，口腔、咽喉有麻木和烧灼感，并出现流涎、呕吐，并伴有头昏、头痛、耳鸣、乏力等症状。严重者可出现胸闷、呼吸困难、心悸、胸部紧迫感等症状，皮肤、黏膜呈鲜红色，血压升高、心率过快、心律不齐及传导阻滞、瞳孔先缩小后扩大，并有眼球突出及恐怖面容，甚至出现昏迷。随着中毒进一步加重，可出现大汗淋漓、大小便失禁、强直性惊厥、体温下降，感觉和各种反射均消失，呼吸浅而慢，最终可因呼吸肌麻痹而死亡。症状严重者治愈后可遗留神经衰弱综合征等后遗症。

长期小剂量接触氰化氢会出现神经衰弱及自主神经功能紊乱的症状，以及胃肠功能紊乱、神经肌肉酸痛、全身乏力等症状。

【急救措施】

立即脱离现场至空气新鲜处；皮肤接触液体者，应立即脱去污染的衣物，用流动清水或 5%的硫代硫酸钠溶液反复冲洗皮肤；眼睛接触者，应用生理盐水或清水冲洗 5 ～ 10 min；口服者，应用 0.2%的高锰酸钾溶液或 5%的硫代硫酸钠溶液洗胃；猝死者应同时立即进行心肺脑复苏；急性中毒病情进展迅速者，应立即就地应用解毒剂。

吸入亚硝酸异戊酯（1～2 支压碎于纱布中），随后用 3%的亚硝酸钠 10mL 静脉注射，再以同一针头注入 25%～50%的硫代硫酸钠 20～50mL。必要时 1h 后重复注射半量或全量，或用 4-二甲氨基苯酚（4-DMAP）2mL 肌肉注射。

【尸体特征】

尸僵出现早且强，尸斑呈鲜红色，有时在面颈、胸部有点状出血；心腔及大血管内血液呈鲜红色流动状；胸膜、心包膜及肺浆膜下有斑点状出血；各脏器充血；肺水肿；消化道充血、水肿，食管下段、胃及十二指肠黏膜呈暗红色，可见糜烂、坏死；胃肠内可嗅及苦杏仁气味。镜下可见脑充血、水肿，神经细胞变性、坏死等。

【检材提取】

若氰化氢经皮肤、黏膜吸收，应采取局部皮肤、黏膜或肌肉组织。对于口服氰化氢中毒者，其剩余的食物、呕吐物、胃肠及其内容物、血液及肝、肾、脑等组织均可作为检材。在取材时，需注意盛装的容器应不留空隙，需冷藏、尽早送检，以防毒物分解或挥发而损失。

【检验方法】

1. 化学法（普鲁士蓝显色反应）

取检材 5 g，放入三角烧瓶中，加水使之呈粥状，加 10%的酒石酸使其呈明显酸性，在瓶口盖一硫酸亚铁-氢氧化钠试纸，用小火缓缓加热，待瓶内液体沸腾后，取下试纸，浸入1%的稀硫酸溶液中，若试纸变蓝则示有氰根离子存在。

2. 气相色谱法

(1) 样品前处理：取检血 0.5 mL 于一顶空瓶中，加 0.3 mL 去离子水，密封。通过聚四氟乙烯垫注入 50%的磷酸水溶液 0.2 mL，50 ℃保温 30 min，进样检测。

(2) 仪器条件：仪器：气相色谱仪（配备有顶空装置）；色谱柱：Agilent DB-FFAP（30 m×0.25 mm×0.25 μm）弹性石英毛细管柱；载气：高纯氮，流速：1.0 mL/ min；进样口温度：180 ℃；进样方式：分流进样，分流比：25 ∶ 1；柱温：初始温度 110 ℃，保持 4 min，以 10 ℃ / min 的升温速率升温至 160 ℃，保持 5 min；检测器温度：200 ℃；检测器：FID。

氯化氰（氯甲腈）

【化学名称】 氯化氰

【化学式】 CNCl

【结构式】

N≡—Cl

【相对分子质量】 61.47

【CAS 登记号】 506-77-4

【性状】

氯化氰纯品为无色液体或气体，有催泪性，不燃，极毒，具有强刺激性。熔点-6.5 ℃，沸点 14 ℃，密度 1.22 g/cm^3。溶于水、乙醇、乙醚等。

【用途及中毒原因】

氯化氰的化学反应活性较高，能与许多物质发生化学反应，受热分解或接触水、水蒸气会发生剧烈反应，释放出剧毒、腐蚀性烟雾，因此常用于制造大规模杀伤性武器。同时也可用于有机合成，制造燃料、香料、药物、各种氯化物及腐蚀抑制剂，还可用于熏蒸灭虫、杀鼠等。中毒多因操作不当或防护不到位所致。

【作用机制】

氯化氰进入机体后迅速代谢成氢氰酸，释放出 CN^-，作用机制与氢氰酸相似。

【毒性】

氯化氰为剧毒类物质。

人短时间接触极低浓度的氯化氰气体，可引起眼及咽部的刺激，如接触 10 min 引起刺激的最低浓度为 2.5 mg/m^3；当浓度为 50 mg/m^3 时，人不能耐受 1 min 以上；当浓度为 400 mg/m^3 时，人 10 min 内可死亡。

急性中毒实验：大鼠吸入半数致死浓度（LC_{50}）为 5 400 mg/m^3（3 min），小鼠吸入半数致死浓度（LC_{50}）为 3 000 mg/m^3（30 s）。

【中毒症状】

当吸入被氯化氰染毒的空气或误食被氯化氰染毒的食物时可引起中毒，氯化氰也可经皮肤吸收致人中毒。低浓度氯化氰对呼吸道及眼有强刺激作用，可引起气管炎和支气管炎；高浓度时，可引起眩晕、恶心、大量流泪、咳嗽、呼吸困难、肺水肿，甚至迅速死亡。慢性影响：可引起不同程度的呕吐、腹泻、尿痛、咳嗽、头痛、体重减轻等。

【急救措施】

(1) 皮肤接触：立即脱去污染的衣物，用肥皂水和清水彻底冲洗皮肤。

(2) 眼睛接触：立即提起眼睑，用大量流动清水或生理盐水彻底冲洗。

(3) 吸入中毒：迅速脱离现场至空气新鲜处，保持呼吸道通畅。如呼吸困难，给予吸氧。呼吸、心跳停止时，立即进行人工呼吸（勿用口对口）和胸外心脏按压术，给予吸入亚硝酸异戊酯。

(4) 食入中毒：饮足量温水，催吐。用 1 ∶ 5 000 的高锰酸钾溶液或 5%的硫代硫酸钠溶液洗胃。

【尸体特征】

尸僵出现早且强，尸斑呈鲜红色，有时在面颈、胸部有点状出血；心腔及大血管内血液呈鲜红色流动状；胸膜、心包膜及肺浆膜下有斑点状出血；各脏器充血；肺水肿；消化道充血、水肿，食管下段、胃及十二指肠黏膜呈暗红色，可见糜烂、坏死；胃肠内可嗅及苦杏仁气味。镜下可见脑充血、水肿，神经细胞变性、坏死等。

【检材提取】

检材可提取呕吐物、胃内容物、血液等。

【检验方法】

1. 化学法（普鲁士蓝显色反应）

取检材 5 g，放入三角烧瓶中，加水使之呈粥状，加 10%的酒石酸使其呈明显酸性，在瓶口盖一硫酸亚铁-氢氧化钠试纸，用小火缓缓加热，待瓶内液体沸腾后，取下试纸，浸入1%的稀硫酸溶液中，若试纸变蓝则示有氰根离子存在。

2. 气相色谱法

(1) 样品前处理：取检血 0.5 mL 于一顶空瓶中，加 0.3 mL 去离子水，密封。通过聚四氟乙烯垫注入 50%的磷酸水溶液 0.2 mL，50 ℃保温 30 min，进样检测。

(2) 仪器条件：仪器：气相色谱仪（配备有顶空装置）；色谱柱：Agilent DB-FFAP（30 m×0.25 mm×0.25 μm）弹性石英毛细管柱；载气：高纯氮，流速：1.0 mL/ min；进样口温度：180 ℃；进样方式：分流进样，分流比：25∶1；柱温：初始温度 110 ℃，保持 4 min，以 10 ℃ / min 的升温速率升温至 160 ℃，保持 5 min；检测器温度：200 ℃；检测器：FID。

第四节　失能性毒剂

毕兹

【化学名称】二苯羟乙酸-3-喹咛酯

【化学式】$C_{21}H_{23}NO_3$

【结构式】

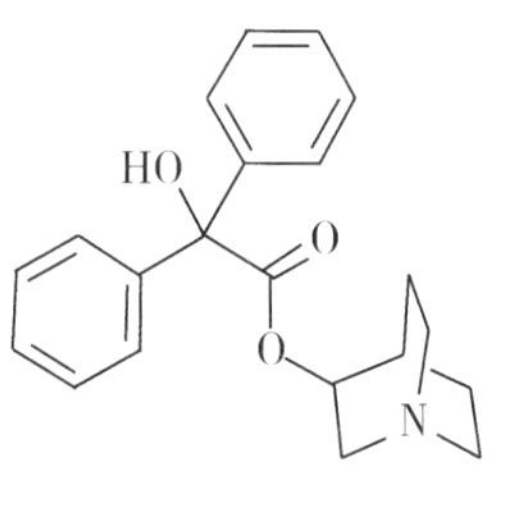

【相对分子质量】337.41

【CAS 登记号】6581-06-2

【性状】

毕兹为白色或微黄色的结晶性粉末，无特殊气味，熔点 165～166 ℃，沸点 439 ℃，密度 1.25 g/cm^3。微溶于水、乙醇，可溶于氯仿、苯、二氯乙烷及乙酸乙酯等有机溶剂。挥发度很小。

【用途及中毒原因】

毕兹用爆炸或热分散的方法施放后呈白色烟雾，是具有巨大杀伤、破坏作用的化学武器。中毒常见于战争中或恐怖活动所致，也有食用染毒的兔肉而中毒的报道。

【作用机制】

毕兹和阿托品、东莨菪碱的毒理作用极为相似，属解胆碱能类药物，它能阻断乙酰胆碱与毒蕈碱型胆碱能受体结合，从而改变或破坏神经系统的正常生理功能，主要是造成中枢神经系统功能障碍。

【毒性】

毕兹为高毒类物质。

如果吸收了约 100 mg 毕兹，人的存活概率仅有 50%。人吸入半数失能浓度为 110 mg/m^3（1 min），肌内注射失能剂量为 6 μg/kg。人的半数致死浓度（LC_{50}）为 200 mg/m^3（1 min）。

急性中毒实验，小鼠腹腔注射半数致死量（LD_{50}）为 103 mg/kg，小鼠静脉注射半数致死量（LD_{50}）为 25 mg/kg。

【中毒症状】

毕兹主要经呼吸道吸入引起中毒，应用合适的液体配方也可经皮肤吸收引起中毒，中毒症状以中枢神经系统功能紊乱为主。毕兹进入机体后会引起思维、感觉和运动障碍，神经系统症状主要表现有颜面潮红、瞳孔散大、视力模糊、眩晕、口干、心跳加快、体温升高、便秘、尿潴留、嗜睡、思维活动迟缓、反应迟钝及判断力、注意力、理解力和近期记忆力减退等；当毕兹作用达高峰时，会引发躁动不安、行为失常、胡言乱语、思维不连贯和幻觉等。

运动能力方面：中毒初期，中毒者感觉无力，随后连很轻的东西也拿不起来，甚至连自己的手脚也不能抬起，言语不清；继之出现不自主活动、共济失调、行动不稳，甚至摔倒在地。

【急救措施】

当中毒者处于昏迷状态时，要注意维持呼吸道的通畅，取俯卧位，头转向一侧，以免呕吐物被吸入气管内。对躁动不安者应加强监护，并尽快护送到医院治疗，以免发生意外。毒扁豆碱、解毕灵、催醒宁（首选）等对毕兹及其类似物中毒有很好的疗效。

【尸体特征】

尸表有时可见瞳孔散大、皮肤红斑等。解剖可见胸腹腔各脏器瘀血，肺及脑重度水肿。

【检材提取】

现场可提取水、食物、呕吐物作为检材，尸

检时可提取血液、尿液及肺、肝、肾等组织作为检材。

【检验方法】

气相色谱-质谱法。

仪器：气相色谱-质谱联用仪；色谱柱：HP-5（30 m ×0.32 mm ×0.25 μm）弹性石英毛细管柱；柱温：初始温度 40 ℃，保持 1 min，以 30 ℃/min 的升温速率升温至 190 ℃，保持 10 min；载气：高纯氦，流速：1.0 mL/min；进样口温度：250 ℃；离子源：电子轰击源（EI），能量：70 eV；扫描方式：全扫描；质量范围：33~400 amu；离子源温度：180 ℃。

四氢大麻酚（四氢大麻醇）

【化学名称】Δ-9-四羟基大麻醇

【化学式】$C_{21}H_{30}O_2$

【结构式】

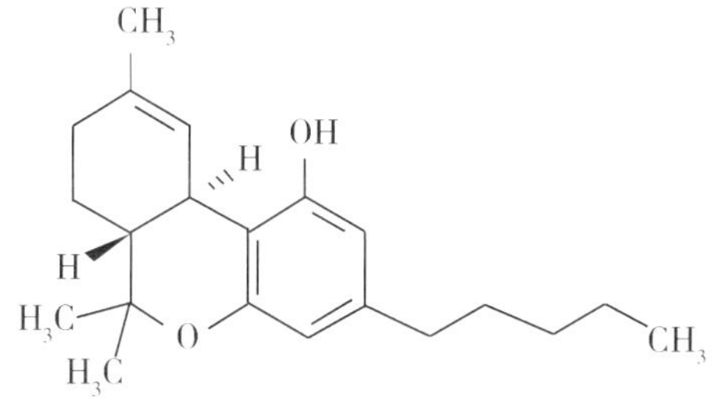

【相对分子质量】314.46

【CAS 登记号】1972-08-3

【性状】

四氢大麻酚纯品在低温下为玻璃状固体，温度升高时其黏度逐渐增加，沸点 200 ℃，密度 1.015 g/cm^3。它是一种芳香类萜，微溶于水，易溶于氯仿、乙醇、乙醚、苯等多种有机溶剂。

【用途及中毒原因】

四氢大麻酚历史上曾被用作麻醉剂，后被停止使用。本品还具有抗癌、抗菌、抗呕吐、利尿等作用。多为误食大麻的花、叶、籽油等引起中毒，也有滥用或药物使用过量而引起中毒的报道。

【作用机制】

四氢大麻酚是一种经典大麻素受体激动剂，通过中枢型受体 CB1 和末梢型受体 CB2 发挥作用。吸入本品后对中枢神经的作用，可因剂量、给药途径及用药时的特殊环境而有不同，个体差异较明显，表现为既有兴奋又有抑制。

【毒性】

血药浓度：治疗浓度 0.01~0.2 μg/mL。

急性中毒实验：大鼠静脉注射半数致死量（LD_{50}）为 28.6 mg/kg，大鼠腹腔注射半数致死量（LD_{50}）为 373 mg/kg，大鼠经口半数致死量（LD_{50}）为 666 mg/kg；小鼠静脉注射半数致死量（LD_{50}）为 42 mg/kg，小鼠腹腔注射半数致死量（LD_{50}）为 168 mg/kg，小鼠经口半数致死量（LD_{50}）为 482 mg/kg。

【中毒症状】

中毒后或思潮起伏、精神激动、自觉欣快，或沉湎忧郁、惊惶失措。长期吸食大麻可出现冷漠、呆滞、懒散、情感枯燥、体重下降、严重丧失工作能力等症状，停用大麻后会出现戒断症状。

【急救措施】

用吐根糖浆催吐，用 2% 的鞣酸溶液洗胃，然后用医用活性炭吸附，用 50% 的硫酸镁 40~60 mL导泻；注意纠正水、电解质失衡，监视呼吸、血压、脉搏等。

【尸体特征】

少有大麻急性中毒死亡的报道。口服中毒者眼结膜充血、口唇黏膜干燥、胃内有大麻气味等。

【检材提取】

检材可提取血液、尿液、肝脏、肾脏、脑组织等。

【检验方法】

气相色谱-质谱法。

仪器：气相色谱-质谱联用仪；色谱柱：Agilent DB-5MS（30 m×0.25 mm×0.25 μm）弹性石英毛细管柱；柱温：初始温度 60 ℃，以 15 ℃/min的升温速率升温至 300 ℃，保持 15 min；进样口温度：250 ℃；进样方式：分流进样，分流比：20∶1；载气：高纯氦，流速：1 mL/min；传输线温度：250 ℃；扫描方式：全扫描；质量范围：40~500 amu。

麦角酰二乙胺

【化学名称】麦角酸二乙基酰胺

【化学式】$C_{20}H_{25}N_3O$

【结构式】

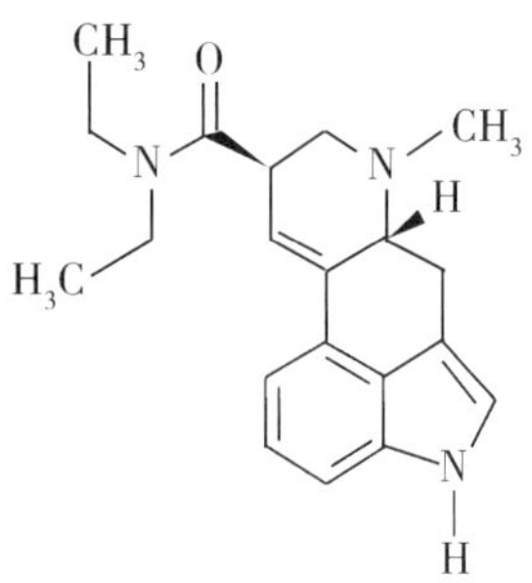

【相对分子质量】323.44

【CAS 登记号】50-37-3

【性状】

麦角酰二乙胺（LSD）是由麦角酸和仲酰胺合成而得，刚制成时无色无味，呈液体状态，一定时间后变成微白色的结晶体，无臭，稍带苦味。熔点 198~200 ℃，沸点 541.3 ℃，密度 1.21 g/cm^3。难溶于水。

【用途及中毒原因】

LSD 的故事可追溯到第二次世界大战期间，美军情报部门想发明一种让犯人吃了就会不打自招的“审讯药”，即让受试者服用 LSD，结果发现 LSD 虽会引发试验对象产生妄想症，但所招供的内容十有八九不是真的。于是美军情报部门建议把 LSD 作为“抗审讯药”来使用，他们设想让所有卧底特工每人携带一点 LSD，一旦暴露被俘就服下，然后就可以放心地开始胡说八道。由于 LSD 能造成使用者的感官、感觉、记忆和自我意识的强烈变化，故可作为化学武器使用。迄今为止，虽然尚未有 LSD 过量致死的报道，但作为一种致幻剂，仍具有较强的滥用倾向。

【作用机制】

麦角酰乙二胺通过提高脑内 5-羟色胺的（5-HT）水平或抑制5-HT 的释放而发挥作用。同时麦角酰乙二胺还影响去甲肾上腺素、多巴胺、5-HT 的在大脑底部网状激活系统的平衡，导致错觉和幻觉。

本品服用后一般 30~60 min 到达血液循环系统，不久被散布到全身各部位细胞中，脑细胞中沉积很少，大部分沉积于小肠、肝、脾及肾脏内，而后被机体一点一点地排泄掉。

【毒性】

麦角酰乙二胺为剧毒类物质。

麦角酰乙二胺的毒性个体差异较大，一般中毒量为 0.1~0.5 mg，此时可引起幻觉。成人致死量约为 14 mg。

急性中毒实验：大鼠静脉注射半数致死量（LD_{50}）为 16 mg/kg，小鼠静脉注射半数致死量（LD_{50}）为 46 mg/kg。

【中毒症状】

麦角酰乙二胺是已知药力最强的致幻剂，极易被人体吸收。服用后会产生幻视、幻听和幻觉，出现惊慌失措、思想迷乱、疑神疑鬼、焦虑不安、行为失控和完全无助的精神错乱症状。同时会导致失去方向感、失去辨别距离和时间的能力。在生理上常伴有眩晕、头痛、恶心、呕吐、心跳加速、血压升高、瞳孔放大等症状。

【急救措施】

LSD 中毒的急救措施同一般中毒，如催吐、洗胃或导泻。并可行对症治疗，如抗痉挛、扩张血管等。必要时送医院救治。

【尸体特征】

很少有服用致幻剂急性中毒死亡的报道。多因滥用后引起精神症状而发生自杀或意外死亡，解剖时除见损伤外无特殊病理变化。

【检材提取】

检材可提取血液、肝脏、肾脏、脑组织、尿液等。

【检验方法】

1. 气相色谱法

仪器：气相色谱仪；色谱柱：Chromosorb W 3% SE-30（2 m×2.6 mm，80~100 目）玻璃填充柱；检测器：FID；柱温：250 ℃，检测器温度：275 ℃；载气：高纯氮，流速：30 mL/min。

2. 气相色谱-质谱法

仪器：气相色谱-质谱联用仪；色谱柱：Agilent DB-17MS（30 m×0.25 mm×0.25 μm）弹性石英毛细管柱；柱温：初始温度 50 ℃，保持 0.5 min，以 25 ℃/min 的升温速率升温至 125 ℃，再以 10 ℃/min 的升温速率升温至 255 ℃，最后以 25 ℃/min 的升温速率升温至 320 ℃，保持 16 min；进样口温度：250 ℃；进样方式：不分流进样；载气：高纯氦；柱流速：30 cm/s；传输线温度：300 ℃；扫描方式：全扫描；质量范围：40~350 amu。

蟾蜍色胺

【化学名称】N，N-二甲脑激胺

【化学式】$C_{12}H_{16}N_2O$

【结构式】

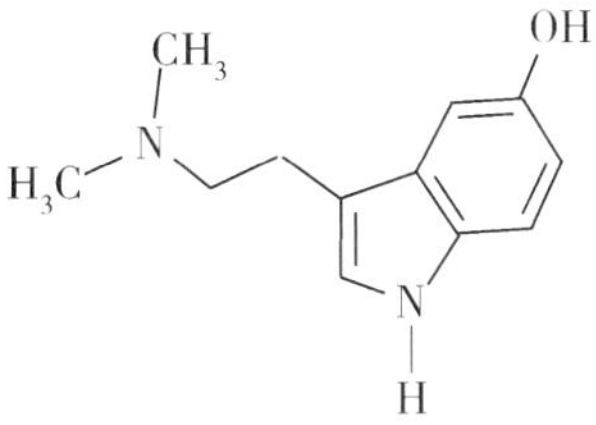

【相对分子质量】204.27

【CAS 登记号】487-93-4

【性状】

蟾蜍色胺呈针状晶体，有苦味。熔点 62~64 ℃，沸点 392.8 ℃，密度 1.178 g/cm^3。易溶于甲醇、吡啶，微溶于无水乙醇，不溶于水、乙醚、丙酮、氯仿、石油醚。

【用途及中毒原因】

蟾蜍色胺是蟾蜍毒素的有效成分之一，属珍贵的中药材，具有解毒、消肿、止痛、强心、利尿、抗癌、麻醉、抗辐射等功效，可治疗心力衰竭、口腔炎、咽喉炎、咽喉肿痛、皮肤癌等。不当接触、误服或药用过量可引起中毒。

【作用机制】

蟾蜍色胺对心脏的作用与洋地黄（毛地黄）相似，能兴奋迷走神经且直接作用于心肌，但作用稍弱，易引起心率变慢、室性心动过速及室颤等。

【毒性】

人静脉注射最低中毒剂量（TDL_0）为 0.057 mg/kg。

急性中毒实验：小鼠腹腔注射半数致死量（LD_{50}）为 290 mg/kg，小鼠静脉注射半数致死量（LD_{50}）为 25 mg/kg。

【中毒症状】

一般在中毒 30 min 以后出现症状，重度中毒者多在 1~4 h 死亡。首先出现剧烈的恶心、呕吐、腹痛、腹泻等消化系统症状，腹泻多为水样便，严重者可致脱水；神经系统症状表现为头昏、头痛、嗜睡、抽搐、口唇及四肢麻木、膝反射迟钝或消失，并可出现胸闷、心悸、各种心律失常，心电图示 ST 段压低、T 波低平或倒置；中毒中晚期出现口唇青紫、呼吸不规则，严重者可发生呼吸衰竭。

【急救措施】

早期先催吐，用清水或 1∶5 000 的高锰酸钾溶液洗胃，以减少毒素的吸收。然后对症治疗：当出现似洋地黄中毒症状时，可口服或静脉滴注稀释的氯化钾溶液；出现传导阻滞时可用阿托品；出现快速型心律失常时可用利多卡因。

【尸体特征】

尸表呈一般窒息性死亡尸体征象。眼结膜点状出血，心腔内血液呈暗红色流动状，心外膜下点状出血，各内脏呈瘀血状。镜下可见肺水肿，胃黏膜弥漫性斑点状出血，脑小血管周围渗出性出血。

【检材提取】

呕吐物、胃内容物及现场提取的可疑物品等均可作为检材。

【检验方法】

高效液相色谱法。

仪器：高效液相色谱仪；色谱柱：Agilent C18（250 mm×4.6 mm×5 μm）键合硅胶柱；流动相：乙腈+0.5%的磷酸二氢钾溶液（50∶50，V/V，用磷酸调节 pH 值至 3.2）；检测波长：296 nm。

赛洛西宾（裸盖菇素）

【化学名称】二甲基-4-羟色胺磷酸

【化学式】$C_{12}H_{17}N_2O_4P$

【结构式】

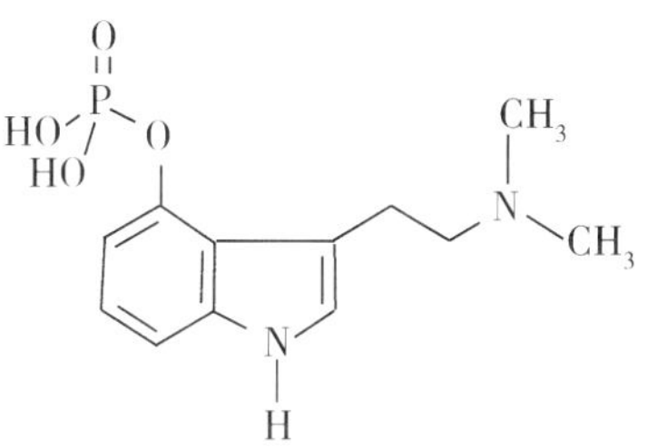

【相对分子质量】284.25

【CAS 登记号】520-52-5

【性状】

赛洛西宾属吲哚生物碱类，是色胺衍生物，熔点 220~228 ℃，沸点 523.4 ℃，密度 1.409 g/cm^3。溶于沸水及沸腾的甲醇，微溶于水，难溶于乙醇、氯仿、苯。

【用途及中毒原因】

赛洛西宾又名裸盖菇素、光盖菇素、裸头草碱，属吲哚生物碱类，是一种具有神经致幻作用的神经毒素。主要作用于自主神经，引起神经兴奋、致幻，对时间和空间产生错觉，直至出现自我歪曲、妄想和思维分裂等症状。欧洲国家的许多青年普遍食用含此类毒素的蘑菇用于消遣，但是长期或是过量服用此类物质会引起神经中毒。

【作用机制】

赛洛西宾的毒理作用机制目前还没有完全弄清楚，通常认为它首先进入血液循环，再到达神经系统，然后激活 5-羟色胺受体而引起神经兴奋。

【毒性】

人口服最低中毒剂量（TDL_0）为 0.06 mg/kg，人腹腔注射最低中毒剂量（TDL_0）为 0.037 mg/kg。

急性中毒实验：大鼠静脉注射半数致死量（LD_{50}）为 275 mg/kg；小鼠腹腔注射半数致死量（LD_{50}）为 420 mg/kg，小鼠静脉注射半数致死量（LD_{50}）为 275 mg/kg。

【中毒症状】

临床表现可以分成三个阶段：第一阶段在口服后 20~30 min 开始，持续 10~15 min，开始出现自主性神经功能紊乱。第二阶段是神经病症状高峰阶段。此期间感觉比较强烈，出现人格解体、现实感丧失、时空感改变、身体失重等。感觉变化主要包括视觉干扰，如明亮而温暖的色彩，特别是红色和绿色，躯体感觉如头脑眩晕、精神沮丧、并伴有焦虑、不安，另外还有时间反应迟钝、注意力分散、自发而毫无顺序地回忆起比较遥远的经历。在最后一个阶段精神症状逐渐消失，而自主性神经干扰仍然会持续一段时间。此期间会伴随有无精打采、极度的筋疲力尽和精神上的颓废状态。此外，在感觉高峰期还会出现偏头痛、反射亢进、抽搐、耳鸣和感觉异常。类交感神经作用效应包括心动过速、血压升高、瞳孔放大，还可引起恶心、腹痛。由于裸盖菇素对交感神经起刺激作用，它能引起体温升高、血压升高、心跳加快、延长病症的时间（如幻觉重现），严重者出现妄想综合征。

【急救措施】

在误食含裸盖菇素的蘑菇 1 h 之内可采用催吐的方法进行救治，用吐根糖浆可将误食的大量蘑菇呕吐出来。一般不采用洗胃。对症治疗，对于一些极度焦虑、病症加重的患者可考虑服用苯甲二氮䓬或氯丙嗪。若小孩出现挑衅性行为失控，则可考虑静脉注射苯甲二氮䓬，重症患者可采用苯巴比妥或苯妥英。但在使用这些抗胆碱能类药物时，要注意观察呼吸，必要时还要使用插管或肺换气装置。

【尸体特征】

裸盖菇素主要作用于自主神经，引起心动过速、瞳孔放大、排尿困难，但一般不会危及生命。

【检材提取】

可提取血液、尿液等作为检材。

【检验方法】

气相色谱-质谱法。

仪器：气相色谱-质谱联用仪；色谱柱：Agilent DB-5MS（30 m×0.25 mm×0.25 μm）弹性石英毛细管柱；柱温：初始温度 60 ℃，以 15 ℃/min 的升温速率升温至 300 ℃，保持 15 min；进样口温度：250 ℃；进样方式：分流进样，分流比：20∶1；载气：高纯氦，流速：1.0 mL/min；传输线温度：250 ℃；扫描方式：全扫描；质量范围：40~500 amu。

麦司卡林（北美仙人球毒碱、美色卡）

【化学名称】3，4，5-三甲氧基苯乙胺

【化学式】$C_{11}H_{17}NO_3$

【结构式】

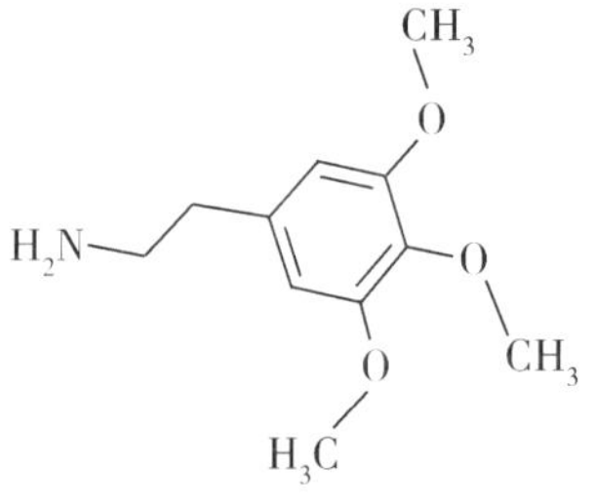

【相对分子质量】211.26

【CAS 登记号】54-04-6

【性状】

麦司卡林为白色粉末或无色结晶，熔点 35~36 ℃，沸点 312.1 ℃，密度 1.067 g/cm³。溶于乙醇、氯仿和苯，微溶于水，几乎不溶于乙醚和石油醚。其盐酸盐为针状晶体，易溶于水。

【用途及中毒原因】

麦司卡林的通用名称为三甲氧基苯乙胺，是苯乙胺的衍生物，是从生长在墨西哥北部与美国西南部干旱地区的一种仙人掌的种子或花球中提取的一种生物碱。麦司卡林是强致幻剂，没有医药用途。吸食后可导致精神恍惚，若发展为迁延性精神病，甚至还会出现攻击性、自杀、自残等行为，长期服用可致器官损害。误食、误用或故意大量使用可引起中毒。

【作用机制】

麦司卡林为强致幻剂，致幻效果难以预测，同一人、同一剂量多次使用，会有显著不同的体验。主要危害是导致精神紊乱、人格歪曲和思维分裂。麦司卡林同许多致幻剂一样，不具备成瘾性，它仅会使人出现幻觉，这些幻觉通常是一些愉快和光明的景物，有时也会让人感到焦躁不安。

【毒性】

急性中毒实验：大鼠腹腔注射半数致死量（LD_{50}）为 370 mg/kg，大鼠皮下注射半数致死量（LD_{50}）为 534 mg/kg，大鼠静脉注射半数致死量（LD_{50}）为 157 mg/kg；小鼠经口半数致死量（LD_{50}）为 880 mg/kg，小鼠腹腔注射半数致死量（LD_{50}）为 315 mg/kg。

【中毒症状】

麦司卡林中毒的症状有恶心、呕吐、腹痛、瞳孔散大、心动过速、肢体反射亢进、震颤、焦虑和幻觉等。

【急救措施】

口服中毒者，先用 0.02%～0.05% 的高锰酸钾溶液洗胃，而后用 50% 的硫酸镁导泻；再用医用活性炭混悬液吸附未吸收的毒物；对症治疗：出现高热时采用物理降温法，如使用乙醇、冰袋或冰帽等；出现惊厥时应用硫喷妥钠或地西泮，胸壁肌肉强直者应用肌肉松弛药等。

【尸体特征】

麦司卡林是一种强致幻剂，能使人产生幻觉，导致自我歪曲和思维分裂，引起情绪的抑郁。长期服用可致器官损害，但很难直接造成死亡。

【检材提取】

现场提取的包装物和血液、尿液等可作为检材。

【检验方法】

气相色谱-质谱法。

仪器：气相色谱-质谱联用仪；色谱柱：Agilent DB-5MS（30 m×0.25 mm×0.25 μm）弹性石英毛细管柱；柱温：初始温度 100 ℃，保持1 min，以 20 ℃/min 的升温速率升温至 280 ℃，保持 5 min；进样口温度：280 ℃；载气：高纯氦，流速：1.0 mL/min；进样方式：分流进样，分流比：20∶1；离子源：电子轰击源（EI），能量：70 eV；扫描方式：全扫描；质量范围：40～400 amu。

第五节　窒息性毒剂

光气（光成气、碳酰氯、二氯甲醛、氧氯化碳）

【化学名称】碳酰氯

【化学式】$COCl_2$

【结构式】

```
        O
        ‖
Cl—C—Cl
```

【相对分子质量】98.92

【CAS 登记号】75-44-5

【性状】

光气为无色或略带黄色的气体（工业品通常为液化的淡黄色液体），熔点 -118 ℃，沸点 8.2 ℃，蒸气压 161.96 kPa（20 ℃），相对密度 1.381。具有强烈的刺激性或窒息性气味，有烂干草的气味。在 0 ℃时冷凝为透明无色发烟液体，微溶于水，易溶于苯、甲苯、冰乙酸和许多液态烃类。遇水缓慢分解，生成一氧化碳和氯化氢。

【用途及中毒原因】

光气是一种毒害作用巨大的化学战剂，具有强烈的刺激性气味或窒息性气味，常用于制造毒气弹。同时也是有机合成、农药、药物、染料及其他化工制品的中间体。另外，在金属冶炼及氯烃类燃烧时也可产生光气。中毒原因多见于生产、运输过程中的意外事故，也见于化学战争或恐怖活动导致的中毒。

【作用机制】

光气主要由呼吸道吸入和排出，排泄快。光气可与肺组织细胞内的蛋白质、酶及脂类中的功能基团等结合发生酰化反应，使细胞膜及肺泡Ⅱ型上皮细胞破坏，致肺泡萎缩，肺顺应性降低，从而导致化学性炎症和肺水肿，损坏肺毛细血管内皮细胞，形成“窗孔”样改变，使其通透性增加，大量血浆渗出至肺内，造成血浆容量减少、血液黏稠、心负荷加重，最终引起休克和心力衰竭。

【毒性】

光气为高毒类物质。

光气是剧烈窒息性气体，吸入高浓度光气可致肺水肿。人在光气浓度为 110 mg/m^3 的环境中，

30 min 死亡，在光气浓度为 397 mg/m^3 的环境中，10 min 内死亡。人吸入半数致死浓度（LC_{50}）为 3 200 mg/m^3（1 min），人吸入半失能剂量为 1 600 mg/m^3（1 min）。

急性中毒实验：大鼠吸入半数致死浓度（LC_{50}）为 1 400 mg/m^3（1 min），小鼠吸入半数致死浓度（LC_{50}）为 1 800 mg/m^3（1 min）。

【中毒症状】

光气中毒，根据中毒程度，临床上可分为轻度、中度、重度及闪电型四种。吸入光气初期可立即出现轻微的眼及上呼吸道刺激症状，表现为流泪、咽痒、呛咳、气急、胸闷等，可伴有头晕、头痛、恶心等。中度中毒症状表现为发热、气急、胸闷、烦躁不安、呼吸困难、声音嘶哑、咳嗽、咳白色或粉红色或血性泡沫痰，肺部满布干、湿性啰音或哮鸣音等；可发生气胸、纵隔及皮下气肿等并发症。严重中毒者可出现急性呼吸窘迫综合征（ARDS）、休克、昏迷和心、肺、脑、肾衰竭等，可在 1~3 天发生死亡。闪电型中毒极为少见，多发生在吸入毒剂浓度极高时，在几分钟内，因反射性呼吸、心跳停止而死亡。

【急救措施】

皮肤接触者，应迅速脱去被污染的衣物，用流动清水彻底冲洗；眼睛接触者，应提起眼睑，用流动清水或生理盐水反复冲洗；吸入中毒者，应迅速脱离现场，转移至空气新鲜处，保持呼吸道通畅，如呼吸困难，给予吸氧；适量应用特效解毒剂乌洛托品进行解毒。需注意的是，出现肺水肿症状者禁止进行人工呼吸。

【尸体特征】

可见皮肤苍白、胸廓扩大、肋间隙消失、口鼻有粉红色泡沫状分泌物流出，挤压胸腔时流出更多。眼部有时可见角膜损伤、穿孔及睑球粘连。呼吸道化学灼伤；肺部因肺水肿、肺气肿、肺充血、肺不张及轻度出血等各种病变弥漫相间而呈现“大理石样”。

【检材提取】

检材可提取现场气体或残留液体，尸检时可提取血液或肺组织等作为检材。需要注意的是，检材需密封保存，及早送检。

【检验方法】

1. 化学法（显色反应）

取检材的丙酮提取液 1 mL，加 10 滴 40%的对硝基苯甲基吡啶的丙酮溶液和 10 滴 8%的 N-甲基苯胺的丙酮溶液，混匀，放置 10 min，如含光气则上述溶液显黄色。

2. 紫外-可见分光光度法

向样品空白管、样品管及各标准管中缓慢加入 0.5 mL 硫酸，混匀后冷却至室温，各加入 10 mL无水乙醚，用力振摇 1 min，静置分层后，弃去水层，通过无水硫酸钠脱水后过滤至 10 mL 的具塞比色管中，用少量无水乙醚进行洗涤，并入比色管中，定容至刻度。在 257 nm 下测量吸光度，以光气含量对吸光度作图。

按下式计算：

$$X=(C-B)/V_0$$

式中：X——空气中光气浓度（mg/m^3）；

C——由标准曲线上查得的样品中光气含量（μg）；

B——由标准曲线上查得的样品空白中光气含量（μg）；

V_0——换算成标准状况下的采样体积（L）。

3. 气相色谱-质谱法

仪器：气相色谱-质谱联用仪；色谱柱：OV-17（30 m×0.25 mm×0.25 μm）弹性石英毛细管柱；柱温：初始温度 100 ℃，不保持，然后以 10 ℃/min 的升温速率升温至 280 ℃；进样口温度：280 ℃；离子源：电子轰击源（EI），能量：70 eV；扫描方式：全扫描；质量范围：40~300 amu。

双光气

【化学名称】 氯甲酸三氯甲酯

【化学式】 $C_2Cl_4O_2$

【结构式】

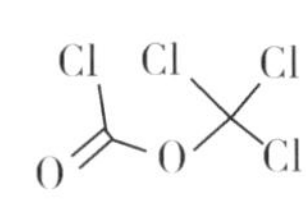

【相对分子质量】 197.82

【CAS 登记号】 503-38-8

【性状】

双光气为无色透明液体，具有刺激性气味。熔点-57 ℃，沸点 128 ℃，密度 1.64 g/cm^3。难溶于水，易溶于醇、乙醚等多种有机溶剂。性质不稳定，易变为光气，有催泪作用。

【用途及中毒原因】

双光气主要用作医药、农药、染料、黏合剂及其他化学制品的中间体，是光气的替代品。也可作为其他毒剂（如芥子气等）的溶剂。中毒原因多见于生产、运输过程中的意外事故，也见于化学战争或恐怖活动导致的中毒。

【作用机制】

双光气易分解成光气，作用机制与光气相同。

【毒性】

双光气对人的致死浓度为 250 mg/m³（30 min）、500~700 mg/m³（15 min）或 1 100 mg/m³（5 min）。

急性中毒实验：小鼠吸入半数致死浓度（LC_{50}）为 3 600 mg/m³（10 min）。

【中毒症状】

轻度中毒时，先出现短暂的呼吸变慢，继之出现呼吸浅而快、烦躁不安、头痛、头晕等症状。中度中毒时，皮肤黏膜呈青紫色，出现表情淡漠、乏力、呼吸加快、肋间肌活动增强、心跳快而有力等症状。重度中毒时出现心律失常、循环减慢、血压降低、皮肤黏膜转为苍白、休克等症状，终致呼吸、心跳停止而死亡。

【急救措施】

皮肤接触者，应迅速脱去被污染的衣物，用流动清水彻底冲洗；眼睛接触者，应提起眼睑，用流动清水或生理盐水反复冲洗；吸入中毒者，应迅速脱离现场，转移至空气新鲜处，保持呼吸道通畅，如呼吸困难，给予吸氧；适量应用特效解毒剂乌洛托品进行解毒。需注意的是，出现肺水肿症状者禁止进行人工呼吸。

【尸体特征】

可见皮肤苍白、胸廓扩大、肋间隙消失、口鼻有粉红色泡沫状分泌物排出，挤压胸腔时流出更多。眼部有时可见角膜损伤、穿孔及睑球粘连。呼吸道化学灼伤；肺部因肺水肿、肺气肿、肺充血、肺不张及轻度出血等各种病变弥漫相间而呈现“大理石样”。

【检材提取】

检材可提取现场气体或残留液体，尸检时可提取血液或肺组织等作为检材。需要注意的是，检材需密封保存，及早送检。

【检验方法】

气相色谱-质谱法。

仪器：气相色谱-质谱联用仪；色谱柱：OV-17（30 mm×0.25 mm×0.25 μm）弹性石英毛细管柱；柱温：初始温度 100 ℃，不保持，以 10 ℃/min 的升温速率升温至 280 ℃；进样口温度：280 ℃；离子源：电子轰击源（EI），能量：70 eV；扫描方式：全扫描；质量范围：40~300 amu。

氯气

【化学名称】氯气

【化学式】Cl_2

【结构式】Cl—Cl

【相对分子质量】70.91

【CAS 登记号】7782-50-5

【性状】

氯气常温常压下为黄绿色气体，有剧烈窒息性臭味。经压缩可液化为金黄色液态氯。熔点 -102 ℃，沸点 -34.6 ℃，密度 1.468 g/m³。可溶于水，易溶于碱液，遇水生成次氯酸和盐酸。不易燃，但可助燃。在日光下与易燃气体混合会发生燃烧爆炸。能与许多物质发生反应引起燃烧和爆炸。

【用途及中毒原因】

氯气广泛应用于造纸、纺织、农药、有机合成、金属冶炼、化工原料等行业及生活用水消毒。氯气中毒主要发生于工业生产时的意外泄漏，偶见恐怖袭击及军事打击。

【作用机制】

氯气主要通过呼吸道进入体内，吸入后与黏膜和呼吸道中的水分作用生成氯化氢和次氯酸，次氯酸可透过细胞膜，破坏其完整性、通透性及肺泡壁的气-血屏障，使大量浆液渗透至组织，引起眼和呼吸道黏膜炎性水肿、充血，甚至坏死，重者可出现肺水肿。次氯酸还可与半胱氨酸的巯基发生反应，抑制多种酶的活性。当吸入的氯气为高浓度时，可引起迷走神经反射性心搏骤停或喉头痉挛，发生“电击样”死亡。

【毒性】

人体对氯气的嗅阈为 0.06 mg/m³，浓度为 90 mg/m³时，可致剧咳；浓度为 120~180 mg/m³（30~60 min）时，可引起中毒性肺炎和肺水肿；浓度为 300 mg/m³ 时，可造成致命损害；浓度为3 000 mg/m³ 时，可危及生命；浓度达到30 000 mg/m³时，一般滤过性防毒面具也无保护作用。

急性中毒实验：大鼠吸入半数致死浓度（LC_{50}）为 293 mg/m³（1 h），小鼠吸入半数致死量（LC_{50}）为 137 mg/m³（1 h）。

【中毒症状】

急性中毒主要以呼吸系统损害为主要表现，起病及病情变化一般均较迅速。可出现咽喉炎、支气管炎、肺炎或肺水肿，以咽痛、呛咳、咯少量痰、气急、胸闷或咯粉红色泡沫痰、呼吸困难等症状为主要表现，肺部可无明显阳性体征或有干、湿啰音，可伴有恶心、呕吐等症状。重者可出现急性呼吸窘迫综合征、心动过速、顽固性低氧血症等。少数患者有哮喘样发作，出现喘息，肺部有哮喘音。当氯气浓度极高时可引起声门痉挛或水肿、支气管痉挛或反射性呼吸中枢抑制而致迅速窒息死亡。并发症主要有肺部继发感染、心肌损害及气胸、纵隔气肿等。X 线检查：可无异常，或有两侧肺纹理增强、点状或片状边界模糊阴影或云雾状、蝶翼状阴影。此外，氯气也可引起急性结膜炎，高浓度氯气或液氯可引起眼灼伤。皮肤接触液氯或高浓度氯，在暴露部位可出现灼伤或急性皮炎。

【急救措施】

皮肤接触者，应立即脱去被污染的衣物，用大量清水冲洗；眼睛接触者，应提起眼睑，用流动清水或生理盐水反复冲洗；吸入中毒者，应迅速脱离现场至空气新鲜处；出现呼吸、心跳停止时，应立即进行人工辅助呼吸和胸外心脏按压术，不可直接进行口对口人工呼吸。

【尸体特征】

解剖可见广泛、弥漫性肺炎或肺泡性肺水肿，气道黏膜组织坏死脱落，分泌物和坏死组织可使气管、支气管阻塞。肺表面湿润，有散在出血点、出血斑及斑片状略凹陷的肺萎陷区。镜下可见肺间质毛细血管扩张、充血，肺间质和肺泡腔内有大量含蛋白质的液体渗出（肺水肿）；肺间质中还可见点状出血、灶状坏死；微血管腔内常有透明血栓和炎细胞增多。

【检材提取】

及时采集现场有毒气体及死者肺组织、呼吸道内的分泌物等。

【检验方法】

1. 显色反应

Cl_2 能置换出 KI 中的碘，碘能使淀粉变蓝。因此可以使用湿润的淀粉 KI 试纸检测氯气。

$Cl_2+2KI= 2KCl+ I_2$（I_2 遇淀粉变蓝）

2. 紫外-可见分光光度法（含量测定）

（1）基本原理：含溴化钾、甲基橙的酸性溶液能和氯气反应，氯气将溴化钾氧化成溴，溴能破坏甲基橙的分子结构，在酸性溶液中将红色减退，用分光光度计测定其褪色的程度，从而确定氯气的含量。

（2）仪器条件：仪器：紫外-可见分光光度计；比色皿厚度：1 cm；测量波长：507 nm；参比液：超纯水；测量模式：吸光度。

氯化苦

【化学名称】三氯硝基甲烷

【化学式】CCl_3NO_2

【结构式】

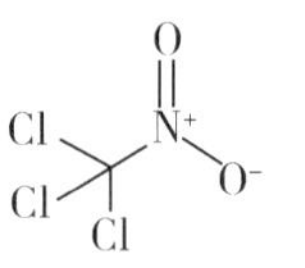

【相对分子质量】164.39

【CAS 登记号】76-06-2

【性状】

氯化苦纯品为无色油状液体，工业品（纯度 98%~99%）为微黄色油状液体，具有特殊辛辣气味，易挥发。熔点 −60 ℃，沸点 112 ℃，密度 1.657 g/cm³。不溶于水，溶于乙醇、苯、二硫化碳等多种有机溶剂。

【用途及中毒原因】

氯化苦可用于有机合成和制造染料、杀虫剂、杀鼠剂、杀真菌剂等，还可用于木材防腐及房屋、船舶、种子的消毒等。中毒原因多见于生产运输过程中的意外事故。

【作用机制】

本品被肺部吸收后水解成强酸性物质，损伤毛细血管和上皮细胞，使毛细血管渗透性增加，血浆渗出，形成肺水肿。并可引起细胞肿胀和腐烂，使细胞脱水和蛋白质沉淀，造成细胞生理机能破坏而死亡。

【毒性】

氯化苦毒性中等。

人吸入半数致死浓度（LC_{50}）为 119 mg/m³

（30 min）。

急性中毒实验：大鼠经口半数致死量（LD_{50}）为 250 mg/kg；小鼠经口半数致死量（LD_{50}）为 126～271 mg/kg，小鼠腹腔注射半数致死量（LD_{50}）为 25 mg/kg。

【中毒症状】

氯化苦可通过吸入、食入、皮肤吸收等途径进入机体。可引起眼与咽喉部刺激症状，出现头痛、恶心、呕吐、腹痛、呼吸困难、心悸、气促、胸部紧束感等症状。严重者可发生肺水肿，往往由于肺水肿而致死。眼睛接触高浓度氯化苦气体可引起角膜炎和虹膜炎。皮肤接触可致灼伤。

【急救措施】

皮肤接触者，应立即脱去被污染的衣物，用大量流动清水冲洗；眼睛接触者，应立即提起眼睑，用大量流动清水或生理盐水彻底冲洗；吸入中毒者，应迅速脱离现场至空气新鲜处，保持呼吸道畅通，如呼吸困难，给予吸氧，如呼吸停止，立即进行人工呼吸；食入中毒者，应饮足量温水，催吐。禁忌用肾上腺素或阿托品抢救。

【尸体特征】

可见皮肤苍白、胸廓扩大、肋间隙消失、口鼻有粉红色泡沫状分泌物排出，挤压胸腔时流出更多。眼部有时可见角膜损伤、穿孔及睑球粘连。呼吸道化学灼伤；肺部因肺水肿、肺气肿、肺充血、肺不张及轻度出血等各种病变弥漫相间而呈现“大理石样”。

【检材提取】

现场提取的可疑弹药、可疑高压气罐、染毒的衣物等均可作为检材，尸检时可提取血液、肺脏、肝脏及胃内容物等作为检材。

【检验方法】

1. 化学法

（1）原理：氯化苦在醇溶液中与碘化钾反应可析出碘，用水稀释后溶液呈黄色。

（2）操作：取检材的乙醇提取液适量，加入一试管中，加入 5%～10% 的碘化钾乙醇液 3 mL，摇匀，然后加 4 mL 蒸馏水使碘化钾溶解，溶液如显黄色，即说明有氯化苦存在。

2. 气相色谱-质谱法

仪器：气相色谱-质谱联用仪；色谱柱：OV-17（30 m×0.25 mm×0.25 μm）弹性石英毛细管柱；柱温：初始温度 100 ℃，不保持，以 10 ℃/min 的升温速率升温至 280 ℃；进样口温度：280 ℃；离子源：电子轰击源（EI），能量：70 eV；扫描方式：全扫描；质量范围：40～300 amu。

第六节 刺激性毒剂

西埃斯

【化学名称】邻氯苯亚甲基丙二腈

【化学式】$C_{10}H_5ClN_2$

【结构式】

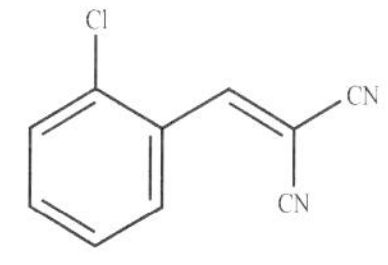

【相对分子质量】188.61

【CAS 登记号】2698-41-1

【性状】

西埃斯纯品为白色片状结晶，有胡椒味。熔点 68～70 ℃，沸点 126 ℃，挥发度小。微溶于水，易溶于有机溶剂，易水解。碱溶液会破坏其毒性，可用漂白粉等氧化物、氯化物对染毒地面进行消毒。

【用途及中毒原因】

本品为控暴剂，有强烈的打喷嚏作用和催泪作用，并能引起眼充血和咽喉炎症。直接大量接触可引起水疱和灼伤。多见于平暴时使用。

【作用机制】

西埃斯主要用热分散法可制成毒烟，也可用爆炸法或撒粉器制成微粉使地面和空气染毒，对鼻、咽喉、口腔造成刺激，有强烈的打喷嚏作用和催泪作用。

【毒性】

西埃斯气溶胶对人眼的刺激阈值为 0.002 5 mg/m^3，最低刺激浓度为 0.1～1.0 mg/m^3。

急性中毒实验：大鼠经口半数致死量（LD_{50}）为 178 mg/kg，小鼠经口半数致死量（LD_{50}）为 282 mg/kg。

【中毒症状】

人接触西埃斯毒烟后，立即出现双眼灼痛、大量流泪、眼睑痉挛、剧烈咳嗽、打喷嚏、流水样鼻涕、呼吸紊乱、胸闷、胸骨后疼痛等症状，并伴有鼻、喉烧灼感和严重的视力障碍。高浓度下可引起恶心、呕吐；暴露部位皮肤出现烧灼痛，严重者可出现红斑和小水疱。吸入高浓度的西埃斯后，也可能引起死亡。

【急救措施】

（1）吸入中毒：上呼吸道有刺激症状时，可吸入抗烟剂（氯仿 40 mL、乙醇 40 mL、乙醚 20 mL、氨水 5～10 滴，分装成 100 支，每支 1 mL）。出现肺水肿时，按窒息性毒剂中毒处理。

（2）眼睛接触：毒剂微粒进入眼内时，切勿用手揉擦。应立即用清水或 2% 的碳酸氢钠溶液充分冲洗。

（3）皮肤接触：先用干布或棉花轻轻擦去毒剂，再用肥皂水或净水冲洗。有条件时可用 6% 的碳酸氢钠溶液或 3% 的碳酸钠溶液冲洗（不要开始就用水洗，否则皮肤刺痛会加重）。

（4）口服中毒：可催吐、洗胃，口服医用活性炭混悬液吸附毒剂，而后导泻。

【尸体特征】

尸表无特殊改变，呈一般窒息性死亡尸体征象。解剖检验时可见肺部水肿明显。

【检材提取】

现场提取的可疑弹药、可疑高压气罐、染毒的衣物等均可作为检材，尸检时可提取血液、肺脏、肝脏等作为检材。

【检验方法】

1. 气相色谱法

仪器：气相色谱仪；色谱柱：HP-5（30 mm×0.25 mm×0.25 μm）弹性石英毛细管柱；柱温：初始温度 80 ℃，保持 0.5 min，以 20 ℃/min 的升温速率升温至 250 ℃，保持 5 min；载气：高纯氮，流速：1.5 mL/min；进样口温度：250 ℃；检测器温度：280 ℃；检测器：FID。

2. 高效液相色谱法

仪器：高效液相色谱仪；色谱柱：Kromasil KR100-5 C18（250 mm×4.6 mm×5μm）键合硅胶柱；流动相：甲醇+水（80∶20，*V/V*）；流速：0.8 mL/min；柱温：30 ℃；检测器：紫外检测器；检测波长：205 nm。

苯氯乙酮

【化学名称】 α-氯乙酰苯

【化学式】 C_8H_7ClO

【结构式】

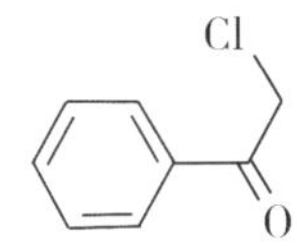

【相对分子质量】 154.59

【CAS 登记号】 532-27-4

【性状】

苯氯乙酮为白色或浅黄色结晶，有荷花香味。熔点 54～56 ℃，沸点 244～245 ℃，密度 1.324 g/cm^3。溶于乙醚、乙醇、苯、氯仿等，不溶于水。能随水蒸气蒸馏。

【用途及中毒原因】

本品系控爆剂，在刺激性毒剂中以催泪作用为主，对呼吸道及眼、黏膜产生刺激作用。主要作为军用和警用催泪，军用代号为 CN。其产生的刺激反应在脱离现场后可消失，在高浓度下能引起头痛等症状。

【作用机制】

本品的作用机制主要是刺激泪腺造成视物模糊。

【毒性】

人吸入最低致死浓度（MLC）为 93 mg/m^3（3 min）。

急性中毒实验：大鼠经口半数致死量（LD_{50}）为 50 mg/kg，大鼠吸入半数致死浓度（LC_{50}）为 417 mg/m^3（15min）；小鼠经口半数致死量（LD_{50}）为 139mg/kg，小鼠吸入半数致死量（LD_{50}）为 59 mg/m^3。

【中毒症状】

苯氯乙酮是典型的催泪剂，可经呼吸道、皮肤、黏膜及消化道进入体内。当眼睛接触苯氯乙酮烟雾或蒸气时，可立即引起眼睑痉挛和大量流泪，暴露时间稍长可引起结膜充血、水肿、羞明和流泪。苯氯乙酮的液滴或颗粒进入眼内，则有腐蚀作用，引发浅层或深层角膜炎，严重者留有瘢痕，视力减退甚至失明。在较高浓度苯氯乙酮的作用下，可出现上呼吸道刺激症状，如咽喉烧灼痛、咳嗽、声音嘶哑、流鼻涕等。在极高浓度或中毒时间较长情况下可引起肺水肿或继发性肺部感染而死亡。皮肤接触苯氯乙酮可引起刺痛、红斑和水肿，严重者可引起小水疱和溃疡等。仅少数严重中毒病例才出现全身中毒反应，如头昏、头痛、眼球及眶部疼痛、肌肉松弛无力及心脏功能减弱等。

【急救措施】

若患者皮肤或眼睛接触到此物质，应立即使用肥皂水和清水冲洗；若意识不清，则将患者置于复苏姿势，不可喂食；若呼吸、心跳停止，立即进行心肺复苏术（患者若为食入或吸入性中毒，不要使用口对口人工呼吸）；若患者有自发性呕吐，让患者向前倾或仰躺时头部侧倾，以降低吸入呕吐物造成呼吸道阻塞之危险。

【尸体特征】

解剖见肺水肿，迁延死亡者继发肺部感染。

【检材提取】

可提取现场遗留的可疑弹药、可疑高压气罐、染毒的衣物等作为检材，尸检时应提取血液、肺组织、肝组织等作为检材。

【检验方法】

气相色谱法。

仪器：气相色谱仪；色谱柱：HP-5（30 m×0.25 mm×0.25 μm）弹性石英毛细管柱；柱温：初始温度 70 ℃，保持 1 min，以 30 ℃/min 的升温速率升温至 280 ℃，保持 3 min；载气：高纯氮，流速：1.5 mL/min；进样口温度：250 ℃；检测器温度：270 ℃；检测器：FID。

亚当氏气

【化学名称】10-氯-9，10-二氢氮砷蒽

【化学式】$C_{12}H_9AsClN$

【结构式】

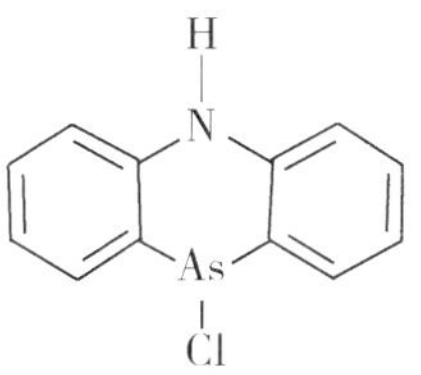

【相对分子质量】277.58

【CAS 登记号】578-94-9

【性状】

亚当氏气纯品为金黄色晶体，无味，晶体颜色根据其纯度高低从深绿色到淡黄色之间变化，气态时呈现为淡黄色烟雾。熔点 195 ℃，沸点 401.6 ℃，密度 1.68 g/cm^3。几乎不溶于水，难溶于大多数有机溶剂。可溶于丙酮、二氯甲烷等。

【用途及中毒原因】

通常亚当氏气以气溶胶形式散发，使上呼吸道成为初始作用部位。虽然亚当氏气产生的效果和常用控爆剂（如西埃斯催泪性毒气）相似，但是它的见效速度慢，而且持续时间长，通常会持续几小时，因此，亚当氏气被认为是过时产品，已广泛被其他毒性更小且见效速度更快的控爆剂所替代。

【作用机制】

亚当氏气是以鼻、喉刺激症状为主的喷嚏性毒剂。

【毒性】

人吸入最低致死浓度（MLC）为 54mg/m^3（30 min）。

急性中毒实验：小鼠静脉注射半数致死量（LD_{50}）为 35 mg/kg。

【中毒症状】

亚当氏气是典型的喷嚏性毒剂，以刺激上呼吸道为主，引起直呼吸道辣椒样刺激作用，鼻腔、鼻窦、鼻旁窦出现烧灼痛、疼痛及发胀，并伴有喉头强烈灼痛、胸闷、胸骨后疼痛、反射性喷嚏、咳嗽不止等症状。严重者可出现恶心、呕吐、剧烈头痛及上下颌骨、齿龈、内耳等部位疼痛等症状。以连续不停地打喷嚏和剧烈的胸骨后疼痛为其特征，故又名“胸痛剂”。亚当氏气对上呼吸道有“后继作用”，即中毒者离开染毒区后，10~20 min 内症状继续加剧。经 20~120 min 后症状逐渐缓解消失。长时间吸入高浓度亚当氏气可引起肺水肿及支气管炎。亚当氏气对眼的刺激作用较轻，可引起流泪、羞明及异物感。皮肤刺激症状较轻，高浓度下暴露部位皮肤出现瘙痒、灼痛和刺痛，可产生红斑、水肿或水疱等。误服染毒的水或食物后，可有恶心、呕吐等消化道症状。大量吸收亚当氏气后可出现砷中毒的全身症状，表现为精神抑郁、烦躁不安、肌无力、运动失调、四肢麻木等，数日后可恢复健康。

【急救措施】

中毒者应迅速脱离现场，转移至空气新鲜处，症状可自行消失。亚当氏气含有砷，吸收后有砷中毒症状者可使用二巯基类抗砷药（参见“路易氏气”中毒治疗）。

【尸体特征】

参见“西埃斯”。

【检材提取】

可提取现场遗留的可疑弹药、可疑高压气罐、染毒的衣物等作为检材。

【检验方法】

高效液相色谱法。

(1) 提取方法（固相微萃取）：选用 60 μm PDMS/DVB 萃取纤维，在 25 ℃ 下直接萃取 60 min，磁力搅拌速度为 1 100 r/min，然后萃取纤维在解吸室内静态解吸 9 min 后进行 HPLC 分析。

(2) 仪器条件：仪器：高效液相色谱仪；色谱柱：Agilent Zorbax SB C18（4.6 mm×250 mm×5.0 μm）键合硅胶柱；流动相：甲醇+水（70∶30，*V/V*）；流速：1.0 mL/min；检测器：二极管阵列检测器；波长：280 nm。

西阿尔

【化学名称】二苯并（b，f）-1，4-氧杂吖庚因

【化学式】$C_{13}H_9NO$

【结构式】

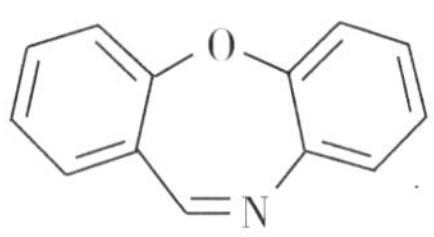

【相对分子质量】195.22

【CAS 登记号】257-07-8

【性状】

西阿尔纯品为淡黄色固体粉末，无臭，无味。熔点 72 ℃，沸点 329.3 ℃，密度 1.16 g/cm^3。难溶于水，易溶于乙醇、丙酮、苯等有机溶剂。性质稳定，在酸性、碱性及加热条件下难以分解，使用性能良好。

【用途及中毒原因】

西阿尔是以眼的刺激症状为主的催泪性毒剂，不法分子常用来从事伤害、抢劫等犯罪活动。

【作用机制】

毒剂侵入机体后与重要的生命物质如酶、受体、核酸等发生作用，破坏机体正常的生理过程，引起生理功能紊乱，从而出现一系列中毒症状。

【毒性】

阈刺激浓度（眼）为 0.005 mg/m^3，平均失能浓度为 0.64 mg/m^3（1 min）。

急性中毒实验：大鼠经口半数致死量（LD_{50}）为 563 mg/ kg，大鼠静脉注射半数致死量（LD_{50}）为 26 mg/ kg；小鼠经口半数致死量（LD_{50}）为 770 mg/kg，小鼠静脉注射半数致死量（LD_{50}）为 37.2 mg/ kg。

【中毒症状】

眼睛接触西阿尔后立即有刺痛和烧灼痛，并出现眼睑痉挛、大量流泪等症状。西阿尔浓度愈高，刺激症状愈重、愈持久，一般不会引起眼器质性损伤。西阿尔对皮肤的刺激强度比苯氯乙酮和西埃斯大，可以产生红斑，一般不产生水疱。西阿尔对呼吸道的刺激作用较西埃斯轻，仅有鼻刺激感、流涕、鼻塞等症状。西阿尔进入口腔可引起灼痛和不适，有喉头紧迫感，伴有大量黏稠的分泌液，持续时间一般不超过 5 min。

【急救措施】

中毒者应迅速脱离现场，转移至空气新鲜处，若症状不能自行消失，可按下述方法对症治疗。

(1) 吸入中毒：上呼吸道有刺激症状时，可吸入抗烟剂（氯仿 40 mL、乙醇 40 mL、乙醚 20 mL、氨水 5～10 滴，分装成 100 支，每支 1 mL）。

(2) 眼睛接触：毒剂微粒进入眼内时，切勿用手揉擦。应立即用清水或 2%的碳酸氢钠溶液充分冲洗。

(3) 皮肤接触：先用干布或棉花轻轻擦去毒剂，再用肥皂水或净水冲洗。有条件时可用 6%的碳酸氢钠溶液或 3%的碳酸钠溶液冲洗（不要开始就用水洗，否则皮肤刺痛会加重）。水疱破裂时，注意预防感染。

(4) 口服中毒：可催吐、洗胃，口服医用活性炭混悬液吸附毒剂，而后导泻。胃肠道症状明显或腹痛剧烈者，可给服颠茄浸膏片或阿托品。

【尸体特征】

西阿尔是催泪性毒剂，毒性低，目前未见致死事件的报道。

【检材提取】

现场提取的可疑弹药、可疑高压气罐、染毒的衣物等可作为检材。

【检验方法】

气相色谱-质谱法。

仪器：气相色谱-质谱联用仪；色谱柱：Agilent DB-5MS（30 m×0.25 mm×0.25 μm）弹性石英毛细管柱；柱温：初始温度130 ℃，不保持，以10 ℃/min的升温速率升温至280 ℃，保持20 min；进样口温度：260 ℃；载气：高纯氦，流速：1.0 mL/min；进样方式：分流进样，分流比：20∶1；离子源：电子轰击源（EI），能量：70 eV；扫描方式：全扫描；质量范围：40～30 amu。

案例：沙林中毒

沙林和其他神经性毒剂通常作为化学武器用于战争中。20世纪80年代两伊战争中被应用。现代恐怖袭击活动中也被广泛应用。如1994年6月28日日本长野县松本市恐怖袭击事件中，660人中毒，7人死亡。又如1995年3月20日东京地铁恐怖袭击案中5510人中毒，13人死亡等。据报道，叙利亚战争中也发现应用化学武器的情况。

附录

司　法　鉴　定　技　术　规　范

SF/Z JD0107005——2016

血液、尿液中238种毒(药)物的检测 液相色谱-串联质谱法

2016-9-22 发布　　2016-9-22 实施

中华人民共和国司法部司法鉴定管理局　发布

目　次

前　言

本技术规范按照GB/T 1.1-2009给出的规则起草。
本技术规范由司法部司法鉴定科学技术研究所提出。
本技术规范由司法部司法鉴定管理局归口。
本技术规范起草单位：司法部司法鉴定科学技术研究所。
本技术规范主要起草人：向平、卓先义、沈敏、刘伟、沈保华、卜俊、马栋、严慧。
本技术规范所代替规范的历次版本发布情况为：SF/Z JD0107005——2010。

SF/Z JD0107005——2016

血液、尿液中238种毒(药)物的检测 液相色谱-串联质谱法

1 范围

本技术规范规定了血液或尿液中阿片类、苯丙胺类、大麻酚类滥用药物，有机磷及氨基甲酸酯类杀虫剂、苯二氮卓类、抗抑郁类、抗癫痫类、平喘类、解热镇痛类药物以及其它常见治疗药物共238种毒（药）物（见附录A）的液相色谱-串联质谱（LC-MS/MS）检验方法。

本技术规范适用于血液或尿液中阿片类、苯丙胺类、大麻酚类滥用药物，有机磷类及氨基甲酸酯类杀虫剂、苯二氮卓类、抗抑郁类、抗癫痫类、平喘类、解热镇痛类药物以及其它常见治疗药物共238种毒（药）物的定性定量分析。也适用于体外样品、可疑物证中238种毒（药）物的定性分析。

2 规范性引用文件

下列文件中对本技术规范的应用是必不可少的。凡是注日期的引用文件，仅所注日期的版本适用于本技术规范。凡是不注日期的引用文件，其最新版本（包括所有的修改单）适用于本技术规范。

GA/T122 毒物分析名词术语

GB/T 6682 分析实验室用水规格和试验方法

3 术语和定义

GA/T122中界定的术语和定义适用于本技术规范。

4 原理

本技术规范利用阿片类、苯丙胺类、大麻酚类滥用药物，有机磷及氨基甲酸酯类杀虫剂、苯二氮卓类、抗抑郁类、抗癫痫类、平喘类、解热镇痛类以及其他常见治疗药物共238种毒（药）物可在碱性条件下被有机溶剂从生物检材中提取出来的特点，利用LC-MS/MS多反应监测进行检测。经与平行操作的毒（药）物对照品比较，以保留时间、两对母离子/子离子对进行定性分析；以定量离子对峰面积为依据，内标法或外标法定量。

5 试剂和仪器

5.1 试剂

5.1.1 乙腈。

5.1.2 乙醚：分析纯。

5.1.3 乙酸胺。

5.1.4 甲酸(50%)：优级纯。

5.1.5 超纯水：由纯水系统制得，电阻率 18.2MΩ·cm。
5.1.6 pH9.2 硼砂缓冲液。
5.1.7 20mmol/L 乙酸胺和 0.1%甲酸缓冲液：分别称取 1.54g 乙酸铵和 1.84g 甲酸，置于 1000mL 容量瓶中，加水至刻度，摇匀备用，pH 值约为 4。
5.1.8 238 种毒(药)物对照品标准溶液：分别精密称取 238 种毒(药)物对照品各适量，用甲醇配成 1.0mg/mL 对照品标准储备溶液，置冰箱中冷冻保存，保存时间为 12 个月。试验中所用其它浓度的对照品标准溶液均从上述储备液用甲醇稀释而得。
5.1.9 内标物地西泮-d5 和 SKF_{525A} 对照品标准溶液：精密称取地西泮-d5 和 SKF_{525A} 适量，用甲醇配制成 1.0mg/mL 地西泮-d5 和 SKF_{525A} 对照品混合标准储备溶液，置冰箱中冷冻保存，保存时间为 12 个月。将储备液用甲醇稀释得 1μg/mL 地西泮-d5 和 SKF_{525A} 内标工作液，置冰箱中冷藏保存，保存时间为 6 个月。

注：本技术规范所用试剂除另有说明外均为色谱纯，试验用水为一级水（见 GB/T 6682 规定）。

5.2 仪器

5.2.1 液相色谱-串联质谱联用仪（LC-MS/MS）：配有电喷雾离子源。
5.2.2 旋涡混合器。
5.2.3 离心机。
5.2.4 恒温水浴锅。
5.2.5 精密移液器。
5.2.6 具塞离心试管。
5.2.7 分析天平：感量 0.1mg。

6 测定步骤

6.1 样品预处理

6.1.1 待测样品

取血液或尿液 1mL，加入 10μL 地西泮-d5 和 SKF_{525A} 内标溶液（1μg/mL），加入 2mL pH9.2 硼酸缓冲液后用 3.5mL 乙醚提取，混旋，离心。上清液于 60°C 水浴中挥干，残余物中加入 200μL 流动相复溶，取 10μL 进 LC-MS/MS 分析。

6.1.2 空白样品

取空白血液或尿液 1 mL，按“6.1.1”项下进行操作和分析。

6.1.3 添加样品

取空白血液或尿液 1 mL，添加待测样品中出现的可疑毒（药）物对照品，按“6.1.1”项下进行操作和分析。

6.2 测定

6.2.1 LC-MS/MS 参考条件

以下为参考条件，可根据不同品牌仪器和不同样品等实际情况进行调整：

a） 液相柱：Allure PFP Propyl 100mm×2.1mm×5μm 或相当者，接 C18 保护柱；
b） 流动相：乙腈:20mmol/L 乙酸铵和 0.1%甲酸缓冲液（70:30）；
c） 流速：200μL/min；

d） 进样量：10μL；
e） 离子源：电喷雾电离-正离子模式（ESI+）；
f） 检测方式：多反应监测（MRM）；
g） 碰撞气（CAD）、气帘气（CUR）、雾化气（GS1）、辅助加热气均为高纯氮气，使用前调节各气流流量以使质谱灵敏度达到检测要求；
h） 去簇电压（DP）、碰撞能量（CE）等电压值应优化至最优灵敏度，参见附录 A。

6.2.2 定性分析

6.2.2.1 筛选

筛选分析选取毒（药）物的第一对母离子/子离子。如果待测样品的 MRM 色谱图中出现峰高超过 5000 的色谱峰，则记录该峰的保留时间和对应的母离子/子离子对，由附录 A 筛选出可疑的毒（药）物，并进行空白添加实验，进行确证分析。

6.2.2.2 确证

重新设定 LC-MS/MS 条件，按照附录 A 增加可疑毒（药）物的第二对母离子/子离子。如果待测样品出现可疑毒（药）物两对母离子/子离子对的特征色谱峰，保留时间与添加样品中相应对照品的色谱峰保留时间比较，相对误差在±2.5%内，且所选择的离子对相对丰度比与添加对照品的离子对相对丰度比之相对误差不超过表 1 规定的范围，则可认为待测样品中检出此种毒（药）物成分。

表 1 相对离子对丰度比的最大允许相对误差(%)

相对离子对丰度比	≥50	20~50	10~20	≤10
允许的相对误差	±20	±25	±30	±50

6.2.3 定量分析

6.2.3.1 定量方法

根据待测样品中毒（药）物的浓度情况，用空白血液或尿液添加相应毒（药）物对照品，采用内标法或外标法，以定量离子对峰面积进行定量测定。定量方法可采用工作曲线法或单点校正法。

采用工作曲线法时待测样品中毒（药）物的浓度应在工作曲线的线性范围内。配制系列浓度的毒（药）物血液或尿液质控样品，按“6.1.1”进行样品处理，按“6.2.1”条件进行测定，以毒（药）物和内标定量离子对峰面积比[或毒（药）物定量离子对峰面积]为纵坐标，血液或尿液中毒（药）物浓度为横坐标绘制工作曲线，用工作曲线对待测样品中毒（药）物浓度进行定量。

采用单点校正法时待测样品中毒（药）物的浓度应在添加样品中毒（药）物浓度的±50%内。

6.2.3.2 结果计算

6.2.3.2.1 内标-工作曲线法

在系列浓度的毒（药）物血液或尿液质控样品中，以毒（药）物与内标定量离子对的峰面积比（Y）为纵坐标、毒（药）物质量浓度（C）为横坐标进行线性回归，得线性方程。

根据待测样品中毒（药）物与内标定量离子对峰面积比，按公式（1）计算出待测样品中毒（药）物的质量浓度。

$$C=\frac{Y-a}{b} \quad \cdots\cdots(1)$$

式中：

C——待测样品中毒（药）物质量浓度，单位为纳克每毫升（ng/mL）；

Y——待测样品中毒（药）物与内标峰面积比；

a——线性方程的截距；

b——线性方程的斜率。

6.2.3.2.2 内标-单点校正法

根据待测样品及添加样品中毒（药）物与内标定量离子对峰面积比，按公式（2）计算出待测样品中毒（药）物的质量浓度。

$$C=\frac{A\times A_i'\times c}{A'\times A_i} \quad \cdots\cdots(2)$$

式中：

C——待测样品中毒（药）物质量浓度，单位为纳克每毫升(ng/mL)；

A——待测样品中毒（药）物的峰面积；

A'——添加样品中毒（药）物的峰面积；

A_i——待测样品中内标的峰面积；

A_i'——添加样品中内标的峰面积；

c——添加样品中毒（药）物的质量浓度，单位为纳克每毫升（ng/mL）。

6.2.3.2.3 外标-工作曲线法

在系列浓度的毒（药）物血液或尿液质控样品中，以毒（药）物定量离子对的峰面积（Y）为纵坐标、毒（药）物质量浓度（C）为横坐标进行线性回归，得线性方程。

根据待测样品中毒（药）物定量离子对峰面积，按公式（3）计算出待测样品中毒（药）物的质量浓度。

$$C=\frac{Y-a}{b} \quad \cdots\cdots(3)$$

式中：

C——待测样品中毒（药）物质量浓度，单位为纳克每毫升(ng/mL)；

Y——待测样品中毒（药）物的峰面积；

a——线性方程的截距；

b——线性方程的斜率。

6.2.3.2.4 外标-单点校正法

根据待测样品及添加样品中毒（药）物定量离子对峰面积，按公式（4）计算出待测样品中毒（药）物的质量浓度。

$$C=\frac{A\times c}{A'} \quad \cdots\cdots(4)$$

式中：

C——待测样品中毒（药）物质量浓度，单位为纳克每毫升(ng/mL)；
A——待测样品中毒（药）物的峰面积；
A'——添加样品中毒（药）物的峰面积；
c——添加样品中毒（药）物的质量浓度，单位为纳克每毫升(ng/mL)。

6.2.3.3 平行试验

待测样品同时平行测定两份，双样相对相差按公式（5）计算：

$$RD(\%)=\frac{|C_1-C_2|}{\overline{C}}\times 100 \quad \cdots\cdots(5)$$

式中：
RD——相对相差；
C_1、C_2——两份待测样品平行定量测定的质量浓度；
$\overline{C}$——两份待测样品平行定量测定质量浓度的平均值。

6.2.4 空白试验

用空白血液或尿液进行空白试验。

7 结果评价

7.1 定性结果评价

7.1.1 阴性结果评价

如果待测样品中仅检出内标地西泮-d_5和SKF_{525A}，未检出附录A中238种毒（药）物成分，则阴性结果可靠；如果待测样品中未检出内标，则阴性结果不可靠。

7.1.2 阳性结果评价

如果待测样品中检出附录A中毒（药）物成分且空白样品无干扰，则阳性结果可靠；如果待测样品中检出毒（药）物成分且空白样品亦呈阳性，则阳性结果不可靠。

7.2 定量结果评价

平行试验中两份检材的双样相对相差不得超过20%（腐败检材不得超过30%），结果按两份检材浓度的平均值计算，否则需要重新测定。

8 方法检出限

本技术规范血液中238种毒（药）物成分的最低检出限见附录A。

附录 A

（资料性附录）

表　238 种毒（药）物的 LC-MS/MS 分析资料

目标物名称	母离子/子离子对(m/z)		DP	CE(1/2)	Rt	LOD
中文名　英文名	1	2	(V)	(eV)	(min)	(ng/mL)
苯丙胺 amphetamine	136.1/119.1	136.1/91.1	40	20/16	6.7	1
甲胺磷 methamidophos	142.1/94	142.1/112.1	60	20/17	1.74	20
甲基苯丙胺 methamphetamine	150.1/119.1	150.1/91.1	30	16/26	8.03	1
苯丁胺 phentermine	150/91.1	150/133.3	20	27/13	8.05	1
苯丙醇胺 phenylpropanolamine	152.1/134.3	152.1/117.2	40	16/24	5.15	20
金刚烷胺 amantadine	152.2/135.3		40	24	6.97	1
对乙酰氨基酚 acetaminophenol	152.3/110.2	152.3/93	50	21/31	1.56	10
尼古丁 nicotine	163.2/130.2	163.2/117.1	30	30/36	5.79	1
灭多威 methomyl	163.2/88.0		30	20	1.7	20
甲卡西酮 methcathinone	164.0/146.0	164.0/130.0	60	10/34	5.7	1
速灭威 metolcarb	166.1/109.1	166.1/81.1	50	19/31	2.26	1
麻黄碱 ephedrine	166.1/148.1	166.1/133.1	40	18/26	6.09	1
苯佐卡因 benzocaine	166.3/138.2	166.3/120.1	60	16/23	2.09	20
加巴喷丁 gabapentin	172.2/154.2	172.2/137.3	60	18/21	2.16	20
可铁宁 cotinine	177.2/101.2	177.2/80.2	30	11/32	1.95	1
尼可刹米 nikethamide	179.3/108.1	179.3/72.1	65	26/30	2.09	1
3,4-亚甲基二氧基苯丙胺 MDA	180.1/163.1	180.1/135.1	40	15/18	6.48	1
美西律 mexiletine	180.2/58.2	180.2/163.3	50	22/20	9.07	1
乙酰甲胺磷 acephate	184/143.1	184/125.1	55	12/24	1.6	10
爱康宁 ecognine	186.2/168.3	186.2/82.2	57	25/38	1.7	10
安替比林 antipyrine	189.0/56.0	189.0/77.0	60	27/37	1.96	20
异丙威 isoprocarb	194.1/137.2	194.1/152	55	13/12	2.48	1
1-(3,4-亚甲二氧基苯)-2-丁胺 BDB	194.2/135.3	194.2/177.2	50	19/13	7.76	1
3,4-亚甲基二氧基甲基苯丙胺 MDMA	194.2/163.4	194.2/135.3	35	18/29	7.76	1
咖啡因 caffeine	195.2/138.2	195.2/110	50	29/32	1.83	1
爱康宁甲酯 ecognine ester	200.2/182.2	200.2/82.2	52	25/32	5.05	10
甲萘威 carbaryl	202.1/145.2	202.1/117.1	50	14/35	2.43	1
乙胺丁醇 ethambutol	205.2/116.1	205.2/149	60	21/12	8.68	10
异丙隆 isoproturon	207.1/72	207.1/165.1	60	36/21	2.28	10
N-甲基-1-(3,4-亚甲二氧基苯)-2-丁胺 MBDB	208.3/177	208.3/135.3	50	15/28	8.85	1
3,4-亚甲二氧基-N-乙基-苯丙胺 MDEA	208.4/163.1	208.4/133.2	71	19/23	8.5	1
氧乐果 omethoate	214/155.1	214/183.1	50	22/15	1.57	10
莠去津 atrazine	216.2/174	216.2/95.8	75	25/33	2.11	10

目标物名称	母离子/子离子对(m/z)		DP	CE(1/2)	Rt	LOD
中文名　英文名	1	2	(V)	(eV)	(min)	(ng/mL)
敌稗 propanil	218.0/162.3	218.0/127.0	60	21/37	2.84	20
眠尔通 meprobamate	219.2/158.2	219.2/97	50	12/19	1.78	1
扑米酮 primidone	219.2/162.3	219.2/119.2	55	17/24	1.76	20
3,4-亚甲基二氧基丙基苯丙胺 MDPR	222.2/163.3	222.2/135.3	50	19/29	10.54	1
克百威 carbofuran	222.2/165.2	222.2/123	50	17/34	2.26	1
敌敌畏 dichlorvos	223.1/127.1	223.1/109.1	60	23/24	2.15	1
久效磷 monocrotophos	224.1/127.1	224.1/193.1	50	20/11	1.73	1
去甲氯胺酮 norketamine	224.1/207.1	224.1/125.1	40	19/32	4	1
特布他林 terbutaline	226.1/152.1	226.1/170.2	60	23/16	3.99	20
阿米洛利 amiloride	230.1/171	230.1/212.4	60	24/20	4.12	10
乐果 dimethoate	230/199	230/171.1	45	13	1.82	1
异丁司特 ibudilast	231.1/161.5	231.1/189.3	60	25/26	3.19	20
异丙安替比林 isopropylantipyrine	231.1/189.1	231.1/201	90	28/32	2.15	10
萘普生 naproxen	231.2/185.4	231.2/170.3	60	20/35	2.56	20
可乐定 clonidine	232.1/162.3	232.1/215.2	60	48/34	3.19	20
芬氟拉明 fenflutamine	232.2/159.3	232.2/187.3	20	32/20	13.64	1
氨基比林 aminophenazone	232.3/111.2	232.3/98.1	50	21/25	2.42	10
去甲哌替啶 normeperidine	234.2/160.3	234.2/91.1	75	23/60	13.67	1
利多卡因 lidocaine	235.2/86.3	235.2/101.2	35	28/14	9.04	1
普鲁卡因 procaine	237.2/100.2	237.2/164.4	50	22/23	7.05	20
卡马西平 carbamazepine	237.3/194.3	237.3/192.3	60	26/32	1.76	1
氯胺酮 ketamine	238.1/179.1	238.1/125.1	40	25/40	7.48	1
沙丁胺醇 salbutamol	240.1/148.2	240.1/222.2	50	26/17	4.02	20
灭线磷 mocap	243.2/131	243.2/173.0	50	26/20	2.59	20
苯环利定 phencyclidine	244.2/86.0	244.2/159.3	40	17/19	5.59	20
哌替啶 meperidine	248.3/220.3	248.3/174.1	50	30/28	10.92	1
7-氨基硝西泮 7-aminonitrazepam	252.2/121.1	252.2/146.2	80	37/38	1.84	10
奥卡西平 oxcarbazepine	253.0/235.9	253.0/208.1	70	19/20	1.78	1
西米替丁 cimetidine	253.2/159.3		70	20	3.28	10
三氨蝶啶 triamterene	254.0/237	254.0/104	60	27/37	4.03	10
奈福泮 nefopam	254.1/181.3	254.1/166.3	60	27/38	11.58	20
拉莫三嗪 lamotrigine	256.1/211.2	256.1/145.1	50	35/53	3.37	1
苯海拉明 diphenhydramine	256.2/167.2	256.2/165.2	30	17/54	15.5	1
敌百虫 trichlorfon	259.3/223	259.3/127.1	60	16/23	1.5	1
普萘洛尔 propranolol	260.1/116.1	260.1/183.2	60	25	11.59	10
卡立普多 carisoprodol	261.3/200.2	261.3/97.1	50	23/15	1.5	10
甲拌磷 phorate	261/75.1	261/244.3	40	17/10	4.11	10

目标物名称	母离子/子离子对(m/z)		DP	CE(1/2)	Rt	LOD
中文名　英文名	1	2	(V)	(eV)	(min)	(ng/mL)
甲基对硫磷 parathion-methyl	264.1/125	264.1/232	60	30/21	9.75	20
噻氯匹定 ticlopidine	264.1/125	264.1/239.1	60	44/24	9.73	20
去甲替林 nortriptyline	264.2/233.1	264.2/191.3	50	20/32	16	20
曲马多 tramadol	264.2/58	264.2/246.2	50	37/16	9.74	1
丁卡因 tetracaine	265.2/176.2	265.2/220.4	50	21/25	11.99	20
米氮平 mirtazapine	266.1/195.1	266.1/208.8	80	37/35	9.2	10
阿替洛尔 atenolol	267.2/145.2	267.2/190.3	60	38/26	3.61	20
美托洛尔 metoprolo	268.3/116.1	268.3/133.2	60	26/35	7.17	20
乙草胺 acetochlor	270.1/224.1	270.1/148	60	13/30	3.16	20
甲草胺 alachlor	270.2/238.3	270.2/162.3	60	16/27	3.09	20
硫线磷 cadusafos	271.1/159.0	271.1/215.0	60	18/13	3.45	20
去甲西泮 nordiazepam	271.2/140.2	271.2/208.1	70	36/36	2.32	10
右美沙芬 dextromethorphan	272.3/147.2	272.3/213.3	60	42/37	14.67	1
布桂嗪 bucinnazine	273.2/117.1	273.2/155.2	60	25/20	5.8	10
氯苯那敏 chlorpheniramine	275.2/230.1	275.2/167.1	50	22/53	12.47	1
罗哌卡因 ropivacaine	275.3/126.2	275.3/84.2	60	31/58	11.39	10
环苯扎林 cyclobenzaprine	276.3/216.3	276.3/231	50	34/25	18.88	20
克仑特罗 clenbuterol	277.2/203.1	277.2/259.1	60	23/16	8.83	1
杀螟松 fenitrothion	278.1/124.9	278.1/246.2	76	30/25	2.16	10
马普替林 maprotiline	278.1/250.2	278.1/219.2	60	26/34	15.61	10
阿米替林 amitripthyline	278.2/191.3	278.2/233.3	60	35/30	20.28	10
2-亚乙基-1,5-二甲基-3,3-二苯基吡咯烷 EDDP	278.2/234.3	278.2/249.3	70	41/33	29	10
文拉法辛 venlafaxine	278.3/58.1	278.3/259.9	40	40/17	11.28	10
倍硫磷 fenthion	279.3/247.0	279.3/169.0	50	23/23	3.74	20
多塞平 doxepin	280.3/107.2	280.3/220.2	50	31/36	15.64	1
丙咪嗪 imipramine	281.3/86.2	281.3/208.2	50	24/35	19.07	1
硝西泮 nitrazepam	282.2/236.2	282.2/180.2	70	32/52	2.14	10
酚妥拉明 phentolamine	282/212.3	282/239.5	60	20/15	9.26	20
7-氨基氟硝西泮 7-aminoflunitrazepam	284.2/135.2	284.2/226.2	80	39/41	1.96	1
地西泮 diazepam	285.1/193.3	285.1/154.1	80	45/36	2.77	1
异丙嗪 promethazine	285.2/86.1	285.2/198.1	55	25/31	17.23	1
吗啡 morphine	286.1/201.2	286.1/165.3	80	36/56	3.97	1
7-氨基氯硝西泮 7-aminoclonazepam	286.1/222.2	286.1/250.1	60	34/25	1.61	1
氢吗啡酮 hydromorphone	286.2/185.3	286.2/199.1	85	40/40	4.51	10
地莫西泮 demoxepam	287.1/269.3	287.1/180.2	70	38/32	1.87	10
奥沙西泮 oxazepam	287.2/241.2	287.2/269.3	50	31/21	2.02	10
加兰他敏 galanthamine	288.1/213.2	288.1/231	60	32/24	5.06	10

目标物名称	母离子/子离子对(m/z)		DP	CE(1/2)	Rt	LOD
中文名 英文名	1	2	(V)	(eV)	(min)	(ng/mL)
特丁硫磷 terbufos	289.2/103	289.2/233	50	14/10	5.4	20
N-去烃氟西泮 desalkylflurazepam	289.2/140.2	289.2/226.1	60	37/38	2.1	20
布比卡因 bupivacaine	289.3/140.2	289.3/84.1	60	29/51	13.7	10
异稻瘟净 iprobenfos	289/91.1	289/205.1	60	66/14	3.06	1
苯甲酰爱康宁 benzoylecognine	290.2/168.3	290.2/105.2	70	26/43	2.15	10
阿托品 atropine	290.3/124.1	290.3/93.1	85	34/44	6.2	1
对硫磷 parathion	292.1/236	292.1/264	60	21/15	3.89	20
美利曲辛 melitracen	292.3/247.2	292.3/232.2	60	26/34	24.37	20
昂丹司琼 ondansetron	294.2/170.3	294.2/184.3	60	37	9.92	20
艾司唑仑 estazolam	295.2/267.3	295.2/205.2	70	34/53	2.4	10
辛可尼丁 cinchonidine	295.3/81.2	295.3/168.3	60	42/39	7.64	20
尼美西泮 nimetazepam	296.1/250.2	296.1/222.1	70	36/38	2.47	1
去甲氟西汀 norfluoxetine	296.2/134.2		60	10	3.68	20
艾司洛尔 esmolo	296.3/145.2	296.3/219.2	50	34/28	7.43	10
辛硫磷 phoxim	299.3/77	299.3/129.0	60	46/16	4.33	20
喹硫磷 quinalphos	299.1/163.2	299.1/243.2	50	29/24	3.81	10
去甲奥氮平 norolanzapine	299.2/198.1	299.2/213.1	75	50/37	13.42	20
可待因 codeine	300.2/199.2	300.2/165.3	80	40/52	5.16	1
替马西泮 temazepam	301.2/255.2	301.2/283.1	70	36/19	2.34	1
苯海索 trihexyphenidyl	302.1/97.8	302.1/284.1	60	29/24	19.49	10
双氢可待因 dihydrocodeine	302.5/199.3	302.5/201.2	60	44/42	5.4	10
杀扑磷 methidathion	303.1/145	303.1/85.1	50	15/32	2.95	1
可卡因 cocaine	304.1/182.2	304.1/150.2	60	28/35	12.93	1
东莨菪碱 scopolamine	304.3/138.3	304.3/156.3	60	31/23	5.55	20
二嗪农 diazinon	305.1/169.2	305.1/153.1	60	29/30	3.9	10
山莨菪碱 anisodamine	306.2/140.3	306.2/122	60	35/40	4.73	10
舍曲林 sertraline	306.2/275.1	306.2/159.2	80	17/34	20.41	20
唑吡坦 zolpidem	308.1/235.1	308.1/263.2	40	53/35	6.21	1
丁咯地尔 buflomedil	308.1/237.1	308.1/140.2	60	28/22	10.52	20
阿普唑仑 alprazolam	309.1/281.1	309.1/274.2	80	33/32	2.85	1
氟西汀 fluoxetine	310.1/43.7	310.1/148.2	60	24/16	19.2	10
美沙酮 methadone	310.2/265.2	310.2/105.1	50	22/38	25.68	1
地芬尼多 diphenidol	310.2/292	310.2/128.9	130	23/35	14.23	20
大麻酚 CBN	311.2/223.2	311.2/293.1	60	29/23	7.06	20
蒂巴因 thebaine	312.2/58.2	312.2/266.2	60	38/24	8.82	1
奥氮平 olanzapine	313.1/255.9	313.1/84.1	70	25/32	12.44	1
去甲氯氮平 norclozapine	313.4/270	313.4/192.1	70	32/55	9.24	20

SF/Z JD0107005——2016

目标物名称	母离子/子离子对(m/z)		DP	CE(1/2)	Rt	LOD
中文名　英文名	1	2	(V)	(eV)	(min)	(ng/mL)
氟硝西泮 flunitrazepam	314.2/268.3	314.2/239.3	85	35/45	5.81	1
乙基吗啡 ethylmorphine	314.3/229.3	314.3/165.4	80	36/53	5.79	10
四氢大麻酚 THC	315.2/193.2	315.2/259.2	60	32/28	7.03	20
大麻二酚 CBD	315.2/193.2	315.2/105.2	60	32/26	4.65	20
雷尼替丁 ranitidine	315.3/176.2	315.3/270.3	70	23/18	2.92	20
氯硝西泮 clonazepam	316.2/270.1	316.2/214.1	75	36/49	2.16	1
羟考酮 oxycodone	316.2/298.1	316.2/241.1	80	27/36	5.74	1
氯普噻吨 chlorprothixene	316.3/271.2	316.3/231.1	65	27/39	25.45	20
溴西泮 bromazepam	317.1/183.3	317.1/210.2	60	43/35	2.11	10
古柯乙烯 cocaethylene	318.2/196.2	318.2/150.2	61	26/35	15.11	20
氯丙嗪 chlorpramazine	319.3/86.2	319.3/246.2	60	30/34	24.01	10
稻丰散 phenthoate	321.1/247.2	321.1/163.1	60	15/17	4.04	10
劳拉西泮 lorazepam	321.1/275.1	321.1/303.1	60	30/21	1.99	1
甲基毒死蜱 chlorpyrifos methyl	322.1/125.0	322.1/290.0	66	28/22	4.17	
治螟磷 sulfotep	323.1/171.1	323.1/295.2	60	20/15	4.29	10
二甲弗林 dimefline	324.4/279.3	324.4/163.4	80	22/35	12.2	20
α-羟基阿普唑仑α-hydroxyalprazolam	325.2/297.2	325.2/279.2	90	35/33	3.53	10
西酞普兰 citalopram	325.3/109.2	325.3/262.0	80	41/26	13.9	10
咪达唑仑 midazolam	326.2/291.4	326.2/244.2	65	37/35	4.74	1
比索洛尔 bisoprolol	326.3/116.2	326.3/74.1	80	25/40	7.94	20
氯氮平 clozapine	327.3/270.1	327.3/296.3	75	32/33	11.35	1
单乙酰吗啡 6-acetylmorphine	328.1/211.3	328.1/165.3	90	36/54	5.35	1
洛沙平 loxapine	328.2/271.2	328.2/297.3	80	30/36	14.46	20
纳洛酮 naloxone	328.3/310.1	328.3/253.2	60	27/37	4.84	1
拉贝洛尔 labetalol	329.2/311.1	329.2/294.3	80	18/27	7.3	20
帕罗西汀 paroxetine	330.3/192.3	330.3/70.1	60	28/51	13.42	10
马拉硫磷 malathion	331.1/127.1	331.1/99.1	60	18/19	3.32	1
胺菊酯 tetramethrin	332.4/164.4	332.4/135.3	60	34/25	4.62	1
咳必清 carbetapentane	334.4/100.1	334.4/145.3	60	33/30	21.48	10
芬太尼 fentanyl	337.2/188.3	337.2/105.2	70	31/55	13.86	1
法莫替丁 famotidine	338.2/189.3	338.2/259	60	27/17	2.8	20
洛贝林 lobeline	338.2/96	338.2/216.3	60	30/40	18.8	20
罂粟碱 papaverine	340.1/202.2	340.1/202.2	60	37/41	5.86	1
右丙氧芬 dextropropoxyphene	340.2/266.2	340.2/324.3	60	12/35	20.18	10
去氯羟嗪 decloxizine	341.2/167.3		60	24	10.36	20
α-羟基咪达唑仑α-hydroxymidazolam	342.0/324.2	342.0/203	70	29/30	2.43	10
舒必利 sulpiride	342.1/112.2	342.1/214.2	60	35/46	5.3	20

目标物名称	母离子/子离子对(m/z)		DP	CE(1/2)	Rt	LOD
中文名　英文名	1	2	(V)	(eV)	(min)	(ng/mL)
乙酰可待因 acetylcodeine	342.2/225.2	342.2/165.3	85	35/61	8.04	1
三唑仑 triazolam	343.2/308.2	343.2/315.2	80	36/35	2.71	1
贝凡洛尔 bevantolol	346.3/165.3	346.3/150.1	80	29/45	11.35	20
硝苯地平 nifedipine	347.3/315.2	347.3/271.4	60	12/16	2.34	20
毒死蜱 chlorpyrifos	350.0/198.0	350.0/322.0	70	26/17	5.6	20
美洛昔康 meloxicam	352.1/115.1	352.1/141.2	80	25/29	1.38	20
他扎罗汀 tazarotene	352.2/324.2	352.2/294.3	80	35/54	6.34	20
萝巴新 raubasine	353.2/144.1	353.2/210.2	70	37/29	11.4	10
罗通定 rotundine	356.2/192.3	356.2/165.3	60	36/34	10.74	20
吲哚美辛 indomethacin	358.2/139.3	358.2/174.2	70	26/18	3.25	20
阿曲库铵 atracurium	358.4/206	358.4/151.2	85	27/41	9.65	20
α-羟基三唑仑 α-hydroxytriazolam	359.2/331.2	359.2/176.1	80	38/37	2.01	1
尼群地平 nitrendipine	361.3/315.1	361.3/329.2	80	13/20	2.9	20
伏杀磷 phosaline	370.1/184.1	370.1/324.1	70	20/18	4.49	1
海洛因 heroin	370.2/268.2	370.2/165	90	38/60	7.62	1
曲唑酮 trazodone	372.2/176.2	372.2/148.3	60	34/50	8.25	1
羟嗪 hydroxyzine	375.2/201.1		60	26	13.48	20
氟哌啶醇 haloperidol	376.2/165.4	376.2/358.2	60	33/28	15.24	1
氨溴索 ambroxol	379.1/264.1	379.1/116.2	80	22/24	6.36	20
赛利洛尔 celiprolol	380.3/251.2	380.3/307.2	80	31/25	6.33	20
甲磺隆 metsulfuron-methyl	382.1/167.6	382.1/350.1	80	19/16	1.66	20
哌唑嗪 prazosin	384.2/247.2	384.2/138.2	60	39/43	9.18	20
喹硫平 quetiapine	384.4/253.1	384.4/221	54	35/53	9.22	20
乙硫磷 ethion	385.1/199.0	385.1/143.0	60	13/33	5.81	20
丁螺环酮 buspirone	386.5/121.9	386.5/222.2	100	42/39	9.55	20
舒芬太尼 sufentanil	387.1/238.1	387.1/355.3	50	27/26	18.22	20
氟西泮 flurazepam	388.2/315.2	388.2/288.1	65	32/33	10.13	10
尼索地平 nisoldipine	389.1/344.2	389.1/357.1	60	16/14	14.38	20
佐匹克隆 zopiclone	389/245.1	389/345.1	80	30/25	4.3	20
地塞米松 dexamethasone	393.3/355.2	393.3/237.1	51	17/25	18.1	20
苯磺隆 tribenuron-methyl	396/155.1	396/181.0	70	24/33	2.82	20
福尔可定 pholcodine	399.1/114.2	399.1/381.1	80	47/33	17.94	20
羟基喹硫平 hydroxyquetiapine	400.2/269.1	400.2/295.2	80	34/36	5.11	10
奋乃静 perphenazine	404.2/171.3	404.2/143.2	60	33/39	16.15	20
洛伐他汀 lovastatin	405.4/285.1	405.4/43.2	70	15/21	3.32	20
三氟拉嗪 trifluoperazine	408.4/195.3	408.4/133.3	40	19/29	6.61	1
氨氯地平 amlodipine	409.2/238.2	409.2/294.2	60	26/32	7.67	20

SF/Z JD0107005——2016

目标物名称	母离子/子离子对(m/z)		DP	CE(1/2)	Rt	LOD
中文名 英文名	1	2	(V)	(eV)	(min)	(ng/mL)
苄嘧磺隆 bensulfuron methyl	411.1/149.1	411.1/182.2	80	27/23	2.29	20
利培酮 risperidone	411.2/191.4		80	43	10.11	10
齐拉西酮 ziprasidone	413.1/194.2	413.1/177.2	80	39/39	8.06	20
那可丁 norcotine	414.2/220.3	414.2/353.2	60	32/33	6.04	1
去甲丁丙诺啡 norbuprenorphine	414.2/83.1	414.2/101.1	80	64/52	7.72	20
哌氟酰胺 flecanide	415.1/398.1	415.1/301.2	70	25/33	3.96	10
尼莫地平 nimodipine	419/343.1	419/359.1	60	13/22	3.06	20
多潘立酮 domperidone	426.4/175.1	426.4/147.2	100	39/58	6.08	20
羟基利培酮 hydroxyrisperidone	427.2/207.2	427.2/110.2	70	40/58	7.65	20
去氢阿立哌唑 dehydroaripiprazole	446.1/285.2	446.1/98.1	80	33/58	10	20
阿立哌唑 aripiprazole	448.0/285.2	448.0/98.1	80	38/54	13.01	20
地芬诺酯 diphenoxylate	453.3/425.1	453.3/187.4	80	20/30	31.85	20
西沙比利 cisapride	466.2/184.2	466.2/234.1	75	38/30	10.54	10
丁丙诺啡 buprenorphine	468.1/396	468.1/187.2	110	52/57	13.49	20
西地那非 sildenafil	475.0/58.1	475.0/100.1	80	50/60	5.43	10
尼卡地平 nicardipine	480.1/315	480.1/166.3	60	31/30	13.8	20
格列本脲 glibenclamide	496.3/371	496.3/451.3	70	19/23	2.62	20
乌头碱 aconitine	646.4/586.1	646.4/526.2	80	46/51	15.9	20
甲氨基阿维菌素 emamectin	886.6/158.2	886.6/302.2	80	51/42	20.69	20
阿维菌素 avermectin	890.7/305.3	890.7/567.5	80	38/20	3.9	20
双苯戊二氨酯 SKF_{525A}（内标）	354.3/209.3	354.3/167.3	80	25/37	28.24	
地西泮-d_5（内标）	290.2/198.2	290.2/159.2	60	45/36	2.77	

司 法 鉴 定 技 术 规 范

SF/Z JD0107014——2015

血液和尿液中108种毒（药）物的气相色谱-质谱检验方法

2015-11-20 发布　　　　2015-11-20 实施

中华人民共和国司法部司法鉴定管理局 发布

目　次

SF/Z JD0107014——2015

前 言

本技术规范按照GB/T 1.1-2009给出的规则起草。

本技术规范由司法部司法鉴定科学技术研究所提出。

本技术规范由司法部司法鉴定管理局归口。

本技术规范起草单位：司法部司法鉴定科学技术研究所。

本技术规范主要起草人：卓先义、严慧、刘伟、向平、沈保华、卜俊、马栋。

本技术规范为首次发布。

SF/Z JD0107014——2015

血液和尿液中108种毒(药)物的气相色谱-质谱检验方法

1 范围

本技术规范规定了血液和尿液中108种毒（药）物（参见附录A）的气相色谱-质谱检验方法。

本技术规范适用于血液和尿液中108种毒（药）物的定性分析。也适用于体外样品、可疑物证中108种毒（药）物的定性分析。

2 规范性引用文件

下列文件对于本技术规范的应用是必不可少的。凡是注日期的引用文件，仅所注日期的版本适用于本技术规范。凡是不注日期的引用文件，其最新版本（包括所有的修改单）适用于本技术规范。

GB/T 6682　分析实验室用水规格和试验方法

GA/T 122　毒物分析名词术语

3 术语和定义

GA/T 122中界定的术语和定义适用于本技术规范。

4 原理

在酸性、碱性条件下，用有机溶剂将待测毒(药)物从血液或尿液中提取出来，用气相色谱-质谱法进行检测，以保留时间和特征碎片离子进行定性分析。

5 试剂、仪器和材料

5.1 试剂

5.1.1　乙醚。

5.1.2　甲醇。

5.1.3　盐酸：用水配制成1moL/L盐酸溶液。

5.1.4　氢氧化钠：用水配制成10%氢氧化钠溶液。

5.1.5　对照品标准溶液的制备：分别精密称取108种毒(药)物对照品各适量，用甲醇配成1mg/mL的对照品储备溶液，置于冰箱中冷冻保存，保存时间12个月。试验中所用其他浓度的标准溶液均从上述储备溶液稀释而得。置于冰箱中冷藏保存，保存时间3个月。

5.1.6　内标物对照品标准溶液配制：精密称取SKF_{525A}和烯丙异丙巴比妥对照品适量，用甲醇配成1mg/mL的混合内标储备溶液，置于冰箱中冷冻保存，保存时间12个月。将内标储备液用甲醇稀释5倍，得200μg/mL的内标工作液，置于冰箱中冷藏保存，保存时间3个月。

注：本规范所用试剂除另有说明外均为分析纯，试验用水为二级水（见GB/T 6682规定）。

5.2 仪器和材料

5.2.1　气相色谱-质谱仪：配有电子轰击源(EI)。

5.2.2 旋涡混合器。
5.2.3 离心机。
5.2.4 恒温水浴锅。
5.2.5 移液器。
5.2.6 分析天平：感量0.1mg。

6 测定步骤

6.1 样品预处理

6.1.1 待测样品

取待测血液或尿液2mL置于10mL离心管中，加入200μg/mL的内标工作液10μL，加1mol/L HCl溶液使呈酸性（pH3-4），用乙醚3mL涡旋混合提取约2min，离心使之分层，转移出乙醚提取液于5mL试管中，检材中再加10% NaOH溶液，使检材呈碱性（pH11-12），用乙醚3mL提取残留液，涡旋混合约2min，离心使之分层，转移乙醚层，合并乙醚提取液，于约60°C水浴中挥发至近干，残留物加30μL甲醇复溶，待测。

6.1.2 空白样品

取空白血液或尿液2mL，按“6.1.1”项下进行操作和分析。

6.1.3 添加样品

取空白血液或尿液2mL，添加待测样品中出现的可疑毒(药)物对照品，按“6.1.1”项下进行操作和分析。

6.2 测定

6.2.1 气相色谱-质谱仪参考条件

以下为参考条件，可根据不同品牌仪器和不同样品等实际情况进行调整：
a）色谱柱：DB-5MS毛细管柱（30m×0.25mm×0.25μm）或等效色谱柱；
b）柱温：100°C保持1.5min，以25°C/min程序升温至280°C保持15min；
c）载气：氦气，纯度≥99.999%；
d）流速：1 mL/min；
e）进样量：1μL；
f）进样口温度：250℃；
g）EI源电压：70eV；
h）离子源温度：230℃；
i）四极杆温度：150℃；
j）接口温度：280℃；
k）采用全扫描模式，质量范围m/z 50-500。
l）108种毒（药）物的保留时间与特征碎片离子见附录A。

6.2.2 定性分析

在相同的试验条件下，待测样品中出现的色谱峰保留时间与添加对照样品的色谱峰保留时间相比较，相对误差在±2%内，且特征碎片离子均出现，所选择的离子相对丰度比与添加对照品的离子相对丰度比之相对误差不超过表1规定的范围，则可判断样品中存在这种化合物。

表 1　相对离子丰度比的最大允许相对误差(%)

离子丰度比	≥50	20~50	10~20	≤10
允许的相对误差	±20	±25	±30	±50

7　结果评价

7.1　阴性结果评价

如果待测样品中仅检出内标SKF_{525A}和烯丙异丙巴比妥未检出附录A中毒（药）物成分，则阴性结果可靠；如果待测样品中未检出内标，则阴性结果不可靠。

7.2　阳性结果评价

如果待测样品中检出附录A中毒（药）物成分且空白样品无干扰，则阳性结果可靠；如果待测样品中检出毒（药）物成分且空白样品亦呈阳性，则阳性结果不可靠。

8　方法检出限

本技术规范血液和尿液中 108 种毒(药)物成分的检出限参见附录 A。

附 录 A

（资料性附录）

108 种毒(药)物和内标的 GC-MS 参考参数

表 A.1 108 种毒(药)物和内标的 GC-MS 参考参数

编号	名 称	保留时间 (min)	特征碎片离子	检测限 (μg/mL)	
				血液	尿液
1	灭多威	3.04	88、105	0.2	0.1
2	苯丙胺	3.54	44、91	0.2	0.2
3	丙戊酸	3.66	57、73、102	0.5	0.5
4	甲基苯丙胺	4.16	58、91	0.05	0.02
5	残杀威	4.36	110、152	0.3	0.2
6	金刚烷胺	4.55	94、151	0.1	0.1
7	甲胺磷	5.11	94、141	0.1	-
8	敌敌畏	5.17	79、109、185	0.5	0.2
9	杀虫双（单）	5.41	70、103、149	0.5	0.3
10	尼古丁	5.63	84、133、162	0.1	0.05
11	去甲伪麻黄碱	5.86	44、77、105	0.1	0.05
12	异烟肼	5.87	78、106、137	0.2	0.2
13	MDMA	5.98	58、135、194	0.5	0.2
14	麻黄碱	6.16	58、166	0.125	0.1
15	甲基麻黄碱	6.27	42、72、105	0.1	0.05
16	尼可刹米	6.30	78、106、177	0.1	0.1
17	MDA	6.40	77、136、180	0.1	0.05
18	乙酰甲胺磷	6.43	94、136	0.1	-
19	托吡酯	6.48	127、171、245	0.5	-
20	氧乐果	6.57	110、156	0.2	-
21	布洛芬	6.67	91、161、206	0.1	0.05
22	治螟磷	6.86	97、202、322	0.2	-
23	巴比妥	6.87	141、156、184	5	2
24	异戊巴比妥	6.88	141、156	5	2
25	烯丙基异丙基巴比妥	6.95	167、195、153	0.5	0.2
26	非那西汀	7.00	108、137、179	0.2	0.1
27	对乙酰氨基酚	7.07	109、151	0.5	0.2
28	毒鼠强	7.19	212、240	0.02	0.01
29	乐果	7.21	87、125、230	0.5	0.2
30	哌替啶	7.36	71、172、247	0.05	0.02
31	呋喃丹	7.37	149、164、221	0.5	0.2
32	特丁磷	7.39	231、288	0.3	-
33	咖啡因	7.45	109、194	0.1	0.1
34	久效磷	7.46	127、192、224	0.3	-

SF/Z JD0107014——2015

35	司可巴比妥钠	7.50	168、195	5	2
36	可铁宁	7.57	98、147、176	0.1	0.05
37	硫喷妥	7.58	157、172	1	1
38	苯海拉明	7.88	58、73、165	0.2	0.2
39	氨基比林	7.90	96、188、231	0.125	0.1
40	氯胺酮	7.92	152、180	0.05	0.02
41	利多卡因	7.95	86、234	0.05	0.02
42	苯巴比妥	8.00	117、204	1	1
43	毒死蜱	8.09	258、314、352	0.2	-
44	福美双	8.17	88、121、208	0.2	0.2
45	异丙安替比林	8.19	215、230	0.1	0.05
46	曲马多	8.35	58、263	0.0125	0.01
47	扑尔敏	8.45	58、203	0.0125	0.01
48	安替比林	8.46	96、188	0.1	0.05
49	溴敌隆	8.47	178、260	0.5	-
50	对硫磷	8.48	97、109、291	0.5	-
51	甲基对硫磷	8.51	109、263	0.2	-
52	西洛西宾	8.66	58、204	0.5	-
53	文法拉辛	8.69	58、134、179	0.1	-
54	喹硫磷	8.69	146、157、298	0.2	-
55	美托洛尔	8.70	72、223、252、267	0.1	0.1
56	马拉硫磷	8.75	93、127、173	0.2	0.2
57	乙基对硫磷	8.91	109、139、291	0.2	-
58	美沙酮	8.94	72、294	0.025	0.02
59	阿米替林	9.06	58、202、215	0.05	0.02
60	丙咪嗪	9.06	58、193、234	0.1	0.05
61	安眠酮	9.07	235、250	0.1	0.05
62	多塞平	9.08	58、189	0.125	0.1
63	右美沙芬	9.09	59、150、271	0.2	0.1
64	氯美扎酮	9.16	98、152、208	0.5	0.5
65	氟卡尼	9.18	84、97、301	0.2	-
66	阿托品	9.20	124、289	0.125	0.1
67	溴虫腈	9.24	59、137、247	0.5	-
68	三唑磷	9.54	161、257、313	0.5	-
69	苯妥因	9.84	180、209、252	0.5	0.3
70	胺菊酯	9.89	123、164	0.3	0.2
71	卡马西平	9.91	193、236	0.2	0.1
72	SKF525A	9.93	86、99、167	0.5	0.2
73	咳必清	9.98	86、144、318	0.1	0.1
74	苯妥因纳	10.07	180、223、252	0.4	0.2
75	安定	10.09	256、283、284	0.05	0.05

76	东莨若碱	10.16	94、108、138、303	0.2	0.1
77	CBD(大麻二酚)	10.25	174、231、246、314	0.3	0.2
78	地芬尼多	10.28	98、232	0.1	0.1
79	异丙嗪	10.28	72、180、284	0.1	0.05
80	氯丙嗪	10.40	58、318	0.025	0.02
81	可待因	10.74	162、229、299	0.5	0.2
82	THC（四氢大麻酚）	10.81	231、271、299、314	0.1	0.05
83	咪达唑仑	10.99	310、325	0.125	0.1
84	罗拉西泮	11.05	239、274、302	3	2
85	CBN（大麻酚）	11.24	223、238、295、310	0.2	0.2
86	海洛因	11.30	268、327、369	0.1	0.05
87	乙酰可待因	11.41	229、282、341	0.1	0.05
88	硝苯地平	11.61	284、329	5	3
89	帕罗西汀	11.98	192、329	0.1	0.1
90	普罗帕酮	12.17	72、297、312	0.1	0.1
91	硝甲西泮	12.21	220、248、267、294	3	2
92	杀鼠醚	12.38	121、188、292	1	1
93	硝基西泮	12.40	253、264、280	3	2
94	氟硝西泮	12.60	285、286、312	3	2
95	二氯苯醚菊酯	12.73	127、163、183	1	1
96	氯硝西泮	13.26	280、314	3	2
97	杀灭菊酯	13.35	125、167、419	1	0.5
98	唑吡坦	13.62	235、307	0.1	0.05
99	氯氮平	14.10	243、256、326	0.125	0.12
100	氟安定	14.12	58、86、387	3	2
101	氯氰菊酯	14.14	127、163、181	0.5	0.2
102	阿普唑仑	14.46	204、273、308	0.5	0.2
103	氰戊菊酯	14.77	181、225、419	1	0.5
104	氟哌啶醇	15.14	123、224、237	0.5	0.5
105	艾司唑仑	15.24	205、259、294	0.5	0.2
106	利眠宁	15.34	241、282	0.1	0.05
107	延胡索乙素	15.84	164、190、355	0.2	0.2
108	三唑仑	15.90	238、313、342	0.5	0.2
109	溴氰菊酯	16.03	181、253	0.5	0.2
110	佐匹克隆	19.95	143、245	0.2	0.1